Jaeger/Metzger
Open Source Software

W0172161

Open Source Software

Rechtliche Rahmenbedingungen der
Freien Software

von

Dr. Till Jaeger
Rechtsanwalt, Berlin

und

Prof. Dr. Axel Metzger, LL.M. (Harvard)
Professor an der
Humboldt-Universität zu Berlin

4. Auflage 2016

C.H.BECK

www.beck.de

ISBN 978 3 406 67773 1

© 2016 Verlag C. H. Beck oHG
Wilhelmstraße 9, 80801 München
Druck und Bindung: Nomos Verlagsgesellschaft
In den Lissen 12, 76547 Sinzheim
Gedruckt auf säurefreiem, alterungsbeständigem Papier
(hergestellt aus chlorfrei gebleichtem Zellstoff)

Vorwort

Dass nunmehr die 4. Auflage dieses Buches vorgelegt werden kann, zeigt, dass Freie und Open Source Software (FOSS) einen festen Platz in der IT-Wirtschaft gefunden hat. Nachdem der Fokus anfänglich noch auf der Analyse des damals noch neuen Lizenzmodells gelegen hat, richtet sich das Interesse in den letzten Jahren zunehmend auf praktische Fragen der Open Source Compliance, die durch die Massennutzung von FOSS eine erhebliche Herausforderung für Unternehmen darstellt. Die freundliche Aufnahme der 3. Auflage hat gezeigt, dass gerade die Praxis ein hohes Interesse an rechtlichen Fragen in diesem Umfeld hat. Die 4. Auflage spiegelt die Neuentwicklungen der vergangenen Jahre und den aktuellen Stand der nationalen und internationalen Diskussion wider. Dies zeigt sich vor allem in Kapitel 2, das die wichtigsten Open Source Lizenzen behandelt und auf die zehn am meisten genutzten Lizenzen erweitert wurde, darunter die Microsoft Public License und die MIT License. Dazu wird die neue Lizenzversion der Mozilla Public License besprochen und dem Umfang der Patentlizenzierung mehr Umfang eingeräumt. Neu aufgenommen oder erweitert wurden Abschnitte zur Nutzung im Wege des SaaS, zur Haftungs- und Gewährleistung bei Contributions, zu den EVB-IT sowie zum Verbreitungsrecht und Vermietrecht, die für die Frage relevant sind, wann überhaupt Lizenzpflichten anfallen. Neue Gerichtsentscheidungen sowie die weiterhin umfangreiche Diskussion des Themas in der Literatur haben eine vollständige Aktualisierung (Stand November 2015) des Buchs erforderlich gemacht. Um dem größeren Umfang Raum zu geben, wurde der Anhang mit Lizenztexten entfernt. Dafür findet sich neu eine Rechtsprechungsübersicht mit den Urteilen zum Thema. Die Autoren danken Marvin Bartels und Marvin Berkel für die Hilfe bei den Literaturnachweisen und deren Aktualisierung.

Berlin, im Dezember 2015 *Till Jaeger*
Axel Metzger

Inhaltsverzeichnis

Vorwort   V
Abkürzungsverzeichnis   XVII
Literaturverzeichnis   XXI

1. Kapitel. Einführung

A. Begriff der „Open Source Software" oder „Freien Software"   1
   I. Was ist Freie oder Open Source Software?   1
   II. Die Begriffe „Freie Software" und „Open Source Software"   3
   III. „Copyleft" und „Non-Copyleft" Software   4
   IV. Abgrenzung zu Public Domain Software, Freeware und
      Shareware   5
      1. Public Domain Software   6
      2. Freeware   6
      3. Shareware   7
      4. Shared Source Software   7

B. Entstehung und Entwicklung des Open Source Modells   9
   I. Entstehung einer eigenständigen Softwareindustrie   9
   II. Die Entwicklung von Unix-Betriebssystemen   11
   III. Das Betriebssystem GNU/Linux   12
   IV. Die Ausbreitung des Open Source Modells   15

C. Die wirtschaftliche Bedeutung von Freier Software   18
   I. Distributoren   18
   II. Embedded-Systeme   19
   III. Dienstleistungsmarkt   19
   IV. Modulare Softwareentwicklung   20
   V. Software as a Service (SaaS)   21
   VI. Softwareentwicklung und das „Open Core"-Modell   21

D. Open Source Compliance   22

2. Kapitel. Open Source Lizenzen

A. Lizenzen mit einer strengen Copyleft-Klausel   26
   I. GNU General Public License, Version 2 (GPL-2.0)   27
      1. Rechte der Lizenznehmer   28
        a) Vervielfältigungsrecht und Verbreitungsrecht   28
        b) Recht der öffentlichen Zugänglichmachung   28

c) Vermietrecht 29
d) Embedded-Nutzung 32
e) Bearbeitungsrecht 32
2. Pflichten der Lizenznehmer beim Vertrieb unveränderter
Software 32
a) Mitlieferung des Lizenztextes 33
b) Zugänglichmachung des Source Codes 33
c) Technische Schutzmaßnahmen 35
d) Urhebervermerke 37
e) Haftungsausschluss („Disclaimer") 38
f) Lizenzgebührenverbot 38
g) Verbot zusätzlicher Beschränkungen 40
3. Pflichten der Lizenznehmer beim Vertrieb veränderter
Software 40
a) Änderungsvermerk 41
b) Anzeige bei interaktiven Kommandos 41
c) Copyleft 41
aa) Pflicht zur Freigabe nur bei Veröffentlichung oder
Verbreitung durch den Lizenznehmer 42
bb) Was ist ein „derivative work"? 45
(1) Codeänderungen und -ergänzungen 50
(2) Kernelmodule 51
(3) Verlinkung 52
(4) Nutzung von GPL-2.0-Softwaretools 55
cc) Das Copyleft bei Sammelwerken 56
4. Patentlizenzierung 57
a) Lizenzierung durch den Lizenzgeber 58
b) Später erworbene Patente des Lizenzgebers 59
c) Lizenzierung durch den Distributor 59
II. GNU General Public License, Version 3 (GPL-3.0) 60
1. Von der GPL-2.0 zur GPL-3.0 60
2. Rechte der Lizenznehmer 62
3. Pflichten der Lizenznehmer beim Vertrieb unveränderter
Software 65
a) Pflichten beim Vertrieb unveränderter Quellcode-
versionen 65
b) Pflichten beim Vertrieb von Objektcodeversionen .. 65
4. Pflichten der Lizenznehmer beim Vertrieb veränderter
Software 66
5. „Additional terms" 69
6. Digital Rights Management 71
7. Patentlizenzierung 73
8. Rechtewegfall bei Lizenzverletzung 76

III. GNU Affero General Public License, Version 3 (AGPL-3.0)   77
IV. Eclipse Public License (EPL)   79
    1. Rechte der Lizenznehmer   79
    2. Pflichten der Lizenznehmer beim Vertrieb unveränderter
       Software   80
    3. Pflichten der Lizenznehmer beim Vertrieb veränderter
       Software   81
    4. Patentlizenzierung   85
  V. Deutsche Freie Software Lizenz (d-fsl)   85

B. Lizenzen mit einer beschränkten Copyleft-Klausel   86
  I. Mozilla Public License, Version 2 (MPL-2.0)   86
    1. Rechte der Nutzer   88
    2. Pflichten der Lizenznehmer beim Vertrieb unveränderter
       Software   89
    3. Pflichten der Lizenznehmer beim Vertrieb veränderter
       Software   90
    4. Patentlizenzierung   92
  II. GNU Lesser General Public License (LGPL)   92
    1. GNU Lesser General Public License, Version 2.1
       (LGPL-2.1)   93
       a) Rechte der Nutzer   94
       b) Pflichten der Lizenznehmer beim Vertrieb unveränder-
          ter Software   94
       c) Pflichten der Lizenznehmer beim Vertrieb veränderter
          Software   95
          aa) Verpflichtungen bei Veränderung der Bibliothek
             selbst   95
          bb) Verpflichtungen bei der Kombination der Biblio-
             thek mit einem zugreifenden Programm   96
    2. GNU Lesser General Public License, Version 3
       (LGPL-3.0)   99
  III. Microsoft Public License (MS-PL)   100
    1. Rechte der Lizenznehmer   100
    2. Pflichten der Lizenznehmer beim Vertrieb unveränderter
       Software   101
    3. Pflichten der Lizenznehmer beim Vertrieb veränderter
       Software   101
    4. Patentlizenzierung   101

C. Lizenzen ohne Copyleft-Klausel   102
  I. BSD Copyright   102
    1. Rechte der Lizenznehmer   103
    2. Pflichten der Lizenznehmer   103
    3. Patentlizenzierung   104

II. Apache License 105
   1. Rechte der Lizenznehmer 105
   2. Pflichten der Lizenznehmer 105
      a) Apache Software License (Version 1.0) 105
      b) Apache Software License (Version 1.1) 106
      c) Apache License (Version 2.0) 107
   3. Patentlizenzierung 107
III. MIT License 108

D. Lizenzen mit Wahlmöglichkeiten 109
   I. (Perl) Artistic License 109
      1. Rechte der Lizenznehmer 110
      2. Pflichten der Lizenznehmer 111
   II. Clarified Artistic License 113
   III. Artistic License 2.0 113

E. Lizenzen mit Sonderrechten 114

F. Dual Licensing 115
   I. Begriff 115
   II. Zulässigkeit des Dual Licensing 116
   III. Rechtsfolgen des Dual Licensing 117
   IV. Beispiele für Dual Licensing 117
   V. Zusammenfassung 118

G. Lizenzkompatibilität 118
   I. Lizenzkompatibilität von Open Source Lizenzen 119
   II. Lizenzkompatibilität innerhalb der GPL 122

3. Kapitel. Urheberrecht

A. Urheberrechtliche Grundlagen 127
   I. Schutzgegenstand 127
   II. Schutzumfang 129
   III. Zustimmungsfreie Handlungen 132
   IV. Einräumung von Nutzungsrechten durch Open Source
       Lizenzen 134
   V. Rechtsfolgen bei der Änderung der Rechtsinhaberschaft . . 135
       1. Einseitige Rechtseinräumung 136
       2. Lizenzvertrag ohne Sukzessionsschutz 136
       3. Lizenzvertrag mit Sukzessionsschutz 137
   VI. Verbreitung und Vermietung 139
       1. Weitergabe an Konzerngesellschaften 141
       2. Weitergabe an Dienstleister zur Weiterentwicklung . . . 142
       3. Überlassung an Outsourcing-Dienstleister 144
       4. Arbeitnehmerüberlassung 144

5. Vorstellung bei einer Messe 145
B. Vereinbarkeit von Open Source Lizenzen mit dem deutschen
  Urheberrecht 146
  I. Urheberpersönlichkeitsrecht 147
  II. Erschöpfungsgrundsatz 149
  III. Anspruch des Urhebers auf eine angemessene Vergütung . 153
  IV. Neue Nutzungsarten 155
  V. Nutzung im Wege des Software as a Service (SaaS) 158
    1. Berücksichtigung von SaaS in freien Lizenzen 159
    2. Einräumung der erforderlichen Nutzungsrechte 159
      a) SaaS als neue Nutzungsart 160
      b) Vertragsauslegung 161
    3. Erfüllung von Lizenzpflichten 161

C. Rechtsinhaberschaft 162
  I. Wer ist Urheber bei der „Basar-Methode"? 162
  II. Urheber in Arbeits- und Dienstverhältnissen 165
  III. Rechtswahrnehmung durch Projekte und Organisationen
    („contributor agreements") 166

D. Die Durchsetzung von Open Source Lizenzen 169
  I. Rechtsfolgen einer Lizenzverletzung 170
  II. Ansprüche bei einer Lizenzverletzung 173
    1. Beseitigungsansprüche 174
    2. Unterlassungsansprüche 175
    3. Schadensersatzansprüche 176
    4. Auskunftsansprüche 179
    5. Besichtigungsansprüche 179
    6. Sonstige Ansprüche 180
    7. Abwendungsbefugnis 180
  III. Prozessuale Aspekte der Lizenzdurchsetzung 181
    1. Aktivlegitimation 181
    2. Passivlegitimation 183
    3. Zuständiges Gericht 183
    4. Unterlassungsanträge bei Lizenzverletzungen 185

E. Die Insolvenzfestigkeit von Open Source Lizenzen 185
  I. Software-Lizenzverträge und Insolvenzrecht 186
  II. Auswirkungen der Insolvenz auf Open Source Lizenzen .. 187
    1. Rechtseinräumung vor Verfahrenseröffnung 187
      a) Open Source Lizenzvertrag als gegenseitiger Vertrag? 188
      b) Erfüllung bei Open Source Software-Lizenzverträgen? 189
      c) Konsequenz der Nichtanwendbarkeit des § 103 InsO 190
    2. Rechtseinräumung nach Verfahrenseröffnung 191
  III. Konsequenzen für Nutzer und Distributoren 192

4. Kapitel. Vertragsrecht, Haftung und Gewährleistung

A. Vertragsverhältnisse bei der Lizenzierung von Freier Software   193
   I. Vertragsabschluss mit dem Distributor   194
   II. Vertragsabschluss mit den Urhebern   196

B. AGB-Recht   199
   I. Einbeziehung von Lizenzbedingungen   199
   II. Auslegung von Open Source Lizenzen   202
   III. Inhaltskontrolle der Copyleft-Klausel   204
     1. Verletzung des Erschöpfungsgrundsatzes?   204
     2. Verstoß gegen das Transparenzgebot?   206
   IV. Klauseln zu neuen Lizenzversionen   208
     1. Beispiele für entsprechende Klauseln   208
     2. Zulässigkeit der Klauseln   209

C. Gesellschaftsrecht   210
   I. Kooperationsmodelle in der Praxis   210
     1. Entwicklungsherrschaft von Unternehmen   211
     2. Organisatorisch verdichtete Entwicklungsprojekte   211
     3. Einzelprojekte   212
     4. Klassische Community-Projekte   212
   II. Gesellschaftsrechtliche Beurteilung von Entwicklungspro-
   jekten   212
   III. Bedeutung von gesellschaftsrechtlichen Strukturen   214

D. Vertragstypen, Gewährleistung und Haftung   215
   I. Vertragskonstellation 1: Unentgeltlicher Download von
   Freier Software direkt vom Rechtsinhaber   215
     1. Vertragstyp   216
       a) Vertragsgegenstand   216
       b) Überlassung der Software als Schenkung   217
         aa) Zuwendung   217
         bb) Entreicherung   218
         cc) Bereicherung   219
         dd) Unentgeltlichkeit.   219
       c) Einräumung der Nutzungsrechte als Lizenzvertrag mit
       schenkungsrechtlichen Elementen   219
         aa) Austauschvertrag oder Gesellschaft bürgerlichen
         Rechts?   220
         bb) Zuwendung   220
         cc) Entreicherung   221
         dd) Bereicherung   221
         ee) Unentgeltlichkeit   221
         ff) Lizenzvertrag mit schenkungsrechtlichen Elemen-
         ten   224

2. Vertragsverhältnisse 225
3. Gewährleistung und Haftung 226
   a) Gewährleistung 226
      aa) Verstoß gegen die AGB-Vorschriften 226
      bb) Rechtsfolge des unwirksamen
          Gewährleistungsausschlusses 227
   b) Haftung 229
      aa) Vertragliche Haftung 229
      bb) Haftung bei Verletzung von
          Produktbeobachtungspflichten 230
          (1) Bestehen von Produktbeobachtungspflichten 230
          (2) Inhalt von Produktbeobachtungspflichten
              und Haftungsmaßstab 230
      cc) Haftung nach dem Produkthaftungsgesetz 231
      dd) Allgemein-deliktsrechtliche Produkthaftung ... 233
      ee) Sonstige allgemeine Haftung 235
II. Vertragskonstellation 2: Erwerb der Software auf einem
    Datenträger direkt vom Urheber 235
1. Vertragstyp 235
   a) Nachträglicher Erwerb der Nutzungsrechte 235
   b) Zeitgleicher Erwerb von Software und Nutzungs-
      rechten 238
2. Gewährleistung und Haftung 239
   a) Gewährleistung 239
      aa) Unwirksamkeit des Gewährleistungsausschlusses 239
      bb) Nachträglicher Erwerb der Nutzungsrechte 240
      cc) Zeitgleicher Erwerb von Software und
          Nutzungsrechten 241
   b) Haftung 242
      aa) Vertragliche Haftung 242
      bb) Haftung bei Verletzung von
          Produktbeobachtungspflichten 242
      cc) Außervertragliche Haftung und sonstige allge-
          meine Haftung 245
III. Vertragskonstellation 3: Download der Software vom
     Server eines Dritten 245
1. Die Vertragsverhältnisse 246
   a) Urheber – Dritter 246
   b) Dritter – Nutzer 246
   c) Urheber – Nutzer 246
2. Gewährleistung und Haftung 247
   a) Gewährleistung 247
   b) Haftung 248

IV. Vertragskonstellation 4: Entgeltlicher Erwerb der Software
auf einem Datenträger von einem Distributor   249
  1. Die Vertragsverhältnisse   249
  2. Gewährleistung und Haftung   251
    a) Gewährleistung   251
    b) Haftung   253
V. Vertragskonstellation 5: Individuelle Herstellung von Open
Source Software   253
  1. Die Vertragsverhältnisse   254
    a) Softwarehersteller – Besteller   254
    b) Softwarehersteller – Dritte   254
    c) Besteller – Dritter   254
  2. Gewährleistung und Haftung   255
    a) Gewährleistung   255
    b) Haftung   256
VI. Vertragskonstellation 6: Koppelung von Open Source Soft-
ware mit Hardware, insbesondere „Embedded-Systeme" . .   257
  1. Der Vertragstyp   258
  2. Gewährleistung und Haftung   258
    a) Gewährleistung   258
    b) Haftung   260
VII. Vertragskonstellation 7: Nutzung von Open Source Soft-
ware im Wege des ASP und SaaS   261
VIII. Vertragskonstellation 8: Beiträge zu Open Source
Projekten   262

5. Kapitel. Gewerbliche Schutzrechte

A. Patentrecht   265
  I. Einführung   266
    1. Entwicklung   266
    2. Patentfähigkeit und Schutzumfang computerimplemen-
tierter Erfindungen de lege lata   267
    3. Bedenken von Open Source Entwicklern gegen Software-
patente   275
  II. Schutz Freier Software gegen nichtberechtigte Anmeldung
und widerrechtliche Entnahme   277
    1. Vorbeugender Schutz: Vorveröffentlichung   277
    2. Nachträglicher Schutz   279
  III. Nutzung patentierter „proprietärer" Software durch Open
Source Entwickler   281
  IV. Auswirkungen der Anmeldung von Patenten auf Fortent-
wicklungen Freier Software   286

    1. Grundlagen: Vorgaben aus Patentrecht und freien
        Lizenzen 286
    2. Die Open RTLinux Patent License 292
  V. Zusammenfassung 293
B. Markenrecht 294
  I. Zulässige Nutzung von Kennzeichen an Freier Software .. 294
    1. Markennennung 297
    2. Benutzung als Beschaffenheitsangabe 297
    3. Erschöpfung von Kennzeichenrechten 298
    4. Vertragliche Regelungen in Open Source Lizenzen 299
    5. Marken zur Kennzeichnung von besonderen
        Programmversionen 302
  II. Auswahl von Werktiteln 304
  III. Bekannte Marken im Open Source Umfeld 305
    1. Linux 305
    2. Tux 306
    3. Open Source 307

6. Kapitel. Wettbewerbsrecht

A. Kartellrecht 309
  I. Anwendbare Regelungen 310
  II. Kartellrechtlich relevante Konstellationen 311
    1. Lizenzgebührenfreiheit als unzulässige Preisbindung? .. 312
    2. Pflicht zur Freigabe von abgeleiteten Werken als unzuläs-
        sige Rücklizenzierung? 313
B. Lauterkeitsrecht I: Konkurrentenklagen wegen Lizenzverlet-
    zungen 314
  I. Geschäftliche Handlung 314
  II. Unlauterkeit 315
C. Lauterkeitsrecht II: Verbreitung Freier Software durch
    Behörden 318
  I. Fallgruppe 1: Autoritäts- und Vertrauensmissbrauch 319
  II. Fallgruppe 2: Wettbewerbsgefährdung 319
  III. Fallgruppe 3: Gesetzesverletzung 320
D. Vergaberecht 321
  I. Neutrale Ausschreibung 322
  II. Transparente Ausschreibung 324
  III. Vergabeentscheidung 325
  IV. Ergänzende Vertragsbedingungen für die Beschaffung von
        Informationstechnik (EVB-IT) 327

7. Kapitel. Internationales Privatrecht und Rechtsvergleichung

A. Internationales Privatrecht 329

   I. Internationales Urheberrecht 330

   II. Open Source Lizenzen im Internationalen Privatrecht ... 333

   III. Sonstige Verträge im Zusammenhang mit dem Vertrieb von Open Source Software 337

   IV. Entwicklergemeinschaften im internationalen Gesellschafts-recht 338

B. Rechtsvergleichung 340

   I. USA 340

   II. Vereinigtes Königreich 343

   III. Frankreich 344

   IV. Österreich 347

   V. Niederlande 348

C. Universelle, länderspezifische und europäische Lizenzen 349

   I. Universelle Lizenzen 349

   II. International Commons 350

   III. Europäische Lizenzen 352

     1. CeCILL 352

     2. Deutsche Freie Software Lizenz 353

     3. EUPL 354

Anhang: Rechtsprechungsübersicht 357

Stichwortverzeichnis 361

Abkürzungsverzeichnis

a. A. . . . . . . anderer Ansicht
a. a. O. . . . . am angegebenen Ort
a. F. . . . . . . alte Fassung
abgedr. . . . . abgedruckt
ABGB . . . . . Allgemeines Bürgerliches Gesetzbuch
ABl. . . . . . . Amtsblatt
Abs. . . . . . . Absatz
AcP . . . . Archiv für die civilistische Praxis
AEUV . . . . . Vertrag über die Arbeitsweise der Europäischen Union
AGPL . . . . . Affero General Public License
Alt. . . . . Alternative
amtl. . . . . . . amtlich
Anh. . . . . . . Anhang
Anm. . . . . . Anmerkung
APSL . . . . . . Apple Public Source License
Art. . . . . Artikel
ASF . . . . Apache Software Foundation
Aufl. . . . . . . Auflage
Bd. . . . . Band
Begr. . . . . . . Begründung
BGB . . . . . . Bürgerliches Gesetzbuch
BGBl. . . . . . Bundesgesetzblatt
BGH . . . . . . Bundesgerichtshof
BGHZ . . . . . Entscheidungen des Bundesgerichtshofes in Zivilsachen
BIT . . . . Bundesstelle für Informationstechnik
BITKOM . . . Bundesverband Informationswirtschaft, Telekommunikation und neue Medien e.V.
BSD . . . . . . Berkeley Software Distribution
BSP . . . . Board Support Package
Bsp. . . . . . . Beispiel
bspw. . . . . . beispielsweise
BT-Drs. . . . . Drucksache des Bundestages
BVA . . . . . . Bundesverwaltungsamt
bzw. . . . . . . beziehungsweise
CPI . . . . Code de la Propriété Intellectuelle
CPL . . . . . . Common Public License
CR . . . . Computer und Recht
CRi . . . . Computer Law Review International
DB . . . . Der Betrieb
DFSG . . . . . Debian Free Software Guidelines
d-fsl . . . . . . Deutsche Freie Software Lizenz
DPMA . . . . . Deutsches Patent- und Markenamt
DRM . . . . . Digital Rights Management
DuD . . . . . . Datenschutz und Datensicherheit
ECLR . . . . . European Competition Law Review
EG . . . . Europäische Gemeinschaft

EIPR . . . . . .   European Intellectual Property Review
etc. . . . .   et cetera
EPA . . . . . .   Europäisches Patentamt
EPL . . . . . .   Eclipse Public License
EPO . . . . . .   European Patent Office
EPÜ . . . . . .   Europäisches Patentübereinkommen
EU . . . .   Europäische Union
EuGH . . . . .   Europäischer Gerichtshof
EUGVVO . . .   Verordnung über die gerichtliche Zuständigkeit und die
              Anerkennung und Vollstreckung von Entscheidungen in Zivil- und
              Handelssachen
EULA . . . . .   End User License Agreement
EUPL . . . . .   European Public License
EVB-IT . . . .   Ergänzende Vertragsbedingungen für die Beschaffung von
              Informationstechnik
FAQ . . . . . .   Frequently Asked Questions
FAZ . . . . . .   Frankfurter Allgemeine Zeitung
EVÜ . . . . . .   Übereinkommen über das auf vertragliche Schuldverhältnisse
              anzuwendende Recht
f. . . . .   folgende
FAQ . . . . . .   Frequently Asked Questions
ff. . . . .   fortfolgende
Fn. . . . .   Fußnote
FS . . . .   Festschrift
FSF . . . .   Free Software Foundation
FSFE . . . . . .   Free Software Foundation Europe
GCC . . . . . .   GNU Compiler Collection
gem. . . . . . .   gemäß
GG . . . .   Grundgesetz
ggf. . . . .   gegebenenfalls
GMVO . . . .   Verordnung über die Gemeinschaftsmarke
GNU . . . . . .   GNU's Not Unix
GO NRW . .   Gemeindeordnung Nordrhein-Westfalen
GPL . . . . . .   GNU General Public License
GPL-2.0 . . . .   GNU General Public License, Version 2
GPL-3.0 . . . .   GNU General Public License, Version 3
GRUR . . . . .   Gewerblicher Rechtsschutz und Urheberrecht
GRUR Int. . .   Gewerblicher Rechtsschutz und Urheberrecht – Internationaler Teil
GRUR-RR . .   Gewerblicher Rechtsschutz und Urheberrecht – Rechtsprechungs-
              Report
GWB . . . . . .   Gesetz gegen Wettbewerbsbeschränkungen
h. M. . . . . . .   herrschende Meinung
HGB . . . . . .   Handelsgesetzbuch

i. d. R. . . . . .   in der Regel
i. E. . . . .   im Ergebnis
i. e. S. . . . . .   im engeren Sinne
i. S. d. . . . . .   im Sinne des
ITRB . . . . . .   IT-Rechtsberater
i. V. m. . . . .   in Verbindung mit
i. w. S. . . . . .   im weiteren Sinne
IFOSSLR . . .   International Free and Open Source Software Law Review
ifrOSS . . . . .   Institut für Rechtsfragen der Freien und Open Source Software
IIC . . . .   International Review of Intellectual Property and Competition Law

insb. . . . . . . insbesondere
InTeR . . . . . Zeitschrift zum Innovations- und Technikrecht
IPC . . . . Inter Process Communication
IPL . . . . IBM Public License
IPR . . . . Internationales Privatrecht
IPRax . . . . . Praxis des Internationalen Privat- und Verfahrensrechts
ITRB . . . . . . IT-Rechtsberater
JAVI . . . . . . Juridische aspecten van internet
JIPITEC . . . . Journal of Intellectual Property, Information Technology and
E-Commerce Law
JLTP . . . . . . University of Illinois Journal of Law, Technology & Policy
jurisPR-ITR . . juris PraxisReport IT-Recht
JurPC . . . . . JurPC – Internet-Zeitschrift für Rechtsinformatik
JZ . . . . Juristenzeitung
K&R . . . . . . Kommunikation und Recht
KG . . . . Kammergericht
KMU . . . . . Kleine und mittlere Unternehmen
krit. . . . . . . kritisch
LG . . . . Landgericht
LGPL . . . . . GNU Lesser General Public License
LGPL-2.1 . . . GNU Lesser General Public License, Version 2.1
LGPL-3.0 . . . GNU Lesser General Public License, Version 3
LUG . . . . . . Gesetz betreffend das Urheberrecht an Werken der Literatur und der
Tonkunst
m. w. N. . . . mit weiteren Nachweisen
MarkenG . . . Markengesetz
Mitt. . . . . . . Mitteilungen der Deutschen Patentanwälte
MMR . . . . . Multimedia und Recht
MPL . . . . . . Mozilla Public License
MR . . . . Medien und Recht
MS-PL . . . . . Microsoft Public License
n. F. . . . . . . neue Fassung
NJW . . . . . . Neue Juristische Wochenschrift
NPL . . . . . . Netscape Public License
Nr. . . . . Nummer
NZBau . . . . Neue Zeitschrift für Baurecht und Vergaberecht
o. ä. . . . . . . oder ähnliches
o. g. . . . . . . oben genannt(e)
OGH . . . . . . Oberster Gerichtshof
OLG . . . . . . Oberlandesgericht
OSI . . . . Open Source Initiative
ÖJZ . . . . . . Österreichische Juristenzeitung
PatG . . . . . . Patentgesetz
PC . . . . Personal Computer
OIN . . . . . . Open Invention Network
QPL . . . . . . Q Public License
RBÜ . . . . . . Revidierte Berner Übereinkunft zum Schutz von Werken der
Literatur und der Kunst
RegE . . . . . . Regierungsentwurf
RL . . . . Richtlinie
Rn. . . . . Randnummer
Rs. . . . . Rechtssache
S. . . . . Seite
s. o. . . . . . . siehe oben

s. u. . . . . . . siehe unten
SFC . . . . Software Freedom Conservancy
SFLC . . . . . . Software Freedom Law Center
sog. . . . . . . sogenannt(e)
SPDX . . . . . Software Package Data Exchange
str. . . . . strittig
TRIPS . . . . . Trade-Related Aspects of Intellectual Property
TT-GVO . . . Gruppenfreistellungsverordnung für
              Technologietransfervereinbarungen
u. U. . . . . . . unter Umständen
UCC . . . . . . Uniform Commercial Code
UFITA . . . . . Archiv für Urheber- und Medienrecht
UPL . . . . . . Unified Public License
UrhG . . . . . . Urheberrechtsgesetz
U.S.C. . . . . . . United States Code
USPTO . . . . United States Patent and Trademark Office
UWG . . . . . Gesetz gegen den unlauteren Wettbewerb
v. . . . . von
vgl. . . . . vergleiche
VOL/A . . . . Verdingungsordnung für Leistungen, Teil A
Vorb. . . . . . Vorbemerkung
WCT . . . . . . WIPO Copyright Treaty
WIPO . . . . . World Intellectual Property Organisation
WRP . . . . . . Wettbewerb in Recht und Praxis
z. B. . . . . . . zum Beispiel
ZGS . . . . . . Zeitschrift für das gesamte Schuldrecht
zit. . . . . zitiert
ZPO . . . . . . Zivilprozessordnung
ZUM . . . . . . Zeitschrift für Urheber- und Medienrecht

Literaturverzeichnis

Abel, Paul, Filmlizenzen in der Insolvenz des Lizenzgebers und Lizenznehmers, NZI 2003, 121

Ahn, Hyo-Jil, Der urheberrechtliche Schutz von Computerprogrammen im Recht der Bundesrepublik Deutschland und der Republik Korea, Baden-Baden 1999

American Law Institute, Intellectual Property: Principles Governing Jurisdiction, Choice of Law, and Judgments in Transnational Disputes, St. Paul, Minn. 2007

Andréewitsch, Markus, Open Source und proprietäre Software: Das Verknüpfungsproblem, MR 2005, 240

Andréewitch, Markus, Risiken bei firmen- und behördeninterner Bearbeitung von Open Source-Software, MR 2005, 36

Andres, Dirk/Leithaus, Rolf, Insolvenzordnung: Kommentar, 3. Aufl., München 2014

Arlt, Christian, Digital Rights Management Systeme: Der Einsatz technischer Maßnahmen zum Schutz digitaler Inhalte, München 2006

Arne, Paul H., Jacobsen v. Katzer: Open Source License Validation: How far does it go?, 996 Practising Law Institute, Patents, Copyrights, Trademarks, and Literary Property Course Handbook Series, 19

Auer-Reinsdorff, Astrid, Escrow-Lizenzen und Open Source Software, ITRB 2009, 69

Azzaria, Georges, Les logiciels libres à l'assaut du droit d'auteur, Les Cahiers de Propriété Intellectuelle 2004, 405

Azzi, R. Michael, CPR: How Jacobsen v. Katzer Resuscitated the Open Source Movement, 2010 University of Illinois Law Review, 1271

Ballhausen, Miriam, Open SaaS: Using Free and Open Source Software as Software-as-a-Service, IFOSSLR 6 (1), 2014, 61, http://www.ifosslr.org/ifosslr/article/view/103/183

Bar, Christian von/Mankowski, Peter, Internationales Privatrecht, Band 1, 2. Aufl., München 2003

Barta, Janusz/Markiewicz, Ryszard, Oprogramowanie open source w swietle prawa, Kraków 2005

Basedow, Jürgen/Metzger, Axel, Lex loci protectionis europea – Anmerkungen zu Art. 8 des Vorschlags der EG-Kommission für eine „Verordnung über das auf außervertragliche Schuldverhältnisse anzuwendende Recht" („Rom II"), in: Trunk, Alexander/Knieper, Rolf/Svetlanov, Andrej G., Festschrift für Mark Moiseevic Boguslavskij, Berlin 2004, S. 153 (zit.: *Basedow/Metzger,* FS Boguslavskij)

Basinski, Erwin u. a., Patentschutz für computer-softwarebezogene Erfindungen, GRUR Int. 2007, 44

Bayreuther, Frank, Zum Verhältnis zwischen Arbeits-, Urheber- und Arbeitnehmererfindungsrecht – Unter besonderer Berücksichtigung der Sondervergütungsansprüche des angestellten Softwareerstellers, GRUR 2003, 570

Beardwood, John P./Alleyne, Andrew C., Open Source Hybrids and the Final GPLv3, CRi 2008, 14

Bechtold, Stefan, Trusted Computing – Rechtliche Probleme einer entstehenden Technologie, CR 2005, 393

Bechtold, Stefan, Vom Urheber- zum Informationsrecht – Implikationen des Digital Rights Management, München 2002

Beckmann, Martin, Haftung für mangelhafte Compliance-Organisation: Ein Thema auch für GmbH-Geschäftsführer, GmbHR 2014, 113

Benkard, Georg (Begr.), Patentgesetz, 11. Aufl., München 2015 (zit.: *Benkard-Bearbeiter*)

Berger, Christian, Softwarelizenzen in der Insolvenz des Softwarehauses, CR 2006, 505

Berger, Christian, Lizenzen in der Insolvenz des Lizenzgebers, GRUR 2013, 321

Bertani, Michele, Open source: atti del covegno organiiato a Foggia il 2–3 Iuglio 2004 dalle Università di Foggia e Pavia, Milano 2005

Betten, Jürgen, Patentschutz von Computerprogrammen, GRUR 1995, 775

Bettinger, Torsten/Leistner, Matthias (Hrsg.), Werbung und Vertrieb im Internet, Köln 2003

Bettinger, Torsten/Scheffelt, Michael, Application Service Providing: Vertragsgestaltung und Konfliktmanagement, CR 2001, 729

Böcker, Lina Barbara, Computerprogramme zwischen Werk und Erfindung, Baden-Baden 2009

Brandt, Sven, Softwarelizenzen in der Insolvenz, NZI 2001, 337

Braun, Eberhard, Insolvenzordnung: Kommentar, 6. Aufl., München 2014

Bravo, Fabio, Software „Open Source" e Pubblica Amministrazione (L'esperienza europea e quella italiana tra diritto d'autore, appalti pubblici e diritto dei contratti. La EUPL), Bologna 2009

Bröcker, Klaus Tim/Czychowski, Christian/Schäfer, Detmar (Hrsg.), Praxishandbuch Geistiges Eigentum im Internet, München 2003

Büchner, Wolfgang/Brandi-Dohrn, Anselm/Wiebe, Andreas, European Public License (EUPL): Comments and Change Proposals, CR-Beilage 12/2005

Buhr, Carl-Christian u. a., Oracle/Sun Microsystems: The challenge of reviewing a merger involving open source software, Competition Policy Newsletter 2/2010, 20

Buono, Francis M./Sieverding, McLean, GPL Version 3: Two Steps Back For Open Source Licensing, Interoperability, And Open Innovation?, Les Nouvelles XII (2007), 405

Busse, Rudolf (Begr.), Patentgesetz, 7. Aufl., Berlin/New York 2013 (zit.: *Busse-Bearbeiter*)

Caron, Christophe, Les licenses de logiciels dits „libres" à l'épreuve du droit d'auteur français, Recueil Dalloz, 2003, N° 23, 1556

Cepl, Matej, Legal Review of Two Free Licenses Under the Czech Law, http://www.ceplovi.cz/matej/clanky/fre-en.html

Clément-Fontaine, Mélanie, La licence publique générale GNU, Montpellier 1998–1999, http://crao.net/gpl/gpl.pdf

Cool, Yorick, Interprétation de la principale licence de logiciel libre: liberté du code et contraintes de l'interprète, Revue du droit des technologies de l'information 2005, N° 21, 25

Cool, Yorick/Patoul, Fabrice de/Roy, David de/Haouideg, Hakim/Laurent, Philippe/Montero, Etienne, Les logiciels libres face au droit, 2005 (zit.: *Cool u. a.,* Les logiciels libres face au droit)

Crandall, Sean C., A Practical Guide to the GNU GPL, http://images.jw.com/com/publications/1453.pdf

Damm, Ole, Sind deutsche Gerichte zur weltweiten Internetregulierung befugt? – Anmerkung zur BGH-Entscheidung „New York Times", GRUR 2010, 891

Dammers, Wouter/Kerkvoorden, Wanda van, Introduction to software protection under Dutch law, http://ifosslawbook.org/the-netherlands/#sdfootnote0anc

Dammers, Wouter/Weij, Menno, Aansprakelijk voor fouten in (open source) software, of toch niet?, Open Source Jaarboek, 149

Dankwardt, Kevin, Are non-GPL loadable Linux drivers really not a problem?, v. 30.9.2002, http://www.linuxdevices.com/articles/AT5041108431.html

Debiès, Élise, Logiciels libres et marchés publics ne sont pas incompatibles, Droit & Technologies, v. 12.6.2007, http://www.droit-technologie.org/actuality-1044/logiciels-libres-et-marches-publics-ne-sont-pas-incompatibles.html

Deike, Thies, Open Source Software: IPR-Fragen und Einordnung ins deutsche Rechtssystem, CR 2003, 9

Demmel, Annette/ Herten-Koch, Rut, Vergaberechtliche Probleme bei der Beschaffung von Open-Source-Software, NZBau 2004, 187

Determann, Lothar, Softwarekombinationen unter der GPL, GRUR Int. 2006, 645

Determann, Lothar, Dangerous Liaisons – Software Combinations as Derivative Works? Distribution, Installation and Execution of Linked Programs under Copyright Law, Commercial Licenses and the GPL, 21 Berkeley Technology Law Journal 1421 (2006)

Diederich, Oliver, Streit um die neue GPL, v. 3.10.2006, http://www.heise.de/open/artikel/Streit-um-die-neue-GPL-221983.html

Dieselhorst, Jochen, Anwendbares Recht bei Internationalen Online-Diensten, ZUM 1998, 293

Dietrich, Nils, ASP – öffentliche Zugänglichmachung oder unbekannte Nutzungsart?, ZUM 2010, 567

Dittrich, Robert, Noch einmal: Handy-Klingelton als neue urheberrechtliche Nutzungsart, ecolex 2002, 892

Dreier, Thomas, Urheberrecht an der Schwelle des 3. Jahrtausends, CR 2000, 45

Dreier, Thomas, Verletzung urheberrechtlich geschützter Software nach Umsetzung der EG-Richtlinie, GRUR 1993, 781

Dreier, Thomas, Rechtsschutz von Computerprogrammen, CR 1991, 577

Dreier, Thomas, Creative Commons, Science Commons – Ein Paradigmenwechsel im Urheberrecht? in: Ohly, Ansgar/Bodewig, Theo/Dreier, Thomas/Götting, Horst-Peter/Haedicke, Maximilian/Lehmann, Michael (Hrsg.), Perspektiven des geistigen Eigentums und des Wettbewerbsrechts, Festschrift für Gerhard Schricker zum 70. Geburtstag, München 2005, S. 283 (zit.: *Dreier,* FS Schricker zum 70. Geburtstag)

Dreier, Thomas/Schulze, Gernot, Urheberrechtsgesetz, Urheberrechtswahrnehmungsgesetz, Kunsturhebergesetz, Kommentar, 5. Aufl., München 2015 (zit.: *Dreier/Schulze-Bearbeiter*)

Drügemöller, Albert, Vergaberecht und Rechtsschutz – der inter- und supranationale Rahmen und seine Ausgestaltung in Deutschland, Berlin u. a. 1999

Earl, Amanda Albrecht, Copyright Infringement and Open Source Public Licenses: Jacobsen v. Katzer, 535 F.3D 1373 (Fed. Cir. 2008), 77 University of Cincinnati Law Review, 1605 (2009)

Eickemeier, Dominik/Keppeler, Lutz, Open Source Klauseln in Softwareentwicklungsverträgen, ITRB 2015, 266

Ekey, Friedrich/Bender, Achim/ Fuchs-Wissemann, Georg, Markenrecht, 3. Aufl., Heidelberg 2014 (zit.: *Ekey/Bender/Fuchs-Wissemann-Bearbeiter)*

Engelfriet, Arnoud, Uit principe: de GNU General Public License (GPL) Versie 3, Computerrecht 2007, 229

Engelhardt, Tim, Drafting Options for Contributor Agreements for Free and Open Source Software: Assignment, (Non)Exclusive Licence and Legal Consequences, SCRIPTed 2013, 149

Epplin, Jerry, A developer's perspective on the RTLinux patent, v. 11.2.2001, http://www.linuxdevices.com/articles/AT2094189920.html

Erenli, Kai, Open Source – Geschichte, Philosophie, Recht, Saarbrücken 2010

Erman, Walter, Bürgerliches Gesetzbuch, Kommentar, 13. Aufl., 2011 (zit.: *Erman-Bearbeiter)*

Esslinger, Alexander/Betten, Jürgen, Patentschutz im Internet, CR 2000, 18

Feldmann, Thorsten, Zuständigkeit der deutschen Gerichte für Klagen gegen Internetveröffentlichungen der New York Times, AnwZert 2010, 9

Fezer, Karl-Heinz, Lauterkeitsrecht: UWG, 2. Aufl., München 2010 (zit.: *Fezer-Bearbeiter)*

Fezer, Karl-Heinz, Markenrecht, 4. Aufl., München 2009

Fikentscher, Wolfgang/Heinemann, Andreas, Schuldrecht, 10. Aufl., Berlin 2006

Fisher, Franklin/McGowan, John J./Greenwood, Joen, Der Anti-Trust-Fall US gegen IBM, Tübingen 1985

Foerste, Ulrich/Westphalen, Friedrich Graf v., Produkthaftungshandbuch, 3. Aufl., München 2012 (zit.: *Foerste/Westphalen-Bearbeiter)*

Fontana, Richard E., The new MPL, https://opensource.com/law/12/1/the-new-mpl

Fontana, Richard E., Open Source License Enforcement and Compliance, 989 PLI/ Pat 77

Fontana, Richard E., The trouble with Harmony: Part 1, 2011, http://opensource. com/law/11/7/trouble-harmony-part-1

Fontana, Richard E., Open Source License Enforcement and Compliance, in: Lesser, Lori E./Levi, Stuart D./Rosen, Lawrence, Open Source and Free Software 2010: Benefits, Risks and Challenges, New York 2010

Frank, Christian/Wiegand, Nicolai, Der Besichtigungsanspruch im Urheberrecht de lege ferenda, CR 2007, 481

Fromm, Friedrich/Nordemann, Wilhelm (Begr.), Urheberrecht – Kommentar zum Urheberrecht und zum Urheberrechtswahrnehmungsgesetz, 11. Aufl., Stuttgart 2014 (zit.: *Fromm/Nordemann-Bearbeiter)*

Funk, Axel/Zeifang, Gregor, Die neue GNU General Public License, Version 3, CR 2007, 617

Gaster, Jens, Kartellrecht und geistiges Eigentum: Unüberbrückbare Gegensätze im EG-Recht?, CR 2005, 247

Gautier, Pierre-Yves, Propriété littéraire et artistique, 6. Aufl., Paris 2007

Gebert, Julia/Hemel, Armijn, Open Source Lizenz Compliance und Probleme des Supply Chain Managements beim Vertrieb von elektronischen Produkten, InTeR 2014, 20

Geller, Paul Edward, Internationales Immaterialgüterrecht, Kollisionsrecht und gerichtliche Sanktionen im Internet, GRUR Int. 2000, 659

Gerlach, Carsten, Praxisprobleme der Open-Source-Lizenzierung, CR 2006, 649

Ghosh, Rishab Aiyer/Robles, Gregorio/Glott, Ruediger, Free/Libre and Open Source Software: Survey and Study, Part V, 2002, http://www.flossproject.org/report/Final5all.htm#_ftnref12

Ghosh, Rishab Aiyer u. a., Guideline on public procurement of Open Source Software, March 2010, http://www.osor.eu/studies

Ginsburg, Jane, Private International Law Aspects of the Protection of Works and objects of Related Rights Transmitted through Digital Networks, WIPO-Dokument PIL/01/2

Goettsch, Kerry D., SCO Group v. IBM: the Future of Open Source Software, 2003 U. Ill. J.L. Tech & Pol'y 581

Gomulkiewicz, Robert W., How Copyleft Uses License Rights to Succeed in the Open Source Software Revolution and the Implications for Article 2b, 36 Hous. L. Rev. 179 (1999)

Gomulkiewicz, Robert W., Enforcing Open Source Software Licenses: The MDY Trio's Inconvenient Complications, 14 Yale J.L.&Tech. 106–137 (2011)

Gonzáles, Andrés Guadamuz, Viral Contracts or Unenforceable Documents? Contractual Validity of Copyleft Licenses, EIPR 2004, 331 ff.

Görden, Jan, Vorgezogener Werktitelschutz, Tübingen 2009

Götting, Horst-Peter, Gewerblicher Rechtsschutz, 10. Aufl., München 2014

Gottschalk, Eckart, Grenzüberschreitende Werbung als eigenständiger urheberrechtlicher Verletzungstatbestand – Zum Konflikt von Urheberrecht und freiem Warenverkehr, IPRax 2006, 135

Gottwald, Peter (Hrsg.), Insolvenzrechts-Handbuch, 5. Aufl., München 2015 (zit.: *Gottwald-Bearbeiter*)

Grassmuck, Volker, Freie Software zwischen Privat- und Gemeineigentum, Bonn 2002

Grützmacher, Malte, Rechtliche Aspekte der Herstellung und Nutzung von Embedded Systems, in: Büchner, Wolfgang/Dreier, Thomas (Hrsg.), Von der Lochkarte zum globalen Netzwerk – 30 Jahre DGRI, Köln 2007, S. 87 (zit.: *Grützmacher* in: *Büchner/Dreier*)

Grützmacher, Malte, Open Source Software – BSD Copyright und Apache Software License, ITRB 2006, 108

Grützmacher, Malte, Insolvenzfeste Softwarelizenz- und Softwarehinterlegungsverträge – Land in Sicht?, CR 2006, 289

Grundmann, Stefan, Zur Dogmatik der unentgeltlichen Rechtsgeschäfte, AcP 198 (1998), 457

Grzeszick, Bernd, Freie Software: Eine Widerlegung der Urheberrechtstheorie?, MMR 2000, 412

Gue, Theresa, Triggering Infection: Distribution and Derivate Works Under the GNU General Public License, University of Illinois Journal of Law, Technology & Policy 2012 (1), 95

Guibault, Lucie M.C.R., Copyright Limitations and Contracts, Amsterdam 2002

Guibault, Lucie/Daalen, Ot van, Unravelling the Myth around Open Source Licenses: an Analysis from a Dutch and European Law Perspective, The Hague 2006 (zit.: *Guibault/van Daalen*)

Haapanen, Anna, Free and Open Source Software and the Mystery of Software Patent Licenses Under the GPL, IFOSSLR 7(1), 19, http://www.ifosslr.org/ifosslr/article/download/107/204

Hamerly, Jim/Paquin, Tom/Walton, Susan, Freeing the Source – The Story of Mozilla, in: DiBona, Chris/Ockman, Sam/Stone, Mark – Open Sources: Voices from the Open Source Revolution, London u. a. 1999

Hauck, Ronny, Patentlizenzverträge in Insolvenz des Lizenzgebers, GRUR-Prax 2013, 437

Hauschka, Christian E./ Klindt, Thomas, Eine Rechtspflicht zur Compliance im Reklamationsmanagement?, NJW 2007, 2726

Heckmann, Dirk, IT-Vergabe, Open Source Software und Vergaberecht, CR 2004, 401

Heineman, Natalie, Computer Software Derivate Works: The Calm before the Storm, The Journal of High Technology Law, July 2008, 235

Heinemann, Andreas, Immaterialgüterschutz in der Wettbewerbsordnung, Tübingen 2002

Hemel, Armijn, Tooling for Open Source Software License Compliance, CRi 2015, 101

Heussen, Benno, Rechtliche Verantwortungsebenen und dingliche Verfügungen bei der Überlassung von Open Source Software, MMR 2004, 445

Heuvels, Klaus, Rechtsschutz unterhalb der Schwellenwerte, NZBau 2005, 570

Hilber, Marc (Hrsg.), Handbuch Cloud Computing, Köln 2014 (zit.: *Hilber-Bearbeiter,* Handbuch Cloud Computing)

Hilber, Marc/Reintzsch, Dirk, Cloud Computing und Open Source – Wie groß ist die Gefahr des Copyleft bei SaaS?, CR 2014, 697

Hill, Teresa, Fragmenting the Copyleft Movement: the Public Will not Prevail, 1999 Utah L. Rev. 797

Hilty, Reto / Geiger, Christophe, Patenting Software? A Judicial and Socio-Economic Analysis. IIC 2005, 615

Hoeren, Thomas, Die Online-Erschöpfung im Softwarebereich – Fallgruppen und Beweislast, MMR 2010, 447

Hoeren, Thomas, Open Source und das Schenkungsrecht – eine durchdachte Liaison? in: Bork, Reinhard/Hoeren, Thomas/Pohlmann, Petra (Hrsg.) – Recht und Risiko, Festschrift für Helmut Kollhosser, Bd. II, Karlsruhe 2004 (zit.: *Hoeren,* FS Kollhosser)

Hoeren, Thomas/Spittka, Jan, Aktuelle Entwicklungen des IT-Vertragsrechts, MMR 2009, 583

Hoppen, Peter/Thalhofer, Thomas, Der Einbezug von Open Source-Komponenten bei der Erstellung kommerzieller Software, CR 2010, 275

Höppner, Julian, The GPL prevails: An analysis of the first-ever Court decision on the validity and effectivity of the GPL, (2004) 1:4 *SCRIPTed* 628, http://www. law.ed.ac.uk/ahrc/script-ed/issue4/GPL-case.asp

Horns, Axel, Anmerkungen zu begrifflichen Fragen des Softwareschutzes, GRUR 2001, 1

Hubmann, Heinrich, Urheber- und Verlagsrecht, 6. Aufl., München 1987

Huet, Jérôme, La mise à disposition gratuite d'œuvres sur les réseaux numériques, in Ètudes á la mémoire du Professeur Xavier Linant de Bellefonds, Paris 2007, S. 239

Immenga, Ulrich/Mestmäcker, Ernst-Joachim (Hrsg.), Wettbewerbsrecht, 4. Aufl., München 2007

Institut für Rechtsfragen der Freien und Open Source Software (Hrsg.), Die GPL kommentiert und erklärt, Köln 2005 (zit.: *ifrOSS-Bearbeiter*)

Jaeger, Till, Enforcement of the GNU GPL in Germany and Europe, 1 JIPITEC 1 (2010), 34

Jaeger, Till, Handreichungen zur Nutzung der EVB-IT beim Einsatz von Open Source Software, Working Group Public Affairs der OSB Alliance, Stuttgart 2013, http://osb-alliance.de/fileadmin/Downloads/EVB-IT_Handreichungen/osb_position _evbit.pdf (zit.: *Jaeger,* Handreichungen EVB-IT)

Jaeger, Till, Kommerzielle Applikationen für Open Source Software und deutsches Urheberrecht, in: Hoffmann, Mathis/Leible, Stefan (Hrsg.), Vernetztes Rechnen – Softwarepatente – Web 2.0, Stuttgart 2008, S. 61 (zit.: *Jaeger,* Kommerzielle Applikationen für Open Source Software)

Jaeger, Till, Der Erschöpfungsgrundsatz im neuen Urheberrecht, in: Hilty, Reto/ Peukert, Alexander (Hrsg.), Interessenausgleich im Urheberrecht, Baden-Baden 2004, S. 47 (zit.: *Jaeger,* Der Erschöpfungsgrundsatz im neuen Urheberrecht)

Jaeger, Till, Auswirkungen der EU-Urheberrechtsrichtlinie auf die Regelungen des Urheberrechtsgesetzes für Software, CR 2002, 309

Jaeger, Till, No license to Bill, Computerwoche Spezial 2001, 46, http://www. ifross.de/ifross_html/art19.html

Jaeger, Till, Die Erschöpfung des Verbreitungsrechts bei OEM-Software, ZUM 2000, 1070

Jaeger, Till/Gebert, Julia, Comment: Open Source Licensing – „Jacobsen v. Katzer", IIC 2009, 346

Jaeger, Till/Metzger, Axel, Die neue Version 3 der GNU General Public License, GRUR 2008, 130

Jaeger, Till/Metzger, Axel, Open Content-Lizenzen nach deutschem Recht, MMR 2003, 431

Jakob, Georg, Freiheit und Software, in: Schweighofer, Erich/Menzel, Thomas/ Kreuzbauer, Günther, Auf dem Weg zur ePerson. Aktuelle Fragestellungen der Rechtsinformatik 2001 (zit.: *Schweighofer/Menzel/Kreuzbauer-Jakob*)

Jakob, Sylvia F., A Qualitative Study on the Adoption of Copyright Assignment Agreements (CAA) and Copyright License Agreements (CLA) within Selected FOSS Projects, JIPITEC 2014, 105

Jayme, Erik, Internationales Familienrecht heute, in: Dieckmann, Albrecht/Frank, Rainer/Hanisch, Hans/Simitis, Spiros, Festschrift für Wolfram Müller-Freienfels, Baden-Baden 1986, S. 341 (zit.: *Jayme,* FS Müller-Freienfels)

Jestaedt, Dirk, Die Ansprüche auf Rückruf und Entfernen schutzrechtsverletzender Gegenstände aus den Vertriebswegen, GRUR 2009, 102

Junker, Markus, Anwendbares Recht und internationale Zuständigkeit bei Urheber-rechtsverletzungen im Internet, Kassel 2002

Kalhammer, Florian, Die Entstehung des Betriebssystems, http://linux-praxis.de/linux1/geschichte.html

Karl, Matthias/Reichelt, Daniel, Die Änderungen des Gesetzes gegen Wettbewerbsbe-schränkungen durch die 7. GWB-Novelle, DB 2005, 1436

Katz, Andrew, Länderbericht „UK" in: The International Free and Open Source Software Law Book, http://ifosslawbook.org/uk

Kegel, Gerhard/Schurig, Klaus, Internationales Privatrecht – ein Studienbuch, 9. Aufl., München 2004

Kennedy, Dennis M., A Primer on Open Source licensing Legal Issues: Copyright, Copyleft, and Copyfuture, 20 St. Louis U. Pub. L. Rev. 345 (2001)

Keppeler, Lutz, Wann erstreckt sich die GPLv2 auf eine komplexe Software „as a whole"?, CR 2015, 9

Ker, Caroline, Reprenez ce logiciel libre que je ne saurais exploiter!, Revue du droit des technologies de l'information 2008, N° 31, 264

Kilian, Wolfgang/Heussen, Benno, Computerrechts-Handbuch, Losebl., Stand: 32. Erg., München 2013

Kindermann, Manfred, Softwarepatentierung, CR 1992, 577 und 658

Klaiber, Kilian, Stellungnahme zu den Vorlagefragen aus der Entscheidung G3/08 der großen Beschwerdekammer des EPA, GRUR 2006, 561

Klawitter, Christian, Lizenzverträge und Kartellrecht, 2. Aufl., Baden-Baden 2015

Koch Frank A., Probleme beim Wechsel zur neuen Version 3 der General Public License, ITRB 2007, 261 und 285

Koch, Frank A., Rechtsrisiko Open Source Software?, Informatik Spektrum 2/2004, 55

Koch, Frank A., Application Service Providing als neue IT-Leistung, ITRB 2001, 39

Koch, Frank A., Urheber- und kartellrechtliche Aspekte der Nutzung von Open-Source Software, CR 2000, 273 und 333

Koch, Frank A., Internationale Gerichtszuständigkeit und Internet, CR 1999, 121

Koch, Hans J., Userspace I/O drivers in a realtime context, https://www.osadl.org/fileadmin/dam/rtlws/12/Koch.pdf

Koch, Tobias, „JDownloader2" und das Urheberrecht – Umgehung technischer Schutzmaßnahmen mittels Streaming-Recorders, jurisPR-ITR 18/2014 Anm. 3

Koelman, K.J., Terug naar de bron: open source en copyleft, Informatierecht 2000, 149

Koelman, K.J., Brothers in arms: open source en auteursrecht, Computerrecht 2004, 230

Koenig, Christian/Neumann, Andreas, Anforderungen des EG-Wettbewerbsrechts an vertrauenswürdige Systemumgebungen – TCPA, TCG, Palladium und NGSCB, MMR 2003, 695

Koenig, Christian/Neumann, Andreas, Standardisierung und EG-Wettbewerbsrecht – ist bei vertrauenswürdigen Systemumgebungen wettbewerbspolitisches Misstrauen angebracht?, WuW 2003, 1138

Koglin, Olaf, Die Nutzung von Open Source Software unter neuen GPL-Versionen nach der „*any later version*"-Klausel, CR 2008, 137

Koglin, Olaf, Opensourcerecht – Die urheber- und schuldrechtlichen Beziehungen zwischen Lizenzgeber und Lizenznehmer bei Open Source Software am Beispiel der General Public License (GPL), Frankfurt a. M. 2007 (zit.: *Koglin,* Opensourcerecht)

Kohler, Josef, Urheberrecht an Schriftwerken und Verlagsrecht, Stuttgart 1907

Köhler, Helmut/Bornkamm, Joachim, Gesetz gegen den unlauteren Wettbewerb, 33. Aufl., München 2015 (zit.: *Köhler/Bornkamm-Bearbeiter*)

Köhntopp, Kristian/Köhntopp, Marit/Pfitzmann, Andreas, Sicherheit durch Open Source?, DuD 2000, 508

Kolle, Gert, Der Rechtsschutz von Computerprogrammen aus nationaler und internationaler Sicht, GRUR 1974, 7

Kolle, Gert, Technik, Datenverarbeitung und Patentrecht, GRUR 1977, 58

Kraßer, Rudolf, Patentrecht, 6. Aufl., München 2009

Kremer, Sascha, Urheberrechtlicher Schutz einer Firmware für DSL-Endgeräte mit GPL-Komponenten, jurisPR-ITR 4/2012 Anm. 3

Kreutzer, Till, Das Modell des deutschen Urheberrechts und Regelungsalternativen, Baden-Baden 2008

Kreutzer, Till, Firmware, Urheberrecht und GPL, CR 2012, 146

Krieger, Ulrich, Abhängige Patente und ihre Verwertung, GRUR Int. 1989, 216

Kroah-Hartman, Greg/Corbet, Jonathan/McPherson, Amanda, Linux Kernel Development: How Fast it is Going, Who is Doing It, What They are Doing, and Who is Sponsoring It, http://www.linuxfoundation.org/sites/main/files/publications/who writeslinux.pdf

Kuhlmann, Dirk, Digital Rights Management versus Open Source? Überlegungen am Beispiel Trusted Computing, in: Büllesbach/Dreier, Wem gehört die Information im 21. Jahrhundert?, Köln 2004, S. 75

Kulartz, Hans-Peter/Marx, Fridhelm/Portz, Norbert/Prieß, Hans-Joachim, Kommentar zur VOL/A, 3. Aufl., Neuwied 2014 (zit.: *Kulartz/Marx/Portz/Prieß-Bearbeiter*)

Kumar, Sapna, Enforcing the GNU GPL, 2006 University of Illinois Journal of Law, Technology & Policy, 1

Kumar, Sapna/Koglin, Olaf, GPL Version 3's DRM and Patent Clauses under German and U.S. Law, CRi 2008, 33

Kummer, Joachim, Zum Interessenausgleich zwischen Insolvenzverwalter und Lizenznehmern in der Insolvenz des Lizenzgebers, GRUR 2009, 293

Küng, Julia, Urheberrechtliche Aspekte Freier Software, MR 2004, 21

Labesius, Stefan, GPL-Verletzung durch Angebot unvollständigen Quellcodes, ITRB 2013, 205

Lagemaat, Arend/de Vilder, Eliane, Aansprakelijkheid en open source Software, in: Thole, Elisabeth u. a. (Hrsg.), Open Source Software: Een verkenning naar de juridische aspecten van open source software, 2005, S. 133

Laub, Christoph, Patentfähigkeit von Softwareerfindungen: Rechtliche Standards in Europa und in den USA und deren Bedeutung für den internationalen Anmelder, GRUR Int. 2006, 629

Larenz, Karl/Canaris, Claus-Wilhelm, Lehrbuch des Schuldrechts Band II/2: Besonderer Teil, 2. Halbband, 13. Aufl., München 1994

Laurent, Philippe, Les licences de type „open source" ou „open content" ne se fondent pas sur un „droit de destination", I.R.D.I., 2008, Vol. 2, S. 149–151

Lee, Steve H., Open source software licensing, http://cyber.law.harvard.edu/open law/gpl.pdf

Lehmann, Michael, Das Urhebervertragsrecht der Softwareüberlassung, in: Beier, Friedrich-Karl/Götting, Horst-Peter/Lehmann, Michael/Moufang, Rainer (Hrsg.), Urhebervertragsrecht, Festgabe für Gerhard Schricker zum 60. Geburtstag, München 1995, S. 543 (zit.: *Lehmann*, FS Schricker zum 60. Geburtstag)

Lehmann, Michael, Titelschutz von Computerprogrammen, GRUR 1995, 250

Lehmann, Michael (Hrsg.), Rechtsschutz und Verwertung von Computerprogrammen, 2. Aufl., Köln 1993 (zit.: *Lehmann-Bearbeiter*)

Lehmann, Michael, Portierung und Migration von Anwendersoftware, CR 1990, 625

Leisner, Walter, Freiheit und Eigentum – die selbständige Bedeutung des Eigentums gegenüber der Freiheit, in: Isensee, Josef (Hrsg.), Eigentum, Berlin 1996, S. 11 (zit.: *Leisner*, Freiheit und Eigentum)

Leistner, Matthias, Konsolidierung und Entwicklungsperspektive des Europäischen Urheberrechts, Bonn 2008

Lejeune, Mathias, Die neue europäische Gruppenfreistellungsverordnung für Technologietransfer-Vereinbarungen, CR 2004, 467

Lejeune, Mathias, Rechtsprobleme bei der Lizenzierung von Open Source Software nach der GNU GPL, ITRB 2003, 10

Levy, Steven, Hackers. Heroes of the Computer Revolution, New York 1994

Loewenheim, Ulrich/Meessen, Karl M./Riesenkampff, Alexander (Hrsg.), Kartellrecht, 2. Aufl., München 2009 (zit.: *Loewenheim/Meessen/Riesenkampff-Bearbeiter*)

Lucas, André/Lucas, Henri-Jacques, Traité de la propriété littéraire et artistique, Paris 2001

Luthiger, Benno, Alles aus Spaß? Zur Motivation von Open-Source-Entwicklern, in: Gehring, Robert/Lutterbeck, Bernd (Hrsg.), Open Source Jahrbuch 2004, Berlin 2004 (zit.: *Luthiger*, Open Source Jahrbuch 2004)

Lutterbeck, Bernd/Gehring, Robert/Horns, Axel H., Sicherheit in der Informationstechnologie und Patentschutz für Software-Produkte – Ein Widerspruch?, Kurzgutachten, Berlin 2000, http://www.sensortime.com/Kurzgutachten.pdf (zit.: *Lutterbeck/Gehring/Horns*, Kurzgutachten)

Maher, Marcus, Open Source Software: the Success of an Alternative Intellectual Property Incentive Paradigm, 10 Fordham Intell. Prop. Media & Ent. L.J. 619 (2000)

Majerus, Laura A., Court Evaluates Meaning of „Derivative Work" in an Open Source License, http://library.findlaw.com/2003/Jun/16/132811.html

Mankowski, Peter, Das Internet im Internationalen Vertrags- und Deliktsrecht, RabelsZ 63 (1999), 203

Mantz, Reto, Open Content-Lizenzen und Verlagsverträge – Die Reichweite des § 33 UrhG, MMR 2006, 784

Maracke, Catharina, Copyright Management for Open Collaborative Projects – Inbound Licensing Models for Open Innovation, 10 SCRIPTed 2013, 140

Maracke, Catharina, Creative Commons International The International License Porting Project, 1 JIPITEC 4 (2010)

Maracke, Catharina/ Metzger, Axel, Playing Nice With Patents: Do Voluntary Non Aggression Pledges Provide A Sound Basis For Innovation?, NC Journal of Law & Technology (2016)

Marly, Jochen, Praxishandbuch Softwarerecht, 6. Aufl., München 2014

Marly, Jochen, Das Verhältnis von Urheber- und Markenrecht bei Open Source Software, GRUR-RR 2010, 457

Martens, Kay-Uwe, Rechtsprobleme der Open Source Software in der Verwaltung, KommJur 2007, 94

McGowan, David, Legal Implications of Open-Source Software, 2001 U. Ill. L. Rev. 241

McGuire, Mary-Rose, Nutzungsrechte an Computerprogrammen in der Insolvenz, GRUR 2009, 13

McKusisck, Marshall Kirk, Twenty Years of Berkeley Unix – From AT&T-Owned to Freely Redistributable, in: DiBona, Chris/Ockman, Sam/Stone, Mark, Open Sources: Voices from the Open Source Revolution, London u. a. 1999 (zit.: *McKusick*)

Meeker, Heather, The Open Source Alternative, Hoboken, New Jersey 2008 (zit.: *Meeker*, The Open Source Alternative)

Meeker, Heather, Open SaaS: The Gift that Keeps on Giving – Distribution and Copyleft in Open Source Software Licenses, IFOSSLR, 4 (1), 2012, 29, http://www.ifosslr.org/ifosslr/article/view/66/125

Meeker, Heather, Open Source and the Age of Enforcement, 4 HASTINGS SCI. & TECH. L.J. 267 (2012)

Meeker, Heather, Open Source for Business – A Practical Guide to Open Source Software Licensing, 2015 (zit.: *Meeker*, Open Source for Business)

Merges, Robert P., The End of Friction? Property Rights and Contract in the „Newtonian" World of on-line Commerce, 12 Berkeley Tech. L.J. 115, 129 (1997)

Mestmäcker, Ernst-Joachim/Schweitzer, Heike, Europäisches Wettbewerbsrecht, 3. Aufl., München 2014

Metzger, Axel, Free Content Licenses under German Law, http://lists.ibiblio.org/pipermail/cc-de/2004-July/000015.html

Metzger, Axel, Free and Open Source Software (FOSS) and other Alternative License Models, Cham u. a. 2016 (zit.: *Metzger-Bearbeiter*)

Metzger, Axel, Internationalisation of FOSS Contributory Copyright Assignments and Licenses: Jurisdiction-Specific or „Unported"?, 10 SCRIPTed 2013, 177

Metzger, Axel, Transnational Law for Transnational Communities The Emergence of a Lex Mercatoria (or Lex Informatica) for International Creative Communities, 3 JIPITEC, 361–368 (2012)

Metzger, Axel, A Primer on ACTA What Europeans Should Fear about the Anti-Counterfeiting Trade Agreement, 1 JIPITEC 109 (2010)

Metzger, Axel, Perspektiven des internationalen Urheberrechts – Zwischen Territorialität und Ubiquität, JZ 2010, 929

Metzger, Axel, Innovation in der Open Source Community – Herausforderungen für Theorie und Praxis des Immaterialgüterrechts, in: Eifert, Martin/Hoffmann-Riem, Wolfgang (Hrsg.), Geistiges Eigentum und Innovation, Berlin 2008, S. 187 (zit.: *Metzger*, Innovation in der Open Source Community)

Metzger, Axel, Transfer of Rights, License Agreements, and Conflict of Laws – Remarks on the Applicable Law on Transfer of IP Rights and License Agreements under the Rome Convention of 1980 and the Current ALI Draft, in: Basedow, Jürgen/Drexl, Josef/Kur, Annette/Metzger, Axel (Hrsg.), Intellectual Property in the Conflict of Laws, Tübingen 2005, S. 61 (zit.: *Basedow/Drexl/Kur/Metzger-Metzger*)

Metzger, Axel, Der neue § 651 BGB, AcP 204 (2004), 231

Metzger, Axel, Freie Software, Open Content – Ausgleich expansiver Urheberrechte durch das Vertragsrecht?, in: Hilty, Reto/Peukert, Alexander (Hrsg.), Interessenausgleich im Urheberrecht, Baden-Baden 2004, S. 253 (zit.: *Metzger*, Freie Software, Open Content)

Metzger, Axel, Zur Zulässigkeit von CPU-Klauseln in Softwareverträgen, NJW 2003, 1994

Metzger, Axel, Softwarepatente im künftigen europäischen Patentrecht, CR 2003, 313

Metzger, Axel, Rechtsgeschäfte über das Droit Moral im deutschen und französischen Urheberrecht, München 2002

Metzger, Axel, EU-„Sondierungspapier" zu Softwarepatenten, CR 2000, 865

Metzger, Axel, EPA-Verwaltungsrat für Software-Patente, CR 2000, 792

Metzger, Axel/Barudi, Malek, Open Source in der Inolvenz, CR 2009, 557

Metzger, Axel/Jaeger, Till, Open Source Software und deutsches Urheberrecht, GRUR Int. 1999, 839

Metzger, Axel/Wurmnest, Wolfgang, Auf dem Weg zu einem Europäischen Sanktionenrecht des geistigen Eigentums?, ZUM 2003, 922

Meyer, Stephan T., Miturheberschaft bei freier Software – Nach deutschem und amerikanischem Sach- und Kollisionsrecht, Baden-Baden 2011

Meyer, Stephan T., Miturheberschaft und Aktivlegitimation bei freier Software, CR 2011, 560

Moglen, Eben, Free Software Matters: Enforcing the GPL, I, http://emoglen. law.columbia.edu/publications/lu-12.html (2001)

Moglen, Eben, Free Software Matters: Enforcing the GPL, II, http://emoglen. law.columbia.edu/publications/lu-13.html (2001)

Moglen, Eben, Anarchism Triumphant – Free Software and the Death of Copyright, http://emoglen.law.columbia.edu/my_pubs/anarchism.html (1999)

Moglen, Eben/Choudhary, Mishi, Software Freesom Law Center Guide to GPL Compliance, 2nd Ed, (2014), http://www.softwarefreedom.org/resources/2014/SFLC-Guide_to_GPL_Compliance_2d_ed.pdf

Möhring, Philipp/Nicolini, Käte, Urheberrechtsgesetz – Kommentar, 3. Aufl., München 2014

Morgan, Michael F., The Cathedral and the Bizarre: An Examination of the „viral" Aspects of the GPL, 27 John Marshall Journal of Computer & Information Law, 349 (2010)

Müller, Norman/Gerlach, Carsten, Open-Source-Software und Vergaberecht, CR 2005, 87

Müller-Broich, Jan Dominik, Autodistributive Computersoftware, Frankfurt a. M. 1998

Müller-Hengstenberg, Claus D., Nationale und internationale Rechtsprobleme im Internet, NJW 1996, 1777

Münchener Kommentar zum Bürgerlichen Gesetzbuch, 6. Aufl./7. Aufl., München 2012/2015 (zit.: *MüKo-Bearbeiter*)

Münchener Kommentar zur Insolvenzordnung, 3. Aufl., München 2013 ff. (zit.: *MüKoInsO-Bearbeiter*)

Mundie, Craig, The Commercial Software Model, v. 3.5.2001, http://www.microsoft. com/presspass/exec/craig/05-03sharedsource.mspx

Nack, Ralph, Sind jetzt computerimplementierte Geschäftsmethoden patentfähig? – Analyse der Bundesgerichtshof-Entscheidung „Sprachanalyseeinrichtung", GRUR 2000, 853

Nack, Ralph/Phélip, Bruno, Bericht über die Diplomatische Konferenz zur Revision des Europäischen Patentübereinkommens München 20.–29. November 2000, GRUR Int. 2001, 322

Nadan, Christian H., Open Source Licensing: Virus or Virtue?, 10 Tex. Intell. Prop. L.J. 349 (2002)

Nadan, Christian H., Closing the Loophole: Open Source Licensing & the Implied Patent License, 26 The Computer & Internet Lawyer 1 (August 2009)

Nordemann, Wilhelm, Vorschlag für ein Urhebervertragsrecht, GRUR 1991, 1

Nordmeyer, Arne, Rechtsfragen der Open Source-Software, in: Lehmann, Michael/ Meents, Jan Geert (Hrsg.), Handbuch des Fachanwalts Informationstechnologierecht, 2. Aufl., Köln 2011 (zit.: *Nordmeyer*, FA IT-Recht)

Nordmeyer, Arne, Open Source und Kartellrecht: Die Gültigkeit der Copyleft- und Lizenzgebührverbots-Klauseln angesichts des Art. 101 AEU (sowie der §§ 1 f. GWB), 1 JIPITEC 19 (2010)

Omsels, Hermann-Josef, Open Source und das deutsche Vertrags- und Urheberrecht, in: Schertz, Christian/Omsels, Hermann-Josef (Hrsg.), Festschrift für Paul W. Hertin, München 2000, S. 141 (zit.: *Omsels*, FS Hertin)

Orfali, Robert/Harkey, Dan, Client-Server Programming with OS/2, New York 1991

O'Sullivan, Maureen, The Pluralistic, Evolutionary, Quasi-legal Role of the GNU General Public Licence in Free/Libre/Open Source Software („FLOSS"), EIPR 2004, S. 340

Palandt, Otto (Begr.), Bürgerliches Gesetzbuch, 75. Aufl., München 2016 (zit.: *Palandt-Bearbeiter*)

Peifer, Karl Nikolaus, Moral Rights in den USA, ZUM 1993, 325

Picot, Henriette, Dealing with Open Source Software Licenses in Outsourcing Transactions, CRi 2010, 9

Pietzke, Rudolf, Patentschutz, Wettbewerbsbeschränkungen und Konzentration im Recht der Vereinigten Staaten von Amerika, München 1983

Pietzker, Rolf, Die sogenannte Abhängigkeit im Patentrecht, GRUR 1993, 272

Plaß, Gunda, Open Contents im deutschen Urheberrecht, GRUR 2002, 670

Plath, Kay-Uwe, Nießbrauch an Software, CR 2005, 613

Pohle, Jan/Ammann, Thorsten, Software as a Service – auch rechtlich eine Evolution?, K&R 2009, 625

Prell, Monika, Der Staat als Open-Source-Kunde: Die EVB-IT und die OSBA-Handreichung, Linux-Magazin 07/2014, http://www.linux-magazin.de/Ausgaben/2014/07/Recht

Prieß, Han-Joachim/Hölzl, Franz-Josef, Das Ende des rechtsfreien Raumes: Der verwaltungsgerichtliche Rechtsschutz bei der Rüstungsbeschaffung, NZBau 2005, 367

Raymond, Eric S., Microsoft's „Shared Source" plan – such a deal!, v. 18.5.2001, http://www.linuxtoday.com/news_story.php3?ltsn=2001-05-18-003-20-OP-MS

Raymond, Eric S., The Cathedral and the Bazaar, http://www.catb.org/~esr/writings/cathedral-bazaar/

Redeker, Helmut (Hrsg.), Handbuch der IT-Verträge, Köln (zit.: *Redeker-Bearbeiter,* Handbuch IT-Verträge)

Redeker, Helmut, Der „virale Effekt" der GPL – Vermeidung durch Leistungssplit!, in: Heymann, Thomas/Schneider, Jochen (Hrsg.), Festschrift für Michael Bartsch zum 60. Geburtstag, 2006, http://www.bartsch-partner.com/de/40/

Rehm, T. Robert, Jr., Navigating the Open Source Minefield: What's a business to do?, 10 Wake Forest Intellectual Property Law Journal, 289 (2010)

Reichl, Wolfgang, Beobachtungen zur Patentierbarkeit computerimplementierter Erfindungen, Mitt. 2006, 6

Reinbothe, Jörg, Hat die Europäische Gemeinschaft dem Urheberrecht gutgetan? – Eine Bilanz des Europäischen Urheberrechts, in: Ohly, Ansgar/Bodewig, Theo/Dreier, Thomas/Götting, Horst-Peter/Haedicke, Maximilian/Lehmann, Michael (Hrsg.), Perspektiven des geistigen Eigentums und des Wettbewerbsrechts, Festschrift für Gerhard Schricker zum 70. Geburtstag, München 2005, S. 483 (zit.: *Reinbothe,* FS Schricker zum 70. Geburtstag)

Reincke, Karsten, Open Source Software and Reverse Engineering, Version 1.0 v. 2.3.2015, http://opensource.telekom.net/oslic/releases/oslic-reveng-extract.pdf

Reithmann, Christoph/Martiny, Dieter (Hrsg.), Internationales Vertragsrecht, 6. Aufl., Köln 2004 (zit.: *Reithmann/Martiny-Bearbeiter)*

Rénard, Isabelle, Licenses „Open Source": La fin des redevances?, Petites Affiches 2000, N°205, 17

Richlicky, Tomasz, GPLv3: New Software License and New Axiology of Intellectual Property Law, EIPR 2008, 232

Rodriguez, Kenneth J., Closing the Door on Open Source: Can the General Public License Save Linux and Other Open Source Software?, 5 J. High Tech. L. 403 (2005)

Röhrborn, Jens/Sinhart, Michael, Application Service Providing, CR 2001, 69

Rojinsky, Cyril/Grynbaum, Vincent, Les licenses libres et le droit français, Propriétés Intellectuelles, Juillet 2002 N°4, 28

Rosen, Lawrence, OSL 3.0: A Better License for Open Source Software, CRi 2007, 166

Rosen, Lawrence, License Proliferation, 2005, http://www.rosenlaw.com/License Proliferation.pdf

Rosen, Lawrence, Open Source Licensing – Software Freedom and Intellectual Property Law, New Jersey 2004

Rosen, Lawrence, The Unreasonable Fear of Infection, 2001, http://www.rosenlaw. com/html/GPL.PDF

Rosenkranz, Timo, Open Contens – Eine Untersuchung der Rechtsfrage beim Einsatz „freier" Urheberrechtslizenzenmodelle, Tübingen 2011

Rushkoff, Douglas, Hört Bill Gates zu, v. 19.8.1997, http://www.heise.de/tp/r4/artikel/2/2185/1.html

Samuels, Edward, The Public Domain in Copyright Law, 41 Journal of the Copyright Society 137 (1993)

Sandl, Ulrich, „Open Source"-Software: Politische, ökonomische und rechtliche Aspekte, CR 2001, 346

Sass, Rami, Top 10 Microsoft Public License (Ms-PL) Questions Answered, http://www.whitesourcesoftware.com/top-10-microsoft-public-license-ms-pl-questions-answered/

Schack, Haimo, Urheber- und Urhebervertragsrecht, 7. Aufl., Tübingen 2015

Schack, Haimo, Neuregelung des Urhebervertragsrechts, ZUM 2001, 453

Schäfer, Fabian, Der virale Effekt – Entwicklungsrisiken im Umfeld von Open Source Software, Karlsruhe 2007

Schäfer, Fabian, Zum viralen Effekt der General Public License v. 2 (GPL), K&R 2012, 124

Schauwecker, Marko, Die Rechtssache Bilski und ihre Auswirkungen auf die Patentierbarkeit computerimplementierter Erfindungen in den USA, GRUR Int. 2010, 1 und 115

Schiffner, Thomas, Open Source Software: Freie Software im deutschen Urheber- und Vertragsrecht, München 2003

Schindler Bühler, Katharina, Kartellrechtliche Aspekte von Open Source Software, in: Weber, Rolf/Berger, Mathias/Auf der Maur, Rolf, Geschäftsplattform Internet IV, Open Source – Multimedia – Online Arbitration, Zürich 2003 (zit.: *Schindler Bühler*)

Schiuma, Daniele, TRIPS und das Patentierungsverbot für Software „als solcher", GRUR Int. 1998, 852

Schmidt-Aßmann, Eberhard/Schoch, Friedrich (Hrsg.), Besonderes Verwaltungsrecht, 14. Aufl., Berlin u. a. 2008

Schmitz, Patrice-Emmanuel, The EUPL interoperability – Which FOSS components in the EUPL solutions?, http://osor.eu/legal-questions-1/EUPL%20Interoperability.pdf

Schneider, Jochen, Handbuch des EDV-Rechts, 4. Aufl., Köln 2009

Schneider, Jochen/Spindler, Gerald, Der Kampf gegen die gebrauchte Software – Revolution im Urheberrecht?, CR 2012, 489

Schölch, Günther, Softwarepatente ohne Grenzen, GRUR 2001, 16

Schöttle, Hendrik, Der Patentleft-Effekt der GPLv3, CR 2013, 1

Schreibauer, Marcus/Mantz, Reto, Anmerkung zu: LG Berlin, Urt. v. 8. 11. 2011 – 16 O 255/10, GRUR-RR 2012, 107

Schricker, Gerhard, Bemerkungen zur Erschöpfung im Urheberrecht, in: Schricker, Gerhard/Heath, Christoph/Ganea, Peter (Hrsg.), Urheberrecht gestern – heute – morgen, Festschrift für Adolf Dietz, München 2001, S. 447 (zit.: *Schricker*, FS Dietz)

Schricker, Gerhard, Verlagsrecht: Kommentar zum Gesetz über das Verlagsrecht vom 19.6.1901, 3. Aufl., München 2001

Schricker, Gerhard (Hrsg.), Urheberrecht auf dem Weg in die Informationsgesellschaft, Baden-Baden 1997 (zit.: *Bearbeiter* in: Schricker, Informationsgesellschaft)

Schricker, Gerhard/Loewenheim, Ulrich (Hrsg.), Urheberrecht, Kommentar, 4. Aufl., München 2010 (zit.: *Schricker/Loewenheim-Bearbeiter*)

Schulte, Rainer, Patentgesetz mit Europäischem Patentübereinkommen, 9. Aufl., Köln u. a. 2014

Schultz, Detlef v. (Hrsg.), Markenrecht – Kommentar, 2. Aufl., Heidelberg 2007 (zit.: *Schultz-Bearbeiter*)

Schultze, Jörg-Martin/Pautke, Stephanie/Wagener, Dominique, Die Gruppenfreistellungsverordnung für Technologietransfervereinbarungen, 2. Aufl., Frankfurt a. M. 2008

Schulz, Carsten, Dezentrale Softwareentwicklungs- und Softwarevermarktungskonzepte, Köln 2005

Schwarz, Claudia, Rechtfertigen rechtsdogmatisch schwierige Fragen die Abschaffung von „Software-Patenten"?, GRUR 2014, 224

Sédallian, Valérie, Droit de l'Internet: réglementation, responsabilités, contrats, Cachan 1997

Sedlmaier, Roman/Gigerich, Jan, Rechtliche Bedingungen und Risiken der Landeshauptstadt München für den Einsatz von Open-Source Software, JurPC Web-Dok. 10/2005

Sester, Peter, Open-Source-Software: Vertragsrecht, Haftungsrisiken und IPR-Fragen, CR 2000, 797

Shemtov, Noam/Walden, Ian (Hrsg.), Free and Open Source Software – Policy, Law, and Practice, Oxford 2013 (zit. *Shemtov/Walden-Bearbeiter*)

Siehr, Kurt, Internationales Privatrecht, Heidelberg 2001

Siepmann, Jürgen, Lizenz- und haftungsrechtliche Fragen bei der kommerziellen Nutzung Freier Software, JurPC Web-Dok. 163/1999, Abs. 1–289

Söbbing, Thomas, Nutzungsrechteübertragung bei ASP und SaaS, ITRB 2015, 147

Soergel, Hans Th. (Begr.), Bürgerliches Gesetzbuch mit Einführungsgesetz und Nebengesetzen – Kohlhammer-Kommentar, 13. Aufl., Stuttgart 1999 ff. (zit.: *Soergel-Bearbeiter*)

Spindler, Gerald, Miturhebergemeinschaft und BGB-Gesellschaft, in: Ohly, Ansgar/Bodewig, Theo/Dreier, Thomas/Götting, Horst-Peter/Haedicke, Maximilian/Lehmann, Michael, Perspektiven des geistigen Eigentums und des Wettbewerbsrechts, Festschrift für Gerhard Schricker zum 70. Geburtstag, München 2005, S. 539 (zit.: *Spindler, FS Schricker zum 70. Geburtstag)*

Spindler, Gerald (Hrsg.), Rechtsfragen bei Open Source, Köln 2004 (zit.: *Spindler-Bearbeiter)*

Spindler, Gerald, Ausgewählte urheberrechtliche Probleme von Open Source Software unter der GPL, in: Büllesbach, Alfred/Dreier, Thomas (Hrsg.), Wem gehört die Information im 21. Jahrhundert, Köln 2004, S. 115 (zit.: *Spindler in: Büllesbach/Dreier)*

Spindler, Gerald, Open-Source-Software auf dem gerichtlichen Prüfstand – Dingliche Qualifikation und Inhaltskontrolle, K&R 2004, 528

Spindler, Gerald, Die kollisionsrechtliche Behandlung von Urheberrechtsverletzungen im Internet, IPRax 2003, 412

Spindler, Gerald/Klöhn, Lars, Neue Qualifikationsprobleme im E-Commerce – Kaufvertrag, Werkvertrag, Verbrauchsgüterkauf?, CR 2003, 81

Spindler, Gerald/Wiebe, Andreas, Open Source-Vertrieb, Rechteeinräumung und Nutzungsberechtigung, CR 2003, 873

Stallman, Richard M., The GNU Maifesto, http://www.gnu.org/gnu/manifesto.html

Stallman, Richard M., Copyleft: Pragmatic Idealism, http://www.gnu.org/philosophy/pragmatic.en.html

Stallman, Richard M., Why Copyleft?, https://www.gnu.org/philosophy/why-copyleft.en.html

Stallman, Richard M., Saving Europe from Software Patents, http://www.gnu.org/philosophy/savingeurope.html

Stallman, Richard M./Moglen, Eben, GPL Version 3: Background to Adoption, http://www.fsf.org/licensing/essays/gpl3-background.html

Staudinger, Julius v. (Begr.), Kommentar zum Bürgerlichen Gesetzbuch, 14. Bearbeitung/Neubearbeitung 2005 ff. (zit.: *Staudinger-Bearbeiter*)

Stickelbrock, Barbara, Linux & Co. – Gewährleistung und Haftung bei kommerziell vertriebener Open Source Software, ZGS 2003, 368

Stieper, Malte, Das Anti-Counterfeiting Trade Agreement (ACTA) – wo bleibt der Interessenausgleich im Urheberrecht?, GRUR Int. 2011, 124

Stieper, Malte, „Digitalisierung" des Urheberrechts im Wege verfassungskonformer Auslegung, GRUR 2014, 1060

Stjerna, Ingve Björn, Neues zur Patentierbarkeit computerimplementierter Erfindungen, Mitt. 2005, 49

St. Laurent, Andrew M., Understanding Open Source and Free Software Licensing, Sebastopol 2004

Stoltz, Mitchell L., The Penguin Paradox: How the Scope of Derivative Works in Copyright Affects the Effectivenes of the GNU GPL, 85 Boston University Law Review, 1439 (2005)

Ströbele, Paul/Hacker, Franz (Hrsg.), Markengesetz, 11. Aufl., 2015 (zit.: *Ströbele/Hacker-Bearbeiter*)

Sujecki, Bartosz, Vertrags- und urheberrechtliche Aspekte von Open Source Software im deutschen Recht, JurPC Web-Dok. 145/2005

Taeger, Jürgen, Produkt- und Produzentenhaftung bei Schäden durch fehlerhafte Computerprogramme, CR 1996, 257

Taeger, Jürgen, Außervertragliche Haftung für fehlerhafte Computerprogramme, Tübingen 1995

Taschner, Hans Claudius/Frietsch, Edwin, Produkthaftungsgesetz und EG-Produkthaftungsrichtlinie, 2. Aufl., München 1990

Tauchert, Wolfgang, Patentschutz für Computerprogramme – Sachstand und neue Entwicklungen, GRUR 1999, 829

Tauchert, Wolfgang, Zur Beurteilung des technischen Charakters von Patentanmeldungen aus dem Bereich der Datenverarbeitung unter Berücksichtigung der bisherigen Rechtsprechung, GRUR 1997, 149

Taylor, Nickolas, Open Source Dual Licensing as a Business Model: How a Flexible IP Strategy Helped Create the World's Most Popular Open Source Database Company, Aipla Quarterly Journal 2009, 321

Teufel, Fritz, Freie Software, Offene Innovation und Schutzrechte, Mitt. 2007, 341

Teupen, Christian, „Copyleft" im deutschen Urheberrecht – Implikationen von Open Source Software (OSS) im Urhebergesetz, Berlin 2007

Thole, Elisabeth/Seinen, Wouter, Open source-software licenties: een civielrechtelijke analyse, Computerrecht 2004, 221

Torvalds, Linus, Just for fun, München 2001

Triebel, Volker/Balthasar, Stephan, Auslegung englischer Vertragstexte unter deutschem Vertragsstatut – Fallstricke des Art. 32 I Nr. 1 EGBGB, NJW 2004, 2189

Tsotsorin, Maxim V., Open Source Software Compliance: The Devil is Not So Black As He is Painted, 29 Santa Clara High Tech. L.J. 559 (2012), http://digital commons.law.scu.edu/chtlj/vol29/iss3/4

Ulmer, Eugen, Urheber- und Verlagsrecht, 3. Aufl., Berlin – Heidelberg – New York 1980 (zit.: *Ulmer,* Urheber- und Verlagsrecht)

Ulmer, Eugen, Die Immaterialgüterrechte im internationalen Privatrecht, Tübingen 1975 (zit.: *Ulmer*)

Ulmer, Peter/Brandner, Hans Erich/Hensen, Horst-Diether, AGB-Recht – Kommentar zu den §§ 305–310 BGB und zum UKlaG, 12. Aufl., Köln 2015 (*zit.: Ulmer/Brandner/Hensen-Bearbeiter*)

Välimäki, Mikko, Copyleft Licenses and EC Competition Law, ECLR 2006, 130

Välimäki, Mikko, GNU General Public License and the Distribution of Derivative Works, 2005 (1), JILT

Van den Brande, Ywein/Coughlan, Shane/Jaeger, Till (Hrsg.), The International Free and Open Source Law Book, 2. Aufl., München 2014 (zit. *Van den Brande/Coughlan/Jaeger-Bearbeiter*), http://ifosslawbook.org

Vetter, Greg R., When Worlds Collide: Intellectual Property at the Interface Between Systems of Knowledge Creation, 77 Fordham Law Review, 2087 (2009)

Vetter, Greg R., „Infectious" Open Source Software: Spreading Incentives or Promoting Resistance?, 36 Rutgers Law Journal 53 (2004)

Visser, Eva, Netfilter versus Sitecom – Noot bij de uitspraak van Rechtbank te München 19 mei 2004, JAVI oktober 2004, N°5, 186

Visser, Eva, GNU General Public License – All rights reserved?, Computerrecht 2004, 226

Völzmann-Stickelbrock, Barbara, Auswirkungen des Widerrufs einer GNU-Lizenz auf Dritte, in: Leible, Stefan (Hrsg.), Der Schutz des geistigen Eigentums im Internet, Tübingen 2012, S. 47

Wacha, Jason B., Taking the Case: Is the GPL Enforceable?, 21 Santa Clara Computer & High Tech L. J. 451 (2005)

Wallner, Jürgen, Softwarelizenzen in der Insolvenz des Lizenzgebers, ZIP 2004, 2073

Walsh, Edmund J./Tibbets, Andrew J., Reassessing the Benefits and Risks of Open Source Software, 22 Intellectual Property & Technology Law Journal, 9 (2010)

Walter, Michel (Hrsg.), Europäisches Urheberrecht – Kommentar, Wien – New York 2001 (zit.: *Walter-Bearbeiter)*

Wandtke, Artur-Axel/Bullinger, Winfried (Hrsg.), Praxiskommentar zum Urheberrecht, 4. Aufl., München 2014 (zit.: *Wandtke/Bullinger-Bearbeiter*)

Wandtke, Artur-Axel/Bullinger, Winfried, Die Marke als urheberrechtlich schutzfähiges Werk, GRUR 1997, 573

Weber, Rolf H., Freie Software – Befreiung vom Vertragstypenkonzept, in: Harrer, Friedrich/Portmann, Wolfgang/Zäch, Roger, Festschrift für Heinrich Honsell zum 60. Geburtstag, Zürich 2002, S. 41 (zit.: *Weber,* FS Honsell)

Widmer, Mike, Open Source Software – Urheberrechtliche Aspekte freier Software, Bern 2003

Wiebe, Andreas, Open Source und Patentrecht, CR 2004, 881

Wiebe, Andreas/Heidinger, Roman, GPL 3.0 und EUPL, MR 2006, 258

Wiebe, Andreas/Heidinger, Roman, The European Union Public Licence – EUPL V1.1 Kommentar, http://www.osor.eu/eupl/EUPL-V11Broschuere-20090423WEB.pdf

Wiebe, Andreas/Heidinger, Roman, Ende der Technizitätsdebatte zu programmbezogenen Lehren? – Anmerkungen zur EPA-Entscheidung „Auktionsverfahren/Hitachi", GRUR 2006, 177

Wiebe, Andreas/Prändl, Felix, Open Source Software – Rechtliche Rahmenbedingungen nach österreichischem Recht, ÖJZ 2004, 628

Wiedemann, Markus, Lizenzen und Lizenzverträge in der Insolvenz, Köln 2006

Wielsch, Dan, Governance of Massive Multiauthor Collaboration – Linux, Wikipedia, and Other Networks: Governed by Bilateral Contracts, Partnerships or Something in Between?, 1 JIPITEC 96 (2010)

Wimmers, Jörg/Klett, Detlef, Anmerkung zu LG München I: GPL-Verletzung durch Vertrieb eines VoIP-Telefons, CR 2008, 59

Wimmers, Jörg, Darf ich das? Urheberrechtliche Probleme beim IT-Outsourcing, in: Büchner, Wolfgang/Dreier, Thomas (Hrsg.), Von der Lochkarte zum globalen Netzwerk – 30 Jahre DGRI, Köln 2007, S. 169 (zit.: *Wimmers* in: *Büchner/Dreier*)

Winteler, Daniel/Rohr, Matthias, Rechtliche Infektion durch GPL-lizenzierte Software, in: Taeger, Jürgen/Wiebe, Andreas, Aktuelle Rechtsfragen zu IT und Internet, Edewecht 2006, S. 195 (zit.: *Winteler,* Aktuelle Rechtsfragen zu IT und Internet)

Witzel, Michaela, AGB-Recht und Open Source Lizenzmodelle, ITRB 2003, 175

Wolf, Manfred/Lindacher, Walter/Pfeiffer, Thomas, AGB-Recht, 6. Aufl., München 2013 (zit.: *Wolf/Lindacher/Pfeiffer-Bearbeiter*)

Wuermeling, Ulrich/Deike, Thies, Open Source Software: Eine juristische Risikoanalyse, CR 2003, 87

Zawinski, Jamie, resignation and postmortem, v. 31.3.1999, http://www.jwz.org/gruntle/nomo.html

Ziccardi, Giovanni, Il diritto d'autore nell'era digitale, Milano 2001

Zirkel, Markus, Das neue Urhebervertragsrecht und der angestellte Urheber, WRP 2003, 59

Zittrain, Jonathan, Normative Principles for Evaluating Free and Proprietary Software, 71 U. Chi. L. Rev. 265 (2004)

1. Kapitel. Einführung

*„The ecosystem where you have free software and commercial soft-
ware — and customers always get to decide which they use — that's a
very important and healthy ecosystem"*
(Bill Gates)

Die Verwendung von Open Source Software hat sich in der gesamten 1
Softwarewirtschaft etabliert. Mit der zunehmenden Computerisierung
des Alltags nimmt auch der Einsatz von Open Source Software zu. Daher wundert es nicht, dass die Rechtsfragen der Open Source Software
Literatur und Rechtsprechung in erheblichem Umfang beschäftigen.
Obwohl die juristischen Probleme altbekannte Rechtsgebiete betreffen,
entwickeln sich aus den lizenzvertraglichen, wirtschaftlichen und weltanschaulichen Besonderheiten neue rechtliche Fragen. Ein tiefergehendes
Verständnis ist nur möglich, wenn zunächst die außerrechtlichen
Grundlagen erhellt werden, die das Phänomen Open Source Software
ausmachen.

A. Begriff der „Open Source Software" oder „Freien Software"

I. Was ist Freie oder Open Source Software?

Den Begriff der Freien Software, englisch „free software" genannt, gibt 2
es seit Mitte der 1980er Jahre, das Schlagwort „Open Source Software"
erst seit dem Jahr 1998. Obwohl das Modell Freier Software damit eine
relativ junge Erscheinung ist, kann der Inhalt dieser Begriffe ziemlich
eindeutig beschrieben werden. Dies ist den Bemühungen in der freien
Softwareszene zu verdanken, schon frühzeitig die Charakteristika dieses
Konzepts herausgearbeitet zu haben.
   Die erste grundlegende Definition, die „Free Software Definition"[1],
stammt von der Free Software Foundation (FSF). Sie betont die durch
die Lizenzen gewährten Freiheiten und bringt sie auf die folgende griffi-
ge Kurzformel: *„Free software is a matter of the users' freedom to run,
copy, distribute, study, change and improve the software."*

---

[1] http://www.gnu.org/philosophy/free-sw.en.html.

Das freie Projekt „Debian",[2] das unter anderem eine GNU/Linux-Distribution herausgibt, bemühte sich, die Definition der FSF in eine übersichtliche Form zu bringen, die von den Entwicklern des Projekts akzeptiert wird. Die „Debian Free Software Guidelines" (DFSG) wurden von *Bruce Perens* verfasst und beschreiben die wesentlichen Charakteristika, die es erlauben, von Freier Software zu sprechen.[3] Die DFSG beziehen sich konkret nur auf die Debian-Distribution, liegen aber auch der „Open Source Definition"[4] zugrunde, die einen Konsens darüber enthält, was weithin akzeptiert unter Freier oder Open Source Software zu verstehen ist. Danach müssen die Lizenzbedingungen folgende Kriterien erfüllen:

– Die Lizenz muss die unbeschränkte Weiterverbreitung der Software gestatten. Daher dürfen auch keine Lizenzgebühren für die Nutzung verlangt werden.

– Die Software muss im Quellcode vorliegen und darf im Quellcode oder in kompilierter Form verbreitet werden. Ist Letzteres der Fall, dann muss der Quellcode aber zugänglich sein.

– Die Lizenz muss die Veränderung und Weiterentwicklung der Software erlauben. Sie muss die Weiterverbreitung der veränderten Software unter den gleichen Lizenzbedingungen erlauben.[5]

– Die Lizenz darf die Weiterverbreitung von verändertem Quellcode nur dann verbieten, wenn die gesonderte Weitergabe von Quellcode mit sog. „Patchdateien" gestattet ist. Damit soll Programmautoren ermöglicht werden, ihren Code von fremdem Code getrennt zu halten. Daher kann auch verlangt werden, dass die veränderten Programme einen anderen Namen oder eine andere Versionsnummer tragen müssen.

– Eine Reihe von bestimmten Bedingungen dürfen nicht an die Einräumung der Rechte geknüpft werden: Die Lizenz darf keine Personen oder Personengruppen von der Nutzung ausschließen oder die Nutzung für bestimmte Einsatzbereiche beschränken, insbesondere nicht für die kommerzielle Verwendung. Die Rechte, die die Lizenz gewährt, müssen für jeden gelten, der das Programm erhalten hat, ohne dass eine weitere Lizenz beachtet werden muss. Die Rechte zur Nutzung der Software dürfen nicht davon abhängen, dass das Programm Teil einer bestimmten Softwaredistribution ist. Die Lizenz darf keine

---

[2] http://www.debian.org/.

[3] http://www.debian.org/social_contract.en.html#guidelines, in deutscher Sprache: http://www.debian.org/social_contract.de.html#guidelines.

[4] http://www.opensource.org/docs/definition.html, in deutscher Sprache: http://debiananwenderhandbuch.de/freiesoftware.html#osid.

[5] Die Weiterverbreitung unter denselben Lizenzbedingungen ist aber nicht verpflichtend. Dies betrifft den Unterschied zwischen „Copyleft"-Lizenzen und „Non-Copyleft"-Lizenzen, dazu siehe sogleich unten.

andere Software einschränken, die zusammen mit der lizenzierten Software verbreitet wird, insbesondere nicht verlangen, dass jegliche Software, die auf demselben Datenträger verbreitet wird, Freie Software sein muss.

Der entscheidende Unterschied zwischen Freier Software und herkömmlich lizenzierter Software besteht damit in der umfassenden Einräumung urheberrechtlicher Nutzungsrechte, die das freie Kopieren, Bearbeiten, Untersuchen und Verbreiten ermöglichen.[6] Die urheberrechtlichen Ausschließlichkeitsrechte werden dabei nicht dazu verwendet, Lizenzgebühren einzunehmen, sondern um Nutzungsmöglichkeiten zu eröffnen und zu sichern.[7] Das heißt aber noch nicht, dass Freie Software „nicht-kommerziell" oder stets kostenlos wäre. Die erwähnten Freiheiten gestatten ausdrücklich die kommerzielle Betätigung mit Open Source Software, etwa den Verkauf; allein Lizenzgebühren sind ausgeschlossen, da sie den freien Zugang zu der Software verhindern. Um diese Aspekte zu beschreiben und die Missverständnisse auszuräumen, die mit dem Begriff „free" verbunden sind, wurde der Satz „Frei ist im Sinne von freier Rede zu verstehen und nicht im Sinne von Freibier" zum geflügelten Wort.[8] Im Französischen findet dies Niederschlag in dem Ausdruck *logiciel libre*.

Als Gegensatzbegriff zu „Freier Software" hat sich in der Praxis der Ausdruck „proprietäre" Software durchgesetzt, wohl um auf die als geistiges Eigentum gewährten Ausschließlichkeitsrechte hinzuweisen. Diese Bezeichnung ist wenig präzise, da auch die Open Source Lizenzen in mehr oder weniger intensiver Weise geistige Eigentumsrechte verwenden, um dem Nutzer Pflichten aufzulegen.[9] Mangels einer gebräuchlichen Alternative wird er im Folgenden dennoch verwendet.[10]

II. Die Begriffe „Freie Software" und „Open Source Software"

Zunächst war der Begriff „free software" der allgemein gebräuchliche Ausdruck, um diesen besonderen Softwaretypus zu beschreiben. Die Softwareindustrie hatte offensichtlich Berührungsängste mit diesem Modell; „frei" schien dort kein positiv belegter Begriff zu sein und wur-

---

[6] Dazu unten Rn. 27 ff.

[7] Zu den damit verbundenen Reibungspunkten mit der herkömmlichen Urheberrechtstheorie vgl. *Metzger/Jaeger*, GRUR Int. 1999, 839, 840 f.; *Grzeszick*, MMR 2000, 412 ff. sowie eingehend unten Rn. 127 ff.

[8] http://www.gnu.org/philosophy/free-sw.en.html.

[9] S. u. Rn. 34 ff.

[10] Auch der Ausdruck „closed" Software ist nicht geeignet, den Gegensatz zu Freier Software zu beschreiben, da durchaus der Quellcode einer Software veröffentlicht werden kann, ohne dass es sich deswegen schon um Freie Software handeln würde, vgl. etwa die „Shared Source"-Politik von Microsoft.

de mit einer Kultur des Verschenkens und der Geschäftsfeindlichkeit
verbunden.

Um diesem Vorurteil abzuhelfen und die Idee Freier Software auch in
der Softwarewirtschaft salonfähig zu machen, fanden sich eine Reihe
von Protagonisten der Freien Software Szene zusammen, um eine Mar-
ketingoffensive zu starten. Anlass dafür hatte die Ankündigung von
Netscape gegeben, dass die Offenlegung des Quellcodes ihres Browsers
geplant sei.[11] Am 3.2.1998 wurde in Palo Alto in Kalifornien die „Open
Source Initiative" gegründet und auf Vorschlag von *Chris Peterson*
beschlossen, ab diesem Zeitpunkt den Ausdruck „Open Source Software" zu verwenden.[12]

Der Begriffswechsel hatte durchschlagenden Erfolg. Im Laufe des Jahres 1998 griffen eine Reihe der größten Computerunternehmen, darunter
Corel, Sun Microsystems, IBM und Oracle, „Open Source" auf und kün-
digten die Portierung ihrer Hard- oder Software auf Open Source Programme an. Allerdings fand der Begriffswechsel nicht überall Zustimmung, sondern wurde von einigen als Prinzipienwandel verstanden. Vor
allem die Free Software Foundation und ihr Vordenker *Richard Stallman*
befürchten, dass das eigentliche Konzept der Freien Software in den Hintergrund gedrängt und nur noch der offene Quellcode als wesentliches
Kriterium verstanden wird und auch „unfreie" Programme als Open
Source Software bezeichnet werden.[13] Die Auseinandersetzung über die
Begrifflichkeit und damit auch über die zugrunde liegenden Beweggründe
hat zu einer gewissen Spaltung im Lager der Freien Software Bewegung
geführt, obwohl die jeweiligen Vordenker grundsätzlich einig sind über
das, was unter Freier oder Open Source Software zu verstehen ist. Dies
zeigen auch die inhaltlich weitgehend übereinstimmenden Definitionen.
Im Weiteren werden diese Begriffe daher synonym verwandt.

III. „Copyleft" und „Non-Copyleft" Software

5 Obwohl alle Open Source Lizenzen die oben genannten Definitions-
merkmale erfüllen müssen, unterscheiden sie sich zum Teil erheblich.
Dies hat dazu geführt, dass innerhalb der Freien Software Subkategorien
herausgearbeitet wurden. Ein wesentliches Merkmal, das einer Reihe

---

[11] Vgl. http://web.archive.org/web/20021001071727/wp.netscape.com/newsref/pr/
newsrelease558.html.
[12] http://www.opensource.org/history. Es wurde auch versucht, eine Marke auf den
Begriff „Open Source" anzumelden, was aber letztlich gescheitert ist. Allerdings hat
die Open Source Initiative eine „Certification Mark" angemeldet, um als Open Source Software „anerkannte" Lizenzen mit einem entsprechenden Gütesiegel zu versehen,
vgl. http://www.opensource.org/docs/certification_mark.php. Dieses Gütesiegel ist
rein informativ und ohne weitere rechtliche Relevanz.
[13] Vgl. http://www.fsf.org/licensing/essays/free-software-for-freedom.html.

von Lizenzen anhaftet, insbesondere der am weitesten verbreiteten Lizenz, der GNU General Public License (GPL),[14] ist eine Schutzklausel, die sicherstellt, dass Weiterentwicklungen der Software unter denselben Bedingungen der Lizenz wieder freigegeben werden.[15] Damit wird, anders als bei anderen Open Source Lizenzen,[16] verhindert, dass geänderte Programme „proprietär" vertrieben werden können, also „unfrei" werden.[17] Entsprechende Klauseln werden als „Copyleft" bezeichnet, die derart lizenzierte Software als „Copyleft" Software. Zum Teil werden auch die Begriffe „viral"[18] und „reciprocal" verwendet. Copyleft-Klauseln treten in unterschiedlich ausgeprägtem Umfang auf. Während bei Lizenzen mit sog. „strengem Copyleft", wie insbesondere die GPL, jegliche Bearbeitungen dem Copyleft unterfallen, erlauben Lizenzen mit „beschränktem Copyleft", wie etwa die Mozilla Public License (MPL), in weiterem Umfang die Kombination der Ursprungssoftware mit Erweiterungen unter abweichenden Lizenzbedingungen.[19]

„Non-Copyleft" Software, wie die unter den BSD-artigen Lizenzen[20]   6 stehenden Programme, enthalten solche Schutzbedingungen nicht. Dem Lizenznehmer steht es dann frei, die Software in eigene „proprietäre" Produkte einzufügen oder Fortentwicklungen unter einer eigenen, nicht mit der Definition Freier Software übereinstimmenden Lizenz zu vertreiben. „Non-Copyleft" Software kann also in „proprietäre" Software umgewandelt werden, was beim Copyleft nicht möglich ist.

IV. Abgrenzung zu Public Domain Software, Freeware und Shareware

Der Begriff der Open Source Software ist von einer Reihe anderer Li-   7 zenzmodelle abzugrenzen, die immer wieder zu Verwechslungen und Begriffsverwirrungen führen. Oftmals fehlt es an konkreten Definitionen, da sich die Begriffe erst durch fortschreitende Benutzung herausgebildet haben. Sie haben deshalb nicht immer klare Konturen und werden uneinheitlich benutzt.

---

[14] https://www.gnu.org/copyleft/gpl.html.
[15] Ausführlich dazu unten Rn. 45.
[16] S. u. Rn. 98.
[17] Vgl. http://www.gnu.org/philosophy/pragmatic.en.html.
[18] Vgl. *Schäfer*, S. 96; *Determann*, GRUR Int. 2006, 645, 649. Der Begriff „viral" geht wohl auf einen Vortrag von *Craig Mundie* von Microsoft zurück, der am 3.5. 2001 in New York gehalten wurde, http://www.nytimes.com/2001/05/03/techno logy/03SOFT.html. Es ist insofern irreführend als er den Eindruck erweckt, andere Software können unfreiwillig vom Copyleft „angesteckt" werden. Dies ist unzutreffend, da für die Lizenzierung unter eine Copyleft-Lizenz stets eine aktive Lizenzierung durch den Rechteinhaber erforderlich ist.
[19] Dazu ausführlich unten Kapitel 2.
[20] S. u. Rn. 99.

1. Public Domain Software

8 Public Domain Software ist ein Phänomen, das aus den Besonderheiten
des Copyright-Systems entstanden ist.[21] So sind Werke der US-Regie-
rung gem. § 105 des US Copyright Act schon gesetzlich vom Urheberrechtsschutz ausgenommen. Unter dem Urheberrechtsgesetz vor 1988
konnten Werke in die Public Domain gelangen, wenn die damals noch
wichtigeren Formvorschriften nicht eingehalten wurden.[22] Gerade bei
Software existiert eine Tradition der „Public Domain", wie auch sec.
805 (c) des *„Computer Software Rental Amendments Act of 1990"*
zeigt, wonach Public Domain Software bei der Library of Congress
registriert werden kann.[23]

Der vollständige Verzicht auf das Urheberrecht ist im kontinentaleuropäischen Recht wegen der persönlichkeitsrechtlichen Komponente
aber nicht möglich. § 29 Abs. 1 UrhG schließt dies explizit aus. Eine
public domain kann in Deutschland erst dann entstehen, wenn ein Werk
nach Ablauf der urheberrechtlichen Schutzfrist von 70 Jahren *post mor-
tem auctoris* „gemeinfrei" wird (§ 64 UrhG). Daher ist eine Lizenz für
Public Domain Software für den deutschen Schutzbereich als Einräumung eines einfachen Nutzungsrechts an jedermann auszulegen,
welches dem Lizenznehmer gestattet, die Software unbeschränkt zu
verwerten.[24] Die Urheberpersönlichkeitsrechte verbleiben aber bei den
Urhebern. Damit kann der Urheber beispielsweise weiterhin verhindern,
dass sich ein Dritter die Urheberschaft an der „Public Domain Software" anmaßt.

2. Freeware

9 Das Charakteristikum von Freeware ist die kostenfreie Überlassung der
Software.[25] Die Ähnlichkeit der Begriffe „Freie Software" und „Free-

---

[21] Dazu näher *Samuels*, 41 Journal of the Copyright Society 137 (1993) und
https://www.law.cornell.edu/uscode/text/17/105. Zu den Voraussetzungen für den
Rechtsverzicht siehe Ninth Circuit Model Civil Jury Instructions, 2007 edition, Section 17.19, www.akd.uscourts.gov/docs/general/model_jury_civil.pdf. Zum zunächst
abweichenden Begriffsverständnis in Deutschland vgl. *Marly*, Rn. 894. Wie hier auch
Schricker/Loewenheim-Spindler, Vor §§ 69a ff., Rn. 19.
[22] http://www.copyright.gov/pr/pdomain.html.
[23] Nach *Ahn*, S. 165; *Siepmann*, http://www.jurpc.de/aufsatz/19990163.htm, Rn. 13;
Marly, Rn. 897, waren die Universitäten in den USA, die staatliche Förderung für die
Entwicklung von Software erhielten, dazu angehalten, die daraus hervorgehenden
Programme der Allgemeinheit als *public domain* zur Verfügung zu stellen.
[24] Ebenso *Schricker/Loewenheim-Spindler*, Vor §§ 69a ff., Rn. 19; *Fromm/
Nordemann-Czychowski*, § 69c, Rn. 66; *Schäfer*, S. 12; vgl. auch OLG Stuttgart, CR
1994, 743; enger *Wandtke/Bullinger-Grützmacher*, § 69c, Rn. 69.
[25] Vgl. http://www.linfo.org/freeware.html und http://en.wikipedia.org/wiki/Free
ware.

ware" führt zu der immer wieder anzutreffenden Fehleinschätzung, dass auch Freie Software stets kostenlos zu vertreiben sei. Bei Freeware werden dem Nutzer aber anders als bei Freier Software nicht notwendig auch besondere Nutzungsbefugnisse eingeräumt, die über die bestimmungsgemäße Benutzung hinausgehen.[26] In der Regel liegt der Freeware kein Quellcode bei, zum Teil wird die Veränderung sogar ausdrücklich verboten.[27] Zudem kann die Benutzung eingeschränkt werden, etwa auf eine nicht-kommerzielle Verwendung. Freeware gehört damit zur „proprietären" Software.

Zahlreiche Softwarefirmen verwenden Freeware dazu, auf ihre übrigen Produkte aufmerksam zu machen oder sich eine starke Marktposition zu sichern. Bekanntestes Beispiel ist der sog. Browser-Krieg zwischen Netscape und Microsoft, bei dem Microsoft die Konkurrenz durch flächendeckendes Verschenken der eigenen Software aus dem Markt verdrängte.[28] Dies war nur möglich, weil der Browser „Internet Explorer" als Freeware angeboten wurde.

3. Shareware

Als Shareware bezeichnet man ein Vertriebskonzept für „proprietäre" **10** Software, bei dem der Benutzer das Programm für eine gewisse Probezeit kostenlos benutzen darf. Zumeist wird die Benutzung der Software nach Ablauf der Frist technisch behindert, wenn nicht gegen Zahlung eines Entgelts der erforderliche Code für die Freischaltung erworben wird.[29] Shareware ist daher eine herkömmlich lizenzierte Software, die sich nur durch die kostenlose Testphase von sonstiger „proprietärer" Standardsoftware unterscheidet.

4. Shared Source Software

Im Mai 2001 reagierte Microsoft auf den wachsenden Erfolg des Open **11** Source Modells und die damit einhergehenden Wünsche der eigenen Kunden nach einem besseren Zugang zum Quellcode mit einem eigenen Lizenzmodell, „Shared Source" genannt.[30] Das Microsoft-Betriebssystem für den Embedded-Bereich, Windows Embedded CE, wurde öffentlichkeitswirksam unter eine „Shared Source License" gestellt.[31] Inzwischen hat Microsoft eine Reihe unterschiedlicher Lizenzen im Rah-

---

[26] Zu dieser Unterscheidung s. u. Rn. 123 ff.
[27] Vgl. z. B. die Lizenzbedingungen des verbreiteten Acrobat Reader, http://www.adobe.com/content/dam/Adobe/en/legal/licenses-terms/pdf/Reader_11.0.pdf und der Java Virtual Machine von Oracle, http://www.oracle.com/technetwork/java/javase/terms/license/index.html.
[28] Vgl. zur Strategie *Rushkoff*, http://www.heise.de/tp/r4/artikel/2/2185/1.html.
[29] Zur vertragstypologischen Einordnung ausführlich *Marly*, Rn. 919 ff. m. w. N.
[30] http://www.microsoft.com/resources/sharedsource/default.mspx.
[31] http://msdn.microsoft.com/en-us/windowsembedded/dd567722.aspx.

men ihrer „Shared Source Initiative" entwickelt, denen gemeinsam ist,
dass dem Lizenznehmer der Zugang zum Source Code gewährt wird.
Zwar wurden in einigen Fällen auch lizenzgebührenfrei Nutzungsrechte
eingeräumt, aber für den kommerziellen Weitervertrieb von Produkten,
die Shared Source enthalten, war eine Lizenzgebühr an Microsoft zu
zahlen. Mit der Veröffentlichung von fünf neuen Lizenz-Templates für
das Shared Source Programm im Oktober 2005 reduzierte Microsoft
nicht nur die Anzahl der verwendeten Shared Source Lizenzen, sondern
stellte erstmals auch echte Open Source Lizenzen vor, nämlich die
„Microsoft Permissive License" und die „Microsoft Community License", die später in Microsoft Public License (MS-PL) und Microsoft
Reciprocal License (MS-RL) umbenannt und von der OSI als Open
Source Lizenzen anerkannt wurden.[32] Damit verhält sich nun Shared
Source zu Open Source wie überschneidende Kreise: Shared Source
Lizenzen können die Anforderungen der Open Source Definition erfül-
len, dies ist aber nicht stets der Fall. Das soll es nach Auffassung von
Microsoft auch nicht. Ziel sei es, den Geschäftskunden die Mitarbeit zu
ermöglichen, aber zugleich das herkömmliche Geschäftsmodell, insbe-
sondere die eigenen Immaterialgüterrechte zu bewahren.[33]

Bemerkenswert ist jedoch, dass die ursprüngliche Intention der Shared
Source Politik, die im Zusammenhang mit einem breit angelegten An-
griff gegen Open Source Software und dabei vor allem gegen die „Copyleft" Software zu sehen war,[34] offenbar aufgegeben wurde, insbesondere
der Versuch, „Copyleft" Software als einen „Zerstörer von geistigem
Eigentum" zu stigmatisieren.[35] Dies entspricht der richtigen Einschätzung, dass auch „Copyleft"-Lizenzen auf der Anerkennung geistigen
Eigentums basieren und ohne eine funktionierende Urheberrechtsordnung nicht funktionsfähig sind. Folgerichtig wird inzwischen auch bei
Microsoft der Begriff „Open Source" verwendet und aktiv in freien
Projekten mitgearbeitet, um die Interoperabilität mit den eigenen Pro-
dukten sicherzustellen.[36] Andererseits verwenden nunmehr auch andere
Unternehmen, wie z. B. Sony, „Shared Source Lizenzen".[37]

---

[32] http://opensource.org/node/207.
[33] http://www.microsoft.com/resources/sharedsource/Initiative/Initiative.mspx.
[34] Vgl. *Mundie*, http://www.microsoft.com/presspass/exec/craig/05-03sharedsource.
mspx; *Jaeger*, CoWo 2001, S. 46; zur Kritik an Shared Source vgl. auch *Raymond*,
http://linuxtoday.com/news_story.php3?ltsn=2001-05-18-003-20-OP-MS.
[35] Vgl. http://www.heise.de/newsticker/meldung/15330. Die „Microsoft Reciprocal
License" (früher „Microsoft Community License") sieht nun selbst ein Copyleft vor.
[36] http://www.microsoft.com/opensource/default.aspx.
[37] http://research.scea.com/scea_shared_source_license.html.

B. Entstehung und Entwicklung des Open Source Modells

Das Open Source Modell ist ein Ergebnis der Entwicklung einer ver- 12
netzten Computer- und Kommunikationstechnik. Die folgenden Ausführungen werden zeigen, dass Freie Software nicht nur eine Reaktion
auf das „proprietäre" Softwarekonzept ist, sondern auch eng mit der
Entwicklung des Internets zusammenhängt.

I. Entstehung einer eigenständigen Softwareindustrie

In den Anfängen der Computerwirtschaft, als einzelne Rechner noch 13
ganze Räume einnahmen und nur in kleinen Stückzahlen vertrieben
wurden, begriff man Software nicht als eigenständiges Wirtschaftsgut.
Die Rechner wurden in der Regel zusammen mit den erforderlichen
Programmen vertrieben, die an die speziellen Bedürfnisse des Kunden
angepasst waren und eher als Annex betrachtet wurden. Selbst die heute
übliche Unterscheidung zwischen grundlegendem Betriebssystem und
darauf aufbauenden Anwendungsprogrammen musste sich erst heraus-
bilden, da zunächst für jeden Hardwaretyp die vollständige Programmierung gesondert erfolgte.

In den 1960er und 1970er Jahren war der Source Code, also der vom
Programmierer geschriebene Quelltext, stets offen und wurde frei ausgetauscht. Da Software keine eigenständige Ware darstellte, gab es auch
keinen Anlass, andere von der Einsicht auszuschließen. Zum Teil war es
den Anwendern überlassen, die notwendigen Programme selbst zu
schreiben oder zumindest fortzuentwickeln.[38] Hardwarefirmen wie IBM
unterstützten die Weiterentwicklung der Software durch die Kunden
und den Informationsaustausch mit ihnen, der durch die Entwicklung
von Timesharing-Systemen einen bedeutenden Aufschwung erfuhr und
sich auf Kontakte zwischen den Nutzern ausweitete.[39] Time-Sharing-
Systeme bilden eine der Grundlagen des Internet. Mit ihrem Entstehen
ging die Entwicklung einer sog. „Hacker-Kultur" einher, die vor allem
an den Universitäten und Forschungsinstituten gepflegt wurde. Unter
„Hackern" wurden nach dem damaligen Begriffsverständnis leidenschaftliche Programmierer verstanden, die ihre Programme austauschten
und gemeinsam weiterentwickelten.[40] Die „Hacker-Ethik", die viele der

---

[38] Vgl. *Grassmuck*, S. 202.
[39] Time-Sharing-Systeme ermöglichen den Zugriff auf Dateien von verschiedenen
Computern aus und bilden die Grundlage für die Vernetzung, vgl. http://de.
wikipedia.org/wiki/Time-Sharing_(Informatik).
[40] Zur Hacker-Kultur vgl. *Levy*, Hackers, passim. Dies ist nicht zu verwechseln mit
der heute häufigen Verwendung des Begriffs als „Softwarepiraten" oder „Compu-
tereinbrecher", die eigentlich als „Cracker" bezeichnet werden.

Beweggründe für das Konzept Freier Software erklärt, wird vom Chaos Computer Club wie folgt beschrieben:

- *„Der Zugang zu Computern und allem, was einem zeigen kann, wie diese Welt funktioniert, sollte unbegrenzt und vollständig sein.*
- *Alle Informationen müssen frei sein.*
- *Mißtraue Autoritäten – fördere Dezentralisierung.*
- *Beurteile einen Hacker nach dem, was er tut und nicht nach üblichen Kriterien wie Aussehen, Alter, Rasse, Geschlecht oder gesellschaftlicher Stellung.*
- *Man kann mit einem Computer Kunst und Schönheit schaffen.*
- *Computer können dein Leben zum Besseren verändern.*
- *Mülle nicht in den Daten anderer Leute.*
- *Öffentliche Daten nützen, private Daten schützen."*[41]

Die Monopolstellung bei Großrechnern und der gemeinsame Vertrieb mit Software und Support führten dazu, dass kaum Wettbewerb in der Computerindustrie entstehen konnte. 1969 wurde deswegen von den US-Behörden ein Kartellverfahren gegen IBM angestrengt.[42] In diesem Zusammenhang gab IBM das „Bundling" von Hard- und Software auf.[43] Damit wurden die Voraussetzungen für eine eigenständige Softwareindustrie geschaffen, aber wegen der noch geringen Anzahl der Computer erhielt der Nutzer auch weiterhin noch die speziellen Programme von den Hardwarefirmen oder ihren Ablegern, die Software herstellten, zur Verfügung gestellt.

Ein entscheidender Schritt zur Entwicklung einer eigenen Softwareindustrie war die Entwicklung von Mikrocomputern mit integrierten Schaltkreisen und dabei vor allem der erste PC von IBM im Jahr 1981.[44] Damit wurde nicht nur der Computerwirtschaft der Massenmarkt eröffnet, sondern auch das „Bundling" vollständig aufgehoben. Die Firma IBM, die den Markt für Mikrosysteme offenbar unterschätzte und ihre monopolistische Politik nicht konsequent verfolgte, legte nicht nur die Hardwarespezifikationen offen, so dass Fremdanbieter angepasste Software entwickeln konnten, sondern erwarb von vornherein Bestandteile von Drittfirmen. So stammten der Prozessor von Intel und das Betriebssystem (DOS) von Microsoft, das dadurch die dominante Position von IBM auf dem Computermarkt übernehmen konnte. Denn billige „IBM-kompatible" Rechner sorgten für geringe Gewinne bei der Hardware,

---

[41] http://www.ccc.de/hackerethics.

[42] Ausführlich dazu *Fisher/McGowan/Greenwood*, Der Anti-Trust-Fall US gegen IBM, passim.

[43] Das Verfahren gegen IBM wurde 1982 eingestellt, nachdem die Entwicklung von Mikrocomputern die Monopolstellung ohnehin aufgebrochen hatte.

[44] Vgl. http://de.wikipedia.org/wiki/IBM_Personal_Computer. Vgl. zu den Änderungen im Softwaregeschäft *Moglen*, http://moglen.law.columbia.edu/my_pubs/anar chism-deutsch.html.

während Microsoft durch eine zwar außerordentlich erfolgreiche, aber den Wettbewerb beschneidende Firmenpolitik die Vorrangstellung auf dem Markt für Betriebssysteme errang.[45] Gleichzeitig war das „Unbundling" auch einer der Gründe für die große Verbreitung des PC.

II. Die Entwicklung von Unix-Betriebssystemen

Die Geschichte der Entwicklung von Freier Software ist auch eine Geschichte der Unix-Betriebssysteme.[46] Im Jahr 1969 begann *Ken Thompson* von den Bell Laboratories, einer Abteilung der Telefongesellschaft AT&T, ein multitaskingfähiges Betriebssystem zu entwickeln, um ein Computerspiel auf einem Großrechner verwenden zu können. Zusammen mit *Dennis Ritchie* entwickelte er ein System, das eine Time-Sharing-Verwaltung enthielt, so dass mehrere Nutzer gleichzeitig auf die Programme zugreifen konnten. Unix wurde im Weiteren auch intern bei AT&T eingesetzt und Anfang der 1970er Jahre in die Programmiersprache „C" umgeschrieben, damit es leichter auf die verschiedenen Hardwaretypen bei AT&T portiert werden konnte. **14**

Unix war an den Universitäten sehr beliebt, wofür zwei Aspekte von Bedeutung waren: Zum einen durfte AT&T als Telefonmonopolist die Software nicht wie andere Softwareanbieter vertreiben und war bei der kommerziellen Verwertung beschränkt, zum anderen war die einfache Portierbarkeit auf andere Plattformen attraktiv. Da AT&T keinen Support anbot, entwickelten in den 1970er Jahren die Universitäten – und dort vor allem die „Hacker" – Unix weiter.

Dabei bildeten sich Abspaltungen vom ursprünglichen AT&T-Unix heraus. Weite Verbreitung fand insbesondere das BSD-Unix (Berkeley Software Distribution), eine von der Universität Berkeley 1977 herausgegebene Unix-Version. Innerhalb der Universitäten war bereits ein vernetzter Austausch zwischen Programmierern möglich. Beliebt war das Usenet, ein Vorläufer des Internet, das durch das „Unix-to-Unix Copy Protocol" (UUCP), einem frühen Netzwerksystem, unterstützt wurde. Durch den Anschluss der Universitäten an das ARPANET[47] und die Integration der ARPANET-Protokolle TCP/IP in BSD konnte ein Austausch auch zwischen den Universitäten stattfinden.

1984 sorgte wiederum ein Kartellrechtsprozess für einschneidende Änderungen. AT&T wurde in zahlreiche, konkurrierende Unternehmen zerschlagen und durfte nun auf dem Softwaremarkt als Wettbewerber

---

[45] Vgl. *Grassmuck*, S. 204 f.
[46] Dazu näher *Kalhammer*, http://www.linux-praxis.de/linux1/geschichte.html; http://de.wikipedia.org/wiki/Geschichte_von_Unix; *Koglin*, Opensourcerecht, S. 8 ff.
[47] „Advanced Research Projects Agency". Das ARPANET wurde 1969 als militärisches dezentrales Netzwerk begründet.

auftreten. Zwar vertrieb AT&T Unix schon seit 1975 kommerziell, aber ab 1984 stiegen mit dem Wegfall der kartellrechtlichen Beschränkungen die Lizenzgebühren für Unix erheblich. Da das BSD-Unix Quellcode von AT&T enthielt, musste jeder, der dieses Unix nutzen wollte, auch eine Lizenz von AT&T erwerben. Später entstanden aus einer um den AT&T-Code bereinigten BSD-Version die Open Source Projekte NetBSD, FreeBSD und Open BSD.[48]

III. Das Betriebssystem GNU/Linux

15 Die Entwicklung einer selbstständigen Softwareindustrie und die Geschichte der Unix-Betriebssysteme bilden die Basis für die Entstehung des Modells Freier Software, wie es heute als eigenständiges Konzept existiert.

Seit Ende der 1970er Jahre wurde Software zunehmend „proprietär" vermarktet, d. h. der Quellcode wurde als Betriebsgeheimnis geschützt und der Nutzer musste Lizenzen erwerben, um die Software benutzen zu können; auf Änderungen und Fehlerbehebungen musste bis zum nächsten Update gewartet werden. Anfang der 1980er Jahre wurde Software nahezu ausschließlich auf diese Weise vertrieben. Damit ging das Ende der „Hacker-Kultur" einher. Mit der entstehenden Softwareindustrie wurden die „Hacker" dieser Generation, die eine enge Programmierergemeinschaft gebildet hatten, von jungen Softwarefirmen abgeworben oder gründeten eigene Unternehmen. Weitere Faktoren, die den Wandel im Umgang mit Software zeigen, war der Vertrieb von Unix im Binärcode und die Entscheidung des Supreme Court in dem Fall *Diamond v. Diehr* von 1981, wonach Software unter bestimmten Voraussetzungen patentiert werden kann.[49]

In dieser Situation gründete *Richard Stallman*, der „Vater der Freien Software", 1984 das GNU-Projekt.[50] *Stallman* war es als Hacker am MIT in den KI-Laboratories gewohnt, gemeinsam mit Kollegen Software zu entwickeln und die Ergebnisse zu teilen.[51] Die zunehmende Reglementierung – Einführung von Passwörtern als Bedingung für den Zugang zum ARPANET, „non disclosure agreements" (NDAs), kein freier Zugriff auf den Quellcode zur Behebung von Fehlern – ließ ihn den Entschluss fassen, ein alternatives Softwaremodell ins Leben zu rufen, das jedermann den freien Zugang zur Software ermöglicht. Dafür

---

[48] Näher dazu *Grassmuck,* S. 216 f.; http://www.heise.de/open/artikel/FreeBSD-der-unbekannte-Riese-935746.html.

[49] GRUR Int. 1981, 646 – *Diamond v. Diehr,* vgl. hierzu auch unten Rn. 274 ff.

[50] http://www.gnu.org/gnu/thegnuproject.html; http://www.gnu.org/gnu/gnu-history.html.

[51] Vgl. *Grassmuck,* S. 218 ff. m. w. N.

war vor allem ein freies Betriebssystem als Basis erforderlich. *Stallman* beschloss ein Unix-kompatibles Betriebssystem zu schaffen, auf dem alle Unix-Programme ablaufen können, das aber nicht den Restriktionen des AT&T-Unix unterliegen sollte.[52] Seinem „Hacker-Humor" entsprechend nannte er das Projekt GNU, das für das rekursive Akronym „GNU's not Unix" steht.

Die Bedeutung von *Stallman* liegt nicht allein im technischen Bereich, sondern vor allem darin, die weltanschaulichen und organisatorischen Grundlagen für ein Konzept Freier Software gelegt zu haben.[53] Ausgangspunkt ist der Gedanke, dass Software „ebenso frei wie die Luft" sein soll, für jedermann zugänglich und ohne Kopierverbote.[54] Um diese Freiheiten dauerhaft zu gewährleisten, entwickelte *Stallman* 1989 aus den Vorgängerlizenzen für GNU Emacs und den GNU C-Compiler die GNU General Public License (GPL), die grundlegende Lizenz für die meisten im GNU-Projekt entwickelten Programme.[55] Außerdem kündigte er seine Arbeit am MIT, damit das Copyright an der von ihm selbst programmierten Software nicht als *„work made for hire"* der Universität gehören würde.

Als organisatorische und politische Basis für das Freie Software Modell wurde 1985 die Free Software Foundation (FSF) gegründet.[56]

In der Zeit von 1984–1991 wurden innerhalb des GNU-Projekts zahlreiche wichtige Bestandteile eines Betriebssystems entwickelt, aber für ein vollständig funktionsfähiges System fehlte noch der Kernel, das Herz des Betriebssystems. Nach einigen Konzeptwechseln wurde HURD ausgewählt, der auf *Mach* basierte und dem Mikrokernelansatz folgte, d. h. ein Großteil des Betriebssystems läuft als separate Prozesse ab. Die Arbeiten an HURD kamen aber nur langsam voran.[57]

1991 begann der finnische Student *Linus Torvalds*, unabhängig da- **16** von ein eigenes Betriebssystem zu entwickeln.[58] Anlass dafür war sein neuer Computer mit einem 386er-Chip, auf dem Minix, ein Unix-Derivat lief. Minix hatte aber den Nachteil, dass *Torvalds* von seinem privaten Computer nicht auf den Unix-Universitätsrechner zugreifen konnte, um dort E-Mails abzurufen und an Newsgroups teilzunehmen. Daher programmierte er einen eigenen Terminal-Emulator. Durch Hin-

---

[52] Vgl. den ersten Aufruf von *Stallman* zur Mitarbeit an dem Projekt, http://www.gnu.org/gnu/initial-announcement.html.

[53] Vgl. http://www.gnu.org/philosophy/philosophy.html.

[54] Grundlegend ist das GNU-Manifest, *Stallman*, http://www.gnu.org/gnu/manifesto.html.

[55] Dazu ausführlich *ifrOSS-Jaeger*, Präambel, Rn. 1 ff., und unten Rn. 26 ff.

[56] http://www.fsf.org. Inzwischen existieren Schwesterorganisationen in Europa, die FSF Europe, http://www.fsfeurope.org, und in anderen Regionen.

[57] Vgl. http://www.gnu.org/software/hurd/history.html.

[58] Ausführlich dazu *Torvalds*, S. 67 ff.

zufügen weiterer Funktionen entstand dadurch ein erstes Rohgerüst für
ein eigenständiges Betriebssystem. Im August 1991 kündigte er das
Projekt in einer Minix-Newsgroup an. Dabei plante er wie *Stallman* ein
frei zugängliches Betriebssystem, aber kein umfassendes und breit ange-
legtes Projekt, sondern eher ein praktisches Instrument, das nur auf den
386er zugeschnitten war und auf einer „monolithischen" Architektur
des Kernels beruht.[59] *Torvalds* ging die Entwicklung des Betriebssystems
pragmatisch an und begann zunächst damit, GNU-Werkzeuge wie den
GCC-Compiler auf Linux zu portieren. Daneben wurden auch andere
freie Projekte eingebaut, so etwa das X-Window-System, eine graphische Benutzerschnittstelle. Entscheidender Erfolgsfaktor für die daraufhin einsetzende Eigendynamik bei der Weiterentwicklung von Linux, an
der sich zahllose Programmierer beteiligten, war die Arbeitsmethode
von *Torvalds*. Er plante das Betriebssystem nicht nach einem großen
Bauplan, sondern stellte nach der Entwicklung einer ersten funktionsfä-
higen Basis jeden Schritt zur Erprobung in das Internet. Dennoch wurde
darauf geachtet, dass Linux, wie auch das GNU-Projekt, die POSIX[60]-
Standards einhält, die die Kompatibilität der verschiedenen Unix-
Systeme sichern sollen. Die dezentrale Entwicklungsmethode, bei der
alle interessierten Programmierer mitwirken können und die durch die
zunehmende Ausbreitung des Internets zusätzlichen Schub erhielt, wurde von *Eric Raymond* als „Basar-Methode" bezeichnet und der herkömmlichen „Kathedralen-Methode" gegenübergestellt, wonach Software nach einem strukturierten Plan entwickelt wird.[61] *Torvalds* stellte
die Version 0.12 im Januar 1992 unter die GPL und stellte damit sicher,
dass Weiterentwicklungen allen Linux-Interessierten zugute kommen.
Im März 1994 konnte die Version 1.0 freigegeben werden.

Dass gerade Linux so erfolgreich war, lag neben technischen Gründen
wohl auch an dem günstigen Zeitpunkt der Initiative von *Linus Torvalds*. Zum einen bestand ein Bedürfnis für ein freies Unix-kompatibles
Betriebssystem, das die neue Computergeneration unterstützt, zum anderen standen die neuen Möglichkeiten des Internets zur Verfügung.
Nicht zuletzt konnte auf die bereits entwickelten GNU-Komponenten
zurückgegriffen werden. Es ist deswegen durchaus berechtigt, von dem
Betriebssystem „GNU/Linux" zu sprechen.

Daneben spielte auch die verwendete Lizenz, die GPL (Version 2), eine wichtige Rolle.[62] Durch sie wurden der freie Zugang und die Verbes-

---

[59] Vgl. die Diskussion dazu, *Torvalds*, S. 107 ff.

[60] „Portable Operating System Interface", vgl. http://standards.ieee.org/regauth/
posix/.

[61] *Raymond*, http://www.catb.org/~esr/writings/cathedral-bazaar/cathedral-bazaar/, auf
Deutsch: http://www.selflinux.org/selflinux/html/die_kathedrale_und_der_basar.html.

[62] Dazu ausführlich unten Rn. 26 ff.

serung der Software ermöglicht sowie die Beteiligung zahlreicher Entwickler gefördert. Andere Betriebssysteme, wie das beschriebene Minix, standen unter einer restriktiven Lizenz, weshalb sie über ein bestimmtes Entwicklungsstadium nicht hinauskamen.

Linux wird heute von über 5.000 Programmierern und über 500 Unternehmen in einem kooperativen Modell weiterentwickelt.[63] *Linus Torvalds* leitet weiterhin die Organisation des Entwicklungsprozesses für den Standardkernel, den sog. „*Mainline Kernel*" und wird dafür von der 2007 gegründeten *Linux Foundation* finanziert. Mehrere *Maintainer* kümmern sich um einzelne Subsysteme des Kernels bzw. um verschiedene Kernelversionen. Distributoren wie RedHat, Canonical (Ubuntu) oder Novell greifen dann auf diesen Standardkernel zurück und passen sie den Kundenbedürfnissen an.

IV. Die Ausbreitung des Open Source Modells

Anknüpfend an die Basis GNU/Linux, aber auch unabhängig davon, entstanden zahlreiche neue Open Source Projekte, die nach und nach alle wesentlichen Funktionen mit Freier Software zugänglich machten. Bedeutsame Programme sind die graphischen Benutzeroberflächen GNOME (GNUs Network Object Model Environment) und KDE (K Desktop Environment), der Web-Server Apache, der Browser Firefox und der Web-Client Thunderbird aus dem Mozilla-Projekt, die Datenbanksysteme MySQL und PostgreSQL, die Office-Pakete KOffice und OpenOffice bzw. LibreOffice, das Graphikbearbeitungsprogramm GIMP (GNU Image Manipulation Program), das Betriebssystem Android für Mobilgeräte und die Programmiersprachen Python und Perl (Practical Extraction and Report Language), um nur einige Beispiele zu nennen. 17

Dabei haben sich unterschiedliche Konzepte herausgebildet. Einige Programme wurden durch Einzelpersonen initiiert, die eine fehlende Funktion für die Welt Freier Software entwickeln wollten, andere Software, z. B. OpenOffice, MySQL und der Netscape Browser, wurde von Softwarefirmen freigegeben, die zum Teil auch die weitere Entwicklung mitbetreuen.[64] Es ist sicherlich kein Zufall, dass mit OpenOffice und dem Netscape Communicator zwei Programme unter eine Open Source Lizenz gestellt wurden, die auf dem „proprietären" Markt gegen die Microsoft-Konkurrenz ohne Chance waren. Seit Ende der 1990er Jahre unterstützen zahlreiche Soft- und Hardwarefirmen die Entwicklung Freier Software. Insbesondere IBM, aber auch andere große Unterneh-

---

[63] *Kroah-Hartman/Corbet/McPherson,* http://www.linuxfoundation.org/sites/main/files/publications/whowriteslinux.pdf.
[64] Zu den damit verbundenen Geschäftsmodellen s. u. Rn. 18 ff.

men wie HP und Google investieren erhebliche Summen in den Open
Source Bereich.

Die Gründe für das Engagement der Computerindustrie sind vielfältig; eine bedeutsame Rolle dürfte zum einen der Wunsch spielen, das
Monopol von Microsoft auf dem Desktop-Markt und einigen anderen
Bereichen zu brechen, andererseits möchte man eine aktuelle Entwicklung nicht verpassen und das nachweisbar erfolgreiche „Basar-Modell"
nutzen. Beispielhaft ist das Apache-Projekt. 1995 begannen acht Entwickler mit der Programmierung des Web-Servers, im Dezember 2000
betrug der Marktanteil bereits 60 %.[65] Allerdings sind auch Open Source Programme dem Wettbewerb ausgesetzt und der Marktanteil von
Apache geht seit einigen Jahren trotz absolut wachsender Zahlen wieder
zurück.[66] Für den Suchmaschinenanbieter Google ist die Verwendung
von Open Source ein wichtiges Instrument, um die eigenen werbefinan-
zierten Dienste attraktiver anbieten zu können und De-facto-Standards
für die eigenen Technologien schaffen.

Zunehmend nutzt auch die öffentliche Hand Freie Software, weil man
sich eine Alternative zu den herkömmlichen Programmen und den üblichen hohen Lizenzkosten verspricht.[67] Besondere Aufmerksamkeit erreg-
te dabei der Beschluss der Stadt München aus dem Jahr 2004, auf das
Betriebssystem GNU/Linux zu migrieren.[68] Zahlreiche Kommunen im
In- und Ausland betrachten das „LiMux"-Projekt als Test für einen
erfolgreichen Wechsel auf Freie Software.

Ein weiterer wesentlicher Aspekt ist die Sicherheit von Netzwerken,
die bei einem offenen Source Code und den damit verbundenen Kon-
trollmöglichkeiten einfacher gewährleistet werden kann.[69] Daneben
spielt die hohe Qualität und die Unabhängigkeit von einzelnen Anbietern eine Rolle. Hierbei zeigen sich auch aktuelle Probleme bei der Qua-
litätssicherung. Für die gesamte Infrastruktur des Internets wichtige
Projekte wie OpenSSL werden zum Teil von wenigen Personen betreut,
denen die finanzielle und personelle Unterstützung fehlt, um stets professionellen Ansprüchen zu genügen. Die Sicherheitslücke „Heartbleed"
hat die organisatorischen Mängel in einigen Open Source Projekten
drastisch offengelegt.[70] Auch die wichtige Verschlüsselungssoftware

---

[65] Vgl. http://www.golem.de/0101/11505.html.
[66] http://winfuture.de/news,81634.html.
[67] Vgl. *Sandl*, CR 2001, 346, 347 f.
[68] Zum „LiMux"-Projekt vgl. http://www.muenchen.de/rathaus/Stadtverwaltung/
Direktorium/LiMux.html und http://www.heise.de/newsticker/meldung/48313.
[69] Vgl. *Köhntopp/Köhntopp/Pfitzmann*, DuD 2000, 508 ff.
[70] http://www.heise.de/security/meldung/OpenSSL-legt-Sanierungsplan-vor-22481
06.html.

GnuPG basierte jahrelang auf der Arbeit eines einzigen Entwicklers.[71] Hier wird die Softwareindustrie, die gerne auf vermeintlich kostenlose Open Source Software zurückgreift, neue und bessere Mechanismen entwickeln müssen, um die entsprechenden Projekte professionell zu unterstützen. Mit der Gründung der *Linux Foundation* ist bereits ein erster Schritt in diese Richtung erfolgt.

Dennoch sind die Vorteile Freier Software inzwischen unbestritten. Aus diesem Grund hat auch der Bundestag am 15.2.2001 einem Antrag der Regierungsparteien zugestimmt, Freie Software zu fördern.[72] Nachdem GMD-Fokus mit Unterstützung des Bundesministeriums für Wirtschaft und Technologie (BMWi) das Kompetenzzentrum für Open Source Software „BerliOS"[73] ins Leben gerufen hatte,[74] wurde 2010 das Kompetenzzentrum Open-Source-Software (CC OSS) der Bundesstelle für Informationstechnik (BIT) des Bundesverwaltungsamtes (BVA) initiiert.[75] Das Bundesministerium des Inneren hat einen Migrationsleitfaden erstellt, der die technischen Fragen einer Migration behandelt und in der ersten Auflage mehr als 150.000mal von der Website des BMI geladen wurde und inzwischen in der Version 4.0 vorliegt.[76] Auch die Europäische Union beschäftigt sich mit dem Einsatz von Open Source Software in der öffentlichen Verwaltung durch das Programm IDABC („Interoperable Delivery of European eGovernment Services to public Administrations, Businesses and Citizens") und dessen Nachfolger ISA („Interoperability Solutions for European Public Administrations").[77] Im Rahmen von IDABC und des Projektes OSOR („The Open Source Observatory and Repository for European public administrations") wurde die European Union Public License (EUPL) entwickelt[78] und ein Leitfaden für die Beschaffung von Open Source Software durch die öffentliche Hand veröffentlicht.[79]

---

[71] http://www.heise.de/security/meldung/Crowdfunding-GnuPG-Entwicklung-ist-gesichert-2542745.html.

[72] BT-Drs. 14/5246, S. 4 f.

[73] http://www.berlios.de.

[74] http://www.heise.de/newsticker/meldung/Open-Source-fuer-Mittelstand-und-Verwaltung-22213.html.

[75] http://www.bva.bund.de/DE/Organisation/Abteilungen/Abteilung_BIT/Leistungen/IT_Beratungsleistungen/CCOSS/ccoss_node.html.

[76] http://www.cio.bund.de/Web/DE/Architekturen-und-Standards/Migrationsleitfaden-und-Migrationshilfen/migrationsleitfaden_migrationshilfen_inhalt.html.

[77] Vgl. http://ec.europa.eu/idabc/; http://ec.europa.eu/idabc/en/document/7706/3.html.

[78] http://ec.europa.eu/idabc/en/document/7774.html und unten Rn. 386.

[79] https://joinup.ec.europa.eu/node/41522.

C. Die wirtschaftliche Bedeutung von Freier Software

18 Es hat sich gezeigt, dass Open Source Software zu einem wichtigen Geschäftsfeld in der Softwarewirtschaft geworden ist, obwohl die Einnahme von Lizenzgebühren weitgehend ausgeschlossen ist. Wenn im juristischen Schrifttum teils die Auffassung vertreten wird, Open Source
Software und insbesondere die GPL lasse keine entgeltliche Verwertung
zu,[80] so entspricht dies weder den tatsächlichen Marktgegebenheiten
noch machen die Lizenzen entsprechende Vorgaben.[81] Dabei haben sich
eine Reihe ganz unterschiedlicher Geschäftsmodelle herausgebildet, bei
denen Freie Software die wirtschaftliche Basis bildet.

I. Distributoren

19 Eine der ersten etablierten Formen der kommerziellen Tätigkeit auf dem
Gebiet der Freien Software war die Distribution.[82] Unternehmen wie
Canonical (Ubuntu), Red Hat und Novell (SuSE)[83] haben es sich zur
Aufgabe gemacht, das Betriebssystem GNU/Linux über den Handel zu
verbreiten. Dafür besteht deswegen ein Bedarf, da die Distributionen
benutzerfreundlich mit einer Installationsroutine, einem Begleitbuch und
Support angeboten werden, so dass auch unerfahrenen Benutzern der
Umstieg auf Linux möglich ist und Unternehmen für den Einsatz in
ihrer IT auf die erforderliche Unterstützung zurückgreifen können. Im
professionellen Umfeld werden dafür spezielle Enterprise-Versionen
angeboten.

Die Distributoren unterhalten eigene Entwicklerabteilungen und passen GNU/Linux besonderen Bedürfnissen an. Dabei spielen auch spezielle Versionen für den Embedded-Einsatz in Geräten wie Montavista und
Windriver eine wichtige Rolle.[84] Daher unterscheiden sich die Distributionen untereinander und können bei verschiedenen Nutzergruppen ihr
Absatzfeld finden.

---

[80] So etwa *Wandtke/Bullinger-Grützmacher*, § 69c, Rn. 74, der in Rn. 76 zwar einräumt, dass für den Kopiervorgang und eine besondere Gewährleistung ein Entgelt
verlangt werden kann, aber dennoch ein Gewinnverbot annimmt. Ähnlich *Koch*,
ITRB 2007, 261, 262, der dann jedoch Lizenzgebühren unter der GPL-3.0 für zulässig erachtet; dagegen zutreffend *Koglin*, CR 2008, 137, 141 und *Determann*, GRUR
Int. 2006, 645, 649.
[81] Dazu näher unten Rn. 39 und 334.
[82] Zu den vertragsrechtlichen Besonderheiten s. u. Rn. 255 ff.
[83] SuSE wurde inzwischen von Novell übernommen.
[84] Ein Überblick findet sich unter http://www.linux-magazin.de/Special/Embedded/
Pret-a-porter.

II. Embedded-Systeme

Embedded-Systeme[85] stellen einen großen Wachstumsmarkt innerhalb   **20**
der Computerindustrie dar. Weite Bereiche des täglichen Lebens werden
durch die Elektronik bestimmt. Dies betrifft so unterschiedliche Geräte
wie ABS-Systeme, Haushaltsgeräte, Produktionssteuerungen, Mobil-
funkgeräte, Unterhaltungselektronik, aber auch die gesamte militärische
Elektrotechnik. Im Rahmen der Entwicklung des „Internets der Dinge"
und von „Industrie 4.0" wird sich dieser Trend weiter fortsetzen. Für
jede Hardware mit einem Prozessor ist ein Betriebssystem erforderlich,
wobei gerade abgespeckte Linux-Versionen sehr beliebt sind, da der
Hardwarehersteller nicht von einem einzelnen Anbieter abhängig ist.
Für Smartphones und Tablet-PCs nimmt die Bedeutung von Android
stetig zu und die Marktführerschaft übernommen.[86] Natürlich fallen
beim Vertrieb von Hardware mit vorinstallierter Software auch die
Einsparungen bei den Lizenzgebühren ins Gewicht, die ansonsten nach
verkaufter Stückzahl berechnet werden.

Die Maschinenbauindustrie hat die OSADL eG (Open Source Auto-
mation Development Labs) gegründet, eine Genossenschaft, die die
gemeinsame Entwicklung von Linux für diese Branche fördert und für
Weiterentwicklungen als Einkaufsgemeinschaft dient.[87]

Eine besondere Form des gemeinsamen Vertriebs von Software mit
Hardware sind Computer mit vorinstallierten Open Source Program-
men. Unternehmen wie IBM, Dell oder HP liefern ihre Produkte mit
vorinstalliertem GNU/Linux aus. Daneben wird Linux zunehmend als
Zweitbetriebssystem eingesetzt, das ausschließlich für den schnellen
Start eines DVD-Players dient und das Booten des Hauptbetriebssystems
Windows überflüssig macht.

III. Dienstleistungsmarkt

Zu den klassischen Geschäftsfeldern des Open Source Marktes gehören   **21**
Support, Consulting und das Schulungswesen.[88] Gerade der verstärkte

---

[85] Embedded-Systeme (aus dem engl. „eingebettet") sind Kleinstcomputer, die in
Geräten Steuerungs- und Kontrollfunktionen übernehmen. Oftmals sind sie auf spezielle Anwendungen zugeschnitten und arbeiten ohne die sonst übliche Peripherie,
insbesondere ohne Monitor, Tastatur, Maus u. ä. Dazu auch unten Rn. 268 ff.

[86] http://www.idc.com/getdoc.jsp?containerId=prUS25450615.

[87] http://www.osadl.org/.

[88] Dazu gehören auch die zahlreichen Verlage, die Zeitschriften zum Thema Open
Source herausgeben – in Deutschland z. B. das „Linux Magazin" – oder Fachbücher,
wie die des erfolgreichen Verlages O'Reilly. Daneben hat sich ein Merchandising-
Markt entwickelt, in dem vor allem das Linux-Symbol, ein Pinguin, vermarktet wird.
Der Urheber des bekannten „Tux", *Larry Ewing*, lizenziert seinen Pinguinentwurf
lizenzgebührenfrei, s. u. Rn. 327.

Einsatz von Freier Software im Unternehmensbereich zieht ein Bedürfnis nach entsprechenden Dienstleistungen nach sich. Wegen des frei zugänglichen Quellcodes ist es für Anbieter leicht, für jedes beliebige Open Source Produkt einen entsprechenden Support anzubieten. Wegen des offenen Wettbewerbs ist es für Verwender interessant, externe Kompetenz einzukaufen. Die Beliebtheit von GNU/Linux und anderer Freier Software an technischen Universitäten bietet zudem die Gewähr dafür, dass entsprechend gut ausgebildeter Nachwuchs vorhanden ist.

Während die Migration von „proprietärer" zu Freier Software in vielen Bereichen relativ problemlos ist und die Umstellung oftmals lediglich von technischen oder wirtschaftlichen Gesichtspunkten abhängt, sind im Desktop-Bereich größere Schwierigkeiten zu konstatieren. Dies betrifft insbesondere den Umstand, dass sich Mitarbeiter bei Behörden oder Unternehmen gegen einen Wechsel wehren, da sie auf Windows/Microsoft Office ausgebildet wurden und den Umgang mit diesen Programmen gewohnt sind. Die jahrelange Monopolstellung zieht hier erhebliche Beharrungskräfte nach sich. Daher haben sich einige Consulting-Firmen darauf spezialisiert, bei der Migration auf freie Systeme zu beraten.

Auch die Wartung von komplexen Open Source Programmen ist ein wichtiges Geschäftsfeld. Webtechnologien müssen laufend dem aktuellen Stand der Technik angepasst und mit Drittprogrammen kompatibel gehalten werden.

IV. Modulare Softwareentwicklung

21a Mit zunehmender Modularisierung und der objektorientierten Softwareentwicklung ist es möglich, vorbestehende Softwarekomponenten ohne größeren Anpassungsaufwand in Neuentwicklungen zu integrieren. Demnach verwundert es nicht, dass in allen Bereichen der Softwareentwicklung verstärkt auf Freie Software zurückgegriffen wird, insbesondere auf Programmbibliotheken, um Entwicklungszeit und -aufwand zu sparen. Gerade bei Java-Programmierungen finden sich oftmals Dutzende von Open Source Komponenten. Aus rechtlicher Sicht nimmt die Bedeutung von Lizenzkompatibilitätsprüfungen zu, wenn mehrere Open Source Komponenten unter verschiedenen Lizenzbedingungen in eine Entwicklung integriert werden.[89]

---

[89] S. u. Rn. 118a ff.

V. Software as a Service (SaaS)

Die Nutzung von Software verschiebt sich in einem relevanten Umfang **21b**
auf externe Server. Dabei erhält der Nutzer keine Kopie der Software
auf seinen eigenen Rechner, sondern greift über einen speziellen Client
oder eine Weboberfläche auf einen Server des Softwareanbieters zu, auf
dem dann auch die Rechenprozesse stattfinden. Dieser allgemeine Trend
hat erhebliche Auswirkungen auf die Nutzung von Open Source Software. Da die Vergütung in Form einer regelmäßigen Mietzahlung erfolgt, spielt die Frage einer Lizenzgebühr eine untergeordnete Rolle und
die Unterschiede zwischen proprietärer Software und Open Source
Software entsprechend ebenso. In der Praxis werden daher in erheblichem Umfang Open Source Komponenten verwendet. Die damit verbundenen rechtlichen Fragen sind bislang noch wenig in den Fokus
gelangt, haben aber hohe Relevanz.[90]

VI. Softwareentwicklung und das „Open Core"-Modell

Schließlich setzt auch die herkömmliche kommerzielle Softwareindustrie **22**
zunehmend auf freie Programme. Typische Marktbereiche sind dabei
die Entwicklung von Individualsoftware für spezielle Anwendungen und
sog. „Value-added"-Produkte.

Motiv dafür, eine Softwarefirma mit der Entwicklung eines freien
Programms zu beauftragen, kann das Bedürfnis sein, bestehende Open
Source Programme an die eigenen speziellen Bedürfnisse anzupassen,
aber auch der Gedanke, mit einem freien Programm für sich zu werben
oder auf seine Produkte aufmerksam zu machen.

Weiter verbreitet ist allerdings der kombinierte Vertrieb von „proprietärer" Software mit Open Source Programmen. Diese Vorgehensweise ist deswegen beliebt, weil die Einnahme von Lizenzgebühren für
die „Value-added"-Bestandteile erlaubt und nicht alle Betriebsgeheim-
nisse offengelegt werden müssen. Letzteres wird insbesondere unter dem
Schlagwort „Open Core"-Modell diskutiert.[91] Funktionsfähig kann
dieses Konzept dann sein, wenn der selbstentwickelte, „proprietäre"
Bestandteil eine Nischenanwendung betrifft, für die es ansonsten wenige
Interessenten gibt, oder Innovationen, die es noch nicht als Freie Software gibt.

---

[90] Dazu *Ballhausen*, IFOSSLR 6 (1), 61 ff.; *Redeker-Jaeger*, Handbuch IT-
Verträge, Kap. 1.20; *Hilber/Reintzsch*, CR 2014, 697 ff. und unten Rn. 142a.
[91] Vgl.   http://www.heise.de/open/artikel/Gastkommentar-Open-Core-ist-vorbei-
1081342.html und http://www.ebb.org/bkuhn/blog/2009/10/16/open-core-shareware.
html.

Problematisch sind „Value-added"-Produkte dann, wenn sie mit „Copyleft" Software verbunden werden. Diese erlauben den gemeinsamen Vertrieb nur, wenn alle Programme, die von der Freien Software abgeleitet sind, ebenfalls unter die „Copyleft"-Lizenz gestellt werden. Damit stellt sich das praktisch relevante Problem, wann der gemeinsame Vertrieb von „proprietären" und freien Softwarekomponenten unter verschiedenen Lizenzen gestattet ist.[92] Einige Anbieter versuchen dieses Problem mit einem Dual Licensing Modell zu lösen und sich zu diesem Zweck umfassende Nutzungsrechte an Beiträgen Dritter, sog. „Contributions" einräumen zu lassen.[93] Dabei bildet sich aber nur selten eine lebendige Open Source Community.

D. Open Source Compliance

22a § 130 Abs. 1 OWiG begründet eine Aufsichtspflicht für die Geschäftsführung von Unternehmen zur Vermeidung von strafbewehrten rechtswidrigen Handlungen im Unternehmen. Das Urteil des Urteil des LG München I[94] in dem Schadensersatzprozess der Siemens AG gegen einen ehemaligen Vorstand wegen mangelnder Compliance-Maßnahmen zur Vermeidung schwarzer Kassen und Korruption zeigt, dass das Thema ganz wesentlich auch die persönliche Haftung von Vorständen und Geschäftsführern betrifft.

Verstöße gegen Open Source Lizenzen können zu Urheberrechtsverletzungen führen,[95] die wiederum gem. §§ 106, 108 UrhG strafbewehrt sind. Folglich ist der Anwendungsbereich des § 130 OWiG auch im Bereich der Einhaltung von Open Source Lizenzpflichten eröffnet und deren Einhaltung ein Compliance-Thema. Bei der Frage, ob im Einzelfall eine eigene Compliance-Organisation erforderlich ist und wie diese auszugestalten ist, stellt die Rechtsprechung auf die konkreten Umstände in dem jeweiligen Unternehmen ab, d. h. auf Art und Größe des Unternehmens, deren Geschäftsfeld und die Frage, ob in der Vergangenheit bereits Verdachtsfälle aufgetreten sind.[96]

Aufgrund zunehmender Modularisierung der Softwareentwicklung und der damit einhergehenden einfacheren Wiederverwertbarkeit von Programmbibliotheken und anderen Softwarekomponenten, findet sich in nahezu allen neueren Entwicklungsprojekten auch Open Source

---

[92] Dazu näher unten Rn. 47 ff.
[93] Ausführlich dazu. Rn. 113.
[94] LG München I, ZIP 2014, 570 (nicht rechtskräftig).
[95] Dies zeigen die gerichtlichen Durchsetzungen von Open Source Lizenzen, s. u. Rn. 151 ff.
[96] LG München I, ZIP 2014, 570, dazu näher *Beckmann*, GmbHReport 2014, 113 ff.

Software. Ein Risikoerkennungs- und Überwachungssystem für den Einsatz Freier Software wird daher stets erforderlich sein, sofern nicht unternehmensintern deren Verwendung ausdrücklich ausgeschlossen ist. Fraglich ist hingegen, wie unternehmensinterne Open Source Compliance-Systeme aussehen können und sollen.[97] Hier ist die Entwicklung mangels anerkannter Standards noch im Fluss.[98] Man wird allerdings davon ausgehen können, dass die folgenden zentralen Punkte in einem Compliance-System berücksichtigt werden müssen:

– Analyse der anwendbaren Open Source Lizenzen und Ermittlung der Lizenzpflichten,
– Überprüfung der Umsetzung der allgemeinen Vertriebspflichten zur Mitlieferung von Lizenztexten, Urhebervermerken etc.,
– Überprüfung der Lizenzkompatibilität,[99]
– Überprüfung der Einhaltung des Copylefts,
– Erfassung aller verwendeter Softwarekomponenten und Kontrolle der Umsetzung der Lizenzpflichten in vertriebsfertigen Produkten,
– Schulung von Mitarbeitern.

Zusätzliche Instrumente wie die Verwendung eines Software-Repository für den Quellcode und die Auditierung von Zulieferern können ein Compliance-System ergänzen.[100] In der Praxis wird versucht, aufwändige Aufgaben durch entsprechende Softwaretools effizienter umzusetzen. So bieten *Black Duck Software* und *Palamida* eine Überprüfung von Source Code auf Open Source Elemente an.[101] Für den Abgleich wird auf eine Datenbank mit dem Source Code aus 1 Mio. Softwareprojekten mit 2.300 Open Source Lizenzen zurückgegriffen. Die von *HP* initiierte Software *FOSSology*, die selbst unter einer Open Source Lizenz zugänglich ist, dient speziell dem Auffinden und Extrahieren von Lizenztexten und Urhebervermerken in Softwarepaketen und damit ebenfalls Compliance-Zwecken.[102] Gerade bei umfangreichen Programmen mit

---

[97] Vgl. dazu die internationale Literatur *Tsotsorin*, 29 Santa Clara High Tech. L.J. 559 (2012); *Meeker*, The Open Source Alternative, S. 71 ff. und *Meeker*, Open Source for Business, S. 137 ff.

[98] Die OpenChain Initiative versucht hier Abhilfe zu schaffen, https://wiki.linux foundation.org/openchain/start.

[99] Zur Lizenzkompatibilität s. u. Rn. 118a ff.

[100] Zum License Compliance Audit des OSADL vgl. http://www.osadl.org/License-Compliance-Audit.osadl-services-lca.0.html. Lizenzen wie die GPL verlangen, dass dem Erwerber des Produkts der vollständige und korrespondierende Source Code zur Verfügung gestellt wird. Somit muss für jede vertriebene Softwareversion auch der entsprechende Source Code bereitgestellt werden. Dies ist im Einzelfall nicht trivial, vgl. die Zusammenfassung zur GPL-2.0 von gpl-violations.org, http://www.ifross.org/faq/what-kind-source-code-do-i-have-publish-under-gnu-gpl, und zur GPL-3.0 von *Moglen*, http://GPL-3.0.fsf.org/static/moglen-GPL-3.0-launch-slides/slide_03.html.

[101] http://www.blackducksoftware.com; http://www.palamida.com.

[102] http://fossology.org. Zum Einsatz von Softwaretools allgemein *Hemel*, CRi 2015, 101.

zahlreichen Rechteinhabern – zum aktuellen Linux-Kernel haben mehr als 13.000 Entwickler beigetragen – können Urhebervermerke und Sublizenzen nicht mehr sinnvoll in manueller Weise ermittelt werden. Auch bei Produkten oder Software, die von Zulieferern stammen, ist eine Überprüfung auf Open Source Komponenten und die Sicherstellung der Lizenzkonformität erforderlich.[103]

---

[103] Dazu näher *Gebert/Hemel*, InTeR 2014, 20. Zu vertraglichen Regelungen in Softwareentwicklungsverträgen *Eickemeier/Keppeler*, ITRB 2015, 266.

2. Kapitel. Open Source Lizenzen

„Free software is a matter of liberty, not price. To understand the concept, you should think of „free“ as in „free speech“, not as in „free beer“.“
(The Free Software Definition)

Die beiden Definitionen zu Freier Software bzw. Open Source Soft- **23** ware[104] lassen einen weiten Spielraum für die Lizenzgestaltung. Entsprechend den unterschiedlichen Bedürfnissen der Lizenzgeber ist eine Unzahl von Lizenzen entstanden.[105] Während der Umfang der Einräumung von Nutzungsrechten aufgrund der Vorgaben der Open Source Definitionen überwiegend einheitlich ist, ergeben sich bei den Lizenzpflichten erhebliche Abweichungen. Dies beruht zu einem Teil auf dem Umstand, dass gerade lizenzierende Unternehmen vorzugsweise eigene Lizenztexte verwenden,[106] aber auch einige freie Projekte über den Inhalt und den Umfang der Lizenzen selbst entscheiden wollen. Ein weiterer wichtiger Aspekt für die Lizenzvielfalt besteht in der unterschiedlichen Auffassung, wie Weiterentwicklungen lizenziert werden sollen. Hier ergeben sich grundsätzliche Gegensätze in der Einschätzung, was „Freiheit“ bedeutet,[107] nämlich ob es der freien Entscheidung des Bearbeiters Freier Software überlassen sein sollte, wie er das weiterentwickelte Programm lizenziert, oder ob er durch die Lizenz gezwungen werden soll, solche Weiterentwicklungen ebenfalls nur als Open Source Software zu vertreiben.

Betrachtet man die existierenden Lizenzen näher, so lassen sich im **24** Wesentlichen fünf Lizenztypen feststellen, die sich danach unterscheiden, wie Bearbeitungen der Ursprungssoftware zu lizenzieren sind:

---

[104] S. o. Rn. 2.

[105] Das Lizenzcenter des ifrOSS enthält über 150 verschiedene Open Source Lizenzen, http://www.ifross.de/ifross_html/lizenzcenter.html, die Lizenzliste von SPDX mehr als 300 Lizenzen, https://spdx.org/licenses/.

[106] So gibt es eigene Open Source Lizenzen, etwa von IBM (IBM Public License und Common Public License), Apple (Apple Public Source License), Sun (Sun Public License und Sun Industry Standards Source License) und von Microsoft (Microsoft Public License).

[107] Vgl. dazu *Stallman,* Why Copyleft?, https://www.gnu.org/philosophy/why-copyleft.en.html, und *ders.,* Copyleft: Pragmatic Idealism, http://www.gnu.org/philosophy/pragmatic.en.html.

1. Lizenzen mit einer strengen Copyleft-Klausel[108] verlangen, dass sämtliche Bearbeitungen bei der Weitergabe der Ursprungslizenz zu unterstellen sind.[109]
2. Lizenzen mit einer beschränkten Copyleft-Klausel lassen Ausnahmen
   von der Lizenzierungspflicht von Bearbeitungen zu.
3. Lizenzen ohne Copyleft-Klausel enthalten keine Pflichten für die Lizenzierung von neu hinzugefügtem oder geändertem Code.
4. Lizenzen mit Wahlmöglichkeiten erlauben dem Bearbeiter, zwischen
   verschiedenen Möglichkeiten der Lizenzierung seiner Bearbeitung
   auszuwählen.
5. Lizenzen mit Sonderrechten sehen für den Inhaber der Rechte an der
   Ursprungssoftware weitergehende Rechte vor, die ihm der Bearbeiter
   einräumen muss, ohne diese zugleich von dem Inhaber der Rechte an
   der Ursprungssoftware zu erhalten.

Innerhalb dieser Typisierung gibt es zahlreiche Lizenzen, die sich oftmals nur in Details unterscheiden.[110] Allerdings werden etwa 93 % der
gesamten verfügbaren Freien Software unter lediglich zehn verschiedenen Lizenzen angeboten, darunter etwa 22 % unter der GPL-2.0 (Stand:
Dezember 2015).[111]

A. Lizenzen mit einer strengen Copyleft-Klausel

25 Im Folgenden werden von den existierenden Lizenzen mit einem strengen Copyleft-Effekt die GNU General Public License (GPL) in den Versionen 2 und 3, die GNU Affero General Public License (AGPL) und die
Eclipse Public License (EPL) näher beschrieben.[112] Als weitere Lizenzen
dieses Typs sind das CeCILL Free Software License Agreement[113], die

---

[108] Der Begriff „Copyleft" geht auf die Free Software Foundation zurück. Die Übernahme dieser Bezeichnung erscheint insofern berechtigt, als unter diese Lizenz-
Gruppe insbesondere die von der (Free Software Foundation) FSF selbst erstellten
Lizenzen fallen und auch von der FSF entsprechend bezeichnet werden, vgl. http://
www.fsf.org/philosophy/license-list.html.
[109] Die FSF definiert „Copyleft" wie folgt: *„Copyleft is a general method for making a program free software and requiring all modified and extended versions of the
program to be free software as well."*, vgl. https://www.gnu.org/copyleft/copyleft.
en.html.
[110] Ein Überblick findet sich im Lizenzcenter des ifrOSS, http://www.ifross.org/
lizenz-center.
[111] Vgl. die Analyse von Black Duck Software, https://www.blackducksoftware.
com/resources/data/top-20-open-source-licenses.
[112] Weitere Lizenzen mit diesen Charakteristika sind unter http://www.
ifross.org/lizenz-center#term-219 aufgelistet, zum Teil handelt es sich nur um leicht
abgewandelte Versionen der GPL und EPL.
[113] http://www.cecill.info/licences.en.html.

European Union Public License (EUPL)[114], die Open Software License[115] und die Deutsche Freie Software Lizenz (d-fsl)[116] zu nennen. Diese Lizenzen verlangen grundsätzlich, dass Bearbeitungen nur unter der Ursprungslizenz weitergegeben werden dürfen.

I. GNU General Public License, Version 2 (GPL-2.0)[117]

Die GPL wurde von *Richard Stallman*, dem Gründer der Free Software   26 Foundation (FSF), entworfen und ist in der Version 2 aus dem Jahr 1991 nicht nur die weitverbreitetste freie Lizenz, sie kann auch mit Recht als Grundtypus eines Großteils der Open Source Lizenzen bezeichnet werden.[118] Einige der wichtigsten freien Programme sind der GPL unterstellt, darunter wesentliche Teile des Betriebssystems GNU/Linux und zahlreiche weitere Programme. Die Version 1[119] von 1989 war eine Fortentwicklung der GNU Emacs General Public License[120] von 1988 und ähnelt der Version 2 weitgehend; sie hat aber wegen der kurzen Zeitspanne bis zur Veröffentlichung der Version 2 keine besondere Verbreitung erfahren.[121]

Im Jahr 2007 wurde die Version 3 der GPL durch die FSF veröffentlicht, die schnell einen relevanten Marktanteil erobern konnte, aber bislang noch eine geringere Verbreitung als Version 2 besitzt. Sie wird unter II. ausführlich beschrieben. Während viele Programme unter beiden Versionen genutzt werden dürfen, weil die Rechtsinhaber gem. Ziffer 9 GPL-2.0 gestattet haben,[122] dass ihre Software auch unter neueren Versionen der GPL lizenziert werden kann, wird der Linux-Kernel ausschließlich unter der GPL-2.0 angeboten.[123]

---

[114] https://joinup.ec.europa.eu/community/eupl/og_page/eupl.
[115] https://spdx.org/licenses/OSL-3.0.html.
[116] S. u. Rn. 80, 385.
[117] Eine ausführliche Kommentierung der GPL-2.0 findet sich bei *ifrOSS* (Hrsg.), Die GPL kommentiert und erklärt, Köln 2005 (http://www.ifross.org/gpl-version-2); vgl. auch *Crandall*, A Practical Guide to the GNU GPL.
[118] Die einschlägigen Beiträge in der rechtswissenschaftlichen Literatur beschäftigen sich denn auch ganz überwiegend mit den Bestimmungen der GPL-2.0.
[119] http://www.gnu.org/copyleft/copying-1.0.html.
[120] http://www.free-soft.org/gpl_history/emacs_gpl.html.
[121] Zur Geschichte näher http://www.free-soft.org/gpl_history/.
[122] Dazu ausführlich *ifrOSS-Kreutzer*, Ziffer 9 GPL.
[123] Zur Zulässigkeit der Verwendung nur einer Lizenzversion siehe ausführlich *ifrOSS-Kreutzer*, Ziffer 9 GPL, Rn. 18–20.

1. Rechte der Lizenznehmer

27 Die Rechte der Lizenznehmer finden sich bei der GPL-2.0 in den Ziffern 1 und 2.[124] Ziffer 1 GPL-2.0 gestattet dem Nutzer, „auf beliebigen Medien unveränderte Kopien des Quelltextes des Programms" anzufertigen und zu verbreiten. In Ziffer 2 GPL-2.0 findet sich das Bearbeitungsrecht: *„You may modify your copy or copies of the Program or any portion of it, thus forming a work based on the Program, and copy and distribute such modifications or work."*

Dem Lizenznehmer wird dabei unmittelbar durch die Rechteinhaber ein einfaches Nutzungsrecht gem. § 31 Abs. 2 UrhG an der Software eingeräumt,[125] das eine Reihe von Nutzungsarten betrifft.[126] Das Recht zur Benutzung der Software, d. h. zum bloßen Programmablauf, wird durch die Lizenz vorausgesetzt und nicht von dem Abschluss des Lizenzvertrages abhängig gemacht.[127] Damit befindet sich die GPL-2.0 im Einklang mit der Regelung des § 69d UrhG.[128]

a) Vervielfältigungsrecht und Verbreitungsrecht

28 Inhaltlich erstreckt sich das Nutzungsrecht zunächst auf die ausdrücklich aufgeführten Verwertungsrechte der Urheber, nämlich das Vervielfältigungsrecht gem. § 69c Nr. 1 UrhG *(„copy")* und das Verbreitungsrecht gem. § 69c Nr. 3 UrhG *(„distribute")*.

b) Recht der öffentlichen Zugänglichmachung

29 Eingeräumt wird aber auch das Recht der öffentlichen Zugänglichmachung gem. § 69c Nr. 4 UrhG, das insbesondere das Angebot der Software im Internet umfasst. Dieses Recht ist seit der Umsetzung der Richtlinie zur Informationsgesellschaft als eigenständiges Verwertungsrecht in § 69a Nr. 4 UrhG geregelt.[129] Dass dem Nutzer durch die GPL-2.0 auch dieses Verwertungsrecht eingeräumt wird, ergibt sich bereits daraus, dass der verbindliche[130] Original-Lizenztext der GPL-2.0 von *„distribute"* spricht: Dieser Begriff umfasst nach US-amerikanischem Verständnis neben der Verbreitung körperlicher Vervielfältigungsstücke

---

[124] Die GPL-2.0 ist abrufbar unter http://www.gnu.org/licenses/old-licenses/gpl-2.0.en.html und in deutscher Übersetzung unter http://www.gnu.de/documents/gpl-2.0.de.html.

[125] Zur Direktlizenzierung s. u. Rn. 175.

[126] S. u. Rn. 121.

[127] Ziffer 0 Abs. 2 GPL-2.0: *„The act of running the Program is not restricted ..."*, a. A. *Deike*, CR 2003, 9, 16, der von einer Nutzungsrechtseinräumung ausgeht; unklar *Spindler-Spindler*, S. 81.

[128] S. u. Rn. 123, 125.

[129] Vgl. zur Umsetzung der „Richtlinie zur Harmonisierung bestimmter Aspekte des Urheberrechts und der verwandten Schutzrechte in der Informationsgesellschaft" im Bereich des Softwareurheberrechts *Jaeger*, CR 2002, 309.

[130] Sämtliche Übersetzungen der GPL sind bislang „inoffiziell", d. h. sie dienen allenfalls als Verständnishilfe, werden aber nicht Vertragsinhalt.

auch die unkörperliche Verwertung, jedenfalls insoweit, als Dritte durch einen Download selbst eine Kopie erwerben können.[131] Das Begriffsverständnis der vor dem Hintergrund des US-Rechts formulierten GPL-2.0 ist auch unter der Anwendbarkeit deutschen Rechts in die Auslegung mit einzubeziehen, da eine Interpretation bloß auf der Basis einer einfachen Wortübersetzung zu kurz greifen würde.[132] Einer anderen Auslegung würde auch der Zweck der Rechtseinräumung entgegenstehen, da die Verbreitung über Datennetze die typische Form der Verbreitung Freier Software darstellt.[133] Letztlich setzt die GPL-2.0 auch selbst voraus, dass die ihr unterstellte Software auch öffentlich zugänglich gemacht werden darf.[134] So heißt es in Ziffer 3 Abs. 3 GPL-2.0: *„If distribution of executable or object code is made by offering access to copy from a designated place …“*. Nach dieser Bestimmung reicht es bei einem Online-Angebot der Software im Objectcode aus, dass der Source Code ebenfalls nur online zugänglich gemacht wird.[135] Hier wird deutlich, dass den Autoren diese Vertriebsmöglichkeit durchaus bekannt war und nach ihrem Verständnis von dem Begriff *„distribute"* mitumfasst ist.[136]

Ebenfalls dürfte die Nutzung im Wege des „Software as a Service" gestattet sein, die nach überwiegender Auffassung ebenfalls dem Recht der öffentlichen Zugänglichmachung unterfällt.[137]

c) Vermietrecht

Fraglich ist, ob das Vermietrecht im Sinne der §§ 17 Abs. 3, 69c Nr. 3 S. 1 UrhG Gegenstand der Rechtseinräumung durch die GPL-2.0 ist. In   30

---

[131] Siehe US District Court M.D. Florida, 839 F.Supp. 1552 (1993) – *Playboy Enterprises, Inc. v. Frena*; US District Court N.D.California, 907 F.Supp. 1361 (1995) – *Religious Technology Center v. Netcom On-Line Communication Services, Inc.* In London-Sire Records, Inc. v. Doe 1, 542 F. Supp. 2d 153 (D. Massachusetts 2008) heißt es: *"The Court therefore concludes that electronic file transfers fit within the definition of 'distribution' of a phonorecord"*.

[132] S. u. Rn. 366; a. A. *Koch*, Informatik Spektrum 2/2004, 55, 59; *Spindler-Spindler*, S. 83, der sich auf das Schutzlandprinzip beruft. Dies betrifft allerdings nur den Umfang der jeweiligen Rechte, nicht aber die Auslegung von Lizenzbestimmungen.

[133] A. A. *Koch*, CR 2000, 333, 338, der die GPL-2.0 in diesem Punkt für ergänzungsbedürftig hält, aber keine Auslegung des Lizenztextes vornimmt, und *Spindler-Spindler*, S. 82 ff.

[134] Dies übersieht *Spindler-Spindler*, S. 83 f., der bezweifelt, dass die GPL-2.0 das Recht der öffentlichen Zugänglichmachung umfasst und dabei davon ausgeht, dass es sich um eine bei Erstellung der GPL-2.0 unbekannte Nutzungsart handelt. Allerdings zeigt auch die Autobiographie von *Linus Torvalds*, dass schon Anfang der 1990er Jahre in Programmiererkreisen diese Nutzungsart durchaus bekannt war, vgl. *Torvalds*, S. 94 ff.

[135] Abweichend von der Grundregel der Ziffer 3 Abs. 1 GPL-2.0, vgl. *ifrOSS-Koglin*, Ziffer 3 GPL, Rn. 23 f.

[136] So i. E. auch *Andréewitch*, MR 2005, 36, 38; *Koglin*, Opensourcerecht, S. 79.

[137] Dazu ausführlich unten Rn. 31, 142a.

Ziffer 0 Abs. 2 GPL-2.0 heißt es: „*Activities other than copying, distri-bution and modification are not covered by this License; they are out-side its scope.*" Dies könnte für einen Ausschluss anderer Nutzungsrech-te sprechen. Der Begriff „*distribution*" ist dabei allerdings weit zu verstehen, da es Zweck der Lizenz ist, Freie Software möglichst einfach und weitgehend zu verbreiten. Dies ergibt sich schon aus der Präambel der GPL-2.0 (*„the GNU General Public License is intended to guaran-tee your freedom to share and change free software")*. Zudem umfasst der Begriff der „*distribution*" im US Copyright Act ausdrücklich auch die Vermietung (§ 106 (3) US Copyright Act[138]), was ebenfalls für eine weite Auslegung spricht. Daher ist zutreffend davon auszugehen, dass das Vermietrecht als Teil des Verbreitungsrechts von der GPL-2.0 mit-umfasst ist.[139] Dagegen spricht auch nicht der Umstand, dass die Ge-brauchsüberlassung, die der Inhaber des Vermietrechts gewähren darf, gem. § 17 Abs. 3 UrhG „unmittelbar oder mittelbar Erwerbszwecken" dienen muss. Bei der Vermietung ist nämlich zwischen den Lizenzgebüh-ren für das Vermietrecht und dem Mietentgelt selbst zu unterscheiden.[140] Unzulässig ist es, für die Einräumung des Vermietrechts eine Lizenzge-bühr zu verlangen.[141] Es spricht aber nichts dagegen, für die Vermietung selbst ein Entgelt zu erhalten, etwa wenn ein Cluster mit einem aufge-spielten Linux komplett vermietet wird. Denn Ziffer 2 b) GPL-2.0 ver-langt nur, dass die *Lizenzierung* gebührenfrei erfolgt, nicht aber, dass mit sonstigen Leistungen keine Einnahmen generiert werden dürften.[142] Dies gilt für die zeitweilige Überlassung einer Programmkopie ebenso wie für den Verkauf. Hier zeigt sich wiederum, dass Freie Software durchaus kommerziell genutzt werden kann, sofern der freie Zugang gewährleistet bleibt. So ist es denkbar, wie bei einem Videoverleih

---

[138] „*(...) to distribute copies or phonorecords of the copyrighted work to the public by sale or other transfer of ownership, or by rental, lease, or lending*".

[139] A. A. *Koch*, CR 2000, 333, 336; *Wandtke/Bullinger-Grützmacher*, § 69c, Rn. 74; zweifelnd *Spindler-Spindler*, S. 84 f.; wie hier *Marly*, Rn. 988, und *Teupen*, S. 185 f.

[140] Dies übersehen *Koch*, CR 2000, 333, 336 f.; *ders.* Informatik Spektrum 2/2004, 55, 58, sowie *Wandtke/Bullinger-Grützmacher*, § 69c, Rn. 74, und i. E. auch *Spind-ler-Spindler*, S. 86, der in der Vermietung eine mit den Grundsätzen der GPL-2.0 unvereinbare entgeltliche Nutzungshandlung sieht. Die GPL-2.0 gestattet aber durch-aus die Nutzung der Software zu Erwerbszwecken, vgl. http://www.gnu.org/licenses/gpl-faq.html#GPLCommercially. Letztlich ist eine entgeltliche Gebrauchs-überlassung auf Zeit (Vermietung) nicht anders zu behandeln als eine dauerhafte entgeltliche Gebrauchsüberlassung (Verkauf einer Distribution oder Werkvertrag). Solange der Mietzins alleine für die Gebrauchsüberlassung des Vervielfäl-tigungsstückes gezahlt wird – der Mieter also unentgeltlich die Software auch auf weiteren Rechnern einsetzen darf – schließt die GPL-2.0 eine solche Handlung nicht aus.

[141] Dazu näher unten Rn. 39 f.

[142] Im Lizenztext heißt es „*to be licensed as a whole at no charge*".

CD-ROMs mit Freier Software gegen ein Entgelt zu vermieten. Dann kann aber nicht ausgeschlossen werden, dass der Mieter sich das Programm kostenfrei kopiert und weiterverbreitet. Problematisch ist die Nutzung Freier Software im Rahmen des sog. Software as a Service (SaaS) bzw. des Application Service Providing (ASP)[143]. Application Service Providing ist urheberrechtlich nicht als Vermietung im Sinne des § 69c Nr. 3 UrhG,[144] sondern als öffentliche Zugänglichmachung einzuordnen, da die Vermietung im Sinne dieser Vorschrift die Überlassung körperlicher Werkstücke bezeichnet, während beim Application Service Providing typischerweise eine Online-Übertragung stattfindet.[145] Die Nutzung im Rahmen von ASP-Verträgen ist bei GPL-2.0-Software gleichwohl nicht in jedem Fall gestattet, da diese Form der Softwarenutzung eine eigenständige Nutzungsart im Sinne des § 31 Abs. 4 UrhG a. F. darstellt,[146] die frühestens seit Mitte der 1990er Jahre in ihrer wirtschaftlichen Bedeutung als bekannt vorausgesetzt werden kann. Software, die vor diesem Zeitraum unter die GPL-2.0 gestellt worden ist, darf deshalb nicht im Rahmen von Application Service Providing-Diensten genutzt werden.[147] Dies dürfte auch für das Betriebssystem GNU/Linux gelten oder jedenfalls die Teile davon, die unverändert geblieben sind und nicht neu lizenziert wurden.[148] Denn praktisch wird dieses Problem dadurch entschärft, dass viele der Entwickler dauerhaft an Entwicklungsprojekten mitarbeiten und dabei die Bearbeiterurheberrechte mitsamt der von ihnen zuvor programmierten Software regelmäßig neu lizenzieren, so dass auch älterer Code unter der neuen Nutzungsart verwendet werden kann. Seit der Aufhebung des

31

---

[143] ASP wird hier als Nutzung eines Programms verstanden, bei der der Nutzer keine eigene Kopie installiert hat, sondern nur von seinem Rechner oder Terminal auf einen Server zugreift, auf dem die Software abläuft. Zunehmend setzt sich der Begriff SaaS („Software as a service") für diese wirtschaftlich bedeutsame Nutzungsform durch. Davon ist wohl der Fall abzugrenzen, dass über den Server keine Anwendungen zugänglich gemacht werden, so dass zusätzliche Nutzungen erfolgen, sondern die Nutzung im Wesentlichen nur beim Serverbetreiber stattfindet (z. B. Software zum Betrieb des Webservers) und der auf den Server zugreifende Nutzer nur mittelbar davon profitiert. Die Abgrenzungen sind hier im Einzelnen schwierig und noch wenig untersucht. Allgemein zu ASP und SaaS *Marly*, Rn. 1115 ff.

[144] So aber *Koch*, ITRB 2001, 39 ff.; wie hier *Spindler-Spindler*, S. 87; *Marly*, Rn. 1128.

[145] Vgl. *Schricker/Loewenheim-Spindler*, Vor § 69a, Rn. 67; *Dreier/Schulze-Dreier*, § 69c, Rn. 36, ebenso OLG München, CR 2009, 500, 502. Selbst wenn man den Server des ASP-Anbieters als körperliches Werkstück ansehen würde, wäre es fraglich, ob dieses dem Nutzer auch „überlassen" wird. Vgl. hierzu auch *Bettinger/Scheffelt*, CR 2001, 729, 733 ff.

[146] So auch *Röhrborn/Sinhart*, CR 2001, 69, 73 und *Marly*, Rn. 1125.

[147] S. u. Rn. 140 ff.

[148] So im Ergebnis auch *Koch*, ITRB 2001, 39 ff.; *Spindler-Spindler*, S. 87; zweifelnd *Schricker/Loewenheim-Spindler*, § 31a, Rn. 68.

Verbots zur Einräumung von Nutzungsrechten an neuen Nutzungsarten durch die Einführung des § 31a UrhG und die dazugehörige Schutzklausel für Open Source und Open Content, hat die Problematik weiter an Bedeutung verloren, obwohl sie für Altfälle weiter relevant ist.[149]

d) Embedded-Nutzung

32 In den Ziffern 1 und 3 der GPL-2.0 findet sich die Gestattung der Nutzung der Software in sog. Embedded-Systemen.[150] Embedded-Systeme sind einer der großen Märkte für Freie Software, in diesem Bereich werden etwa 95 % aller produzierten Mikroprozessoren eingesetzt.[151] Die Nutzung von Programmen, die unter der GPL-2.0 stehen, ist in Maschinen und Geräten grundsätzlich gestattet. Dies ergibt sich aus Ziffer 1 GPL-2.0: *„Sie dürfen auf beliebigen Medien („in any medium")* *unveränderte Kopien (…) anfertigen und verbreiten."* Ziffer 3 GPL-2.0 stellt hinsichtlich der Nutzungsbefugnisse lediglich eine Wiederholung dar, wenn formuliert wird, dass das Programm auch im Objectcode vertrieben werden darf. Grund der Wiederholung sind die in Ziffer 3 GPL-2.0 aufgeführten, besonderen Bedingungen, die für den Vertrieb im Objectcode zu beachten sind.

e) Bearbeitungsrecht

33 Ziffer 2a) GPL-2.0 sieht schließlich ein umfassendes Bearbeitungsrecht für die Lizenznehmer von GPL-2.0-Programmen vor. Damit wird jedermann die Weiterentwicklung der Software ermöglicht. Seine Grenzen findet das Bearbeitungsrecht im Urheberpersönlichkeitsrecht der Entwickler.[152] In der Praxis dürften sich daraus aber nur geringfügige Beschränkungen ergeben.

2. Pflichten der Lizenznehmer beim Vertrieb unveränderter Software

34 Die GPL-2.0 enthält eine Reihe von Pflichten für den Fall, dass der Lizenznehmer die Software weitervertreibt.[153] Die bloße Benutzung der Software, d. h. das Ablaufenlasssen der Software, unterliegt nach Ziffer 0 Abs. 2 GPL-2.0 nicht den Lizenzbedingungen.[154] Die Vertriebspflichten unterscheiden sich danach, ob der Vertrieb eines veränderten oder eines unveränderten Programms erfolgt. Zunächst werden im Fol-

---

[149] Ausführlich dazu unten Rn. 140 ff.
[150] Zum Begriff des Embedded-Systems s. o. Fn. 72; zu den rechtlichen Aspekten allgemein *Grützmacher* in: *Büchner/Dreier*, S. 87 ff.
[151] S. o. Rn. 20.
[152] S. u. Rn. 129.
[153] Zu den Rechtsfolgen bei der Verletzung der lizenzvertraglichen Pflichten s. u. Rn. 152 ff.
[154] *„The act of running the Program is not restricted …"*, vgl. auch *Koglin*, Opensourcerecht, S. 77.

genden die Pflichten des Lizenznehmers beim Vertrieb einer unveränderten Software dargestellt.

a) Mitlieferung des Lizenztextes

Gem. Ziffer 6 GPL-2.0 erhält jeder Lizenznehmer die Nutzungsrechte   35
an der Software vom ursprünglichen Lizenzgeber. Üblicherweise erhält
er aber das Programm selbst von einer anderen Person, z. B. von einem
kommerziellen Distributor. Damit dem Nutzer gleichwohl Rechte an
der Software eingeräumt werden können, ist es unabdingbare Voraussetzung, dass er beim Erhalt der Software auch eine Kopie der Lizenzbestimmungen der GPL-2.0 erhält.[155] Gerade bei unbekannteren Programmen oder auch beim Vertrieb in Embedded-Systemen erfährt er
überhaupt nur so, dass es sich um GPL-lizenzierte Software handelt und
welche Rechte er erwerben kann. Aus diesem Grund knüpft Ziffer 1
Abs. 2 S. 2 GPL-2.0 die Vervielfältigung und Verbreitung des Programms an die Bedingung, allen Empfängern des Programms zusammen
mit dem Programm eine Kopie dieser Lizenz zukommen zu lassen. Dies
kann auf verschiedene Weise erfolgen, sei es, dass der Lizenztext in
gedruckter Form mitgeliefert wird, sei es, dass auf einem Datenträger
eine Datei mit dem Lizenztext enthalten ist. Nicht ausreichend ist hingegen ein bloßer Verweis auf eine Webseite mit dem Lizenztext.[156] In der
Praxis wird der Lizenztext zumeist in der „COPYING"-Datei im Source
Tree mitgeliefert. Bei Embedded-Systemen kann der Lizenztext auch
über einen Bildschirm angezeigt werden, wie das bei Android-Mobiltelefonen regelmäßig der Fall ist. Notwendig ist jedenfalls, dass
der Lizenztext für den Erwerber in angemessener Weise auffindbar und
eindeutig erkennbar ist, auf welches Programm oder welche Softwarekomponente sich die Lizenz bezieht. Bestehende Hinweise auf die GPL-2.0 müssen beibehalten werden.

b) Zugänglichmachung des Source Codes

Zentral für die Nutzung Freier Software ist der Zugang zum Source   36
Code. Die GPL-2.0 gestattet den Vertrieb der Software im Objectcode
bzw. als Executable, d. h. in der durch den Computer ausführbaren
Programmform. Derjenige, der die Software weitergibt, muss allerdings
sicherstellen, dass dem Erwerber der Source Code zugänglich ist. Dafür
sieht Ziffer 3 GPL-2.0 grundsätzlich zwei Möglichkeiten vor: Entweder
der Source Code wird unmittelbar auf einem üblichen Datenträger mitgeliefert, etwa auf einer CD-ROM oder einer DVD, oder dem Objectcode muss ein mindestens drei Jahre gültiges Angebot zur Lieferung des

---

[155] Zur Frage des wirksamen Vertragsschlusses und insbesondere der Einbeziehungen der GPL-2.0 und anderer Open Source Lizenzen nach §§ 305 ff. BGB s. u. Rn. 172 ff.
[156] LG München I, CR 2008, 57, 58 f. – *Welte ./. Skype.*

Source Codes *an jeden Dritten* beigefügt werden, wobei kein Entgelt
verlangt werden darf, das über die Kosten der physikalischen Herstellung des Datenträgers mit dem Source Code hinausgeht. Damit ist
sichergestellt, dass der Empfänger bei Lieferketten immer unmittelbar
auf seinen Vertragspartner zurückgreifen und den Source Code herausverlangen kann. Der entscheidende Unterschied der beiden Möglichkeiten besteht darin, dass der Distributor bei der ersten Variante seine
Pflicht unmittelbar erfüllt und damit keinem Dritten gegenüber mehr
zur Herausgabe des Source Codes verpflichtet ist. Wird der Source Code
dem gegenüber nicht unmittelbar mitgeliefert, kann jeder beliebige Dritte die Herausgabe des Source Codes vom Distributor verlangen. Die
GPL-2.0 zeigt sich an dieser Stelle als echter Vertrag zugunsten Dritter
gem. § 328 BGB.[157]

In zwei Ausnahmekonstellationen erleichtert die GPL-2.0 jedoch den
Vertrieb im Objectcode. Wird die Software öffentlich zugänglich gemacht, insbesondere zum Download im Internet angeboten, dann reicht
es aus, dass der Source Code ebenfalls nur online zugänglich gemacht
wird.[158] Beim nicht-kommerziellen Vertrieb ist es zudem zulässig, dass
das Angebot zur Lieferung des Source Codes, das vom Vorlieferanten
erhalten wurde, an den Erwerber weitergegeben wird (Ziffer 3c) GPL-
2.0). Dies gilt beim kommerziellen Vertrieb aufgrund des Erschöpfungsgrundsatzes auch dann, wenn ein unverändertes Produkt mit GPL-
Software weiterverbreitet wird, das GPL-konform im EWR in Verkehr
gebracht wurde.[159]

Ziffer 3 Abs. 2 GPL-2.0 erläutert ausführlich, was als Source Code
mitgeliefert werden muss. Der vollständige korrespondierende Source
Code *(„complete corresponding source code")* umfasst sämtlichen
Quelltext, der für das konkret vertriebene Executable kompiliert wurde,
einschließlich der Skripte zu Kompilierung und Installation sowie die

---

[157] So auch *Nordmayer*, FA IT-Recht, Rn. 679. Der Vertrag zugunsten Dritter bedarf keiner Form, auch wenn eine Schenkung zugunsten der Dritten erfolgt, BGH,
NJW 1975, 1360. Zudem reicht es aus, dass die Dritten nach sachlichen Kriterien
bestimmbar sind, vgl. *MüKo-Gottwald*, § 328, Rn. 24. Sofern man im Valutaverhältnis eine Schenkung annimmt, dürfte mit der Erfüllung durch den Lizenznehmer ein
Fall des § 518 Abs. 2 BGB vorliegen; die Erfüllung kann der Lizenznehmer nicht
wegen Mangels im Valutaverhältnis verweigern, *MüKo-Gottwald*, § 328, Rn. 29.
Siehe hierzu auch die Entscheidung der CA Paris, 1609.2009, RG n° 04/24298 –
AFPA/Edu 4 (https://www.neufbox4.org/wiki/index.php?title=Arr%C3%AAt_du_16
_septembre_2009_-_Cour_d%27Appel_de_Paris_-_P%C3%B4le_5_Chambre_10_-_
RG_n%C2%B004/24298), welche einen direkten Anspruch Dritter auf Herausgabe
der Quelltexte bejaht hat, vgl. auch unten Rn. 375.
[158] Dies gilt nur für den Fall des Online-Vertriebs. Bei der herkömmlichen Verbreitung reicht ein Online-Angebot des Source Codes nicht aus, vgl. LG München I, CR
2008, 57, 59 – *Welte ./. Skype*.
[159] S. u. Rn. 131.

Definitionsdateien der Schnittstellen, wobei Letztere nicht unter der GPL-2.0 lizenziert werden müssen, wenn sie nicht von dem GPL-2.0-Code abgeleitet sind.[160] Bei Linux-Systemen sind daher regelmäßig auch das Makefile, die .config-Datei und Informationen über die Toolchain mitzuliefern.[161] Der Zweck dieser Klausel besteht darin, dem interessierten Nutzer auch alle Mittel praktisch an die Hand zu geben, um das GPL-2.0-Programm zu ändern und wieder auf die entsprechende Hardware aufzuspielen.[162]

In der Praxis wirft die Zusammenstellung des vollständigen Source Codes nicht unbeträchtliche Probleme auf, wie auch die Entscheidung des LG Hamburg in der Sache *Fantec* zeigt.[163] Dies gilt insbesondere für Hersteller von Embedded-Systemen, die von einem Zulieferer, z. B. einem Chip-Hersteller, eine Platine (Printed Circuit Board, PCB) mit einem sog. Board Support Package (BSP) erhalten, d. h. einem Softwareentwicklungskit auf der Basis einer Linux-Distribution.[164] Hier bedarf es erheblicher Erfahrung, um letztlich den passenden Source Code aller GPL-Komponenten zusammenzustellen, die dem Nutzer dann einen Rebuild der Software ermöglichen.[165]

c) Technische Schutzmaßnahmen

Während sich in der GPL-3.0 eine spezielle Regelung zur Frage der Verwendung von technischen Schutzmaßnahmen findet,[166] schweigt die GPL-2-0 zu diesem Thema. Dennoch ist die Frage gerade im Embdeded-Bereich von erheblicher praktischer Bedeutung. Hersteller von Kraftfahrzeugen, Medizingeräten und anderen sicherheitssensiblen Produkten, möchten zumeist verhindern, dass Endnutzer die Software der Geräte verändern können. Durch die Verwendung von Techniken wie Secure Boot oder einen Flashloader können nur digital signierte Programme installiert und gestartet werden.[167] Damit kann der Hersteller des Embedded-Systems kontrollieren, wer welche Software installieren kann. Dies führt zu der Frage, ob und in welcher Form der Einsatz solcher technischen Schutzmaßnahmen mit den Lizenzpflichten der GPL- 36a

---

[160] *Labesius*, ITRB 2013, 205, 206.
[161] Vgl. http://www.ifross.org/faq/what-kind-source-code-do-i-have-publish-under-gnu-gpl.
[162] Problematisch ist der Fall, in dem Hardware ein kryptographisches System verwendet und nur bei einem entsprechenden Schlüssel eine veränderte Firmware bootet. Nach dem Zweck von Ziffer 3 GPL-2.0 wird man verlangen müssen, dass der Verwender des kryptographischen Systems dem Nutzer die Installation der Software ermöglicht, sofern erforderlich auch durch Mitteilung eines entsprechenden Schlüssels. Die GPL-3.0 regelt in ihrer Ziffer 6 diese Frage ausführlich.
[163] LG Hamburg, CR 2013, 498 – *FANTEC*.
[164] Vgl. https://www.linutronix.de/index.php?page=board-support-packages.
[165] *Jaeger*, 1 JIPITEC 1 (2010), 36.
[166] S. u. Rn. 70.
[167] Vgl. http://portal.automotive-his.de/images/pdf/Presse/a200504s053.pdf.

2.0 vereinbar ist. Diese Frage wird auch unter dem Schlagwort „Tivoization" geführt, da TiVo, ein Hersteller eines Festplatten-Videorekorders, zwar den Source Code der verwendeten GPL-Software zur Verfügung gestellt hat, aber das Wiederaufspielen von bearbeiteten Softwareversionen durch die Abfrage einer digitalen Signatur verhinderte.

Aus dem Umstand, dass die GPL-2.0 keine Regelung zu dieser Frage enthält, wird zumeist geschlossen, dass eine „Tivoization" nicht verhindert werden kann. Das sieht wohl auch die FSF so, die daher die Verwendung der GPL-3.0 empfiehlt.[168] Allerdings verlangt Ziffer 3 GPL-2.0, dass zusätzlich zum Source Code auch *scripts used to control compilation and installation of the executable*" mitgeliefert werden müssen. Zweck ist es offensichtlich, dem Nutzer das Wiederaufspielen veränderter Programmversionen zu ermöglichen. Da die FSF das Thema „Tivoization" in der GPL-2.0 nicht bewusst ungeregelt gelassen hat, kann durchaus eine planwidrige Regelungslücke angenommen werden, die durch eine ergänzende Vertragsauslegung geschlossen werden darf, da ohne Vervollständigung des Vertrages eine angemessene, interessengerechte Lösung nicht zu erzielen wäre.[169] Denn aus dem Gesetzesrecht kann schwerlich eine Regelung zur Lückenfüllung hergeleitet werden. Berücksichtigt man, dass die GPL-2.0 darauf abzielt, die Nutzerfreiheiten zu stärken und – wie gezeigt – GPL-Programme verändern und wieder aufspielen zu können, liegt es nahe, die Lizenz dahingehend auszulegen, dass der Distributor dem Erwerber die erforderlichen Mittel an die Hand geben muss, veränderte Softwareversionen installieren zu können. Dies würde nicht bedeuten, dass keine DRM-Systeme für GPL-Programme verwendet werden dürfen. Jedoch müssten dem Nutzer – zumindest im Wege eines *„written offer*" – die technischen Mittel zum Aufspielen der Software überlassen werden. Dies gilt allerdings nur insoweit als die Software unter der GPL lizenziert ist. So müssten beispielsweise proprietäre Anwendungsprogramme, die auf dem Linux-Kernel ablaufen, nicht wieder verwendbar gemacht werden. Auch dürften proprietäre Bootloader so gestaltet werden, dass sie veränderte GPL-Programme nicht mehr starten. Es bleibt abzuwarten, ob die Gerichte eine solche ergänzende Vertragsauslegung vornehmen, oder ob die Verwendung von technischen Schutzmaßnahmen, die eine Neuinstallation verhindern, mangels expliziten Verbots hinzunehmen ist.

---

[168] So in den FAQ zur GPL, http://www.gnu.org/licenses/gpl-faq.html#Tivoization.
[169] Zu den Anforderungen an eine ergänzende Vertragsauslegung vgl. BGH, NJW 2012, 844 m. w. N.

d) Urhebervermerke

Einer der typischen Beweggründe, sich als Entwickler an der Erstellung 37
Freier Software zu beteiligen, ist der Wunsch, als Programmierer bekannt zu werden bzw. dass die Programmierleistung entsprechend gewürdigt wird.[170] Vor diesem Hintergrund verwundert es kaum, dass sich
in der GPL-2.0 detaillierte Regelungen über den Umgang mit den Urhe-
ber- bzw. Copyrightvermerken finden.

 Ziffer 1 Abs. 1 S. 2 der GPL-2.0 verpflichtet dazu, bei der Vervielfältigung und Verbreitung der Software auf jeder Kopie einen entsprechenden Copyright-Vermerk[171] zu veröffentlichen und alle Vermerke,
die sich auf die Lizenz beziehen, unverändert zu lassen. Diese Vorschrift
bezieht sich auf die §§ 401 ff. US Coypright Act: Nach US-amerikanischem Urheberrecht „kann" jedes veröffentlichte Werk mit bestimmten Angaben versehen werden; Folge hiervon sind Beweiserleich-
terungen im Verletzungsprozess. Wer GPL-2.0-Software vervielfältigt
und verbreitet, muss die Urheber- und Lizenzvermerke unverändert
lassen und mitverbreiten bzw. entsprechend an den erstellten Vervielfältigungsstücken einen gut erkennbaren Copyright-Vermerk anbringen.[172]
Allerdings führt die Pflicht zur Beibehaltung von Urhebervermerken
nicht zu einer Beschränkung der Bearbeitungsmöglichkeiten: Es steht
dem Bearbeiter frei, vorhandene Urhebervermerke an eine andere Stelle
des Programms zu verschieben, sofern diese mit zumutbarem Aufwand
auffindbar sind.

 Bei einer Vielzahl von Urhebern können sich erhebliche praktische
Probleme bei der Mitlieferung der Urhebervermerke ergeben. So haben
sich an der Entwicklung von Linux mehrere tausend Entwickler beteiligt, und auch die Zahl der Inhaber der ausschließlichen Nutzungsrechten dürfte erheblich sein.[173] Während beim Vertrieb im Source Code die
Urheber- bzw. Copyrightvermerke regelmäßig mitenthalten sind, müssen bei strenger Wortlautauslegung die Vermerke extrahiert und gesondert mitgeliefert werden, wenn die Software im Objectcode ausgeliefert
wird. Denn Ziffer 3 verweist für die zu erfüllenden Lizenzpflichten auf

---

[170] Vgl. hierzu auch http://www.fsf.org/licensing/licenses/gpl-faq.html#IWant
Credit.

[171] Der Copyright-Vermerk (©) muss nicht identisch mit einem Urhebervermerk
sein. Während der Urhebervermerk den Namen oder das Pseudonym des Urhebers
angibt, dient der Copyright-Vermerk dazu, den Inhaber der ausschließlichen Nutzungsrechte zu identifizieren. Fällt die Inhaberschaft auseinander, finden sich üblicherweise Vermerke in der Form „© 2000 Firma X, author: Y".

[172] Alle GNU-Programme enthalten ausführliche Copyright-Vermerke, meist in sog.
„Credit Lists", vgl. auch http://www.gnu.org/prep/maintain/html_node/Recor
ding-Contributors.html.

[173] Vgl. die Studie der Linux Foundation aus dem Jahr 2012, http://www.
linuxfoundation.org/news-media/announcements/2012/04/linux-foundation-releases-
annual-linux-development-report.

Ziffer 1. Hier zeigt sich, dass bei der Formulierung der GPL-2.0 im Jahr 1991 solche Umsetzungsprobleme noch nicht vorausgesehen worden waren. Die Praxis behilft sich mit speziellen Scanning Tools, die Urhebervermerke und Lizenztexte aus dem Source Code extrahieren können.[174]

e) Haftungsausschluss („Disclaimer")

38 Ziffer 1 GPL-2.0 verlangt explizit die Verwendung eines Haftungsausschlusses, der zudem erkennbar und in angemessener Weise an dem Vervielfältigungsstück angebracht werden muss;[175] bestehende Vermerke zu einem Haftungsausschluss dürfen nicht entfernt werden. Im Anhang der GPL-2.0 findet sich ein Muster für einen „Disclaimer".[176]

Die Frage liegt nahe, ob die Verwendung eines unter deutschem Recht unwirksamen Haftungsausschlusses erforderlich ist.[177] Hier ist zu beachten, dass der Disclaimer insbesondere das Verhältnis zwischen Lizenzgeber und Lizenznehmer betreffen soll.[178] Selbst wenn ein GPL-2.0-Programm von einem deutschen Distributor an einen deutschen Nutzer verkauft wird, können sich Haftungs- und Gewährleistungsansprüche des Lizenznehmers gegen die Lizenzgeber ergeben, die auch im Ausland, etwa den USA, ihren Sitz haben können. In diesem Verhältnis kann ein Haftungsausschluss Relevanz erlangen, so dass grundsätzlich nicht auf einen Disclaimer verzichtet werden darf.[179]

f) Lizenzgebührenverbot

39 Dass für die Vervielfältigung und Verbreitung von GPL-2.0-Software vom Erwerber keine Lizenzgebühren verlangt werden dürfen, lässt sich dem Lizenztext nur indirekt entnehmen. In Ziffer 1 Abs. 2 GPL-2.0 heißt es: „*You may charge a fee for the physical act of transferring a copy, and you may at your option offer warranty protection in exchange for a fee.*" Weitere Gebühren für den Erhalt der Software als solche dürfen im Umkehrschluss also nicht erhoben werden. Ziffer 11 GPL-2.0 weist ausdrücklich darauf hin, dass für die Software keine

---

[174] Zu Tools wie FOSSology, http://www.fossology.org/projects/fossology, und Ninka, http://ninka.turingmachine.org/, siehe *Hemel*, CRi 2015, 101 ff.

[175] Es wird nicht immer praktikabel sein, an jeder Kopie einen Disclaimer anzubringen. Bei sehr kleinen Embedded-Geräten wird man als ausreichend erachten müssen, wenn auf der Umverpackung oder bei den beigefügten Materialien der Vermerk hinreichend auffällig angebracht ist.

[176] „*This program is distributed in the hope that it will be useful, but WITHOUT ANY WARRANTY; without even the implied warranty of MERCHANTABILITY or FITNESS FOR A PARTICULAR PURPOSE. See the GNU General Public License for more details.*"

[177] Siehe zur Wirksamkeit der Haftungs- und Gewährleistungsausschlüsse ausführlich unten Rn. 219 ff.

[178] Zu den Vertragsbeziehungen s. u. Rn. 172 ff.

[179] Ebenso *ifrOSS-Koglin*, Ziffer 1 GPL, Rn. 34 f.; vgl. auch unten Rn. 364.

Gewährleistung gegeben wird, da sie lizenzgebührenfrei ist.[180] Dies gilt nach Ziffer 2 b) GPL-2.0 folgerichtig auch für die Vervielfältigung und Verbreitung von Bearbeitungen der Software. Die Bestimmungen der GPL-2.0 haben zu Missverständnissen hinsichtlich der Frage geführt, ob mit GPL-Programmen Gewinn erwirtschaftet werden darf.[181] Die GPL-2.0 schließt nur ein Entgelt für die Einräumung von Nutzungsrechten aus, nicht aber für die Veräußerung der Software (einschließlich der gem. § 69d UrhG gesetzlich gewährten Rechte) oder beliebiger Begleitleistungen wie Support oder Gewährleistung.[182] Eine Einschränkung gilt nur für den Fall, dass ein GPL-2.0-Programm zu einem – beliebigen – Preis im Objektcode vertrieben wurde und Dritte gem. Ziffer 3 GPL-2.0 die Herausgabe des Source Code fordern. In diesem Fall ist das Entgelt für die Lieferung des Source Codes auf die tatsächlichen Kopierkosten beschränkt.[183] Für den Vertrieb im Objektcode gilt diese Einschränkung nicht.

Natürlich lässt sich dem Endverkaufspreis einer kommerziellen Dis-   40 tribution nicht ohne Weiteres entnehmen, ob die veranschlagte Summe ausschließlich die Kosten „für den eigentlichen Kopiervorgang", das beigefügte Handbuch und die sonstigen mit dem Erwerb verbunden Dienstleistungen umfasst oder ob in den internen Kalkulationen des Distributors auch versteckte Lizenzgebühren über den Endpreis weitergegeben werden. Das Lizenzgebührenverbot hat gleichwohl faktische Auswirkungen: Auch wenn eine GPL-2.0-Software als kommerzielle Distribution verkauft wird, darf sie unbegrenzt vervielfältigt und verbreitet werden. Verlangt der Distributor einen zu hohen Preis, so werden sich die Interessenten mit selbst erstellten Kopien helfen. Die kostenlose Weitergabe der entsprechenden Software durch den Erwerber darf wegen des Lizenzgebührenverbotes nicht vom Distributor untersagt werden, so dass sich gerade im Dreipersonenverhältnis der Unterschied zwischen verbotenen Lizenzgebühren und erlaubtem Kaufpreis zeigt. In der Praxis wird der Preis des Distributors deswegen in einem angemessenen Verhältnis stehen zu den sonstigen Leistungen der Distribution, insbesondere dem Komfort, den der benutzte Datenträger gegenüber einem Download oder einer unprofessionellen Kopie bietet, dem beigefügten Handbuch, der Service-Hotline usw. Im Übrigen ist es nicht die Intention der Lizenz, generell eine kostenlose Nutzung der Software zu

---

[180] „Because the Program is licensed free of charge, there is no warranty for the Program, to the extent permitted by applicable law."
[181] Zu eng Wandtke/Bullinger-Grützmacher, § 69c, Rn. 76; missverständlich Koch, ITRB 2007, 263.
[182] So auch die Position der FSF, http://www.gnu.org/philosophy/selling.html.
[183] So auch überzeugend Koglin, CR 2008, 137, 141, mit Auslegung des Wortlauts in Ziffer 1 GPL-2.0 im Gegensatz zu Ziffer 3 GPL-2.0 („for a charge no more than your cost of physically performing source distribution").

ermöglichen, sondern dem Lizenznehmer die Freiheit zu geben, das Programm weiterzuentwickeln und zu vertreiben, ohne dafür Lizenzgebühren zahlen zu müssen.

g) Verbot zusätzlicher Beschränkungen

41 Wer GPL-2.0-Programme vertreibt, darf seinen Abnehmern keine über die Pflichten der GPL-2.0 hinausgehenden Beschränkungen auferlegen. Dies stellt Ziffer 6 S. 2 GPL-2.0 klar: „*You may not impose any further restrictions on the recipients, exercise of the rights granted herein.*" Daher ist es unzulässig, die Weitergabe durch den Abnehmer von weitergehenden Pflichten abhängig zu machen oder die Erlaubnis zur Nutzung in irgendeiner Form zu beschränken. Zulässig ist es hingegen, von Ziffer 11 und 12 GPL-2.0 abweichende Haftungs- und Gewährleistungsbestimmungen in dem Verhältnis zwischen Veräußerer und Abnehmer zu vereinbaren. Dies ergibt sich schon aus der ausdrücklichen Formulierung in Ziffer 1 Abs. 2 GPL-2.0.

Das Verbot zusätzlicher Beschränkungen hat besondere praktische Relevanz für den Fall, dass ein GPL-2.0-Programm mit Software unter einer anderen Lizenz, auch einer anderen Open Source Lizenz, kombiniert oder zu einem neuen Programm verbunden wird. Dies kann dazu führen, dass der Vertrieb dieser kombinierten Software nur zulässig ist, wenn die GPL-2.0 und die Lizenz des hinzugefügten Codes *kompatibel* sind.[184] Grund dafür ist, dass auf eine Softwarekomponente sowohl die Ursprungslizenz als auch die GPL-2.0 anwendbar ist, so dass eine Nutzung nur möglich ist, wenn die Ursprungslizenz keine Pflichten enthält, die über die Lizenzbedingungen der GPL-2.0 hinausgehen, so dass insgesamt die Weitergabe unter der GPL-2.0 möglich ist.[185] Da dies bei den wenigsten Lizenzen der Fall ist und ein starkes praktisches Bedürfnis für eine Kombination von Code unter verschiedenen Lizenzen besteht, enthalten einige neuere Lizenzen eine eigene Kompatibilitätsklausel, die die Nutzung auch unter der GPL-2.0 sicherstellt.[186]

3. Pflichten der Lizenznehmer beim Vertrieb veränderter Software

42 Die Unterschiede zwischen strengen Copyleft-Lizenzen wie der GPL-2.0 und anderen Open Source Lizenzen[187] werden bei den Pflichten deutlich,

---

[184] Dazu ausführlich unten Rn. 118a ff. und http://www.fsf.org/licensing/licenses/index_html#GPLCompatibleLicenses sowie *ifrOSS-Jaeger*, Ziffer 2, Rn. 51 f.

[185] Dies ist etwa bei der modifizierten BSD-Lizenz der Fall, vgl. zu den Problemen der Ursprungsfassung, die zur Herstellung der GPL-Kompatibilität von der Universität Berkeley geändert wurde: http://www.gnu.org/philosophy/bsd.html.

[186] Vgl. Ziffer 3 d-fsl (s. u. S. 260) und Ziffer 5.3.4 CeCILL (s. u. Rn. 384). Auch die LGPL enthält in Ziffer 3 eine solche Klausel, s. u. Rn. 91. Der GPL-3.0 sieht durch eine entsprechende Klausel eine Vereinfachung der Kompatibilität vor, s. u. Rn. 69.

[187] S. u. Rn. 98 ff.

die der Lizenznehmer beim Vertrieb veränderter Softwareversionen hat. Bei der GPL-2.0 sind dies zusätzlich zu den oben genannten Pflichten für den Vertrieb unveränderter Software die folgenden Vorgaben:

a) Änderungsvermerk

Die Regelung in Ziffer 2 a) GPL-2.0 sieht vor, dass die geänderten Sour- 43
ce Code-Dateien einen Hinweis auf die vorgenommene Änderung und das Datum der Änderung enthalten müssen: „*You must cause the modified files to carry prominent notices stating that you changed the files and the date of any change.*" Eine Veränderung des Codes muss bei der Verbreitung also klar erkennbar sein. Dies kann auch in anonymer Form geschehen, die GPL-2.0 verpflichtet nicht etwa dazu, die Bearbeitung zwingend mit einem Hinweis auf den Urheber versehen zu müssen.[188] Praktische Relevanz kommt dem Änderungsvermerk vor allem für die Nachverfolgbarkeit von Bearbeitungen und der damit verbundenen Rechtsinhaberschaft zu. In der Praxis ist es zudem üblich, dass bei der Softwareentwicklung ein Versionskontrollsystem verwendet wird, das jeden einzelnen Entwicklungsbeitrag gesondert ausweist, so dass exakt nachverfolgt werden kann, wann welcher Code von einem Entwickler eingebracht wurde.[189] Allerdings sind die Änderungshinweise dann nicht in der jeweiligen Source Code-Datei selbst enthalten, was von Entwicklern aber in der Praxis akzeptiert wird. Ansonsten würden Dateien mit zahlreichen Modifikationen von vielen Entwicklern mehr Änderungsvermerke als funktionalen Code enthalten. Bei Änderungen außerhalb des „offiziellen" Open Source Projekts sind jedoch entsprechende Vermerke vorzunehmen.

b) Anzeige bei interaktiven Kommandos

Sofern die Software interaktiv Kommandos einliest, d. h. eine Kom- 44
mandozeile besitzt, und einen Copyright-Vermerk oder Disclaimer anzeigt oder auf die GPL-2.0 hinweist, dann muss das veränderte Programm gem. Ziffer 2c) GPL-2.0 auch solche Hinweise anzeigen.

c) Copyleft

Ziffer 2 b) GPL-2.0 enthält die zentrale Vorschrift der GPL-2.0, die sog. 45
„Copyleft"-Klausel:

> „*You must cause any work that you distribute or publish, that in whole or in part contains or is derived from the Program or any part thereof, to be licensed as a whole at no charge to all third parties under the terms of this License.*"

---

[188] Dies wäre im Hinblick auf § 13 S. 2 UrhG auch problematisch, vgl. *Metzger/ Jaeger*, GRUR Int. 1999, 839, 845.
[189] Vgl. http://de.wikipedia.org/wiki/Versionskontrollsystem.

Bei einer ersten rechtlichen Einordnung scheint der Inhalt dieser Bestimmung deutlich: Wer ein Programm verändert, das unter der GPL-2.0 steht, oder in sein Programm GPL-2.0-Code einfügt, der darf das veränderte Programm nur unter den Bestimmungen der GPL-2.0 vertreiben.

Im Einzelnen wirft dieser Grundtypus aller „Copyleft"-Klauseln aber schwierige Abgrenzungsfragen auf, welche im Folgenden behandelt werden sollen.[190] Diese betreffen insbesondere die Möglichkeiten und Grenzen der Kombination von GPL-2.0-Software und Software unter nicht-GPL-2.0-konformen Lizenzen (dazu unten bb)) sowie die Voraussetzungen für die Anwendbarkeit der „Copyleft"-Klausel (dazu aa)). Da GPL-Programme in erheblichem Umfang von der Softwareindustrie und bei Embedded-Systemen eingesetzt werden, kommt der Abgrenzung eine hohe praktische Bedeutung zu. Bislang existieren, soweit ersichtlich, noch keine Gerichtsentscheidungen zur Reichweite des Copyleft-Effekts der GPL oder auch nur zu der Frage, wann Computerprogramme als urheberrechtlich eigenständig anzusehen sind und wann eine Bearbeitung oder Werkverbindung vorliegt.[191] Es ist daher eine Aufgabe der Rechtswissenschaft, zusammen mit der Informatik Kriterien für eine Einordnung zu entwickeln.

aa) Pflicht zur Freigabe nur bei Veröffentlichung oder Verbreitung durch den Lizenznehmer

46 Die GPL-2.0 verpflichtet den Lizenznehmer nicht dazu, seine Fortentwicklungen zu veröffentlichen und zu verbreiten.[192] Wenn der Lizenznehmer aber die Software veröffentlicht oder verbreitet, dann ist er verpflichtet, seine Bearbeiterurheberrechte bzw. Rechte an einem verbundenen Werk unter den Bestimmungen der GPL-2.0 zu lizenzieren, vgl. Ziffer 2 Abs. 1 GPL-2.0.

Dies wirft die praktisch bedeutsame Abgrenzungsfrage auf, wann eine Veröffentlichung oder Verbreitung der Software im Sinne der Lizenz vorliegt: Können größere Unternehmen oder Verwaltungsstellen Fort-

---

[190] Ausführlich dazu *ifrOSS-Jaeger*, Ziffer 2, Rn. 10 ff.; sowie *Keppeler*, CR 2015, 9; *Schäfer*, S. 115 ff.; *Determann*, GRUR Int. 2006, 645; *Hoppen/Thalhofer*, CR 2010, 275.

[191] Das LG Berlin, GRUR-RR 2012, 107, behandelt den Copyleft-Effekt bei einer als Sammelwerk angesehenen Firmware, kritisch dazu *Kreutzer*, CR 2012, 146; *Schäfer*, K&R 2012, 124; *Kremer*, jurisPR-ITR 4/2012 Anm. 3; *Schreibauer/Mantz*, GRUR-RR 2012, 111. Allgemein zur Reichweite des Copyleft *Jaeger*, Kommerzielle Applikationen für Open Source Software, S. 61 ff.

[192] So auch die Auffassung der Free Software Foundation, vgl. http://www.gnu.org/licenses/gpl-faq.html#GPLRequireSourcePostedPublic, und *Küng*, MR 2004, 21, 22; a. A. offenbar *Spindler* in: *Büllesbach/Dreier*, S. 115, 123, unter unrichtiger Berufung auf die Vorauflage, und *Spindler-Spindler*, S. 67. Unrichtig ist auch die Auffassung, die GPL-2.0 würde ohne gesonderte Lizenzierung durch den Bearbeiter Wirkung entfalten, dahingehend aber *Wuermeling/Deike*, CR 2003, 87, 89.

entwicklungen Freier Software für den firmen- bzw. behördeninternen Gebrauch in großer Zahl vervielfältigen und nutzen, ohne dass eine Verpflichtung zur Freigabe der Software entsteht? Gerade bei der Weitergabe von GPL-2.0-Programmen innerhalb eines Konzerns ist diese Frage von praktischer Bedeutung.[193]

Die GPL-2.0 selbst enthält keine Bestimmungen zu der Frage, wann eine „Verbreitung" vorliegt, so dass sich die Frage stellt, wie eine Auslegung vorzunehmen ist und auf welche Kriterien dabei abgestellt werden kann. Grundsätzlich ist die Auslegung der Lizenz und auch der verwandten urheberrechtlichen Begriffe nicht nach dem Schutzlandprinzip, sondern nach dem Vertragsstatut vorzunehmen.[194] Dies bedeutet jedoch nicht, dass Begriffe, die einen ausländischen Gesetzesbegriff übernehmen, nunmehr vollständig losgelöst von der Terminologie des ausländischen (Urheberrechts-)Gesetzes zu interpretieren sind. Unter Rückgriff auf die Zweistufentheorie[195] ist es vielmehr zulässig, das Verständnis des betreffenden ausländischen Gesetzes – hier des US Copyright Act – mitzuberücksichtigen, wenn die Begriffe – hier *„publish"* und *„distribute"* – offenkundig nach dem Verständnis dieses Gesetzes gebraucht werden. Für eine Einbeziehung des US-amerikanischen Begriffsverständnisses spricht im Übrigen, dass bei der Verwendung von Dritter Seite vorformulierter AGB ohnehin ein stärker verobjektivierter Auslegungsmaßstab anzulegen ist.[196] Der Blick in den US Copyright Act ist durchaus gewinnbringend. So heißt es in den Definitionen von § 101: „ *'Publication'" is the distribution of copies or phonorecords of a work to the public by sale or other transfer of ownership, or by rental, lease, or lending"* und in § 106 Copyright Act wird der Begriff des *„distribute"* näher beschrieben: *„to distribute copies or phonorecords of the copyrighted work to the public by sale or other transfer of ownership, or by rental, lease, or lending"*. Die gesetzlichen Bestimmungen deuten darauf hin, dass eine bloß interne Weitergabe nicht ausreicht, sondern dass die Software an einen anderen Rechtsträger überlassen werden muss.[197] Dies ist bei der Nutzung innerhalb eines Unternehmens oder einer Behörde jedoch nicht der Fall. Deshalb erscheint es überzeugender, die Pflichten der GPL-2.0 bei der Weitergabe innerhalb eines Rechtsträgers nicht

---

[193] Dazu ausführlich unten Rn. 126e ff.
[194] S. u. Rn. 366; anders noch die 2. Aufl., S. 39 f., und *Spindler* in: *Büllesbach/Dreier*, S. 115, 122.
[195] S. u. Rn. 366.
[196] Allgemein zum Grundsatz der objektiven Auslegung *MüKo-Basedow*, § 305c, Rn. 22 m. w. N. Die FSF geht davon aus, dass das jeweils lokale Recht relevant ist, http://www.gnu.org/licenses/old-licenses/gpl-2.0-faq.html#DistributeSubsidiary.
[197] Zur Auslegung aus Sicht des US-Rechts vgl. *Meeker*, IFOSSLR 4 (1), 2012, 29.

eingreifen zu lassen.[198] Anders ist die Situation innerhalb eines Konzerns im Sinne der §§ 15 ff. AktG. Wird die Software von einer Konzerngesellschaft an eine andere Konzerngesellschaft übergeben, so sind dies Handlungen, die unter „distribute" fallen.[199] Ansonsten wäre auch nicht gewährleistet, dass bei einer Änderung der Konzernstruktur, insbesondere beim Verkauf von Gesellschaftsanteilen, die aus dem Konzern ausscheidende Gesellschaft auch in den Genuss der Rechte aus der GPL-2.0 kommen kann.

In der Praxis ist es üblich, dass sich Unternehmen ein GPL-Programm von einem entsprechend spezialisierten Dienstleister individuell für die eigenen Bedürfnisse anpassen lassen.[200] Damit fragt sich, ob die Lieferung einer derart angepassten Software als Verbreitung anzusehen ist, die ein Copyleft nach sich zieht.[201] Weder liegt eine rein private oder interne Weitergabe innerhalb eines Rechtsträgers vor, noch wird die Software in der Öffentlichkeit angeboten. Sowohl unter Berücksichtigung der Zweistufentheorie als auch nach dem Öffentlichkeitsbegriff des § 17 Abs. 1 UrhG[202] wird man zwei Konstellationen unterscheiden müssen: Wenn das ein GPL-2.0-Programm bearbeitende Unternehmen diese Software von sich aus auch nur einem anderen Dritten anbietet, liegt ein „distribute" im Sinne der GPL-2.0 vor, da die Anzahl der angebotenen Kopien oder angesprochenen Interessenten für die Einordnung irrelevant ist. Anders hingegen ist die Lage, wenn ein Unternehmen ein GPL-2.0-Programm nach eigenen Vorgaben anpassen lässt: Hier spielt es urheberrechtlich keine Rolle, ob die Anpassungen von angestellten Programmierern oder einem externen Unternehmen durchgeführt wird und die Software verbleibt im internen Bereich, unabhängig, wo die Programmierung örtlich vorgenommen wird, zumal dann kein Eigentumsübergang stattfindet.[203] Die ausdrückliche Regelung in Ziffer 2 Abs. 2 S. 2 GPL-3.0 kann auch nicht als Abweichung von der GPL-2.0 angesehen werden, da insofern nur eine Klarstellung beabsichtigt war.

---

[198] So auch die Auffassung der FSF, http://www.fsf.org/licensing/licenses/gpl-faq. html#InternalDistribution und von Meeker, IFOSSLR 4 (1), 2012, 29. Mit anderer Begründung auf der Basis des § 305c Abs. 2 BGB Koglin, Opensourcerecht, S. 211 f.
[199] Anders für die USA Meeker, IFOSSLR 4 (1), 2012, 29, und – allerdings zweifelnd – die FSF, http://www.gnu.org/licenses/old-licenses/gpl-2.0-faq.html#Distribute Subsidiary.
[200] Ähnliche Fragen stellen sich beim Outsourcing, vgl. Picot, CRi 2010, 9, 11 f.
[201] Zu der Klarstellung in der GPL-3.0 s. u. Rn. 64 und allgemein Rn. 126g.
[202] Ein Einzelangebot an einen der Öffentlichkeit angehörigen Dritten stellt ein „der Öffentlichkeit anbieten" i. S. d. § 17 Abs. 1 UrhG dar, BGH, GRUR 1991, 316 – Einzelangebot.
[203] So auch die FSF, http://www.gnu.org/licenses/gpl-faq.html#DevelopChanges UnderNDA. Zur Lage im US-Recht vgl. Meeker, IFOSSLR 4 (1), 2012, 29.

bb) Was ist ein „derivative work"?

Nach Ziffer 2b) GPL-2.0 darf Software, die einen Bestandteil eines 47
GPL-2.0-Programms enthält oder von diesem „abgeleitet" *(„derived")*
ist, insgesamt nur unter den Lizenzbedingungen der GPL-2.0 weiterverbreitet werden. Die Lizenz stellt aber auch klar, dass nicht beabsichtigt
ist, *„Rechte für Werke in Anspruch zu nehmen oder zu beschneiden, die
komplett von ihnen geschrieben wurden."*[204] Wann liegt im Hinzufügen
von Code zu einem vorbestehenden freien Programm eine unselbständi-
ge Bearbeitung oder Werkverbindung, wann stehen vorbestehender und
hinzugefügter Code als zwei rechtlich selbstständige Programme nebeneinander?[205] Dass diese Frage nicht nur akademischer Natur ist, sondern
entscheidende rechtliche Unterschiede generiert, zeigen nicht zuletzt die
Abschichtungen, die sich in der GPL-2.0 zu dieser Abgrenzung finden
lassen.

Das wesentliche Kriterium, ob ein Anbieter seine Software unter einer 48
eigenen Lizenz zusammen mit einem GPL-2.0-Programm verbreiten
darf, liegt damit in dem Begriff *„derivative work".*[206] Alles, was nicht als
„derivative work" anzusehen ist, kann unter einer beliebigen Lizenz
weitergegeben werden, ohne gegen die Lizenzbestimmungen der GPL-
2.0 zu verstoßen. Keine Probleme ergeben sich in dem Standardfall, dass
bestehende Source Code-Dateien geändert oder ergänzt werden, hier
liegt stets ein *„derivative work"* vor.[207] Oftmals werden aber nicht (nur)
bestehende Programmteile modifiziert, sondern Softwaremodule miteinander verbunden.

---

[204] Vgl. Ziffer 2 Abs. 3 GPL-2.0.

[205] Diese Frage ist in der klassischen urheberrechtlichen Literatur zum Soft-
wareschutz kaum erörtert, vgl. hierzu *Jaeger,* Kommerzielle Applikationen für Open
Source Software, S. 61 ff., mit europarechtskonformer Auslegung mit Schnittstellen
als Abgrenzungskriterium. Dass diese Frage insbesondere bei Freier Software problematisch ist, ergibt sich aus dem Umstand, dass bei „proprietärer" Software Fortentwicklungen an Programmen regelmäßig von Programmierern vorgenommen werden,
die beim Inhaber der Nutzungsrechte an der älteren Version des Programms i. S. d.
§ 69b UrhG angestellt sind. Die hier erörterte Frage stellt sich dann nicht, da alle
Rechte in einer Hand liegen.

[206] Zu den Auslegungsversuchen in der Literatur vgl. Fn. 190 sowie *Lejeune,* ITRB
2003, 10 f.; *Wuermeling/Deike,* CR 2003, 87, 89 f.; *Spindler-Spindler,* S. 111 ff.;
Wiebe/Prändl, ÖJZ 2004, 628, 633; *Grützmacher* in: *Büchner/Dreier,* S. 87, 97 ff.;
Redeker, FS Bartsch, http://www.bartsch-partner.com/media/docs/mb/Festschrift/
redeker.pdf; *Teufel,* Mitt. 2007, 341, 345. Vgl. im Hinblick auf US-amerikanisches
Recht auch *Determann,* GRUR Int. 2006, 645 ff. und 21 Berkeley Technology Law
Journal 1421 (2006); *Gue,* JLTP, 45 (2012); *Heinemann,* 8 J. High Tech L. 235
(2008), 235 ff.; *Morgan,* 27 JMARJCIL 349; *Nadan,* 10 Tex. Intell Prop. L.J. 349,
369 (2002); *Rodriguez,* 5 J. High Tech. L. 403, 414 (2005); *Stoltz,* 85 Boston University Law Review, 1439 (2005); *Vetter,* 36 Rutgers Law Journal 53 (2004).

[207] So auch *Keppeler,* CR 2015, 9, 10 und *Schäfer,* S. 123 ff.

49   Entscheidender Aspekt für die Frage, wann Softwaremodule, die mit GPL-2.0-Programmen kombiniert werden, als „*derivative work*" angesehen werden müssen, ist die Auslegung der GPL-2.0. Zwar verweist Ziffer 0 GPL-2.0 auf das Verständnis des „*copyright law*", aber im Weiteren enthält die Lizenz eine Reihe von Auslegungshinweisen, die eben nicht nur auf das allgemeine Urheberrecht[208] verweisen, sondern ein konkretes Verständnis vermitteln, das als vorrangige Interpretation zugrunde zu legen ist.[209] Die folgende Auslegung wird zeigen, dass der GPL-2.0 nicht für sämtliche praktischen Anwendungsfälle eindeutig entnommen werden kann, ob ein „*derivative work*" vorliegt oder nicht.[210]

Ausgangspunkt für die Auslegung der GPL-2.0 ist Ziffer 2, 2. Hauptabsatz, in dem als Kriterium angeführt wird, dass selbstständige Softwaremodule nicht unter der GPL-2.0 lizenziert werden müssen, wenn sie als eigenständige Werke weitergegeben werden:

> „*If identifiable sections of that work are not derived from the Program, and can be reasonably considered independent and separate works in themselves, then this License, and its terms, do not apply to those sections when you distribute them as separate works.*"

Nach welchen Kriterien kann nun abgegrenzt werden, ob der in einer Fortentwicklung hinzugefügte Code einen solchen identifizierbaren, nicht abgeleiteten und selbstständig verbreitbaren Teil darstellt, der vernünftigerweise als eigenständig betrachtet werden kann, oder ob der Code „Teil eines Ganzen" ist und den Verpflichtungen der Ziffer 2 b) GPL-2.0 zu gehorchen hat? Die GPL-2.0 lehrt uns in Ziffer 2 Abs. 4, dass es für diese Abgrenzung nicht darauf ankommt, ob vorbestehendes Werk und hinzugefügter Code auf einem Speichermedium zusammen verbreitet werden oder nicht. Eigenständige, nicht abgeleitete Abschnitte eines Werks dürfen also durchaus auf demselben Datenträger wie das vorbestehende Werk verbreitet werden, ohne dass sich allein aus diesem Umstand bereits die Feststellung herleiten lässt, der gesamte Code der Fortentwicklung sei ein „*derivative work*".[211]

---

[208] Nach welchem Urheberrechtsgesetz dies auch zu bestimmen wäre, vgl. unten Rn. 361.

[209] Wie hier offenbar *Keppeler*, CR 2015, 9, 11, der eine Vertragsauslegung vornimmt, a. A. *Determann*, GRUR Int. 2006, 645, 649, der darin eine „bloße Meinungsäußerung und Verständnishilfe sieht" und dabei übermäßig auf den mutmaßlichen Willen der FSF abstellt, der an anderer Stelle aber als bloße „Meinungsverschiedenheit in der Anwendung des Urheberrechts" für unbeachtlich gehalten wird. Richtig dürfte es sein, im Anwendungsbereich deutschen Vertragsrechts auf den objektiven Empfängerhorizont abzustellen.

[210] Dies sieht selbst die FSF so: „*What constitutes combining two parts into one program? This is a legal question, which ultimately judges will decide*", http://www. fsf. org/licenses/gpl-faq.html#MereAggregation.

[211] „*In addition, mere aggregation of another work not based on the Program with the Program (or with a work based on the Program) on a volume of a storage or*

Es genügt jedoch nicht, dass die Softwarebestandteile unabhängig 50
sind und keine urheberrechtliche Bearbeitung des GPL-2.0-Programms
darstellen. Auch deren Verbreitung muss „als eigenständige Werke"
erfolgen *(„when you distribute them as separate works")*. Bemerkenswert ist, dass die GPL-2.0 an dieser Stelle danach unterscheidet, in
welcher Form der Vertrieb der Softwarebestandteile erfolgt *(formales
Kriterium)*. Eine Verbreitungsform, die als eigenständig anzusehen ist,
liegt aber dann nicht vor, wenn ein eigenständiges Softwaremodul mit
den GPL-2.0-Bestandteilen als „Teil eines Ganzen" verbreitet wird:

> *„But when you distribute the same sections as part of a whole which
> is a work based on the Program, the distribution of the whole must
> be on the terms of this License, whose permissions for other licensees
> extend to the entire whole, and thus to each and every part regardless
> of who wrote it."*

Was ist nun als „Teil eines Ganzen" anzusehen? Die GPL-2.0 ist an
dieser Stelle durchaus widersprüchlich: Zunächst scheint der Grundsatz,
wonach eigenständige, nicht abgeleitete Softwarebestandteile nicht unter
die GPL-2.0 gestellt werden müssen, durch den Halbsatz *„when you
distribute them as separate works"* eingeschränkt. Im folgenden, oben
zitierten Satz in Ziffer 2 GPL-2.0 wird dies dahingehend erläutert, dass
eigenständige Bestandteile die als „Teil eines Ganzen" *(as part of a whole)*
verbreitet werden, dennoch der GPL-2.0 unterstellt werden müssten. Der
Ausdruck *„part of a whole"* wird dahingehend konkretisiert, dass es ein
„work based on the program" sein müsse. Der Begriff *„work based on
the program"* wird in Ziffer 0 GPL-2.0 wiederum als „abgeleitetes Werk"
(„derivative work") definiert, das das ursprüngliche Programm oder Teile
davon enthält. Unklar bleibt hierbei, wie ein Softwarebestandteil auf der
einen Seite ein eigenständiges Werk, auf der anderen Seite aber zugleich
Teil eines Ganzen sein kann. Dass beide Begriffe *(„separate works"*, *„part
of a whole")* letztlich über den Begriff *„derivative work"* definiert werden, erschwert das Verständnis zusätzlich.

Trotz dieser Schwierigkeiten muss die GPL-2.0 unter Berücksichti- 51
gung von Ziffer 2, 3. Hauptabsatz GPL-2.0[212] letztlich dahingehend
ausgelegt werden, dass unabhängige Softwarebestandteile grundsätzlich
unter anderen Lizenzen als der GPL-2.0 (auch proprietären Lizenzen)
verbreitet werden dürfen. Dies gilt jedoch dann nicht, wenn diese aus
formalen Gründen aufgrund der Art und Weise des Vertriebs nur gemeinsam unter der GPL-2.0 vertrieben werden dürfen oder wenn es sich

---

distribution medium does not bring the other work under the scope of this License.";
vgl. auch http://www.fsf.org/copyleft/gpl-faq.html#MereAggregation.
[212] *„Thus, it is not the intent of this section to claim rights or contest your rights to
work written entirely by you; rather, the intent is to exercise the right to control the
distribution of derivative or collective works based on the Program."*

aus anderen (inhaltlichen oder technischen) Gründen um ein „Ganzes" handelt.

Damit ergibt sich zunächst folgende Abstufung:

– Programme oder Softwarebestandteile, die nicht voneinander abgeleitet sind, können unter unterschiedlichen Lizenzen verbreitet werden, auch gemeinsam auf einem Datenträger.
– Programme oder Softwarebestandteile, die nicht voneinander abgeleitet sind, müssen aber dann insgesamt unter der GPL-2.0 verbreitet werden, wenn sie ein „Ganzes" bilden.
– Programme oder Softwarebestandteile, die voneinander abgeleitet sind, dürfen stets nur unter der GPL-2.0 gemeinsam verbreitet werden.

52   Damit schließt sich die Frage an, welches Kriterium dafür relevant ist, dass von einem „Ganzen" ausgegangen werden muss. Vor diesem Hintergrund ergibt die Unterscheidung in Ziffer 2, Abs. 2 der GPL-2.0 danach, ob die Verbreitung eines einheitlichen „Ganzen" erfolgt oder *„as separate works"*, dann einen Sinn, wenn sie folgendem Zweck dient: Es soll vermieden werden, dass GPL-2.0-Software mit selbstständigen Softwaremodulen in einer Form verbunden wird, die es dem Nutzer unmöglich macht, die GPL-2.0-Bestandteile ohne Weiteres als eigenständige Teile zu erkennen und zu nutzen.[213] Es kommt also zum einen darauf an, wie der *technische* Bezug der Softwaremodule zueinander ist, zum anderen, in welcher Form der Vertrieb erfolgt. Die beiden Aspekte werden sich oft nicht vollständig trennen lassen.

Die *technische* Verknüpfung von zwei Softwarebestandteilen ist bei der Frage, ob es sich um ein „Ganzes" handelt, nicht als allein hinreichende Bedingung zu behandeln, da ansonsten eine einfache Umgehung des „Copyleft" möglich wäre.[214] Es ist zusätzlich eine *inhaltlich-funktionale* Bewertung der Frage erforderlich, ob zwei Softwarebestandteile eine Einheit bilden oder ob sie als selbständige Programme anzusehen sind. Im Einzelfall kann dies schwierige Auslegungs- und Wertungsfragen aufwerfen, die nicht immer zweifelsfrei zu beantworten sind.[215] Für eine Bewertung des Gesamtcodes als „ein Ganzes" wird in der Regel sprechen, wenn die von den einzelnen Teilen erfüllten Funktionen nach der Verkehrsanschauung typischerweise als die Funktionen *eines* Programms angesehen werden. Für eine Betrachtung als selbstständige Werke wird dagegen sprechen, wenn die von den hinzugefügten Be-

---

[213] Entsprechend auch die FAQ der FSF, http://www.fsf.org/licensing/licenses/gpl-faq.html#MereAggregation. Der FSF kommt allerdings keine Entscheidungsbefugnis über die Auslegung der GPL-2.0 zu – diese erfolgt objektiv anhand des Lizenztextes. Dennoch enthalten sie hilfreiche Hinweise darauf, was sich die Autoren des Lizenztextes „gedacht haben".

[214] Zustimmend *Keppeler*, CR 2015, 9, 13; *Spindler*, S. 56.

[215] Dazu auch *Keppeler*, CR 2015, 9, 14.

standteilen erfüllten Funktionen nach der Verkehrsanschauung als typische Funktionen eines eigenständigen Programms betrachtet werden. Abzustellen ist hierbei auf die Betrachtungsweise eines Durchschnittsfachmanns. Folgende Elementarregel kann dabei als gesichert angesehen werden: Komplexere Software wie Betriebssysteme oder Office-Pakete sind als eine Vielzahl von Einzel- bzw. Unterprogrammen, nicht aber als *ein* Programm einzuschätzen, wenn sie, wie zumeist, aus mehreren selbstständig ausführbaren Programmen bestehen.[216]

Dass zwei Programmbestandteile *inhaltlich-funktional* eigenständig 53 sind, ist ebenfalls als notwendige, nicht aber als alleine hinreichende Bedingung zu behandeln. Nur bei einer gleichzeitig gegebenen technischen Trennung der Programme können diese als eigenständig angesehen werden. So ist es anerkannt, dass Systemaufrufe von Anwendungsprogrammen an den Linux-Kernel nicht dazu führen, dass das Anwendungsprogramm ein *„derivative work"* des Kernels wird.[217] Auch werden Pipes[218], Queues[219], Sockets[220] und Kommandozeilenargumente[221] als übliche Kommunikationsmittel zwischen selbstständigen Softwarebestandteilen angesehen,[222] während bei Änderungen des GPL-2.0-Source Codes oder dem Vertrieb in einem Executable[223] stets ein *„derivative work"* vorliegt und demzufolge dann die gesamte Software nur unter der GPL-2.0 weitergegeben werden darf. Hingegen spricht viel für in-

---

[216] So sieht die FSF den Linux-Kernel nicht allein als Betriebssystem, sondern versteht die üblicherweise mitverwendeten GNU-Programme als dazugehörig, vgl. http://www.gnu.org/gnu/linux-and-gnu.en.html.
[217] Dies wird in der Kernellizenz durch einen Zusatz von *Linus Torvalds* zur GPL-2.0 auch explizit hervorgehoben: „NOTE! *This copyright does *not* cover user programs that use kernel services by normal system calls – this is merely considered normal use of the kernel, and does *not* fall under the heading of „derived work". Also note that the GPL below is copyrighted by the Free Software Foundation, but the instance of code that it refers to (the Linux kernel) is copyrighted by me and others who actually wrote it."* Diesem Hinweis dürfte nur deklaratorische Bedeutung zukommen.
[218] Eine Pipe stellt einen Eintrag in ein Dateisystem dar, der wie eine Datei aussieht. Ein Programm öffnet sie und kann beliebige Daten hineinschreiben, ein anderes öffnet sie und liest die Daten wieder aus. Beide Programme sind separate Prozesse.
[219] Eine Queue ist eine Warteschlange, die in einer API zur Übergabe von Daten in einer bestimmten Reihenfolge dient.
[220] Sockets stellen eine andere Form von Inter Process Communication (IPC) Mechanismus dar. Sockets werden z. B. für Netzwerkverbindungen genutzt; der Webclient öffnet einen Socket, um die HTTP-Dateien mit dem Webserver auszutauschen.
[221] Wenn von einem Programm aus ein anderes Programm gestartet wird, so kann das erste Programm Parameter („Argumente") auf der Kommandozeile für das zweite Programm definieren.
[222] So auch die FAQ der FSF, http://www.fsf.org/licenses/gpl-faq.html#Mere Aggregation; *Morgan*, 27 JMARJCIL 349, 376 ff.
[223] Unter einem Executable versteht man eine durch eine Maschine ausführbare Programmdatei.

haltlich-funktional eigenständige Programme, wenn Softwaremodule sinnvoll auch mit anderer als einer der GPL-2.0 unterstellten Software verwendet werden können, da auf diese Weise die Selbstständigkeit augenfällig wird.[224] Auch in einem solchen Fall bleibt es erforderlich, dass die Softwaredateien in deutlich voneinander getrennten Dateien verbreitet werden, so dass auch ein formal eigenständiger Vertrieb erfolgt. Formal selbstständiger Vertrieb, technische und inhaltlich-funktionale Eigenständigkeit sind also erst gemeinsam als hinreichende Bedingung dafür anzusehen, dass die in Frage stehenden Softwarebestandteile nach unterschiedlichen Lizenzen verbreitet werden können. Fehlt es an einem der Kriterien, so greift die Copyleft-Klausel ein.

Wann diese Voraussetzungen erfüllt sind, ist eine Frage des Einzelfalls. Dabei ist zu berücksichtigen, dass nicht nur Bearbeitungen und andere Umarbeitungen gem. § 69c Nr. 2 UrhG einer Zustimmung des Rechteinhabers benötigen, sondern auch Werkverbindungen gem. § 69a Abs. 4 i.V.m. § 9 UrhG. Dies dürfte aber nur insoweit gelten, als die Werkverbindung nicht über eine bestehende Schnittstelle hergestellt wird. Ansonsten wäre die Dekompilierungsausnahme des § 69e UrhG, die Interoperabilität über Schnittstellen ermöglichen soll, ohne praktischen Nutzen.[225] Demnach können auch Werkverbindungen, die nicht über bestehende Schnittstellen erfolgen, unter das Copyleft fallen, wobei aber noch offen ist, welche praktischen Konstellationen davon betroffen sind.

Im Folgenden werden einige generalisierende Betrachtungen angestellt, die im Sinne einer Klassifizierung eine erste Einschätzung für in der Praxis häufig auftretende Konstellationen erlauben sollen.[226]

(1) Codeänderungen und -ergänzungen

54 Unproblematisch sind die Fallgestaltungen, in denen nicht Softwarekomponenten kombiniert werden, sondern ein bestehendes GPL-2.0-Programm verändert wird, indem der Code geändert oder ergänzt wird.[227] Ob dies nur zur Behebung von Softwarefehlern dient oder neue Funktionen hinzugefügt werden, spielt dann keine Rolle: Das veränderte Programm insgesamt fällt unter das Copyleft und darf nur unter den Lizenzbedingungen der GPL-2.0 vertrieben werden. Dabei ist es letztlich nicht relevant, ob die Änderungen die erforderliche Schöpfungshöhe für ein eigenes Bearbeiterurheberrecht erreichen. Wenn dies nicht der Fall

---

[224] Zustimmend *Schäfer*, S. 145; *Keppeler*, CR 2015, 9, 13 f.; aus Sicht des US-Rechts *Stoltz*, 85 Boston University Law Review, 1349 (2005)

[225] Dazu näher *Jaeger*, Kommerzielle Applikationen für Open Source Software, S. 76.

[226] Weitere Beispiele finden sich bei *ifrOSS-Jaeger*, Ziffer 2, Rn. 22 ff.

[227] Vgl. *Wuermeling/Deike*, CR 2003, 87, 89; *Schäfer*, S. 123; *Keppeler*, CR 2015, 9, 10.

sein sollte, entsteht zwar keine Verpflichtung zur Lizenzierung der Änderungen, aber dennoch muss nach Ziffer 3 GPL-2.0 der vollständige korrespondierende Source Code zur Verfügung gestellt werden, d. h. einschließlich kleinerer vorgenommener Modifikationen.

(2) Kernelmodule

In der Praxis stark umstritten ist die Frage, wann ein Kernelmodul als   55
„*derivative work*" anzusehen ist.[228] Kernelmodule sind Softwarekomponenten, die für einen Betriebssystem-Kern (z. B. Linux) entwickelt wurden und bei Bedarf während des Programmablaufs des Kernels über eine Kernelschnittstelle *(„kernel module interface")* dynamisch hinzugeladen werden. Zahlreiche Hardwarehersteller möchten die Treiber für die Anbindung von Linux an ihre Hardware nicht unter der GPL-2.0 freigeben, unter anderem deswegen, weil sie befürchten, dass die Konkurrenz dadurch Informationen über die Hardware gewinnen kann. So haben einige Hersteller „Binary-only"-Treiber als Kernelmodule für Linux zur Verfügung gestellt, die früher zum Teil auch von dem pragmatisch ausgerichteten Kernel-Team um *Linus Torvalds* in die allgemein verwendete Standardversion des Linux-Kernels aufgenommen wurden, obwohl diese nur „proprietär" vorliegen.[229] Allerdings haben sich mit dieser Vorgehensweise nicht alle Kernel-Entwickler einverstanden erklärt, so dass sich aus dieser praktischen Vorgehensweise keine rechtlichen Folgerungen im Sinne einer allgemein anerkannten Verkehrsanschauung ergeben. Weiterhin ist zu beachten, dass sich die Kernelschnittstellen im Laufe der Jahre weiterentwickelt haben, zunehmend komplexer geworden sind und für wesentlich mehr Funktionen genutzt werden können als die Anbindung von Treibern und Dateisystemen.[230] Zudem sind die Kernelschnittstellen von Linux aus technischen Gründen bewusst instabil gehalten und müssen von Version zu Version angepasst werden.[231]

Die rechtliche Einordnung von Kernelmodulen ist immer eine Frage   56
des Einzelfalls, hängt stark von der technischen Umsetzung ab und richtet sich nach den oben dargelegten Kriterien. Sofern die Kernelfunktionen nur insoweit genutzt werden, dass die eigenen Softwaremodule mit dem Kernel über eine Schnittstelle „kommunizieren", kann ein unabhängiges Softwaremodul vorliegen. Dies dürfte aber nur noch selten der

---

[228] Vgl. dazu *ifrOSS-Jaeger*, Ziffer 2, Rn. 29 ff.; *Winteler* in: *Taeger/Wiebe*, Aktuelle Rechtsfragen zu IT und Internet, S. 195 ff.; *Schäfer*, S. 154 ff.; *Dankwardt*, http://www.linuxdevices.com/articles/AT5041108431.html.

[229] Historisch zur Position von *Linus Torvalds* http://linuxmafia.com/faq/Kernel/proprietary-kernel-modules.html.

[230] Vgl. die Ausführungen von *Torvalds*, http://kerneltrap.org/node/1735.

[231] Vgl. http://www.linuxfoundation.org/collaborate/workgroups/technical-advisory-board-tab/linuxdevicedrivermodel.

Fall sein, da die meisten Kernelmodule tief in den Kernel integriert sind. Entscheidend ist im Regelfall die Frage, wie eigenständig das Kernelmodul ist. Dafür spielen verschiedene Aspekte eine Rolle. Wird ein Gerätetreiber eigens für Linux entwickelt, soll er also dessen integraler Bestandteil werden, sprechen gute Gründe dafür, von einem *„derivative work"* auszugehen.[232] Dies gilt vor allem, wenn das Kernelmodul technisch weitergehend in den Kernel eingebunden ist, etwa mittels „Hooks"[233], oder dessen „Infrastruktur" mehr als nur oberflächlich nutzt, so dass auf diese Weise offenbar wird, dass das Kernelmodul technisch nicht unabhängig ist. Zum Teil ist es nur eine Frage der Kompilereinstellung, ob der Code in den Kernel kompiliert wird oder in ein nachladbares Kernelmodul. Es existieren allerdings auch Kernelmodule, die älter sind als Linux. Dort liegt es auf der Hand, dass sie als funktional eigenständig anzusehen sind. Entsprechendes gilt für Kernelmodule, die zwar nicht älter sind als Linux, aber auch mit anderen Unix-Versionen ablauffähig sind und auf diese Weise ihre Eigenständigkeit zeigen. Es dürfte zulässig sein, solche Kernelmodule unter einer proprietären Lizenz zu verbreiten, wenn sie auch formal klar vom Linux-Kernel getrennt werden und keine relevanten Anpassungen für die Verwendung unter Linux erforderlich sind.

Inzwischen existiert eine Erweiterung für Linux, die es erlaubt, dass Treiber für den „Userspace" geschrieben werden und damit wie normale Anwendungen durch Systemaufrufen mit dem Kernel kommunizieren.[234] Solche Treiber sind daher nicht als abgeleitete Werke anzusehen.

(3) Verlinkung

57 Besondere Fragen wirft die Kombination von GPL-2.0-Softwarebibliotheken mit „proprietären" Programmen auf, da der Verwendung von Softwarebibliotheken in der Praxis eine überragende Bedeutung zukommt.[235] Entsprechendes gilt für alle anderen Verlinkungen von Softwarekomponenten.

Eine Software-Bibliothek stellt anderen Programmen Programmroutinen in Form einer Bibliothek zur Verfügung – sei es, dass sie statisch verlinkt wird und die Bibliothek mit dem zugreifenden Programm während der Kompilierung mit einem Linker eingebunden wird, so dass ein einheitliches Executable entsteht, sei es als dynamisch verlinkte Biblio-

---

[232] Die FSF sieht in Linux-Treibern ein abgeleitetes Werk, vgl. http://www.gnu.org/licenses/gpl-faq.html#NonfreeDriverKernelLinux.

[233] Als Hook wird eine „Haken"-Funktion bezeichnet, die bei bestimmten Ereignissen aufgerufen wird und in die sich ein Kernelmodul einhängen kann.

[234] Vgl. *Koch*, Userspace I/O drivers in a realtime context, https://www.osadl.org/fileadmin/dam/rtlws/12/Koch.pdf.

[235] Ausführlich dazu auch *Schäfer*, S. 159 ff.; *Hoppen/Thalhofer*, CR 2010, 275, 278 ff.; *Morgan*, 27 JMARJCIL 349, 355 ff.

thek oder sog. „*shared library*", die gesondert kompiliert und erst während der Laufzeit hinzugeladen wird. Der typische Anwendungsfall ist die Bibliothek eines Betriebssystems. Diese wird von allen Programmen gemeinsam genutzt, die auf dem Betriebssystem aufsetzen. Klassische Bestandteile solcher Bibliotheken sind die von mehreren Programmen unter einem Betriebssystem benötigten Standardbefehle, so etwa unter einem mit Fenstern arbeitenden System der Befehl „Fenster öffnen". Die Vorteile von solchen Bibliotheken liegen im sparsamen Umgang mit Speicherkapazität, aber auch in der Arbeitserleichterung für Programmierer. Hinzu treten die technischen Vorteile der Modularisierung von Softwarekomponenten, eine Anpassung oder ein Austausch einzelner Teile ist bei einem modularen Aufbau leichter zu bewerkstelligen.[236]

Einige wichtige Bibliotheken für Freie Software werden unter der GNU Library GPL – heute GNU Lesser GPL (LGPL) genannt – lizenziert.[237] So steht die wichtigste freie Bibliothek, die GNU C Library („glibc"), unter der LGPL,[238] andere Bibliotheken sind hingegen der GPL unterstellt.[239] Damit stellt sich die Frage, ob die Nutzung einer Bibliothek, die unter der GPL-2.0 steht, dazu führt, dass das zugreifende Programm gem. Ziffer 2 b) GPL-2.0 auch der GPL-2.0 unterstellt werden muss.   **58**

Für die Beurteilung dieser Frage ist nach den oben beschriebenen Kriterien zum einen auf die Funktion der Bibliothek, zum anderen auf die Form der Verbreitung abzustellen.[240] Sofern Bibliothek und zugreifendes Programm in einem Executable vertrieben werden, liegt stets ein einheitliches Programm vor, das insgesamt unter die GPL-2.0 gestellt werden muss.[241] Dies ist beim statischen Verlinken regelmäßig der Fall. Hier kommt – obwohl es grundsätzlich nur eine Frage der Programmiertechnik ist, ob statisch oder dynamisch verlinkt wird – zum Tragen, dass die GPL-2.0 nicht nur auf inhaltlich-funktionale Kriterien, sondern auch auf formale Aspekte abstellt, nämlich ob die Software als ein „Ganzes" vertrieben wird.[242] Wird beim Vertrieb nicht sichergestellt, dass die GPL-

---

[236] Vgl. hierzu etwa *Orfali/Harkey*, S. 41.
[237] S. u. Rn. 90 ff.
[238] Vgl. http://www.fsf.org/manuel/glibc-2.2.3/html_chapter/libc_39.html.
[239] So etwa die PING Utility Library, vgl. http://www.gnu.org/directory/pingutils. html, die GNU cgicc library, vgl. http://www.gnu.org/software/cgicc/cgicc-doc.html und die GNet (network library), vgl. http://www.gnu.org/gnulist/production/gnet. html.
[240] Die Lesser General Public License (LGPL), die explizit bei sämtlichen Verlinkungsformen von einem „*derivative work*" ausgeht, wenn nicht die Bibliothek gesondert vertrieben wird, kann zur Auslegung der GPL-2.0 nicht herangezogen werden, da sie jünger als die GPL-2.0 ist und den Vertragsparteien beim Abschluss des Lizenzvertrages in der Regel nicht vorliegt.
[241] Zustimmend *Schäfer*, S. 131; *Andréewitch*, MR 2005, 240, 242; *Hoppen/Thalhofer*, CR 2010, 275, 279; *Keppeler*, CR 2015, 9, 11; *Teufel*, Mitt. 2007, 341, 345.
[242] S. o. Rn. 50.

2.0-Bibliothek – zumindest auch – in abgrenzbarer Form vorliegt, dann kann das formale Element ausreichen, dass im Sinne der Lizenz ein *„derivative work"* vorliegt.

59   Beim dynamischen Verlinken kommt es wesentlich auf funktionale Kriterien an, da die Bibliothek regelmäßig gesondert kompiliert und damit auch als eigenständige Datei vertrieben wird. Sofern Programmbibliotheken verwendet werden, die eine strukturelle Einheit mit dem zugreifenden Programm bilden, liegt in der Regel ein *„derivative work"* vor. Dies dürfte insbesondere für sog. Frameworks[243] der Fall sein, wenn das zugreifende Programm für die Bibliotheken des Frameworks geschrieben wurde, oder wenn eine Bibliothek nur für ein bestimmtes Programm geschrieben wurde und mit diesem verwendbar ist. Handelt es sich hingegen um Standardbibliotheken, die eingebunden werden, um einer Applikation eine zusätzliche Funktionalität zu verleihen, und dabei die Applikation nicht im Hinblick auf die Bibliothek geschrieben wurde, spricht einiges dafür, von eigenständigen Programmteilen auszugehen. Dies gilt insbesondere dann, wenn die Bibliotheken austauschbar sind und rein zur Ersparnis von Programmieraufwand für Standardroutinen dienen, die von mehreren Programmen genutzt werden sollen.

Allerdings gehört die Frage, inwieweit die Verwendung von GPL-Programmbibliotheken dazu führt, dass die zugreifenden Programme ebenfalls der GPL-2.0 unterstellt werden müssen, zu den umstrittensten Fragen im Bereich der Freien Software. Die *Free Software Foundation* vertritt dabei die strengste Position, wonach der Copyleft-Effekt in diesem Fall stets eingreifen soll.[244] Hier werden letztlich nur entsprechende Gerichtsentscheidungen Klarheit verschaffen.[245]

---

[243] Der Begriff des Frameworks hat noch keine scharf umrissene Definition gefunden. Jedenfalls werden darunter Entwicklungs- und Laufzeitumgebungen wie Mono und .Net verstanden. Die Besonderheit gegenüber herkömmlichen Bibliotheken besteht darin, dass der Entwickler letztlich seine Anwendungsentwicklungen auf das Framework abstellen muss, dem damit eine hervorgehobene Bedeutung zukommt.

[244] Vgl. http://www.gnu.org/licenses/gpl-faq.html#GPLStaticVsDynamic. Entsprechend heißt es in dem Text „How to Apply These Terms to Your New Programs" als Anhang der GPL-2.0: *„This General Public License does not permit incorporating your program into proprietary programs. If your program is a subroutine library, you may consider it more useful to permit linking proprietary applications with the library. If this is what you want to do, use the GNU Lesser General Public License instead of this License."* Für eine Einordnung als eigenständige Werke *Rosen,* Open Source Licensing, S. 119, und http://www.rosenlaw.com/html/GPL.PDF bzw. http://www.linuxjournal.com/article/6366; *Determann,* GRUR Int. 2006, 645, 648, der dabei aber wenig überzeugend auf Veränderungen auf der Bildschirmoberfläche abstellt.

[245] Zur Situation aus Sicht des US-Rechts *Stoltz,* 85 Boston University Law Review, 1439, 1451 (2005).

(4) Nutzung von GPL-2.0-Softwaretools

Sowohl bei der Entwicklung von proprietärer Software als auch bei der   **60**
freien Programmentwicklung finden eine Reihe von Softwaretools Verwendung, die unter der GPL-2.0 lizenziert sind, insbesondere der Editor
Emacs und der GNU C Compiler („gcc"). Der Kompiler ist zur Übersetzung des für Menschen lesbaren Quelltextes in den maschinenlesbaren
Objectcode erforderlich. Grundsätzlich muss ein Programm, welches
unter Zuhilfenahme eines unter der GPL-2.0 stehenden Kompilers in
den Objectcode übersetzt worden ist, nicht der GPL-2.0 unterstellt werden.[246] Im Objectcode werden sich im Regelfall keine urheberrechtlich
schutzfähigen Programmteile des Kompilers wiederfinden, sofern nicht
ausnahmsweise Programmbibliotheken oder Teile von Headerfiles in
das kompilierte Programm eingefügt werden.[247] Insoweit werden aber
regelmäßig Ausnahmen von Lizenzpflichten gewährt, etwa durch die
GCC Runtime Library Exception.[248] Der Objectcode stellt deshalb kein
„*derivative work*" des Kompilers dar, die Verpflichtungen der Ziffer 2
b) GPL-2.0 greifen nicht ein. Wer einen freien Kompiler – etwa den
GNU C Compiler – benutzt, muss das kompilierte Programm also nicht
der GPL-2.0 unterstellen. Die GPL-2.0 formuliert dies in Ziffer 0 Abs. 2
S. 2 so: „*(...) and output from such a program is covered* [by this Li-
cense] *only if its contents constitute a work based on the Library.*"

Diese Grundregel gilt aber nicht für alle Typen von Kompilern. Es   **61**
kann im Einzelfall durchaus vorkommen, dass der Kompiler Teile seines
Quelltextes in den Objectcode des kompilierten Programms überträgt.
Damit enthält das Programm GPL-2.0-Code und muss gem. Ziffer 2 b)
GPL-2.0 wiederum der Lizenz unterstellt werden. Bekannt geworden ist
insbesondere der Parser – auch „Kompiler-Kompiler" genannt – „*Bison*". Bei der Benutzung von „*Bison*" findet sich im ausgegebenen Programm als Standardeinleitung Code, welcher dem Quelltext von „*Bison*" entnommen ist, erst dann folgt der Code des kompilierten
Programms. Bis zur Version 1.24 war deswegen jegliches Programm,
welches unter Zuhilfenahme von „*Bison*" kompiliert worden war, selbst
den Bestimmungen der GPL-2.0 zu unterstellen, denn „*Bison*" war ohne
Einschränkungen der GPL-2.0 unterstellt. Seit Version 1.25 unterliegt
„*Bison*" nur noch mit der Einschränkung der GPL-2.0, dass die mit

---

[246] Zustimmend *Spindler-Spindler*, S. 117 f.
[247] A. A. *Wuermeling/Deike*, CR 2003, 87, 88, die das Ausnahme-Regel-Verhältnis
verkehren.
[248] https://spdx.org/licenses/GPL-2.0-with-GCC-exception, seit der Lizenzierung
von libgcc unter der GPL-3.0: http://www.gnu.org/licenses/gcc-exception.html und
FAQ dazu unter http://www.gnu.org/licenses/gcc-exception-3.1-faq.en.html.

„*Bison*" kompilierten Programme nicht mehr der GPL-2.0 unterstellt
werden müssen.[249]

62   Für Editoren gilt das für Kompiler Gesagte entsprechend. Als Editoren bezeichnet man Programme, die bei der Erstellung der jedem Programm zugrunde liegenden, in Programmiersprache verfassten Protokolle behilflich sind. Normalerweise arbeitet ein Editor wie eine Art
„Softwareschreibmaschine", mit der man den Quelltext schreiben und
speichern kann. Manche Editoren weisen auch Zusatzfunktionen auf,
die helfen, den Text mit den richtigen Klammern zu versehen etc. Ähnlich den Grundsätzen bei der Nutzung eines freien Kompilers ist im
Grundsatz auch bei einem Editor zu entscheiden, der „copylefted" ist.
In dem mit Hilfe des Editors erstellten neuen Programm sind in der
Regel keine urheberrechtlich geschützten Teile des Editors selbst enthalten. Das neue Programm ist also keine Bearbeitung, kein *„derivative
work"* des Editors. Dadurch stehen dem Urheber des Editors auch keine
Verbotsrechte an dem neuen Programm zu, dieses muss also nicht der
GPL-2.0 unterstellt werden.[250] Finden sich im erstellten Programm
schutzfähige Bestandteile des Editors wieder, kann die Beurteilung anders ausfallen. Es kommt hier also entscheidend auf die Funktionsweise
des Editors an.

cc) Das Copyleft bei Sammelwerken

62a   In der Entscheidung „*Surfsitter*" ist das LG Berlin davon ausgegangen,
dass eine auf Linux basierende Firmware eines Routers ein Sammelwerk
darstellt und dieses Sammelwerk aufgrund des Copyleft-Effekts der GPL
insgesamt unter der GPL stehe.[251] Diese Entscheidung ist vielfach kritisiert worden, zum einen wegen der Annahme, dass eine Firmware ohne
weitere Begründung als Sammelwerk qualifiziert wird, zum anderen,
weil das Copyleft auf das Sammelwerk erstreckt wird.[252] Dem Lizenztext
der GPL kann man jedoch nicht entnehmen, dass dann, wenn ein GPL-
Programm Bestandteil eines Sammelwerkes ist, das Recht an dem Sammelwerk oder den anderen Programmkomponenten der GPL unterstellt
werden müsste. Ziffer 2 b) GPL-2.0 bezieht sich primär auf Programme,
die vom Ursprungsprogramm abgeleitet *(„derived")* sind. Zwar wirrd
auch auf Werke Bezug genommen, die GPL-Code enthalten *(„contain")*,
allerdings dürfte sich dies eher auf Fälle beziehen, bei den GPL-Code in
ein anderes Werk eingefügt und nicht nur ein GPL-Programm verändert

[249] Vgl. die „*Conditions for Using Bison*" unter http://www.gnu.org/software/
bison/manual/bison.html. Bison steht inzwischen ebenfalls unter der GPL-3.0 mit
einer entsprechenden Exception.
[250] So auch der GPL-FAQ der FSF, vgl. http://www.fsf.org/copyleft/gpl-faq.html# -
CanIUseGPLToolsForNF.
[251] LG Berlin, CR 2012, 152 – *Surfsitter*.
[252] *Kreutzer*, CR 2012, 146, *Schäfer*, K&R 2012, 124.

wird. Mehr Aufschluss über den Umgang der GPL mit Sammelwerken gibt Ziffer 2 Abs. 3 GPL-2.0: *Thus, it is not the intent of this section to claim rights or contest your rights to work written entirely by you; rather, the intent is to exercise the right to control the distribution of derivative or collective works based on the Program.*

Danach soll der Vertrieb von Sammelwerken „kontrolliert", aber nicht die Rechte an anderen Werken beansprucht werden.[253] Dies dürfte man dahingehend zu verstehen haben, dass ein Sammelwerk, das ein GPL-Programm enthält, zwar nicht unter der GPL lizenziert werden muss, das Ausschließlichkeitsrecht an dem Sammelwerk aber auch nicht dazu eingesetzt werden darf, Änderungen an dem GPL-Programm zu untersagen. Eben dieser Versuch war Gegenstand der Entscheidung „Surfsitter" gewesen, weil der Hersteller des Routers aus einem Recht am Sammelwerk Drittanbietern die Veränderung der GPL-Bestandteile auf dem Router der Endkunden untersagen wollte. Einer übermäßigen Erstreckung des Copylefts hätte es zu Unterbindung dieses Verhaltens also nicht bedurft. Dass die anderen, selbständigen Programme eines Sammelwerks nicht unter das Copyleft fallen, ergibt sich zwanglos aus dem Wortlaut der GPL-2.0 („*it is not the intent of this section to ... contest your rights to work written entirely by you*").

4. Patentlizenzierung

Die GPL-2.0 unterscheidet hinsichtlich der eingeräumten Nutzungsrech-   **62b**
te nicht zwischen Urheber- und Patentrecht. Auch wenn die Begrifflichkeit der Nutzungsrechte („*copy*", „*distribute*" und „*modify*") urheberrechtlichen Charakter hat, bedeutet dies noch nicht, dass die Rechtseinräumung auf Urheberrechte beschränkt ist. Dafür sprechen schon Ziffer 7 GPL-2.0 und die Präambel, die erkennen lässt, dass die GPL-2.0 eine Patentlizenz für die Zwecke der Lizenz eingeräumt werden muss:

> *Finally, any free program is threatened constantly by software patents. We wish to avoid the danger that redistributors of a free program will individually obtain patent licenses, in effect making the program proprietary. To prevent this, we have made it clear that any patent must be licensed for everyone's free use or not licensed at all.*

---

[253] Der Begriff des „*collective works*" in 17 U.S. Code § 101 ist enger als der des Sammelwerkes gem. § 4 UrhG: „*A 'collective work' is a work, such as a periodical issue, anthology, or encyclopedia, in which a number of contributions, constituting separate and independent works in themselves, are assembled into a collective whole.*". Die Entsprechung ist eher die „*compilation*", die einen Oberbegriff bildet und auch „collective works" mitumfasst, aber nicht verlangt, dass die einzelnen Elemente selbst schutzfähig sind.

Es fragt sich daher, in welchem Umfang eine Patentlizenzierung durch die Lizenzgeber und Distributoren erfolgt.[254] Die Lizenzierung von Patenten kennt kein Formerfordernis und unterliegt dem Zweckübertragungsgrundsatz.[255] Eine Lizenz kann also auch stillschweigend eingeräumt werden und entsprechende Verträge sind der ergänzenden Vertragsauslegung zugänglich.[256] Bei der Auslegung der GPL-2.0 sind verschiedene Konstellationen zu unterscheiden:

a) Lizenzierung durch den Lizenzgeber

62c Selbst wenn man davon ausgeht, dass der Patentinhaber im Zweifel bei der Einräumung von Rechten nur so wenig wie möglich von seinem Recht aufgeben will,[257] wird man annehmen müssen, dass etwaige Patente des Lizenzgebers jedenfalls insoweit mitlizenziert sind, wie dies zur Wahrnehmung der urheberrechtlichen Nutzungsrechte zwingend erforderlich ist. Es würde ansonsten einen Widerspruch darstellen, urheberrechtlich die Benutzung, Verbreitung und Bearbeitung zu gestatten und patentrechtlich diese Handlungen verbieten oder an eine Lizenzgebühr knüpfen zu wollen. Ziffer 1 und 2 GPL-2.0 sind so offen formuliert, dass unter die Lizenzklausel auch Patente gefasst werden können, da die Rechtseinräumung nicht auf Urheberrechte beschränkt wird. Der Lizenztext gibt aber wiederum keinen Anhaltspunkt dafür, dass die Patente weiter als erforderlich lizenziert werden, also etwa auch außerhalb der konkreten Software, die der GPL-2.0 unterstellt ist.

Entsprechendes gilt für Bearbeiterurheber. Die Lizenzierungspflicht in der Copyleft-Klausel der Ziffer 2b) GPL-2.0 schließt eine Patentlizenzierung schon vom Wortlaut her nicht aus. Allerdings ist die Reichweite der Patentlizenz vor dem Hintergrund schwer zu bestimmen, dass der Zweckübertragungsgrundsatz einerseits von einer engen Lizenz ausgeht, Open Source Lizenzen aber andererseits sehr weitgehende (urheberrechtliche) Nutzungsrechte vermitteln. Man wird als Mindestumfang der Patentlizenz annehmen können, dass alle Lizenznehmer die Software in der Version vervielfältigen, verbreiten und bearbeiten dürfen, in der die Lizenzgeber diese verbreitet haben.

Ebenso wird man davon ausgehen dürfen, dass der Lizenznehmer, der für ein Programm unter der GPL-2.0 eine Patentlizenz erhalten hat, auch veränderte Versionen der Software weiterverbreiten darf und die Patentlizenz dann insoweit Downstream wirkt, als der Patentinhaber nicht verbieten kann, dass dann, wenn er selbst eine Programmversion verbreitet hat, die ein Patent implementiert, auch veränderte Versionen dieser Programmversion von Dritten unter Benutzung dieses Patents

---

[254] Vgl. dazu *Haapanen*, IFOSSLR 7 (1), 19 ff.
[255] Vgl. *Benkard-Ullmann*, § 15, Rn. 75, 117.
[256] BGH, GRUR 2000, 788, 790 – *Gleichstromsteuerschaltung*.
[257] *Benkard-Ullmann*, § 15, Rn. 117.

vervielfältigt und verbreitet werden. Denn auch solche Dritte können sich insoweit auf eine Lizenz des Patentinhabers berufen. Nicht erfasst ist aber eine Entwicklung „in ein Patent hinein", d. h. wenn erst die spätere Bearbeitung eines Lizenznehmers dazu führt, dass ein Patent des Lizenzgebers durch die Software implementiert wird.

b) Später erworbene Patente des Lizenzgebers

Wenn der Lizenzgeber Patente nachträglich erwirbt, also nachdem er ein **62d** Programm der GPL-2.0 unterstellt hat, konnte er in den bis dahin abgeschlossenen Lizenzverträgen noch keine entsprechende Patentlizenz erteilt haben. Allerdings können Lizenznehmer auch weiterhin einen Lizenzvertrag unter den Bedingungen der GPL-2.0 abschließen, der dann auch eine Patentlizenz hinsichtlich des später erworbenen und in der Software implementierten Patents beinhaltet. Es wäre daher wenig überzeugend, die GPL-2.0 dahingehend auszulegen, dass später erworbene Patente nicht auch von solchen Lizenznehmern benutzt werden dürfen, die schon vor Patenterwerb GPL-Lizenznehmer wurden. Unabhängig von der Frage, ob insoweit eine Patentlizenz eingeräumt wird, wäre es treuwidrig und gem. § 242 BGB unzulässig, wenn der Lizenzgeber gegenüber diesen Lizenznehmern patentrechtliche Ansprüche geltend macht.

c) Lizenzierung durch den Distributor

Unklar ist, ob und inwieweit eigene Patente bei der bloßen Distribution **62e** mitlizenziert werden. Hier wird man verschiedene Konstellationen unterscheiden müssen. Wer ein Produkt mit GPL-Software weitervertreibt, ohne Lizenznehmer zu sein, weil sich die Befugnis zur Weiterverbreitung aus dem Erschöpfungsgrundsatz ergibt,[258] ist an die Lizenzbedingungen der GPL-2.0 nicht gebunden. Dennoch können diejenigen, die solche Produkte direkt vom Distributor erworben haben, darauf vertrauen, dass sie das Produkt mit der Software auch benutzen dürfen. Mit dem Vertrieb geht eine Erschöpfung der Patentrechte des Distributors nach den allgemeinen Regeln einher.[259]

Wenn der Distributor jedoch eigene Kopien der Software fertigt und verbreitet, muss er die Lizenzbedingungen der GPL-2.0 akzeptieren. Es fragt sich dann, ob und in welchem Umfang die Benutzung von Patenten des Distributors gestattet werden muss und insbesondere, ob die Patentlizenz über die eigenen Kunden hinaus erteilt wird. Nach der in der Präambel und Ziffer 7 GPL-2.0 geregelten Intention der GPL sollen Lizenznehmer mit unterschiedlichen Nutzungsbefugnissen verhindert werden: wenn ein Programm wegen eines entgegenstehenden Patents nicht von jedermann genutzt werden darf, dann erlauben die Inhaber

---

[258] S. u. Rn. 131.
[259] Vgl. *Benkard-Ullmann*, § 9, Rn. 15 ff.

der Urheberrechte an dem Programm überhaupt keinen Vertrieb der Software:

> „*If you cannot distribute so as to satisfy simultaneously your obligations under this License and any other pertinent obligations, then as a consequence you may not distribute the Program at all. For example, if a patent license would not permit royalty-free redistribution of the Program by all those who receive copies directly or indirectly through you, then the only way you could satisfy both it and this License would be to refrain entirely from distribution of the Program.*"

Der Wortlaut von Ziffer 7 Satz 2 und 3 (*„receive copies directly or indirectly through you"*) deutet darauf hin, dass sich die Lizenzierungspflicht nicht per se an jedermann richtet, sondern nur auf diejenigen, die vom Distributor selbst die Software erhalten oder von einem Kunden des Distributors. Das erscheint folgerichtig, weil der Distributor nicht Lizenzgeber nach Ziffer 1 oder 2 GPL-2.0 ist. Faktisch wird sich jedoch jedermann darauf berufen können, dass der Distributor keine Patentansprüche wegen der Benutzung der Software geltend machen kann, die er zuvor selbst vertrieben hat. Denn ein Erwerb in einer vom Distributor abgeleiteten Vertriebskette wird sich regelmäßig konstruieren lassen, wenn belegbar ist, dass ein Erwerb von einem Kunden des Distributors möglich war.

II. GNU General Public License, Version 3 (GPL-3.0)

1. Von der GPL-2.0 zur GPL-3.0

63 Die wichtigste Open Source Lizenz, die GNU General Public License (GPL), wurde in den Jahren 2005 bis 2007 umfassend überarbeitet und liegt seitdem in Version 3 vor. Neben der Berücksichtigung technischer und rechtlicher Neuerungen diente die Revision auch einer besseren internationalen Verwendbarkeit des Lizenztextes.

Die Entscheidung, ob und in welcher Form die GPL geändert wird, lag in der Hand der FSF, die als *License Steward* gem. Ziffer 9 der GPL-2.0 dazu berufen ist, neue Lizenzversionen zu erstellen. Für die Version 3 initiierte die FSF einen öffentlichen Konsultationsprozess, wie er bislang in der Geschichte der Erstellung von Lizenzverträgen unbekannt war. Wie in der *Process Definition*[260] vorgesehen, wurden mehrere *Discussion Committees* und eine eigene Webseite[261] eingerichtet, die jedermann die Kommentierung des jeweils aktuellen Diskussionsentwurfs ermöglichte. In den vier *Discussion Committees,* die sich aus Mitglie-

---

[260] Abrufbar unter http://gplv3.fsf.org/gpl3-process.pdf.
[261] http://gplv3.fsf.org.

dern zusammensetzten, die von der FSF oder nachträglich von dem
jeweiligen *Discussion Committee* eingeladen wurden, fanden im Rahmen von internationalen Telefonkonferenzen über die von der Öffentlichkeit auf der GPL-3.0-Website oder intern eingebrachten Fragen und
Anregungen regelmäßige Konsultationen statt. Die *Discussion Committees* setzten sich dabei aus jeweils 20 bis 50 Mitgliedern zusammen. In
Committee A waren vor allem Softwareentwickler vertreten, etwa Ver-
treter der Apache Foundation, der Mozilla Foundation, von Debian, der
Perl Foundation und des Samba-Projekts. Die großen Unternehmen der
IT-Branche, wie z. B. IBM, Apple, Sun, HP oder Novell bildeten das
Committee B. Unternehmensjuristen und Rechtsanwälte gehörten vor-
wiegend dem *Committee C* an,[262] während *Committee D* sich mehrheitlich aus Einzelpersonen zusammensetzte. Neben der Arbeit in den *Discussion Committees* wurden fünf internationale Konferenzen veran-
staltet.

Der Revisionsprozess, der mit der Vorstellung des ersten Diskussionsentwurfs am 16.1.2006 offiziell begann, dauerte bis zur Veröffentlichung der neuen Lizenzversion am 29.6.2007.[263] Der Ablauf des Mei-
nungsbildungsprozesses hatte durchaus Ähnlichkeit mit einem Gesetz-
gebungsverfahren und der Anhörung der beteiligten Kreise, wobei nicht
zu verkennen ist, dass die Entscheidung über den abschließenden Lizenztext letztlich allein der durch ihren Gründer und Präsidenten *Richard Stallman* geprägten FSF oblag.[264] Allerdings hat die FSF durchaus
zahlreiche Anregungen der betroffenen Entwickler und Unternehmen
aufgegriffen und umgesetzt. Damit kann die Version 3 der GPL als ein
Kompromiss bezeichnet werden, etwa im Hinblick auf die umstrittenen
Regelungen zu DRM (Digital Rights Management) und Softwarepatenten. Dieser Kompromisscharakter schlägt sich in dem deutlich größeren
Umfang des Lizenztextes nieder, der sich mehr als verdoppelt hat. Neben der GPL wurde auch die GNU Lesser General Public License
(LGPL) aktualisiert und die GNU Affero General Public License (AGPL)
in die Lizenzfamilie aufgenommen.[265]

Schon während des Revisionsprozesses zeichnete sich ab, dass nicht
mit einer sofortigen Übernahme der Lizenz durch alle GPL-Projekte zu
rechnen ist. Gerade seitens der Kernel-Entwickler um *Linus Torvalds*
wurde seit den ersten Entwürfen erhebliche Kritik an den Änderungen
der Lizenz geübt. Deswegen war mit Spannung erwartet worden, in

---

[262] Die Autoren waren Mitglieder des Committee C.
[263] Die vier Diskussionsentwürfe mit den entsprechenden Erläuterungen sind unter
http://www.ifross.org/gpl-version-3 abrufbar. Siehe zum ersten Diskussionsentwurf
ausführlich die 2. Aufl., Rn. 63 ff.
[264] Die juristische Detailarbeit wurde im Wesentlichen durch das *Software Freedom
Law Center (SFLC)* unter dem Vorsitz von *Eben Moglen* geleistet.
[265] S. u. Rn. 72 und 97a.

welchem Umfang sich die breite Masse der sonstigen großen und kleinen Projekte von den Stärken der neuen Lizenzversion überzeugen lassen würde. Der bisherige Stand der Konversion auf die neuen Lizenz-
bestimmmungen dürfte die Free Software Foundation und die Autoren
der GPL-3.0 kaum zufriedenstellen. So waren im Juni 2011 noch über
45 % des Codes aller bekannten Open Source Programme gem. den
Bestimmungen der GPL-2.0 lizenziert, während der Anteil der GPL-3.0
bei unter 7 % lag. Während der Anteil der GPL-2.0 seitdem stetig zu-
rückgeht (24 %), wuchs die Verwendung der GPL-3.0 nur geringfügig
auf 10 % (Stand: September 2015).[266] Auch wenn so zentrale Entwicklungsprojekte wie Samba, die verschiedenen GNU-Projekte, KDE,
Gnome und MySQL mittlerweile auf die GPL-3.0 umgestellt haben, ist
der Linux-Kernel nach wie vor unter der GPL-2.0 lizenziert. Zu beachten ist allerdings, dass nicht nur diejenigen Programme nach den Bestimmungen der GPL-3.0 benutzt werden können, die ausdrücklich
dieser Lizenzversion unterstellt sind. Vielmehr kann man sich die neuen
Bedingungen auch dann zu Nutze machen, wenn das fragliche Programm nach den Bedingungen der GPL-2.0 mit dem Vermerk „or any
later version" verbreitet wird.[267] In diesem Fall besteht ein Wahlrecht für
den Nutzer, welche Lizenzbedingungen er zur Grundlage seiner Nutzung machen möchte. Dies gilt jedoch nicht für wichtige Teile des Linux-Kernels. Diese sind bislang ausschließlich der GPL-2.0 und nicht
auch künftigen Versionen unterstellt.[268]

2. Rechte der Lizenznehmer

64 Die Einräumung von Nutzungsrechten war bereits in der GPL-2.0 als
umfassend angesehen worden. Die Möglichkeit, die Software vervielfältigen, weiterentwickeln und vertreiben zu dürfen, gehört zum Grundbe-
stand dessen, was Freie Software bzw. Open Source Software ausmacht.[269] Allerdings gibt es, wie gesehen, in Anbetracht der auf dem US-
Verständnis fußenden Terminologie der GPL-2.0 in anderen Staaten
Auslegungszweifel.[270] Da die Internationalisierung der Lizenz zu den
erklärten Aufgaben der Revision gehörte, wurde bei der Formulierung
der GPL-3.0 darauf geachtet, keine Begriffe zu verwenden, die dem

---

[266] Siehe   https://www.blackducksoftware.com/resources/data/top-20-open-source-
licenses (abgerufen am 16.9.2015).
[267] Dazu ausführlich Rn. 189 ff.
[268] Siehe hierzu auch unten Rn. 189.
[269] Dies ergibt sich aus der *Free Software Definition,* http://www.gnu.org/
philosophy/free-sw.html, und der *Open Source Definition,* http://www.opensource.
org/osd.html.
[270] Vgl. nur *Spindler,* Rechtsfragen bei Open Source (2004), S. 83 f. zum Recht der
öffentlichen Zugänglichmachung; *Koch,* CR 2000, 333, 336 zum Vermietrecht; s. o.
Rn. 30.

Verständnis nur einer Rechtsordnung entsprechen. Dies zeigt sich gerade auch in der Bezeichnung der eingeräumten Rechte. Dort werden nunmehr die Begriffe *propagate* und *convey* unterschieden. Laut Definition in Ziffer 0 soll „propagate" sämtliche Nutzungen der Software umfassen, für die eine urheberrechtliche Gestattung erforderlich ist, dabei werden die Vervielfältigung, Verbreitung und die öffentliche Zugänglichmachung explizit als Beispiele genannt. Das schlichte Ablaufenlassen und die Veränderung einer „privaten Kopie" sind allerdings ausgenommen. Der Begriff ist ansonsten aber allumfassend zu verstehen. „Convey" ist dagegen ein enger verstandener Begriff: *„To ,convey' a work means any kind of propagation that enables other parties to make or receive copies."*

Die Rechtseinräumung unter Verwendung der beiden Begriffe erfordert eine genaue Textlektüre. Gem. Ziffer 2 ist jede Form von *propagate*, die nicht zugleich die Definition von *convey* erfüllt, ohne weitere Lizenzpflichten zulässig. Damit kann Software unter der GPL-3.0 im Wege des SaaS genutzt werden, ohne dass Lizenzpflichten zu erfüllen sind.[271] Gleiches gilt für das Ablaufenlassen und für das Bearbeiten des Programms, und zwar ohne Begrenzung auf eine private Kopie des Nutzers.[272] Ohne Lizenzpflichten zulässig ist es schließlich gem. Ziffer 2 auch, das Programm durch andere ablaufen oder bearbeiten zu lassen.[273] Dies setzt allerdings voraus, dass sich der Lizenznehmer an die Lizenzbedingungen hält, sobald er das Programm verbreitet. Auch darf der Auftragnehmer, der diese Nutzungshandlungen für den Lizenznehmer vornimmt, das Programm nicht für andere Zwecke vervielfältigen. Die Klausel gestattet damit unter den genannten Bedingungen ein Outsourcing von Rechenzentrumsdienstleistungen sowie individuelle Auftragsentwicklungen zur Programmbearbeitung und -pflege.[274] Einige der Abgrenzungsfragen zur Interpretation von *distribute* unter der GPL-2.0 sind damit für Software unter der GPL-3.0 obsolet.

Wenn die Nutzung durch den Lizenznehmer andere in die Lage versetzt, Programmkopien zu erhalten oder zu erstellen *(convey)*, also die Software insbesondere verbreitet oder zum Download angeboten wird, so ist die Nutzung an eine Reihe von Pflichten des Lizenznehmers geknüpft. Diese finden sich getrennt nach unveränderter oder veränderter

---

[271] Zu diesem Zweck wurde die AGPL-3.0 als Schwesterlizenz entwickelt, vgl. Rn. 72.

[272] Die Formulierung in Ziffer 2 „you may make (...) covered works" bezieht sich auf das Erstellen eines „covered work" im Sinne einer bearbeiteten Version, vgl. die Definition von „covered work" in Ziffer 0.

[273] *„You may convey covered works to others for the sole purpose of having them make modifications exclusively for you, or provide you with facilities for running those works, ...".*

[274] Siehe hierzu auch *Picot*, CRi 2010, 9, 11 f.

Nutzung in den Ziffern 4 und 5 wieder. Dort wird freilich auch jeweils das Nutzungsrecht erneut erwähnt, und zwar im Hinblick auf die unveränderte Nutzung im Sinne von *convey* (Ziffer 4) und auf die Nutzung veränderter Programmversionen (Ziffer 5).

Die Rechtseinräumung auf Grundlage der GPL-3.0 ist gem. Ziffer 2 ausdrücklich unwiderruflich.[275] Gesetzliche Rechte zur Programmnutzung, etwa durch Schranken wie den „fair use"-Grundsatz, Art. 5 und 6 der Richtlinie 2009/24 oder §§ 69d, 69e UrhG werden durch die Lizenz bestätigt *(affirmed, acknowledged)*. Für Nutzungshandlungen, die gesetzlich gestattet sind, bedarf es also nicht des Abschlusses eines Lizenzvertrags. Dies betrifft in Europa insbesondere den einfachen Programmablauf, die Fehlerbeseitigung und das Erstellen einer Sicherungskopie.[276]

Das Zusammenspiel von Ziffern 0, 2, 4 und 5 führt im Ergebnis zur Einräumung einfacher Nutzungsrechte im Hinblick auf alle Verwertungsformen, die andernfalls eine Urheberrechtsverletzung darstellen würden. Hierbei ist auf das jeweils anwendbare Urheberrecht abzustellen, wie die Definition des Begriffs *propagate* spezifiziert *(„under applicable copyright law")*.[277] Im Vergleich zur GPL-2.0 sind dadurch einige der Streitfragen bezüglich des Umfangs der Rechtseinräumung geklärt, etwa hinsichtlich des öffentlichen Zugänglichmachens oder der Programmvermietung. Dafür ist der Text sehr komplex geraten. Eine echte Neuerung stellt die ausdrückliche Gestattung des Outsourcing ohne Lizenzpflichten dar.

Beachtung verdient schließlich die neue Regelung zur Lizenzübernahme bei Unternehmensnachfolgen. Ziffer 10 regelt nunmehr im Einzelnen, wie die für ein Unternehmen erteilten Lizenzen im Falle einer Unternehmensnachfolge zu behandeln sind. Sowohl bei Fusionen und umfassenden Asset-Deals als auch bei Unternehmensaufspaltungen erwirbt der Unternehmensnachfolger die einmal durch die GPL eingeräumten Nutzungsrechte. Dabei wird der Erwerb der Nutzungsrechte daran geknüpft, dass auch eine Kopie der Software auf den Nachfolger übergeht. Das Nachfolgeunternehmen ist damit nicht darauf angewie-

---

[275] Zu den gesetzlichen Rückrufsrechten vgl. *Völzmann-Stickelbrock*, Auswirkungen des Widerrufs einer GNU-Lizenz auf Dritte, S. 47, 68 f.

[276] S. u. Rn. 123 ff.

[277] *Funk/Zeifang*, CR 2007, 617, 620 möchten hieraus ableiten, dass auch die unternehmensinterne Weitergabe von Programmkopien eine Verbreitung darstellt und damit die Pflichten der GPL-3.0 auslöst. Dieser Schluss ist aber keineswegs zwingend. Auch nach deutschem Urheberrecht verlangt die Verbreitung eine Weitergabe an andere Mitglieder der Öffentlichkeit. Bei der Weitergabe innerhalb einer juristischen Person fehlt es aber bereits an der Eigentumsübertragung hinsichtlich der Kopien, so dass sich die Frage der privaten Verbundenheit der Beteiligten gar nicht stellt, zu diesem Kriterium s. o. Rn. 46.

sen, die entsprechenden Rechte nachträglich neu zu erwerben – ein
Wunsch der IT-Industrie nach mehr Rechtssicherheit, dem die FSF
nachgekommen ist. Dies dürfte im Wesentlichen der ohnehin geltenden
Rechtslage in Deutschland gem. § 34 Abs. 3 Satz 1 UrhG entsprechen.[278]

3. Pflichten der Lizenznehmer beim Vertrieb unveränderter Software

Die ganz überwiegende Mehrzahl der in der GPL-3.0 geregelten Pflich- 65
ten knüpft an den Vertrieb *(„convey")* der Software an. Die Art der
Pflichten unterscheidet sich danach, ob die Software im Quellcode oder
im Objektcode vertrieben wird.

a) Pflichten beim Vertrieb unveränderter Quellcodeversionen

Hier ergeben sich nur geringfügige Änderungen im Vergleich zur GPL- 66
2.0. Es muss gem. Ziffer 4 der Lizenztext mitgeliefert werden, und neben den Hinweisen auf die GPL-3.0 müssen auch Hinweise auf zusätzliche Lizenzpflichten im Sinne der Ziffer 7 beibehalten werden, sofern
solche existieren. So wird sichergestellt, dass der Lizenznehmer auch
von diesen Pflichten Kenntnis erhält.[279]

b) Pflichten beim Vertrieb von Objektcodeversionen

Eine praktische Erleichterung für viele Distributoren von GPL-Software 67
enthält Ziffer 6 b), Nr. 2. Danach ist es beim Vertrieb der Software im
Objektcode nicht mehr erforderlich, den Quellcode zur Übersendung
anzubieten oder auf einem gebräuchlichen Datenträger mitzuliefern. Es
reicht aus, dass ein kostenloser Download des Quellcodes ermöglicht
wird, was organisatorisch oftmals wesentlich leichter umsetzbar ist. Die
Pflicht besteht auch nicht mehr gegenüber jedem Dritten, wie dies gem.
Ziffer 3 der GPL-2.0 der Fall war. Der Quellcode muss nur noch dem
Besitzer einer Programmkopie zugänglich gemacht werden. Dafür ist
diese Pflicht – nicht mehr wie unter der GPL-2.0 – auf einen maximalen
Zeitraum von drei Jahren begrenzt, sondern bindet den Lizenznehmer,
solange er Ersatzteile oder Service anbietet. Das kann bei langlebiger
Hardware, etwa Industriemaschinen, weit über den sonst maßgeblichen
Zeitraum von drei Jahren hinausgehen. Ziffer 6 e) enthält eine weitere
Erleichterung für den Austausch von Software mittels Peer-to-Peer-
Netzwerken. Hier reicht es aus, auf ein öffentliches Downloadangebot
hinzuweisen.

Während der Abschnitt zum Vertrieb von Objektcodeversionen in der
GPL-2.0 auch eine Definition des zur Verfügung zu stellenden Quellcodes enthielt, ist dieser Definition nunmehr ein eigener Abschnitt ge-

---

[278] Zum Unternehmensbegriff des § 34 UrhG siehe *Wandtke/Bullinger-Wandtke/
Grunert,* § 34, Rn. 18 f.
[279] Zur praktischen Bedeutung der Einhaltung der Vertriebspflichten vgl. LG München I, CR 2008, 57 – *Welte ./. Skype* mit Anm. *Wimmers/Klett.*

widmet. In Ziffer 1 wird der Begriff „*Source Code*" definiert als bevorzugte Form der Software, um diese zu bearbeiten, und „*Object Code*"
als jede andere Form. Das macht deutlich, dass auch beim Vertrieb in
Zwischenstufen, etwa des Bytecodes bei der Java-Programmierung,
immer auch der vom Entwickler geschriebene Quellcode herausgegeben
werden muss.[280]

Im Übrigen stellt die Definition des zur Verfügung zu stellenden
Quellcodes deutlicher als in der GPL-2.0 dar, welche Bestandteile nicht
mit ausgeliefert werden müssen, so etwa „*System Libraries*" wie die C
library oder Standardprogramme *(general-purpose tools, generally
available free programs)*, die nicht zu der Software selbst gehören, aber
benötigt werden, um diese ablaufen zu lassen und regelmäßig auch
anderweitig frei erhältlich sind (z. B. Kompiler, Linker, Betriebssystem).[281] Damit soll einerseits vermieden werden, dass der Quellcode
deshalb praktisch wertlos ist, weil Bearbeitungen nur mit einem speziellen, „unfreien" Kompiler neu kompiliert werden können, andererseits
aber frei lizenzierte Standardwerkzeuge immer mitgeliefert werden müssen.

Zusätzlich zum Quellcode muss auch die sog. *Installation Information* mitgeliefert werden, um bei der Verwendung von DRM-Systemen
das Wiederaufspielen von neuen Programmversionen zu ermöglichen.[282]

4. Pflichten der Lizenznehmer beim Vertrieb veränderter Software

68 Wer ein GPL-3.0-Programm verändert hat, muss ebenfalls die Pflichten
beachten, die sich beim Vertrieb unveränderter Softwareversionen ergeben und ist gem. Ziffer 5 a) GPL-3.0 zusätzlich verpflichtet, in gut
wahrnehmbarer Form auf die GPL-3.0 und – soweit existent – zusätzliche Lizenzbedingungen gem. Ziffer 7 hinzuweisen. Die GPL-2.0 hatte
dies nur implizit vorausgesetzt und die Streichung solcher Hinweise
verboten.

Wenig Aufmerksamkeit wurde bislang einer möglicherweise besonders wichtigen Änderung zuteil, die den Umfang der Pflichten beim
Vertrieb veränderter Software betrifft. Das Copyleft, das die freie Nutzung von Weiterentwicklungen und anderen Bearbeitungen und Werkverbindungen sichert, stellt das Herz der GPL dar und prägt den gesamten Lizenztext. Über die Grenzen dessen, was als „*derivative work*"
unter der GPL-2.0 freigegeben werden muss, gibt es – wie oben dargestellt – erheblich differierende Ansichten, sowohl bei Sofwareentwick-

---

[280] Vgl. GPLv3 First Discussion Draft Rationale, http://gplv3.fsf.org/gpl-rationale-
2006-01-16.pdf, S. 8 f.
[281] Vgl. http://www.gnu.org/licenses/quick-guide-gplv3.en.html.
[282] Dazu näher Rn. 70.

lern als auch bei Juristen.[283] Die GPL-3.0 enthält, anders als die GPL-2.0, keine Ausführungen dazu, wann eine Programmkombination oder sonstige Änderung das Copyleft nach sich zieht. Ziffer 5 c), in der nunmehr die Pflicht zur Lizenzierung unter der GPL-3.0 enthalten ist, bezieht sich für das Verständnis von „work based on the program" allein auf die Definition von „modify" in Ziffer 0, die wiederum darauf abstellt, ob die Bearbeitung oder Werkverbindung eine urheberrechtliche Gestattung erfordert.[284]

Der einfache Verweis darauf, ob eine urheberrechtliche Gestattung erforderlich ist – und damit auf den urheberrechtlichen Bearbeitungs- und Verbindungsbegriff – führt zu zwei interessanten Fragestellungen. Es wird zu klären sein, was im Softwareurheberrecht als Umarbeitung im Sinne des § 69c Nr. 2 UrhG bzw. Verbindung im Sinne des § 9 UrhG[285] anzusehen ist und ob sich daraus relevante Abweichungen von dem in der GPL-2.0 beschriebenen Verständnis ergeben.[286] Darüber hinaus können sich aufgrund des Schutzlandprinzips Abweichungen in den einzelnen Urheberrechtsordnungen ergeben, so dass sich das Copyleft bei einem weltweiten Vertrieb de facto wohl nach der Urheberrechtsordnung richten muss, die die geringsten Anforderungen an eine zustimmungspflichtige Bearbeitung oder Verbindung stellt. Dies wirft die schwierige Frage auf, ob sich jeder Lizenznehmer vor dem Vertrieb von Softwarekombinationen über die Standards aller Urheberrechtsordnungen weltweit vorab informieren muss, um einen lizenzkonformen Vertrieb sicherzustellen. Insoweit ist Lizenznehmern anzuraten, zunächst jedenfalls die Standards derjenigen Rechtsordnungen zu prüfen, in denen sie selbst das Programm verbreiten wollen. Ist dies eine einzige Rechtsordnung, etwa weil ein Programm zunächst nur an einen Kunden im Inland abgegeben wird, so muss es ausreichen, wenn nur der Bearbeitungsbegriff für diese Rechtsordnungen überprüft wird. Sofern der Abnehmer des Programms oder Dritte eine Nutzung und Verbreitung in Drittstaaten vornehmen, in denen ein abweichender Bearbeitungsbegriff gilt, kann es aber später zu berechtigten Nachforderungen auf Grundlage der Copyleft-Klausel kommen.

Allein die Frage, wann nach den unter der Richtlinie 2009/24/EG auszulegenden Rechtsordnungen eine Umarbeitung vorliegt, ist außerordentlich schwierig zu beantworten. Anders als bei anderen Werkgattungen sind Computerprogramme stets darauf ausgelegt, mit anderen

---

[283] S. o. Rn. 47 ff.
[284] „To ‚modify‘ a work means to copy from or adapt all or part of the work in a fashion requiring copyright permission, other than the making of an exact copy."
[285] Zur Anwendbarkeit des § 9 UrhG vgl. Dreier/Schulze-Dreier, § 69a, Rn. 34.
[286] Vgl. dazu Jaeger, Kommerzielle Applikationen für Open Source Software, S. 61 ff.

Programmen zu interagieren. Dieser Umstand allein kann noch nicht dazu führen, dass jeweils eine urheberrechtliche Gestattung der Rechtsinhaber anderer Programme für diese Interaktion erforderlich ist. Dies zeigt schon der Umstand, dass § 69e UrhG die Dekompilierung zur Herstellung von Interoperabilität von der Zustimmung des Rechtsinhabers freistellt. So wird in der Richtlinie wesentlich auf Schnittstellen für die Interaktion zwischen selbständigen Programmen abgestellt. Das moderne Softwareengineering sieht allerdings eine Vielfalt von Techniken zur Interaktion zwischen Softwarekomponenten vor, so dass die Grenzen verschwimmen zwischen dem, was als Bearbeitung eines Programmbestandteils in ein neues Programm angesehen werden kann und der bloßen Interaktion zwischen selbständigen Programmen. Bei der Klärung dieser Fragen steht die Rechtswissenschaft noch am Anfang, und bislang wurden die Gerichte nur in geringem Umfang mit diesen Abgrenzungsfragen beschäftigt.[287] Dies liegt vermutlich vor allem daran, dass zur Verwendung von Drittkomponenten in der herkömmlichen Softwareentwicklung ohnehin eine Lizenz eingeholt werden musste, da Drittkomponenten ohne den entsprechenden Quellcode nur beschränkt mit eigenen Programmbestandteilen nutzbar sind. Durch den vielfältigen Einsatz von Open Source Software, insbesondere unter Copyleft-Lizenzen, kommt der Abgrenzung jedoch erhebliche praktische Bedeutung zu.

Aus dem Text der GPL-2.0 ist allein der Hinweis erhalten geblieben, wonach die bloße Zusammenstellung unabhängiger Programme keine Verpflichtung zur Freigabe nach sich zieht *(„aggregation")*. Diese bislang am Ende von Ziffer 2 GPL-2.0 zu findende Regelung enthält nun in Ziffer 5 allerdings dahingehend eine Klarstellung, dass etwaige aus der Zusammenstellung resultierende Rechte nicht dazu genutzt werden dürfen, um die Rechte von Nutzern im Hinblick auf einzelne Programme zu beschneiden. Ein Beispiel bieten hier typische Linux-Distributionen: Die Zusammenstellung selbst kann schutzfähig sein, entweder als Gesamtprogramm gem. § 69a UrhG oder als Sammelwerk oder Datenbankwerk gem. § 4 UrhG.[288] Auch ein Schutz gem. § 87a UrhG kommt in Betracht. Nimmt der Ersteller der Distribution Rechte an der Zusammenstellung wahr, so kann er sich nicht darauf berufen, dass die bloße Zusammenstellung stets vom Copyleft ausgenommen ist. Vielmehr können sich die Nutzer insoweit auf Ziffer 5 GPL-3.0 berufen, um entweder die freie Nutzung der GPL-3.0 Programme durchzusetzen oder die Lizenzierung des gesamten Sammelwerks oder der gesamten Datenbank unter der GPL-3.0. Die Grenzen der Vorschrift sind bislang prak-

---

[287] Dazu der Überblick bei *Wandtke/Bullinger-Grützmacher*, § 69c, Rn. 18 ff., und oben Fn. 234.
[288] Siehe zur Situation bei der GPL-2.0 Rn. 62a.

tisch noch nicht ausgelotet.[289] Der Worlaut ist recht unzugänglich, da
der Umgang des Inhabers der Rechte an einem Sammelwerk mit diesen
Rechten in die Definition von *„aggregate"* einbezogen ist: Nur wenn die
Rechte der Nutzer an den Bestandteilen des Sammelwerks nicht über die
Lizenzbedingungen dieser Bestandteile hinaus beschränkt werden, dann
müssen die anderen Bestandteile des Sammelwerks nicht unter der GPL-
3.0 lizenziert werden.[290]

5. „Additional terms"

Die Anzahl an Open Source Lizenzen hat mit der wachsenden Beliebt- 69
heit des Lizenzmodells stetig zugenommen. Viele Unternehmen oder
Softwareprojekte haben einen eigenen Lizenztext entworfen, der ihre
Bedürfnisse oder zumindest den eigenen Projektnamen widerspiegelt. Da
es durchaus beliebt ist, in neue Softwareprojekte Bestandteile von bereits bestehenden Programmen ganz oder teilweise einzubringen, ergibt
sich bei Copyleft-Lizenzen das praktisch wichtige Problem der Lizenzkompatibilität.[291] Copyleft-Lizenzen verlangen, dass abgeleitete Werke
nur unter den Bedingungen der Ursprungslizenz genutzt werden dürfen,
zusätzliche oder abweichende Lizenzbedingungen sind damit ausgeschlossen.[292] Wenn nun eine Open Source Lizenz von der GPL abweichende Lizenzpflichten enthält, ist eine Kombination von Quellcode
unter diesen Open Source Lizenzen unzulässig, wenn die kombinierten
Bestandteile zu einem einheitlichen Werk verbunden werden. Dieser
Aspekt hat sich zunehmend als praktisches Problem erwiesen, das sich
letztlich nur durch Mehrfachlizenzierung desselben Programms unter
verschiedenen Open Source Lizenzen oder durch entsprechende Öff-
nungs- oder Kompatibilitätsklauseln lösen lässt.[293]

Ziffer 7 GPL-3.0 greift über eine bloße Kompatibilitätsregelung hinaus und erlaubt zunächst *„Additional Permissions"*, d. h. der Lizenzgeber kann die Lizenznehmer von einer oder mehreren der Lizenzpflichten
aus der GPL-3.0 befreien. Damit soll es für Softwareentwickler attraktiver werden, ihren Code unter der GPL-3.0 zu lizenzieren, da sie durch
entsprechende *Additional Permissions* sicherstellen können, dass unerwünschte Pflichten nicht beachtet werden müssen oder der Code auch in
Projekten mit einer abweichenden Lizenz eingebracht werden kann. Ein

---

[289] Siehe hierzu auch *Beardwood/Alleyne*, CRi 2008, 14, 16.
[290] Die Konstellation dürfte derjenigen entsprechen, die der Entscheidung des LG
Berlin in der Sache „Surfsitter" zugrunde lag, vgl. LG Berlin, GRUR-RR 2012, 107.
[291] Siehe hierzu allgemein unten Rn. 118a ff.
[292] So heißt es in Ziffer 10 der GPL-3.0: *„You may not impose any further restrictions on the exercise of the rights granted or affirmed under this License."*
[293] Ein Beispiel für eine Mehrfachlizenzierung war bis zur Veröffentlichung der
MPL-2.0 die Mozilla-Suite, zu auch der beliebte Browser Firefox gehört, die unter
der GPL, LGPL und MPL genutzt werden konnte.

typischer Anwendungsfall ist die GCC Runtime Library Exception.[294] Dass damit eine erhöhte Komplexität einhergeht, liegt auf der Hand. Dazu trägt auch die Möglichkeit bei, dass der Bearbeiter einer Software mit *Additional Permissions* die veränderte Software insgesamt auch ohne die *Additional Permissions* vertreiben darf oder für die von ihm hinzugefügten Teile eigene *Additional Permissions* verwenden kann.[295]

Praktisch wichtiger ist die Liste an „zusätzlichen Beschränkungen" *(„non-permissive additional terms")* in Ziffer 7. Damit wird es gestattet, dass einem Programm unter der GPL-3.0 Code unter einer anderen Open Source Lizenz hinzugefügt wird, wenn diese Lizenz lediglich Pflichten enthält, die die GPL-3.0 ohnehin schon kennt oder die in der Liste der „zusätzlichen Beschränkungen" aufgeführt sind. Zu diesen erlaubten Lizenzbedingungen gehören etwa abweichende Haftungs- und Gewährleistungsregelungen, zusätzliche Rechtshinweise sowie Beschränkungen von Marken- und Namensrechten der Lizenzgeber. Nach längerer Diskussion wurde auch eine Freistellungsklausel für die Haftung der Lizenzgeber zu Lasten von Resellern zugelassen, um so die wichtige Kompatibilität zur Apache License 2.0 herzustellen.[296]

Zum Schutz vor weitergehenden Beschränkungen sieht Ziffer 7 vor, dass solche Beschränkungen vom Lizenznehmer für die weitere Nutzung gestrichen werden können, wenn die Lizenzgeber einen Lizenzhinweis aufgenommen haben, dass die Software unter der GPL-3.0 lizenziert ist. Hier stellt sich die interessante Frage, ob der Verwender von AGB seine eigenen, als vorrangig gedachten Regelungen durch AGB abbedingen kann. Man wird dies wohl für zulässig erachten müssen, da dem Lizenzgeber die Freiheit verbleibt, auch andere Lizenzbedingungen als die der GPL-3.0 zu verwenden und gem. § 305c Abs. 2 BGB Widersprüche im Zweifel zu Lasten des Verwenders gehen.

Während Ziffer 7 GPL-3.0 die Kompatibilitätsproblematik dahingehend löst, dass zwar weitergehende Beschränkungen zugelassen werden, grundsätzlich Weiterentwicklungen aber nur unter der GPL-3.0 lizenziert werden dürfen, enthält Ziffer 13 eine echte Öffnungsklausel zugunsten der Affero General Public License (AGPL), Version 3.[297] Danach dürfen Softwarekombinationen mit Code unter der GPL-3.0 und der AGPL-3.0 insgesamt nur unter der AGPL-3.0 vertrieben werden.[298]

---

[294] http://www.gnu.org/licenses/gcc-exception-3.1.en.html.
[295] Kritisch dazu *Beardwood/Alleyne*, CRi 2008, 14, 16.
[296] GPLv3 Final Discussion Draft Rationale, S. 9, http://gplv3.fsf.org/rationale.
[297] Siehe http://www.gnu.org/licenses/agpl-3.0.html.
[298] Ausführlich zu AGPL-3.0 unten Rn. 72.

6. Digital Rights Management

Einer der umstrittensten Punkte bei der Revision der GPL war die Klau-   70
sel zum Digital Rights Management (DRM). Der erste Diskussionsentwurf lehnte DRM-Systeme pauschal ab und sprach von „Digital Restriction Management". Die FSF befürchtet, dass durch Computersysteme
mit Trusted Computing[299] die Freiheit der Softwarenutzer beschnitten
wird, weil das beliebige Aufspielen von veränderten Softwareprogram-
men durch entsprechende technische Maßnahmen unterbunden wird.[300]
Während bei Universalcomputern Inhalt und Umfang solcher Systeme
noch in der Diskussion sind, existieren in einigen Bereichen schon Beispiele für Beschränkungen der Nutzerfreiheiten. So hat der Hersteller
des Festplatten-Videorekorders *TiVo* sein Produkt mit GPL-Software
ausgestattet und auch den entsprechenden Source Code zugänglich gemacht. Das Wiederaufspielen veränderter Softwareversionen wird allerdings durch die Abfrage einer digitalen Signatur unterbunden, die nur
vom Hersteller vergeben wird. Während die FSF in diesem Umstand
eine unerwünschte Beschneidung der Nutzerrechte durch DRM sieht,
vertreten andere, wie *Linus Torvalds*, die Auffassung, dass die Gestaltung der Hardware allein eine Angelegenheit des Herstellers sei und ein
Verbot solcher DRM-Systeme letztlich selbst eine Beschränkung dar-
stelle.[301]

Regelungen zum DRM finden sich in den Ziffern 3 und 6 der GPL-
3.0. Ziffer 3 besteht dabei aus zwei Teilen. Absatz 1 ist eine Auslegungsregel und besagt, dass die unter der GPL-3.0 lizenzierte Software
nicht als wirksame technische Schutzmaßnahme im Sinne des WIPO
Copyright Treaty angesehen werden soll.[302] Wäre dies tatsächlich auch
die Rechtsfolge, dürfte jedermann technische Schutzmaßnahmen für
Software oder andere urheberrechtlich geschützte Werke umgehen, wenn
diese Schutzmaßnahmen mit Hilfe eines GPL-3.0-Programms implementiert wurden.[303] Nach Angaben der FSF wird damit lediglich bezweckt,

---

[299] Ausführlich zu Trusted Computing *Bechtold*, CR 2005, 393 und *Kuhlmann*, in:
Büllesbach/Dreier, Wem gehört die Information im 21. Jahrhundert? (2004), S. 75 ff.;
zu den kartellrechtlichen Aspekten *Koenig/Neumann*, MMR 2003, 695 ff., und *WuW*
2003, 1138; allgemein zu DRM siehe insbesondere *Bechtold*, Vom Urheber- zum
Informationsrecht, 2002, und *Arlt*, Digital Rights Management Systeme, 2006.
[300] Vgl. http://gplv3.fsf.org/drm-dd2.html.
[301] *Diedrich*, Streit um die neue GPL, http://www.heise.de/open/artikel/78967.
[302] Vgl. Art. 11 WCT: „*Contracting Parties shall provide adequate legal protection
and effective legal remedies against the circumvention of effective technological
measures that are used by authors in connection with the exercise of their rights
under this Treaty or the Berne Convention and that restrict acts, in respect of their
works, which are not authorized by the authors concerned or permitted by law.*"
[303] So waren z. B. beim „Sony-Rootkit", einem auf Musik-CDs enthaltenen Kopier-
schutzsystem, das bei der Benutzung in einem PC installiert wurde, auch LGPL-
Bestandteile enthalten.

dass durch GPL-3.0-Programme keine DRM-Systeme implementiert werden, durch die die Nutzbarkeit anderer GPL-Software beschränkt werden kann.[304] Rechtlich dürfte die Frage, ob eine wirksame technische Schutzmaßnahme vorliegt, nicht von einer vertraglichen Regelung zwischen dem Inhaber der Rechte am GPL-3.0-Programm und dem Hersteller des DRM-Systems abhängen.[305] Allenfalls mag die Klausel zu einer Selbstbindung der Lizenzgeber führen, sofern diese selbst auch Rechtsinhaber von geschützten Inhalten sind, da es ein *venire contra factum proprium* darstellen dürfte, eine Software zunächst unter der GPL-3.0 mit dem Hinweis zu vertreiben, dass sie keine technische Schutzmaßnahme enthalte, und später eben Rechte aus diesem Umstand herzuleiten. Dritte, insbesondere die Inhaber von Rechten an Werken, die durch ein solches System geschützt werden sollen, dürften von der Auslegungsregel im Regelfall jedoch nicht betroffen sein.

Größere Relevanz könnte der zweite Absatz von Ziffer 3 haben. Nach dem ersten Halbsatz dieser Klausel verzichtet derjenige, der ein GPL-3.0-Programm vertreibt, auf sein Recht, die Umgehung technischer Schutzmaßnahmen zu verbieten, soweit diese die Ausübung der Nutzungsrechte aus der GPL-3.0 beschränkt. Damit dürfte die Umgehung oder Beseitigung von technischen Programmschutzmechanismen für GPL-3.0-Programme erlaubt sein, so dass § 69f Abs. 2 UrhG keine Anwendung findet. Auf diese Weise soll sichergestellt werden, dass die Nutzung von GPL-3.0-Programmen nicht dadurch rechtlich beschränkt wird, dass die Bearbeitung oder anderweitige Nutzung des Programms als Umgehung einer technischen Schutzmaßnahme angesehen wird. Der zweite Halbsatz betrifft den Einsatz von GPL-3.0-Software in DRM-Systemen. Danach verzichtet der Lizenzgeber auf sein Recht, die Veränderung der Software zu verbieten, um auf diese Weise mittelbar die Umgehung von DRM-Systemen zu verhindern. Insoweit handelt es sich lediglich um eine Klarstellung der ohnehin umfassend gewährten Veränderungsfreiheit in Ziffer 5. Es geht also nicht darum, dass der Schutz von anderen Werken wie Musikstücken und Filmen umgangen werden kann, sondern um die Veränderungsfreiheit bezüglich der diesen technischen Schutz implementierenden GPL-3.0-Software.

Eine weitere Lizenzklausel mit Bezug zu DRM findet sich in Ziffer 6. Dort wird explizit verlangt, dass beim Vertrieb von Geräten mit GPL-Software die erforderlichen Informationen zur Installation *(„Installation*

---

[304] http://GPL-3.0.fsf.org/gpl-rationale-2006-01-16.html. Die FSF ist damit von ihrer Formulierung im ersten Diskussionsentwurf abgerückt, die einem Verbot des Einsatzes von GPL-Programmen in einem DRM-System gleichgekommen wäre, vgl. *Jaeger/Metzger*, 2. Aufl., Rn. 65; ebenso *Beardwood/Alleyne*, CRi 2008, 14, 19.

[305] Ebenso *Kumar/Koglin*, CRi 2008, 33, 35; *Wiebe/Heidinger*, MR 2006, 258, 260.

Information") mitgeliefert werden müssen, um bearbeitete GPL-3.0-Programme wieder aufspielen zu können. Dies schließt die erforderlichen Authentifizierungsschlüssel bzw. ähnliche Mittel mit ein. Diese Pflicht ist jedoch auf Geräte für Verbraucher beschränkt, wobei die Definition in der GPL-3.0 derjenigen von „*Consumer Product*" im *Magnuson-Moss Warranty Act* entspricht.[306] Damit müsste in dem genannten Beispiel *TiVo* die Informationen zugänglich machen, die das Wiederaufspielen veränderter Programmversionen ermöglichen. Wenn kein Verbraucherprodukt betroffen ist, besteht diese Pflicht nicht. Weiterhin ist es nicht erforderlich, dass Geräte mit einer veränderten Software wieder zu einem Netzwerk zugelassen werden, wenn die entsprechenden Protokolle oder Vereinbarungen in dem Netzwerk nicht beachtet werden. Dies ist vor allem in Mobilfunknetzen relevant, um zu vermeiden, dass die Nutzer von mit GPL-3.0-Software betriebenen Mobiltelefonen technische Sicherheitsregelungen umgehen.[307] Daher ist nach der hier vertretenen Auffassung die GPL-3.0 im Vergleich zur GPL-2.0 weniger streng.[308] Auch bei Produkten, bei denen das Aufspielen von neuen Programmversionen überhaupt nicht möglich ist, etwa einem Nur-Lese-Speicher („ROM") oder einem Gerät ohne Updatemöglichkeit, bedarf es keiner *Installation Information*.

7. Patentlizenzierung

Wichtige Änderungen haben sich im Bereich des Patentrechts ergeben. **71** Ziffer 11 enthält hierzu eine Reihe von Regelungen, die recht unterschiedliche Fallkonstellationen behandeln.[309]

Eine erste Neuerung betrifft die nunmehr explizit ausgesprochene parallele Rechtseinräumung von Urheber- und Patentrechten.[310] Wer ein Programm nach den Bestimmungen der GPL-3.0 lizenziert, räumt damit urheberrechtliche Nutzungsrechte ein, aber auch Lizenzen an seinen „*essential patent claims*" (Ziffer 11 Abs. 3). Dies konnte man zwar bereits durch eine entsprechende Auslegung der GPL-2.0 entnehmen.[311] Die neue Lizenzversion beseitigt hier aber die letzten Zweifel und berücksichtigt besser den Umstand, dass patentrechtlich bereits für die

---

[306] 15 U.S.C. § 2301.

[307] Vgl. § 109 TKG. Ein Beispiel ist der Vorrang von Notrufen, vgl. Art. 26 Abs. 2 der Universaldienstrichtlinie (RL 2002/22/EG) und § 108 Abs. 2 TKG i. V. m. der Verordnung über Notrufverbindungen.

[308] S. o. Rn. 36a.

[309] Ausführlich *Schöttle*, CR 2013, 1; kritisch zu den neuen Regelungen *Buono/Sieverding*, Les Nouvelles XII (2007), 405 ff.

[310] *Schöttle* verwendet dafür den Begriff des „Patentleft-Effekts", CR 2013, 1, 2. Es bleibt abzuwarten, ob sich diese Begrifflichkeit durchsetzen wird.

[311] Siehe Rn. 62c und 305 f. und *Wiebe*, CR 2004, 881, 886 f. zur parallelen Frage der Erstreckung der Copyleft-Klausel in Ziffer 2 b) der GPL-2.0 auf Patentansprüche.

gewerbliche *Benutzung* eine Lizenz erforderlich ist, während insoweit urheberrechtlich keine besonderen Regelungen erforderlich sind. Interessant ist der Umfang der Patentlizenz. Sie umfasst nur die Patentansprüche, die für die Nutzung derjenigen Programmversion erforderlich sind, die der Lizenzgeber selbst verbreitet oder auf andere Weise lizenziert hat. Patente, die nur durch künftige Versionen des Programms verletzt werden, die also erst durch die Veränderungen Dritter für das Programm Bedeutung erlangen („in das Patent hinein entwickeln"), sind dagegen ausdrücklich nicht umfasst. Patentinhaber haben deshalb nicht zu befürchten, dass durch spätere Veränderungen des Programms weitere Patente aus ihrem Portfolio in den Anwendungsbereich der GPL-3.0 geraten.[312] Dagegen sind erst nachträglich erworbene Patente des Lizenzgebers, die gleichwohl die von ihm verbreitete Programmversion betreffen, von der Lizenz umfasst. Die GPL-3.0 versucht auf diese Weise Rechtssicherheit sowohl auf Seiten des Lizenzgebers als auch auf Seiten des Lizenznehmers zu gewährleisten.[313]

Die GPL-3.0 erzwingt aber nicht nur die Erteilung von Patentlizenzen durch sog. „*contributors*", die ohnehin urheberrechtliche Lizenzen an einem Programm einräumen. Sie verlangt dies auch von bloßen Lizenznehmern, die das Programm unverändert verbreiten und deshalb keine urheberrechtlichen Lizenzen vergeben.[314] Dies wird gem. Ziffer 11 Abs. 6 jedoch nur gefordert, wenn der Distributor ohnehin an einzelne Nutzer solche Patentlizenzen erteilt hat.[315] Diese Lizenzen sollen dann, ipso iure, auf alle Nutzer ausgeweitet werden. Man wird die Klausel so zu verstehen haben, dass der Distributor als Lizenznehmer der GPL-3.0 verpflichtet ist, in diesem Fall eine allgemeine Erteilung von Patentlizenzen vorzunehmen. Unterlässt er dies, so kann es zur Beendigung seiner Rechte gem. Ziffer 8 kommen. Auch jenseits von Ziffer 11 Abs. 6 bleibt es bei der allgemeinen Regel in Ziffer 10 Abs. 3, wonach kein Lizenznehmer etwaige Patente dazu heranziehen darf, um Dritten die Wahrnehmung der Rechte aus der Lizenz zu untersagen oder diese an zusätzliche Bedingungen zu knüpfen. Auch wenn der normale Distributor

---

[312] Vgl. hierzu GPLv3 Third Discussion Draft Rationale, S. 20, http://gplv3. fsf.org/gpl3-dd3-rationale.pdf. Eine entsprechende Regelung hat sich bereits in der Mozilla Public License bewährt, vgl. Ziffer 2.1(d) und hierzu unten Rn. 89a.

[313] *Teufel*, Mitt. Pat 2007, 341, 347 weist auf die Gefahr hin, dass auch bei geringen Änderungen durch einen „*contributor*" alle seine Patente betreffend das Gesamtprogramm umfasst sein können. So auch *Schöttle*, CR 2013, 1, 3.

[314] *Kumar/Koglin*, CRi 2008, 33, 36 weisen zu Recht darauf hin, dass die Pflicht aus Ziffer 11 Abs. 6 nur solche Distributoren trifft, die zugleich Lizenznehmer sind. Wer bereits in Verkehr gebrachte Programmkopien veräußert und deshalb in den Genuss des Erschöpfungsgrundsatzes kommt, braucht die Lizenz nicht abzuschließen und ist dementsprechend auch nicht an die Patentklausel gebunden.

[315] Die ersten beiden Entwürfe der GPL-3.0 hatten noch die allgemeine Pflicht zur Erteilung von Patentlizenzen für jeden vorgesehen, der das Programm verbreitet.

seine Patentrechte also nicht entsprechend der GPL-3.0 lizenzieren muss, so ist er doch an deren Durchsetzung gehindert.[316]

Die weiteren Klauseln in Ziffer 11 betreffen Konstellationen, in denen nicht der Distributor selbst, sondern eine Vertragspartei des Distributors Inhaber der Patente ist. Abs. 5 regelt den Fall, in dem der Distributor weiß, dass die Software in den Schutzbereich von Patenten einer dritten Partei fällt, er hierfür jedoch eine Patentlizenz besitzt. Hier muss der Distributor wahlweise (1) für die allgemeine Zugänglichkeit des Quellcodes nach den Bedingungen der Lizenz sorgen,[317] (2) auf seine Patentlizenz verzichten oder (3) dafür Sorge tragen, dass diese auf alle Lizenznehmer des Werks ausgeweitet wird. Lösung (3) dürfte für die hier besonders relevanten Patentpools regelmäßig ausscheiden.

Besonderes Aufsehen hat schließlich der erst im dritten Entwurf vom März 2007[318] eingefügte Abs. 7 erregt, der ein ähnliches Dreipersonenverhältnis betrifft. Mit der Klausel reagierte man auf das Bekanntwerden eines Vertrags zwischen *Microsoft* und *Novell*, welcher den Kunden von *Novell* zusichert, dass sie bezüglich der Benutzung der *LINUX*-Distributionen von *Novell/Suse* nicht aus *Microsofts* Patentportfolio in Anspruch genommen werden.[319] Ausgangspunkt der Klausel in Abs. 7 ist, dass eine dritte Partei gegenüber den Kunden eines Distributors erklärt, bestehende Patentansprüche nicht durchzusetzen. Anders als in der von Abs. 5 geregelten Konstellation privilegiert die Patentlizenz (oder das Versprechen, die Patentansprüche nicht durchzusetzen) hier also nicht nur den Distributor, sondern auch weitere Personen. Die GPL-3.0 verbietet in diesem Fall den Vertrieb des Programms durch den Distributor, sofern die weiteren in der Klausel genannten Voraussetzungen gegeben sind. Insbesondere gilt das Verbot nur, wenn den Nutzern nicht alle durch die GPL-3.0 gestatteten Handlungen vom Patentinhaber erlaubt werden, sondern bestimmte Freiheiten im Umgang mit dem Programm ausgeschlossen sind (*„discriminatory patent license"*). Der Begründung zum *Last Call Draft* kann entnommen werden, dass Vereinbarungen über Patente zugunsten der eigenen Kunden nicht grundsätzlich verboten werden sollen, sondern dass Distributoren aufgefor-

---

[316] So die GPLv3 Third Discussion Draft Rationale, S. 16 f., http://gplv3.fsf.org/gpl3-dd3-rationale.pdf. Dies übersehen *Funk/Zeifang*, CR 2007, 617, 624.

[317] Diese Wahlmöglichkeit könnte dazu dienen, die Programmierung einer Alternativlösung zu ermöglichen, die nicht in den Anwendungsbereich des Patents fällt. Bewirkt werden soll dies durch erhöhte Pflichten hinsichtlich der Bereitstellung der Quelltexte gegenüber dem allgemeinen Regime in Ziffer 6; die dort genannten Alternativen stehen dem Lizenznehmer dann nicht zur Verfügung.

[318] Siehe http://gplv3.fsf.org/gpl3-dd3-rationale.pdf.

[319] Siehe die Mitteilung von Microsoft vom 2.11.2006, http://web.archive.org/web/20101021024118/http://www.microsoft.com/interop/msnovellcollab/faq.mspx und die Reaktion GPLv3 Third Discussion Draft Rationale, S. 23 ff., http://gplv3.fsf.org/gpl3-dd3-rationale.pdf; kritisch *Rosen*, CRi 2007, 166, 167.

dert sind, ihre Verträge so zu gestalten, dass sie nicht unter Abs. 7 fallen.[320]
Die Patentklauseln gehören zu den echten Innovationen in der GPL-3.0. Gerade für die Regelungen zu den Dreipersonenverhältnissen fehlt es an entsprechenden Vorbildern in anderen Open Source Lizenzen. Es darf deswegen mit Spannung erwartet werden, wie sich Ziffer 11 in der Praxis bewähren wird.

8. Rechtewegfall bei Lizenzverletzung

71a   Ziffer 8 GPL-3.0 enthält eine im Vergleich zur GPL-2.0 modifizierte Beendigungsklausel. Die Grundregel, dass mit einer Lizenzverletzung ein automatischer Rechtewegfall einhergeht, wird Absatz 1 zunächst inhaltlich unverändert übernommen. Absatz 2 enthält dann eine neue Regelung zur Wiederherstellung der weggefallenen Rechte, die zunächst vorübergehend erfolgt und 60 Tage nach Beendigung der Verletzung dauerhaft, wenn der Rechteinhaber bis dahin nicht abmahnt. Dass dennoch zunächst ein automatischer Rechtewegfall erfolgt, ist dem Ziel geschuldet, eine Erschöpfung des Verbreitungsrechts zu vermeiden.[321] Aber auch bei einer Abmahnung erfolgt eine dauerhafte Wiederherstellung der Nutzungsrechte gem. Absatz 3, wenn es sich um einen Erstverstoß handelt und die Verletzung binnen 30 Tagen nach der Abmahnung abgestellt wurde. Hintergrund für die ausdrückliche Wiederherstellung (*„reinstatement"*) der Nutzungsrechte ist die herrschende Auffassung im US-Recht, dass der Lizenzverletzer nicht einfach erneut nach Behebung des Lizenzverstoßes die Open Source Lizenz abschließen kann, sondern eine ausrückliche Neueinräumung durch die Rechteinhaber benötigt.[322] Dies wäre bei zahlreichen Rechteinhabern dann praktisch kaum durchführbar.

Zutreffend wird angenommen, dass die Wiederherstellung der Nutzungsrechte *ex tunc* erfolgt.[323] Demnach muss der Rechteinhaber eine ausdrückliche Kündigung aussprechen, wenn er eine Wiederherstellung der Rechte verhindern möchte, wo bei diese Kündigung nur bei einem Zweitverstoß auch dauerhaft durchgesetzt werden kann. Hier wird es vom Einzelfall abhängen, ob eine dauerhafte Kündigung auch kartell-

---

[320] GPLv3 Final Discussion Draft Rationale, S. 10, http://gplv3.fsf.org/gpl3-dd4-rationale.pdf.
[321] Dazu näher *Jaeger/Metzger*, GRUR 2008, 130, 136.
[322] Vgl. *Moglen/Choudhary*, SFLC Guide to GPL Compliance, http://www.softwarefreedom.org/resources/2014/SFLC-Guide_to_GPL_Compliance_2d_ed.pdf, S. 30, und *Kuhn/Sebro/Gingerich*, Copyleft and the GNU General Public License: A Comprehensive Tutorial and Guide, https://copyleft.org/guide/comprehensive-gpl-guide.pdf, S. 58, 91.
[323] *Völzmann-Stickelbrock*, Auswirkungen des Widerrufs einer GNU-Lizenz auf Dritte, S. 47, 63.

rechtlich zulässig ist, wenn der Lizenznehmer zur Einhaltung der Lizenzbedingungen bereit und fähig ist.

Das LG Halle ist einem Urteil richtig davon ausgegangen, dass die Wiederherstellungsregelungen der GPL-3.0 nicht dazu führen, dass der Rechteinhaber seinen Unterlassungsanspruch verliert oder auf die Abgabe einer strafbewehrten Unterlassungserklärung verzichtet.[324]

III. GNU Affero General Public License, Version 3 (AGPL-3.0)

Die AGPL-3.0 ist eine Copyleft-Lizenz, die die Lizenzpflichten – und **72** damit auch den Copyleft-Effekt – nicht nur auslöst, wenn ein „*conveying*" im Sinne der GPL-3.0 vorliegt, sondern auch bei einer interaktiven Netzwerknutzung ohne Übermittlung einer Programmkopie.[325] Die AGPL-3.0 ist weitgehend wortgleich mit der GPL-3.0, enthält jedoch zusätzliche Pflichten bei der Nutzung der Software im Wege des SaaS bzw. ASP, die für die GPL-3.0 gerade nicht gelten sollen. Ursprünglich hatte die FSF die AGPL-1.0[326] noch als Modell für die GPL-3.0 angesehen, da sie die (vermeintliche) „ASP-Lücke" schließt.[327] Nach Auffassung der FSF ist derjenige, der Software unter der GPL-2.0 im Wege des Application Service Providing bzw. SaaS zugänglich macht, nicht verpflichtet, die Lizenzbedingungen der GPL-2.0 einzuhalten – das betrifft insbesondere die Pflicht, den Quellcode zugänglich zu machen.[328] Die AGPL-1.0 verpflichtet in ihrer Ziffer 2d) daher denjenigen, der seine Software im Wege der Netzwerkkommunikation zugänglich macht – man denke hier an die Google Webservices und ähnliche Angebote –, auch bei dieser Nutzung den vollständige Quellcode online zum Abruf bereitzustellen. Die FSF hatte dem Unternehmen *Affero, Inc.* gestattet, die GPL-2.0 auf diese Weise zu modifizieren und entsprechend in Affero GPL umzubenennen.

Bei der Revison der GPL wurde die Idee jedoch fallengelassen, die ASP-Lücke in Version 3 zu schließen.[329] Gerade aus der Industrie regte sich dagegen Widerstand. Im Ergebnis muss daher der Quellcode nur zur Verfügung gestellt werden, wenn bei Netzwerknutzungen auch eine Kopie der Software übermittelt wird.[330] Bei den meisten Webservices ist dies nicht der Fall, der Anbieter kann daher ein GPL-3.0-Programm

---

[324] LG Halle, Urt. v. 27.7.2015 – 4 O 133/15 –, juris mit Anm. *Schöttler*, jurisPR-ITR 22/2015 Anm. 2.

[325] Dazu näher *Shemtov/Walden-Mencl/Kuan Hon*, S. 344 ff.

[326] http://www.affero.org/oagpl.html.

[327] http://www.gnu.org/press/2002-03-19-Affero.html.

[328] Dazu auch i*frOSS-Kreutzer*, Ziffer 9 GPL, Rn. 8 ff.; *Rychlicki*, EIPR 2008, 232, 233 f. Zu der hier vertretenen Gegenauffassung Rn. 142a.

[329] http://www.fsf.org/blogs/licensing/2007-03-29-gplv3-saas.

[330] Vgl. die Definition von *convey* in Ziffer 0 der GPL-3.0.

verändern und diese Veränderungen im Wege des SaaS zugänglich machen, ohne den entsprechenden Quellcode herausgeben zu müssen.

Die AGPL-3.0 verlangt hingegen, dass Bearbeitungen unter der AGPL-3.0 freigegeben werden müssen, wenn (a) Nutzer auf die Software interaktiv über ein Computernetzwerk zugreifen *(„users interacting with it remotely through a computer network")*, und (b) eine *„modified version"* des AGPL-3.0-Programms vorliegt. Interaktive Anwendungen liegen insbesondere dann vor, wenn der Nutzer die Software über das Netzwerk bedient bzw. Anfragen übermittelt.[331]

Bearbeitungen müssen gem. Ziffer 13 AGPL-3.0 allerdings nur den *„Usern"* im Source Code und zwar unter der AGPL-3.0 zugänglich gemacht werden,[332] die auf die Software zugreifen, Dritten muss der Source Code hingegen nicht bereitgestellt werden.

Es ist bereits erkennbar, dass Lizenzgeber aufgrund des gegenüber der GPL-3.0 stärker ausgeprägten Copyleft-Effekts vermehrt auf die AGPL-3.0 zurückgreifen, um eine Umgehung der GPL-Pflichten zu vermeiden.

Ungewöhnlich ist die Kompatibilitätsregelung der AGPL-3.0 zur GPL-3.0 in Ziffer 13. Wenn Code unter der AGPL-3.0 mit Code unter der GPL-3.0 zu einem neuen Programm verbunden wird, dann muss zwar der Source Code für das neue Programm insgesamt zur Verfügung stellen, aber die Lizenzierung bleibt für die jeweiligen Teile bestehen.[333] Damit bleibt GPL-3.0-Code unter der GPL-3.0 lizenziert; das Bearbeiterurheberrecht muss nicht insgesamt unter der AGPL-3.0 lizenziert werden. Offenbar wollte die FSF mit dieser Konstruktion die Bedeutung der GPL-3.0 als ihr Flagschiff der Lizenzen stärken und vermeiden, dass Weiterbearbeitungen aus AGPL-Projekten nicht mehr in GPL-Projekten verwendet werden können, ohne die gesamte Software unter die AGPL-3.0 zu stellen. Jedoch dürfte die Regelung einigermaßen unpraktikabel sein, wenn z. B. Code-Bestandteile beider Lizenzen innerhalb einer Quellcode-Datei verwendet werden. Zudem ist Ziffer 13 im Hinblick auf die Begriffe *„covered work"* und *„combined work"* unklar: *„The terms of this License will continue to apply to the part which is the covered work, but the work with which it is combined will remain governed by version 3 of the GNU General Public License."* Während der Begriff *„covered work"* in Ziffer 0 als Ursprungsprogramm und Bearbeitung davon definiert ist, bleibt unklar, ob *„combined work"* jegliche

---

[331] Vgl. auch die FAQ der FSF http://www.gnu.org/licenses/gpl-faq.html#AGPLv3 InteractingRemotely.

[332] A. A. *Shemtov/Walden-Mencl/Kuan Hon*, S. 349 f.

[333] So auch *Moglen/Choudhary*, SFLC Guide to GPL Compliance, http://www.softwarefreedom.org/resources/2014/SFLC-Guide_to_GPL_Compliance_2d_ed.pdf, S. 30.

Bearbeitung erfassen soll oder nur Werkverbindungen und verlinkte Bestandteile.[334]

IV. Eclipse Public License (EPL)

Die Eclipse Public License, Version 1, ist die Nachfolgelizenz der Com-   73
mon Public License (CPL), eine von IBM für eigene Open Source Programme erstellte Copyleft-Lizenz, die wiederum auf der IBM Public
License (IPL) basiert. Besondere Bedeutung hat sie vor allem durch die
Entwicklungsumgebung Eclipse erlangt, die zunächst unter der CPL
lizenziert wurde und seit September 2004 unter Eclipse Public License
(EPL) vertrieben wird. Die EPL gleicht der CPL weitgehend, jedoch
überlässt sie der Eclipse Foundation anstatt IBM die Kontrolle über
Änderungen des Lizenztextes und sieht in Ziffer 7 Abs. 2 eingeschränk-
tere Rechtsfolgen bei Patentklagen des Lizenznehmers gegen den Lizenzgeber oder Distributor vor.[335] Die EPL soll ihrer Intention nach
einfacher als die GPL die Kombination mit Softwarebestandteilen unter
anderen Lizenzbedingungen gestatten, obschon sie grundsätzlich ein
strenges Copyleft enthält.[336]

1. Rechte der Lizenznehmer

Die Rechtegewährung findet sich in Ziffer 2 EPL. Jeder „*Contributor*",   74
d.h. sowohl der ursprüngliche Entwickler als auch die Rechtsinhaber
aller Weiterentwicklungen, räumt dem Lizenznehmer urheberrechtlich
ein einfaches Nutzungsrecht zur Vervielfältigung, Verbreitung, öffentlichen Zugänglichmachung und Bearbeitung der Software ein. Ziffer 2
EPL bedient sich der Wortwahl des § 106 US Copyright Act und macht
damit deutlich, dass alle möglichen Nutzungsarten erfasst werden sollen. Daher sind auch Nutzungen der öffentlichen Wiedergabe wie
„*publicly perform*" aufgeführt, denen bei der Softwarenutzung keine
besondere Bedeutung zukommt.
   Anders als die GPL gestattet die EPL auch die Unterlizenzierung.   75
Damit ist es möglich, dass bei der Weitergabe keine Direktlizenzierung
durch die Rechteinhaber vorgenommen wird, sondern der Lizenznehmer
selbst an Dritte weiterlizenziert. Dann ist er alleiniger Lizenzgeber gegenüber diesem Dritten und muss auch alleine für die Rechtseinräumung einstehen. Der Nachteil gegenüber der ebenfalls möglichen Direktlizenzierung besteht darin, dass bei der Weitergabe durch mehrere
Unterlizenznehmer „Rechteketten" entstehen. Ist eine Unterlizenzierung
in der Kette unwirksam – etwa wegen eines Mangels beim Vertrags-

---

[334] Dies wird durch die Verwendung in Ziffer 5 nahegelegt.
[335] Vgl. den *Transition Plan* http://www.eclipse.org/legal/cpl2epl/cpl2eplfaq.php.
[336] http://www.ibm.com/developerworks/library/os-cplfaq/.

schluss – so sind alle nachfolgenden Lizenzierungen ebenfalls gegenstandslos, weil dann keine Rechte zur weiteren Unterlizenzierung mehr
existieren, die übertragen werden können. Bei der Direktlizenzierung
werden die Rechte hingegen immer von den Rechtsinhabern erworben,
so dass sich eine unwirksame Lizenzierung nur in dem Verhältnis zu
einem Lizenznehmer auswirkt. Da auch jeder, der EPL-Programme
vertreibt, gem. Ziffer 1 als „*Contributor*" definiert wird, ist die Lizenz
wenig verständlich und zeigt nur durch den Text „*... the Contribution
of such Contributor, if any, ...*", dass die Direktlizenzierung der Regelfall ist.

76   Programme unter der CPL dürfen auch unter den Lizenzbedingungen
der EPL genutzt werden. Dies ergibt sich etwas versteckt aus Ziffer 7,
wonach die Software immer auch unter neuen Versionen der CPL genutzt werden darf.[337] Da IBM die EPL als neue Version der CPL dekla-
riert hat, wird damit eine Lizenzkompatibilität hergestellt.[338]

2. Pflichten der Lizenznehmer beim Vertrieb unveränderter Software

77   Die EPL sieht die folgenden Pflichten beim Vertrieb der unveränderten
Software vor, wobei zwischen dem Vertrieb im Objectcode und dem
Vertrieb im Source Code unterschieden wird: Beim Vertrieb im Source
Code ist der vollständige Lizenztext der EPL beizufügen, während es
beim Vertrieb im Objectcode zulässig ist, dass ein eigener Lizenztext
verwendet wird, der allerdings der EPL entsprechen[339] und weiteren
Anforderungen genügen, insbesondere einen wirksamen vollständigen
Haftungs- und Gewährleistungsausschluss zugunsten der Rechtsinhaber
enthalten muss. Mit der Klausel soll sichergestellt werden, dass die
Rechtsinhaber nicht deswegen haften, weil beim kommerziellen Vertrieb
Zugeständnisse bei Haftung und Gewährleistung gegenüber Kunden
gemacht werden. Da vollständige Haftungs- und Gewährleistungsausschlüsse unter der Anwendbarkeit deutschen AGB-Rechts nicht wirksam
möglich sind,[340] dürfte die Verwendung eigener Lizenztexte für Anbieter
in Deutschland nicht ratsam sein, da der Verwender sich ansonsten in
Widerspruch zu den Lizenzpflichten setzt.

---

[337] „*In addition, after a new version of the Agreement is published, Contributor
may elect to distribute the Program (including its Contributions) under the new
version.*"
[338] http://www.ibm.com/developerworks/library/os-cplfaq.html.
[339] In Ziffer 3 EPL heißt es: „*A Contributor may choose to distribute the Program
in object code form under its own license agreement, provided that: a. it complies
with the terms and conditions of this Agreement; and b. ...*"
[340] S. u. Rn. 219 ff.

Weiterhin dürfen bereits vorhandene Urhebervermerke nicht verändert oder entfernt werden, und es muss der Source Code angeboten werden.

3. Pflichten der Lizenznehmer beim Vertrieb veränderter Software

Neben den Pflichten, die auch beim Vertrieb unveränderter Software **78** bestehen, muss bei der Weitergabe von modifizierter Software zusätzlich der Source Code der Änderungen zugänglich gemacht werden. Die EPL verbietet in Ziffer 3 die Änderung und Streichung von Urhebervermerken und verlangt zusätzlich, dass diejenigen, die einen Entwicklungsbeitrag leisten, sich als Urheber identifizieren. Diese Pflicht kann mit dem Urheberpersönlichkeitsrecht kollidieren.[341] Änderungen der Software müssen bei der Weitergabe im Source Code unter der EPL lizenziert werden (Copyleft). Beim Vertrieb im Objectcode gilt wiederum gem. Ziffer 3 EPL die Pflicht, dass bei der Verwendung einer eigenen Lizenz erforderlich ist, dass diese Lizenz der EPL entspricht. Man wird den Terminus *„comply"* dahingehend auslegen müssen, dass dem Anbieter zwar die Möglichkeit gestattet werden soll, einen eigenen Lizenztext zu verwenden, dem Erwerber jedoch keine geringeren Rechte eingeräumt werden und auch keine über die EPL hinausgehenden Beschränkungen auferlegt werden dürfen.[342] Der Lizenztext ist hier allerdings wenig gelungen und missverständlich. Da auch beim Vertrieb im Objektcode der Source Code der veränderten Programmversion zugänglich gemacht werden muss und gem. Ziffer 3 EPL dann wiederum unter der EPL lizenziert sein muss, kann das Copyleft nicht durch einen Vertrieb im Objektcode unter abweichenden Lizenzbedingungen umgangen werden.

Zusätzliche Pflichten ergeben sich gem. Ziffer 4 EPL dann, wenn die EPL-Software kommerziell[343] vertrieben wird. Kommerzielle Distributoren müssen für die von ihnen vorgenommenen Änderungen alle anderen Urheber der Software von Ansprüchen Dritter freistellen, die sich aus dem kommerziellen Vertrieb der Software ergeben. Diese Freistellungspflicht gilt nicht für Verletzungen von Rechten des „Geistigen Eigentums".

Die EPL enthält ein besonderes Rechtsregime für Änderungen *(„changes")* oder Hinzufügungen *(„additions")* der dieser Lizenz unterstellten Software. Diese Änderungen und Hinzufügungen werden in der EPL als *Contribution* bezeichnet. Das Vorliegen eines Copyleft-Effekts

---

[341] S. u. Rn. 130.

[342] So sind auch die FAQ (Nr. 15) von IBM zu verstehen, http://www.ibm.com/developerworks/library/os-cplfaq/, sowie die FAQ der Eclipse Foundation, http://www.eclipse.org/legal/eplfaq.php#MODULEDIST.

[343] Der Begriff wird nicht näher definiert, so dass davon auszugehen ist, dass jeder unmittelbar oder mittelbar zu Erwerbszwecken dienende Vertrieb unter die Regelung der Ziffer 4 EPL fällt.

hängt damit davon ab, was als *Contribution* im Sinne der EPL anzusehen ist. In der Definition der Ziffer 1 EPL heißt es dazu:

> *„Contributions do not include additions to the Program which: (i) are*
> *separate modules of software distributed in conjunction with the*
> *Program under their own license agreement, and (ii) are not deriva-*
> *tive works of the Program. "*

Um nicht unter das Copyleft zu fallen, müssen also kumulativ zwei
Bedingungen erfüllt sein. Es muss sich um eigenständige Softwaremodule handeln, und diese Softwaremodule dürfen kein von dem Ursprungsprogramm „abgeleitetes" Werk darstellen.

Dabei ist zunächst zu klären, was unter „abgeleitet" *(„derivative")* zu
verstehen ist. Anders als die GPL-2.0 enthält die EPL keine nähere Beschreibung dazu. Allerdings erklärt die EPL in Ziffer 7 Abs. 5 das US-
Urheberrecht für anwendbar.[344] Zwar ist aufgrund des Schutzlandprinzips eine Wahl des Urheberrechts nicht möglich,[345] aber die Intention der
Klausel, auf das Begriffsverständnis des US Copyright Acts abzustellen,[346] kann bei der Auslegung des Begriffs *„derivative work"* berücksichtigt werden. § 101 des US Copyright Act enthält eine Definition von
„derivative work", die inhaltlich dem Begriff der Bearbeitung in § 3
UrhG weitgehend entspricht.[347] Damit ergeben sich auch hier schwierige
Abgrenzungsfragen, was als Bearbeitung unter der EPL freigegeben
werden muss und was anderweitig lizenziert werden kann.[348]

79 Im Geltungsbereich der EPL ist diese Frage auch von praktischer Bedeutung. Bei Eclipse ist zu unterscheiden zwischen der Verwendung als
Entwicklungswerkzeug und der Nutzung von Eclipse-Komponenten zur
Laufzeit. Wird Eclipse lediglich als Programmieroberfläche verwendet,
wirkt sich dies nicht auf die mit Eclipse entwickelte Software aus, solan-

---

[344] *„This Agreement is governed by the laws of the State of New York and the in-*
tellectual property laws of the United States of America."
[345] S. u. Rn. 361.
[346] Vgl. auch das Verständnis der FAQ von Eclipse, http://www.eclipse.org/legal/
eplfaq.php#DERIV.
[347] *„A 'derivative work' is a work based upon one or more preexisting works, such*
as a translation, musical arrangement, dramatization, fictionalization, motion picture
version, sound recording, art reproduction, abridgment, condensation, or any other
form in which a work may be recast, transformed, or adapted. A work consisting of
editorial revisions, annotations, elaborations, or other modifications, which, as a -
whole, represent an original work of authorship, is a 'derivative work'. "
[348] A. A. *Teufel*, Mitt. 2007, 341, 346, wonach die Rechtssicherheit für den Nutzer
aufgrund des Verweises auf Bearbeitungen im urheberrechtlichen Sinne deutlich
höher sei. Was bei Computerprogrammen urheberrechtlich als Bearbeitung anzusehen
ist, dürfte sowohl in den USA als auch in Europa eine ungeklärte Frage sein, s. o.
Fn. 68.

ge kein Eclipse-Code in diese Programme kopiert wird.[349] Es liegt dann keine Änderung von Eclipse vor, der „Copyleft-Effekt" greift nicht ein. Werden hingegen Eclipse-Bausteine eingesetzt (z. B. *Eclipse Rich Client*) oder unter der EPL lizenzierte Klassenbibliotheken, ist im Einzelfall zu prüfen, ob ein abgeleitetes Werk entsteht, das der EPL unterstellt werden muss. Dabei werden Ergänzungen vorzugsweise in Form von „Eclipse-Plugins" entwickelt. Eclipse stellt eine Schnittstelle für solche externen Plugins zur Verfügung und sieht damit explizit unabhängige Erweiterungen in dieser Form vor. Daraus lässt sich die folgende Schlussfolgerung ziehen: Der modulare Aufbau von Eclipse und Eclipse-Plugins führt dazu, dass sowohl Eclipse als auch die einzelnen Plugins selbständig verwertbare Teile darstellen,[350] so dass im Regelfall eher von einer Werkverbindung auszugehen ist als von einer Bearbeitung. Dies entspricht auch der Auffassung der Eclipse Foundation.[351] Dem steht auch nicht entgegen, dass ein Eclipse-Plugin ohne die Eclipse-Plattform nicht funktionsfähig ist. Denn letztlich sind nahezu alle Programme von einem Betriebssystem abhängig, ohne dass deswegen jedes Anwendungsprogramm eine Bearbeitung des Betriebssystems darstellen würde. Vielmehr ist darauf abzustellen, ob technisch und funktional eine solche Modularität erreicht ist, dass auch eine wirtschaftlich selbstständige Verwertung sinnvoll möglich ist. Davon wird auch auf der Website von Eclipse ausgegangen.[352]

Allerdings vertritt die Free Software Foundation (FSF), der *License Stewart* der GPL, die Auffassung, dass die Kombination von Eclipse

---

[349] S. o. die entsprechenden Ausführungen zu Softwaretools unter der GPL-2.0, Rn. 60.

[350] Zum Kriterium der „selbstständigen Verwertbarkeit" vgl. *Dreier/Schulze-Schulze*, § 9, Rn. 20.

[351] „*If you've written your own Eclipse plug-in with 100% your own code to implement functionality not currently in Eclipse, then it is not a derivative work.*", http://www.eclipse.org/legal/eplfaq.php#EXAMPLE. Interessant ist insoweit auch der Vergleich zu einer älteren Fassung der FAQ: „*For clarity, merely interfacing or interoperating with Eclipse plug-in APIs (without modification) does not make an Eclipse plug-in a derivative work.*"

[352] http://www.eclipse.org/legal/eplfaq.php#MODULEDIST. So heißt es in den FAQ zur EPL, http://www.eclipse.org/legal/eplfaq.php#EXAMPLE: „*If I write a module to add to a Program licensed under the EPL and distribute the object code of the module along with the rest of the Program, must I make the source code to my module available in accordance with the terms of the EPL? No, as long as the module is not a derivative work of the Program.*"
„*I'm a programmer not a lawyer, can you give me a clear cut example of when something is or is not a derivative work? If you have made a copy of existing Eclipse code and made a few minor revisions to it, that is a derivative work. If you've written your own Eclipse plug-in with 100% your own code to implement functionality not currently in Eclipse, then it is not a derivative work. Scenarios between those two extremes will require you to seek the advice of your own legal counsel in deciding whether your program constitutes a derivative work.*"

unter der EPL mit Eclipse-Plugins unter der GPL unzulässig sei, da die beiden Lizenzen nicht kompatibel seien und in dieser Kombination ein „*derivative work*" entstehe.[353] Dieser Umstand ist vor allem deshalb von Interesse, weil sowohl die GPL als auch die EPL letztlich auf das Vorliegen eines „*derivative work*" abstellen und sich der Umfang des Copyleft-Effekts damit vom Worlaut der beiden Lizenzen nicht unterscheidet. Offenbar verfolgen die Eclipse Foundation und die FSF jedoch eine unterschiedliche Auslegung dieses Begriffs und bezeichnen die EPL deswegen auch unzutreffend als „*weak copyleft*". Während die FSF bei jeder Form der Verlinkung ein abgeleitetes Werk annimmt, sieht dies die Eclipse Foundation zumindest für Eclipse-Plugins anders.[354] Bei anderen Formen der Verlinkung wie z. B. dem *Subclassing* vertritt aber auch die Eclipse Foundation keinen eindeutigen Standpunkt, sondern verweist auf den jeweiligen technischen Einzelfall.[355] Diese Auslegungsprobleme dürften auch der Grund dafür sein, dass die Eclipse Foundation aktuell an einer Version 2 der EPL arbeitet.[356] Die EPL und die CPL bezwecken eine weitergehende Möglichkeit, Code unter der EPL bzw. CPL mit Bestandteilen unter anderen Lizenzen zu kombinieren, als dies bei der GPL der Fall ist. Dies ergibt sich auch deutlich aus den FAQ zur CPL von IBM, die eine weitgehende Kombinierbarkeit unter verschiedenen Lizenzen als Grund für die Erstellung dieser Lizenz angeben.[357] Ob sich dies tatsächlich aus den Lizenztexten ergibt, ist fraglich, da beide Lizenzen Anforderungen enthalten, die über das bloße Vorliegen eines „*derivative work*" hinausgehen. In der EPL ist dies das Erfordernis eines „*separate module*", in der GPL-2.0 die Notwendigkeit eines Vertriebs „*as separate works*". Offen-

[353] „*After consulting with the Eclipse Foundation to get accurate information about how Eclipse interacts with its plug-ins, we believe that Eclipse and its plug-ins form a single work. That's because Eclipse plug-ins must use some fundamental Eclipse libraries — and the licensing rules for doing that are the same as you would deal with when using any other library ...*", https://www.fsf.org/blogs/licensing/using-the-gpl-for-eclipse-plug-ins.
[354] S. o. Fn. 351.
[355] „*Some free software communities say that linking to their code automatically means that your program is a derivative work. Is this the position of the Eclipse Foundation?*
No, the Eclipse Foundation interprets the term 'derivative work' in a way that is consistent with the definition in the U.S. Copyright Act, as applicable to computer software. Therefore, linking to Eclipse code might or might not create a derivative work, depending on all of the other facts and circumstances", http://www.eclipse.org/legal/eplfaq.php#LINK.
[356] http://dev.eclipse.org/mhonarc/lists/epl-discuss/msg00031.html.
[357] „*The IPL (and the CPL) goes to great lengths to support and encourage the collaborative open source development of the code base, while maximizing the code's ability to be used and integrated with software licensed under other licenses, including many commercial licenses.*", http://www.ibm.com/developerworks/library/os-cplfaq. So auch *Teufel*, Mitt. 2007, 341, 346, der davon ausgeht, dass der Copyleft-Effekt der CPL „deutlich enger" als derjenige der GPL sei.

bar liegen die Unterschiede eher in unterschiedlichen Auslegungen der Lizenzautoren begründet.[358]

4. Patentlizenzierung

Weiterhin ist zu beachten, dass die EPL neben einer Copyright-Lizenz 79a explizit auch eine Patentlizenz enthält. Patentlizenzgeber sind dabei nur diejenigen, die auch urheberrechtlich eine Lizenz erteilen. Dies ergibt sich aus dem Bezug in Ziffer 2 b) EPL auf *„Licensed Patents"*, deren Definition in Ziffer 1 wiederum auf die Definition von *„Contribution"* referenziert, so dass der bloße Vertrieb von unveränderten Programmversionen vom Wortlaut nicht erfasst ist. Die Lizenz gestattet es, ein Patent zu benutzen, soweit dies erforderlich ist, um das Programm mit einem Entwicklungsbeitrag des Patentinhabers zu nutzen. Die Patentlizenz gilt jedoch nicht für den Fall, dass der Entwicklungsbeitrag des Patentinhabers mit anderer Software als dem EPL-Programm genutzt werden soll. Damit soll verhindert werden, dass eine Patentlizenz „erschlichen" wird, indem der Entwicklungsbeitrag in vollständig anderen Programmen eingesetzt wird, die nicht der EPL unterstehen.[359]

Ziffer 7 EPL enthält eine sog. *„patent retaliation clause"*, wonach die durch die Lizenzgeber eingeräumte Patentlizenz beendet wird, wenn ein Lizenznehmer aus eigenen Patenten wegen der Nutzung der EPL-Software gerichtlich vorgeht, wobei es keine Rolle spielt, ob der Lizenznehmer dabei gegen einen Lizenzgeber oder Nutzer Verletzungsansprüche geltend macht. Diese Konstellation dürfte vor allem dann eine Rolle spielen, wenn der Patentinhaber die unter der EPL lizenzierte Software unmodifiziert weiterverbreitet, da er dann selbst keine Patentlizenz einräumen muss.

V. Deutsche Freie Software Lizenz (d-fsl)

Die Autoren dieses Buches haben im Auftrag des Ministeriums für Wis- 80 senschaft und Forschung Nordrhein-Westfalen die „Deutsche Freie Software Lizenz" entwickelt. Die Lizenz, die ebenfalls eine strenge Copyleft-Klausel enthält, wird im Zusammenhang mit weiteren nationalen Lizenzen behandelt.[360]

---

[358] Dies wird deutlich bei der Position zur dynamischen Verlinkung, vgl. http://www.eclipse.org/legal/eplfaq.php#DERIV und oben Rn. 59; vgl. auch *Fontana*, 989 PLI/Pat 77, 89.

[359] Zustimmend *Schöttle*, CR 2013, 1, 4.

[360] S. u. Rn. 385.

B. Lizenzen mit einer beschränkten Copyleft-Klausel

81 Im Unterschied zu den Lizenzen mit einer strengen Copyleft-Klausel ermöglichen Lizenzen mit einer beschränkten Copyleft-Klausel eine einfachere Kombination mit Softwaremodulen unter abweichenden Lizenzbedingungen, insbesondere „proprietären" Komponenten. Innerhalb dieses Lizenztyps kommen der Mozilla Public License (MPL), der Common Development and Distribution License (CDDL)[361] und der GNU Lesser General Public License (LGPL) die größte praktische Bedeutung zu. Die Microsoft Public License (MS-PL) gehört quantitativ zu den zehn am meisten verbreiteten Lizenzen und wird hier ebenfalls als beschränkte Copyleft-Lizenz eingeordnet.[362]

I. Mozilla Public License, Version 2 (MPL-2.0)

82 Die Mozilla Public License[363] und die in engem Zusammenhang stehende Netscape Public License[364] sind Anfang 1998 im Zusammenhang mit der Offenlegung des Quellcodes des damals weltweit führenden Browsers Netscape Navigator sowie der übrigen Elemente der Web-Suite *„Netscape Communicator"* entwickelt worden. Die einzelnen Lizenzbestimmungen sind auf die Freigabe eines vormals „proprietär" vertriebenen Programms zugeschnitten.[365] *Netscape* hatte im Januar 1998 bekannt gegeben, den Quelltext des Programms Navigator offen zu legen und das Programm künftig unter einer freien Lizenz im Rahmen des Mozilla Projects weiter zu entwickeln. Im Hintergrund des bis dato beispiellosen Vorhabens standen die zunehmenden Probleme von Netscape, sich gegen das aggressiv vermarktete Konkurrenzprodukt *„Microsoft Internet Explorer"* zu behaupten.

---

[361] Die CDDL (https://oss.oracle.com/licenses/CDDL) ist eine von der MPL-1.1 abgeleitete und für eine generelle Nutzung vorgesehene Lizenz, die vor allem für Open Solaris und einige andere von *Sun* stammende Programme Anwendung gefunden hat. Die Lizenz liegt in den Versionen 1.0 und 1.1 vor; Version 1.1 enthält eine Rechtswahlklausel und hat *Oracle* anstelle von *Sun* als License Stewart.

[362] Vgl. https://www.blackducksoftware.com/resources/data/top-20-open-source-licenses (abgerufen am 18.9.2015).

[363] https://www.mozilla.org/en-US/MPL/1.1/.

[364] Die Netscape Public License (NPL) hatte zunächst gewisse Sonderrechte für Netscape am freigegebenen Code vorgesehen; später wurde der Code aber insgesamt der MPL sowie parallel der GPL und der LGPL unterstellt. Zur NPL vgl. die erste Aufl., S. 75. Zur Lizenzpolitik für die Zeit vor der MPL-2.0 vgl. http://www.archive.mozilla.org/MPL/relicensing-faq.html#%20why-relicensing.

[365] *Hamerly/Paquin/Walton*, http://www.oreilly.com/catalog/opensources/book/netrev.html.

Juristisch stellte sich die Freigabe des Navigators als komplexes Vorhaben dar, denn Netscape besaß nicht die Urheberrechte für den gesamten Quelltext aller in Navigator verwandten Module. Um die Funktionsfähigkeit des Navigators auch nach der Freigabe zu sichern, musste deswegen in der Lizenz die Möglichkeit der Kombination von Netscapes Code mit „proprietär" lizenzierten Modulen als ein Ganzes vorgesehen sein. Die Verwendung der GPL schied für die Durchführung der Freigabe deswegen aus. Andererseits fürchtete man bei der Verwendung einer BSD-artigen Lizenz, dass Weiterentwicklungen nicht an die Community unter einer freien Lizenz zurückgegeben würden.[366] Dies erklärt den in der MPL eingeschlagenen Mittelweg.

Die Freigabe des Navigator-Codes, der intern von Beginn an den Projektnamen „Mozilla" trug, erfolgte zum 1. April 1998. Der freigegebene Code war als solcher nicht lauffähig, da insgesamt 75 Module anderer Softwarehersteller nicht mit freigegeben werden konnten.[367] Netscape vertrieb zunächst eine halb freigegebene, halb „proprietäre" Kombination des Navigators. Zeitgleich wurde von Netscape-Mitarbeitern „Mozilla.org" ins Leben gerufen, die inzwischen organisatorisch von der Mozilla Foundation verwaltet wird, um externe Programmierer aus der Open Source Szene für die seitdem laufenden Arbeiten an der Vervollständigung eines gänzlich freien Mozilla-Codes zu gewinnen.[368] Für diesen Zweck wurde die Mozilla Public License entwickelt. Die Mozilla Suite wurde in der Version 1.0 im Juni 2002 veröffentlicht. Das Projekt kann als Erfolg bezeichnet werden. Firefox, der aus Mozilla ausgegliederte Webbrowser, hatte 2009 in Deutschland erstmals einen größeren Marktanteil als der Internet Explorer.[369] Auch der Mailclient Mozilla Thunderbird und die Terminverwaltung Lightning finden weite Verbreitung.

Die Mozilla Public License liegt seit Januar 2012 in der Version 2.0 vor, nachdem von der Mozilla Foundation zuvor die Version 1.1 aus dem Jahr 1999 mit nur kleinen Änderungen zu Version 1.0 verwendet wurde. Version 2 wurde sprachlich und inhaltlich grundlegend überar-

---

[366] Vgl. zu den juristischen Vorarbeiten der Freigabe des Navigator *Hamerly/Paquin/Walton*, http://www.oreilly.com/catalog/opensources/book/netrev.html.

[367] *Hamerly/Paquin/Walton*, http://www.oreilly.com/catalog/opensources/book/netrev. html.

[368] Vgl. *Hamerly/Paquin/Walton*, http://www.oreilly.com/catalog/opensources/book/ netrev.html. Über die späteren internen Auseinandersetzungen, insbesondere nach dem Aufkauf von Netscape durch AOL, gibt der „Abschiedsbrief" von *Zawinski*, einem der Hauptentwickler des Mozilla-Codes, Auskunft: http://www.jwz.org/ gruntle/nomo.html.

[369] http://www.spiegel.de/netzwelt/web/0,1518,664475,00.html.

beitet, besitzt aber weiterhin den Charakter einer beschränkten Copy-left-Lizenz mit dem sog. „*file based copyleft*".[370]

1. Rechte der Nutzer

83 In Ziffer 2.1 MPL-2.0 finden sich die Rechte der Nutzer im Hinblick auf die der MPL unterstellten Software. Der Nutzer erhält durch Ziffer 2.1 (a) MPL-2.0 das „weltweite, lizenzgebührenfreie, einfache" urheberrechtliche Nutzungsrecht, die Software zu benutzen, zu vervielfältigen, zu verändern, öffentlich zugänglich zu machen und zu verbreiten.[371] Als moderne Lizenz, die auch auf den internationalen Gebrauch ausgerichtet ist, wird das Recht der öffentlichen Zugänglichmachung in Version 2 explizit aufgeführt, so dass auch die Nutzung im wege des SaaS vom Wortlaut der Rechtseinräumung umfasst ist.[372] Während für den Vertrieb von Source Code anders als bei Version 1.1 keine Unterlizenzierung mehr gestattet wird, kann die Software im Objektcode gem. Ziffer 3.2 b) MPL-2.0 unter abweichenden Lizenzbedingungen vertrieben werden, wenn zugleich der Source Code unter der MPL zugänglich gemacht wird.

84 Die MPL stellt es ausdrücklich in das Belieben der Dienstleister und Distributoren, für Support oder die Übernahme von Gewährleistung eine Gebühr zu verlangen (vgl. Ziffer 3.5 MPL-2.0). Dabei muss der Distributor oder Dienstleister aber sicherstellen, dass die Gewährleistung nur ihn trifft, nicht jedoch die Urheber der Software.
Ihren eigentlichen Charakter zeigt die MPL in Ziffer 1.7 und 3.3 im Hinblick auf sog. „*Larger Works*".[373] Den Nutzern ist es gestattet, MPL-Software gemeinsam mit Software unter einer anderen Lizenz als Teil eines Ganzen zu verbreiten, soweit alle anderen Lizenzbestimmungen erfüllt werden.[374] Die MPL ist in diesem Punkt weniger streng als die GPL, die den gemeinsamen Vertrieb an sich selbständiger Werke als Ganzes nur dann gestattet, wenn das Gesamtprogramm unter der GPL verbreitet wird.[375] Der Grund für diese Regelung liegt in den besonderen Umständen der Freigabe des Codes von Navigator bzw. Mozilla begründet. Um ein lauffähiges Programm anbieten zu können, war man

---

[370] Vgl. *Fontana*, The new MPL, http://opensource.com/law/12/1/the-new-mpl. Ein Änderungsvergleich findet sich unter https://www.mozilla.org/MPL/2.0/differences. html.

[371] Zu den Problemen, die sich aus einer solchen Unterlizenzierung ergeben, vgl. die entsprechenden Ausführungen zur Common Public License, oben Rn. 75; vgl. hierzu auch *Spindler-Arlt/Brinkel/Volkmann*, S. 334 ff.

[372] Dazu allgemein weiterführend Rn. 142a ff.

[373] Diese sind auch am Ende von Ziffer 2.1 (a) genannt.

[374] Vgl. hierzu auch Ziffer 1.7 MPL-2.0: „'*Larger Work*' *means a work that combines Covered Software with other material, in a separate file or files, that is not Covered Software.*"

[375] S. o. Rn. 47 ff.

auf die Kombinationsmöglichkeit des Codes mit „proprietären" Modulen angewiesen. Lediglich „*Modifications*" im Sinne der Ziffer 1.10 MPL-2.0 müssen dem Copyleft unterstellt werden.[376]

Eine Besonderheit der MPL stellt das Konzept für die Lizenzkompatibilität dar. Ziffer 3.3 MPL-2.0 sieht vor, dass MPL-lizenzierter Code mit Code unter einer sog. „*Secondary License*" zu einem *Larger Work* kombiniert und unter den Lizenzbedingungen dieser „*Secondary License*" weiterverbreitet werden darf. Ziffer 1.12 MPL-2.0 benennt die GPL-2.0, LGPL-2.1 und AGPL-3.0 sowie spätere Lizenzversionen wie die GPL-3.0 und LGPL-3.0 als solche „*Secondary Licenses*" und macht die MPL damit zu diesen Lizenzen kompatibel. Die MPL sieht damit eine Form des Dual Licensing vor, die das vorherige Lizenzmodell von Mozilla ersetzt, wonach der Code unter der LGPL, GPL und MPL parallel lizenziert wurde. Allerdings steht es dem Lizenzgeber frei, seinen Code unter der MPL mit dem Zusatz von Exhibit B („Incompatible With Secondary Licenses") zu versehen, so dass gem. Ziffer 3.3 und 10.4 MPL-2.0 keine duale Lizenzierung unter den „*Secondary Licenses*" erfolgt. Ziffer 1.5 macht den Hintergrund dieser Konstruktion deutlich: Da die MPL-1.1 in Ziffer 10.6 die Nutzung unter späteren Versionen der MPL gestattet und nicht sämtlicher Code unter der MPL-1.1 zugleich auch unter der GPL und LGPL lizenziert war, konnte und wollte die Mozilla Foundation das neue Konzept für Lizenzkompatibilität nicht zwingend umsetzen.

2. Pflichten der Lizenznehmer beim Vertrieb unveränderter Software

Im Hinblick auf die Verpflichtungen der Lizenznehmer beim unveränderten Vertrieb finden sich in der MPL weitere Abweichungen von den strengen „Copyleft"-Lizenzen und ein modernerer und praktikabler Ansatz. Ziffer 3.1 MPL-2.0 sieht nicht mehr die für Open Source Lizenzen typische Verpflichtung vor, eine Kopie des Lizenztextes beizufügen, sondern lässt einen Hinweis auf die MPL und die Information ausreichen, wo der Lizenztext erhältlich ist. Exhibit A enthält dafür bereits einen Mustertext. Die Pflicht bezieht sich jedoch nur auf den Vertrieb im Source Code, nicht auch auf den wichtigen Fall des Vertriebs als reines Binärprogramm. Der Vertrieb im Source Code ist somit unkompliziert umsetzbar. Zudem müssen bei einem SaaS keine Lizenzpflichten erfüllt werden, weil diese nur bei einem „*distribute*" entstehen, nicht aber bei einem „*making available*".[377]

Die MPL knüpft die Gestattung des Vertriebs der Software in Binärform an besondere Bedingungen. Diese finden sich in Ziffer 3.2 MPL-

84a

85

86

---

[376] S. u. Rn. 89.
[377] So auch ausdrücklich die FAQ der Mozilla Foundation, https://www.mozilla.org/en-US/MPL/2.0/FAQ/.

2.0. Wer ein unter der MPL stehendes Programm als Executable ver-breitet, muss dafür Sorge tragen, dass der Zugang zum Quelltext des Programms möglich ist und dabei die Pflichten aus Ziffer 3.1 MPL-2.0 erfüllt werden. Der Nutzer muss darüber informiert werden, wo er den Quelltext erhalten kann und dies muss in angemessener Weise und zeit-nah möglich sein und ein Entgelt darf die Kosten für den Vertrieb des Quelltextes nicht übersteigen. Auch dürfen abweichende Lizenzbestim-mungen für den Vertrieb des Programms in Binärform benutzt werden, solange diese die Rechte aus der MPL an den Source Codes nicht be-schränken.

87   Ziffer 4 MPL-2.0 sieht eine Regelung für solche Fallgestaltungen vor, in denen es dem Nutzer aufgrund gesetzlicher Bestimmungen oder ge-richtlicher Entscheidungen unmöglich ist, alle Bestimmungen der MPL wortgetreu zu erfüllen. Der Nutzer hat in einer solchen Konstellation die Bestimmungen der MPL „so weit wie möglich" zu befolgen, des Weiteren ist auf die rechtlichen Beschränkungen beim Vertrieb der Software in allgemein verständlicher Form entsprechend hinzuweisen.[378]

Urheberrechts- und Patentvermerke sowie Haftungs- und Gewährleis-tungsbeschränkungen dürfen nur insoweit verändert werden wie dies zur Korrektur von bekannten sachlichen Fehlern erforderlich ist. Diese Klausel sollte allerdings nicht zum Anlass genommen werden, Haftungs- und Gewährleistungsbeschränkungen zu streichen, die nach deutschem AGB-Recht unzulässig wären.[379] Denn solche Klauseln sollen dem Schutz der Rechteinhaber dienen und nicht der Enthaftung von Distri-butoren.[380] Wenn ein oder mehrere Rechteinhaber in einem Staat ansäs-sig sind, in denen ein solcher Disclaimer zulässig ist, darf er auch nicht korrigiert werden.

3. Pflichten der Lizenznehmer beim Vertrieb veränderter Software

88   Von besonderem Interesse ist die Copyleft-Klausel, d. h. die Verpflich-tung der „Teilnehmer" an der Fortentwicklung der Software, ihre Rech-te an dem hinzugefügten Code wieder der MPL zu unterstellen. Diese Verpflichtung ergibt sich aus Ziffer 3.1 i.V. m. Ziffer 2.1 der Lizenz. Ziffer 2.1 (a) und Ziffer 3.1 MPL-2.0 bestimmen, dass alle Fortentwick-lungen des ursprünglichen Codes ebenfalls unter den Bedingungen der Lizenz stehen müssen. In der MPL-2.0 wurden damit die sprachlichen Mängel der Versionen 1.0 und 1.1 behoben, die noch suggerierten, dass der Urheber des ursprünglichen Codes die Möglichkeit hat, die Bearbei-

---

[378] Die GPL-2.0 ist hier strenger: Nach Ziffer 7 GPL-2.0 darf beim Bestehen von gesetzlichen oder gerichtlichen Beschränkungen die Software gar nicht weiter benutzt werden.

[379] S. u. Rn. 219 ff.

[380] S. o. Rn. 38.

terurheberrechte eines Fortentwicklers seinerseits unter eine Lizenz zu stellen. Dazu hat jedoch nur der Bearbeiter selbst die Befugnis. Jetzt enthält Ziffer 2.2 MPL-2.0 zutreffend die Verpflichtung des *Contributors*, seine bei der Fortentwicklung des Codes erworbenen Urheberrechte der MPL zu unterstellen, sobald er sie verbreitet. Andernfalls hat er keine Rechte, den ursprünglichen Code zu nutzen, da die eingeräumten Nutzungsrechte nur auflösend bedingt eingeräumt werden (vgl. *„automatic termination"* gem. Ziffer 5.1 MPL-2.0). Die Regelung zum Wiedererwerb von Nutzungsrechten nach einem Lizenzverstoß entspricht Ziffer 8 der GPL-3.0.

Die Verpflichtung zur Freigabe bezieht sich gem. Ziffer 2.1 (b) MPL-2.0 auch ausdrücklich auf Patente des *Contributors*. Dies gilt gem. Ziffer 2.3 MPL-2.0 allerdings nicht für Patente, die durch eine Veränderung des von ihm hinzugefügten Codes verletzt werden; führen *„third party's modifications"* zur Verletzung eines Patents, so ist dem Patentinhaber nicht verboten, insoweit vorzugehen, vgl. Ziffer 2.3 (b) (i). Diese Regelung schließt aus, dass auch Patente lizenziert werden, die künftige Veränderungen des Codes durch Dritte umfassen und so zu weiteren, unkalkulierbaren Einschnitten in das Patentportfolio des *Contributors* führen.

Wann eine Modifizierung des Programms vorliegt, die den Teilnehmer dazu verpflichtet, den neuen Code der MPL zu unterstellen, ist in Ziffer 1.10 MPL-2.0 *(„modifications")* im Einzelnen ausgeführt. Danach stellen alle Hinzufügungen oder Streichungen aus dem Quelltext *„modifications"* im Sinne der Lizenz dar, der veränderte Source Code muss also ebenfalls der MPL unterstellt werden. In Ziffer 1.10 (a) und (b) wird diese Grundregel jedoch für den Fall entscheidend abgewandelt, in dem ein Quelltext in mehreren Dateien *(„files")* abgespeichert ist. Werden neue Zeilen Code nicht in bereits bestehende Dateien integriert, sondern als neue zusätzliche Dateien dem Programm hinzugefügt, so müssen diese nicht freigegeben werden. Was sich also in Form einer neuen Datei in technischer Hinsicht realisieren lässt, kann bei entsprechender Gestaltung des Gesamtcodes „proprietär" genutzt werden. 89

Die Pflicht zur Offenlegung des Quelltextes von Bearbeitungen des Programms ist in Ziffer 3.2 MPL-2.0 geregelt. Danach muss der Quelltext für alle Modifizierungen zugänglich gemacht werden.

Weggefallen ist die in Ziffer 3.3 MPL-1.1 enthaltene Verpflichtung, vorgenommene Veränderungen in einer beigefügten Datei in nachvollziehbarer Weise zu dokumentieren. Dazu musste eine Beschreibung der vorgenommenen Änderungen erfolgen, das Datum der Änderung und der Name des ursprünglichen Urhebers mitgeteilt werden. Hier wurde die MPL-2.0 entschlackt und die Erfüllung der Lizenzpflichten erleichtert. Die Dokumentation von Modifikation ist gleichwohl weiterhin über Ziffer 3.4 MPL-2.0 möglich und sinnvoll. Wo die Urheberschaft und Bearbeitungen bereits über ein Software-Repository nachverfolgbar sind, kann der entsprechende Aufwand allerdings unterbleiben. Ebenfalls weggefallen ist die Pflicht aus Ziffer 3.4 MPL-1.1, wonach dann, wenn zur Nutzung der Modifizierung die Einwilligung Dritter erforderlich ist, etwa weil ein Patentanspruch dieser dritten Partei durch den hinzugefügten Code betroffen ist, der Urheber der Modifizierung dazu verpflichtet war, auf diese bestehenden Rechte hinzuweisen, soweit er von ihnen Kenntnis hat. Erlangte er diese Kenntnis erst später, so hatte er jedenfalls ab diesem Zeitpunkt eine entsprechende Hinweispflicht. Diese Klausel dürfte schon hinfällig sein, weil die Abhängigkeit von Schutzrechten Dritter ohnehin nicht mit einer Open Source Lizenzierung vereinbar ist.

4. Patentlizenzierung

89a Soweit durch die Vervielfältigung, Verbreitung und Benutzung des Programms Patentrechte betroffen sind, so ist dem Nutzer gem. Ziffer 2.1 (b) MPL-2.0 auch die Benutzung des Patents gestattet. Dies gilt gem. Ziffer 2.1 (d) MPL-2.0 allerdings nicht für Patente und Patentansprüche, die erst durch die Veränderung des Codes betroffen werden. Einer Nutzung veränderter Versionen von Mozilla-Code können deshalb durchaus patentrechtliche Verbotsrechte des *„initial developers"* entgegenstehen. Auf den ersten Blick leistet die Lizenz damit einem widersprüchlichen Verhalten Vorschub: Die urheberrechtlichen Befugnisse werden im Hinblick auf künftige Bearbeitungen „frei" gegeben, die patentrechtlichen Verbotsrechte können aber weiter geltend gemacht werden. Allerdings bleibt noch insoweit Spielraum für Bearbeitungen als keine anderen Patente oder Patentansprüche betroffen sind, z. B. bei Fehlerbehebungen. Eine weitergehende Regelung kann jedoch erhebliche Konsequenzen für das Patentportfolio des Lizenzgebers zur Folge haben.

II. GNU Lesser General Public License (LGPL)

90 Die GNU Lesser General Public License (LGPL) basiert in ihren wesentlichen Bestimmungen auf der GPL; sie wandelt diese jedoch im Hinblick auf die besonderen Rechtsfragen ab, welche sich aus der Nutzung von Softwarebibliotheken ergeben.[381]

---

[381] Die Abkürzung LGPL stand in einer früheren Version denn auch für „GNU Library General Public License", erst später wurde der Name zu „GNU Lesser General Public License" abgewandelt. Die Free Software Foundation hat die Umbenennung aus politischen Gründen vorgenommen, um zu verdeutlichen, dass möglichst die GPL verwendet werden solle, weil sie die Freiheit von Software besser schütze. Die LGPL wurde mit dem Ziel erstellt, die Durchsetzung von einigen Bibliotheken als Standard

Die wirtschaftlich bedeutsame GNU C Library („glibc") steht unter der LGPL. Sie ist Teil des GNU/Linux-Gesamtbetriebssystems und soll ermöglichen, dass auch „proprietäre" Anwendungsprogramme, die auf die klassischen Bibliotheken des Betriebssystems zugreifen müssen, gemeinsam mit dem Betriebssystem vertrieben werden können. Aus der Präambel der Lizenz geht hervor, dass seitens der FSF angeraten wird, auch für Bibliotheken bevorzugt die GPL zu benutzen. Grund hierfür ist der Wunsch der FSF nach einer möglichst weiten Verbreitung der strengeren „Copyleft"-Regelungen der GPL. Die Verpflichtungen der Nutzer sind bei einer Verwendung der GPL weitergehend als bei einer Verwendung der LGPL. Hierin liegt der wichtigste Unterschied der beiden Lizenzen.

Im Zuge der Erstellung der GPL-3.0 wurde auch die LGPL aktualisiert, so dass derzeit mehrere Lizenzversionen von praktischer Bedeutung sind, insbesondere die Version 2.1 vom Februar 1999 und die Version 3 vom 29. Juni 2007. Daneben wird noch die Version 2 vom Juni 1991 verwendet. Eine Version 1 existiert nicht; die FSF hat mit der Version 2 begonnen, um einen Gleichlauf mit der GPL-2.0 herzustellen.

1. GNU Lesser General Public License, Version 2.1 (LGPL-2.1)

Die LGPL-2.1 entspricht weitgehend der GNU Library General Public   90a
License, Version 2, von 1991. Verändert wurde von der FSF vor allem die Präambel, um ihre Position deutlich zu machen, dass sie die GPL-2.0 mit ihrem strengen Copyleft vorzugswürdig im Vergleich zur LGPL mit einem beschränkten Copyleft hält und zwar auch für Programmbibliotheken.[382] Daneben wurde deutlich gemacht, dass die LGPL-2.1 auch für andere Software als Bibliotheken verwendet werden kann. Aus diesen beiden Gründen wurde die Lizenz auch von „Library" in „Lesser" General Public License umbenannt.

Eine weitere Änderung wurde durch die Einfügung von Ziffer 6b) LGPL-2.1 vorgenommen. Dies dürfte in dem Umstand begründet sein, dass die FSF bei einer dynamischen Verlinkung stets ein *derivative work* annimmt und daher auch die Ausnahmeregelung der Ziffer 6 entsprechend auf den gemeinsamen Vertrieb von zugreifendem Programm und dynamisch verlinkter Bibliothek erstrecken wollte.[383] Auch die Präambel wurde diesbezüglich angepasst.

---

zu fördern, indem diese einfach mit proprietärer und Freier Software verwendbar sind, vgl. http://www.gnu.org/licenses/why-not-lgpl.en.html.

[382] Vgl. http://www.gnu.org/licenses/why-not-lgpl.en.html.
[383] Dazu näher Rn. 95.

a) Rechte der Nutzer

91   Im Hinblick auf die Befugnisse der Nutzer besteht weitgehender Gleichklang zwischen GPL-2.0 und LGPL-2.1. Auch bei Software, die unter
der LGPL-2.1 steht, ist dem Nutzer das Herstellen und Verbreiten von
Vervielfältigungsstücken gestattet (vgl. Ziffer 1 LGPL-2.1). Im Hinblick
auf das Bereithalten zum Download und die Vermietung kann auf die
Ausführungen zur GPL-2.0 verwiesen werden.[384] Ziffer 2 LGPL-2.1
gestattet dem Nutzer, die Bibliothek zu verändern und diese veränderte
Bibliothek zu vervielfältigen und zu verbreiten. In Ziffer 4 LGPL-2.1
findet sich die ebenfalls parallel zur GPL-2.0 geregelte Erlaubnis der
Nutzer, das Programm im Objektcode zu verbreiten.

Ziffer 3 LGPL-2.1 sichert die Kompatibilität der LGPL-2.1 mit der
GPL und gestattet dem Lizenznehmer, seine Kopie der Software auch
nach den strengeren Bestimmungen der GPL zu nutzen. Dies ist eine
Form des Dual Licensing[385] und setzt in der praktischen Umsetzung
voraus, dass er alle Verweise auf die LGPL-2.1, die sich bei der Software
befinden, entsprechend ändert. Wer ein Programm unter die Bestimmungen der LGPL-2.1 stellt, willigt also gleichzeitig ein, dass sein Werk
auch unter der GPL (Version 2 oder 3) verbreitet werden darf. Dies ist
insbesondere dann erforderlich, wenn die Kombination einer GPL-
Komponente mit einer LGPL-2.1-Komponente zu einem *„derivative
work"* führt, das insgesamt nur unter der GPL vertrieben werden darf.
Aus Sicht der FSF ist das bei allen GPL-Anwendungen der Fall, die eine
LGPL-Bibliothek benutzen.

b) Pflichten der Lizenznehmer beim Vertrieb unveränderter Software

92   Bei der unveränderten Weitergabe eines LGPL-2.1-Programms sind
dieselben Pflichten zu beachten wie bei der Verbreitung von GPL-2.0-
Software. Kurz zusammengefasst sind dies:
– Mitlieferung einer Kopie des Lizenztextes,
– Zugänglichmachung des Source Codes,
– Anbringung eines Copyrightvermerks und eines Gewährleistungs-
   und Haftungsausschlusses,
– Beibehaltung bestehender Hinweise auf die Lizenz und auf das Fehlen
   von Haftung und Gewährleistung.
Sofern eine LGPL-Bibliothek nicht alleine, sondern zusammen mit einer
Anwendung vertrieben wird, mit der sie verlinkt ist, müssen weitere
Pflichten erfüllt werden, die nachfolgend beschrieben sind, Denn die
LGPL definiert diese Kombination als eine Bearbeitung der Bibliothek.

---

[384] S. o. Rn. 29 und 30.
[385] Näher dazu Rn. 116 ff.

c) Pflichten der Lizenznehmer beim Vertrieb veränderter Software

Grundsätzlich entsprechen die Pflichten aus der LGPL-2.1 auch beim 93
Vertrieb veränderter Software weitgehend denjenigen aus der GPL-
2.0.[386] Veränderte Bibliotheken müssen wiederum der LGPL-2.1 unterstellt werden (Ziffer 2 c) LGPL-2.1), Urhebervermerke dürfen nicht
verändert werden (Ziffer 1 Abs. 1 LGPL-2.1), Veränderungen müssen in
den Dateien entsprechend gekennzeichnet sein (Ziffer 2 b) LGPL-2.1)
und Lizenzgebühren dürfen nicht erhoben werden (Ziffer 1 Abs. 2
LGPL-2.1).[387]

Allerdings unterscheidet die LGPL-2.1 danach, ob die Bibliothek
selbst modifiziert wurde *(„work based on the Library")* oder ob die
LGPL-2.1-Bibliothek zusammen mit einem darauf zugreifenden Programm vertrieben wird *(„work that uses the Library")*.

aa) Verpflichtungen bei Veränderung der Bibliothek selbst

Betreffen die Modifikationen die Bibliothek selbst, sieht die LGPL-2.1 94
grundsätzlich ein strenges Copyleft vor, d. h. bei der Weitergabe müssen
die Änderungen der Bibliothek gem. Ziffer 2 c) LGPL-2.1 ebenfalls
unter der LGPL-2.1 lizenziert werden. Die Lizenz nennt diesen Fall ein
„work based on the Library".

Abweichend von diesem Grundsatz gestattet Ziffer 7 LGPL-2.1, dass
LGPL-2.1-Funktionseinheiten und Funktionseinheiten unter abweichenden Lizenzbedingungen in einer gemeinsamen Bibliothek kombiniert
werden, ohne dass die Funktionseinheiten unter abweichenden Lizenzbedingungen bei der Weitergabe unter die LGPL-2.1 gestellt werden
müssen. Dies setzt voraus, dass die getrennte Verbreitung der LGPL-2.1-
Bestandteile und der proprietären Bestandteile gestattet ist und ein deutlicher Hinweis darauf erfolgt, dass eine LGPL-2.1-Bibliothek verwendet
wird und wo die LGPL-2.1-Bestandteile aufgefunden werden können.
Weiterhin müssen die LGPL-2.1-Bestandteile zusätzlich in isolierter
Form als Kopie unter den Lizenzbedingungen der LGPL-2.1 mitgeliefert
werden.

In Ziffer 2 sieht die LGPL-2.1 zwei spezielle Lizenzpflichten vor, die
die GPL-2.0 nicht kennt. Zunächst muss die Bearbeitung der Bibliothek
gem. Ziffer 2 a) LGPL-2.1 wiederum eine Programmbibliothek sein.
Hintergrund dürfte das Ziel der Lizenz sein, den Anwendungsbereich
auf Bibliotheken zu beschränken, zumal einige Regelungen nur bei Bibliotheken einen Sinn haben. Außerhalb von Bibliotheken kommt dann

---

[386] Der einzige Unterschied besteht darin, dass keine der Ziffer 2c der GPL entsprechende Regelung – Hinweispflichten beim interaktiven Einlesen von Kommandos – in
der LGPL enthalten ist. Dies ist wohl der Eigenart von Programmbibliotheken geschuldet.

[387] Bezüglich der Details dieser Bestimmungen sei auf die Ausführungen zur GPL
verwiesen, s. o. Rn. 42 f.

nur eine Nutzung unter der GPL über die Klausel der Ziffer 3 in Betracht. Die FSF hat die Lizenzbedingung offenbar als unpraktikabel angesehen und daher nicht in die LGPL-3.0 übernommen. Ziffer 2 d) LGPL-2.1 verlangt, dass möglichst sichergestellt werden soll *(„good faith effort")*, dass einzelne Funktionen einer Bibliothek auch dann noch so weit wie möglich funktionieren, wenn die begleitende Anwendung diese Funktion nicht unterstützt.

bb) Verpflichtungen bei der Kombination der Bibliothek mit einem zugreifenden Programm

95 Ihren Charakter als Lizenz mit einem beschränkten Copyleft zeigt die LGPL-2.1 in den Ziffern 5, 6 LGPL-2.1, die die Möglichkeit der Kombination einer LGPL-2.1-Bibliothek mit „proprietären" Programmen – oder Software unter anderen Lizenzen, die nicht mit der GPL bzw. LGPL-2.1 kompatibel sind – regeln, die auf die Bibliotheks-Routinen zugreifen. Die Lizenz spricht dabei von einem *„work that uses the Library"*.

Ziffer 5 Abs. 1 LGPL-2.1 besagt zunächst, dass ein Programm, welches für den Zugriff auf eine Bibliothek geschrieben ist, als solches *(„in isolation")* nicht von der Lizenz erfasst wird. Das Programm kann also ohne Restriktionen „proprietär" vertrieben werden, solange dies in isolierter Form geschieht.[388] Dieser Punkt ist von fundamentaler Bedeutung: Alle Anwendungsprogramme, die für eine Benutzung des GNU/Linux Betriebssystems ausgestattet sind, können ohne irgendwelche Restriktionen aus der LGPL-2.1 in isolierter Form vertrieben werden, auch wenn sie auf LGPL-2.1-Bibliotheken zugreifen.[389] Wenn aber das zugreifende Programm mit der LGPL-2.1-Bibliothek zu einem Executable verbunden wird, geht die LGPL-2.1 in Ziffer 5 Abs. 2 LGPL-2.1 davon aus, dass stets ein *„derivative work"* entsteht.[390] Dieses Ergebnis lässt sich bei einer Abgrenzung anhand der allgemeinen Grundsätze über die Zusammenstellung zweier Programme bzw. der Entstehung eines Programms zwar nicht zweifelsfrei ableiten.[391] Es steht dem Lizenzgeber jedoch frei, die Einräumung der Nutzungsrechte an entsprechende zusätzliche Bedingungen zu knüpfen.[392]

---

[388] Die LGPL-2.1 formuliert hierzu völlig zutreffend: *„Such a work in isolation (...) falls outside the scope of this License."*

[389] Dies wird auch durch Ziffer 0 Abs. 4 S. 2 LGPL-2.1 verdeutlicht: *„The act of running a program using the library is not restricted."*

[390] Dies gilt nicht für die GPL-2.0: Dort kann eine Auslegung des Begriffs *„derivative work"* ergeben, dass ein auf eine GPL-Bibliothek zugreifendes Programm nicht dem Copyleft-Effekt unterliegt, s. o. Rn. 57 f.

[391] Vgl. oben Rn. 57 ff.

[392] Auch hierbei handelt es sich um eine Verknüpfung von Nutzungsrechtseinräumung und Verpflichtungen nach den Vorschriften über auflösende Bedingungen i. S. d. § 158 Abs. 2 BGB, s. u. Rn. 152.

Ein Executable entsteht im Regelfall bei einer statischen Verlinkung, d. h. wenn ein Linker die Bibliothek beim Kompilieren fest mit der Anwendung zu einem ausführbaren Programm verbindet. Darauf scheint sich Ziffer 5 LGPL-2.1 zu beziehen, wenn festgestellt wird *„linking a 'work that uses the Library' with the Library creates an executable that is a derivative of the Library"*. Bei der dynamischen Verlinkung wird die Bibliothek erst zu Laufzeit zu der Anwendung hinzugeladen, so dass das Executable nicht durch die Verlinkung entsteht, sondern das vorbestehende Executable der Anwendung die Bibliothek verwendet, ohne ein (weiteres) Executable zu schaffen. Wenn bei der Verlinkung kein Executable entsteht, hängt es vom Einzelfall ab, ob ein *„derivative work"* entsteht. Ziffer 5 LGPL-2.1 enthält insoweit in spezifischen Fällen Ausnahmen vom Copyleft, etwa, wenn eine Objectcode-Datei kleine Makros oder „Inline"-Funktionen von weniger als zehn Zeilen Code aus einer Header-Datei[393] der Bibliothek besitzt.

In diesem Zusammenhang stellt sich die Frage, ob Ziffer 5 LGPL-2.1 nur bei einer statischen Verlinkung davon ausgeht, dass ein *„derivative work"* entsteht.[394] Diese Lesart scheint durch die beschrieben Sonderregelung zu Header-Dateien in Ziffer 5 gestützt zu werden, die bei einer dynamischen Verlinkung regelmäßig relevant ist. Sinn der Regelung über die Verwendung von Code aus Header-Dateien besteht zunächst aber nur darin, den alleinigen Vertrieb von Anwendungsprogrammen von den Pflichten der LGPL freizustellen, auch wenn diese ansonsten als *„derivative work"* angesehen werden müssten. Eine Aussage dazu, ob die LGPL-2.1 beim gemeinsamen Vertrieb von Anwendung und dynamisch verlinkter LGPL-Bibliothek von einem *„derivative work"* ausgeht, ist damit noch nicht getroffen. Eine entsprechende Interpretation ergibt sich erst aus Ziffer 6 LGPL-2.1, da die dort enthaltene Ausnahme sowohl die statische als auch die dynamische Verlinkung behandelt und die entsprechende Regelung zum Umgang mit der dynamischen Verlinkung nur sinnvoll ist, wenn auch in diesem Fall die Ausnahmevorschrift der Ziffer 6 benötigt wird. Auch die Präambel der LGPL-2.1 stellt diese Sichtweise eindeutig klar: *„When a program is linked with a library, whether statically or using a shared library, the combination of the two is legally speaking a combined work, a derivative of the original library."*

Die LGPL-2.1 behandelt die statische und die dynamische Verlinkung damit in gleicher Weise.

---

[393] Header-Dateien enthalten üblicherweise Definitionen, die für verschiedene Programme oder Programmteile benötigt werden, können aber auch Funktionalität beinhalten.

[394] Vgl. *Reincke*, Open Source Software and Reverse Engineering, http://open source.telekom.net/oslic/releases/oslic-reveng-extract.pdf.

96   Abweichend von der Grundregel, dass ein *„derivative work"* wiederum der LGPL-2.1 unterstellt werden muss, sieht Ziffer 6 LGPL-2.1 eine Ausnahme vom Copyleft für das mit der Bibliothek verlinkte Anwendungsprogramm vor.

Ziffer 6 LGPL-2.1 knüpft die Erlaubnis, das zugreifende Programm unter beliebigen Lizenzbestimmungen verbreiten zu dürfen, an eine Reihe von Verpflichtungen, die in der Praxis oftmals übersehen werden: Zunächst muss dem Kunden, dem die Software geliefert wird, die Bearbeitung des zugreifenden Programms gestattet werden und zu diesem Zweck auch ein Reverse Engineering zur Fehlerbehebung. Dies dürfte alle Formen des Debugging und das Dekompilieren des zugreifenden Programms umfassen. Das sowohl die Bearbeitung als auch das Dekompilieren von Computerprogrammen außerhalb der engen urheberrechtlichen Schranken ohne Zustimmung des Rechteinhabers unzulässig ist, ist eine positive Gestattung dieser Handlungen durch die Lizenz des zugreifenden Programms erforderlich, um den Anforderungen der LGPL zu genügen. Zudem muss jedes Vervielfältigungsstück (Datenträger mit der Software) einen deutlichen Hinweis darauf enthalten, dass eine LGPL-2.1-Bibliothek verwendet wird und dass diese Bibliothek unter den Lizenzbedingungen der LGPL-2.1 genutzt werden darf. Der Lizenztext der LGPL-2.1 muss mitgeliefert werden. Zeigt das zugreifende Programm auf einem Display einen Urhebervermerk an, dann muss dabei auch ein Urhebervermerk für die LGPL-2.1-Bibliothek eingeblendet werden sowie ein Hinweis darauf, wo der Lizenztext der LGPL-2.1 zu finden ist.

97   Darüber hinaus ist wahlweise *eine* der folgenden Bedingungen zu erfüllen:

– Mitlieferung des Source Codes der Bibliothek sowie des Objectcodes *oder* Source Codes des zugreifenden Programms in einer Weise, die es dem Nutzer erlaubt, die Bibliothek zu verändern und mit dem zugreifenden Werk neu zu verlinken, so dass ein neues Executable erstellt werden kann (Ziffer 6a) LGPL-2.1). Diese Variante dürfte vor allem bei einer statischen Verlinkung in Betracht kommen, weil bei dieser Technik ein Executable mit der Bibliothek entsteht.

– Ein drei Jahre gültiges Angebot zur Lieferung der in der vorstehenden Variante aufgeführten Materialien gegen ein Entgelt, das nicht höher sein darf als die Kosten für die Herstellung der gelieferten Materialien. Sofern die Software über das Internet vertrieben wurde, dürfen auch die in der ersten Variante aufgeführten Materialien über das Internet auf der gleichen Website zugänglich gemacht werden (Ziffer 6c) LGPL-2.1).

– Verwendung eines geeigneten *„shared-library*-Mechanismus" zum Linken mit der Bibliothek. „Geeignet" ist ein solcher Mechanismus,

der erstens während der Laufzeit eine im Computersystem des Benutzers bereits vorhandene Kopie der Bibliothek benutzt, anstatt Biblio-
theksfunktionen in das ausführbare Programm zu kopieren, und der
zweitens auch mit einer veränderten Version der Bibliothek, wenn der
Benutzer eine solche installiert, richtig funktioniert, solange die veränderte Version schnittstellenkompatibel mit der Version ist, mit der
das zugreifende Programm erstellt wurde (Ziffer 6b) LGPL-2.1). Diese Variante ist bei einer dynamischen Verlinkung einschlägig, so dass
sich aus der Regelung im Umkehrschluss ergibt, dass die LGPL-2.1
die Erfüllung der Lizenzpflichten in Ziffer 6 unabhängig davon verlangt, ob das zugreifende Programm zusammen mit einer dynamisch
oder statisch verlinkten Bibliothek vertrieben wird.
– Überprüfung, dass der Erwerber diese Materialien bereits erhalten hat
(Ziffer 6e) LGPL-2.1), oder Angebot der Materialien im Internet,
wenn auch die Software entsprechend vertrieben wurde (Ziffer 6d)
LGPL-2.1).
Damit soll sichergestellt werden, dass Programmierer die LGPL-2.1-
Bibliothek an ihre Bedürfnisse anpassen können und dennoch die weitere Verwendung mit dem zugreifenden Programm möglich bleibt. Ansonsten bestünde die Gefahr, dass eine Programmbibliothek durch das
zugreifende Programm „in Abhängigkeit" gebracht wird und faktisch
nicht mehr frei verändert werden kann.

2. GNU Lesser General Public License, Version 3 (LGPL-3.0)

Im Zuge der Erstellung der GPL-3.0 wurde auch eine neue Lizenzver-   **97a**
sion der LGPL erforderlich, um einen Gleichklang der Lizenzen herzustellen. Rechtstechnisch wurde die LGPL-3.0 als Ergänzung zur GPL-3.0
gestaltet, die darauf verzichtet, sämtliche identischen Regelungen zu
wiederholen, und Ausnahmen zu den Pflichten der GPL-3.0 (*„permissions"*) enthält. Damit lehnt sich die LGPL-3.0 an die Terminologie und
Gestaltung von Ziffer 7 GPL-3.0 an.[395] Im Anwendungsbereich der
LGPL-3.0 sind die Lizenztexte von GPL-3.0 und LGPL-3.0 daher immer
gemeinsam zu verwenden, was zunächst etwas verwirrend erscheint.
Die LGPL-3.0 reduziert die Lizenzpflichten für den Lizenznehmer in
zwei Bereichen. Gem. Ziffer 1 LGPL-3.0 ist die Regelung der Ziffer 3
GPL-3.0 zum Digital Rights Management nicht anwendbar. Damit wird
sichergestellt, dass LGPL-Bibliotheken auch mit proprietären Programmen verwendet werden können, die technische Schutzmaßnahmen enthalten oder zum Zweck eines technischen Schutzes verwendet werden,
und so nicht die Gefahr besteht, dass der Einsatzbereich für LGPL-
Bibliotheken entgegen Ziffer 13 LGPL-2.1 (*„similar in spirit"*) einge-

---

[395] S. o. Rn. 69.

schränkt wird. Lediglich die „*Installation Information*" ist gem. Ziffer 4e) LGPL-3.0 in den dort beschriebenen Grenzen zur Verfügung zu stellen.[396]

Die LGPL-3.0 lehnt sich in zahlreichen Passagen an den Wortlaut der LGPL-2.1 an und ersetzt dann nur die alten Formulierungen durch die neuen Begrifflichkeiten der GPL-3.0 (z. B. „*convey*" anstatt „*distribute*"). An einigen Stellen wird – der gestiegenen Bedeutung entsprechend – auf objektorientierte Programmiersprachen wie Java Rücksicht genommen, etwa in der Definition von „*Application*" (*„Defining a subclass of a class defined by the Library is deemed ..."*).

Der Copyleft-Effekt und die vom Lizenznehmer zu beachtenden Pflichten bei dem gemeinsamen Vertrieb von zugreifendem Programm und Bibliothek sind im Wesentlichen der LGPL-2.1 nachgestaltet.[397] Ziffer 4 LGPL-3.0 hat den Regelungsgehalt von Ziffer 6 LGPL-2.1, Ziffer 3 LGPL-3.0 von Ziffer 5 Abs. 3, 4 LGPL-2.1 und Ziffer 5 LGPL-3.0 von Ziffer 7 LGPL-2.1. Eine Abweichung enthält Ziffer 4 LGPL-3.0, wonach beim Vertrieb nicht mehr die Bearbeitung des zugreifenden Programms gestattet werden muss. Diese Gestattung war mangels Pflicht zur Bereitstellung des Source Codes des zugreifenden Programms zumeist ohnehin praktisch wertlos. Bei den Lizenzpflichten ist insbesondere zu beachten, dass nicht nur der Lizenztext der LGPL-3.0 mitgeliefert werden muss, sondern zusätzlich auch der Lizenztext der GPL-3.0, auf den die LGPL-3.0 referenziert.

III. Microsoft Public License (MS-PL)

97b   Microsoft hat im Rahmen der Shared Source Initiative auch Open Source Lizenzen entwickelt. Die Microsoft Public License (MS-PL), die zunächst als Microsoft Permissive License bezeichnet worden war, hat wegen der Nutzung auf der Plattform *Codeplex* eine erhebliche Verbreitung erfahren und gehört zu den aktuell zehn meistgenutzen Lizenzen.

1. Rechte der Lizenznehmer

97c   Die Lizenz unterscheidet in ihrer Ziffer 2 zwischen einer urheberrechtlichen Lizenz und einer Patentlizenz. Dem Lizenznehmer wird das einfache und weltweite Recht zur Vervielfältigung, Verbreitung und Bearbeitung eingeräumt. Für die Auslegung der Begriffe „*reproduction*", „*distribution*" und „*derivative work*" wird auf das US-Urheberrecht verwiesen. Damit ist für die Auslegung auf den US Copyright Act zurückzugreifen.[398]

---

[396] Zu Inhalt und Bedeutung der „*Installation Information*" s. o. Rn. 70.
[397] S. o. Rn. 93 ff.
[398] S. u. Rn. 366.

2. Pflichten der Lizenznehmer beim Vertrieb unveränderter Software

Die Vertriebspflichten unterscheiden sich danach, ob die Software im 97d
Quellcode oder Objektcode vertrieben wird. Nach Ziffer 3 (D) muss
beim Quellcodevertrieb der Lizenztext mitgeliefert werden. Dies ist beim
Vertrieb im Objektcode nicht erforderlich, allerdings muss die verwendete Lizenz mit der MS-PL in Einklang stehen („comply"). Was das
genau bedeutet, bleibt unklar.[399] In jedem Falle müssen Marken, Urhe-
ber- und Patentvermerke beibehalten werden.

3. Pflichten der Lizenznehmer beim Vertrieb veränderter Software

Unklar ist, ob und in welchem Umfang die MS-PL ein Copyleft enthält. 97e
Dies liegt daran, dass die Lizenz nicht deutlich macht, wie mit Bearbeitungen umzugehen ist. So verlangt Ziffer 3 (D), dass „any portion of the
software" unter der MS-PL verbreitet warden muss. Dies könnte allein
auf die Ursprungssoftware bezogen werden, wobei dann aber unklar
wäre, wie der bearbeitete Quellcode unter anderen Lizenzbedingungen
verbreitet werden kann und zugleich die vorbestehenden Teile unter der
MS-PL stehen können. Daher wird man von einem Copyleft beim Vertrieb im Quellcode ausgehen müssen, wobei die Reichweite des Copyleft
in der Lizenz nicht näher bestimmt ist. Ebenfalls unklar ist, wie die
Situation beim Vertrieb im Objektcode ist. Hier scheint es kein Copyleft
zu geben, da eine abweichende Lizenz zulässig ist und, solange eine
bearbeite Software nur im Objektcode vertrieben wird. Dafür spricht
auch die ursprüngliche Bezeichnung als „Microsoft Permissive License"
und die Aussagen von Microsoft zum Verständnis der Lizenz, wonach
auch Lizenzgebühren für bearbeitete Programmversionen erlaubt sein
sollen.[400]

4. Patentlizenzierung

Nach Ziffer 2 (B) lizenziert der Lizenzgeber seine Patentansprüche, die 97f
„direkt" auf die Software anwendbar sind. Das gilt auch für später
bearbeitete Programmversionen, wenn schon die Ursprungsversion die
Patente verwendet hat. Wie „read directly on its contribution" zu verstehen ist und wann eine indirekte Patentnutzung vorliegt, ist unklar.
Ziffer 3 (b) enthält eine Schutzklausel, wonach die Patentlizenz endet,
wenn der Lizenznehmer gegen den Lizenzgeber wegen eigener Patent im
Hinblick auf die MS-PL-Software Verletzungsansprüche geltend macht.

---

[399] So auch Sass, http://www.whitesourcesoftware.com/top-10-microsoft-public-
license-ms-pl-questions-answered/.
[400] http://web.archive.org/web/20111022042720/http://www.microsoft.com/resour
ces/sharedsource/communitysourcelicensing.mspx.

C. Lizenzen ohne Copyleft-Klausel

98 Basismodell für die Non-Copyleft-Lizenz ist die BSD-Lizenz, deren knapper Lizenztext in zahllosen Varianten verwendet wird.[401] Sie wird daher hier näher beschrieben, ebenso wie die Apache Software License, unter der der weitverbreitete Webserver Apache lizenziert wird. Da der Schwerpunkt dieser Lizenzen auf der Einräumung von Nutzungsrechten liegt und mangels Copyleft-Klausel weniger Pflichten zu regeln sind, ergeben sich aus ihnen weniger rechtliche Probleme als bei Copyleft-Lizenzen. Sie stehen daher zumeist im Schatten der rechtlichen Analysen.[402] Allerdings enthalten sie im Detail abweichende Lizenzpflichten, was zu Kompatibilitätsproblemen mit Copyleft-Lizenzen führen kann.[403] Einen neuen Ansatz für eine möglichst einfach nutzbare Non-Copyleft-Lizenz verfolgt die Universal Permissive License, Version 1.0 (UPL), die sowohl als Contributor License Agreement verwendbar als auch kompatibel mit gängigen Copyleft-Lizenzen sein soll.[404] Es bleibt abzuwarten, ob sich die UPL in der Breite durchsetzen wird.

I. BSD Copyright

99 BSD steht für „Berkeley Software Distribution", eine seit Mitte der 1970er Jahre an der Universität Berkeley entwickelte Unix-Variante.[405] Die erste BSD-Lizenz stammt aus dem Jahr 1989. Inzwischen wird die Lizenz in drei Varianten verwendet: die Originalversion (BSD-4-Clause)[406], die „Revised Version" ohne Werbe-Klausel (BSD-3-Clause)[407] und die „Simplified Version" ohne Regelung über den Umgang mit dem Namen des Urhebers (BSD-2-Clause)[408]. Die Unterscheidung nach der Anzahl der Lizenzklauseln hat sich eingebürgert, da von der Originalversion zunächst die Klausel 3 (Werbeklausel) gestrichen wurde und später

---

[401] Vgl. die Liste im Lizenzcenter des ifrOSS „BSD-artig" sind etwa die Apache License 1.0, die MIT License, das Python Copyright und die Zlib License, siehe http://www.ifross.org/lizenz-center#term-216.

[402] Zum BSD-Copyright vgl. *Spindler-Arlt/Brinkel/Volkmann*, S. 337 ff.; *Grützmacher*, ITRB 2006, 108.

[403] S. u. Rn. 118e.

[404] Vgl. https://oss.oracle.com/licenses/upl/.

[405] Zur Geschichte der Berkeley Software Distribution vgl. *McKusick*, http://www.oreilly.com/catalog/opensources/book/kirkmck.html.

[406] Vgl. http://www.freebsd.org/copyright/license.html. Diese Lizenz wird in leicht abgewandelter Form auch von der NetBSD.org verwandt, vgl. http://www.netbsd.org/Goals/redistribution.html.

[407] Vgl. http://www.xfree86.org/3.3.6/COPYRIGHT2.html#5.

[408] So die von der FreeBSD.org verwandte Lizenz, vgl. http://www.freebsd.org/copyright/freebsd-license.html.

auch Versionen ohne Klausel 4 (Werbeverbot) verwendet wurden. Im Gegensatz zu anderen Open Source Lizenzen beschränken sich die BSD Copyright-Lizenzen auf einige wenige Sätze, da vor allem die Einräumung von Nutzungsrechten geregelt wird, Klauseln zum Copyleft jedoch nicht vorgesehen sind.

1. Rechte der Lizenznehmer

In allen drei Versionen findet man im Wege der Direktlizenzierung **100** durch die Rechteinhaber die Einräumung eines einfachen unbeschränkten Nutzungsrechts an jedermann, die Software zu vervielfältigen, zu verbreiten, zu verändern und auch in veränderter Form zu verbreiten. Wie bei der GPL ist davon auszugehen, dass der Begriff *„redistribute"* sämtliche Vertriebsformen umfasst, also auch das Angebot im Internet. Die Lizenz führt keine ausdrückliche Befugnis zum Vervielfältigen *(„copy")* der Software auf. Allerdings müssen zur Weiterverbreitung, insbesondere von bearbeiteten Versionen, zwingend Kopien angefertigt werden. Daher ist das Vervielfältigungsrecht stillschweigend miteingeräumt.[409] Anders als bei einigen anderen Open Source Lizenzen wird die Gestattung des bloßen Ablaufenlassens der Software *(„use")* von der Rechteklausel mitumfasst. Rechtliche Relevanz kommt dem allerdings nicht zu, da die wenigen Pflichten der BSD-Lizenz an die Weitergabe der Software anknüpfen, die Benutzung der Software jedoch wegen der gesetzlichen Lizenz aus § 69d UrhG unabhängig davon gestattet ist, ob die Lizenz überhaupt wirksam als AGB in einen Vertrag mit dem Lizenznehmer einbezogen wird.

2. Pflichten der Lizenznehmer

Wer den Source Code unter der Geltung der originalen BSD-Lizenz **101** verbreitet, muss den Urhebervermerk, die Lizenzbestimmungen und den Haftungs- und Gewährleistungsausschluss ebenfalls mitverbreiten (Nr. 1), wobei die Lizenz vorsieht, dass bei der Verbreitung im Objectcode diese Hinweise in der „Dokumentation und/oder im anderen mitgelieferten Material" enthalten sein müssen (Nr. 2). Für die Verbreitung veränderter Versionen untersagen die 4-Clause-BSD und die 3-Clause-BSD die Erwähnung des Urhebers der ursprünglichen Version zu Bewerbung der veränderten Version.

Während die Originalversion dem Nutzer vorgeschrieben hat, dass in allen Werbematerialien stets der Hinweis aufgenommen werden muss, dass die Software durch die Universität Berkeley entwickelt worden

---

[409] Das wird offenkundig auch von den entsprechenden Entwicklungsprojekten so gesehen, vgl. http://www.openbsd.org/policy.html.

ist,[410] ist diese Verpflichtung in den modifizierten Versionen nicht mehr vorgesehen,[411] da sie zu praktischen Problemen bei einer Vielzahl von „Advertising"-Klauseln geführt hat und die FSF die Inkompatibilität der originalen BSD-Lizenz mit der GPL gerügt hat.[412]

Für bearbeitete Programmversionen enthalten die BSD-Lizenzen keine besonderen Pflichten, insbesondere keine der Ziffer 2 b) GPL-2.0 vergleichbare Verpflichtung für die Freigabe der Urheberrechte an Fortentwicklungen („Copyleft"). Der betroffene Code muss also nicht frei bleiben, sondern kann in „proprietäre" Software überführt werden oder unter anderen Open Source Lizenzen genutzt werden. Bei dem Vertrieb veränderter Programmversionen müssen daher nur für die vorbestehenden Bestandteile die genannten Pflichten beachtet werden, für den geänderten oder hinzugefügten Code gibt es hingegen keine lizenzrechtlichen Vorgaben, vor allem muss der Source Code nicht zugänglich gemacht werden.

Die BSD-Lizenz enthält keine Regelung für den Fall, dass der Lizenznehmer gegen seine Pflichten verstößt. Man wird davon ausgehen müssen, dass ohne eine ausdrückliche Regelung des Rechtewegfalls wie in Ziffer 4 GPL-2.0, nur von einer einfachen Vertragsverletzung ausgegangen werden muss.[413]

3. Patentlizenzierung

101a Die BSD-Lizenz enthält keine ausdrückliche Regelung zum Umgang mit Patenten. Der Mangel einer ausdrücklichen Regelung zum Umfang der Lizenzierung führt zu Unklarheit und Unsicherheit.[414] Allerdings wird man davon ausgehen können, dass der Lizenzgeber seine eigenen Patente zumindest insoweit mitlizenziert, wie dies erforderlich ist, um die eingeräumten (urheberrechtlichen) Nutzungsrechte wahrnehmen zu können. Dies schließt auch den Vertrieb bearbeiteter Programmversionen mit ein, soweit ein oder mehrere Patente des Ursprungslizenzgebers bereits implementiert waren.

---

[410] Satz 2 der „Original BSD Copyright"-Lizenz lautet: „*All advertising materials mentioning features or use of this software must display the following acknowledgement: This product includes software developed by the University of California, Lawrence Berkeley Laboratory.*"

[411] Vgl. die Erklärung der University of California vom 22.7.1999, ftp://ftp.cs.berkeley.edu/ucb/4bsd/README.Impt.License.Change.

[412] Vgl. http://www.fsf.org/philosophy/bsd.html.

[413] *Schulz*, S. 194; a. A. *Spindler-Arlt/Brinkel/Volkmann*, S. 345 f., die auf den Wortlaut der Lizenz abstellen. Allerdings ist es fraglich, ob man dieser für Lizenzverträge nicht unüblichen Formulierung die harte Rechtsfolge des vollständigen Rechtewegfalls beimessen kann. Gegen eine solche Auslegung spricht auch das geringere Interesse an der Lizenzdurchsetzung im Vergleich mit Copyleft-Lizenzen.

[414] Zur Situation aus Sicht des US-Rechts, insbesondere im Hinblick auf eine „*implied license*" vgl. *Nadan*, 26 The Computer & Internet Lawyer 1, 2 f.

II. Apache License

Die Apache (Software) License existiert in drei verschiedenen Versionen **102** (Version 1.0, Version 1.1 und Version 2.0). Die verschiedenen Versionen führen zu keiner strukturellen Änderung des Lizenztyps, haben aber Einfluss auf die Pflichten des Lizenznehmers bei der weiteren Nutzung der Software, die sich im Detail unterscheiden. Die Bedeutung der Lizenzversionen 1.0 und 1.1 ist dabei gering, da sich die Apache Software Foundation durch ein „Contributor License Agreement" die Erlaubnis zur Unterlizenzierung einräumen lässt, so dass Apache insgesamt neuen Lizenzversionen unterstellt werden kann.[415]

Die Apache Webserver Software wird seit Februar 1995 von der Apache Group entwickelt, seit 1999 hat die Apache Software Foundation die Organisation des Open Source Projekts übernommen.[416] Der erste vollständige Release „Apache 1.0" wurde im Dezember 1995 veröffentlicht. Apache ist eines der erfolgreichsten freien Softwareprojekte überhaupt, der Marktanteil bei Webserver Software betrug im Januar 2015 knapp 40 %.[417]

1. Rechte der Lizenznehmer

Die Einräumung der Nutzungsrechte entspricht bei der Apache Software **103** License in den Version 1.0 und 1.1 dem BSD Copyright und verwendet dabei den identischen Wortlaut. Die in Apache License umbenannte Version 2.0 hat den Wortlaut geändert und umfasst neben den Rechten für Weitervertrieb und Entwicklung auch Rechte zur öffentlichen Vorführung *(„publicly display")*[418] und gestattet die Unterlizenzierung.

2. Pflichten der Lizenznehmer

a) Apache Software License (Version 1.0)

Die drei Lizenzversionen haben die Pflichten der Lizenznehmer im Laufe **104** der Jahre leicht abgewandelt:

---

[415] Zum Text des CLA siehe http://www.apache.org/licenses/icla.txt und für Beiträge angestellter Programmierer http://www.apache.org/licenses/cla-corporate.txt. Siehe auch unten Rn. 150.

[416] Zur Entwicklungsgeschichte der Apache Group vgl. http://httpd.apache.org/ABOUT_APACHE.html. Dort finden sich auch zahlreiche Informationen zur Binnenstruktur des Entwicklungsprojekts, das sich selbst als *„meritocracy"* bezeichnet: *„The Apache Group is a meritocracy – the more work you have done, the more you are allowed to do."*

[417] Vgl. http://news.netcraft.com/archives/2015/01/15/january-2015-web-server-survey.html.

[418] Dieses bei der Softwarenutzung praktisch nicht relevante Nutzungsrecht wurde offenbar aufgenommen, um zu zeigen, dass alle im US Copyright Act benannten Nutzungsarten umfasst sein sollen.

Bei der Nutzung von Freier Software unter der Apache Software License (Version 1.0) sind die folgenden allgemeinen Pflichten zu beachten: Der Lizenztext der Apache Software License muss mitgeliefert und der Copyrightvermerk *(Copyright (c) 1995–1999 The Apache Group. All rights reserved.)* muss im Wortlaut beibehalten werden. Auf den Haftungsausschluss, dessen Text im Lizenztext enthalten ist, muss hingewiesen werden, veränderte Versionen dürfen nicht unter dem Namen „Apache" vertrieben werden. Weiterhin muss der Hinweis *„This product includes software developed by the Apache Group for use in the Apache HTTP server project (http://www.apache.org/)."* verwendet werden (Ziffer 6). Dieser Hinweis muss auch in allen Werbematerialien enthalten sein, die auf die Software oder Funktionen der Software hinweisen. Die geforderten Hinweise und Texte können in der begleitenden Dokumentation oder anderen (auch elektronischen) Begleitmaterialien enthalten sein. Eine Pflicht zur Weitergabe oder Online-Zurverfügungstellung des Source Codes von Anwendungen unter der Apache Software License besteht hingegen nicht.

b) Apache Software License (Version 1.1)

105   Im Vergleich zu Version 1.0 ergeben sich nur die folgenden Unterschiede: Der Copyrightvermerk muss wegen der Umbenennung in „Apache Software Foundation" *„Copyright (c) 2000 The Apache Software Foundation. All rights reserved."* lauten. Die genaue Jahreszahl hängt von der verwendeten Software ab und ergibt sich aus der jeweils beiliegenden Lizenz. Auch der Hinweis auf die Software wurde entsprechend abgewandelt: *„This product includes software developed by the Apache Software Foundation (http://www.apache.org/)."* (Ziffer 3). Dabei wird dem Lizenznehmer aber die Wahl des Ortes für den Hinweis erleichtert. Werbematerialien müssen im Gegensatz zu Version 1.0 den Hinweis nicht erhalten, stattdessen kann dieser in der Endnutzer-Dokumentation aufgenommen werden oder an jedem anderen Ort, an dem Hinweise auf Drittsoftware üblicherweise aufgenommen werden.

Für veränderte Versionen der Software untersagt die Apache Software License 1.1 die Verwendung der Bezeichnung „Apache", sei es in Werbematerialien, sei es als Name der Software selbst. Abgeleitete Werke sollen nur nach Einholung einer schriftlichen Genehmigung der Apache Software Foundation diese Bezeichnungen benutzen dürfen. Inzwischen verfügt die Apache Software Foundation auch über entsprechende Marken an der Bezeichnung „Apache".[419]

---

[419] http://www.apache.org/foundation/licence-FAQ.html.

c) Apache License (Version 2.0)

Version 2.0 vom Januar 2004 wurde vollständig neu formuliert, ent- **106**
spricht aber inhaltlich weitgehend den Vorgängerversionen, d.h. die umfassende Nutzung der Software wird gestattet, ohne dass der Lizenznehmer Weiterentwicklungen als Open Source Software lizenzieren müsste.
Bei den Pflichten der Lizenznehmer haben sich folgende Änderungen
gegenüber Version 1.1 ergeben: Veränderte Dateien, deren Code unter der
Apache License genutzt wird, müssen einen gut erkennbaren Hinweis
darüber enthalten, dass der Lizenznehmer Änderungen vorgenommen hat.
Beim Vertrieb im Source Code dürfen keine Urheber-, Patent- oder Mar-
kenrechtshinweise gelöscht oder geändert werden. Wenn die Software
eine Textdatei „NOTICE" (mit Urhebervermerken) enthält, muss diese
Datei mit allen diesen Vermerken – sofern nicht der entsprechende Code-
teil in der weiterentwickelten Software nicht mehr enthalten ist – an die
Abnehmer weitergegeben werden, wobei der Lizenznehmer auswählen
kann, ob er dies in der Anzeige im Display oder mit dem Source Code
oder an anderer üblicher Stelle macht. Die übrigen Hinweispflichten aus
den Versionen 1.0 und 1.1 entfallen, allerdings muss der Lizenztext weiterhin mitgeliefert werden. Der Haftungs- und Gewährleistungsausschluss
wurde umformuliert und findet sich innerhalb der Lizenz, ein gesonderter
Abdruck ist nicht mehr erforderlich.

Version 2.0 der Apache License gestattet in Ziffer 4 Abs. 2 explizit,
dass eigene Änderungen der Software auch unter abweichenden Lizenzbedingungen vertrieben werden dürfen, solange diese Lizenzbedingungen nicht der Apache License widersprechen. Dies bedeutet, dass für ein
geändertes Programm abweichende Lizenzbedingungen verwendet werden können, die darin übernommenen Originalbestandteile aber unter
den Bedingungen der Apache License nutzbar sein müssen. Die Apache
Software Foundation ging daher davon aus, dass GPL-2.0 und Apache
License kompatibel sind, während die FSF dies wegen der Kündigungs-
möglichkeit der Patentlizenz in der Apache License bezweifelt.[420] Aus
diesem Grund wurde bei der Erstellung der GPL-3.0 eine spezielle Aus-
nahmeklausel vorgesehen, die Kompatibilität zwischen der GPL-3.0 und
der Apache License 2.0 herstellen soll.[421]

3. Patentlizenzierung

Neben den Urheberrechten der Entwickler werden auch etwaige Patente **106a**
explizit mitlizenziert (Ziffer 3). Die Apache License 2.0 ist die erste

---

[420] http://www.apache.org/licenses/GPL-compatibility.html. Die Apache Software
Foundation sprach in diesem Zusammenhang von einem *„legal limbo"*, http://
svn.apache.org/repos/asf/infrastructure/site/branches/pr/docs/licenses/GPL-compatibi-
lity.html.
[421] Zur Lizenzkompatibilität s. u. Rn. 118a ff.

Non-Copyleft-Lizenz mit einer expliziten Patentlizenzklausel, die dazu geführt hat, dass die Lizenz auch außerhalb der Apache Projekte sehr beliebt wurde. Allerdings umfasst die Patentlizenz der Apache License 2.0 nur diejenigen Patente, die durch den Beitrag des „Contributors" selbst oder durch die Kombination des Beitrags mit der vorbestehenden Programmversion verletzt werden. Dies gilt auch dann, wenn ein Patent erst später vom Lizenzgeber erworben wird. Der Lizenzgeber hat damit die Kontrolle, welche seiner Patente mit der Software lizenziert werden. Patente, die erst durch spätere Beiträge anderer „Contributor" verletzt würden, sind deshalb nicht umfasst.[422]

Nicht eindeutig ist, ob die Patentlizenz auch dann erteilt wird, wenn die Programmversion später durch Dritte verändert wurde, oder ob sie sich auf genau die Version beschränkt, die der Patentinhaber vertrieben hat. Einerseits wäre die Gestattung zur Bearbeitung und Weiterverbreitung bearbeiteter Programmversionen Makulatur, wenn die Patentlizenz sich nicht auch auf später bearbeitete Versionen erstrecken würde, andererseits bezieht sich der Wortlaut der Patentlizenz anders als die urheberrechtliche Lizenz nicht auf „Derivative Works", sondern ist auf das „Work" beschränkt, das der Patentinhaber verbreitet hat. Vor dem Hintergrund, dass die Apache License 2.0 kein Copyleft besitzt und keinen Schutz der Open Source Lizenzierung für Downstream-Nutzer vorsieht, wird man davon ausgehen müssen, dass beim späteren Vertrieb bearbeiteter Programmversionen eine gesonderte Patentlizenz eingeholt werden muss.

Ziffer 3 Satz 2 enthält eine „Patent Retaliation Clause", die einen Wegfall der Patentlizenz vorsieht, wenn der Lizenznehmer ein Patentstreitverfahren einleitet und sich dabei auf eine Patentverletzung der unter der Apache License 2.0 lizenzierten Software beruft. Dabei kommt es nicht darauf an, ob das Patentstreitverfahren gegen einen Lizenzgeber oder einen Nutzer der Software geführt wird.

III. MIT License

106b Die MIT License[423] wurde vom renommierten Massachusetts Institute of Technology entworfen und insbesondere auch für das X Window System verwendet. Die MIT License ist eine einfache Non-Copyleft-Lizenz, die in zahlreichen Varianten existiert, die sich nur geringfügig unterscheiden.[424] Die Rechteklausel ist sehr weitgehend formuliert („to deal in the Software without restriction, including without limitation the rights to use, ...") und zeigt klar die Intention des Lizenzgebers, jegliche Art der

---

[422] So auch die FAQ der Apache Software Foundation: http://www.apache.org/foundation/license-faq.html#PatentScope.
[423] http://opensource.org/licenses/MIT.
[424] Vgl. https://fedoraproject.org/wiki/Licensing:MIT.

Nutzung zu gestatten, so dass die einzelnen Nutzungsrechte nur beispielhaft aufgeführt warden. Eine Besonderheit besteht darin, dass auch die
Unterlizenzierungserlaubnis erteilt wird. In der Praxis ist allerdings nur
selten erkennbar, dass von dieser Möglichkeit Gebrauch gemacht wird.

Eine Patentlizenzierung wird nicht ausdrücklich geregelt, so dass insoweit auf die Ausführungen zur BSD License entsprechend verwiesen
werden kann. Zum Teil wird aus der Wortwahl in den Beispielsrechten
(„*deal in*", „ *use*" und „*sell*") geschlossen, dass eine Patentlizenz mitumfasst sein soll.[425]

Die Lizenz verlangt lediglich, dass beim Vertrieb der Urhebervermerk
und der Lizenztext mitgeliefert werden, wobei in der aktuellen Version
keine Pflicht zur Mitlieferung des Gewährleistungsausschlusses besteht.
Einige Varianten enthalten noch eine Regelung mit dem Verbot, den
Namen des Lizenzgebers für Werbezwecke zu verwenden. Die MIT
License ist mit den meisten anderen Open Source Lizenzen kompatibel
und erfreut sich daher großer Beliebtheit.

D. Lizenzen mit Wahlmöglichkeiten

Eine weitere Gruppe stellen die „Artistic"-Lizenzen dar. Sie lassen sich   107
keiner der anderen Lizenzarten zuordnen, da sie je nach Art der Veränderung unterschiedliche Rechtsfolgen sowie besondere Wahlmöglichkeiten für die Nutzung veränderter Versionen vorsehen. Im Mittelpunkt
des Interesses steht hierbei die ursprüngliche Artistic License, fortentwickelte Varianten stellen die Clarified Artistic License[426] und die Artistic
License 2.0[427] dar.

I. (Perl) Artistic License

Die Artistic License[428] und die sog. Perl Artistic License sind von beson-   108
derer Bedeutung, da sie die lizenzrechtliche Grundlage der weitverbreite-
ten Programmiersprache Perl darstellen.[429] Perl wird seit 1986 von *Larry*

---

[425] *Nadan*, 26 The Computer & Internet Lawyer 1.

[426] Vgl. https://spdx.org/licenses/ClArtistic.html#licenseText.

[427] https://spdx.org/licenses/Artistic-2.0.html#licenseText.

[428] Diese existiert in drei Varianten, der ursprünglichen Artistic License, https://
spdx.org/licenses/Artistic-1.0.html#licenseText, einer Version, die sich nur durch die
Hinzufügung einer Ziffer 8 unterscheidet (https://spdx.org/licenses/Artistic-1.0-
cl8.html#licenseText) und der sog. Perl Artistic License, http://www.perl.com/
language/misc/Artistic.html. Verwirrenderweise sind alle drei Versionen einheitlich
mit „The Artistic License" überschrieben, so dass im Einzelfall geprüft werden muss,
welche Version Anwendung findet.

[429] Auch wenn die einzelnen Befehlszeichen einer Programmiersprache selbst nicht
dem Urheberrechtsschutz zugänglich sind, so sind doch die zur Nutzung der Sprache

Wall entwickelt[430] und seit Version 3 (1989) unter der GPL verbreitet.
Seit Version 4 (1991) findet die Verbreitung parallel nach den Vorschriften der Artistic License statt.[431] Die Open Source Initiative hat die
Artistic License als Open Source Lizenz zertifiziert, die Free Software
Foundation ordnet die Lizenz als „nicht-frei" ein, was allerdings weniger auf die „Substanz" als auf die unklaren Formulierungen der Lizenz
bezogen scheint.[432] Für Perl Version 6 ist eine überarbeitete Version 2
der Lizenz erstellt worden, die bislang aber nur für einige Implementie-
rungen Anwendung findet.[433] Sie wird unten näher beschrieben. Bekannt
wurde die Artistic License auch dadurch, dass sie Gegenstand der ersten
gerichtlichen Entscheidung in den USA zur Durchsetzbarkeit von Open
Source Lizenzen war.[434]

1. Rechte der Lizenznehmer

109   Die Artistic License räumt dem Nutzer das Recht der Vervielfältigung, der
Verbreitung und wohl auch der öffentlichen Zugänglichmachung der
Software in unveränderter Form ein (vgl. Ziffer 1).[435] Ziffern 2 und 3
erlauben die Veränderung sowie den Vertrieb veränderter Versionen. In
den Ziffern 4 und 8 findet sich die ausdrückliche Gestattung der Verbreitung als Objectcode. Ziffer 5 gestattet dem Nutzer, für den eigentlichen
Kopiervorgang eine „angemessene" Gebühr zu verlangen. Für Dienstleistungen im Zusammenhang mit der Software sind Entgelte erlaubt. Der
gemeinsame Vertrieb von Software, die unter der Artistic License steht,
mit anders lizenzierter Software als Teile eines Gesamtpakets *(„larger
work")* ist gestattet (vgl. Ziffer 5 der Lizenz). In diesem Punkt ähnelt die
Artistic License der Mozilla Public License.[436] Anders als nach den Bestimmungen der Mozilla Public License gestattet die Artistic License auch
eine „proprietäre" Verwertung des Gesamtpakets. Diese Art der Zusam-

---

erforderlichen Programme, die im Gesamtpaket Perl enthalten sind (Kompiler, Bibliotheksroutinen etc.) schutzfähig.

[430] Vgl. zur Entwicklung von Perl 5 und Perl 6 http://dev.perl.org/perl6/.

[431] Zur Entwicklungsgeschichte von Perl vgl. http://de.wikipedia.org/wiki/Perl_
(Programmiersprache).

[432] Vgl. http://www.gnu.org/licenses/license-list.html.

[433] Vgl. http://www.perlfoundation.org/cpan_licensing_guidelines; http://dev.perl.org/
perl6/rfc/346.html.

[434] *Jacobsen v. Katzer*, 535 F.3d 1373 (Fed. Cir. 2008), IIC 2009, 345 mit Anm.
Jaeger/Gebert; dazu näher unten Rn. 372.

[435] Die Lizenz spezifiziert die Vertriebsrechte nicht, sondern räumt dem Lizenznehmer in untechnischer Sprache das Recht ein, die Software weiterzugeben („you may
make and *give away* verbatim copies"). Allerdings verwendet die Lizenz an anderer
Stelle mehrfach statt *„give away"* den Begriff *„distribute"*, insbesondere in den Ziffern 4, 5 und 8. Es ist davon auszugehen, dass ebenso wie in der GPL-2.0 mit *„distribute"* und damit letztlich auch von Ziffer 1 der Internetvertrieb ebenfalls umfasst sein
soll, vgl. zur Auslegung der GPL-2.0 oben Rn. 29.

[436] Zu Ziffer 3.3 MPL-2.0 s. o. Rn. 84.

menstellung ist allerdings an die Bedingung geknüpft, dass das entstehen-
de Programm nicht als Eigenentwicklung beworben wird. Nach den Ziffern 6 und 7 der Lizenz ist auch die Einbindung von Bibliotheksroutinen
oder Skripten in „proprietäre" Software zulässig.

2. Pflichten der Lizenznehmer

Wie die anderen Open Source Lizenzen, so sieht auch die Artistic Licen-   **110**
se die Verpflichtung vor, die Urhebervermerke sowie den Haftungsausschluss mit zu verbreiten (Ziffer 1). Eine Pflicht zur Weitergabe einer
Kopie der Lizenz ist dagegen nicht vorgesehen.

Für die Verbreitung veränderter Versionen sehen die Ziffern 2 und 3
eine Differenzierung nach dem Umfang der Modifizierung vor. Hintergrund dürfte die Unterscheidung nach *„Standard Version"* und abweichenden Programmversionen sein, wobei der Nutzer bei der *„Standard
Version"* darauf vertrauen dürfen soll, dass diese keine Bestandteile
enthält, die der Ursprungsurheber *(„Copyright Holder")* der Ausgangs-
version nicht bearbeiten und verändern darf.[437] Die Regelung lässt allerdings reichlich Spielraum für unterschiedliche Interpretationen. Für
weniger weitgehende Modifizierungen bestehen nach Ziffer 2 der Artistic License keine zusätzlichen Verpflichtungen, diese sind nach der
Regelung der Verbreitung unveränderter Versionen zu behandeln. Als
Modifizierungen dieser Art nennt Ziffer 2 Fehlerbeseitigungen, Veränderungen zur Herstellung der Interoperabilität sowie Veränderungen,
die sich aus Bearbeitungen des ursprünglichen Codes *(„modification
derived from (...) the Copyright Holder")* oder Bearbeitungen auf der
Grundlage von Code aus der Public Domain[438] ergeben.

Zusätzliche Verpflichtungen ergeben sich dagegen bei der Verbreitung
von „sonstigen Veränderungen" an der Software nach Ziffer 3 Artistic
License. Wann eine Veränderung eine *„modification derived from the
(...) Copyright Holder"* im Sinne der Ziffer 2 darstellt und wann eine
sonstige Veränderung im Sinne der Ziffer 3 vorliegt, wird von der Lizenz nicht erläutert. Es erscheint naheliegend, jedenfalls dann eine Veränderung im Sinne der Ziffer 3 anzunehmen, wenn ganze Dateien *(„files")* ausgetauscht werden. Solange aber Veränderungen innerhalb der
ursprünglichen Programmdateien vorgenommen werden, bleibt die
Abgrenzung unklar.

Liegt eine Veränderung des Gesamtpakets im Sinne von Ziffer 3 vor,   **111**
so ist die Verbreitung dieser Version an die Erfüllung einer der folgenden vier Bestimmungen geknüpft: Eine erste Variante besteht darin, dass
der Urheber seine Modifizierungen in die Public Domain gibt oder in
einer bestimmten Form kostenlos zur Verfügung stellt. Die Möglichkeit

---

[437] Vgl. *Laurent*, S. 92.
[438] Zum Begriff der Public Domain s. o. Rn. 8.

der Public Domain scheidet im Hinblick auf § 29 Abs. 1 UrhG für das deutsche Urheberrecht aus.[439] Möglich ist dagegen die kostenlose Zurverfügungstellung der Software, soweit den Nutzern ihrerseits auch die kostenlose Verbreitung gestattet wird[440] oder die Gestattung der Aufnahme der Veränderung in die nach den Bestimmungen der Artistic License verbreitete Standardversion.[441]

Eine Nutzung der veränderten Version ist aber auch ohne weitere Verpflichtungen möglich, soweit sie nur im internen Bereich des eigenen Unternehmens bzw. der eigenen Organisation stattfindet. Die Artistic License sieht also keine Pflicht der Veröffentlichung von Veränderungen vor. Schließlich sieht die Lizenz auch Möglichkeiten der „proprietären" Nutzung von Fortentwicklungen vor: Soweit die veränderte Version mit einem anderen Namen versehen wird und zugleich eine Kopie des ursprünglichen Pakets und eine „klare Beschreibung" der Unterschiede der beiden Pakete mit geliefert werden, ist auch eine „proprietäre" Nutzung von Fortentwicklungen gestattet. Schließlich besteht, quasi als „ultima ratio", auch die Möglichkeit, mit dem Urheber des ursprünglichen Programms eine besondere Lizenzgestaltung auszuhandeln.

Die Ziffern 5 bis 8 unterscheiden sich bei der Artistic License und der „Perl Artistic License", obwohl beide Lizenzvarianten mit „The Aristic License" überschrieben sind. Die Perl Artistic License enthält spezielle Regelungen für den Perl Interpreter, der gem. Ziffer 5 sogar mit einem eigenen Programm verlinkt vertrieben kann, ohne dass die Lizenzierung des eigenen Programms beeinträchtigt wird.

Abgrenzungsschwierigkeiten ergeben sich im Hinblick auf die Verpflichtungen der Lizenznehmer bei der Verbreitung der Software im Objectcode. Nach Ziffer 8 Perl Artistic License ist die Verbreitung der Software in der Form des Objectcodes und als Teil einer Zusammenstellung mit „proprietärer" Software ohne weitere Bedingungen zulässig. Die Lizenz bestimmt, dass eine solche Zusammenstellung nicht als „Verbreitung" im Sinne der Lizenz zu behandeln ist, soweit die Nutzung der Software für den Verbraucher nicht erkennbar gemacht wird, d. h. Code unter der Perl Artistic License darf explizit in Programmen unter beliebi-

---

[439] Vgl. oben Rn. 8.
[440] Die Artistic License definiert zu Anfang der Bestimmungen, was „Freely Available" im Sinne der Lizenz bedeutet: „Freely Available means that no fee is charged for the item itself, though there may be fees involved in handling the item. It also means that recipients of the item may redistribute it under the same conditions they received it." Es genügt also, Fortentwicklungen kostenfrei zur Verfügung zu stellen, soweit auch die kostenfreie Weiterverbreitung gestattet wird. Den Nutzern der Fortentwicklung muss allerdings nicht die Freiheit eingeräumt werden, auch Veränderungen vornehmen zu können.
[441] Wie eine solche Aufnahme in die Perl-Standard-Version zu bewerkstelligen ist, geht aus der Lizenz nicht hervor.

gen Lizenzbedingungen genutzt werden, sofern nicht erkennbar ist, dass sich das Artistic-Programm darin befindet. Eine solche Regelung findet sich in der allgemeinen Artistic License hingegen nicht. Die sonstige Verbreitung der Software in der Form des Objectcodes ist dagegen an die Erfüllung einer der Bestimmungen der Ziffern 4 a) bis d) geknüpft.

Ziffer 9 (bzw. Ziffer 8 Artistic License) verbietet schließlich die Nutzung des Namens des Urhebers zur Bewerbung veränderter Versionen der Programme.

II. Clarified Artistic License

Die sog. Clarified Artistic License[442] ist eine von *Bradley Kuhn* entwickelte Abwandlung der Artistic License, um die von der FSF kritisierten Unklarheiten zu beseitigen. Sie wurde daher im Gegensatz zur Artistic License auch von der Free Software Foundation als freie Lizenz akzeptiert. Sie weicht in vereinzelten Punkten von ihrem Vorbild ab und wird seit der Erstellung der Artistic License 2.0 nur noch von wenigen Projekten wie htp[443] verwendet. Die wichtigste Veränderung findet sich in Ziffer 5 der Lizenz. Zwar ist es auch nach der Clarified Artistic License dem Nutzer gestattet, der Lizenz unterstehenden Code mit „proprietärem" Code zu einem Gesamtpaket zusammenzustellen. Bei einer kommerziellen Verbreitung ist in der Lizenz jedoch festgeschrieben, dass nur für die hinzugefügten „proprietären" Bestandteile des Ganzen Lizenzgebühren verlangt werden dürfen. Die Clarified Artistic License ist in dieser Frage also strenger als die Original-Lizenz. Weitere leichte Abwandlungen finden sich in den Ziffern 3 e) und 4 e).[444]

112

III. Artistic License 2.0

Die Artistic License 2.0 lehnt sich dem Charakter der ursprünglichen Arctic License an, bedient sich aber einer stärker lizenzrechtlich geprägten Sprache und versucht so mehr Rechtsklarheit zu erzeugen.[445] Es ist dabei gelungen, den Lizenztext knapp und lesbar zu halten. Die Wahlmöglichkeiten hinsichtlich des Umgangs mit Bearbeitungen der Software wurden zusammengefasst und vereinfacht. So kann die bearbeitete Software gem. Ziffer 4 entweder unter der Artistic License lizen-

112a

---

[442] https://spdx.org/licenses/ClArtistic.html#licenseText.

[443] http://htp.sourceforge.net/ref/intro.html.

[444] Insgesamt erscheinen die Unterschiede zwischen den beiden Artistic-Lizenzen als geringfügig. Die Politik der Free Software Foundation, der einen Lizenz den Status als freie Lizenz wegen ihrer unklaren Formulierungen abzusprechen, die andere aber anzuerkennen, ist kaum nachvollziehbar.

[445] Erläuterungen zu der Lizenz finden sich in den „Notes" unter http://www.perlfoundation.org/artistic_2_0_notes.

ziert werden (a), proprietär genutzt werden, wenn eine Umbenennung vorgenommen wird und die Standard Version daneben genutzt werden kann (b), oder einer beliebigen Copyleft-Lizenz unterstellt werden (c). Letztere Variante enthält eine Kompatibilitätsklausel, die nicht nur die duale Lizenzierung von Perl unter der GPL und der Artistic License überflüssig machen soll, sondern auch die Relizenzierung unter der LGPL oder MPL ermöglicht.[446]

Anders als die ursprüngliche Artistic License enthält Version 2 auch eine Patentlizenzklausel (Ziffer 13), die in weiten Teilen aus der Apache License 2.0 übernommen wurde.

E. Lizenzen mit Sonderrechten

113 Als in der zweiten Hälfte der 1990er Jahre verstärkt auch Unternehmen dazu übergegangen sind, Software unter den Bedingungen von Open Source Lizenzen freizugeben, ging der Trend zunächst dahin, dass sich die betreffenden Unternehmen in den hierfür verwandten Lizenzen gewisse Sonderrechte gegenüber den sonstigen Lizenzgebern von Bearbeitungen ausbedungen haben. Als Beispiele hierfür können die Netscape Public License[447] (NPL), die Q Public License[448] (QPL) und die Apple Public Source License, Version 1.2[449] (APSL) genannt werden. Das Charakteristische dieser Lizenzen besteht darin, dass die beteiligten Unternehmen als Inhaber der Verwertungsrechte an den ursprünglichen Programmen zwar den Quelltext offenlegen und auf Fortentwicklungen aus dem Open Source Lager hoffen. Gleichzeitig sehen die Lizenzen aber Privilegien für die Unternehmen vor: Beiträge externer Programmierer dürfen von den Unternehmen auch „proprietär" genutzt werden. Diese Privilegien sprechen noch nicht dagegen, die Lizenzen als Open Source Lizenzen anzusehen, da keine Diskriminierung einer einzelnen Gruppe vorliegt.[450] Die Lizenzen wurden von der Open Source Initiative daher zumeist als Open Source Lizenzen „zertifiziert",[451] und auch die Free Software Foundation bezeichnet sie mehrheitlich als freie Lizenzen.[452]

Der Lizenztyp hat zwischenzeitlich jedoch weitgehend seine Bedeutung verloren.[453] Die APSL Version 2 sieht keine Sonderrechte mehr für

---

[446] Unklar bleibt, warum die Perl Foundation auch die Apache License als Copyleft Lizenz einordnet, http://www.perlfoundation.org/artistic_2_0_notes.

[447] https://spdx.org/licenses/NPL-1.1.html#licenseText, Ziffer V.2 des Amendments.

[448] https://spdx.org/licenses/QPL-1.0.html#licenseText; Ziffer 3 b).

[449] https://spdx.org/licenses/APSL-1.2.html#licenseText, Ziffer 3 b).

[450] Zur Definition der Freien oder Open Source Software s. o. Rn. 2.

[451] Vgl. http://www.opensource.org/licenses/index.html.

[452] http://www.gnu.org/licenses/license-list.html.

[453] Zu den drei genannten Lizenzen vgl. die 1. Aufl., S. 74 ff.

Apple vor, vielmehr handelt es sich bei der neuen Lizenzversion um eine beschränkte Copyleft-Lizenz.[454] Trolltech und nachfolgend Nokia und Digia sind dazu übergegangen, anstatt der QPL die GPL und die LGPL für das Toolkit Qt zu benutzen.[455] Die Mozilla Foundation hat alle Source Codes, die zunächst auch der NPL unterstanden, der MPL sowie zwischenzeitlich parallel hierzu der GPL und der LGPL unterstellt („MPL/LGPL/GPL tri-license").[456] Inzwischen wird die MPL-2.0 verwendet, die eine besondere Komaptibilitätsregelung für die LGPL und GPL enthält.[457]

Dies bedeutet nicht, dass Unternehmen nicht mit anderen Mitteln versuchen, alle Urheberrechte bzw. ausschließlichen Rechte an Beiträgen externer Programmierer übertragen zu bekommen, um auf diese Weise freie Hand für eine parallele proprietäre Nutzung der Programme zu behalten. So verpflichtete beispielsweise OpenOffice.org alle Programmierer, die Source Code für offizielle OpenOffice.org-Produkte zur Verfügung stellen, Sun durch ein „Sun Contributor Agreement" Rechte an den Programmteilen einzuräumen.[458] Auch bei dieser Konstruktion kommt es letztlich zu einer privilegierten Stellung des beteiligten Unternehmens.

F. Dual Licensing

I. Begriff

Dual Licensing liegt vor, wenn ein Programm unter mehrere Lizenzen **114** gestellt wird, insbesondere unter eine „proprietäre" und eine freie Lizenz. Es kann ein praktisches Bedürfnis dafür bestehen, eine Software mehreren Lizenzen zu unterstellen, etwa weil mit einem „proprietären" Vertrieb in herkömmlicher Weise Lizenzgebühren erzielt werden sollen und daneben die Software freigegeben wird, um auf möglichst vielen Plattformen einsetzbar zu sein. Es kann für ein Unternehmen auch wirtschaftlich vorteilhaft sein, Vorversionen oder Treiber unter eine Open Source Lizenz zu stellen, um eine weitgehende Verbreitung eines Produkts zu erreichen oder einen Standard zu setzen. Schließlich kann es auch von Interesse sein, ein Programm gleichzeitig unter mehreren Open

---

[454] Vgl. www.opensource.apple.com/apsl.

[455] http://www.qt.io/licensing/.

[456] Vgl. hierzu http://www-archive.mozilla.org/MPL/relicensing-faq.html.

[457] Dazu näher Rn. 84a.

[458] Siehe hierzu auch unten Rn. 150. Das Assignment verpflichtet Sun bzw. die Rechtsnachfolgerin Oracle nicht dazu, die Software nur als Open Source Software zu benutzen. Hier liegt der entscheidende Unterschied zu den unten bei Rn. 150 näher untersuchten treuhänderischen Rechtsübertragungen der Free Software Foundation.

Source Lizenzen zur Verfügung zu stellen, um auf diese Weise das Problem der fehlenden Kompatibilität der Lizenzen zu entschärfen.[459] Dies ist der Hintergrund der von der Mozilla Foundation zwischenzeitlich verfolgten Lizenzpolitik, die ihre Programme parallel unter den Bedingungen der MPL, der GPL und der LGPL anbot („MPL/LGPL/GPL tri-license").[460]

II. Zulässigkeit des Dual Licensing

115 Grundsätzlich steht es dem Urheber oder dem Inhaber der ausschließlichen Nutzungsrechte frei, unter welchen Bedingungen er seine Software lizenziert. Er kann mit unterschiedlichen Personen unterschiedliche Vertragsbedingungen vereinbaren. Dies gilt grundsätzlich auch, wenn er die Software unter eine Open Source Lizenz stellt, da damit kein Verzicht auf die Urheberrechte stattfindet und auch keine Selbstbindung dahingehend entsteht, ein Programm ausschließlich als Open Source Software zu lizenzieren.

Dual Licensing ist im Regelfall nicht möglich, wenn fremde Software weiterentwickelt wird, die unter einer strengen Copyleft-Lizenz, insbesondere der GPL, steht.[461] Denn dann verbietet die Lizenz, dass das Programm unter anderen Bedingungen als denjenigen der GPL verbreitet wird. Andere Lizenzbedingungen sind hier allenfalls für den isolierten Vertrieb der hinzugefügten Bestandteile denkbar, sofern diese entsprechend abtrennbar sind.[462]

Typischerweise wird Dual Licensing dann vorgenommen, wenn ein Programmierer seine selbst entwickelte Software vertreibt oder ein Unternehmen wegen § 69b UrhG die ausschließlichen Nutzungsrechte an dem Programm besitzt. Natürlich hat der Lizenzgeber nur dann die Befugnis zum Dual Licensing, wenn er selbst auch Rechtsinhaber bleibt. Bei einer Einräumung von ausschließlichen Nutzungsrechten an einen Dritten wird die Befugnis fehlen, daneben die Software noch unter anderen Lizenzbedingungen zu verbreiten.[463]

Bei Lizenzen ohne Copyleft-Klausel ist Dual Licensing hingegen stets möglich, unabhängig davon, ob die Software selbst entwickelt wurde oder nicht. Denn der Lizenznehmer erwirbt mit diesen Lizenzen alle Freiheiten, die es ihm auch erlauben, das Programm unter abweichenden Bedingungen weiter zu verbreiten. Rechtstechnisch geschieht dies dadurch, dass er vom Inhaber der ausschließlichen Nutzungsrechte

---

[459] Dazu s. o. Rn. 41, 69.
[460] Vgl. http://www-archive.mozilla.org/MPL/relicensing-faq.html.
[461] Zustimmend *Spindler-Spindler*, S. 16 f.
[462] S. o. Rn. 47 ff.
[463] Dies wäre nur mit einer Rückübertragung von entsprechenden Rechten möglich.

beliebig viele einfache Nutzungsrechte erwirbt, die er dann an Dritte weitergeben kann. Dual Licensing ist gegebenenfalls also auch möglich, wenn der Lizenzgeber *kein* ausschließliches Nutzungsrecht, sondern eine unbegrenzte Zahl einfacher Nutzungsrechte innehat.

III. Rechtsfolgen des Dual Licensing

Wird ein Programm unter mehreren Lizenzen vertrieben, stellt sich die **116** Frage, ob Weiterentwicklungen in dem „freien Zweig" auch in dem „proprietären Zweig" bzw. in einem anderen „Open Source Zweig" verwendet werden dürfen.

Dabei ist nach dem Lizenztyp zu unterscheiden. Aus einer Software unter einer BSD-artigen Lizenz können Neuerungen natürlich auch in „proprietären" Code oder GPL-Code übernommen werden. Bei „Copyleft"-Software ist aber zu beachten, dass in den „proprietären" Zweig keine Bestandteile des im Open Source Zweig weiterentwickelten Programms übernommen werden dürfen. Der Grund dafür liegt darin, dass dann der proprietäre Teil ebenfalls freigegeben werden müsste und ein Dual Licensing nicht mehr länger möglich wäre. Einige ältere Lizenzen hatten deshalb vorgesehen, dass das Unternehmen, welches das Programm ursprünglich freigegeben hat, Änderungen Dritter auch in seinen proprietären Programmen verwenden darf. Dieser Lizenztypus hat jedoch an Bedeutung verloren.[464] In der Praxis verwenden daher viele Softwarehersteller ein *Contribution Agreement*, durch das sie sich umfassende Nutzungsrechte an Beiträgen Dritter einräumen lassen.[465]

IV. Beispiele für Dual Licensing

Neben Qt[466] und den Mozilla Programmen gibt es noch andere promi- **117** nente Beispiele für Dual Licensing. Die Firma Artifex bot ihren Interpreter für Postscript- und PDF-Dateien „Ghostscript" zunächst unter drei Lizenzen an.[467] Nunmehr wird Ghostscript unter der kommerziellen „Artifex Commercial License" und der AGPL-3.0 angeboten.[468] Wer eine Anwendung unter Verwendung von Ghostscript unter der AGPL vertreibt, kann dafür die AGPL-Lizenzversion nehmen, wer eine proprietäre Anwendung mit Ghostscript ausstattet, ist auf die proprietäre

---

[464] S. o. Rn. 113.
[465] S. u. Rn. 150.
[466] Vgl. http://www.qt.io/licensing.
[467] Ghostscript wurde zunächst proprietär und unter der Aladdin Free Public License veröffentlicht, die aber nur den nichtkommerziellen Vertrieb erlaubt. Eine Lizenzierung unter den GPL folgte zeitlich später.
[468] Vgl. die Firmeninformation http://www.artifex.com/page/licensing-information.html.

Lizenz *(„commercial license")* angewiesen. Das Datenbanksystem
MySQL für Server ist ebenfalls unter der GPL und einer „proprietären"
Lizenz für diejenigen erhältlich, die MySQL mit ihrer eigenen „proprietären" Software verbinden wollen.[469] Oracle hat das Geschäftsmodell
dabei insoweit verfeinert, als die GPL-2.0-Version mit beliebigen Open
Source Anwendungen genutzt werden kann, ohne dass diese ebenfalls
unter der GPL-2.0 oder einer GPL-kompatiblen Lizenz lizenziert sein
müssten. Dies wird durch eine sog. *„FOSS License Exception"* erreicht,
die eine explizite Ausnahme vom Copyleft der GPL darstellt.[470]

V. Zusammenfassung

118 Dual Licensing ist ein beliebtes Lizenzierungsmodell, das es kommerziell
arbeitenden Unternehmen erlaubt, sowohl auf dem herkömmlichen
Softwaremarkt als auch im Open Source Geschäft tätig zu sein. Allerdings ist die Gefahr gegeben, dass sich freier und „proprietärer" Soft-
warezweig auseinanderentwickeln, u. U. sogar verschiedene Anwender-
bedürfnisse befriedigen.

G. Lizenzkompatibilität

118a Die moderne Softwareentwicklung greift vielfältig auf Softwarekomponenten unter freien Lizenzen zurück, um dadurch überflüssigen Programmieraufwand zu sparen oder von besonderer technischer Expertise
zu profitieren. Oftmals sollen mehrere Softwarebestandteile unter verschiedenen Open Source Lizenzbedingungen zu einem neuen Programm
verbunden oder Codebestandteile aus einem Open Source Projekt in
einem anderen Open Source Projekt verwendet werden. Solche Konstellationen verlangen stets eine Prüfung, ob Lizenzkompatibilität besteht.[471]
Denn wenn Code unter einer Copyleft-Lizenz verwendet werden soll,
besteht die Gefahr, dass andere Softwarebestandteile unter dieser Copyleft-Lizenz lizenziert werden müssen, deren eigene Lizenz dies nicht
gestattet oder Verpflichtungen enthält, die die Copyleft-Lizenz nicht

---

[469] Vgl. http://www.mysql.com/about/legal/licensing/oem/; ausführlich dazu *Taylor*,
37 AIPLA Q. J., 321.

[470] http://www.mysql.com/about/legal/licensing/foss-exception/. Interessant ist in
diesem Zusammenhang, dass Oracle im Rahmen der kartellrechtlichen Prüfung durch
die Europäische Kommission eine öffentliche Erklärung abgegeben hat, wonach u. a.
auf bestimmte Ansprüche gegen Nutzer der GPL-Version in proprietären Produkten
verzichtet wurde, http://www.oracle.com/us/corporate/press/042364.

[471] Vgl. auch *Shemtov/Walden-McDonagh*, S. 99 ff.; *Meeker*, Open Source for
Business, S. 49 ff.

vorsieht, so dass die Lizenzen inkompatibel sind. Lizenzkompatibilität kann dabei in zwei Formen vorliegen:

1. Einseitige Kompatibilität: Die zu einem Programm verbundenen Komponenten dürfen nur unter einer der involvierten Lizenzen genutzt werden.[472]

2. Beidseitige Kompatibilität: Die zu einem Programm verbundenen Komponenten dürfen unter allen involvierten Lizenzen genutzt werden.

Nachfolgend wird zunächst allgemein für die relevantesten Open Source Lizenzen erläutert, wie die Lizenzkompatibilität geprüft werden kann, um dann die speziellen Fragen der Kompatibilität bei der GPL darzustellen.

I. Lizenzkompatibilität von Open Source Lizenzen

Die Frage der Lizenzkompatibilität ist eng verbunden mit dem Copyleft-Effekt. Wenn zwei Open Source Programme zusammen in einer Weise genutzt werden, dass jedes Ursprungsprogramm so eigenständig bleibt, dass der Copyleft-Effekt der betroffenen Open Source Lizenzen nicht eingreift, dann bedarf es auch keiner Kompatibilität dieser Lizenzen. Sie werden nur nebeneinander genutzt, die Software aber nicht zu einem neuen Programm verbunden. Programmkomponenten unter Lizenzen ohne Copyleft-Klausel können ebenfalls beliebig miteinander verbunden werden, ohne Kompatibilitätsfragen aufzuwerfen – sie sind beidseitig kompatibel. Wenn jedoch in einem Softwareprojekt auch nur eine Copyleft-Lizenz verwendet wird, muss die Lizenzkompatibilität geprüft werden. **118b**

Dabei sind folgende Prüfschritte erforderlich:

1. Bilden zwei oder mehr Softwarebestandteile voneinander abgeleitete Werke nach Maßgabe der betroffenen Lizenzen?
2. Sind mehrere Copyleft-Lizenzen beteiligt?
3. Enthalten beteiligte Non-Copyleft-Lizenzen Pflichten, die die betroffenen Copyleft-Lizenzen nicht kennen?

Der erste Prüfschritt dient der Feststellung, ob überhaupt eine Kompatibilitätsprüfung erforderlich ist. Wenn die Open Source Komponenten aus Sicht der betroffenen Open Source Lizenzen eigenständig nebeneinander stehen, so dass der Copyleft-Effekt dieser Lizenzen nicht eingreift, bedarf es keiner weiteren Prüfung der Lizenzkompatibilität. Je nach Lizenztyp können sich die Kriterien bei dieser Prüfung erheblich unterscheiden. So ist bei der MPL lediglich zu prüfen, ob Softwarebestandteile unter anderen Open Source Lizenzen in eigenen Dateien vorliegen.[473] **118c**

---

[472] Die Wahl der falschen Lizenz führt zu einer Urheberrechtsverletzung, vgl. LG Köln, CR 2014, 704 mit Anm. *Jaeger.*

[473] S. o. Rn. 88 f.

Bei der GPL können hingegen komplexe Abgrenzungsfragen erforderlich sein.[474]

118d   Wenn der erste Prüfschritt zu dem Ergebnis geführt hat, dass der Copyleft-Effekt zumindest einer Open Source Lizenz eingreift, ist in einem zweiten Prüfschritt der Frage nachzugehen, ob mehr als eine Copyleft-Lizenz
betroffen ist. Ist dies der Fall, muss eine Inkompatibilität festgestellt werden, wenn keine spezielle Kompatibilitätsklausel eine Ausnahme vorsieht,
die zu einer einseitigen Kompatibilität führt. Denn das abgeleitete Werk
darf nicht unter zwei widerstreitenden Copyleft-Lizenzen genutzt werden.
Würde Code unter der EPL mit Code unter der GPL-2.0 zu einem neuen
Programm kombiniert und müsste dieses neue Programm zumindest aus
der Sicht der GPL-2.0 als *„derivative work"* insgesamt unter der GPL-2.0
lizenziert werden, dann müssten die Lizenzbedingungen der EPL verletzt
werden, da diese die Nutzung des EPL-Bestandteils ausschließlich unter
den Bedingungen der EPL gestatten.

Vor diesem Hintergrund wird deutlich, dass eine Inkompatibilität von
Copyleft-Lizenzen nur durch eine gesonderte Kompatibilitätsklausel abge-
wendet werden kann, die die Nutzung von abgeleiteten Werken auch unter
einer oder mehreren anderen Copyleft-Lizenzen gestattet. Die älteste Kom-
patibilitätsklausel findet sich in Ziffer 3 LGPL-2.0, die die Nutzung der der
LGPL-2.0 unterstellten Software auch unter der GPL gestattet. Weitere
Kompatibilitätsklauseln finden sich in § 3 Abs. 3 d-fsl, Ziffer 13 GPL-3.0,
Ziffer 2b) LGPL-3.0 und Ziffer 4c)ii) Artistic License 2.0. Eine besondere
Kompatibilitätsklausel enthält die European Union Public License v. 1.1
(EUPL) in Ziffer 5, die auf eine Anlage mit Copyleft-Lizenzen verweist,
unter denen abgeleitete Werke mit EUPL lizenzierter Software genutzt
werden dürfen.[475] Ähnlich ist das Konzept von Ziffer 3.3 MPL-2.0.[476]

118e   Der dritte Prüfschritt dient dazu, die Kompatibilität von Copyleft-
Lizenzen mit Non-Copyleft-Lizenzen festzustellen. Copyleft-Lizenzen verlangen regelmäßig, dass abgeleitete Werke nur unter den Bedingungen der
Copyleft-Lizenz genutzt werden dürfen.[477] Dies bedeutet gleichzeitig, dass
keine zusätzlichen Bedingungen verlangt werden dürfen, die die Copyleft-
Lizenz nicht kennt.[478] Da zahlreiche Non-Copyleft-Lizenzen jedoch Lizenzpflichten enthalten, die die GPL-2.0 oder andere Copyleft-Lizenzen
nicht kennen und die auch beim Vertrieb abgeleiteter Werke beachtet
werden müssen, kann sich auch bei der Kombination von Copyleft- und

---

[474] S. o. Rn. 45 ff.

[475] Ausführlich dazu *Bastin/Laurent*, Report on Study of the Compatibility Mechanism of the EUPL v.1.0, http://ec.europa.eu/idabc/servlets/Doc?id=27472.

[476] Dazu näher *Villa*, MPL 2.0, copyleft, and license compatibility, http://open
source.com/law/11/9/mpl-20-copyleft-and-license-compatibility.

[477] Eine Ausnahme stellt insoweit die Artistic License dar, s. o. Rn. 111.

[478] Explizit ist hier Ziffer 6 GPL-2.0: *„You may not impose any further restrictions
on the recipients' exercise of the rights granted herein."*

Non-Copyleft-Lizenzen eine Inkompatibilität ergeben, obwohl die Non-Copyleft-Lizenz grundsätzlich keine Vorgaben dazu macht, wie abgeleitete Werke zu lizenzieren sind. Ein typisches Beispiel ist die Werbeklausel der ursprünglichen BSD Lizenz, die verlangt, dass in allen Werbematerialien, die auf die Software oder Funktionen der Software hinweisen, der Hinweis „*This product includes software developed by the University of California, Berkeley and its contributors.*" aufgenommen werden muss. Da etwa die GPL-2.0 solche Hinweise nicht vorsieht, werden die Lizenzen als inkompatibel angesehen.[479]

Die FSF hat sich frühzeitig gegen übermäßig viele inkompatible Open Source Lizenzen ausgesprochen und versucht, im Verhandlungswege Änderungen an diesen Lizenzen zu erreichen, um eine Kompatibilität mit der GPL herzustellen.[480] Dies ist nur zum Teil geglückt. Aus diesem Grund hat die FSF in der GPL-3.0 eine besondere Kompatibilitätsklausel vorgesehen, die eine Anzahl bestimmter zusätzlicher Lizenzpflichten erlaubt, die dann der GPL-3.0 hinzugefügt werden dürfen.[481]

Die Matrix in Abbildung 1 zeigt im Überblick die Lizenzkompatibilität einiger wichtiger Open Source Lizenzen.

Abbildung 1: Lizenzkompatibilität wichtiger Open Source Lizenzen

	GPL-2.0	GPL-3.0	LGPL-2.1	LGPL-3.0	Apache License 2.0	MIT License und BSD License (3 clause)	MPL-2.0[482]	CPL/EPL
GPL-2.0		−	+	−	−	+	+	−
GPL-3.0	−		+	+	+	+	+	−
LGPL-2.1	+	+		+	−	+	+	−
LGPL-3.0	−	+	+		+	+	+	−
Apache License 2.0	−	+	−	+		+	−	−
MIT License und BSD License (3 clause)	+	+	+	+	+		+	+
MPL-2.0	+	+	+	+	−	+		−
CPL/EPL	−	−	−	−	−	+		

[479] Vgl. http://www.gnu.org/philosophy/bsd.en.html.
[480] Vgl. auch das „*License Proliferation Project*" der OSI, http://opensource.org/proliferation und *Wheeler*, http://www.dwheeler.com/blog/2008/08/20/; *Rosen*, www.rosenlaw.com/LicenseProliferation.pdf.
[481] S. u. Rn. 69.
[482] Die MPL-2.0 kann in zwei Alternativen verwendet werden, nämlich mit und ohne Anhang B, vgl. Rn. 84a. Die Matrix zeigt die Kompatibilität für die Lizenz ohne Anhang B, d. h. mit Wirksamkeit von Ziffer 3.3 MPL-2.0.

II. Lizenzkompatibilität innerhalb der GPL

118f Die GPL existiert nicht nur in drei unterschiedlichen Versionen, sondern enthält darüber hinaus in Ziffer 9 GPL-2.0 bzw. Ziffer 14 Abs. 2 GPL-3.0 eine Regelung, die es dem Lizenzgeber erlaubt, eine Festlegung darüber zu treffen, ob der Lizenznehmer an die Ursprungsversion der GPL gebunden ist oder ob er sich stattdessen auch eine neuere und/oder ältere Lizenzversion aussuchen darf.[483] Daher ergibt sich mit der Veröffentlichung der neuen Lizenzversion noch keine automatische Anwendbarkeit auf bestehende GPL-Projekte, sondern es ist bei der Verwendung von GPL-Code unter verschiedenen Lizenzversionen gesondert die Kompatibilität zu prüfen. Zusätzliche Komplexität ergibt sich, wenn Code unter der LGPL einbezogen wird, die wiederum eine Kompatibilitätsklausel zu der korrespondierenden GPL-Version besitzt. Die FSF hat zur einfacheren Prüfung eine Übersicht veröffentlicht (*siehe Abbildung 2, S. 124*).[484]

Sofern der Lizenzgeber überhaupt keine Angaben zur Lizenzversion macht, steht es dem Lizenznehmer frei, sich eine der existierenden Lizenzversionen auszusuchen.[485] Die Mehrzahl der Programme enthielt vor der Veröffentlichung der GPL-3.0 jedoch den von der FSF standardmäßig vorgeschlagenen Hinweis:

> *„This program is free software; you can redistribute it and/or modify it under the terms of the GNU General Public License as published by the Free Software Foundation; either version 2 of the License, or (at your option) any later version."*

Ziffer 9 Abs. 2 GPL-2.0 sieht vor, dass der Lizenznehmer die Wahl hat, ob er die Software unter der Version 2 oder einer späteren von der FSF veröffentlichten Lizenzversion nutzen möchte. Dies bedeutet, dass für den am 29.6.2007 veröffentlichten Bestand an GPL-Programmen ein Wahlrecht des Lizenznehmers besteht. Da keine explizite Annahme des Lizenzangebots erfolgen muss,[486] hat der Lizenznehmer nur die Lizenzbedingungen der Version 3 oder der Version 2 einzuhalten, ein „Rosi-

---

[483] Ziffer 14 Abs. 2 GPL-3.0: *„Each version is given a distinguishing version number. If the Program specifies that a certain numbered version of the GNU General Public License 'or any later version' applies to it, you have the option of following the terms and conditions either of that numbered version or of any later version published by the Free Software Foundation. If the Program does not specify a version number of the GNU General Public License, you may choose any version ever published by the Free Software Foundation."*

[484] http://www.gnu.org/licenses/gpl-faq.html#AllCompatibility.

[485] Derzeit die Versionen 1, 2 und 3. Zur Version 1, der eine geringe praktische Bedeutung zukommt, siehe http://www.gnu.org/copyleft/copying-1.0.html.

[486] Siehe Ziffer 5 GPL-2.0.

nenpicken" der jeweils günstigsten Klauseln ist hingegen nicht zulässig.[487]

Für Weiterentwicklungen, die nach dem 29.6.2007 erfolgt sind, oder neue Progammlizenzierungen kommt es darauf an, ob die Rechteinhaber den Lizenzhinweis auf „*either version 3 of the License, or (at your option) any later version*" ändern. Ist dies der Fall, darf die bearbeitete Software nur noch unter der GPL-3.0 lizenziert werden. Einige Softwareprojekte haben auf diese Weise eine Umstellung auf die GPL-3.0 vorgenommen.[488]

---

[487] *Koglin*, CR 2008, 137.
[488] Vgl. etwa für die GNU Compiler Collection, http://gcc.gnu.org/ml/gcc-announce/2007/msg00003.html.

Abbildung 2: Übersicht zur Lizenzkompatibilität

		Projektlizenz ist:				
	Lizenzversion	GPL-2.0 only	GPL-2.0 or any later version	GPL-3.0 or any later version	LGPL-2.1 or any later version	LGPL-3.0 or any later version
Es soll Code eingefügt werden, der lizenziert ist unter:	GPL-2.0 only	+	+ (Anm. 2)	–	+ unter der GPL-2.0 (Anm. 5)	–
	GPL-2.0 or any later version	+ (Anm. 1)	+	+	+ unter der GPL (Anm. 5)	+ unter der GPL-3.0 (Anm. 6)
	GPL-3.0 or any later version	–	+ unter der GPL-3.0 (Anm. 3)	+	+ unter der GPL-3.0 (Anm. 3, 5)	+ unter der GPL-3.0 (Anm. 6)
	LGPL-2.1 or any later version	+ unter der GPL-2.0 (Anm. 1, 5)	+ unter der GPL (Anm. 5)	+ unter der GPL-3.0 (Anm. 5)	+	+
	LGPL-3.0 or any later version	–	+ unter der GPL-3.0 (Anm. 3, 6)	+ unter der LGPL-3.0 (Anm. 6)	+ unter der LGPL-3.0 (Anm. 4)	+

1. Es müssen die Bedingungen der GPL-2.0 erfüllt werden. Ein Update auf neuere Versionen der GPL ist nicht möglich.

2. Ein Update der Lizenz des Projekts auf die GPL-3.0 ist nicht möglich, solange das Projekt Code unter der „GPL-2.0 only" enthält.

3. Da das Projekt unter „GPL-2.0 or any later version" lizenziert ist, kann das Projekt auch unter der „GPL-2.0 or any later version" genutzt werden. Erfolgt ein solcher Lizenz-Update, darf auch Code unter der GPL-3.0 eingefügt werden.

4. Die Lizenz kann von „LGPL-2.1 or any later version" auf „LGPL-3.0 or any later version" geändert werden. Erfolgt ein solcher Lizenz-Update, darf auch Code unter der LGPL-3.0 eingefügt werden.

5. Die LGPL-2.1 gestattet in Ziffer 3, den Code unter jeder Version der GPL zu nutzen. Wenn der LGPL-Code zu einer passenden GPL Version geändert wird (wie in der Tabelle angegeben), kann diese Kombination vorgenommen werden.

6. Die LGPL-3.0 gestattet, den Code unter der GPL-3.0 zu nutzen.

Wenn ein Lizenzgeber hingegen bei dem alten Lizenzvermerk „*either version 2 of the License, or (at your option) any later version*" bleibt, besteht das Wahlrecht fort. Es stellt sich hier die Frage, ob eine Nutzung der Software unter der neuen Lizenzversion ohne entsprechende Willensäußerung der Rechtsinhaber, dass sie die GPL-3.0 akzeptieren, zulässig ist.[489] Dies hängt davon ab, ob dem Wortlaut der Lizenz genügt ist, wonach neue Versionen „im Detail abweichen können, um neue Probleme oder Bedenken zu berücksichtigen". Man wird sicherlich über die Grenzen einer solchen Änderungsermächtigung für den *License Steward* streiten können. Dennoch ist zu konstatieren, dass der Grundcharakter der GPL als Open Source Lizenz mit einem starken Copyleft auch in der Version 3 erhalten geblieben ist und die Rechte und Pflichten der Lizenzvertragsparteien im Wesentlichen beibehalten wurden. Ganz grundsätzlich bestehen – zumindest bei Anwendbarkeit deutschen Rechts – keine Bedenken, dass die FSF den Inhalt eines Lizenzvertrags zwischen Drittparteien bestimmt. § 317 Abs. 1 BGB zeigt, dass ein solches Vorgehen grundsätzlich zulässig ist,[490] und es ist auch nicht erkennbar, dass die FSF ihr Ermessen unbillig ausgeübt hätte.

Allerdings verwenden nicht alle GPL-Programme den von der FSF vorgesehenen Lizenzvermerk. Gerade der bedeutsame und weit verbreitete Betriebssystemkernel Linux enthält – zumindest in wesentlichen Teilen – den Hinweis „*GPL Version 2 only*".[491] Damit wird klargestellt, dass sich die Lizenzgeber die Entscheidung vorbehalten wollen, ob sie ihren Code unter einer neuen Version lizenzieren wollen. Eine Neulizenzierung von Linux unter der Version 3 ist weder absehbar noch ohne weiteres möglich, wenn man die Vielzahl an Rechteinhabern bedenkt.

Da die Versionen 2 und 3 im Grundsatz nicht kompatibel sind, kann ein Code unter GPL-3.0 nicht mit einem Code unter der GPL-2.0 in einem Programm kombiniert werden, wenn die Lizenzierung auf GPL-2.0 „*only*" beschränkt ist. Denn die Copyleft-Bestimmungen in beiden Lizenzversionen verlangen, dass Bearbeitungen nur unter den Bedingungen der eigenen Lizenzversion weitergegeben werden dürfen, so dass nicht gleichzeitig die Vorgaben der GPL-2.0 und der GPL-3.0 erfüllt werden können. Somit ist es nicht möglich, den Code unter beiden Lizenzversionen im Rahmen einer einheitlichen Software einzusetzen.

---

[489] Da der Lizenznehmer eine zusätzliche Option erhält, ist dessen Zustimmung nicht erforderlich, vgl. *ifrOSS-Kreutzer*, Ziffer 9, Rn. 23.
[490] Ausführlich zur Wirksamkeit der Klausel und der Anwendbarkeit des § 317 BGB unten Rn. 189 f. und *Koglin*, CR 2008, 137, 141 f.; *ders.*, Opensourcerecht, S. 217 ff.
[491] http://git.kernel.org/?p=linux/kernel/git/torvalds/linux-2.6.git;a=blob;f=COPYING.

3. Kapitel. Urheberrecht

„Geistiges Eigentum ist nicht ein ‚Eigentum‘, das wie ein bewegliches Gut verkauft werden kann, es ist ein Schöpfungsakt, das Größte, was ein Mensch je leisten kann. Es kann die Mona Lisa sein, aber es kann auch das Endergebnis einer langen Programmiernacht sein, und es ist ein Endergebnis, auf das du als Programmierer verdammt stolz bist."
(Linus Torvalds, Just for Fun)

Open Source Lizenzen sehen in erster Linie die Einräumung *urheber-* **119** *rechtlicher* Nutzungsrechte vor. An dieser Stelle sollen deswegen die Grundlagen des Softwareurheberrechts beleuchtet werden, soweit es von Relevanz für den Untersuchungsgegenstand ist (A.). Untersucht wird zudem die Vereinbarkeit des Lizenzmodells mit dem deutschen Urheberrecht und zwar in grundsätzlicher Weise und anhand einzelner, besonders problematischer Fragestellungen (B.). Des Weiteren ergeben sich eine Reihe von Besonderheiten bei der Rechtsinhaberschaft (C.) und der Durchsetzung der Lizenzen (D.). Schließlich ist die Insolvenzfestigkeit von Open Source Lizenzen aus der Sicht der Lizenznehmer zu klären (E.).

A. Urheberrechtliche Grundlagen

I. Schutzgegenstand

Dass Computerprogramme urheberrechtlich geschützt sind, erscheint **120** aus heutiger Sicht geradezu trivial.

In das Urheberrechtsgesetz wurden 1993 die §§ 69a ff. eingefügt, die Spezialvorschriften für Computerprogramme enthalten und die Computerrichtlinie der Europäischen Gemeinschaft aus dem Jahr 1991 umsetzen.[492] Durch die Einführung der §§ 69a ff. UrhG fand eine lange Auseinandersetzung ihr Ende, die seit den 1970er Jahren über Art und Umfang des Urheberrechtsschutzes von Software geführt wurde. Zunächst war umstritten, ob Computerprogramme wegen ihres technischen Bezuges überhaupt urheberrechtlich schutzfähig sind.[493] Der BGH erkannte schließlich grundsätzlich die Schutzfähigkeit an, stellte dafür

---

[492] Richtlinie 2009/24/EG vom 23.4.2009 (kodifizierte Fassung, vormals Richtlinie 91/250/EWG), ABl. Nr. L 116, S. 16.
[493] Vgl. dazu *Schricker/Loewenheim-Loewenheim*, Vor §§ 69a ff., Rn. 1.

aber hohe Anforderungen, insbesondere müsse das „Können eines Durchschnittsprogrammierers deutlich überragt" werden.[494] Wenig später wurden die „Programme für die Datenverarbeitung" als Werkart in den Katalog des § 2 UrhG aufgenommen.[495]

Nach § 69a Abs. 1 UrhG ist heute Software in jeder Gestalt, einschließlich des Entwurfsmaterials, geschützt. Dies bedeutet, dass es für den urheberrechtlichen Schutz unerheblich ist, ob das Programm im Objectcode oder Quellcode vorliegt oder ob es in die Hardware integriert ist, wie dies bei Embedded-Systemen der Fall ist.[496] § 69a Abs. 2 UrhG stellt klar, was ohnehin im Urheberrecht gilt: Nicht die Ideen oder Grundsätze an sich sind geschützt, sondern die konkreten Ausdrucksformen. Algorithmen[497] sind nur dann geschützt, wenn sie eine solche konkrete Form erhalten; bei allgemeinen Lösungsmechanismen ist dies nicht der Fall. Keinen Schutz als Computerprogramme genießen nach der EuGH-Entscheidung *BSA/Kulturministerium* grafische Benutzeroberflächen, die entweder nach den allgemeinen urheberrechtlichen Vorschriften geschützt sind oder mangels Individualität ganz aus dem Urheberrecht herausfallen.[498] Nach der EuGH-Entscheidung *SAS Institute/World Programming* umfasst der Rechtsschutz für Computerprogramme weder die Funktionalität des Programms noch die Programmiersprache oder das Dateiformat, das im Rahmen eines Programms verwendet wird.[499]

Dem Willen des Gesetzgebers entsprechend sind nach der Einführung des § 69a Abs. 3 UrhG – wonach ein Computerprogramm dann Urheberrechtsschutz genießt, wenn es eine eigene geistige Schöpfung des Urhebers ist – nicht mehr die zuvor vom BGH aufgestellten Anforderungen an die Schöpfungshöhe zu stellen. Auch die sog. „kleine Münze" wird geschützt, also jedes Programm, das nicht völlig banal ist, sondern eine minimale Individualität aufweist.[500] Das ist dann der Fall, wenn nicht nur bekannte Programmbausteine aneinandergereiht werden oder die Software nicht nur aus wenigen Programmbefehlen besteht.[501] Damit kann man im Regelfall bei jeder gewöhnlichen Software von Urheber-

---

[494] BGH, NJW 1986, 192 – *Inkassoprogramm*.

[495] Dies galt seit der Urheberrechtsnovelle von 1985 (BGBl. 1985 I S. 1137), heute heißt es im Gesetzestext „Computerprogramme".

[496] So jetzt auch der EuGH, Rs. 393/09, 22.12.2010 – *BSA/Kulturministerium* (Rn. 32); vgl. *Schricker/Loewenheim-Loewenheim*, Vor §§ 69a ff., Rn. 4.

[497] Hier verstanden als *„Verarbeitungsvorschrift, die so präzise gefasst ist, dass sie von einem mechanisch oder elektronisch arbeitenden Gerät durchgeführt werden kann"*, *Schricker/Loewenheim-Loewenheim*, § 69a, Rn. 12.

[498] EuGH, Rs. C-393/09, 22.12.2010 – *BSA/Kulturministerium* (Rn. 42 und 46).

[499] EuGH, Rs. C-406/10, 2.5.2012 – *SAS Institute/World Programming* (Ls. 1).

[500] Vgl. BGH, GRUR 1994, 39 – *Buchhaltungsprogramm; BGH, GRUR 2005, 860, 863 – Fash 2000*.

[501] *Marly*, Rn. 106 ff.

rechtsschutz ausgehen. Keinen Schutz genießen allerdings künstlich generierte Programme.

II. Schutzumfang

Der urheberrechtliche Schutz für Software ist weitergehender als für **121** andere Werkarten. Diese starke Rechtsstellung wirkt wegen § 69b UrhG und der damit einhergehenden Zuweisung der ausschließlichen Nutzungsrechte an den Arbeitgeber im Wesentlichen zugunsten der Softwareunternehmen. Grund für diese Bevorzugung gegenüber anderen Werkarten war – neben der Lobbyarbeit der Softwareindustrie – der Gedanke, dass Computerprogramme sehr einfach und verlustfrei vervielfältigt werden können. Zum Zeitpunkt der Einführung der §§ 69a ff. UrhG spielte die Digitalisierung von anderen Werkformen noch keine Rolle, so dass für Software ein eigenes Regime angebracht schien.

§ 69c UrhG enthält die Ausschließlichkeitsrechte des Rechtsinhabers, die den Verwertungsrechten bei anderen Werkformen, insbesondere den §§ 16, 17, 19a, 23 UrhG entsprechen und diese im Hinblick auf die Besonderheiten von Software präzisieren. Geschützte Handlungen sind das Verbreiten, Vervielfältigen, Bearbeiten und die öffentliche Zugänglichmachung eines Programms.

Dabei geht § 69c Nr. 1 UrhG von einem weiten Vervielfältigungsbegriff aus, der nicht nur eine dauerhafte Kopie auf einem Datenträger umfasst, sondern auch das vorübergehende Laden im Arbeits-[502] oder Zwischenspeicher. Dies führt zu dem Ergebnis, dass schon für die bloße *Benutzung* einer Software eine urheberrechtliche Befugnis erforderlich ist. Damit unterscheidet sich die Konstruktion der §§ 69a ff. UrhG vom klassischen Urheberrecht. Wer ein analoges Werk bestimmungsgemäß benutzt, benötigt dafür bislang keine Erlaubnis des Urhebers, insbesondere keine Nutzungsrechte: Das Lesen eines Romans, das Hören einer Musik oder das Betrachten eines Werkes der bildenden Kunst ist kein Vorgang, der durch urheberrechtliche Ausschließlichkeitsrechte verboten werden kann. Daher kann die Benutzung von unrechtmäßig hergestellten Kopien nicht aufgrund des Urheberrechts verboten werden. Wer dagegen ein Programm benutzt, das von einer „Raubkopie" stammt oder von einer Person, die zur Verbreitung nicht befugt ist, handelt bereits urheberrechtswidrig, wenn er dieses Programm auf einem Computer ablaufen lässt. Ein Gutglaubensschutz besteht nicht, allein bei den Rechtsfolgen kann es sich auswirken, wenn kein Ver-

---

[502] Dies ist umstritten, entspricht aber der h. M., vgl. dazu ausführlich *Marly*, Rn. 155 ff.

schulden vorliegt.[503] Die Umsetzung der Richtlinie zum Urheberrecht in der Informationsgesellschaft[504] und die hieraus resultierende Änderung von § 16 UrhG hat zu einer Ausweitung dieser Konzeption für sonstige Werkarten geführt, für deren Benutzung eine vorübergehende Kopie erforderlich ist.[505]

Das Umarbeitungsrecht des § 69c Nr. 2 UrhG ist weitgehender als der Schutz durch § 23 UrhG, da nicht erst für die Veröffentlichung oder Verwertung der Bearbeitung – sei es eine Weiterentwicklung der Software, sei es eine Umgestaltung oder sonstige Änderung des Programms – eine Erlaubnis des Rechtsinhabers benötigt wird, sondern schon für die Herstellung der Bearbeitung selbst. Davon ist bereits die Kompilierung eines Programms betroffen, die als „Übersetzung" bezeichnet wird.[506] Derjenige, der eine Umarbeitung vornimmt, erwirbt gem. § 69c Nr. 2 S. 2 UrhG i.V.m. § 3 UrhG ein vom ursprünglichen Programm abgeleitetes Bearbeiterurheberrecht. Die Abhängigkeit des Bearbeiterurheberrechts findet ihren Ausdruck darin, dass der Bearbeiter die geänderte Software nicht ohne Zustimmung des Originalautors verwerten darf und jeder Nutzer die Zustimmung sowohl des Urhebers bzw. Inhabers der ausschließlichen Nutzungsrechte als auch des Bearbeiters benötigt. Das bedeutet bei Freier Software, die von einer Vielzahl von Programmierern geschaffen wurde, dass für die Verwertung der Software die Nutzungsrechte jedes einzelnen Rechtsinhabers vonnöten sind.[507]

Der Verbreitungsbegriff des § 69c Nr. 3 UrhG entspricht demjenigen des § 17 UrhG, so dass das Inverkehrbringen von Werkexemplaren sowie das Angebot des Inverkehrbringens erfasst werden. Allerdings bezieht sich das Verbreitungsrecht nur auf körperliche Werkexemplare, also auf Software, die auf Datenträgern vertrieben wird. Anders als bei der vertragsrechtlichen Frage, ob Software auch dann wie eine Sache im Sinne des § 90 BGB behandelt werden kann, wenn die Übertragung unkörperlich erfolgt,[508] ist urheberrechtlich zwischen der Verbreitung von Werkstücken und der „Online-Verbreitung" zu unterscheiden. Bei körperlichen Werkexemplaren kann der Erschöpfungsgrundsatz des § 69c Nr. 3 S. 2 UrhG eingreifen. Danach kann der Rechteinhaber die

---

[503] S. u. Rn. 159.

[504] Richtlinie 2001/29/EG vom 22.5.2001, ABl. Nr. L 167, S. 10.

[505] § 16 Abs. 1 UrhG lautet nunmehr: „Das Vervielfältigungsrecht ist das Recht, Vervielfältigungsstücke des Werkes herzustellen, gleichviel ob vorübergehend oder dauerhaft, in welchem Verfahren und in welcher Zahl." Vgl. hierzu eingehend Kreutzer, S. 270 ff.

[506] Schricker/Loewenheim-Loewenheim, § 69c, Rn. 12; a. A. Lehmann-Haberstumpf, Kap. II, Rn. 145.

[507] Dies gilt wegen der Ausnahmeregelung des § 69d UrhG nicht für die bloße Benutzung, dazu sogleich.

[508] S. u. Rn. 206.

Weiterverbreitung eines Werkexemplars nicht verbieten, das mit seiner Zustimmung in den Verkehr gebracht wurde.[509] Das Recht der öffentlichen Wiedergabe[510] sowie der öffentlichen Zugänglichmachung ist nunmehr in § 69c Nr. 4 UrhG geregelt. Inwieweit der Erschöpfungsgrundsatz eingreifen kann, wenn Software per Online-Übertragung erworben wird, so dass der Erwerber die Software ohne Zustimmung des Urhebers auf einem Datenträger weiterverbreiten darf, war stark umstritten,[511] wurde mittlerweile durch den EuGH in der Entscheidung *UsedSoft/Oracle*[512] aber dahingehend entschieden, dass es sich auch bei der dauerhaften Überlassung unkörperlicher Programmkopien um einen „Erstverkauf" im Sinne von Art. 4 lit. c) S. 2 Computerprogramm-Richtlinie 91/250 handelt, so dass im Hinblick auf diese Kopie Erschöpfung eintritt.

Der Programmautor genießt gem. § 69a Abs. 4 i. V. m. §§ 12–14 **122** UrhG im Grundsatz persönlichkeitsrechtlichen Schutz, auch wenn die praktische Bedeutung entsprechender Ansprüche bislang gering ist.[513] Er hat das Veröffentlichungsrecht, das Recht auf Anerkennung der Urheberschaft und Schutz gegen Entstellungen der Software. Von Bedeutung ist das Recht auf Namensnennung, da es dem Programmierer ermöglicht, durch seine Programme bekannt zu werden.[514] Bei Freier Software ist dieses Recht von gesteigerter Relevanz, da bei offenem Quellcode die besonderen Leistungen und Problemlösungen stärker gewürdigt werden können als bei geschlossenem Code. Der Integritätsschutz kann bei Computerprogrammen ebenfalls bedeutsam werden.[515] Dies betrifft zum einen die graphische Benutzeroberfläche, selbst wenn man diese nicht zum Schutzbereich des Computerprogramms zählt,[516] aber auch den

---

[509] Dies dient der Verkehrsfähigkeit der Ware Software, vgl. dazu *Jaeger*, ZUM 2000, 1070 ff., und unten Rn. 131 ff.

[510] Siehe hierzu EuGH, Rs. 393/09, 22.12.2010 – *BSA/Kulturministerium* (Rn. 52 ff.): Fernsehausstrahlung einer grafischen Benutzeroberfläche ist keine öffentliche Wiedergabe.

[511] Zum Meinungsstand in Deutschland vor der EuGH-Entscheidung siehe den Vorlagebschluss des BGH, GRUR 2011, 418 m. w. N.

[512] EuGH, Rs. C-128/11, 3.7.2012 – *UsedSoft/Oracle*; siehe hierzu auch BGH, NJW 2014, 2101 – *UsedSoft II*; aus der Literatur siehe nur *Schneider/Spindler*, CR 2012, 489 und 2014, 213; *Stieper*, ZUM 2012, 668 und GRUR 2014, 270 jeweils m. w. N. auch auf die Diskussion vor der Entscheidung.

[513] *Dreier*, GRUR 1993, 781, 783; *Schricker/Loewenheim-Loewenheim*, § 69a, Rn. 24. Für die Anwendung der §§ 12–14 ff. UrhG bei Software nunmehr ausdrücklich OLG Hamm, GRUR-RR 2008, 154, welches allerdings zu Unrecht einem Unternehmen entsprechende Ansprüche zugesprochen hat.

[514] Vgl. zu der Motivation von Entwicklern Freier Software *Luthiger*, Open Source Jahrbuch 2004, S. 93 ff.

[515] Vgl. *Metzger/Jaeger*, GRUR Int. 1999, 839, 844; a. A. *Lehmann*, CR 1990, 625, 630, der für eine teleologische Reduktion plädiert.

[516] So jetzt EuGH, Rs. 393/09, 22.12.2010 – *BSA/Kulturministerium*.

Code an sich. Für leidenschaftliche Programmierer kommt es nicht allein auf den Erfolg, die Problemlösung, an, sondern ganz wesentlich auch auf die konkrete Umsetzung, die „Ästhetik" der Programmierung.[517] Ähnlich der Namensnennung erscheint der Integritätsschutz bei Open Source Software deshalb auf den ersten Blick ebenfalls von größerer Wichtigkeit als bei herkömmlichen Programmen zu sein. Allerdings gilt es bei der Abwägung im Rahmen von § 14 UrhG zu berücksichtigen, dass das Lizenzmodell Open Source gerade auf die nicht kontrollierte Veränderung der Software durch Dritte angelegt ist.[518]

III. Zustimmungsfreie Handlungen

123 Wie oben dargestellt, ist der Urheberrechtsschutz von Computerprogrammen dadurch gekennzeichnet, dass Handlungen, die für eine bestimmungsgemäße Benutzung des Programms erforderlich sind, vom Rechtsinhaber gem. § 69c UrhG grundsätzlich verboten werden können. Dies betrifft insbesondere die Vervielfältigung der Software auf der Festplatte oder im Arbeitsspeicher des Rechners, die in der Regel schon bei der Installation vorgenommen wird. Würde man dieses weitgehende Verbotsrecht ohne Ausnahmen gewähren, so wären unbillige Einschränkungen des Nutzers – also auch des Verbrauchers – die Folge. Um dies zu vermeiden, sehen die §§ 69d und 69e UrhG Ausnahmen von der Zustimmungsbedürftigkeit vor.

Dogmatisch scheinen diese Ausnahmen eine merkwürdige Zwitterstellung zwischen einer Nutzungsrechtseinräumung und Schrankenbestimmungen einzunehmen.[519] Grundsätzlich kommen dem „Berechtigten" vier Befugnisse zu:
– die Erstellung einer Sicherungskopie gem. § 69d Abs. 2 UrhG,
– das Beobachten und Testen der Software gem. § 69d Abs. 3 UrhG,
– die Dekompilierung zur Herstellung der Interoperabilität mit einem anderen Programm gem. § 69e UrhG,

---

[517] Vgl. *Torvalds*, S. 82 f.: „*Die Funktionalität ist oft zweitrangig; viel wichtiger ist es, etwas Interessantes, Schönes oder Schockierendes zuwege zu bringen. Programmieren ist eine Übung in Kreativität.*"
[518] S. u. Rn. 129.
[519] Vgl. *Schricker/Loewenheim-Loewenheim*, § 69d, Rn. 1, der in den Vorschriften Schrankenbestimmungen sieht. Allerdings passt § 69d UrhG – insbesondere sein Abs. 1 – nicht ohne Weiteres in die Kategorien „ersatzlose Aufhebung", „gesetzliche Lizenz", „Zwangslizenz" und „Verwertungsgesellschaftspflichtigkeit", vgl. dazu *Schricker/Loewenheim-Melichar*, Vor §§ 45 ff., Rn. 6. Weder liegt eine Aufhebung von Verbotsrechten vor, noch erhält der Rechtsinhaber zwingend eine Vergütung oder ist zum Abschluss eines Lizenzvertrages verpflichtet. Ausführlich *Schulz*, S. 122 ff.

– die Vervielfältigung und Umarbeitung der Software, soweit dies für die bestimmungsgemäße Benutzung und Fehlerbeseitigung erforderlich ist, gem. § 69d Abs. 1 UrhG.

Wer ist nun im Sinne dieser Vorschriften „berechtigt"? Die Beantwortung dieser Frage wirft ein Auslegungsproblem auf, insbesondere im Hinblick auf § 69d Abs. 1 UrhG.[520] „Der zur Verwendung eines Vervielfältigungsstücks des Programms Berechtigte" soll nach dem Wortlaut der Vorschrift keiner weiteren Zustimmung des Rechtsinhabers bedürfen. Die Formulierung macht nur dann Sinn, wenn sich die Berechtigung des Benutzers aus einer anderen Quelle als der Einwilligung durch den Rechtsinhabers ergibt. Jeder andere Schluss wäre zirkulär. Ob die Vorschrift selbst eine solche Benutzung gestattet und wenn ja, unter welchen Voraussetzungen, kann dem Wortlaut von § 69d Abs. 1 UrhG dagegen nicht entnommen werden. Deutlicher ist die zugrunde liegende Richtlinienvorschrift[521]; diese stellt auf „den rechtmäßigen Erwerber" ab. Dieses Verständnis sollte im Wege der richtlinienkonformen Auslegung auch § 69d Abs. 1 UrhG zugrunde gelegt werden. Danach hat der Erwerber einer urheberrechtskonform in Verkehr gebrachten Kopie des Programms das Recht, die für die bestimmungsgemäße Benutzung erforderlichen Vervielfältigungen und Veränderungen am Programm vorzunehmen, ohne dass er dafür der Erlaubnis des Rechtsinhabers bedarf.[522] Das gleiche Verständnis des Berechtigten dürfte auch für die anderen Vorschriften heranzuziehen sein. Zu den berechtigten Personen gehören nicht nur die Erwerber eines körperlichen Vervielfältigungsstücks, sondern auch diejenigen, die die Software rechtmäßig aus dem Internet heruntergeladen haben.   **124**

Während die drei erstgenannten Befugnisse gem. § 69g Abs. 2 UrhG vertraglich nicht abbedungen werden können, stehen die Befugnisse des § 69d Abs. 1 UrhG unter dem Vorbehalt, dass „keine besonderen vertraglichen Bestimmungen vorliegen". Damit kann der Rechtsinhaber dem Benutzer durch Lizenzbedingungen Beschränkungen auferlegen, wie dies z. B. bei CPU-Klauseln, Netzwerkbeschränkungen, OEM-Klauseln oder dem Verbot von Programmverbesserungen der Fall ist.[523] Allerdings kann ein „zwingender Kern von Mindestrechten" vertraglich nicht beschränkt werden. Dies ergibt sich aus den Erwägungsgründen der Computerrichtlinie, die zur Auslegung des § 69d UrhG heranzuzie-   **125**

[520] Vgl. zum Folgenden auch die eingehende Untersuchung von *Schulz*, S. 122.
[521] Vgl. Art. 5 Abs. 1 der Computerrichtlinie 2009/24/EG (s. o. Fn. 492).
[522] Vgl. *Metzger*, NJW 2003, 1994 f.; *Walter-Blocher*, Art. 5 Software-RL, Rn. 19, der auf Erwägungsgrund 17 und die Entstehungsgeschichte der Richtlinie verweist, aus der sich deutlich ergibt, dass es einen zwingenden Kern von Befugnissen gibt, der lizenzvertraglich nicht eingeschränkt werden kann; siehe hierzu auch *Nordmeyer*, FA IT-Recht, Rn. 768.
[523] *Schricker/Loewenheim-Loewenheim*, § 69d, Rn. 14.

hen sind, und entspricht dem Willen des deutschen Gesetzgebers.[524] Zu
den Mindestrechten gehören insbesondere das Laden in den Arbeitsspeicher und das Ablaufenlassen der Software.[525]

Im Ergebnis ergibt sich hieraus, dass dem Erwerber eines Programms
vom Rechtsinhaber keine Vervielfältigungsrechte eingeräumt werden
müssen, damit der Erwerber die Software bestimmungsgemäß verwenden darf. Wer ein Programm erwirbt, ohne dabei besondere Vereinbarungen über den Umfang der Vervielfältigungsbefugnisse zu treffen,
erhält diese Befugnisse qua gesetzlicher Bestimmung, einer Lizenz bedarf
es dafür nicht. Dennoch ist der Benutzer eines Computerprogramms
damit noch nicht in der gleichen rechtlichen Situation wie jeder andere
Benutzer von urheberrechtlich geschützten Werken. Während bei der
bloßen Benutzung eines anderen Werkes keine urheberrechtlich relevante Handlung stattfindet – so beim Anhören von Musik oder dem Betrachten eines Gemäldes –, bleibt bei der Benutzung eines Computerprogramms eine urheberrechtliche Restwirkung bestehen. Denn der
Benutzer muss zur bestimmungsgemäßen Verwendung der Software
urheberrechtlich berechtigt sein, sei es durch den Erwerb einer rechtmäßig in Verkehr gebrachten Kopie, sei es durch den Abschluss eines Lizenzvertrags mit dem Rechtsinhaber. Fehlt es an beidem, so verstößt er
gegen § 69c Nr. 1 und 2 UrhG und begeht eine Urheberrechtsverletzung.

IV. Einräumung von Nutzungsrechten durch Open Source Lizenzen

126 Open Source Lizenzen lassen den zustimmungsfreien Bereich der Nut-
zerbefugnisse unberührt und ermöglichen dem Lizenznehmer den Erwerb weitergehender Nutzungsrechte. Damit ein Programm als Freie
Software bzw. Open Source Software bezeichnet werden kann, muss es
den Anforderungen der entsprechenden Definitionen genügen[526] und
jedermann die Vervielfältigung, Weitergabe und Bearbeitung der Software gestatten. Urheberrechtlich handelt es sich dabei um die Einräumung eines einfachen Nutzungsrechts an den Nutzer gem. § 31 Abs. 2
UrhG.[527] Da die Open Source Lizenzen dieses Recht jedem Nutzer einräumen, erhält es auch jeder Nutzer direkt vom Urheber oder sonstigen
Rechtsinhaber.[528] Die Nutzungsrechtseinräumung ist dinglicher Natur,

---

[524] Vgl. Erwägungsgrund 17, RL 2009/24/EG (s. o. Fn. 492); Amtl. Begr. BT-Drs.
12/4022, S. 12.
[525] So auch die h. M. *Wandtke/Bullinger-Grützmacher*, § 69d , Rn. 34 ff. m. w. N.
[526] S. o. Rn. 2.
[527] Zur Abgrenzung zum Verzicht vgl. *Metzger/Jaeger*, GRUR Int. 1999, 839,
842 f.; LG München I, MMR 2004, 693, 694 – *Welte./.Sitecom*.
[528] Eine Ausnahme besteht nur in den Fällen, in denen die Open Source Lizenz explizit die Unterlizenzierung gestattet, vgl. Ziffer 2.1 MPL-1.1.

wie der BGH in der Entscheidung *Reifen Progressiv* ausdrücklich bestätigt hat.[529] Die jeweilige Open Source Lizenz stellt sich dabei als ein
Angebot an jedermann auf Abschluss eines Vertrages dar, dessen Inhalt
die Einräumung der genannten Nutzungsrechte ist. Die Annahme der
jeweiligen Lizenznehmer erfolgt dann entweder durch konkludentes
Handeln, z. B. die Vornahme von Nutzungshandlungen, oder explizite
Annahmeerklärung.

V. Rechtsfolgen bei der Änderung der Rechtsinhaberschaft

Besondere urheberrechtliche Probleme ergeben sich dann, wenn der **126a**
Lizenzgeber die Rechtsinhaberschaft verliert, etwa durch eine Übertragung der ausschließlichen Nutzungsrechte oder im Rahmen einer Insolvenz.[530] Dies sei an folgendem Beispiel erörtert: Softwarefirma B bearbeitet die von A unter der GPL-2.0 lizenzierte Software und gibt sie –
wiederum unter der GPL-2.0 – an C weiter, der von A und B ein einfaches Nutzungsrecht zur Bearbeitung und Weiterverbreitung erwirbt.
Bevor C die Software mit den eigenen Weiterentwicklungen an Distributor D weiterverbreitet, hat B die ausschließlichen Nutzungsrechte an
Erwerber E übertragen. E erklärt, dass er mit der weiteren Lizenzierung
der Software unter der GPL-2.0 nicht einverstanden ist. In dieser Situation stellt sich die Frage nach der Rechtsstellung von Distributor D,
insbesondere ob D die erforderlichen Nutzungsrechte von B erwerben
kann, um die Software selbst unter der GPL-2.0 nutzen zu dürfen.

Abbildung 3: Schaubild Lizenzbeziehungen

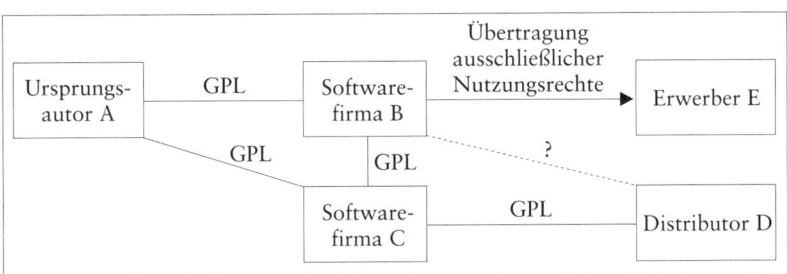

Für diese Konstellation werden verschiedene Lösungsansätze diskutiert,
die von einer bloß einseitigen Rechtseinräumung (1.) über eine Durch-

---

[529] BGH, GRUR 2009, 946 – *Reifen Progressiv; so auch Koch*, CR 2000, 333;
Schulz, S. 56.
[530] Dazu ausführlich unten Rn. 170a ff.; zur praktischen Relevanz bei dem Merger
von Oracle und Sun vgl. *Buhr*, Competition Policy Newsletter 2/2010, S. 20 ff.

brechung des Open Source Lizenzmodells (2.) bis zu einer Sukzessionsschutzlösung (3.) reichen.

1. Einseitige Rechtseinräumung

126b　*Grützmacher* vertritt in Anschluss an *Heussen*[531] die These, dass bei der Open Source Lizenzierung keine zweiseitigen Lizenzverträge abgeschlossen würden, sondern eine einseitige Rechtseinräumung im Rahmen eines Gefälligkeitsverhältnisses stattfinde.[532] Damit sei der Rechtserwerb durch neue Lizenznehmer auch bei einem späteren Verlust der ausschließlichen Nutzungsrechte des Lizenzgebers nicht gefährdet, da es auf die Annahme eines Vertragsangebots nicht mehr ankomme.

Die Schwäche dieser Lösung liegt darin, dass sie sich zumindest bei Copyleft-Lizenzen wie der GPL nicht mit dem Lizenztext und dem darin geäußerten Willen der Rechteinhaber in Einklang bringen lässt. Denn ein bloßes Gefälligkeitsverhältnis würde ausschließen, dass der Lizenzgeber gegenüber dem Lizenznehmer im Falle von Verletzungen die Lizenzbedingungen durchsetzen kann. Die Lizenzpflichten lassen sich in der deutschen Rechtsgeschäftslehre wohl nur dann widerspruchsfrei begründen, wenn ein Vertragsverhältnis angenommen wird.

2. Lizenzvertrag ohne Sukzessionsschutz

126c　Geht man von einem Lizenzvertragsmodell aus, bedarf es zum Abschluss des Lizenzvertrages einer Annahmeerklärung des Lizenznehmers. In dem oben beschriebenen Fall ist B zum Zeitpunkt des Abschlusses des Lizenzvertrages durch D nicht mehr Rechteinhaber. Denn gem. § 130 Abs. 1 S. 1 BGB wird das Lizenzvertragsangebot des B erst mit Zugang bei D wirksam, so dass der Lizenzvertrag mangels Verfügungsbefugnis des B zur Einräumung von Nutzungsrechten an seinem Bearbeiterurheberrecht ins Leere geht.[533] Ein gutgläubiger Rechtserwerb von urheberrechtlichen Nutzungsrechten ist ebenfalls nicht möglich.[534] Würde man daher alleine auf den Zeitpunkt der Annahmeerklärung abstellen, könnte Distributor D von Softwarefirma B keine Rechte erwerben, weil diese keine Verfügungsbefugnis mehr besitzt und von Erwerber E, weil dieser kein Lizenzvertragsangebot abgegeben hat und die Open Source Lizenzierung auch nicht aufrechterhalten möchte.[535] Eine Durchbrechung des Open Source Lizenzmodells wäre die Folge.

[531] *Heussen*, MMR 2004, 445, 447 ff.
[532] *Wandtke/Bullinger-Grützmacher,* § 69c, Rn. 75.
[533] Die Ausnahmeregelung des § 153 BGB für den Todesfall des Antragenden kann nicht auf andere Konstellationen übertragen werden, BGHZ 27, 360, 366.
[534] Vgl. nur *Schricker/Loewenheim-Schricker/Loewenheim*, Vor §§ 28 ff., Rn. 63.
[535] Unproblematisch ist diese Konstellation bei einer Unterlizenzierungsbefugnis. Dann können Dritte von einem Lizenznehmer auch dann noch Rechte erwerben, wenn der Lizenzgeber die ausschließlichen Nutzungsrechte weiterübertragen hat.

Es würde sich dann die Folgefrage stellen, ob sich der veräußernde Rechteinhaber (hier B) gegenüber seinen Lizenznehmern (hier z. B. C) schadensersatzpflichtig macht, weil er ihnen die Nutzung der Software in einem Open Source Modell verspricht, das aber wegen der Veräußerung der Rechtsinhaberschaft nicht mehr funktioniert, weil Distributor D und weitere potenzielle Lizenznehmer keine Nutzungsrechte mehr erwerben können und so auch die Weiterentwicklung der Software in einem kooperativen Modell gehemmt wird. Dies könnte eine Pflichtverletzung gem. § 280 Abs. 1 BGB darstellen, wobei sich der Verschuldensmaßstab dann nach dem jeweiligen Vertragstyp im Einzelfall richten würde.[536] Eine Schadensersatzpflicht wäre dann nur vermeidbar, wenn der Veräußerer der ausschließlichen Nutzungsrechte dem Erwerber vertraglich die Pflicht zur Fortführung der Open Source Lizenzierung auferlegt oder einfache Nutzungsrechte in dem erforderlichen Umfang zurückbehält.

3. Lizenzvertrag mit Sukzessionsschutz

Das deutsche Urhebervertragsrecht sieht in § 33 UrhG eine Regelung zum Sukzessionsschutz vor. Damit soll sichergestellt werden, dass einfache Nutzungsrechte bestehen bleiben, wenn der Lizenzgeber die ausschließlichen Nutzungsrechte an einen Dritten überträgt. Voraussetzung für diesen Sukzessionsschutz ist jedoch, dass das einfache Nutzungsrecht bereits eingeräumt wurde, bevor die Rechtsinhaberschaft vom Lizenzgeber auf einen Dritten übergeht. Damit ist § 33 UrhG bei der hier beschriebenen Konstellation nicht unmittelbar einschlägig, so dass nur eine analoge Anwendung in Betracht kommt.

126d

Für eine analoge Anwendung des § 33 UrhG bedarf es einer planwidrigen Regelungslücke sowie einer vergleichbaren Interessenlage. Bei der Open Source Lizenzierung besteht die besondere Vertragskonstellation darin, dass der Lizenzgeber *uno actu* ein Lizenzangebot an eine unbestimmte Vielzahl von potenziellen Lizenznehmern abgibt und der Zeitpunkt der Annahme dieses Angebots zumeist rein zufällig ist. Diese Lizenzierungsform ist außerhalb von freien Lizenzmodellen unbekannt und wurde bei der Formulierung des § 33 UrhG nicht berücksichtigt, so dass man eine Regelungslücke annehmen könnte.[537]

Anders als bei der herkömmlichen proprietären Lizenzierung beruht das Open Source Lizenzmodell darauf, dass jedermann dauerhaft Nutzungsrechte von den Rechtsinhabern der Software erlangen kann, da ansonsten das kooperative Weiterentwicklungsmodell nicht mehr funktionsfähig ist. Zudem könnte die Weitergabe unter einer Open Source

---

[536] Dazu ausführlich unten 4. Kap., Rn. 201 ff.
[537] Zustimmend *Völzmann-Stickelbrock,* Auswirkungen des Widerrufs einer GNU-Lizenz auf Dritte, S. 47, 72; *Mantz,* MMR 2006, 784, 786 f.

Lizenz wie der GPL-2.0 als unzulässig angesehen werden, wenn der Vertreibende dann unzutreffend eine umfassende Nutzungsmöglichkeit vortäuschen würde.[538] Gerade bei bearbeiteten Softwareversionen unter einer Copyleft-Lizenz wäre dann die Verkehrsfähigkeit fraglich.[539] Die Interessenlage kann daher insoweit mit der Konstellation des § 33 UrhG verglichen werden, als der potenzielle Lizenznehmer ebenso wie die schon vorhandenen Lizenznehmer auf den Bestand der Open Source Lizenzierung vertraut und die vorhandenen Lizenznehmer andernfalls in der Ausübung ihrer bereits eingeräumten Nutzungsrechte beeinträchtigt wären. Die Interessen der Erwerber von ausschließlichen Nutzungsrechten dürften im Regelfall hingegen nur geringfügig beeinträchtigt sein, da diese hinsichtlich der schon eingeräumten Nutzungsrechte mit einer Verwertung durch Dritte rechnen müssen. Wenn sich die erworbene Rechtsinhaberschaft auf Teile eines umfangreicheren Open Source Programms beschränkt,[540] können diese zumeist ohnehin nur sinnvoll als Teil der Open Source Software vermarktet werden. Ist hingegen das gesamte Programm betroffen, bleibt weiterhin die Möglichkeit des Dual Licensing.[541]

Ein weiteres Argument, das für die Anwendbarkeit des § 33 UrhG angeführt werden kann, ist der Wortlaut der Linux-Klauseln in § 31a Abs. 1 S. 2, § 32 Abs. 3 S. 3 und § 32a Abs. 3 S. 3 UrhG, der davon ausgeht, dass der Lizenzgeber *„ein einfaches Nutzungsrecht an jedermann"* einräumt und somit offenbar auch von einer einheitlichen Lizenzierungshandlung ausgeht.[542]

Gegen eine solche Analogie kann angeführt werden, dass es gerade an der Einräumung von Nutzungsrechten und damit an einer Rechtsposition mit *erga omnes*-Wirkung fehlt. Es ist typisch für quasi-dingliche Rechte, die auf einer Verfügung beruhen, dass diese nicht durch einseitige Handlungen des Vertragspartners widerrufen oder zurückgeholt werden können, während bloß schuldrechtliche Versprechen gebrochen

---

[538] Denkbar wäre auch ein gesonderter Hinweis des Lizenznehmers, dass die weitere Nutzung der Software nicht mehr unter der GPL-2.0 möglich ist. Dann wäre der Lizenznehmer jedoch zu einem widersprüchlichen Verhalten gezwungen, da nach Ziffer 1 GPL-2.0 immer auch der Lizenztext mitgeliefert wird.

[539] Ziffer 7 GPL-2.0 kann so verstanden werden, dass ein Vertriebsverbot besteht, wenn der vertreibende Lizenznehmer nicht mehr für alle weiteren Nutzer die Funktionsfähigkeit des Lizenzmodells sicherstellen kann. Vgl. zu dieser sog. *„Liberty or Death Clause"* http://fsfe.org/projects/GPL-3.0/fisl-rms-transcript.en.html#liberty-ordeath.

[540] In dem oben beschriebenen Fall die Weiterentwicklungen durch die Softwarefirma B.

[541] S. o. Rn. 114 ff.

[542] Auch in anderen Konstellationen liegt es nahe, insgesamt auf den Zeitpunkt des Lizenzangebots abzustellen und den (zufälligen) Zeitpunkt der Annahmeerklärung zurücktreten zu lassen, etwa bei der Beurteilung von unbekannten Nutzungsarten, vgl. *Metzger/Jaeger*, GRUR Int. 1999, 839, 845 f.

werden können, auch wenn dies zu Schadensersatz und weiteren Ansprüchen führt. § 33 UrhG ist Ausdruck der quasi-dinglichen Natur von
Nutzungsrechten. Bei der noch nicht erfolgten Einräumung von Nutzungsrechten auf Grundlage einer Open Source Lizenz liegt aber noch
nicht einmal ein schuldrechtliches Versprechen vor, sondern ein bloßes
Angebot. Die Annahme einer Analogie bedarf deswegen der sorgfältigen
Abwägung der widerstreitenden Interessen. Einstweilen muss die Frage
als offen bezeichnet werden, welcher der beschriebenen Lösungsansätze
sich am Ende durchsetzen wird.[543]

VI. Verbreitung und Vermietung

Der Frage, wann eine Verbreitung oder Vermietung im Sinne des § 69c **126e**
Nr. 3 UrhG vorliegt, kommt besondere Bedeutung zu, da die überwiegende Zahl der Open Source Lizenzen die Erfüllung von Lizenzpflichten
an eine „*distribution*" knüpft. Bei der Auslegung dieses Begriffs sind
verschiedene Aspekte zu berücksichtigen. Die Lizenztexte sind ganz
überwiegend vor dem Hintergrund des US-Urheberrechts entstanden.
Auf der Grundlage der Zweistufentheorie kann dann, wenn offenkundig
eine Terminologie aus einem anderen Rechtssystem verwendet wird,
auch dieses Verständnis berücksichtigt werden.[544] Daneben ist zu beachten, dass urheberrechtlich das Schutzlandprinzip gilt. Demnach wird ein
Gericht für eine Nutzung in Deutschland zunächst prüfen, ob das
Verbreitungsrecht/Vermietrecht des § 69c Nr. 3 UrhG oder das Recht
der öffentlichen Zugänglichmachung gem. § 69c Nr. 4 UrhG überhaupt
betroffen ist, um dann in einem zweiten Schritt zu klären, ob die jeweilige Nutzung auch eine „*distribution*" im Sinne der jeweiligen Lizenz ist,
die Lizenzpflichten auslöst.

Ausgangspunkt für die Prüfung sind damit zunächst das Verbreitungsrecht und Vermietrecht des § 69c Nr. 3 UrhG, wie es auf der Basis der
Richtlinie 2009/24/EG ausgelegt wird. Liegt danach eine Vermietung oder
Verbreitung vor, spricht dies für die Annahme, dass auch eine „*distribution*" vorliegt. Diese Annahme kann dann auf der Basis des Verständnis-
ses im US-Recht in 17 U.S.C. Section 106(3) überprüft werden.

Auch wenn die Auslegung von § 17 Abs. 1 UrhG und § 69c Nr. 3
UrhG auf unterschiedlichen europäischen Richtlinien basiert – § 17
Abs. 1 UrhG dient der Umsetzung von Art. 4 RL 2001/29/EG zur Har-
monisierung bestimmter Aspekte des Urheberrechts und der verwandten
Schutzrechte in der Informationsgesellschaft, während § 69c Nr. 3

---

[543] Einen Sukzessionsschutz befürwortend *Völzmann-Stickelbrock*, Auswirkungen
des Widerrufs einer GNU-Lizenz auf Dritte, S. 47, 72; dagegen *Mantz*, MMR 2006,
784, 788.
[544] Dazu näher Rn. 366.

UrhG den Art. 4 Abs. 1c) Richtlinie 2009/24/EG über den Rechtsschutz von Computerprogrammen umsetzt – hat der deutsche Gesetzgeber mit dem Begriff der „Verbreitung" in § 69c Nr. 3 UrhG keine Abweichung zu § 17 Abs. 1 UrhG beabsichtigt.[545] Der Begriff wird somit einheitlich verwandt.[546]

Daher findet eine Verbreitung statt, wenn ein Vervielfältigungsstück der Software in der Öffentlichkeit angeboten oder in Verkehr gebracht wird. Für ein „Inverkehrbringen" reicht die Überlassung an einen einzelnen Dritten aus.[547] Für ein „Anbieten" genügt eine Werbemaßnahme, bei der zum Erwerb der beworbenen Vervielfältigungsstücke eines Werks aufgefordert wird.[548] In der Entscheidung *Peek & Cloppenburg/ Cassina* hat der EuGH Art. 4 Richtlinie 2001/29/EG dahingehend ausgelegt, dass das Angebot an die Öffentlichkeit auf die Übertragung des Eigentums gerichtet sein muss, da die Richtlinie 2001/29/EG Art. 6 Abs. 1 des WCT umsetze, der die Verbreitung als das Recht definiere, *„zu erlauben, dass das Original und Vervielfältigungsstücke ihrer Werke durch Verkauf oder ‚sonstige Eigentumsübertragung' der Öffentlichkeit zugänglich gemacht werden".*[549] Die Entscheidung hat zu einer ausführlichen Diskussion in der Literatur geführt, die hier nicht im Detail nachgezeichnet werden kann.[550] Der BGH ist dem EuGH gefolgt und hat seine Rechtsprechung geändert, die zuvor noch eine Besitzüberlassung für eine Verbreitung als ausreichend erachtet hatte.[551] Jedenfalls geht die Literatur in der Folge davon aus, dass das Vermietrecht des § 69c Nr. 3 UrhG und § 17 Abs. 3 UrhG ein vom Verbreitungsrecht eigenständiges Recht sei, da dort notwendigerweise eine Gebrauchsüberlassung ohne Eigentumsübergang ausreichen müsse.[552] Da die technische Form der Verkörperung der Software unerheblich ist, stellt jede dauerhafte Weitergabe von Datenträgern und Embedded-Systemen an Kunden eine Verbreitung dar, wenn dabei eine Eigentumsübertragung an dem Datenträger bzw. Embedded-System erfolgt.[553]

Das Vermietrecht unterscheidet anders als das bürgerliche Recht nicht bloß danach, ob eine zeitlich begrenzte Überlassung entgeltlich oder unentgeltlich erfolgt, sondern danach, ob die Überlassung einen Erwerbszweck hat.[554] § 17 Abs. 3 UrhG spricht von *„unmittelbar oder*

---

[545] BT-Drs. 12/4022, S. 11.
[546] *Wandtke/Bullinger-Grützmacher*, § 69c, Rn. 25.
[547] BGH, GRUR 1991, 316, 317 – *Einzelangebot*.
[548] BGH, GRUR 2007, 871 – *Wagenfeld-Leuchte*.
[549] EuGH, C-456/06, GRUR 2008, 604 – *Peek & Cloppenburg/Cassina*.
[550] Vgl. *Fromm/Nordemann-Dustmann*, § 17, Rn. 16 m. w. N.
[551] BGH, GRUR 2009, 840 – *Le-Corbusier-Möbel II*.
[552] *Schricker/Loewenheim-Loewenheim*, § 17, Rn. 30.
[553] BGH, GRUR 2009, 840 – *Le-Corbusier-Möbel II*.
[554] Vgl. *Marly*, Rn. 1668.

mittelbar Erwerbszwecken dienende Gebrauchsüberlassung". Dementspechend heißt es in Erwägungsgrund 12 der Richtlinie 2009/ 24/EG:

> *„Im Sinne dieser Richtlinie bedeutet der Begriff ‚Vermietung' die Überlassung eines Computerprogramms oder einer Kopie davon zur zeitweiligen Verwendung und zu Erwerbszwecken; dieser Begriff beinhaltet nicht den öffentlichen Verleih, der somit aus dem Anwendungsbereich der Richtlinie ausgeschlossen bleibt."*

In der Richtlinie 2009/24/EG wird der Begriff „Verwendung" *(use)* in Erwägungsgrund 13 auch für die bestimmungsgemäße Benutzung gem. Art. 5 Abs. 1 gebraucht. Offenbar soll der Empfänger das überlassene Vervielfältigungsstücks zur Benutzung erhalten. Der Begriff des „Erwerbszwecks" soll jedes Handeln im wirtschaftlichen Interesse einer Person umfassen.[555] Das urheberrechtliche Vermietrecht greift damit weiter als die Miete des § 535 BGB.

Nachfolgend werden einige typische Konstellationen behandelt, die die Frage danach aufwerfen, ob eine *„distribution"* vorliegt, die Lizenzpflichten nach sich zieht.

1. Weitergabe an Konzerngesellschaften

Im Hinblick auf die Weitergabe in einem Konzern werden in Literatur   126f und Rechtsprechung unterschiedliche Auffassungen vertreten. Einige Stimmen sehen darin keine Verbreitung,[556] während nach anderer Ansicht ohne Weiteres von einer Verbreitung ausgegangen werden kann.[557] Die Entscheidungen des BGH sind uneinheitlich: Während die Entscheidung *Schallplattenexport II* aus dem Jahr 1985 eine Verbreitung im Konzern als gegeben erachtet,[558] äußert sich der BGH in den Entscheidungen *Staatsgeschenk* aus dem Jahr 2007[559] und *Wagenfeld-Leuchte II* von 2011[560] gegenteilig, da es an der Öffentlichkeit fehle. Der Bundesfinanzhof sieht in einer Entscheidung aus dem Jahr 2004 zur Umsatzsteuer für Computerprogramme wiederum im Konzernvertrieb ein Handeln an die Öffentlichkeit.[561]

---

[555] *Marly*, Rn. 1675; *Schricker/Loewenheim-Loewenheim*, § 27, Rn. 16.
[556] So *Dreier/Schulze-Schulze*, § 17, Rn. 9, mit Verweis auf BGH, GRUR 1982, 100, 102 – *Schallplattenexport I*, und *Fromm/Nordemann-Dustmann*, § 17, Rn. 13.
[557] *Wandtke/Bullinger-Grützmacher*, § 69c, Rn. 27; *Marly*, Rn. 176.
[558] BGH, GRUR 1985, 924 – *Schallplattenexport II*. Dort heißt es: *„Für die urheberrechtliche Betrachtungsweise im Rahmen des § 17 Abs. 2 UrhG kommt es nicht darauf an, ob die konzernmäßig verbundenen Gesellschaften eine (wirtschaftliche) Einheit bilden".*
[559] BGH, GRUR 2007, 691 – *Staatsgeschenk*. Dort heißt es: *„Auch rein konzerninterne Warenbewegungen und die Weitergabe zum Vertrieb an ein konzernangehöriges Unternehmen stellen noch kein Inverkehrbringen dar."*
[560] BGH, GRUR 2011, 227 – *Wagenfeld-Leuchte II* (Strafsenat).
[561] BFH, MMR 2005, 529.

Bemerkenswert ist, dass in den genannten Entscheidungen in keinem Fall die Zulässigkeit einer Verbreitung in Frage stand, sondern Probleme des Erschöpfungsgrundsatzes und andere nachgelagerte Rechtsfragen behandelt wurden. Zudem lag den Entscheidungen zumeist ein Sachverhalt zu Grunde, in dem innerhalb eines Konzerns arbeitsteilig vorgegangen wurde und Vervielfältigungsstücke zunächst innerhalb eines Konzerns weitergegeben wurden, bevor sie an Dritte veräußert wurden.

Die Situation ist bei der konzerninternen Weitergabe von Open Source Software oftmals anders. Hier erhält ein Konzernunternehmen Open Source Software vielfach nicht im Rahmen eines einheitlichen Vertriebsvorganges, sondern im Rahmen der Softwareentwicklung. Dabei macht es keinen Unterschied, ob die Software an ein Drittunternehmen oder ein Konzernunternehmen weitergegeben wird. Dies gilt umso mehr, als aus Sicht des Lizenzgebers von Open Source Software jedermann die Nutzungsrechte wahrnehmen können soll. Dafür sind bei Copyleft-Lizenzen auch der Zugang zum Quellcode und die Erlaubnis zur Nutzung von Bearbeitungen erforderlich. Das Konzernunternehmen benötigt zudem ein eigenes Nutzungsrecht für die weitere Bearbeitung, so dass nicht ersichtlich ist, warum die Weitergabe an eine Konzerngesellschaft von der Erfüllung der Lizenzpflichten ausgeschlossen sein sollte. Überdies dient das Tatbestandsmerkmal „an die Öffentlichkeit" zur Abgrenzung von der privaten Weitergabe, die bei der Weitergabe innerhalb des Konzerns nicht betroffen ist.[562] Es ist daher davon auszugehen, dass die Weitergabe an eine andere Konzerngesellschaft eine „*distribution*" darstellt.[563]

2. Weitergabe an Dienstleister zur Weiterentwicklung

126g Die GPL-3.0 enthält in ihrer Ziffer 2 Abs. 2 eine spezielle Freistellung für den Fall, dass der Lizenznehmer Dritte Modifikationen an einer Softwarekopie vornehmen lässt, die exklusiv für den Lizenznehmer entwickelt werden:

> „*You may convey covered works to others for the sole purpose of having them make modifications exclusively for you, or provide you with facilities for running those works, provided that you comply with the terms of this License in conveying all material for which you do not control copyright.*"

---

[562] BGH, GRUR 2007, 691 – *Staatsgeschenk*.
[563] Für das US-Recht nimmt *Meeker* allerdings an, dass die Weitergabe an Konzerngesellschaften jedenfalls bei einer Mehrheitsbeteiligung als „*private copy*" anzusehen ist, vgl. *Meeker*, Open Source for Business, S. 74. Ebenso *Meeker*, IFOSSLR Vol. 4 (I). Vorsichtiger äußert sich dazu die FSF in ihren FAQ („*US copyright law is not entirely clear on the point, but appears not to consider this distribution.*"), wobei interessanterweise für die GPL auf das jeweils lokal anwendbare Recht abgestellt wird, http://www.gnu.org/licenses/gpl-faq.html#DistributeSubsidiary.

Diese Regelung stellt den Lizenznehmer von den mit dem Copyleft verbundenen Pflichten frei, d. h. die Lizenzpflichten der GPL-3.0 müssen für solche Bestandteile nicht erfüllt werden, die vom Dienstleister für den Auftraggeber entwickelt werden und dem Dienstleister kann die Weitergabe der bearbeiteten Software untersagt werden. Für die unbearbeitete Ausgangssoftware, die der Auftraggeber dem Dienstleister für die Bearbeitung überlässt, müssen jedoch die Vertriebspflichten erfüllt werden.[564] Dies gilt entsprechend für die AGPL-3.0 und LGPL-3.0.

Bei anderen Open Source Lizenzen ist wiederum relevant, ob das Verbreitungs- oder Vermietrecht einschlägig ist. Für eine Verbreitung fehlt es an einem Eigentumsübergang und der dauerhaften Überlassung. Fraglich ist aber, ob das Vermietrecht einschlägig ist. Dafür kommt es darauf an, ob die Software zu Erwerbszwecken (des Auftraggebers) überlassen wurde, und ob eine Gebrauchsüberlassung vorliegt. Der Begriff des (mittelbaren) „Erwerbszwecks" soll jedes Handeln im wirtschaftlichen Interesse einer Person umfassen.[565] Folgt man dieser weiten Auslegung, dann dürfte jede Bearbeitung für Unternehmenszwecke des Auftraggebers auch zu Erwerbszwecken erfolgen. Schwieriger ist zu beurteilen, was eine Gebrauchsüberlassung ausmacht und ob eine solche bei der Überlassung zur Bearbeitung vorliegt. Stellt man darauf ab, dass der Empfänger die Software im Sinne des § 69d UrhG selbst bestimmungsgemäß benutzt, dann wird man in vielen Konstellationen eine Gebrauchsüberlassung ablehnen können. Sieht man hingegen auch in der Bearbeitung einen „Gebrauch", dann wird der Anwendungsbereich des Vermietrechts erheblich ausgeweitet.

Gegen eine weite Auslegung spricht die Regelung des § 69e Abs. 1 Nr. 1 UrhG. Danach darf eine Vervielfältigung und Bearbeitung zur Dekompilierung vorgenommen werden, wenn diese Handlungen „*von dem Lizenznehmer oder von einer anderen zur Verwendung eines Vervielfältigungsstücks des Programms berechtigten Person oder in deren Namen von einer hierzu ermächtigten Person vorgenommen*" werden. Offenbar kann der Lizenznehmer die Dekompilierung auch durch einen Dritten vornehmen lassen, dem dann auch eine Kopie zur Dekompilierung überlassen werden muss. Der Gesetzgeber hat bei der Formulierung nur eine Ausnahme für das Vervielfältigungsrecht und das Bearbeitungsrecht gemacht, nicht jedoch für das Vermietrecht. Dies wurde offenbar für nicht erforderlich erachtet. Es ist auch systematisch wenig sinnvoll, den Anwendungsbereich des Vermietrechts in das Bearbeitungsrecht hinein auszuweiten. Daher ist die Auffassung vorzugswürdig, wonach das Vermietrecht nicht einschlägig ist.

---

[564] In diesem Sinn auch die Begründung der FSF, vgl. http://gplv3.fsf.org/rationale.
[565] *Marly*, Rn. 1675; *Schricker/Loewenheim*, § 27, Rn. 16.

Auch in den USA scheint die Frage, ob in einer solchen Konstellation eine *distribution* vorliegt, nicht eindeutig zu beantworten zu sein.[566]

3. Überlassung an Outsourcing-Dienstleister

126h Im Rahmen des Outsourcings wird die Frage, wie die Überlassung durch den Kunden an den Outsourcing-Dienstleister zu behandeln ist, bislang nur wenig betrachtet; Rechtsprechung dazu existiert offenbar nicht.[567] *Wimmers* nimmt eine Verbreitung sowohl dann an, wenn die Software an den Outsourcing-Dienstleister veräußert wird als auch in dem Fall, dass die Überlassung „auf Jahre angelegt ist".[568] Allerdings stammt diese Literaturmeinung noch aus der Zeit vor der EuGH-Entscheidung *Peek & Cloppenburg/Cassina*, wonach nunmehr für eine Verbreitung ein Eigentumsübergang erforderlich ist.

Allerdings kann eine Vermietung vorliegen, wenn und soweit die Gebrauchsüberlassung zeitlich begrenzt ist und zu Erwerbszwecken erfolgt. Für eine Gebrauchsüberlassung ist die Möglichkeit der uneingeschränkten und wiederholten Werknutzung erforderlich.[569] Es lässt sich damit argumentieren, dass beim Outsourcing keine Gebrauchsüberlassung erfolgt, weil aus wirtschaftlicher Sicht nur der Kunde die Funktionalität der Software nutzt und nicht der Outsourcing-Dienstleister, sofern die Softwarekopie alleine für den Kunden verwendet wird. Es bleibt abzuwarten, wie die Gerichte in solchen Fallgestaltungen entscheiden werden.

Für die GPL-3.0, AGPL-3.0 und LGPL.3.0 enthält Ziffer 2 Abs. 2 eine Sonderregelung, die auch das Outsourcing umfasst.[570]

4. Arbeitnehmerüberlassung

126i Bei der Arbeitnehmerüberlassung sind Leiharbeitnehmer in einem Unternehmen tätig, die keinen Arbeitsvertrag mit diesem Unternehmen haben. Stattdessen besteht eine vertragliche Beziehung mit einer Leiharbeitsfirma oder einer sonstigen Drittfirma, die diese Mitarbeiter auf der Basis eines Vertrages mit dem Unternehmen an dieses abstellt. Solche Leiharbeitnehmer werden regelmäßig in dem Unternehmen des Entleihers tätig und erwerben kein Eigentum an der zu bearbeitenden Software, so dass keine Verbreitung gem. § 17 Abs. 1 UrhG vorliegt. § 17 Abs. 3 Nr. 2 UrhG schließt eine Anwendbarkeit des Vermietrechts auf die Überlassung von Vervielfältigungsstücken „im Rahmen eines Arbeits- oder Dienstverhältnisses zu dem ausschließlichen Zweck, bei der Erfüllung von Verpflichtungen aus dem Arbeits- oder Dienstverhältnis

---

[566] *Meeker*, IFOSSLR Vol. 4 (I) (March 2012), S. 36.
[567] Eine Analyse findet sich bei *Wimmers* in: *Büchner/Dreier*, S. 169.
[568] *Wimmers* in: *Büchner / Dreier*, S. 169.
[569] BGH, GRUR 2001, 1036, 1037 – *Kauf auf Probe*.
[570] S. o. Rn. 126d.

benutzt zu werden" aus. Damit stellen sich verschiedene Fragen: Ergibt sich aus der Regelung im Umkehrschluss, dass jede Überlassung an einen Arbeitnehmer zu einer Vermietung führt? Ist die Ausnahme des § 17 Abs. 3 Nr. 2 UrhG auch auf § 69c Nr. 3 UrhG anwendbar und würde diese entsprechend für Leiharbeitnehmer gelten?[571] Betrachtet man die Softwareentwicklung von Leiharbeitnehmern als wirtschaftlichen Vorgang, dann findet keine Gebrauchsüberlassung an den Leiharbeitnehmer statt, sondern er wird für den Entleiher in dessen Betrieb tätig und stellt auch keine Öffentlichkeit dar. Der Leiharbeitnehmer ist Teil der betrieblichen Innensphäre und wird kein Nutzer der Software. Auch eine Besitzüberlassung findet nicht statt, da der Besitz nur für das Unternehmen wahrgenommen wird. Für diese Sichtweise spricht auch der Umstand, dass die Regelung des § 17 Abs. 3 Nr. 2 UrhG auf betriebliche Leihbüchereien zielt und damit einen andere Form der Gebrauchsüberlassung, nämlich für die persönliche Weiterbildung des Mitarbeiters.[572] Daher ist davon auszugehen, dass bei der Übergabe an einen Leiharbeitnehmer keine Verbreitung oder Vermietung stattfindet, wenn dieser im Betrieb des Entleihers tätig wird.

5. Vorstellung bei einer Messe

Sofern eine Software oder ein Embedded-Produkt mit einer Open Source Software auf einer Messe vorgestellt wird, erfolgt regelmäßig keine Gebrauchsüberlassung, sondern der Messebesucher wird nur die grafische Oberfläche der Software zu sehen bekommen, die nicht als Teil der Software urheberrechtlich geschützt wird.[573] Insoweit findet keine Verbreitung oder Vermietung statt. Anders kann die Situation sein, wenn das Produkt einem Kunden zu Testzwecken ausgehändigt wird. Bei einer einmaligen Aushändigung wird es an einer Gebrauchsüberlassung fehlen, da es an der Möglichkeit der uneingeschränkten und wiederholten Werknutzung fehlt.[574] 126j

Bei Embedded-Geräten wird in der Literatur eine teleologische Reduktion des Vermietrechts diskutiert, da weder eine erhöhte Kopiergefahr bestehe noch das Computerprogramm der wesentliche Vermietgegenstand sei.[575] Ob sich diese Auffassung durchsetzen wird, bleibt abzuwarten.

---

[571] Nach einer Auffassung in der Literatur soll das Vermietrecht in § 69c Nr. 3 UrhG auch im Hinblick auf § 17 Abs. 3 Nr. 2 UrhG wie in § 17 UrhG ausgelegt werden, vgl. *Dreier/Schulze-Dreier*, § 69c, Rn. 21; *Schricker/Loewenheim-Loewenheim*, § 69c, Rn. 28.
[572] BT-Drs. VI/3264, S. 5.
[573] EuGH, C-393/09, GRUR 2011, 220 – BSA.
[574] S. o. Fn. 25.
[575] *Wandtke/Bullinger-Grützmacher*, UrhR, 4. Aufl. 2014, § 69c, Rn. 47 f.

Sofern in dem Zeigen der grafischen Oberfläche eine öffentliche Wiedergabe liegen kann, dürfte es sehr fraglich sein, ob damit auch die
Pflicht zur Erfüllung der Lizenzpflichten einhergeht. Für die Bestandteile
der Software, die als Computerprogramm zu qualifizieren sind, ist diese
Frage aufgrund der EuGH-Entscheidung jedenfalls nicht einschlägig, so
dass kein relevanter Anwendungsbereich verbleiben dürfte.

B. Vereinbarkeit von Open Source Lizenzen mit dem deutschen Urheberrecht

127 Die Besonderheiten in dem Konzept Freier Software scheinen der herkömmlichen Urheberrechtstheorie zu widersprechen, nach der das Urheberrecht neben dem Schutz der Urheberpersönlichkeit dazu dient,
dem Urheber den Lohn für seine Arbeit an der Schöpfung zu sichern.[576]
Denn der Programmierer, der sich an der Entwicklung Freier Software
beteiligt, wird vielfach keinen unmittelbaren wirtschaftlichen Nutzen
aus seinem Werk ziehen, insbesondere bleibt ihm die Einnahme von
Lizenzgebühren verwehrt.

Bei näherer Betrachtung zeigt sich indes, dass Freie Software und
„Copyleft" ohne Urheberrecht und insbesondere die durch das Urheberrecht gewährten Ausschließlichkeitsrechte kaum denkbar sind.[577] Beim
„Copyleft" wird geistiges Eigentum, im Gegensatz zur herkömmlichen
„proprietären" Verwertung, allerdings nicht zur maximalen Gewinnerzielung durch Lizenzgebühren benutzt, sondern zur Steuerung der Nutzung und Weiterentwicklung der Programme im Sinne der Urheber, mit
dem Ziel einer möglichst weiten Verbreitung der Programme selbst,
aber auch der Idee der Freien Software.[578]

Wer ein Gegensatzpaar „Urheberrecht – Freie Software" zeichnet, reduziert die Idee des geistigen Eigentums auf die Möglichkeit der Erzielung wirtschaftlicher Erträge. Eine solche Sicht verkennt die Bedeutung
des Eigentums als Mittel der Persönlichkeitsentfaltung.[579] „Copyleft" ist

---

[576] Vgl. *Metzger/Jaeger*, GRUR Int. 1999, 839, 840 f.; zum Geltungsgrund des Urheberrechts allgemein *Schricker/Loewenheim-Schricker/Loewenheim*, Einl., Rn. 11 ff.
[577] Im Einzelnen *Metzger*, Innovation in der Open Source Community, S. 187 ff.
Wie hier *Koch*, CR 2000, 273, 280 f.; a. A. *Grzeszick*, MMR 2000, 412, 416 f., der
die Begründung des Urheberrechts praktisch widerlegt sieht, und *Hoeren*, FS Kollhosser, S. 229, 240, der eine Einordnung in das deutsche Rechtssystem insgesamt für zum
Scheitern verurteilt ansieht.
[578] Zustimmend *Spindler-Spindler*, S. 25; ähnlich *Schiffner*, S. 104.
[579] Vgl. *Leisner*, Freiheit und Eigentum, S. 13 zur Bedeutung des Eigentums für die
Persönlichkeitsentfaltung und Menschenwürde: *„In ihm (dem Eigentum) wird
menschliche Würde nicht gesehen als die des bindungslosen Wesens, sondern in
seinen Beziehungen zu den Gütern dieser Welt."*

deshalb keine Negation der Eigentumsidee, sondern Rückbesinnung auf die nicht-pekuniären Interessen an Eigentum.

Damit ist nicht gesagt, dass Freie Software nicht-kommerziell oder **128** sogar anti-kommerziell ist. Die wirtschaftliche Fruchtziehung wird lediglich vom Primärmarkt der Lizenzgebühren auf den Sekundärmarkt der Dienstleistungen verschoben.[580] Nicht das urheberrechtlich gewährte Verbotsrecht dient den Programmierern Freier Software zur Erzielung wirtschaftlicher Früchte, sondern der Know-how- und Vertrauensvorsprung auf den Nachfolgemärkten. Schließlich wird der urheberrechtliche Schutz für Software auch nicht obsolet, weil „ohne urheberrechtliche Schutzgesetze für die Entwicklung freier Programme eine Lizenzierung nicht erforderlich wäre".[581] Nur mit Hilfe der Verbotsrechte, die das Urheberrecht gewährt, kann „Copyleft" Software vor einer den Ideen Freier Software widersprechenden Art der Verwendung geschützt werden. Die technische Möglichkeit, Software im Objectcode zu verbreiten und den Quelltext geheim zu halten, würde es ansonsten erlauben, freie Programme dem öffentlichen Zugriff zu entziehen und de facto „proprietär" weiterzuverbreiten.[582] Es ist deswegen nicht richtig, in Freier Software eine Widerlegung der Urheberrechtstheorie zu sehen.[583] Letztlich ist dieser Auffassung auch der Gesetzgeber gefolgt, der durch die Einführung von mittlerweile vier „Linux-Klauseln" im UrhG die Ziele der Open Source und Open Content Lizenzierung als äquivalent zu einer angemessenen Vergütung angesehen hat.[584]

Unabhängig von der grundsätzlichen Einordnung in das Urheberrecht stellen sich eine Reihe von Einzelfragen, die die Vereinbarkeit der vornehmlich vor dem Hintergrund des US-Copyright-Systems verfassten Open Source Lizenzen mit dem deutschen Urheberrecht betreffen.

I. Urheberpersönlichkeitsrecht

Nicht ganz unproblematisch ist die Befugnis der Nutzer von Freier **129** Software, diese nach freiem Belieben zu verändern. Dem Urheber steht es grundsätzlich frei, Veränderungen seines Werks im Vorwege zu gestatten. Änderungen am Werk können aber zu einer Beeinträchtigung

---

[580] Vgl. *Dreier,* CR 2000, 45.
[581] So aber *Grzeszick,* MMR 2000, 412, 417.
[582] Der Ansatz von *Grzeszick* lässt sich aber auf den patentrechtlichen Schutz übertragen. Hier stellt sich in der Tat die Frage, ob Patentschutz für Software obsolet ist.
[583] So die Fragestellung von *Grzeszick,* MMR 2000, 412.
[584] Siehe §§ 31a Abs. 1 S. 2, 32 Abs. 3 S. 3, 32a Abs. 3 S. 3, 32c Abs. 3 S. 2 UrhG. Vgl. hierzu auch die verschiedenen Stellungnahmen des ifrOSS, welche die Aufnahme entsprechender Regelungen vorgeschlagen haben, http://www.ifross.org/i-urhebervertragsrecht, und die Begründung des RegEntw, BT-Drs. 14/6433, S. 15 (abrufbar unter http://dip.bundestag.de/btd/14/064/1406433.pdf).

des Urheberpersönlichkeitsrechts führen. In diesem Bereich ist die Ver-
tragsfreiheit nach dem deutschen Urheberrecht gewissen Einschränkungen unterworfen.

Zwar ist das Urheberpersönlichkeitsrecht bei Software weniger stark
ausgeprägt als bei anderen, dem Urheberrecht unterstehenden Schutz-
gegenständen. Gleichwohl steht auch dem Urheber eines Computerprogramms gem. § 14 UrhG die Befugnis zu, Beeinträchtigungen oder
Entstellungen seines Werks zu verbieten, die „geeignet sind, seine persönlichen oder geistigen Interessen am Werk zu gefährden".[585] Gerade
die Entwickler Freier Software sind besonders daran interessiert, sich
durch die Programmierung einen guten Ruf zu erarbeiten. Die Verbreitung qualitativ abträglicher Versionen der Software kann deshalb
durchaus das Interesse des Urhebers an der Integrität des Werks berüh-
ren. Freilich wird bei der Frage, ob das „droit moral" des Programmierers verletzt ist, im Rahmen der GPL und einigen anderen Lizenzen zu
berücksichtigen sein, dass jede Veränderung des Codes in auffälliger
Weise auch als solche gekennzeichnet werden muss (Ziffer 2 a) GPL-
2.0) und Software an sich schon stärker auf eine Weiterentwicklung
angelegt ist als andere Werke.[586] Gleichwohl erscheinen Verletzungen
des Urheberpersönlichkeitsrechts jedenfalls in Ausnahmefällen denkbar.[587]

Hieran ändert auch die im Vorwege erteilte Gestattung des Urhebers
nichts. Dispositionen im Bereich des Urheberpersönlichkeitsrechts sind
nach dem deutschen Recht nur in begrenztem Umfang möglich.[588]

Dies bedeutet in der Konsequenz, dass Programmierer Entstellungen
oder andere Beeinträchtigungen ihres Persönlichkeitsrechts, auch dann
verbieten können, wenn sie den Code der GPL oder einer anderen Open
Source Lizenz unterstellt haben.[589]

130   Einige Open Source Lizenzen – z. B. Ziffer 3 der Mozilla Public License, Version 1.1 – verlangen, dass der Bearbeiter eines Programms seinen Namen nennt. Anonyme Beiträge sind damit nicht gestattet. Dies
steht unter der Geltung deutschen Urheberrechts[590] im Konflikt mit § 13
UrhG, der es der Entscheidung des Urhebers überlässt, ob er mit Namen

---

[585] S. o. Rn. 122.
[586] Vgl. *Dreier/Schulze-Dreier*, § 69a, Rn. 34; *Schulz*, S. 47.
[587] So auch *Koch*, CR 2000, 273, 279; *Spindler-Spindler*, S. 88; *Omsels*, FS Hertin,
S. 141, 158.
[588] Vgl. hierzu allgemein *Metzger*, Rechtsgeschäfte über das Droit moral, S. 219 ff.
[589] Zustimmend *Omsels*, FS Hertin, S. 141, 158; *Spindler-Spindler*, Rechtsfragen
bei Open Source, S. 88 f.; zweifelnd *Schulz*, S. 47.
[590] Siehe dazu allgemein unten Rn. 356 ff. Durch die Wahl von kalifornischem
Recht in Ziffer 11 MPL oder gar des US-Urheberrechts in Ziffer 7 CPL kann die
Anwendbarkeit der Regelungen zum Urheberpersönlichkeitsrecht in Deutschland
nicht ausgeschlossen werden.

genannt werden möchte oder nicht.[591] Über dieses Recht kann jedoch in Grenzen verfügt werden.[592] Man wird sagen können, dass die Entwickler auch unter der Geltung von deutschem Urheber- und AGB-Recht die Verpflichtung eingehen können, ihren Namen nennen zu müssen, da die Verpflichtung zur Namensnennung erst mit der Veröffentlichung der Software eintritt und dem Entwickler damit letztlich die Entscheidung verbleibt, ob er mit seinen Programmänderungen in die Öffentlichkeit treten möchte.[593]

Auf die Rückrufsrechte der §§ 41 bis 42 UrhG kann nicht verzichtet werden, auch sie sind Ausdruck des Urheberpersönlichkeitsrechtes. Allerdings ist im Rahmen des § 41 UrhG nur bei ausschließlichen Nutzungsrechten ein Rückruf möglich, so dass Open Source Lizenzen insoweit nicht betroffen sind.[594] Ein Rückruf wegen gewandelter Überzeugung gem. § 42 UrhG dürfte nur in Ausnahmefällen begründbar sein und erfordert zudem eine Entschädigung der Lizenznehmer. Eine praktische Relevanz dürfte daher nicht bestehen.

II. Erschöpfungsgrundsatz

Nach § 69c Nr. 3 S. 2 UrhG erschöpft sich das Verbreitungsrecht an **131** einem Vervielfältigungsstück der Software, wenn dieses Vervielfältigungsstück mit Zustimmung des Rechtsinhabers im EWR im Wege der Veräußerung in Verkehr gebracht wird. Demnach kann der Rechtsinhaber die Weiterverbreitung dieses Werkexemplars mit Ausnahme der Vermietung nicht mehr urheberrechtlich kontrollieren. Der Erschöpfungsgrundsatz ist zwingendes Recht und dient dazu, die verkörperten Werkexemplare verkehrsfähig zu halten.[595] Seit der EuGH-Entscheidung „UsedSoft/Oracle" herrscht nunmehr auch Klarheit darüber, dass der Erschöpfungsgrundsatz nicht nur beim Vertrieb körperlicher Vervielfältigungsstücke, sondern auch beim Download von Softwarekopien eingreift.[596]

---

[591] Für die Anwendung des Rechts auf Namensnennung auf Programmierer auch OLG Hamm, GRUR-RR 2008, 154, allerdings unter fehlerhafter Anerkennung der Urheberschaft eines Unternehmens.
[592] Vgl. *Metzger*, Rechtsgeschäfte über das Droit moral, S. 43.
[593] Vgl. hierzu allgemein *Metzger*, Rechtsgeschäfte über das Droit moral, S. 219 ff.
[594] Vgl. *Völzmann-Stickelbrock*, Auswirkungen des Widerrufs einer GNU-Lizenz auf Dritte, S. 47, 68 f., mit Hinweis auf einen theoretisch denkbaren Widerruf eines Arbeitnehmers.
[595] Vgl. nur *Schricker/Loewenheim-Loewenheim*, § 17, Rn. 36 m. w. N.; *Schricker*, FS Dietz, S. 447, 451.
[596] EuGH, Rs. C-128/11, 3.7.2012 – *UsedSoft/Oracle*; siehe hierzu auch BGH, NJW 2014, 2101 – *UsedSoft II*; aus der Literatur siehe nur *Schneider/Spindler*, CR 2012, 489 und 2014, 213; *Stieper*, ZUM 2012, 668 und GRUR 2014, 270 jeweils m. w. N. auch auf die Diskussion vor der Entscheidung.

In der Literatur wurde vielfach die Frage aufgeworfen, ob Open Source Lizenzen den Erschöpfungsgrundsatz zu umgehen versuchen, wenn der Urheber durch eine direkte Lizenzierung dem (Weiter-)Veräußerer eines bereits rechtmäßig in Verkehr gebrachten Vervielfältigungsstückes Pflichten für den Weitervertrieb auferlegt.[597] In diesem Zusammenhang wird diskutiert, ob aufgrund einer inhaltlichen Beschränkung des Verbreitungsrechts auch nur eine Teilerschöpfung eintritt[598] oder ob zumindest eine schuldrechtliche Bindungswirkung erreicht werden kann[599].

132   Im Ergebnis ist von einer vollständigen Erschöpfung des Verbreitungsrechts an einem rechtmäßig – also insbesondere lizenzkonform – in Verkehr gebrachten Vervielfältigungsstück von Freier Software auszugehen.[600] Allerdings stellt diese Erschöpfung keine Gefahr für den Open Source Vertrieb dar[601] und läuft auch nicht den Regelungen der Open Source Lizenzen entgegen. Zunächst ist zu beachten, dass sich allein das Verbreitungsrecht erschöpft. Weder darf der Erwerber des Werkstücks weitere Kopien anfertigen und verbreiten, ohne sich an die Verpflichtungen der entsprechenden Open Source Lizenz zu halten, noch darf die Software bearbeitet oder allgemein zum Download angeboten werden. Auch bei Anwendung der Grundsätze aus der Entscheidung „*UsedSoft/Oracle*" dürfen nur die konkret erworbenen Programmkopien weitergegeben werden, nicht aber weitere Kopien erstellt und zugänglich gemacht werden.[602] Was bleibt, ist die Möglichkeit, das konkrete Werkstück mit der Freien Software weiterzugeben, ohne sich an die Bedingungen der entsprechenden Lizenz zu halten. Dieser Fall wird in der Praxis jedoch eine bloß unerhebliche Bedeutung erlangen, da der Zweitveräußerer für den Eintritt der Erschöpfung das Werkstück lizenzkonform erhalten haben muss und bei der unveränderten Weitergabe des Vervielfältigungsstückes nur im Ausnahmefall ein Vertrieb erfolgt, der den Lizenzpflichten – wenn diese denn eingreifen würden[603] – zuwider liefe. Dies wäre z. B. der Fall, wenn der in einem Handbuch mitgelieferte Lizenztext von dem Zweitveräußerer nicht weitergegeben würde. Im Regelfall bedeutet es für den Zweitveräußerer jedoch weniger Mühe, ein lizenzkonform erhaltenes Vervielfältigungsstück auch lizenzkonform weiterzugeben, da er dafür nur die Hinweise des Erstveräu-

---

[597] So etwa *Plaß*, GRUR 2002, 670, 679 f.; *Spindler/Wiebe*, CR 2003, 873, 876.

[598] *Koch*, CR 2000, 333, 335 f.

[599] *Spindler/Wiebe*, CR 2003, 873, 878 f.; *Spindler-Spindler*, S. 98 f.

[600] Vgl. *Küng*, MR 2004, 21, 28 ff.; *Schack*, Rn. 429 ff.; *Schulz*, S. 142 ff.; zur Rechtslage in den USA *Determann*, GRUR Int. 2006, 645, 651.

[601] Davon gehen *Koch*, CR 2000, 333, 335 f. *(„zentralen Stützpfeiler aus der Konstruktion der OSD und der GPL/LGPL herausbrechen und diese hierdurch zum Einsturz bringen"); Plaß*, GRUR 2002, 670, 680 *(„Gefahr einer massenhaften gewerblichen Verwertung"),* und *Schiffner*, S. 136 ff., aus.

[602] Zur Erschöpfung des Verbreitungsrechts an online vertriebenen Werken s. o. Rn. 121.

[603] Dies ist nicht der Fall, s. u. zum AGB-Recht Rn. 185 ff.

ßerers beibehalten muss. Dabei darf er durchaus ein Entgelt verlangen.[604] Bei den Non-Copyleft-Lizenzen beschränken sich die Pflichten im Regelfall auf einen Haftungsausschluss, die Mitlieferung des Lizenztextes und die Urhebernennung, die gem. § 13 UrhG i.V.m. § 69a Abs. 4 UrhG ohnehin nicht entfernt werden darf. Bei Copyleft-Lizenzen, wie der GPL, tritt die Pflicht zur Mitlieferung des Source Codes hinzu, so dass bei der unveränderten Weitergabe auch der Erwerber den Source Code erhält sowie ein Angebot zum Abschluss der Open Source Lizenz.[605] Kein Widerspruch zu dem Open Source Modell wäre auch eine etwaige Vergütung, die der Weiterveräußerer geltend macht:[606] Da Open Source Software nur lizenzgebührenfrei vertrieben werden muss, aber nicht unentgeltlich,[607] darf der Weiterveräußerer ohnehin ein Entgelt für das Werkexemplar verlangen. Der Erwerber darf die Software dann gem. § 69d UrhG in bestimmungsgemäßem Umfang nutzen, also auf seinem Rechner installieren und ablaufen lassen.

Friktionen zu den von den Open Source Lizenzen vorgesehenen Vertriebspflichten ergeben sich allerdings in den Fällen, in denen die vertriebenen Werkexemplare entsprechend verändert werden, etwa wenn der gesondert beigelegte Lizenztext nicht mit weitergegeben wird oder der Source Code nicht auf demselben Vervielfältigungsstück enthalten war und nicht mitgeliefert oder angeboten wird. Hier erhält der Zweiterwerber unter Umständen ein Werkexemplar, ohne zu wissen, dass es sich um Freie Software handelt und ohne die direkte Möglichkeit zum Erwerb weitergehender Nutzungsrechte. Dies mag etwa bei einem Weiterverkauf eines mit Freier Software ausgestatteten Mobiltelefons der Fall sein, wenn das Benutzerhandbuch mit dem Lizenztext und dem Angebot zur Lieferung des Source Codes nicht mitgegeben wurde. Der Erschöpfungsgrundsatz setzt sich in solchen Konstellationen durch, dies ist zum Zweck der Verkehrsfähigkeit hinzunehmen und stellt das Open Source Modell auch nicht in Frage.

133

---

[604] So auch *Wandtke/Bullinger-Grützmacher*, § 69c, Rn. 76; a. A. *Spindler-Spindler*, S. 92, siehe dagegen oben Rn. 39 f.

[605] Ziffer 3 c) GPL-2.0 erlaubt jedenfalls für die nicht-kommerzielle Verbreitung die Weitergabe des Angebots zur Lieferung des Source Codes, das der Weiterveräußerer selbst erhalten hat.

[606] Insoweit unzutreffend *Koch*, CR 2000, 333, 335, und *Plaß*, GRUR 2002, 670, 679, die davon ausgehen, dass der Weitervertrieb von seiner Unentgeltlichkeit abhängig gemacht werden soll. Ähnlich *Wandtke/Bullinger-Grützmacher*, § 69c, Rn. 76, der dies aber für zulässig hält. So auch *Spindler*, CR 2003, 873, 877, 879 und K&R 2004, 528, 531, der annimmt, dass bei der Weiterveräußerung eine Lizenzgebühr verlangt werden kann. Dies ist aber nicht der Fall, da der Weiterveräußerer eines Werkstückes, an dem sich das Verbreitungsrecht erschöpft hat, und an dem er keine eigenen Urheberrechte besitzt, überhaupt keine Nutzungsrechte einräumt, für die er Gebühren verlangen könnte.

[607] S. o. Rn. 39 f.

134   Insbesondere handelt es sich bei einem solchen Weiterverkauf auch nicht um einen lizenzwidrigen Vertrieb oder eine Verletzung von schuldrechtlichen Pflichten.[608] Denn wenn ein Vervielfältigungsstück rechtmäßig an den Ersterwerber veräußert wurde, so dass sich das Verbreitungsrecht erschöpft hat, heißt dies noch nicht, dass der Ersterwerber auch Lizenznehmer geworden ist. So verpflichtet etwa die GPL den Lizenznehmer *nicht* dazu, dass er dem Erwerber eines Werkstückes die Lizenzbedingungen aufzwingen muss.[609] Vom Lizenznehmer muss beim ersten Inverkehrbringen lediglich der Lizenztext mitgeliefert werden, so dass der (Erst-)Erwerber nach seiner Wahl einen Lizenzvertrag abschließen kann oder nicht.[610] Wird ein Vervielfältigungsstück, an dem sich das Verbreitungsrecht erschöpft hat, weiterverbreitet, ohne dass die Lizenzbedingungen der Open Source Lizenz eingehalten werden, ist davon auszugehen, dass kein Lizenzvertrag abgeschlossen wurde, also keine konkludente Annahme des Lizenzangebots erfolgt ist.[611] Erst für den Vertrieb weiterer Kopien wird der Abschluss eines Lizenzvertrages erforderlich.[612] Unvereinbarkeiten mit Open Source Lizenzen ergeben sich aus dem Erschöpfungsgrundsatz daher nicht.[613]

Wird Freie Software lizenzwidrig verbreitet, kann sich der Erwerber nicht auf das Recht zu Benutzung der erworbenen Programmkopie gem. § 69d UrhG berufen, weil er dann kein „Berechtigter" im Sinne der Vorschrift ist. Für diese Konstellation sieht die GPL (Ziffer 4 GPL-2.0 und Ziffer 8 GPL-3.0) eine pragmatische Lösung vor:

„However, parties who have received copies, or rights, from you under this License will not have their licenses terminated so long as such parties remain in full compliance."

Dies bedeutet, dass die jeweiligen Erwerber ihre Programmkopie weiterhin zulässig benutzen dürfen. Gerade beim Vertrieb von GPL-widrigen Embedded-Geräten sichert dies die Verwendungsfähigkeit des Pro-

---

[608] Davon gehen *Plaß,* GRUR 2002, 670, 679 f., und offenbar auch *Spindler,* CR 2003, 873, 878 aus, wobei Letzterer schuldrechtliche Ansprüche gegen den Zweiterwerber erwägt. Näher zu den AGB-rechtlichen Aspekten Rn. 185 ff.

[609] A. A. offenbar *Spindler,* K&R 2004, 528, 531; *Spindler-Spindler,* S. 67, der davon ausgeht, dass ein GPL-konformes Inverkehrbringen nur dann vorliegt, wenn der Erwerber auch einen Lizenzvertrag mit den Rechtsinhabern abschließt. Zur „Weitergabe von vertraglichen Beschränkungen" allgemein, vgl. *Marly,* Rn. 1665 m. w. N.

[610] Dies ergibt sich explizit aus Ziffer 5 GPL-2.0: „*You are not required to accept this License, since you have not signed it*".

[611] Abweichend von der Grundregel der Ziffer 5 GPL-2.0 („*Therefore, by modifying or distributing the Program (…), you indicate your acceptance of this License …*"), die ohnehin nur deklaratorisch ist. Vgl. auch unten Rn. 176 f.

[612] Nur insoweit liegt dann eine Erstverbreitung vor, vgl. dazu *Spindler,* K&R 2004, 528, 530.

[613] Vgl. *ifrOSS-Jaeger,* Ziffer 4 GPL, Rn. 19 ff.; zu den entsprechenden Fragen des AGB-Rechts s. u. Rn. 185 ff.

duktes.[614] Allerdings ist wegen mangelnder Erschöpfung die Weiterverbreitung nicht mehr zulässig, ohne dass der Erwerber seine Programmkopie lizenzkonform „nachrüstet". Im Verhältnis zum Distributor dürfte insoweit ein entsprechender Nachbesserungsanspruch wegen
eines Rechtsmangels bestehen.

III. Anspruch des Urhebers auf eine angemessene Vergütung

Seit der Reform des Urhebervertragsrechts im Jahr 2002 kennt das deut- **135**
sche Urheberrecht die – im internationalen Vergleich gesehene – Besonderheit, dass der Urheber gegenüber seinen Lizenznehmern gem. § 32
Abs. 1 S. 3 UrhG einen Anspruch auf Einwilligung in die Änderung
seines Vertrages hat, durch die ihm eine angemessene Vergütung gewährt werden muss. Damit drängt sich die Frage auf, ob Softwareentwickler, die ihre Programme einer Open Source Lizenz unterstellen,
gegen Lizenznehmer nachträglich Vergütungsansprüche geltend machen
können. Da Open Source Software auch kommerziell vertrieben werden
darf, können Distributoren mit Programmen wie Linux erhebliche Gewinne erzielen.[615] Dieses Problem hat der deutsche Gesetzgeber erkannt
und zum besonderen Schutz von Open Content und Freier Software mit
§ 32 Abs. 3 S. 3 UrhG eine sog. „Linux-Klausel" in das Gesetz eingefügt, die explizit die Geltendmachung des Anspruchs auf eine angemessene Vergütung bei einer freien Lizenzierung an jedermann ausschließt.[616] In der Begründung des Gesetzgebungsentwurfs heißt es dazu:
„Die aufgenommene Einschränkung beugt einer befürchteten Rechtsun-
sicherheit für Open Source Programme und anderen Open Content vor;
im Bereich derartiger Lizenzbeziehungen, bei denen der Urheber sein
Werk der Allgemeinheit unentgeltlich zur Verfügung stellt, kann weder
eine zu Lasten des Urhebers gestörte Vertragsparität vorliegen, noch
sind insofern Missbrauchsmöglichkeiten denkbar."[617]

Durch das Zweite Gesetz zur Regelung des Urheberrechts in der In- **136**
formationsgesellschaft aus dem Jahr 2007[618] wurde eine zweite Linux-
Klausel in § 32a Abs. 3 S. 3 UrhG eingeführt, welche eine Ausnahme
vom „Bestsellerpagraphen" für freie Lizenzmodelle vorsieht. Ansprüche

---

[614] S. u. Rn. 271.

[615] So erzielte Red Hat nach eigenen Angaben im ersten Quartal 2010 Gewinne von
34,2 Mio. US-Dollar, http://www.redhat.com/about/news/prarchive/2010/2011_Q1.
html.

[616] Vgl. die Stellungnahme des ifrOSS, das auf Wunsch des BMJ zu dieser Frage eine
Stellungnahme abgegeben hat, http://www.ifross.de/ifross_html/urhebervertragsrecht.
pdf.

[617] Regierungsentwurf vom 30. Mai 2001, http://www.urheberrecht.org/UrhGE-
2000/download/GesEUrhVertrR300501.pdf, S. 61.

[618] BGBl. I 2007 S. 2513.

aus § 32a UrhG sind im Grundsatz unverzichtbar; es steht dem Urheber aber frei, „unentgeltlich ein einfaches Nutzungsrecht für jedermann" einzuräumen. Die Regelung folgt damit dem Modell des § 32 Abs. 3 S. 3 UrhG. In der Begründung des Regierungsentwurfs vom 22.3.2006 heißt es dementsprechend: *„Mit der Ergänzung in Absatz 3 wird einer befürchteten Rechtsunsicherheit für „open source"-Programme und anderen „open content" nunmehr auch für sog. Bestseller-Fälle vorgebeugt."*[619]

137   Zu beachten ist jedoch, dass sich die Linux-Klauseln in § 32 Abs. 3 S. 3 und § 32a Abs. 3 S. 3 UrhG nur auf den Fall beziehen, dass der Urheber *selbst* die Lizenzierung unter einer Open Source Lizenz vornimmt. Damit drängt sich die Frage auf, wie sich die Situation darstellt, wenn der Urheber seine ausschließlichen Nutzungsrechte an einen Lizenznehmer übertragen hat und dieser Lizenznehmer das Programm als Freie Software lizenzieren möchte oder ein Arbeitgeber, der die Rechte nach § 69b UrhG erworben hat, eine entsprechende Lizenzierung vornimmt.[620]

Bei der Vergabe von ausschließlichen Nutzungsrechten eines selbstständigen Programmierers, d.h. außerhalb des Bereich des § 69b UrhG, stehen auch dem Programmierer von Open Source Programmen die unverzichtbaren Ansprüche aus den §§ 32, 32a UrhG zu. Denn der Urheber hat in diesem Fall gerade nicht die Entscheidung getroffen, dass sein Programm lizenzgebührenfrei für jedermann zugänglich sein soll und ist deswegen wie bei der proprietären Verwertung an den Erträgen und Vorteilen der Open Source Lizenznehmer zu beteiligen, wenn sich ansonsten ein auffälliges Missverhältnis ergibt.[621]

138   Unter Berücksichtigung der BGH-Entscheidung *Wetterführungspläne II*[622] muss man davon ausgehen, dass eine entsprechende Rechtslage bei Open Source Lizenzierungen von Arbeitgebern und Dienstherren vorliegt. Der BGH geht grundsätzlich von einer Anwendbarkeit des (alten) Bestsellerparagraphen auch im Rahmen des Rechteerwerbs gem. § 69b UrhG aus,[623] wenn auch ohne nähere Diskussion der Frage, ob

---

[619] Entwurf eines Zweiten Gesetzes zur Regelung des Urheberrechts in der Informationsgesellschaft, http://www.urheberrecht.org/topic/Korb-2/bmj/2006-01-03-Gesetzentwurf.pdf, S. 5. Dies entspricht dem Vorschlag des ifrOSS, vgl. Fn. 584.

[620] Vgl. *Wuermerling/Deike*, CR 2003, 87, 91, allerdings ohne klare Differenzierung zwischen dem Anwendungsbereich des § 32 UrhG und des § 32a UrhG.

[621] So auch *Dreier/Schulze-Schulze*, § 32, Rn. 81; *Schricker/Loewenheim-Schricker/Haedicke*, § 32, Rn. 39.

[622] BGH, CR 2002, 249 – *Wetterführungspläne II*.

[623] So heißt es noch zu der alten Vorschrift des § 36 UrhG: *„Weiter wird das BerGer. zu bedenken haben, dass der Anspruch nach § 36 UrhG als eine gesetzliche Ausgestaltung des allgemeinen Grundsatzes vom Wegfall der Geschäftsgrundlage (Schricker/Schricker, § 36 UrhG Rdnr. 3) bei der Bemessung der Vergütung, mit der die Überlassungspflicht abgegolten wird, von einem eher unerwarteten wirtschaftlichen Erfolg des lizenzierten Rechts und einem darauf beruhenden Missverhältnis*

Softwareunternehmen wegen § 69b UrhG anders als andere Arbeitgeber von Urhebern zu behandeln sind. Dieser Gedanke liegt nahe, weil § 69b UrhG eine gesetzliche Lizenz enthält und damit die Einräumung der Nutzungsrechte nicht in der gleichen Weise auf einem vertraglichen Verhältnis beruht wie dies bei sonstigen Arbeitsverträgen der Fall ist.[624] Folgt man dem BGH, so ist bis auf weiteres davon auszugehen, dass bei der Verwendung von Open Source Lizenzen – auch durch Arbeitgeber – grundsätzlich die Zustimmung der angestellten oder lizenzierenden Urheber eingeholt werden sollte. Bei erfolgter Zustimmung können Ansprüche aus dem Bestsellerparagraphen nicht mehr geltend gemacht werden, da der Urheber unter Berücksichtigung des Zwecks des § 32a Abs. 3 S. 3 UrhG dann nicht anders behandelt werden kann als in dem Fall, in dem er selbst sein Programm einer Open Source Lizenz unterstellt.

Die Anwendung des § 32 UrhG ist im Geltungsbereich des § 69b **139** UrhG dagegen abzulehnen,[625] so dass auch bei einer fehlenden Zustimmung des Urhebers keine Ansprüche gegen den Arbeitgeber befürchtet werden müssen. Denkbar bleibt freilich auch im Rahmen des § 32 UrhG die Fallgestaltung, in der der Urheber einem Lizenznehmer die ausschließlichen Rechte an dem Programm einräumt und dieser das Programm nach den Bestimmungen einer Open Source Lizenz freigibt. In diesem Fall ist der Dritte nicht durch die Linux-Klausel in § 32 Abs. 3 S. 3 UrhG vor Ansprüchen des Urhebers geschützt. Etwas anderes gilt hier nur für den Fall, dass der Lizenznehmer die Lizenzierung mit Zustimmung des Urhebers vornimmt; dieser Fall ist entsprechend dem Zweck des § 32 Abs. 3 S. 3 UrhG als umfasst anzusehen, so dass dann spätere Ansprüche auf Vertragsanpassung ausscheiden. Eine Haftung von Dritten ist im Rahmen des § 32 UrhG anders als bei § 32a UrhG ohnehin nicht möglich.

IV. Neue Nutzungsarten

Durch Open Source Lizenzen konnten nach der bis zum 31.12.2007 **140** geltenden Rechtslage den Nutzern jeweils nur die Rechte an solchen Nutzungsarten eingeräumt werden, die zum Zeitpunkt der Freigabe der

---

ausgeht.", BGH, CR 2002, 249 – *Wetterführungspläne II*. Entsprechend auch *Bayreuther*, GRUR 2003, 570, 572 f.; *Wandtke-Bullinger-Grützmacher*, § 69b, Rn. 24., mit instruktiver Darstellung des Streitstandes.
[624] Dazu *Zirkel*, WRP 2003, 59, 65. Auch die Frage der Vereinbarkeit der Auslegung mit der Computerprogramm-Richtlinie wurde nicht geprüft, vgl. *Brandi-Dohrn*, CR 2002, 252, 253, Anm. zu BGH, CR 2002, 249 – *Wetterführungspläne II*.
[625] Dies dürfte sich daraus ergeben, dass § 32 UrhG anders als § 32a UrhG keine Ausprägung des Grundsatzes vom Wegfall der Geschäftsgrundlage darstellt. I. E. ebenso *Zirkel*, WRP 2003, 59; *Dreier/Schulze-Dreier*, § 69b, Rn. 10.

Software durch den Urheber bekannt waren. Diese Einschränkung ergab sich aus § 31 Abs. 4 UrhG a. F.: *„Die Einräumung von Nutzungsrechten an noch nicht bekannten Nutzungsarten sowie Verpflichtungen hierzu sind unwirksam."* Ein viel beachtetes Beispiel aus der jüngeren Zeit für eine solche bislang unbekannte Nutzungsart bot das Application Service Providing bzw. SaaS.[626] Für neue Nutzungsarten konnten gem. § 31 Abs. 4 UrhG a. F. keine Rechte an der Software eingeräumt werden, wobei auf den Zeitpunkt der ersten Verbreitung der Software unter der Open Source Lizenz abgestellt wurde.[627]

Trotz der Novellierung ist § 31 Abs. 4 UrhG a. F. weiterhin von gewisser Bedeutung für GNU/Linux und andere freie Programme, weil die Übergangsregel des § 137l UrhG auf Open Source Lizenzen nicht anwendbar ist. § 137l UrhG sieht ein spezielles Übergangsregime für zwischen dem 1.1.1966 und dem 1.1.2008 geschlossene Verträge vor, bei denen der Urheber einem anderen „alle wesentlichen Nutzungsrechte ausschließlich sowie räumlich und zeitlich unbegrenzt eingeräumt" hat. Dies ist bei der Vergabe einfacher Nutzungsrechte auf der Basis von Open Source Lizenzen nicht der Fall, so dass es für die Altverträge bei der Anwendung des § 31 Abs. 4 UrhG a. F. bleibt.[628] Denkbar ist allerdings, dass dann, wenn ein Urheber eine vor dem 1.1.2008 entwickelte Software nach diesem Zeitpunkt bearbeitet, auch bezüglich der zuvor entwickelten Teile neu verfügt und auch insoweit die Nutzung für ehemals unbekannte Nutzungsarten gestattet.[629]

140a Das Zweite Gesetz zur Regelung des Urheberrechts in der Informationsgesellschaft aus dem Jahr 2007 („Zweiter Korb")[630] hat die Vorschriften über die Einräumung von Rechten an unbekannten Nutzungsarten jedoch für die nach dem 1.1.2008 geschlossenen Verträge erheblich verändert. § 31 Abs. 4 UrhG a. F. wurde aufgehoben. Dafür enthält § 31a UrhG nun ein Schriftformerfordernis für Verträge über unbekannte Nutzungsarten. In Anlehnung an die Linux-Klausel in § 32 Abs. 3 S. 3 UrhG sieht das Gesetz aber eine Ausnahme für freie Lizenzmodelle in § 31a Abs. 1 S. 2 UrhG vor: *„Der Schriftform bedarf es nicht, wenn der Urheber unentgeltlich ein einfaches Nutzungsrecht für jedermann einräumt."* Da Open Source Lizenzen im Regelfall mangels einer Unterschrift der Schriftform nicht genügen, wäre ohne die Ausnahmevorschrift die Einräumung von Nutzungsrechten an unbekannten Nutzungsarten nicht möglich. Es ist zu begrüßen, dass der Gesetzgeber

---

[626] S. o. Rn. 31.
[627] Zur alten Rechtslage siehe *Metzger/Jaeger*, GRUR Int. 1999, 839, 845 f.; *Spindler-Spindler*, S. 87.
[628] Vgl. *Fromm/Nordemann-J. B. Nordemann*, § 31a, Rn. 7.
[629] *Redeker-Jaeger*, Handbuch IT-Verträge, Kap. 1.20, Rn. 112 ff.
[630] BGBl. I 2007 S. 2513.

insoweit eine weitere Sondervorschrift in das Urheberrechtsgesetz eingeführt hat. Der Regierungsentwurf vom 15.6.2006 hatte die Ausnahmevorschrift noch nicht vorgesehen.[631] Auf Initiative des Bundestags-
Rechtsausschusses kam es aber schließlich doch noch zur Verabschie-
dung der Ausnahmeregelung.[632] Die Vorschrift gilt allerdings ihrem
Wortlaut nach nur für den Fall, dass der Urheber selbst entsprechende
Nutzungsrechte vergibt. Erfolgt die Lizenzierung durch den Arbeitgeber
oder durch den Inhaber ausschließlicher Nutzungsrechte, so kommt
allenfalls eine analoge Anwendung in Betracht. Der Gesetzgeber hat
diesen Fall offensichtlich nicht bedacht. Es ist jedoch anzunehmen, dass
auch hier die Lizenzierung im Hinblick auf unbekannte Nutzungsarten
nicht faktisch ausgeschlossen werden sollte.

Dagegen steht auch den Urhebern von Open Source Software das un-
eingeschränkte Widerrufsrecht gem. § 31a Abs. 1 S. 3 UrhG zu. Die
Möglichkeit des „Opt-out" einzelner Beteiligter an Open Source Entwicklungen im Hinblick auf unbekannte Nutzungsarten schränkt die
Nutzbarkeit entsprechender Programme nicht in unzumutbarer Weise
ein. Im Übrigen bestehen für den Widerruf erhöhte Anforderungen,
wenn die Programmierung des betreffenden Entwicklers mit Programmbestandteilen anderer Programmierer zu einer Gesamtheit im Sinne von
§ 31a Abs. 3 UrhG zusammengefasst sind. Verhält sich der Urheber
treuwidrig, so ist der Widerruf ausgeschlossen.

Eine weitere Linux-Klausel enthalten die Vorschriften zum Vergü- **140b**
tungsanspruch gem. § 32c UrhG. Urheber können zwar Rechte an unbekannten Nutzungsarten vergeben. Ihnen steht zum Ausgleich aber ein
Vergütungsanspruch gegen den Vertragspartner zu. Auch hier greift eine
Ausnahmevorschrift für Open Source Lizenzen. Zwar kann der Urheber
auf den Vergütungsanspruch im Grundsatz nicht verzichten. Er kann
gem. § 32c Abs. 3 S. 2 UrhG aber „unentgeltlich ein einfaches Nutzungsrecht für jedermann einräumen." Ausweislich der Begründung des
Regierungsentwurfs soll damit im Einklang mit den Regelungen in
§§ 32, 32a UrhG eine Nachforderung des Urhebers bei Verwendung
entsprechender Lizenzmodelle ausgeschlossen werden.[633] Dies ist im
Interesse der Rechtssicherheit zu begrüßen. Allerdings wird man auch
hier die Einschränkung machen müssen, dass der Ausschluss nur dann
greift, wenn der Urheber selbst eine Freigabe als Open Source vorgenommen hat. Erfolgt die Freigabe durch den Arbeitgeber oder den Inhaber ausschließlicher Nutzungsrechte, kann es durchaus zu einer Nachforderung durch Urheber kommen.

---

[631] BT-Drs. 16/1828, S. 1.
[632] BT-Drs. 16/5939, S. 1.
[633] BT-Drs. 16/1828, S. 25.

140c   Unabhängig davon, ob es sich um einen vor oder nach dem 1.1.2008 geschlossenen Open Source Lizenzvertrag handelt, ist von Bedeutung, ob die betreffende Nutzungsart zum Zeitpunkt der Freigabe durch den Urheber bekannt gewesen ist. Für unbekannte Nutzungsarten bleibt es bei Verträgen, die vor dem 1.1.2008 geschlossen wurden, bei der Anwendung des § 31 Abs. 4 UrhG a. F., für „Neuverträge" ist vor allem das Widerrufsrecht des § 31a Abs. 1 S. 3 UrhG relevant. Hierbei sollte allerdings beachtet werden, dass Open Source Entwickler ihre Programme oftmals weiterentwickeln und in einer neuen Version zu einem späteren Zeitpunkt erneut als Open Source freigeben. Diese spätere Lizenzierung umfasst dann für die gesamte von diesem Urheber entwickelte Software die bis dahin bekannten Nutzungsarten, sofern diese dem Lizenztext nach unter die Lizenz fallen.[634]

141   An den genannten Einschränkungen der Disponibilität hinsichtlich unbekannter Nutzungsarten ändert auch ein Vermerk des Urhebers im Sinne der Ziffer 9 GPL-2.0 nichts, sein Programm der jeweils aktuellen Version der GPL unterstellen zu wollen.[635] Nach Ziffer 9 GPL-2.0 behält sich die Free Software Foundation das Recht vor, neue Versionen der GPL zu veröffentlichen.

142   Vorgesehen ist, dass Urheber, die Software der GPL unterstellen, in einem Vermerk darauf hinweisen können, dass das Programm auch nach den Bestimmungen „jeder späteren Version" der Lizenz genutzt werden kann. Die jeweils aktuellste Version soll darüber hinaus für all die Software gelten, die keinen Hinweis auf eine bestimmte Version enthält. Enthalten neue Versionen der GPL die Einräumung von Rechten für Nutzungsarten, welche zum Zeitpunkt der ersten Lizenzierung noch nicht bekannt waren,[636] so bleiben trotz eines Vermerks im Sinne der Ziffer 9 GPL-2.0 für diese Nutzungsarten die Restriktionen des § 31 Abs. 4 UrhG a. F. bzw. §§ 31a, 32c UrhG n. F. zu beachten. Der Urheber muss auch hier vor Geschäften geschützt werden, deren wirtschaftliche Tragweite zum Zeitpunkt des Vertragsschlusses noch nicht richtig eingeschätzt werden kann. Praktischer Relevanz haben diese rechtlichen Aspekte bislang aber noch nicht erlangt.

V. Nutzung im Wege des Software as a Service (SaaS)

142a   Softwarenutzung im Wege des Netzwerkzugriffs, zumeist über das Internet, hat sich zu einer wirtschaftlich relevanten Nutzungsform entwickelt. Damit erhält der Nutzer keine Kopie der Software, die er bei sich

---

[634] *Redeker-Jaeger*, Handbuch IT-Verträge, Kap. 1.20, Rn. 112 ff.
[635] Siehe hierzu auch unten Rn. 189 f.
[636] Hierbei ist auf die Urhebersicht abzustellen, dies allerdings anhand eines generalisierenden Maßstabs, vgl. *Schricker/Loewenheim-Spindler*, § 31a, Rn. 27.

installiert, sondern verwendet die Funktionalität, die auf einem Rechner eines Dritten abläuft. Dieser wird dann als *Application Service Provider, Cloud-Dienstleister* oder *SaaS-Anbieter* bezeichnet.[637] In diesem Zusammenhang stellen sich einige spezielle Fragen der Open Source Lizenzierung, die nachfolgend behandelt werden.

1. Berücksichtigung von SaaS in freien Lizenzen

In einigen moderneren Lizenzversionen, wie der GPL-3.0, AGPL-3.0, LGPL-3.0 und der MPL-2.0 wird SaaS speziell berücksichtigt und in allen genanten Lizenzen auch entsprechende Nutzungsrechte eingeräumt. Insoweit kann auf die Ausführungen zu den entsprechenden Lizenzen verwiesen werden.[638] Ältere Lizenzen, mit Ausnahme der speziell dafür entwickelten Affero General Public License, Version 1,[639] erwähnen diese Nutzungsart nicht, da diese bis etwa Mitte/Ende der 1990er Jahre nicht bekannt war und danach zunächst keine relevante wirtschaftliche Rolle spielte.[640]

142b

2. Einräumung der erforderlichen Nutzungsrechte

Die Frage, ob Open Source Software auch im Wege des SaaS genutzt werden darf, ist zu Recht stärker in den Fokus gerückt.[641] Zusätzlich komplex wird das Thema durch den Umstand, dass in den USA offenbar kein besonderes urheberrechtliches Nutzungsrecht – d. h. über die Berechtigung zur Benutzung der auf dem Server installierten Programmkopie hinaus – für erforderlich erachtet wird. Insbesondere fällt SaaS nicht unter das *„right to distribute“*.[642] Damit wird aus Sicht des US-Rechts die Befugnis zum SaaS durch das Vervielfältigungsrecht bzw. das Recht zum einfachen Programmablauf (z. B. Ziffer 0 GPL-2.0: *„The act of running the Program is not restricted“*) gewährt und Lizenzpflichten fallen entsprechend nicht an.

142c

Unter der Anwendung deutschen Urheberrechts ist die Rechtslage schwieriger. Nach überwiegender Auffassung benötigt der SaaS-Anbieter das Recht der öffentlichen Zugänglichmachung gem. § 69c Nr. 4 UrhG, um Dritte die Funktionalität eines Computerprogramms im

[637] Dazu auch Rn. 31, 140 und 273a. Zu technischen Unterschieden vgl. *Pohle/Ammann*, K&R 2009, 625, 626 und *Söbbing*, ITRB 2015, 147 f. Urheberrechtlich dürften sich diee jedoch nicht auswirken, vgl. *Marly*, Rn. 115 ff.
[638] Vgl. Rn. 64, 72, 83.
[639] http://www.affero.org/oagpl.html.
[640] Hier werden unterschiedliche Zeitpunkte vorgeschlagen, vgl. *Hilber-Paul/Niemann*, Handbuch Cloud Computing, Teil 3, Rn. 81, 204.
[641] Vgl. *Redeker-Jaeger*, Handbuch IT-Verträge, Kap. 1.20, Rn. 112 ff.; *Ballhausen*, IFOSSLR 6 (1), 2014, 61; *Hilber/Reintzsch*, CR 2014, 697; *Hilber-Paul/Niemann*, Handbuch Cloud Computing, Teil 3, Rn. 202 ff.
[642] *Meeker*, IFOSSLR 4(1), 2012, 29 ff.

Wege des Netzwerkzugriffs nutzen zu lassen.[643] Davon ist wohl der Fall abzugrenzen, dass über den Server keine Anwendungen zugänglich gemacht werden, so dass keine zusätzliche Nutzungen durch Dritte erfolgen, sondern die Nutzung im Wesentlichen nur beim Serverbetreiber stattfindet (z. B. Software zum Betrieb des Webservers) und der auf den Server zugreifende Nutzer nur mittelbar davon profitiert. Die Abgrenzungen sind hier im Einzelnen schwierig und noch wenig untersucht. Das auch in Ziffer 13 AGPL-3.0 verwendete Kriterium, wonach darauf abzustellen ist, dass Nutzer auf die Software interaktiv über ein Computernetzwerk zugreifen *("users interacting with it remotely through a computer network")*, erscheint interessensgerecht.

Wenn der Lizenznehmer das Nutzungsrecht zur öffentlichen Zugänglichmachung für ein SaaS benötigt, fragt sich, ob dieses durch die Open Source Lizenzen, die dazu keine besondere Aussage machen, wirksam eingeräumt wird. Zum einen stellt sich das Problem, dass die Nutzung im Wege des SaaS als neue Nutzungsart anzusehen sein dürfte, die vor Mitte/Ende der 1990er Jahre unbekannt war.[644] Zum anderen fragt sich, ob Open Source Lizenzen dahingehend ausgelegt werden können, dass auch ohne explizite Benennung des Rechts zur öffentlichen Zugänglichmachung eine Rechtseinräumung erfolgen kann.

a) SaaS als neue Nutzungsart

142d Gem. § 31 Abs. 4 UrhG in der bis zum 31.12.2007 gültigen Fassung war die Einräumung von Nutzungsrechten an noch nicht bekannten Nutzungsarten unwirksam. Daher darf Code, der in der Zeit vor Ende 2007 und vor Bekanntwerden der Nutzungsart entwickelt wurde, in Deutschland nicht im Wege des SaaS genutzt werden. Das Problem der unbekannten Nutzungsarten ist damit praktisch relevant, obwohl die Änderung des § 31 UrhG und die dabei erfolgte Privilegierung von Open Source Lizenzen in § 31a Abs. 1 S. 2 UrhG das Problem für neuere Programmierungen weitgehend erledigt hat.[645] Nur wenn der Rechteinhaber seine Software nach Bekanntwerden der neuen Nutzungsart des SaaS vertrieben oder gar bearbeitet hat und dadurch eine erneute Lizenzierung der Software erklärt hat, kann begründet werden, dass das Verbot der Lizenzierung für unbekannte Nutzungsarten keine Rolle mehr

---

[643] Vgl. *Schricker/Loewenheim-Spindler*, Vor § 69a, Rn. 67; *Marly*, Rn. 1129 ff.; *Dreier/Schulze-Dreier*, § 69c, Rn. 36, ebenso OLG München, CR 2009, 500, 502. Anders *Wandtke/Bullinger-Grützmacher*, § 69c, Rn. 66, der SaaS auf die Übertragung von Grafikdaten reduziert; dabei wird aber übersehen, dass beim SaaS regelmäßig auch die Funktionalität der Software genutzt wird, etwa durch die Erstellung oder Verarbeitung Daten.

[644] Die Details sind umstritten, vgl. *Redeker-Gennen/Laue*, Handbuch IT-Verträge, Kap. 1.17, Rn. 202; *Dietrich* ZUM 2010, 567, 570.

[645] Die Übergangsregelung des § 137l UrhG ist nicht anwendbar, s. o. Rn. 140.

spielt.[646] Es bleibt aber die grundsätzliche Frage, wie weitgehend Open
Source Lizenzen in dieser Hinsicht auszulegen sind.

b) Vertragsauslegung

In der klassischen Anwendung der Zweckübertragungsregel des § 31   **142e**
Abs. 5 UrhG wird angenommen, dass die Rechte im Zweifel so weit wie
möglich beim Urheber verbleiben.[647] Es ist allerdings zweifelhaft, ob
diese schematische Anwendung den Besonderheiten von Open Source
Lizenzen gerecht wird. Denn Open Source Lizenzen bezwecken eine
möglichst weitgehende Rechtseinräumung, von der – zumindest bei
Copyleft Software – auch der Lizenzgeber profitiert, wenn er selbst
Lizenznehmer von bearbeiteten Programmversionen wird.[648] Wenn Nutzungsrechte aber möglichst weitgehend eingeräumt werden sollen, dann
ist es auch naheliegend, dass die Nutzung im Wege des SaaS gestattet
werden soll. Zudem ist im Rahmen der Zweistufenlehre[649] zu berücksichtigen, dass ein SaaS nach Verständnis des US-Rechts, wie oben gezeigt, unproblematisch möglich ist. Dem entspricht auch das Verständnis in der Praxis: Open Source Software wird in erheblichem Umfang im
Rahmen von SaaS genutzt und bislang ist nicht bekannt geworden, dass
Rechteinhaber dagegen Einwände geltend gemacht haben. Nach alledem
ist ein Verständnis vorzugswürdig, wonach Lizenznehmer Freie Software auch im Wege des SaaS verwenden dürfen.[650]

3. Erfüllung von Lizenzpflichten

Wenn man davon ausgeht, dass Freie Software im Wege des SaaS ge-   **142f**
nutzt werden darf, stellt sich die Folgefrage, ob dann auch die Lizenzpflichten erfüllt werden müssen, die zumeist an einen Vertrieb der Software anknüpfen. *Hilbert/Reintzsch* stellen zur Beantwortung der Frage
darauf ab, „welchen Bedeutungsgehalt der Verfasser des Lizenztextes,
dessen Rechtsauffassung sich der Lizenzgeber zu Eigen macht, den fraglichen Bestimmungen beigemessen hat".[651] Aus dem Umstand, dass die
FSF als *License steward* davon ausgeht, dass beim SaaS keine Lizenzpflichten zu erfüllen sind, wird eine entsprechende Auslegung der GPL-
2.0 gefolgert. Dagegen sprechen allerdings eine Reihe von Gesichtspunkten: Zunächst ist festzustellen, dass zu dem Zeitpunkt, als die GPL-
2.0 geschrieben wurde (1991), SaaS noch unbekannt war und die FSF

---

[646] *Redeker-Jaeger*, Handbuch IT-Verträge, Kap. 1.20, Rn. 112 ff.
[647] BGH, GRUR 1998, 680, 682 – *Comic-Übersetzungen*.
[648] So auch *Jaeger/Mantz,* Anmerkung zu LG Köln, MMR 2014, 480, 482, für die
insoweit vergleichbaren Creative Commons-Lizenzen. Dem folgt im Ergebnis auch
OLG Köln, MMR 2015, 331.
[649] S. u. Rn. 366.
[650] *Redeker-Jaeger*, Handbuch IT-Verträge, Kap. 1.20, Rn. 123; offen gelassen bei
Hilber/Reintzsch, CR 2014, 697, 701 f.
[651] *Hilber/Reintzsch*, CR 2014, 697, 700.

dem entsprechend der Lizenz auch keinen Bedeutungsgehalt im Hinblick auf SaaS beigegeben hat. Zudem wurde bereits oben gezeigt, dass unter der Geltung von US-Recht keine besonderen Nutzungsrechte für SaaS benötigt werden und daher auch keine Pflichten an erforderliche zusätzliche Nutzungsrechte geknüpft werden konnten. Daher hat die FSF auch von einem „ASP-Loophole" gesprochen.[652]

Geht man hingegen von einer ergänzenden Vertragsauslegung aus,[653] dann ergibt sich zwanglos, dass die Rechteinhaber zwar einerseits möglichst weitgehend Nutzungsrechte einräumen wollen, andererseits aber auch Nutzungen, die nicht nur im internen Bereich des Lizenznehmer stattfinden, das Copyleft und alle anderen Lizenzpflichten auslösen.[654] Dagegen spricht auch nicht der Gesichtspunkt, dass es sich bei Open Source Lizenzen um AGB handelt. Denn vorliegend geht es nicht darum, unklare Vertragsregelungen zuungunsten des Verwendes auszulegen, sondern eine offenkundige Regelungslücke durch eine der Intention des Lizenzgebers angemessenen Weise zu schließen.[655] Dies geht auch nicht zu Lasten des Lizenznehmers, da ansonsten die Software überhaupt nicht im Wege des SaaS genutzt werden dürfte,

C. Rechtsinhaberschaft

I. Wer ist Urheber bei der „Basar-Methode"?[656]

143 Betrachtet man Software, die auf herkömmliche Art entwickelt wird, so ist die Frage nach der Urheberschaft – abgesehen von mitunter schwierigen Beweisfragen im Einzelfall – zumeist einfach zu beantworten. Entweder ein einzelner Programmierer hat die Software geschrieben oder mehrere Urheber, die typischerweise bei einem Arbeitgeber angestellt sind, waren beteiligt.

Diese einfachen Strukturen der Softwareentwicklung existieren natürlich auch bei Freier Software. In diesem Bereich gibt es ebenfalls den einzelnen Urheber, der ein Programm schreibt, um es dann unter eine Open Source Lizenz zu stellen. Typisch sind auch Konstellationen, in denen ein Unternehmen alle Urheberrechte an einer Software hält und

---

[652] Vgl. http://www.zdnet.com/article/gpl-3-may-tackle-web-loophole-5000144830/ und https://www.fsf.org/blogs/licensing/2007-03-29-gplv3-saas.
[653] Vgl. *Redeker-Jaeger*, Handbuch IT-Verträge, Kap. 1.20, Rn. 123.
[654] Das dies der Intention der Lizenzgeber entspricht, räumen auch *Hilber/Reintzsch*, CR 2014, 697, 701, ein.
[655] Zu den Anforderungen an eine ergänzende Vertragsauslegung vgl. BGH, NJW 2012, 844 m. w. N.
[656] In Anlehnung an *Raymond*, The cathedral and the bazaar, http://www.catb.org/~esr/writings/cathedral-bazaar/.

diese dann unter einer freien Lizenz verbreitet.[657] Die erfolgreichsten freien Programme aber sind auf eine andere Art entstanden. Für die Entwicklung Freier Software ist die Mitarbeit vieler unabhängiger Programmier typisch,[658] die mitunter weltweit verstreut sind und via Internet kommunizieren und zusammenarbeiten. Das Betriebssystem GNU/Linux ist hier das beste Beispiel.[659] Arbeiten mehrere Programmierer bei der Entwicklung eines Programms zusammen, so sind unterschiedliche urheberrechtliche Konstellationen denkbar.[660]

Selbstständige Werke, also Programme oder Programmteile, die un- **144** abhängig voneinander geschrieben wurden und unabhängig voneinander verwertbar sind, können gem. § 9 UrhG miteinander verbunden werden (verbundenes Werk). Ein typisches Beispiel dürfte die Verbindung einer Standard-Programmbibliothek mit einer Anwendung sein.[661] Jeder bleibt dann Urheber des von ihm geschaffenen Werkes.[662]

Programmierer können Software aber auch als Miturheber gem. § 8 **145** UrhG entwickeln, wenn sie im Rahmen eines gemeinsamen Projekts zusammenwirken und dabei die Entwicklung nach einer Gesamtidee

---

[657] Prominente Beispiele sind Mozilla und Open/Libre Office, welche erst nach ihrer Fertigstellung und einer jahrelangen proprietären Nutzung als Netscape Navigator bzw. Star Office unter Open Source Bedingungen freigegeben wurden.

[658] Die im Auftrag der Europäischen Gemeinschaft erstellte FLOSS-Studie aus dem Jahr 2002 geht davon aus, dass der Großteil der freien Softwareprojekte von kleinen Programmiergruppen betrieben wird. Die Studie berichtet jedoch auch von sieben Projekten mit mehr als 500 Entwicklern, 28 Projekten mit 101 bis 500 Entwicklern, 109 Projekten mit 51 bis 100 Entwicklern und 447 Projekten mit 21 bis 50 Entwicklern, vgl. Grafik 6 aus Part V, *Ghosh/Robles/Glott*, Free/Libre and Open Source Software: Survey and Study, Part V, http://www.flossproject.org/report/Final5all.htm #_ftnref12. *Raymond* spricht von mehreren tausend Programmierern, die an der Entwicklung von GNU/Linux beteiligt gewesen sind, vgl. The cathedral and the bazaar, http://www.catb.org/~esr/writings/cathedral-bazaar/.

[659] Zur Entstehungsgeschichte von GNU/Linux s. o. Rn. 15.

[660] Vgl. zu den folgenden Überlegungen auch *Koch,* CR 2000, 273, 277; *Koglin,* S. 73 ff.; *Meyer,* passim, mit instruktiven Ausführungen zur Lage in den USA; *Schäfer,* S. 21 ff.; *Teupen,* S. 151 ff.

[661] *Schäfer,* S. 37.

[662] *Koch,* CR 2000, 273, 278, geht davon aus, dass die Zusammenfügung des GNU-Systems mit dem Linux-Kernel eine Werkverbindung i.S.d. § 9 UrhG darstellt. Die dafür erforderliche „gesonderte Verwertbarkeit" des Kernels erscheint aber zweifelhaft. Diese liegt nur dann vor, wenn sich der Kernel aus GNU/Linux herauslösen ließe, „ohne dadurch unvollständig und ergänzungsbedürftig" zu werden, vgl. hierzu *Schricker/Loewenheim-Loewenheim,* § 8, Rn. 5. Wie hier *Spindler-Spindler,* S. 32 f. Es erscheint zwar theoretisch möglich, den Betriebssystemkern mit anderen Komponenten zum Laufen zu bringen. Dazu wäre aber die Erstellung zahlreicher neuer, dem GNU-System vergleichbarer Komponenten vonnöten. Wirtschaftlich ist GNU/Linux untrennbar. *Koch* ist dahingehend zuzustimmen, dass erst die genaue Kenntnis des Entwicklungsablaufs eine abschließende Einordnung der Urheberschaft erlaubt.

erfolgt.[663] Dies kann auch örtlich getrennt über Netzwerke geschehen, auch wird man nicht verlangen müssen, dass alle Miturheber alle anderen Miturheber kennen.[664] Miturheberschaft kann ausnahmsweise auch dann vorliegen, wenn die Beiträge zeitlich nacheinander erbracht werden, solange dies im Rahmen eines einheitlichen Entwicklungsprozesses geschieht.[665] Die Miturheber bilden – zumindest[666] – eine Gesamthandgemeinschaft, grundsätzlich müssen sie stets gemeinsam über die Verwertung entscheiden, also auch darüber, ob das von ihnen erstellte Programm unter eine Open Source Lizenz gestellt wird.[667]

146   Schließlich kann ein Werk aus der Bearbeitung eines vorbestehenden Werkes entstehen, vgl. §§ 3, 23, 69c Nr. 2 UrhG. In dieser Konstellation sind sowohl das vorbestehende als auch das abgeleitete Programm selbstständig durch das Urheberrecht geschützt. Zur Veröffentlichung und Weiterverbreitung bedarf der Autor des abgeleiteten Werkes der Gestattung des Urhebers des vorbestehenden Werkes. Die Abgrenzung zur Miturheberschaft kann mitunter schwierig sein und dürfte sich in erster Linie danach richten, ob die einzelnen Beiträge im Rahmen einer Gesamtkonzeption erbracht werden oder ob sie ohne Abstimmung mit den Urhebern des ursprünglichen Programms erstellt werden. Spaltet sich eine Entwicklergruppe vom bisherigen Projekt ab, um eine unabhängige Fortentwicklung vorzunehmen (sog. „fork"), so wird das Ergebnis des Folgeprojekts als Bearbeitung einzuordnen sein. Stoßen dagegen neue Teilnehmer zu einem bereits angelaufenen Projekt dazu und suchen die Abstimmung mit den bisherigen Teilnehmern, so dürften sie als Miturheber einzuordnen sein, auch wenn ihre Beiträge für das Gesamtprojekt gegebenenfalls zunächst nicht besonders ins Gewicht fallen.

Bei freien Programmen komplexerer Art finden sich alle genannten Formen der Zusammenarbeit in Kombination. Bearbeitungen und in Miturheberschaft entstandene Programme werden mit anderen Werken verbunden oder in Miturheberschaft geschriebene Programme werden bearbeitet.[668]

---

[663] Zur Gemeinschaftlichkeit der Werkschöpfung bei der Miturheberschaft allgemein vgl. Schricker/Loewenheim-Loewenheim, § 8, Rn. 8; eingehend zur Situation bei Open Source Spindler, FS Schricker zum 70. Geburtstag, S. 539 ff.; Spindler-Spindler, S. 27 ff. sowie Schäfer, S. 25 ff.; Meyer, S. 11 ff.

[664] Im Anschluss an Spindler, FS Schricker zum 70. Geburtstag, S. 539 ff. (bei Fn. 20); ebenso im Ergebnis Plaß, GRUR 2002, 670, 672.

[665] Hierauf weist zu Recht Marly, Rn. 135, hin; vgl. auch Teupen, S. 158 f. Im Regelfall ist dann aber von einer Bearbeitung auszugehen, vgl. BGH, GRUR 2005, 860, 863 – Fash 2000.

[666] Zur Frage, ob und wenn ja, unter welchen Voraussetzungen von einer Gesellschaft bürgerlichen Rechts auszugehen ist s. u. Rn. 191 ff.

[667] Vgl. Schricker/Loewenheim-Loewenheim § 8, Rn. 10 ff.

[668] Zu den prozessualen Folgen, die sich daraus ergeben, s. u. Rn. 165 ff.

II. Urheber in Arbeits- und Dienstverhältnissen

Entsprechend den allgemeinen urheberrechtlichen Vorschriften kommt 147
dem Programmierer als Urheber das Urheberrecht an der Software mit
deren Schöpfung zu. § 69b UrhG gewährt dem Arbeitgeber oder
Dienstherren eines Programmierers aber eine gesetzliche Lizenz, nach
der dem Arbeitgeber die ausschließlichen Nutzungsrechte ohne ausdrückliche Übertragung zukommen. Die gesetzliche Formulierung „zur
Ausübung aller vermögensrechtlichen Befugnisse" soll sicherstellen, dass
die Rechte des Arbeitgebers umfassend sind, sich also aus der Zweckübertragungslehre keine Beschränkungen ergeben und eine Bearbeitung
möglich ist.[669] Liegen die vermögensrechtlichen Befugnisse beim Arbeitgeber, so kann dieser das Werk nach den Bestimmungen einer Open
Source Lizenz lizenzieren, und zwar auch ohne Einwilligung des Arbeitnehmers.[670] § 69b UrhG verschafft dem Arbeitgeber alle Rechte, die
dieser benötigt, um auch eine solche weitgehende Einräumung von Nutzungsrechten an Dritte vorzunehmen. Theoretisch denkbar bleiben allenfalls urheberpersönlichkeitsrechtliche Ansprüche des Urhebers gegen
eine Veränderung des Programms, dies jedoch nur im Rahmen der oben
genannten Grenzen für entsprechende Rechte im Bereich von Software.[671]

Verschiedentlich wurde angezweifelt, ob angestellte Programmierer 148
Software weiterentwickeln dürfen, die unter der GPL oder Copyleft-
Lizenzen im Allgemeinen lizenziert ist.[672] Nach dieser Auffassung soll
hierin ein Verstoß des Arbeitnehmers gegen das Verbot von Lizenzgebühren vorliegen, da das Arbeitsentgelt auch für die Rechtseinräumung
gezahlt werde. Dieser Ansicht kann nicht beigetreten werden und zwar
unabhängig von der Frage, ob man das Arbeitsentgelt als Gegenleistung
für die Rechtseinräumung ansieht oder ob man den Charakter als gesetzliche Lizenz betont und das Arbeitsentgelt als Entgelt für die Ar-
beitsleistung einordnet.[673] Entscheidend ist allein, ob das Lizenzgebührenverbot so zu verstehen ist, dass die in Frage stehende Lizenz eine
Weiterentwicklung durch Arbeitnehmer untersagen möchte. Die Ant-
wort hat also nicht bei § 69b UrhG, sondern bei der Vertragsauslegung
anzusetzen. Für ein so weitgehendes Verbot fehlt es jedoch an Anhalts-

---

[669] *Schricker/Loewenheim-Loewenheim*, § 69b, Rn. 12.
[670] So auch *Teupen*, S. 165. Eine Einwilligung kann aber wegen der §§ 32, 32a UrhG
sinnvoll sein, s. o. Rn. 138.
[671] Vgl. oben Rn. 129 f.
[672] Siehe *Deike*, CR 2003, 9, 17; *Koch*, Informatik Spektrum 2004, 55, 58; *Spindler* in: *Büllesbach/Dreier*, S. 115, 124.
[673] So insb. *Koch*, CR 2000, 333, 341; wie hier *Meyer*, S. 29.

punkten im Lizenztext der GPL, aber auch der anderen Lizenzen.[674] Im Gegenteil: Eine solche Interpretation stünde im Widerspruch zu dem eindeutigen Zweck der Lizenzen, einen möglichst weitgehenden Austausch von Softwarebestandteilen zu erreichen. Der scheinbare Konflikt ist deswegen durch eine an dem Zweck der Lizenzen ausgerichtete Auslegung aufzulösen: Die Entlohnung des Arbeitnehmers stellt keine Lizenzgebühr im Sinne von Open Source Lizenzen, insbesondere der GPL dar.

149   Der gesetzliche Rechtsübergang des § 69b UrhG gilt nicht für freiberufliche Programmierer, da Auftragswerke, anders noch als im ursprünglichen Entwurf der Kommission, nicht in die Regelung aufgenommen wurden.[675] Dies ist gerade im Open Source Bereich von Bedeutung, da dort viele Programmierer freiberuflich arbeiten und die Abgrenzung der Programmerstellung im betrieblichen und privaten Bereich dann keine Rolle spielt. Bei angestellten Entwicklern muss dagegen im Einzelfall geprüft werden, ob die Software von dem Programmautor „in Wahrnehmung seiner Aufgaben" erstellt wurde und damit der gesetzlichen Lizenz unterliegt oder ob dies nicht der Fall ist und damit eine Freigabe unter einer Open Source Lizenz nur durch den Programmierer selbst erfolgen kann.[676]

III. Rechtswahrnehmung durch Projekte und Organisationen („contributor agreements")

150   Schließlich kann die Inhaberschaft der (ausschließlichen) Nutzungsrechte auch aufgrund vertraglicher Vereinbarung auf ein Projekt, ein Unternehmen oder eine Organisation übergehen, die das Projekt leitet oder organisatorisch unterstützt. Zum Teil verlangen freie Softwareprojekte oder Unternehmen, dass die Teilnehmer vor der Übernahme eines Beitrags in den „offiziellen" Release ein sog. „copyright assignment" oder „contributor agreement" zugunsten des Projekts unterzeichnen, zum Teil nehmen Dachorganisation die Rechte von verschiedenen Projekten treuhänderisch wahr.[677]

---

[674] Die Mozilla Public License geht in Ziffer 1.1 ausdrücklich davon aus, dass als „Contributor" auch juristische Personen in Frage kommen.

[675] *Dreier,* CR 1991, 577, 579.

[676] Vgl. zur Auslegung des Merkmals „in Wahrnehmung seiner Aufgaben" OLG München, CR 2000, 429, 430; OLG Köln, CR 2005, 557, zur Entwicklung außerhalb der Arbeitszeit.

[677] Siehe zu den unterschiedlichen Strategien von FOSS-Projekten eingehend *Jakob,* 5 JIPITEC 105 (2014); *Maracke,* 10 SCRIPTed 140 (2013); *Metzger,* 10 SCRIPTed 177 (2013); zu den verschiedenen rechtlichen Gestaltungen siehe *Engelhardt,* 10 SCRIPTed 149 (2013); zum anwendbaren Recht siehe *Metzger,* 10 SCRIPTed 177 (2013). Für den weiteren Zusammenhang der Governance freier Projekte und der Rolle entsprechender Assignments siehe *Wielsch,* 1 JIPITEC 96 (2010) para. 32–34.

Ein solcher Ansatz wird insbesondere von der FSF und der FSF Europe verfolgt. So verlangt die Free Software Foundation von Programmierern, die sich an Softwareprojekten der Free Software Foundation beteiligen, die Abgabe einer entsprechenden Rechtseinräumung.[678] Diese sieht die Einräumung des ausschließlichen Rechts an die Stiftung vor. Die FSF verpflichtet sich ihrerseits, dem bisherigen Rechtsinhaber eine unbegrenzte Anzahl einfacher Nutzungsrechte zurück zu übertragen. Auch muss die Software nach den Bedingungen einer freien Softwarelizenz zur Verfügung gestellt werden. Die ausschließlichen Nutzungsrechte erlauben es der FSF, die Programme entsprechend den Bedingungen neuer Lizenzversionen zu verbreiten, ohne dass auf die Bestimmung in Ziffer 9 GPL-2.0 zurückgegriffen werden muss.[679] Zudem versetzt das „Assignment" die FSF in die Lage, für die betreffenden Programme als Kläger im eigenen Namen aufzutreten.[680]

Die FSF Europe bietet allgemein eine treuhänderische Wahrnehmung von Rechten an Freier Software an. Die „Treuhänderische Lizenzvereinbarung" lehnt sich an das Modell der FSF an, passt dieses jedoch an die Besonderheiten der kontinentaleuropäischen Rechtsordnungen an, indem für Länder der Droit d'Auteur-Tradition von der Einräumung ausschließlicher Nutzungsrechte und für die Copyright-Staaten von der vollen Rechtsübertragung ausgegangen wird.[681]

Ein weiteres Beispiel einer zentralen Rechtswahrnehmung durch das Projekt bietet die Apache Software Foundation (ASF), die die Berechtigung zur Veränderung der offiziellen Apache Programme von der Abgabe eines *„Individual"* bzw. *„Corporate Contributor License Agreement"* abhängig macht.[682] Vorgesehen ist darin die Einräumung eines einfachen, zeitlich und räumlich unbegrenzten urheberrechtlichen Nutzungsrechts an die ASF und die Nutzer der Software. Die Rechtseinräumung umfasst das Vervielfältigungs-, Verbreitungs- und Veränderungsrecht sowie die Befugnis zur Online-Nutzung und zur Vergabe von Unterlizenzen. Umfasst sind auch etwaige Patente, die durch eine entsprechende Nutzung des Programms verletzt werden könnten. Zwar sichert auch eine Einräumung einfacher Nutzumgsrechte die Berechtigung der ASF ab, die Beiträge unabhängig von den Voraussetzungen der Apache License nutzen und Unterlizenzen erteilen zu können. Es erscheint aber als zweifelhaft, ob mit dieser Konstruktion tatsächlich eine wesentliche Verbesserung der Position in Rechtsstreitigkeiten erreicht

---

[678] Der Text des „Assignments" findet sich unter http://ftp.xemacs.org/old-beta/FSF/assign.changes, vgl. auch http://www.gnu.org/licenses/why-assign.en.html.
[679] Vgl. zu Ziffer 9 GPL-2.0 unten Rn. 189 f.
[680] Zur Aktivlegitimation vgl. unten Rn. 165.
[681] Vgl. http://fsfe.org/projects/ftf/fla.de.html.
[682] Vgl. http://www.apache.org/licenses. Ähnlich auch das Contributor License Agreement von Perl, http://www.perlfoundation.org/contributor_license_agreement.

wird;[683] als Inhaberin einfacher Rechte ist die Apache Software Foundation jedenfalls nach deutschem Urheberrecht nicht aktivlegitimiert.[684] Gleiches gilt für das *Perl Contributor License Agreement*, welches ebenfalls eine nicht-ausschließliche, aber zu Unterlizenzen berechtigende Rechtseinräumung vorsieht.[685]

Bei den durch Unternehmen gesteuerten Projekten finden sich unterschiedlich weitreichende Rechtsübertragungen: Das *Google Contributor License Agreement* verlangt nur einfache, aber unterlizenzierbare Rechte.[686] Dagegen verlangt das *Oracle Contributor Agreement* die Einräumung einer „joint ownership" bzw. für den Fall, dass eine solche Rechtsübertragung unwirksam ist, die Einräumung eines einfachen Nutzungsrechts.[687]

Einige Projekte von zentraler Bedeutung lehnen eine treuhänderische Rechtswahrnehmung durch ein Projekt oder eine Dachorganisation dagegen grundsätzlich ab und organisieren die Wahrnehmung der Rechte allein auf Grundlage der verwendeten Open Source Lizenzen *(„Inbound = Outbound")*; diesen reinen „Basar"-Ansatz ohne zentrales Rechtemanagement verfolgen bspw. die Entwickler des Linux-Kernels.[688]

Die in der Praxis verwendeten „contributor agreements" sind heute so vielgestaltig wie die Projekte selbst. Für die Nutzer von Open Source Software ist die Bestimmung der Rechtsinhaber dadurch zusätzlich erschwert, obwohl die zentrale Rechtswahrnehmung durch die Projekte eigentlich zu einer Erleichterung führen sollte. Das Projekt „Harmony" hat deswegen versucht, Standardtexte für „contributor agreements" zu entwickeln, die zu mehr Einheitlichkeit und Qualität führen sollten.[689] Die „Harmony Agreements" wurden allerdings von Entwicklern und Juristen zum Teil scharf kritisiert,[690] weil sie keine ausreichenden Sicherungen der Verwendung der erworbenen Rechte als Open Source Software enthielten und auch für die Einräumung von Rechten an Unter-

---

[683] Dies gehört aber zu den erklärten Zielen, die mit den Contributor License Agreements erreicht werden sollen, siehe http://www.apache.org/licenses.

[684] Siehe hierzu im Einzelnen Rn. 165 ff.; ähnlich ist die Situation im US-Urheberrecht, vgl. § 501(b) Copyright Act.

[685] http://www.perlfoundation.org/contributor_license_agreement.

[686] https://cla.developers.google.com/about/google-individual.

[687] http://oss.oracle.com/oca.pdf.; siehe dazu auch die FAQ unter http://oss.oracle.com/oca-faq.pdf.

[688] Verlangt wird aber immerhin die Unterzeichnung eines „Certificate of Origin", durch das der Entwickler versichert, den Beitrag entweder selbst geschrieben oder auf Grundlage einer vorbestehenden entsprechend lizenzierten Open Source Software erstellt zu haben, siehe http://ltsi.linuxfoundation.org/developers/signed-process.

[689] Siehe http://www.harmonyagreements.org.

[690] Siehe *Fontana*, The trouble with Harmony (2011), abrufbar unter http://opensource.com/law/11/7/trouble-harmony-part-1; *Kuhn*, Project Harmony Considered Harmful (2011), abrufbar unter http://ebb.org/bkuhn/blog/2011/07/07/harmony-harmful.html.

nehmen gestaltet waren. Die „*Harmony Agreements*" haben sich wohl deshalb nicht durchgesetzt. Das Projekt „*contributeragreements.org*" hat eine neue Generation standardisierter Vertragstexte vorgelegt, die die wesentlichen Kritikpunkte am Projekt „Harmony" durch die Aufnahme von Wahlmöglichkeiten für Projekte und Unternehmen ausräumen sollen.[691] Bei „*contributeragreements.org*" liegt es in der Hand des Projekts oder Unternehmens, sich mit Hilfe des „*agreement chooser*" ein passendes „*contributor agreement*" mit entsprechenden Sicherungen für die treuhänderische Rechtswahrnehmung zusammenzustellen. Ob dieser erneute Versuch einer Standisierung erfolgreich sein wird, lässt sich gegenwärtig noch nicht absehen.

D. Die Durchsetzung von Open Source Lizenzen

Lange ist darüber diskutiert worden, ob und in welcher Form Open   151
Source Lizenzen durchsetzbar sind.[692] Im Jahr 2004 war erstmals eine
Open Source Lizenz Gegenstand eines Verfahrens vor einem deutschen
Gericht.[693] In dem Verfügungsverfahren vor dem LG München I hatte
der Maintainer der Linux-Komponente „netfilter/iptables", *Harald
Welte*, gegen den in Holland ansässigen Hardwareanbieter *Sitecom*
Unterlassungsansprüche geltend gemacht, da Sitecom einen DSL-Router
mit der auf Linux basierenden Firmware vertrieben hatte, ohne die Lizenzpflichten aus der GPL einzuhalten. Weder wurde der entsprechende
Source Code angeboten noch der Lizenztext der GPL-2.0 mitgeliefert
oder in sonstiger Weise darauf hingewiesen, dass Freie Software in dem
Produkt enthalten ist. Das LG München I bestätigte die Unterlassungsverfügung in dem Urteil vom 19.5.2004.[694] Die dabei ergangene Begründung, die die urheberrechtlichen Ansprüche des Entwicklers bestätigt,
ist überwiegend auch auf andere Open Source Lizenzen übertragbar. In
den USA ist der Court of Appeals for the Federal Circuit in der Sache
Jacobsen v. Katzer zu vergleichbaren Ergebnissen bei der Verletzung der
Artistic License gelangt.[695]

---

[691] Siehe http://contributoragreements.org.
[692] Aus Sicht des US-Rechts *Wacha*, 21 Santa Clara Computer & High Tech L.J. 451, 469 ff. (2005).
[693] LG München I, MMR 2004, 693 – Welte./.Sitecom mit Anm. *Kreutzer*; dazu auch *Braun*, EWiR 2004, 1049; *Buhlert*, DZWIR 2004, 393; *Hoeren*, CR 2004, 776; *Höppner*, (2004) 1:4 SCRIPTed 628; *Metzger*, CR 2004, 778; *Spindler*, K&R 2004, 528; in ausländischen Fachzeitschriften: *Visser*, JAVI 2004, 186; *Wiebe*, MR 2004, 272, und CRi 2004, 156.
[694] Entsprechend auch LG Berlin, CR 2006, 735; LG Frankfurt a. M., CR 2006, 729, und LG München I, CR 2008, 57 – Welte ./. Skype.
[695] *Jacobsen v. Katzer*, 535 F.3d 1373 (Fed. Cir. 2008), IIC 2009, 345 mit Anm. *Jaeger/Gebert*.

Es hat sich gezeigt, dass mit der zunehmenden wirtschaftlichen Bedeutung von Freier Software in der IT-Branche auch die Lizenzverletzungen zunehmen. Zumeist dürften fehlende oder mangelhafte Open Source Compliance Systeme der Grund für Lizenzverletzungen sein.[696]

I. Rechtsfolgen einer Lizenzverletzung

152 Die Frage, welche Ansprüche der Urheber geltend machen kann, wenn seine Software lizenzwidrig genutzt wird, hängt wesentlich davon ab, ob das lizenzwidrige Verhalten zu einem Wegfall der Nutzungsrechte führt, so dass urheberrechtliche Ansprüche entstehen, oder ob eine bloße Verletzung vertraglicher Pflichten vorliegt, so dass der Urheber auf allgemeine schuldrechtliche Ansprüche zur Durchsetzung beschränkt ist. Daneben können noch wettbewerbsrechtliche Ansprüche von Konkurrenten des Lizenzverletzers bestehen.[697]

Während die Non-Copyleft-Lizenzen keine Klauseln zu den Rechtsfolgen bei Lizenzverstößen enthalten,[698] finden sich in den meisten Copyleft-Lizenzen Regelungen für den Fall von Verletzungen.[699] So sieht die GPL-2.0, die wichtigste Lizenz für Freie Software, in Ziffer 4 vor, dass der Lizenznehmer im Falle einer Lizenzverletzung automatisch seine Nutzungsrechte verliert.[700] In der Literatur hat sich eine intensive Diskussion zu der Frage ergeben, welche rechtlichen Folgen sich aus dieser Vertragsklausel ergeben. Während einige Autoren von einer inhaltlichen Beschränkung der Nutzungsrechte im Sinne des § 31 Abs. 1 S. 2 UrhG ausgehen,[701] nimmt die h. M. eine auflösend bedingte Rechtseinräumung gem. § 158 Abs. 2 BGB an.[702]

---

[696] Ein Überblick über die national und international ergangenen Gerichtsentscheidungen gibt http://www.ifross.org/v-urteile.

[697] S. u. Rn. 336 ff.

[698] *Schulz*, S. 194, geht daher davon aus, dass bei Non-Copyleft-Lizenzen keine bedingte Rechtseinräumung vorliegt, aber eine Kündigung möglich ist, s. o. Rn. 101; a. A. *Spindler-Arlt/Brinkel/Volkmann*, S. 345 f.

[699] Regelungen finden sich z. B. in Ziffer 5.1 MPL-2.0, Ziffer 8 LGPL-2.1 und Ziffer 8 GPL-3.0.

[700] „*You may not copy, modify, sublicense, or distribute the Program except as expressly provided under this License. Any attempt otherwise to copy, modify, sublicense or distribute the Program is void, and will automatically terminate your rights under this License.*"

[701] So *Koglin*, S. 113 ff.; *Schiffner*, S. 157 f.; *Koch*, CR 2000, 333, 334, nimmt dies jedenfalls für Linux an, und noch *Marly*, 4. Aufl., Rn. 425, jetzt aber wie hier, Rn. 903.

[702] LG München I, MMR 2004, 693, 695 – *Welte./.Sitecom;* LG Frankfurt a. M., CR 2006, 729, 731; *Metzger/Jaeger*, GRUR Int. 1999, 839, 843, ebenso *Deike*, CR 2003, 9, 16; *Grzeszick*, MMR 2000, 412, 415; *Omsels*, FS Hertin, S. 156 f.; *Schack*, Rn. 612; *Schulz*, S. 180 ff.; *Sester*, CR 2000, 797; *Spindler*, K&R 2004, 528, 530; *Spindler-Spindler*, S. 50 f.; *Spindler/Wiebe*, CR 2003, 873, 876; *Teupen*, S. 207 ff.; *Völzmann-Stickelbrock*, Auswirkungen des Widerrufs einer GNU-Lizenz auf Dritte, S. 47, 64 f.; *Wandtke/Bullinger-Grützmacher*, § 69c, Rn. 79.

Gegen die Annahme einer „inhaltlichen Beschränkung" gem. § 31 **153**
Abs. 1 S. 2 UrhG sprechen im Wesentlichen zwei Gründe. Zunächst ist
es nach ständiger Rechtsprechung für eine solche dinglich wirkende
Beschränkung erforderlich, dass nach Auffassung des Verkehrs eine
wirtschaftlich und technisch eigenständige Nutzungsart vorliegt. Die
Aufspaltung in wirtschaftlich und technisch eigenständige Nutzungsarten ist notwendig, da ansonsten die Verkehrsfähigkeit zu weitgehend
beeinträchtigt werden könnte.[703] Denn für den Verkehr muss erkennbar
und damit klar abgrenzbar sein, was eine eigenständige Nutzungsart
darstellt. Wegen des dinglichen Charakters der Nutzungsrechte müssen
sich diese zudem komplementär ergänzen, wie dies etwa beim Vertrieb
als Taschenbuch und Hardcover-Ausgaben der Fall ist.[704]
   Fraglich ist schon, ob das Modell Freier Software als eine eigenständige und von der „proprietären" Nutzung abspaltbare Nutzungsart
angesehen werden kann. Für Software unter Non-Copyleft-Lizenzen[705]
ist dies sicherlich nicht der Fall, weil es an der Eigenständigkeit fehlt.[706]
Da dieser Lizenztyp nicht dazu verpflichtet, Weiterentwicklungen
ebenfalls einer Open Source Lizenz zu unterstellen, kann die Software
einfach in eine proprietäre Lizenzierung überführt werden.[707] Dementsprechend hat sich in der Praxis auch kein Nebeneinander der Nutzung
unter proprietären Lizenzen und Non-Copyleft-Lizenzen entwickelt; für
den Lizenznehmer gibt es keinen wirtschaftlichen Grund, eine lizenzge-
bührenpflichtige Version vorzuziehen.[708]
   Anderes könnte man allenfalls für Copyleft-Lizenzen erwägen, da sich
bei einigen Programmen Dual Licensing-Modelle gebildet haben, d.h.
ein Nebeneinander von proprietärer und freier Lizenzierung.[709] Dual
Licensing wird in der Praxis aber nur dann praktiziert, wenn sich sämtliche ausschließlichen Nutzungsrechte in der Hand eines Unternehmens
befinden.[710] Für die „klassische" kooperative Softwareentwicklung in
Open Source Projekten, deren Programme zumeist ausschließlich als
Freie Software lizenziert werden, bestehen daher keine wirtschaftlich
komplementären Märkte, die eine Aufspaltung in eigenständige Nutzungsarten erlauben würden.

---

[703] Vgl. BGH, NJW 2000, 3571, 3572 – *OEM-Software;* BGH, GRUR 1991, 310,
311 – *Taschenbuch-Lizenz.*
[704] *Metzger/Jaeger,* GRUR Int. 1999, 839, 843 m. w. N.
[705] Zu diesem Lizenzmodell s. o. Rn. 98.
[706] So im Ergebnis auch *Spindler/Wiebe,* CR 2003, 873, 875.
[707] S. o. Rn. 101.
[708] Weitergehende Gewährleistung kann auch für Freie Software gewährt werden,
s. u. Rn. 261.
[709] Dahingehend *Schiffner,* S. 159 f., und *Spindler/Wiebe,* CR 2003, 873, 875.
[710] S. o. Rn. 115; dies wird bei *Koglin,* S. 109 f., und *Wimmers/Klett,* CR 2008, 59,
60, nicht berücksichtigt.

Letztlich scheitert eine inhaltliche Beschränkung jedenfalls an der hinreichend klaren Abgrenzbarkeit dessen, was eine eigene Nutzungsart ausmachen könnte.[711] Auch die Copyleft-Lizenzen enthalten eine Reihe unterschiedlichster Pflichten, so dass der Inhalt einer eigenständigen Nutzungsart nicht hinreichend konkret beschreibbar wäre. Nicht einmal der Copyleft-Effekt alleine würde dieses Kriterium erfüllen, da auch hier die Lizenzen unterschiedliche Regelungen enthalten.[712] Es erschiene zudem künstlich, eine abweichende rechtliche Einordnung der Verletzung der Copyleft-Pflichten im Gegensatz zu sonstigen allgemeinen Lizenzpflichten vorzunehmen. Dafür geben auch die Lizenztexte nichts her. Im Gegenteil: Ziffer 4 GPL-2.0 sieht einen automatischen Wegfall sämtlicher Nutzungsrechte vor und nicht nur eine beschränkte Nutzbarkeit der Software.[713] Die Lizenzierung als Open Source Software – mit oder ohne Copyleft-Effekt – ist nur eine besondere Form der Lizenzierung, aber keine eigene Nutzungsart.

154   Da dem Wortlaut der GPL-2.0 auch nicht eine nur schuldrechtliche Verpflichtung zur Einhaltung der Lizenzbedingungen entnommen werden kann, geht die h. M. zu Recht davon aus, dass dem Lizenznehmer die Nutzungsrechte unter der auflösenden Bedingung eingeräumt werden, dass er sich an die Lizenzbedingungen hält. Wird gegen die Pflichten verstoßen, fallen die Nutzungsrechte automatisch *ex nunc* weg und der Lizenznehmer begeht eine Urheberrechtsverletzung, wenn er die Software entgegen den Lizenzbedingungen vertreibt.[714]

Diese Bedingungskonstruktion, die letztlich zu einer quasi-dinglichen Wirkung der Lizenzpflichten führt, umgeht auch nicht in unzulässiger Weise die Anforderungen, die § 31 Abs. 1 UrhG an eine dinglich wirkende inhaltliche Beschränkung stellt.[715] Während eine inhaltliche Beschränkung Wirkung gegenüber jedem Dritten entfaltet, werden durch eine Open Source Lizenz nur die Lizenznehmer verpflichtet. Dieser Unterschied ist elementar: Während der Lizenznehmer aus dem Lizenztext – ohne diesen kann keine Lizenzierung erfolgen – entnehmen kann, welche Pflichten er bei der Nutzung des Programms erfüllen muss, beschränkt eine eigene Nutzungsart die Befugnisse un-

---

[711] Vgl. *ifrOSS-Jaeger*, Ziffer 4, Rn. 9, a. A. *Koglin*, S. 113 ff., der versucht, Kriterien für die Merkmale einer neuen Nutzungsart „Open Source" herauszuarbeiten.

[712] S. o. Rn. 24. So sieht etwa Ziffer 8.1 MPL-1.1 vor, dass die automatische Beendigung erst 30 Tage nach der Kenntnis von der Lizenzverletzung eintritt, wenn ihr bis dahin nicht abgeholfen wird.

[713] Darauf weisen zu Recht *Wandtke/Bullinger-Grützmacher*, § 69c, Rn. 79 und *Spindler/Wiebe*, CR 2003, 873, 875 f., hin.

[714] Vgl. *Metzger/Jaeger*, GRUR Int. 1999, 839, 843. So auch die Rspr. in Deutschland (Fn. 702) und den USA (Fn. 1436).

[715] So auch mit ausführlicher Begründung LG München I, MMR 2004, 693 – *Welte./.Sitecom*.

abhängig von der Kenntnis etwaiger vertraglicher Pflichten. Eben deswegen besteht ja der Zweck des Erfordernisses einer wirtschaftlich-technisch eigenständigen Nutzungsart darin, die Verkehrsfähigkeit zu schützen. Dies ist bei Open Source Lizenzen jedoch nicht erforderlich, wie Ziffer 4 Satz 3 GPL-2.0[716] anschaulich zeigt: Die Nutzungsbefugnisse von Erwerbern der lizenzwidrig vertriebenen Programmversionen sind nicht beeinträchtigt, da keine Rechteketten vorliegen und die Beendigung der Rechte des GPL-widrig vertreibenden Lizenznehmers nicht den rechtmäßigen Erwerb hindert. Der Erwerber darf die Software ablaufen lassen, die Einräumung weitergehender Rechte ist möglich, wenn der Erwerber von dem durch die GPL vermittelten Lizenzangebot Kenntnis erlangt. Die Annahme einer auflösend bedingten Rechtseinräumung begegnet daher keinen durchgreifenden Bedenken,[717] so dass der Lizenznehmer bei einer Lizenzverletzung seine durch die Open Source Lizenz gewährten Rechte verliert und bei jeder weiteren lizenzwidrigen Vertriebshandlung eine Urheberrechtsverletzung begeht.

II. Ansprüche bei einer Lizenzverletzung

Für den Fall, dass eine Software lizenzwidrig genutzt wird, kann der **155** Rechtsinhaber die urheberrechtlichen Ansprüche der §§ 69f und 69a Abs. 4 i. V. m. §§ 97 ff. UrhG gegen den Verletzer geltend machen, sei es, dass die eingeräumten Nutzungsrechte durch den Bedingungseintritt gem. § 158 Abs. 2 BGB wegfallen, sei es, dass der Lizenzvertrag gem. § 314 Abs. 2 BGB wirksam gekündigt wird.[718] Durch die Umsetzung der

---

[716] „However, parties who have received copies, or rights, from you under this license will not have their licenses terminated so long as such parties remain in full compliance." Eine ähnliche Regelung findet sich in Ziffer 8.1 Satz 2 MPL-1.1.

[717] Zur allgemeinen Zulässigkeit auflösend bedingter Nutzungsrechtseinräumungen im Urheberrecht vgl. BGH, GRUR 2006, 435; OLG München, UFITA 90 (1981), 166, 169 f., vorausgesetzt auch in BGH, GRUR 1958, 505 f. – *Die Privatsekretärin*. Die Annahme bedingter Rechtseinräumungen muss, entgegen *Hoeren*, CR 2004, 777, auch nicht befürchten lassen, dass dies bei proprietärer Software zu einer weitgehenden Beschränkbarkeit von Nutzerrechten führen kann. Während Open Source Lizenzen Rechte und Pflichten regeln, die über die bloße Benutzung der Software hinausgehen und sich an denjenigen richten, der die Software vertreibt oder bearbeitet, besteht die Gefahr bei proprietären „Lizenzbedingungen" für Endnutzer (sog. EULAs), die die Software bloß ablaufen lassen, darin, dass die gesetzlich gewährten Mindestrechte des § 69d UrhG beschränkt werden sollen. Hier wird aber regelmäßig kein wirksamer Vertragsschluss vorliegen bzw. eine AGB-rechtlich unzulässige Benachteiligung, vgl. dazu *Marly*, Rn. 974 ff., sowie unten Rn. 179 ff.

[718] Dies dürfte bei der Verletzung der Lizenzpflichten von Non-Copyleft-Lizenzen, die keine Rechtsfolgenregelung vorsehen, erforderlich sein, s. o. Fn. 413. Allgemein zur Vertragsbeendigung von Open Source Lizenzen s. u. Rn. 178.

Durchsetzungsrichtlinie 2004/48/EG im Jahr 2008[719] wurden die urheberrechtlichen Anspruchsgrundlagen neu geregelt und teilweise deutlich
erweitert.

1. Beseitigungsansprüche

156 Der Rechtsinhaber kann von dem Verletzer gem. § 97 Abs. 1 S. 1,
1. Alt. UrhG die Beseitigung eines fortdauernden Verletzungszustands
verlangen. Wer also Freie Software zum Download anbietet, ohne die
Bestimmungen der entsprechenden Lizenz zu beachten, muss sein
rechtswidriges Angebot vom Netz nehmen. Ebenso müssen Datenträger
mit der Software aus dem Verkehr gezogen werden, wobei § 98 Abs. 2
UrhG explizit einen Anspruch auf Rückruf urheberrechtswidrig verbrei-
teter Programmkopien oder sonstiger Vervielfältigungsstücke, wie z. B.
Embedded-Systeme, vorsieht.[720]

Die §§ 69f, 98 Abs. 3 UrhG gewähren sogar einen Anspruch auf Vernichtung oder Herausgabe von Vervielfältigungsstücken. Letzteres ist
nur gegen eine Vergütung möglich, die die Herstellungskosten aber
nicht übersteigen darf. § 98 Abs. 4 UrhG sieht für den Fall, dass eine
Vernichtung, ein Rückruf oder die Herausgabe unverhältnismäßig wäre,
die Anwendung des mildesten Mittels vor. Eine solche Konstellation ist
insbesondere bei Embedded-Systemen zu beachten. So würde es genügen, wenn der Hersteller eines Haushaltsgerätes, das mit Freier Software
elektronisch gesteuert wird, nur die Software auswechselt oder – wenn
dies praktisch nicht möglich ist – die Software unter der entsprechenden
Open Source Lizenz freigibt.

Für den Beseitigungsanspruch bedarf es keines Verschuldens. Daher
können die genannten Maßnahmen auch gegen denjenigen geltend ge-
macht werden, der eine Open Source Lizenz unwissentlich verletzt hat.
Ein Hauptanwendungsfall für Beseitigungsansprüche dürfte dann vorliegen, wenn „Copyleft" Software in Verbindung mit „proprietären"
Programmen oder Embedded-Systemen vertrieben wird, ohne dass der
Source Code des abgeleiteten Werkes freigegeben wird. Hier kann der
Verletzer die Störungsbeseitigung auch dadurch vornehmen, dass er sein
Programm nachträglich der Lizenz entsprechend freigibt. Zwar verliert
der Verletzer dadurch, dass er die Vertragsbedingungen nicht erfüllt,
nach Ziffer 4 S. 2 GPL-2.0 seine Rechte aus der Lizenz, aber das
schließt einen erneuten Erwerb eines einfachen Nutzungsrechts nicht

---

[719] Gesetz zur Verbesserung der Durchsetzung von Rechten des geistigen Eigentums, BGBl. I 2008 S. 1191 ff.
[720] Dass § 69f Abs. 1 S. 2 UrhG nicht auf § 98 Abs. 2 UrhG verweist, ist unschäd-
lich, da § 69f UrhG nur lex specialis für den Vernichtungsanspruch ist, aber keinen
Rückruf regelt. Somit ist § 98 Abs. 2 UrhG für Computerprogramme über § 69a
Abs. 4 UrhG anwendbar. Allgemein zum Rückrufsrecht *Jestaedt*, GRUR 2009, 102.

aus.[721] Denn Ziffer 4 S. 3 GPL-2.0, wonach die Rechte Dritter unberührt bleiben sollen, zeigt, dass Zweck der GPL-2.0 eine möglichst weitgehende Verbreitung der Freien Software ist, nicht aber, dass Verletzer dauerhaft von der Nutzung ausgeschlossen werden sollen.[722] Allerdings liegt es im Belieben des Verletzers, wie er die Störung beseitigt; einen Anspruch auf Freigabe der „proprietären" Software des Verletzers gibt es nicht.[723]

Eine besondere Form des Beseitigungsanspruchs ist der Anspruch auf   **157**
Urteilsbekanntmachung gem. § 103 UrhG, der auch im einstweiligen Verfügungsverfahren durchsetzbar ist.[724] Voraussetzung ist ein berechtigtes Interesse des Verletzten, das in der Praxis aber nur selten angenommen wird.[725] Da auch ideelle Interessen ein berechtigtes Interesse an einer Urteilsbekanntmachung zu begründen vermögen,[726] liegt es jedoch nahe, bei Verletzungen von Copyleft Lizenzen regelmäßig von einem solchen berechtigten Interesse an der Bekanntmachung auszugehen. Denn dadurch ist es möglich, dass die interessierten Kreise von der Nutzung Freier Software erfahren und den Source Code mit Weiterentwicklungen anfordern können. Hier wirkt sich der besondere Charakter „öffentlicher Lizenzen" aus, die eben nicht nur das Vertragsverhältnis in einem Lizenzvertrag regeln, sondern viele Lizenznehmer und Rechteinhaber betreffen. Unabhängig von der Regelung des § 103 UrhG, der die Bekanntmachung eines Urteils auf Kosten des Verletzers vorsieht, bleibt es dem Urheber unbenommen, eine private Urteilsveröffentlichung in gebotenem Umfang und in Abwägung mit den berechtigten Interessen des Verletzers vorzunehmen.[727]

2. Unterlassungsansprüche

Nach § 97 Abs. 1 S. 1, 2. Alt. UrhG hat der Rechtsinhaber gegen den   **158**
Verletzer einen Unterlassungsanspruch, wenn Wiederholungsgefahr hinsichtlich der Lizenzverletzung besteht. Grundsätzlich wird die Wiederholungsgefahr schon durch die Rechtsverletzung, also die lizenzwid-

---

[721] So auch *Deike*, CR 2003, 9, 17; *Omsels*, FS Hertin, S. 157; *Koch*, CR 2000, 333, 335; *Spindler-Spindler*, S. 51.

[722] Dies wird bei der Free Software Foundation offenbar anders gesehen, wie die Erläuterungen zum Entwurf der GPL-3.0 zeigen, http://GPL-3.0.fsf.org/rationale, S. 26, Fn. 19. Dazu näher auch Rn. 71a.

[723] Vgl. *Schricker/Loewenheim-Wild*, § 97, Rn. 133 m.w.N., wonach eine bestimmte Maßnahme zur Störungsbeseitigung nur verlangt werden kann, wenn keine andere möglich ist. Wie hier *Völzmann-Stickelbrock*, Auswirkungen des Widerrufs einer GNU-Lizenz auf Dritte, S. 47, 66.

[724] *Schricker/Loewenheim-Wild*, § 103, Rn. 1.

[725] Vgl. dazu etwa die Ausführungen des LG Hamburg bei einer Markenrechtsverletzung, LG Hamburg, ZUM 2011, 347 – *Abo-Falle*.

[726] *Schricker/Loewenheim-Wild*, § 103, Rn. 7.

[727] Dazu näher *Dreier/Schulze-Dreier*, § 103, Rn. 12 f.

rige Nutzung der Software, indiziert.[728] Für einen Unterlassungsanspruch ist wie für den Beseitigungsanspruch kein Verschulden erforderlich. Die Wiederholungsgefahr kann außergerichtlich nur durch die Abgabe einer strafbewehrten Unterlassungserklärung beseitigt werden.[729] Die Durchsetzung von Unterlassungsansprüchen hat sich in der Praxis als wirksamstes Mittel zur Durchsetzung von Open Source Lizenzen erwiesen. Gerade bei Embedded-Systemen bleibt den Herstellern ansonsten nur die Möglichkeit, ihr Produkt vollständig vom Markt zu nehmen. Die Mehrzahl der Verletzer zieht es offenbar vor, stattdessen den Vertrieb lizenzkonform umzustellen.

Wenn eine Rechtsverletzung noch nicht stattgefunden hat, sich aber hinreichend konkret abzeichnet, hat der Rechtsinhaber gem. § 97 Abs. 1 S. 2 UrhG auch einen „vorbeugenden" Unterlassungsanspruch. Dabei ersetzt die Erstbegehungsgefahr die Wiederholungsgefahr. Dies wäre etwa der Fall, wenn ein Unternehmen Produkte mit Freier Software herstellt und den Vertrieb vorbereitet, aber angekündigt hat, den Source Code nicht zugänglich zu machen.

Nach § 97a Abs. 1 UrhG soll vor der gerichtlichen Geltendmachung eines Unterlassungsanspruchs eine Abmahnung erfolgen. Eine Abmahnung ist nur dann entbehrlich, wenn ansonsten ein effektiver Rechtsschutz vereitelt würde oder konkrete Umstände vorliegen, wonach mit der Abgabe einer strafbewehrten Unterlassungserklärung nicht gerechnet werden kann.[730]

3. Schadensersatzansprüche

159 Nach § 97 Abs. 2 UrhG kann der Rechtsinhaber vom Verletzer auch Schadensersatz verlangen. Anders als bei den Beseitigungs- und Unterlassungsansprüchen ist ein Verschulden erforderlich, d. h. der Verletzer muss vorsätzlich oder fahrlässig gehandelt haben. Dafür genügt es, wenn der Verletzer hätte wissen können und müssen, dass er eine Lizenzverletzung begeht, wobei von der Rechtsprechung ein strenger Maßstab angelegt wird,[731] die auch eine Prüfungs- und Erkundigungspflicht beinhaltet.[732] Er kann sich jedenfalls nicht darauf berufen, der Rechtsinhaber würde Verletzungen ansonsten nicht verfolgen,[733] oder

---

[728] Vgl. BGH, GRUR 1997, 379, 380 – *Wegfall der Wiederholungsgefahr II* m. w. N.

[729] Die bloße Beendigung der Lizenzverletzung reicht auch bei der GPL-3.0 nicht aus, die eine automatische Wiederherstellung der Rechte vorsieht, vgl. LG Halle, Urt. v. 27.7.2015 – 4 O 133/15 –, juris mit Anm. *Schöttler*, jurisPR-ITR 22/2015 Anm. 2.

[730] Dazu näher *Schricker/Loewenheim-Wild*, § 97a, Rn. 16 ff.

[731] Vgl. BGH, GRUR 1999, 49, 51 – *Bruce Springsteen and his Band*.

[732] Vgl. BGH, GRUR 1988, 373 – *Schallplattenimport III*.

[733] Für eine Verwirkung der urheberrechtlichen Ansprüche bedarf es einer längeren Untätigkeit des Verletzten, ohne dass dies durch besondere Gründe gerechtfertigt

dass dies üblich sei.[734] In einer Lieferkette darf sich ein Anbieter dabei nicht auf die Zusicherung seiner Lieferanten verlassen, die Ware verletze keine Rechte Dritter.[735]

Der gute Glaube an eine rechtmäßige und lizenztreue Nutzung kann durch eine Abmahnung zerstört werden. Dann kann sich der vermeintliche Verletzer in einem späteren Prozess auch nicht darauf berufen, ihm sei kein Verschulden vorzuwerfen, weil sich sein Handeln nach einer entsprechenden Fachansicht gerichtet hätte. Dies kann etwa bei der Frage relevant werden, ob ein Programm als *„derivative work"* unter die GPL gestellt werden muss oder ob dies nicht der Fall ist.[736] Hier trägt der Verletzer im Zweifel das Risiko eines Rechtsirrtums.[737]

Im Falle eines Schadensersatzanspruchs kann gem. §§ 249, 251 BGB **160** Ersatz in Geld verlangt werden. Die Höhe des Schadensersatzes bei Urheberrechtsverletzungen kann gem. § 97 Abs. 2 UrhG nach drei Arten berechnet werden:

– Zahlung einer angemessenen Lizenzgebühr (Lizenzanalogie)
– Ersatz des konkreten Schadens, einschließlich des entgangenen Gewinns
– Herausgabe des Verletzergewinns.

Dem Verletzten steht es frei zu wählen, nach welcher Berechnungsmethode er vorgehen möchte.[738] Bei Freier Software wird dies vor allem davon abhängen, in welcher Form das Programm vertrieben wird. Bei einem Dual Licensing[739] kann eine Lizenzanalogie regelmäßig einfach berechnet werden, da ein konkreter Anhaltspunkt dafür besteht, was der Verletzer für eine „proprietäre" Lizenz hätte bezahlen müssen. Anders ist die Situation dann, wenn der Rechteinhaber eine fremde Software nur weiterentwickelt hat und ein Dual Licensing deswegen nicht in Betracht kommt. Hier ist eine Lizenzanalogie schwierig, zumal der Rechteinhaber sich den Einwand vorhalten lassen muss, er habe die Software lizenzgebührenfrei verbreitet und deshalb sei ihm kein Schaden entstanden.[740] Allerdings hat das LG Bochum bei einer Verletzung der LGPL bereits die grundsätzliche Möglichkeit eines Schadensersatzanspruchs festgestellt.[741] Naheliegend ist es, in solchen Fällen den Verlet-

erscheint, so dass eine spätere Rechtsverfolgung ein *„venire contra factum proprium"* darstellt, vgl. *Schricker/Loewenheim-Wild,* § 97, Rn. 197 ff.
[734] Vgl. BGH, NJW 1953, 257 f. – *Sorgfaltspflicht eines Dentisten.*
[735] LG Hamburg, CR 2013, 498 – *Fantec; Labesius,* ITRB 2013, 205.
[736] Dazu s. o. Rn. 47 ff.
[737] *Fromm/Nordemann-Nordemann,* § 97, Rn. 34; *Schricker/Loewenheim-Wild,* § 97, Rn. 54 m. w. N.
[738] Vgl. dazu *Dreier/Schulze-Dreier,* § 97, Rn. 58 ff.; BGH, GRUR 1990, 1008, 1009 – *Lizenzanalogie* m. w. N.
[739] S. o. Rn. 114 ff.
[740] S. u. Rn. 1646.
[741] LG Bochum, CR 2011, 289.

zergewinn herauszuverlangen. Dies kann allerdings zu Berechnungs-
problemen führen, wenn der Kläger alleine den Schadensersatzanspruch
erhebt und als Bearbeiter einer Software nur einen Teil des Gewinns
herausverlangen kann.[742] In diesem Fall ist eine Schadensschätzung
durch das Gericht nach § 287 ZPO vorzunehmen. Das LG Köln hat im
Rahmen eines Schadensersatzanspruches wegen Verletzung einer Open
Source Lizenz bei der Berechnung des Verletzergewinns auch Einnahmen aus Support und Servicedienstleistungen berücksichtigt, die der
Verletzer im Rahmen der lizenzwidrigen Nutzung erzielt hat.[743] Das
Gericht bezieht sich dabei auf die Rechtsprechung des BGH zur Berück-
sichtung von Werbeeinnahmen, die allerdings vorsieht, dass Gewinne
nur insoweit herausgegeben werden müssen als sie auf der Rechtsverletzung beruhen.[744] Dies ist dann eine Frage des jeweiligen Einzelfalls.

161   § 97 Abs. 2 S. 4 UrhG gewährt ausdrücklich einen Entschädigungsanspruch bei immateriellen Schäden, also bei Verletzung des Urheberpersönlichkeitsrechts. Das kann Fälle betreffen wie die Verbreitung eines
Programms ohne Urhebernennung, sei es, dass die „Credit-List" oder
„History"-Dateien weggelassen werden, sei es, dass sich der Verletzer
die Urheberschaft anmaßt und sich als den wirklichen Programmierer
ausgibt. Eine Entschädigung wird aber nur bei schwerwiegenden Per-
sönlichkeitsrechtsverletzungen zugesprochen werden,[745] wenn etwa der
Ruf eines Programmierers Schaden genommen hat. Allerdings wird auch
die wirtschaftliche Bedeutung einer Verletzung des Namensnennungs-
rechts berücksichtigt. Auf der Grundlage des § 97 Abs. 1 UrhG kann
deswegen im Einzelfall durchaus ein Entschädigungsanspruch gegeben
sein, wenn dem Programmierer durch die Verletzung die Möglichkeit
genommen wird, durch gelungene Problemlösungen bei potenziellen
Arbeitgebern auf sich aufmerksam zu machen.[746]
     Zur Sicherung von Schadensersatzansprüchen kann auf der Grundla-
ge des im Rahmen der Umsetzung der Durchsetzungsrichtlinie neu eingeführten § 101b UrhG die Vorlage von Bank-, Finanz- und Handelsun-
terlagen erzwungen werden, wenn dies zur Sicherung der Erfüllung des
Schadensersatzanspruchs erforderlich ist und ansonsten die Zwangsvoll-
streckung gefährdet wäre. Dies dürfte nur ausnahmsweise der Fall sein.

---

[742] Zum Problem der Aktivlegitimation siehe sogleich.
[743] LG Köln, CR 2014, 704 mit Anm. *Jaeger.*
[744] BGH, CR 2011, 263.
[745] *Schricker/Loewenheim-Wild,* § 97, Rn. 79; kritisch zu dieser Praxis *Dreier/
Schulze-Dreier,* § 97, Rn. 75.
[746] Zur Bedeutung der Namensnennung für berufliche Ziele vgl. *Torvalds,* S. 131,
der beschreibt, dass Softwareunternehmen Code nach besonders guten Programmierern durchsuchen.

4. Auskunftsansprüche

Erheblicher praktischer Bedeutung bei der Durchsetzung von Unterlas- **162** sungs- und Beseitigungsansprüchen kommt dem Auskunftsanspruch gem. § 101 UrhG zu. Dies gilt insbesondere für den nicht seltenen Fall, dass der Distributor eines Embedded-Systems vorgefertigte Komponenten Dritter verwendet oder gar eine vollständig von Dritten entwickelte Hardware, die er nur unter einer eigenen Marke veräußert. Hier sind Auskunftsansprüche zwingend erforderlich, um den ersten Verursacher einer Lizenzverletzung ausfindig zu machen. Denn nur dieser ist im Regelfall in der Lage, den Source Code zugänglich zu machen bzw. für die zur vollständigen Beendigung des lizenzwidrigen Vertriebes erforderlichen Informationen zu sorgen.

Gegenstand der Auskunft sind gem. § 101 Abs. 3 UrhG nicht nur **163** Namen und Anschrift der Hersteller, Lieferanten und Vorbesitzer sowie die Mengen und Preise der urheberrechtswidrig vertriebenen Stücke, sondern auch die gewerblichen Abnehmer. Damit besteht die Möglichkeit den Weitervertrieb von lizenzwidrig vertriebenen Kopien zu unterbinden. Bei offensichtlichen Rechtsverletzungen kann der Auskunftsanspruch auch im Wege der einstweiligen Verfügung gem. § 101 Abs. 7 UrhG durchgesetzt werden.

5. Besichtigungsansprüche

Von Interesse kann bei der lizenzwidrigen Verwendung einer Freien **164** Software als „closed" Software der Besichtigungsanspruch nach § 809 BGB, § 101a UrhG sein. Denn um eine Urheberrechtsverletzung nachweisen zu können, bedarf es vielfach einer Offenlegung des Source Codes.[747] Dies lässt sich durch die Geltendmachung eines Besichtigungsanspruchs gem. § 101a UrhG erreichen, bevor einer der Ansprüche des § 97 UrhG geltend gemacht werden kann.[748] Dabei reicht es für die Offenlegung des Quelltextes aus, wenn eine „hinreichende Wahrscheinlichkeit" für eine Rechtsverletzung besteht.[749] Dafür bedarf es konkreter Anhaltspunkte, beispielsweise Systemaufrufe oder Strings, die auf eine konkrete Software hinweisen.[750] Gerade bei der Verwendung von GNU/Linux, etwa in Embedded-Systemen, kann so die Verletzung hin-

---

[747] Vgl. *Frank/Wiegand*, CR 2007, 481; zu weitgehend KG, CR 2010, 424.
[748] Zur alten Rechtslage mit Rückgriff auf § 809 BGB *Dreier,* GRUR 1993, 781, 789 f.
[749] Der Gesetzgeber wollte damit ausdrücklich die Anforderungen der bestehenden Rechtsprechung des BGH zu § 809 BGB übernehmen (*„gewisse Wahrscheinlichkeit",* vgl. BGH, GRUR 2002, 1046 – *Faxkarte;* BGH, GRUR 2006, 962, 967 – *Restschadstoffentfernung*), BT-Drs. 16/5048, S. 40, 50.
[750] Analysetools können bei entsprechenden Voraussetzungen heute schon in der Lage sein, auf der Basis einer Binärcodeprüfung Rechtsverletzungen nachzuweisen, vgl. *Hemel,* CRi 2015, 101.

reichend wahrscheinlich gemacht werden. Der Besichtigungsanspruch kann auch im einstweiligen Verfügungsverfahren durchgesetzt werden, wobei das Gericht Maßnahmen zum Schutz vertraulicher Informationen anordnen kann, wenn die einstweilige Verfügung ohne vorherige Anhörung des Gegners erlassen wird. In der Praxis wird dem durch Beweissicherung des Quelltextes bei einem Sachverständigen Rechnung getragen, wonach die Herausgabe an den Antragsteller erst nach Anhörung des Antragsgegners erfolgt.

6. Sonstige Ansprüche

164a   In § 102a UrhG wird darauf hingewiesen, dass Ansprüche aus anderen gesetzlichen Vorschriften unberührt bleiben. Dies hat vor allem Bedeutung bei den bereicherungsrechtlichen Ansprüchen der §§ 812 ff. BGB. Anders als der Schadensersatzanspruch des § 97 Abs. 2 UrhG, der gem. § 102 S. 1 UrhG i. V. m. §§ 195, 199 Abs. 1, 3 BGB drei Jahre nach dem Schluss des Jahres verjährt, in dem der Berechtigte von der Urheberrechtsverletzung Kenntnis erlangt hat oder ohne grobe Fahrlässigkeit erlangen musste, kann der Rechtsinhaber gem. § 102 S. 2 UrhG i. V. m. § 852 BGB noch bis zu zehn Jahre nach der Anspruchsentstehung – aber maximal 30 Jahre nach der Verletzungshandlung – von dem Verletzer die Herausgabe des „Erlangten" verlangen.[751] Das „Erlangte" ist nach der Rechtsprechung des BGH der „Gebrauch des immateriellen Schutzgegenstandes"[752], so dass der Rechtsinhaber den objektiven Verkehrswert dieses Gebrauchs herausverlangen kann, der sich wiederum nach einer angemessenen Lizenz berechnet, also nach dem, was für die Erteilung einer „proprietären" Lizenz hätte gezahlt werden müssen.[753]

7. Abwendungsbefugnis

164b   Von Interesse ist bei der Verletzung von freien Lizenzen die Anwendbarkeit des § 100 UrhG, wonach der Verletzer die Ansprüche des Rechtsinhabers aus den §§ 97, 98 UrhG abwenden kann, wenn ihn kein Verschulden trifft, ihm ein unverhältnismäßig großer Schaden entstehen würde und er eine Entschädigung in Geld zahlt. Diese Abwendungsbefugnis wäre für alle Verletzer einer Open Source Lizenz ein angenehmer Ausweg, da sich die Höhe der Entschädigung gem. § 100 S. 2 UrhG nach einer angemessenen Vergütung bei einer vertraglichen Rechtseinräumung richtet. Wenn keine Möglichkeit des Dual Licensing vorliegt, weil die Rechte nicht in einer Hand liegen, wäre die Vergütung bei Freier Software unter Umständen „Null", da die Software ohnehin ohne

---

[751] BGH, GRUR 2012, 715 – *Bochumer Weihnachtsmarkt.*
[752] Vgl. BGH, NJW 1982, 1154, 1155 f. – *Kunststoffhohlprofil II.*
[753] Vgl. *Schricker/Loewenheim-Wild,* § 102a, Rn. 3; BGH, GRUR 2015, 780 – *Motorradteile.*

Lizenzgebühren vertrieben wird.[754] Allerdings steht die Abwendungsbefugnis unter der Bedingung, dass dem „Verletzten die Abfindung in Geld zuzumuten ist". Bei der Abwägung der Interessen von Verletzer und Verletztem ist zu berücksichtigen, dass das gesamte System von Freier Software, insbesondere von „Copyleft" Software, auf der Einhaltung der Lizenzbestimmungen beruht und Lizenzgebühren keine Rolle spielen. Daher wird die Abwägung in aller Regel zu dem Ergebnis kommen, dass dem Verletzer keine Abwendungsbefugnis zukommt, da ihm die Möglichkeit bleibt, seine Software unter eine freie Lizenz zu stellen.

III. Prozessuale Aspekte der Lizenzdurchsetzung

1. Aktivlegitimation

Im gerichtlichen Verfahren ist es von Bedeutung, die einzelnen Urheber **165** und die Art der gemeinsamen Urheberschaft feststellen zu können.[755] Grundsätzlich ist nur der Urheber bzw. der Inhaber eines ausschließlichen Nutzungsrechts für das Werk bzw. den Werkbestandteil vor Gericht aktivlegitimiert.[756] Dies bedeutet aber nicht, dass ein einzelner Urheber, der sich im Rahmen einer größeren Entwicklergemeinschaft an der Erstellung eines Programms beteiligt hat, nur auf Einhaltung der Lizenz für den von ihm geschriebenen Bestandteil klagen kann. Der Umfang der Aktivlegitimation ist großzügiger zu bemessen.

Für die Miturheberschaft folgt dies unmittelbar aus dem Gesetz. **166** Gem. § 8 Abs. 2 S. 3 UrhG kann ein Miturheber allein Ansprüche wegen Verletzung des gemeinsamen Urheberrechts geltend machen, er kann jedoch nur Leistung an alle verlangen. Für Leistungsklagen kann dies bei Programmen, die im Rahmen einer größeren Entwicklergemeinschaft entstanden sind, zu praktischen Problemen führen: Denn wird in einer Leistungsklage Leistung an alle Miturheber verlangt, so müssen diese vollständig namentlich genannt werden.[757] *Thum* sieht es allerdings

---

[754] Es ist allerdings zu berücksichtigen, dass die Entwickler regelmäßig nur dann ihren Code ohne Lizenzgebühren unter einer Open Source Lizenz freigeben, wenn die Lizenznehmer ihre Verpflichtungen einhalten. Das schließt das Argument nicht aus, dass eine proprietäre Nutzung eben nur lizenzgebührenpflichtig gestattet worden wäre.

[755] S. o. Rn. 143 ff.

[756] Vgl. *Schricker/Loewenheim-Wild*, § 97, Rn. 47 ff.; *Ulmer*, Urheber- und Verlagsrecht, S. 534. Daraus folgt insbesondere, dass der aus einer freien Lizenz berechtigte Nutzer als Inhaber eines einfachen Nutzungsrechts nicht für Lizenzverletzungsklagen aktivlegitimiert ist, vgl. auch *Koch*, CR 2000, 333, 335, zu einem Anspruch auf Offenlegung des Quellcodes.

[757] Vgl. *Koch*, CR 2000, 273, 279; *Omsels*, FS Hertin, S. 168; *Spindler-Spindler*, S. 36.

als ausreichend an, wenn der Antrag so formuliert wird, dass Zahlung *„an alle Miturheber des Werkes X"* erfolgen soll.[758] Allerdings dürfte bei entsprechender Verurteilung die Problematik auf der Vollstreckungsebene wieder auftauchen. Im Einzelfall dürfte es schwierig sein, bei einer weltweit verstreuten Entwicklergemeinschaft sämtliche Miturheber zu identifizieren.[759] Allerdings ist dies auch nicht grundsätzlich unmöglich. Das Vorliegen einer Miturhebergemeinschaft setzt ein Zusammenwirken der Entwickler im Rahmen einer Gesamtidee voraus.[760] Dies wird naturgemäß die Zahl der Beteiligten begrenzen, da ansonsten ein planmäßiges Zusammenwirken nicht möglich sein wird. Insofern ist die Situation anders als bei Bearbeitungen, bei denen eine Vielzahl von Programmierern beteiligt sein können, die keinen Kontakt oder Kenntnis voneinander haben müssen.

Für Unterlassungsansprüche stellt sich die Situation anders dar. Die Verfolgung von Rechtsverletzungen durch einen einzelnen Miturheber als Kläger für alle beteiligten Miturheber ist bei einer Unterlassungsklage auch dann möglich, wenn diese nicht im Einzelnen namentlich genannt werden können.[761] Sinn und Zweck des § 8 Abs. 2 S. 3 UrhG ist es, die Rechtsverfolgung bei der Miturheberschaft zu erleichtern.[762] Dass bei Leistungsklagen nur Leistung an alle verlangt werden kann, soll verhindern, dass einzelne Miturheber übervorteilt werden.[763] Diese Gefahr besteht bei einem Unterlassungsanspruch aber nicht, denn das Abstellen einer Rechtsverletzung kommt automatisch allen Urhebern zugute. Hier muss es genügen, wenn ein Urheber „für alle" auf Unterlassung klagt. Dies gilt entsprechend für Auskunftsklagen, die zur Vorbereitung der Durchsetzung von Unterlassungsansprüchen dienen, sowie bei der Geltendmachung von Beseitigungsansprüchen.[764]

167   Für die Werkverbindung gem. § 9 UrhG und die Bearbeitung gem. § 3 UrhG fehlen vergleichbare gesetzliche Erleichterungen der Rechtsverfolgung. Kann ein Urheber eines verbundenen oder bearbeiteten

---

[758] *Wandtke/Bullinger-Thum*, § 8, Rn. 41.

[759] *Wandtke/Bullinger-Thum*, § 8, Rn. 63, nimmt bei anonymer Mitarbeit die Möglichkeit eines stillschweigenden Anteilsverzichts gem. § 8 Abs. 4 UrhG an.

[760] S. o. Rn. 145.

[761] Wie hier *Spindler-Spindler*, S. 29; *Omsels*, FS Hertin, S. 168, aber ohne Begründung; a. A. *Koch*, CR 2000, 273, 279.

[762] *Ulmer*, Urheber- und Verlagsrecht, S. 192.

[763] *Wandtke/Bullinger-Thum*, § 8, Rn. 41; *Fromm/Nordemann-Nordemann*, § 8, Rn. 19.

[764] So auch *Wandtke/Bullinger-Thum*, § 8, Rn. 41. Nach *Dreier/Schulze-Schulze*, § 8, Rn. 21, müssen nur dann sämtliche Miturheber genannt werden, wenn auch die Leistung allen Miturhebern zukommen soll. Dies sei etwa bei der bloßen Feststellung der Schadensersatzpflicht und vorbereitendem Auskunftsbegehren nicht der Fall, enger wohl die Rechtsprechung BGH, GRUR 2003, 1035, 1036 – *Hundertwasserhaus;* OLG Nürnberg-Fürth, GRUR-RR 2001, 225, 226.

Werks bei Rechtsverletzungen auch im Namen der anderen beteiligten Urheber auf Unterlassung klagen?

Für die Werkverbindung werden in der Literatur die analoge Anwendung des § 8 Abs. 2 S. 3 UrhG bzw. der Notverwaltungsregelung des § 744 Abs. 2 BGB vorgeschlagen, um zu einer Erleichterung der Rechtsverfolgung durch einen Urheber „für alle" zu gelangen.[765]

Anders ist die Situation bei der Bearbeitung. Hier erwirbt der Bearbeiter gem. § 3 S. 1 UrhG ein eigenes Bearbeiterurheberrecht an dem gesamten Werk, das „wie ein selbstständiges Werk" geschützt ist.[766] Damit kann der Bearbeiterurheber bei einer Verletzung auch sämtliche Ansprüche des § 97 UrhG alleine geltend machen. Nur für die Bearbeitung selbst und die Verwertung der Bearbeitung benötigt er nach § 69c Nr. 2 UrhG eine Zustimmung des Inhabers der Rechte an dem Originalprogramm. Jedoch ist der Grundgedanke des § 8 Abs. 2 S. 3 UrhG im Hinblick auf den Umfang der Ansprüche aus § 97 UrhG entsprechend anzuwenden: Der Bearbeiter kann Unterlassungsansprüche hinsichtlich des gesamten Programms geltend machen, unabhängig davon, ob sich die lizenzwidrige Nutzungshandlung auch auf den Softwarebestandteil bezieht, den er selbst entwickelt hat. Ansonsten würde die Gefahr bestehen, dass der Verletzer nur für den Teil des Bearbeiters eine Alternative entwickelt und den Rest des Programms weiter entgegen den Lizenzbestimmungen verwertet. Schadensersatzansprüche können hingegen nur für den eigenen Anteil geltend gemacht werden, oder es muss Leistung an alle Mitbearbeiter verlangt werden und der Originalurheber und die anderen Bearbeiter in der „Entwicklungskette" benannt werden.

2. Passivlegitimation

Im Hinblick auf die Passivlegitimation ergeben sich bei der Durchsetzung von Open Source Lizenzen weniger Besonderheiten als bei der Aktivlegitimation. Hier kann auf die allgemeinen Grundsätze zur Verantwortlichkeit bei Urheberrechtsverletzungen verwiesen werden.[767]   **168**

3. Zuständiges Gericht

Das zuständige Gericht ergibt sich aus den Vorschriften in der Zivilprozessordnung (ZPO) zur örtlichen Zuständigkeit (§§ 12 ff. ZPO). Diese Regelungen werden entsprechend auch für die internationale Zuständigkeit angewandt,[768] also die Frage, ob ein Gericht eine Klage mit Aus-   **169**

---

[765] Vgl. einerseits *Fromm/Nordemann-Nordemann*, § 9, Rn. 16, und andererseits *Schricker/Loewenheim-Loewenheim*, § 9, Rn. 11; *Dreier/Schulze-Schulze*, § 9, Rn. 22; a. A. ohne nähere Begründung *Wandtke/Bullinger-Thum*, § 9, Rn. 26.

[766] *Dreier/Schulze-Dreier*, § 69c, Rn. 18.

[767] Vgl. nur *Dreier/Schulze-Dreier*, § 97, Rn. 23 ff.

[768] BGH, GRUR 1980, 227, 229 f. – *Monumenta Germaniae Historica*.

landsbezug überhaupt zur Entscheidung annehmen muss. Sie ist damit auch für die Entscheidung von Bedeutung, wo gegen eine Urheberrechtsverletzung geklagt werden kann. Deutsche Gerichte sind zuständig, wenn einer der in den §§ 12 ff. ZPO oder in der vorrangig anwendbaren Verordnung (EU) Nr. 1215/2012 über die gerichtliche Zuständigkeit und die Anerkennung und Vollstreckung von Entscheidungen in Zivil- und Handelssachen (Brüssel Ia-VO)[769] genannten Gerichtsstände einschlägig ist.

Von besonderer Bedeutung im Rahmen der Vorschriften über die örtliche Zuständigkeit ist § 32 ZPO bzw. Art. 7 Nr. 2 Brüssel Ia-VO, wonach sich der Gerichtsstand bei Delikten, wozu auch Urheberrechtsverletzungen zählen, am Ort der deliktischen Handlung befindet. Damit können vor deutschen Gerichten alle Lizenzverstöße verfolgt werden, die sich aus dem Vertrieb von Software und Embedded-Produkten in oder nach Deutschland ergeben.[770]

Beim Vertrieb von Software über das Internet ist daher potenziell die Zuständigkeit der Gerichte nahezu aller Staaten gegeben, wenn der Anbieter urheberrechtswidrig gehandelt hat, da in jedem Staat mit einer Abrufmöglichkeit das Recht der öffentlichen Zugänglichmachung verletzt ist.[771] Denn die relevante Tathandlung besteht nicht nur im Upload, sondern auch in der Zugänglichmachung. Alternativ dazu besteht ein Gerichtsstand am Wohnsitz des Beklagten gem. §§ 12, 13 ZPO, bzw. am Sitz des Unternehmens gem. §§ 12, 17 Abs. 1 ZPO. Schließlich kann gem. § 38 Abs. 2 ZPO eine Gerichtsstandsvereinbarung getroffen werden, wenn mindestens eine der Vertragsparteien keinen allgemeinen Gerichtsstand im Inland hat. Solche Klauseln finden sich etwa in Ziffer 11 der MPL-1.1 und Ziffer 13.6 der Apple Public Source License Version. Zur Wirksamkeit bedarf es aber der Schriftform. Da Open Source Lizenzen in der Regel nicht unterschrieben werden, sind solche Gerichtsstandsvereinbarungen nur bei Kaufleuten unter den Voraussetzungen des § 38 Abs. 1 ZPO wirksam.

---

[769] Verordnung (EU) 1215/2012 v. 12.12.2012, ABl. L Nr. 351, S. 1.

[770] Bei der Lieferung eines Vervielfältigungsstückes nach Deutschland findet die Verbreitungshandlung gem. § 69c Nr. 3 UrhG zumindest auch in Deutschland statt, vgl. *Dreier/Schulze-Dreier*, Vor §§ 120 ff., Rn. 34.

[771] Diese Frage ist umstritten, z.T. wird auf die bestimmungsgemäße Abrufbarkeit abgestellt, vgl. zum Stand der Diskussion *Bröcker/Czychowski/Schäfer-Nordemann-Schiffel*, S. 156 f. Der BGH hat in einem persönlichkeitsrechtlichen Fall einen „deutlichen Bezug" zum Inland ausreichen lassen, aber auch die bloß technische Abrufbarkeit als ausreichendes Kriterium verneint, BGH, GRUR 2010, 461 – *New York Times*. Krit. dazu *Feldmann*, AnwZert ITR 8/2010 und *Damm*, GRUR 2010, 891.

4. Unterlassungsanträge bei Lizenzverletzungen

Wie oben dargelegt wurde, hat der Urheber gegen den Lizenzverletzer in   170
der Regel einen Unterlassungsanspruch, da – zumindest bei GPL-
Verletzungen – die Nutzungsrechte automatisch wegfallen. Hier stellt
sich die Frage, ob allgemein die Unterlassung der vorgenommenen Nutzungshandlungen verlangt werden kann oder ob dies nur unter der
Einschränkung geschehen kann, dass der Lizenznehmer diese Handlungen auch lizenzwidrig vornimmt.[772] Hier wird man unterscheiden müssen: Wenn sich der Verletzer darauf beruft, den Lizenzvertrag aus einer
Open Source Lizenz nicht abgeschlossen zu haben, wird man ihn nicht
anders behandeln können als jeden anderen Urheberrechtsverletzer. Für
Beschränkungen beim Unterlassungstenor gibt es dann keinen Anlass.
Andererseits wird man berücksichtigen müssen, dass der Lizenznehmer,
der grundsätzlich den Willen zum Abschluss der Open Source Lizenz
gezeigt hat und jederzeit in der Lage ist, einen neuen Lizenzvertrag abzuschließen, wenn er nunmehr die Pflichten aus der Lizenz einhält,[773]
nicht ohne weiteres zu einem Unterlassen verpflichtet werden kann, das
über die Einhaltung der verletzten Lizenzpflicht hinausgeht. Daher wird
der Antrag im Regelfall wie folgt formuliert werden müssen:

> *„Dem Beklagten wird es bei Meidung von ...* [Ordnungsmittel] *ver-
> boten, die Software* [Name des Programms] *zu verbreiten* [bzw.
> andere Nutzungshandlung], *ohne dabei entsprechend den Lizenz-
> bedingungen der* [Open Source Lizenz] *zugleich den vollständigen
> korrespondierenden Source Code der Software zugänglich zu machen*
> [bzw. andere einzuhaltende Lizenzpflichten]. "

Allerdings steht es dem Urheber frei, insbesondere bei wiederholten
Lizenzverletzungen durch einen Lizenznehmer, den Neuabschluss eines
Lizenzvertrages gegenüber einem Verletzer ausdrücklich zu verweigern.[774] In diesem Fall kann der Antrag dann alleine auf das Verbot der
vorgenommenen urheberrechtswidrigen Handlung ausgerichtet werden.

E. Die Insolvenzfestigkeit von Open Source Lizenzen

Die Frage nach der Insolvenzfestigkeit von Open Source Lizenzen wird   170a
in der Praxis bislang wenig beachtet.[775] Vielfach sind es Unternehmen,
die sich als Lizenzgeber an Open Source Projekten beteiligen, sei es, dass

---

[772] Vgl. entsprechend den Tenor des LG München I, MMR 2004, 639 – *Welte./.Sitecom.*
[773] S. o. Rn. 34 ff. für die GPL-2.0 und unten Rn. 178a.
[774] Zu den Details siehe Rn. 178.
[775] Eingehend *Metzger/Barudi*, CR 2009, 557; s. a. *Auer-Reinsdorff*, ITRB 2009,
69.

sie das Projekt anstoßen und als „Maintainer" des Projekts agieren, sei es, dass sie kleinere Beiträge zu bereits etablierten Entwicklungsgemeinschaften leisten. Kommt es zu einer Insolvenz des Unternehmens, stellt sich die Frage, ob Lizenznehmer, die auf der Basis einer Open Source Lizenz Nutzungsrechte an der Software erworben haben, von der Fortgeltung dieser Nutzungsrechte ausgehen können. Zudem stellt sich die Frage, ob noch nach Eröffnung des Insolvenzverfahrens Nutzungsrechte an der Software erworben werden können. Das Problem stellt sich natürlich nicht nur bei der Insolvenz von Unternehmen, sondern auch bei einer Insolvenz von Einzelentwicklern.

I. Software-Lizenzverträge und Insolvenzrecht

170b Das Schicksal von Software-Lizenzverträgen in der Insolvenz hat in den letzten Jahren Wissenschaft und Praxis in vielfältiger Weise beschäftigt. Ausgangspunkt ist die Insolvenzrechtsreform von 1999, welche die zuvor anerkannte Insolvenzfestigkeit von Lizenzverträgen in Frage gestellt hat. Nach den Regelungen der KO war anerkannt, dass Lizenzverträge in analoger Anwendung des § 21 Abs. 1 KO als konkursfest zu behandeln waren.[776] Die Insolvenzordnung von 1999 hingegen übernahm in § 108 Abs. 1 InsO den Rechtsgedanken des § 21 Abs. 1 KO, engte aber den Anwendungsbereich auf Miet- und Pachtverhältnisse über unbewegliche Gegenstände ein, so dass heute umstritten ist, ob und unter welchen Voraussetzungen Lizenzverträge auch bei einer Insolvenz des Lizenzgebers fortbestehen. Während einige Stimmen in der Literatur jedenfalls bei dauerhafter Softwareüberlassung und der Erfüllung der Leistungspflichten von der Insolvenzfestigkeit ausgehen,[777] vertreten andere Autoren, dass herkömmliche, proprietäre Software-Lizenzverträge dem Wahlrecht des § 103 InsO unterfallen und bei Wahl der Nichterfüllung beendet werden können.[778] Der BGH stellte schließlich in einer Entscheidung aus dem Jahr 2005 fest, dass nicht vollständig erfüllte Software-Lizenzverträge zwar in den Anwendungsbereich des § 103 InsO fallen, bereits erworbene Nutzungsrechte aber auch bei Wahl der Nichterfüllung des Vertrags durch den Insolvenzverwalter beim Lizenznehmer verbleiben.[779] Die Notwendigkeit einer Regelung des Problems

---

[776] BGH, NJW-RR 1995, 936, 938.

[777] So etwa *Berger*, CR 2006, 505, 507; *Grützmacher*, CR 2006, 289 ff.; ähnlich auch *Wallner*, ZIP 2004, 2073, 2076.

[778] So etwa *McGuire*, GRUR 2009, 13, 17 und *Wiedemann*, Lizenzen und Lizenzverträge in der Insolvenz, Rn. 1123 ff.; vgl. auch *Abel*, NZI 2003, 121, 124.

[779] BGH, GRUR 2006, 435.

hat mittlerweile auch der Gesetzgeber erkannt.[780] Die letzte Gesetzesinitiative aus dem Jahr 2012 wurde in der folgenden 18. Legislaturperiode
jedoch nicht weiter verfolgt.[781]

II. Auswirkungen der Insolvenz auf Open Source Lizenzen

1. Rechtseinräumung vor Verfahrenseröffnung

Welche Auswirkungen hat die Eröffnung des Insolvenzverfahrens über   170c
das Vermögen des Lizenzgebers für den Lizenznehmer? Im Hinblick auf
die Besonderheiten von Open Source Lizenzverträgen bietet es sich an,
die Konsequenzen für den Lizenzvertrag gesondert nach dem Zeitpunkt
der Einräumung vor bzw. nach Verfahrenseröffnung zu betrachten. Da
der Insolvenzschuldner erst mit Verfahrenseröffnung die Verwaltungs-
und Verfügungsbefugnis über sein Vermögen verliert, bleiben die vor
diesem Zeitpunkt getätigten Rechtsgeschäfte grundsätzlich wirksam.[782]
Von Interesse ist im Zusammenhang mit Software-Lizenzverträgen insbesondere die Frage nach der Anwendbarkeit des § 103 InsO. Diese
Regelung spricht dem Insolvenzverwalter ein Wahlrecht zur Erfüllung
von gegenseitigen, noch von keiner Seite vollständig erfüllten Verträgen
zu. Der Insolvenzverwalter kann entscheiden, ob der Vertrag auch im
bestehenden Insolvenzverfahren erfüllt werden soll oder ob die Erfüllung abgelehnt wird mit der Folge, dass der Vertrag einredebehaftet
bleibt und die Ansprüche gegen den Insolvenzschuldner in Insolvenzforderungen umgewandelt werden. Auch im Fall der Ablehnung der Erfüllung bleiben die zum Zeitpunkt der Eröffnung des Insolvenzverfahrens
nicht erfüllten Ansprüche aus Verträgen bestehen.[783] Sie verlieren zwar
ihre Durchsetzbarkeit, erlöschen aber nicht.[784] Voraussetzungen für ein
Wahlrecht des Insolvenzverwalters sind zum einen das Vorliegen eines
synallagmatischen Rechtsverhältnisses, zum anderen darf dieses Rechtsverhältnis noch von keiner Seite erfüllt worden sein. Nur dann ist der
Anwendungsbereich des § 103 InsO eröffnet.[785]
   Macht der Insolvenzverwalter von seinem Wahlrecht Gebrauch und
entscheidet er sich für die Erfüllung des Vertrags, tritt dieser anstelle des

---

[780] Zu dem Reformvorschlag betreffend Lizenzverträge aus dem Jahr 2007 (§ 108a
InsO-E) und den möglichen Auswirkungen auf Open Source Lizenzen vgl. *Metzger/
Barudi*, CR 2009, 557, 562.
[781] Siehe hierzu *Berger*, GRUR 2013, 321, 331 ff.; *Hauck*, GRUR-Prax 2013,
437 f.
[782] Siehe BGH, ZIP 2003, 1208; *Gottwald-Huber*, § 34, Rn. 1.
[783] BGH, NJW 2002, 2783, 2785.
[784] Hierzu klarstellend *Kummer*, GRUR 2009, 293, 294.
[785] *MüKoInsO-Huber*, § 103, Rn. 55, 87 ff., 121 ff.; *Andres/Leithaus-Andres*,
§ 103, Rn. 6 ff.

Schuldners in den Vertrag mit dem Lizenznehmer ein.[786] Die gegenseitigen Ansprüche erhalten ihre Durchsetzbarkeit wieder und werden zu originären Masseverbindlichkeiten aufgewertet,[787] so dass sich für den Lizenznehmer nichts ändert.[788] Der Grundsatz des Insolvenzrechts, wonach ausstehende Forderungen der Gläubiger in Insolvenzforderungen umgewandelt werden, wird dann durchbrochen. Lehnt der Insolvenzverwalter hingegen die Erfüllung des Vertrages ab, bleibt dieser einredebehaftet und die gegenseitigen Ansprüche sind nicht durchsetzbar. Der Lizenznehmer hat insofern nach § 103 Abs. 2 S. 1 i. V. m. §§ 38, 45, 87 InsO die Möglichkeit, die Ansprüche als Insolvenzforderungen anzumelden mit der Folge, dass diese Forderungen in einen Geldwert umgerechnet werden und dem Lizenznehmer eine quotenmäßige Befriedigung zusteht. Die Auswirkungen einer Insolvenz des Lizenzgebers auf vor Verfahrenseröffnung geschlossene Open Source Lizenzverträge hängen damit maßgeblich davon ab, ob § 103 InsO anwendbar ist.

a) Open Source Lizenzvertrag als gegenseitiger Vertrag?

170d Erste Voraussetzung des § 103 InsO ist das Vorliegen eines synallagmatischen Rechtsverhältnisses. Der Austauschcharakter eines Synallagmas äußert sich darin, dass der eine Vertragspartner die ihm obliegende Leistung nur deshalb erbringt, weil er dafür die Leistung des anderen Vertragspartners erhält. Diese erste Voraussetzung ist bei Verträgen über die Einräumung proprietärer Softwarelizenzen regelmäßig gegeben.[789] Unabhängig davon, ob diese Softwareverträge als Kauf-/Werkverträge oder miet- bzw. pachtähnliche Verträge angesehen werden,[790] kann ihnen der Austauschcharakter eines Synallagmas nicht abgesprochen werden. Das do ut des-Merkmal eines gegenseitigen Vertrages ist bei Open Source Verträgen hingegen fraglich. Die unter Einbeziehung der bekannten Open Source Lizenzbestimmungen geschlossenen Verträge sehen keine Vergütung des Lizenzgebers für die Einräumung der Lizenz vor. Zwar sind insbesondere beim Erwerb von Open Source über Distributoren verschiedene Vertragsgestaltungen bekannt, in denen die Überlassung der Software gegen Entgelt geschieht. Jedoch bezieht sich die Vergütung nicht auf die Erteilung der Lizenz, sondern auf Zusatzleistungen wie Support, Handbücher oder Kostenersatz für das Trägermedium. Die Pflichten der Lizenznehmer, wie etwa die Beibehaltung

---

[786] *Gottwald-Huber*, § 35, Rn. 20.
[787] *MüKoInsO-Kreft*, § 103, Rn. 39; *Braun-Kroth*, § 103, Rn. 48.
[788] Vgl. *Berger*, CR 2006, 505, 506.
[789] Vgl. *Berger*, CR 2006, 505, 506; *Braun-Kroth*, § 103, Rn. 9.
[790] Siehe zu den Versuchen der Einordnung der Vertragstypen in bekannte Rechtsverhältnisse *Kilian/Heussen-Kammel*, 1. Abschnitt, Teil 17, IV.1.a), Rn. 71 ff.; *Spindler/Klöhn*, CR 2003, 81 ff.; *Plath*, CR 2005, 613, 614; *Brandt*, NZI 2001, 337, 338 f.; in der Terminologie teilweise abweichend *McGuire*, GRUR 2009, 13 ff.

von Copyright-Vermerken und Lizenzhinweisen und die Einhaltung der „Copyleft"-Klausel, stehen nicht im Synallagma. Festzuhalten ist daher, dass Open Source Lizenzverträge nicht als gegenseitige Verträge im Sinne des § 103 InsO zu bewerten sind.[791]

b) Erfüllung bei Open Source Software-Lizenzverträgen?

Selbst wenn man den Open Source Lizenzvertrag als gegenseitigen Ver-   170e
trag ansehen wollte, wäre fraglich, ob dieser nicht bereits mit Abschluss des Lizenzvertrags erfüllt worden ist. Erfüllung im Sinne des § 103 InsO meint Erfüllung gem. § 362 BGB.[792] Mit Blick auf Softwareverträge, die proprietäre Lizenzen zum Inhalt haben, ist festzustellen, dass gewöhnlich zwischen kauf-/werkvertragsänlichen und miet-/pachtähnlichen Verträgen unterschieden wird. So soll bei solchen Software-Lizenzverträgen, die Kaufverträgen ähneln, Erfüllung des Anspruches des Lizenzgebers durch Zahlung der Einmalvergütung vorliegen.[793] Dagegen hat der BGH im Hinblick auf pachtähnliche Software-Lizenzverträge, d. h. solche Verträge, die eine laufende Vergütung für die vom Lizenzgeber eingeräumten Nutzungsrechte vorsehen, ohne weitere Erläuterungen ausgeführt, dass diese als Dauerschuldverhältnisse einzustufen sind.[794] Regelmäßig sehen derartige Softwareverträge Pflege- und Weiterentwicklungspflichten und laufende Vergütungszahlungen vor, die erst mit Vertragsbeendigung vollständig erfüllt werden. Die Folge ist ein Wahlrecht des Insolvenzverwalters aus § 103 InsO. Zwar kann man dem Open Source Lizenzvertrag wegen der Pflichten des Lizenznehmers, sich an die Lizenzbestimmungen zu halten, einen gewissen Dauerschuldcharakter nicht absprechen.[795] Betrachtet man Open Source Lizenzverträge aber aus der Perspektive des Lizenzgebers, so ist eine Ähnlichkeit zu kaufähnlichen Lizenzverträgen zu konstatieren. Die Pflicht des Lizenzgebers erschöpft sich sowohl bei proprietären kaufähnlichen Lizenzverträgen als auch bei Open Source Lizenzverträgen in der Einräumung eines einfachen, unbeschränkten Nutzungsrechts.[796] Eine zumindest einseitige Erfüllung durch den Lizenzgeber ist damit anzunehmen.

---

[791] Ebenso *Koglin*, Opensourcerecht, S. 48 f.; anders für „Copyleft"-Lizenzen *Schulz*, Rn. 902 ff.

[792] Abzustellen ist auf den Leistungserfolg, nicht auf die Leistungshandlung, vgl. *Braun-Kroth*, § 103, Rn. 20.

[793] Siehe *McGuire*, GRUR 2009, 13, 21; vgl. zur Problematik der Erfüllung bei Softwar Lizenzverträgen *Grützmacher*, CR 2006, 289 f. m. w. N.

[794] BGH, GRUR 2006, 435, 437.

[795] Die Einigung über das auf der Grundlage der GPL eingeräumte Nutzungsrecht ist auflösend bedingt, s. o. Rn. 152 ff.; s. a. LG München I, CR 2004, 774, 775.

[796] Zur Frage der Verknüpfung von Open Source Lizenzen mit Supportverträgen siehe *Metzger/Barudi*, CR 2009, 557, 560 f.; vgl. auch BGH, ZIP 2016, 40.

c) Konsequenz der Nichtanwendbarkeit des § 103 InsO

170f Da die Voraussetzungen des § 103 InsO nicht erfüllt sind, muss der Insolvenzverwalter Verfügungen und Verpflichtungen des Insolvenzschuldners, die er vor Verfahrenseröffnung getätigt hat, hinnehmen. Nutzungsrechte an einem Open Source Programm werden von der Eröffnung des Insolvenzverfahrens folglich nicht berührt. Der Lizenznehmer darf die Software deshalb unter den Open Source Lizenzbestimmungen weiterhin nutzen.

Fraglich bleibt insoweit allerdings, ob der Insolvenzverwalter in Bezug auf den Open Source Lizenzvertrag eine Anfechtungsmöglichkeit besitzt. Gem. § 129 InsO können vor Verfahrenseröffnung vom Schuldner vorgenommene, die Gläubiger benachteiligende Handlungen angefochten werden. Dies gilt gem. § 134 InsO insbesondere für unentgeltliche Leistungen des Schuldners aus den letzten vier Jahren vor dem Insolvenzantrag. § 134 InsO ist vom Gedanken getragen, dass bei unentgeltlichen Zuwendungen eine Gläubigerbenachteiligung offensichtlich ist und der Beschenkte darüber hinaus von der Rechtsordnung als weniger schutzwürdig angesehen wird.[797] Allerdings erfordern die Anfechtungstatbestände der §§ 129 ff. InsO einschließlich § 134 InsO den Nachweis der Gläubigerbenachteiligung. Die bloße Unentgeltlichkeit einer Leistung ist für die Annahme der Gläubigerbenachteiligung zwar in der Regel ausreichend, diese darf aber nicht automatisch angenommen werden.[798]

Für die typische Open Source Lizenzierung dürfte es an einer Gläubigerbenachteiligung trotz Unentgeltlichkeit fehlen. Unternehmen geben Software aus wirtschaftlich nachvollziehbaren Gründen frei, etwa um an Entwicklungsleistungen von Kunden und Dienstleistern zu partizipieren, um mit Support und Spezialanwendungen Einnahmen zu erzielen oder um die Software als Standard zu etablieren oder jedenfalls möglichst weit zu verbreiten. Bei kleineren Entwicklungsbeiträgen sollen Fehler beseitigt oder neue Funktionalitäten in ein bestehendes Programm eingefügt werden. In all diesen Fällen kann von der Unentgeltlichkeit der Lizenzierung nicht auf eine Gläubigerbenachteiligung geschlossen werden. Darüber hinaus hätte eine etwaige Anfechtung gegenüber dem Leistungsempfänger zu erfolgen.[799] Dies stellt den Insolvenzverwalter bei Open Source vor faktische Probleme. Er müsste die einzelnen Lizenznehmer ermitteln und ihnen gegenüber die Anfechtung der Lizenzeinräumung erklären. Die Suche nach den unterschiedlichen Lizenznehmern dürfte für den Insolvenzverwalter jedoch eine kaum zu

---

[797] *Andres/Leithaus-Leithaus*, § 134, Rn. 2; *MüKoInsO-Kayser*, § 134, Rn. 43 m. w. N.
[798] *MüKoInsO-Kayser*, § 134, Rn. 43.
[799] *MüKoInsO-Kayser*, § 134, Rn. 12 und 14.

überwindende Hürde darstellen. Der Anfechtung stehen also rechtliche und faktische Hindernisse entgegen.

2. Rechtseinräumung nach Verfahrenseröffnung

Die Verfahrenseröffnung führt eine Reihe von Rechtsfolgen herbei, die 170g sowohl das Verhältnis zwischen dem Insolvenzschuldner und dem Insolvenzverwalter als auch die vertraglichen Beziehungen von Insolvenzschuldner und Gläubigern betreffen.

Zu berücksichtigen ist, dass der Insolvenzverwalter mit Eröffnung des Insolvenzverfahrens die Verwaltungs- und Verfügungsbefugnis über die Insolvenzmasse erlangt, § 80 Abs. 1 InsO. Der Schuldner verliert dadurch die Möglichkeit, selbst über Vermögensgegenstände zu verfügen. Konsequenz des Verlusts der Verfügungs- und Verwaltungsbefugnis ist die Unwirksamkeit etwaiger nach Verfahrenseröffnung versuchter Einräumungen von Nutzungsrechten an der Open Source Software durch den Schuldner.[800] Der Verlust der Verfügungsbefugnis kann angesichts der dezentralen Vertriebsstruktur von Open Source Software zu erheblichen Problemen führen. Jede vom Rechtsinhaber und von Dritten in Verkehr gebrachte Kopie eines freien Programms enthält die für Open Source Software typischen Lizenzhinweise, welche als Angebot an jedermann auf Abschluss eines entsprechenden Lizenzvertrags und Erwerb der betreffenden Nutzungsrechte formuliert sind.[801] Für den einzelnen Erwerber ist dabei nicht erkennbar, ob das Angebot noch besteht oder ob die Verfügungsbefugnis zwischenzeitlich auf den Insolvenzverwalter übergangen ist. Eine vergleichbare Situation regelt § 130 Abs. 2 BGB, wonach der Tod des Erklärenden nach Abgabe einer Willenserklärung keinen Einfluss auf die Wirksamkeit der Erklärung hat. Die Rechtsprechung hat eine analoge Anwendung auf den Fall der Beschränkung der Verfügungsbefugnis wegen Insolvenz aber abgelehnt.[802] Auch scheidet ein gutgläubiger Erwerb von urheberrechtlichen Nutzungsrechten aus.[803] Dies wirft abermals die Frage auf, ob in Fällen des späteren Wegfalls der Rechtsinhaberschaft oder Verfügungsbefugnis des Lizenzgebers eine Analogie zu § 33 S. 2 UrhG angenommen werden kann, so dass diejenigen, die nach der Eröffnung des Insolvenzverfahrens eine Lizenz abschließen möchten, mit den bestehenden Lizenznehmern gleichgestellt werden können. Die Argumente für und gegen eine solche Analogie wurden bereits an anderer Stelle erörtert.[804] Als weiterer Rettungsanker für die Rechtseinräumung

---

[800] Allgemein zur Unwirksamkeit von Verfügungen nach Eröffnung des Insolvenzverfahrens siehe *Gottwald-Eickmann*, § 31, Rn. 2 und 7 ff.
[801] S. u. Rn. 176.
[802] Siehe BGHZ 27, 360, 366.
[803] Vgl. nur *Schricker/Loewenheim-Schricker/Loewenheim*, Vor §§ 28 ff., Rn. 63.
[804] Siehe hierzu oben Rn. 126d und *Metzger/Barudi*, CR 2009, 577, 579.

nach Eröffnung des Insolvenzverfahrens bleibt sonst nur die Genehmigung durch den Insolvenzverwalter analog § 185 Abs. 2 BGB.

170h   In diesem Zusammenhang stellt sich die Frage, ob es für den Insolvenzverwalter oder Erwerber der ausschließlichen Rechte überhaupt sinnvollerweise möglich wäre, die Software in Zukunft proprietär zu verwerten. Eine künftige proprietäre Nutzung ist nur denkbar, wenn die ausschließlichen Nutzungsrechte für die wesentlichen Bestandteile des Programms bei dem insolventen Unternehmen liegen und sich die Bestandteile, für die die Rechte bei Dritten liegen, ohne allzu großen Aufwand ersetzen lassen.

III. Konsequenzen für Nutzer und Distributoren

170i   Für die Nutzer von Open Source ergibt sich bei der Insolvenz des Lizenzgebers ein zweigeteiltes Bild. Haben sie die Nutzungsrechte vor der Insolvenz des Lizenzgebers erworben, so können sie das Programm weiter im Einklang mit den Bestimmungen der maßgeblichen Open Source Lizenz nutzen. Das bedeutet, dass sie das Programm nicht nur selbst bestimmungsgemäß benutzen dürfen, sondern dass auch der weitere Vertrieb in veränderter oder unveränderter Form zulässig bleibt.[805] Da es sich bei Open Source Lizenzen nicht um gegenseitige Verträge im Sinne des § 103 InsO handelt und zudem der Lizenzgeber mit Abschluss des Vertrags seine Pflichten bereits erfüllt hat, steht dem Insolvenzverwalter kein Wahlrecht gem. § 103 InsO zu. Der Verwalter kann also nicht die Nichterfüllung wählen, um auf diese Weise die Rechte der Lizenznehmer zu beenden. Vielmehr besteht der Lizenzvertrag fort, die erworbenen einfachen Nutzungsrechte verbleiben dem Lizenznehmer.

Anders stellt sich die Situation von Nutzern dar, die nach Insolvenzeröffnung Rechte aus Open Source Lizenzen erwerben wollen. Mit Verfahrenseröffnung geht die Verwaltungs- und Verfügungsbefugnis auf den Insolvenzverwalter über. Sofern man nicht der Auffassung folgt, wonach es aufgrund einer analogen Anwendung des § 33 S. 2 UrhG keine Rolle spielt, ob ein Nutzer den Lizenzvertrag vor oder nach der Insolvenzeröffnung abgeschlossen hat,[806] hängt der Rechtserwerb nunmehr von der Genehmigung des Insolvenzverwalters analog § 185 Abs. 2 BGB ab. Nutzer sollten wegen der bestehenden Rechtsunsicherheit darauf achten, dass sie, wenn möglich, vor Eröffnung des Insolvenzverfahrens den Lizenzvertrag abschließen und dies auch entsprechend dokumentieren, da sie im Verletzungsverfahren die Darlegungs- und Beweislast für den Erwerb der Nutzungsrechte tragen.

---

[805] Bei Copyleft-Lizenzen können sich hier Probleme ergeben, wenn man einen Sukzessionsschutz gem. § 33 S. 2 UrhG analog ablehnt, s. o. Rn. 126d.

[806] S. o. ausführlich Rn. 126d.

4. Kapitel. Vertragsrecht, Haftung und Gewährleistung

Der Vertrieb und die Nutzung von Open Source Software werfen in 171 vertragsrechtlicher Hinsicht besondere Rechtsfragen auf. In diesem Kapitel werden der Vertragsabschluss und die dabei betroffenen Rechtsverhältnisse näher beschrieben (A.) und ein Blick auf die AGB-rechtlichen Besonderheiten geworfen (B.). Dem schließt sich ein Abschnitt zum Gesellschaftsrecht an, insbesondere mit Bezug auf freie Entwicklungsprojekte (C.), und ein Überblick über die möglichen Vertragstypen beim Vertrieb von Freier Software samt der sich daraus ergebenden Folgen für Haftung und Gewährleistung (D.).

A. Vertragsverhältnisse bei der Lizenzierung von Freier Software

Freie Software wird auf vielfältige Art vertrieben. Weit verbreitet ist das 172 Angebot der Software im Source- oder Objektcode zum Download auf einem FTP-Server oder einer Webseite.[807] Daneben spielen Distributoren eine wichtige Rolle, die zumeist ausgewählte Programmzusammenstellungen auf einem Datenträger vertreiben, sei es unentgeltlich oder gegen eine Gebühr. Weiterhin finden sich Open Source Programme als Embedded-Systeme in vielen Produkten der IT-Branche. Dabei wird der Lizenztext der entsprechenden Open Source Lizenzen in unterschiedlicher Weise zugänglich gemacht. Zum Teil erfolgt ein expliziter Hinweis auf die Lizenz, zum Teil ist nur eine Datei mit dem Lizenztext beigefügt oder ein Link auf eine entsprechende Webseite.

Nachfolgend wird beschrieben, welche vertraglichen Beziehungen in den typischen Konstellationen der Überlassung von Open Source Software zustande kommen und welche Verträge dabei abgeschlossen werden. Das Verständnis der Vertragskonstellation ist grundlegend sowohl für die vertragsrechtlichen Fragen innerhalb der Vertragsbeziehungen als auch für die urheberrechtlichen Nutzungsbefugnisse.

---

[807] Vgl. die großen Open Source Plattformen GitHub, https://guides.github.com/activities/contributing-to-open-source/, mit mehr als 5 Mio. Open Source Projekten, Sourceforge, http://sourceforge.net, mit mehr als 430.000 freien Softwareprojekten, und Savannah, http://savannah.gnu.org, mit 3.700 Softwareprojekten (Oktober 2015).

Wesentlich ist die Unterscheidung des Vertrags mit dem Distributor, von dem der Erwerber die Programmkopie erwirbt, und dem Vertrag mit dem Urheber, von dem der Erwerber gegebenenfalls die weitergehenden Rechte aus der entsprechenden Open Source Lizenz erwirbt.[808] Natürlich wird die Programmkopie oft nicht direkt vom Distributor erworben, sondern von Zwischen- oder Einzelhändlern. Auch ist es nicht immer der Urheber, der die Rechte an einem Programm einräumt, sondern ein anderer Inhaber der auschließlichen Rechte, insbesondere der Arbeitgeber. Im Folgenden werden die Begriffe „Distributor" und „Urheber" beispielhaft für die Vielfalt der möglichen Vertragsparteien verwendet.[809]

I. Vertragsabschluss mit dem Distributor

173 Technisch unterscheidet sich Freie Software nicht von Programmen unter anderen Lizenzmodellen, und auch die Vertriebswege können sich sehr ähnlich sein, insbesondere bei kommerziellen Distributionen. Teilweise werden dieselben Programme sowohl unter einer Open Source Lizenz als auch unter einer herkömmlichen Softwarelizenz angeboten.[810] Demnach kann der Erwerber der Programmkopie auch nicht immer ansehen, ob es sich um Freie Software handelt oder nicht. Nicht selten wird er beim Erwerbsvorgang nicht wissen, ob und unter welcher Lizenz die Software angeboten wird. Dies gilt insbesondere in dem alltäglichen Fall, dass die Software zur schlichten Benutzung erworben wird.

174 Als für eine Vielzahl von Verträgen vorformulierte Vertragsbedingungen sind Open Source Lizenzen als Allgemeine Geschäftsbedingungen (AGB) im Sinne des § 305 BGB anzusehen[811] und können – jedenfalls im Verbraucherverkehr – nur dann Vertragsbestandteil werden, wenn der Erwerber auf die Lizenzbedingungen bei Vertragsschluss hingewiesen wurde oder in zumutbarer Weise von ihnen Kenntnis nehmen konnte *und* mit ihrer Geltung einverstanden ist. Diese Voraussetzungen werden vielfach nicht vorliegen,[812] und auch die *spätere* Anzeige der Lizenzbedingungen bei der Programminstallation kann nicht zu einer wirksamen Einbeziehung führen.[813]

---

[808] Dieser Unterscheidung folgen auch *Schäfer*, S. 42 und *Schulz*, S. 216 f.
[809] Eine genauere Behandlung einzelner Vertragsverhältnisse findet sich unten Rn. 201 ff.
[810] Zum Dual Licensing s. o. Rn. 114 ff.
[811] Dazu unten ausführlich Abschnitt B, Rn.179 ff.
[812] So i. E. auch *Spindler-Spindler*, S. 62.
[813] *Marly*, Rn. 962 ff.; *Schneider*, Rn. J.8. Ausnahmen im Unternehmensverkehr mögen vorliegen, etwa wenn der Hersteller eines Open Source Programms mit dem Erwerber in dauernder Geschäftsbeziehung steht oder eine Open Source Lizenz in

Man mag es als akademisch interessante Fragestellung ansehen, ob die Regelungen der jeweiligen Open Source Lizenz in den Softwareüberlassungsvertrag mit dem Distributor einbezogen werden oder nicht. Letztlich kommt es darauf aber nicht an.[814] Zunächst ist festzuhalten, dass in allen Fällen, in denen die Software zur bloßen Benutzung erworben wird, keine vertragliche Einräumung von Nutzungsrechten erforderlich ist, da bereits § 69d UrhG das Ablaufenlassen des Programms gestattet.[815] Demnach kann auch nicht von einem Willen des Erwerbers ausgegangen werden, eine Lizenzvereinbarung zu schließen. Einige Lizenzen, wie etwa die GPL, gehen (deklaratorisch) selbst davon aus, dass sie die bloße Benutzung des Programms überhaupt nicht regeln.[816]

Davon abgesehen beziehen sich die meisten Open Source Lizenzen **175** nicht auf das Verhältnis zwischen Distributor und Erwerber, sondern auf das Verhältnis zwischen den Rechtsinhabern und dem Erwerber. Denn die durch freie Lizenzen eingeräumten Nutzungsrechte sollen dem Erwerber in erster Linie die Weiterentwicklung und den Vertrieb ermöglichen, anders als dies bei den meisten sonst üblichen „End User License Agreements" der Fall ist.[817] Diese Nutzungsrechte werden zumeist jedoch nicht von dem Distributor erworben, sondern von den Urhebern und anderen Rechtsinhabern,[818] sofern diese nicht identisch sind. Einige

---

Bezug auf ein konkretes Programm Verkehrsgeltung erlangt hat, vgl. *MüKo-Basedow*, § 305, Rn. 93 ff. Dies mag etwa für MySQL und die GPL der Fall sein.

[814] A. A. *Spindler-Spindler*, S. 63 ff., der befürchtet, dass schenkungsrechtliche Privilegierungen keine Anwendung finden können. Wird sorgfältig zwischen den vertraglichen Beziehungen zu dem Distributor und den Urhebern differenziert, ergeben sich insoweit keine Probleme, vgl. unten Rn. 176.

[815] S. o. Rn. 124 f. und *Schulz*, S. 198; zustimmend auch *Hoeren*, FS Kollhosser, S. 233; *Schäfer*, S. 43 f.; a. A. *Schiffner*, S. 218 und *Spindler-Spindler*, S. 67, der am Beispiel der GPL davon ausgeht, dass die GPL den Veräußerer dazu verpflichtet, „die GPL aufzuerlegen". Diese Auffassung findet im Lizenztext keine Stütze; es ist lediglich der Lizenztext mitzuliefern, also die Möglichkeit zum Vertragsabschluss zu schaffen. Die GPL-3.0 ist in ihrer Ziffer 10 Abs. 1 insoweit eindeutig in dem hier vertretenen Sinne.

[816] Ziffer 0 Abs. 2 GPL-2.0: „*The act of running the Program is not restricted*" und Ziffer 2 Abs. 1 GPL-3.0: „*This License explicitly affirms your unlimited permission to run the unmodified Program.*". Im Geltungsbereich des deutschen Urheberrechtsgesetzes kommt dem allenfalls deklaratorische Bedeutung zu. Andere Lizenzen, wie etwa die Mozilla Public License, sehen in ihren Rechteklauseln den „*use*" explizit vor. Hier kann es zu einer vertraglichen Gestattung der bloßen Benutzung kommen, sofern die Voraussetzungen des AGB- und Vertragsrechts erfüllt sind. Scheitert diese, so greifen die gesetzlichen Vorschriften der §§ 69d, 69e UrhG ein. Im Entwurf für Version 3 der GPL war noch die Einbeziehung der schlichten Programmbenutzung vorgesehen, http://gplv3.fsf.org/gpl-draft-2006-01-16.html vgl. dazu die 2. Aufl. dieses Buchs, Rn. 67.

[817] *Schulz*, S. 162 ff.

[818] *Lejeune*, ITRB 2003, 10, 11, und *Plaß*, GRUR 2002, 670, 677, gehen richtig davon aus, dass der Distributor, der den Lizenztext mitliefert, lediglich als Bote der Rechtsinhaber anzusehen ist.

Lizenzen heben dies explizit hervor, so etwa Ziffer 6 GPL-2.0 bzw. Ziffer 10 LGPL-2.1: *„Each time you redistribute the Program (or any work based on the Program), the recipient automatically receives a license from the original licensor to copy, distribute or modify the Program subject to these terms and conditions."*[819] Im Zusammenspiel mit Ziffer 1 GPL-2.0 bzw. Ziffer 1 LGPL-2.1, die in ihren Klauseln zur Einräumung von Nutzungsrechten eben nicht die Erlaubnis zur Unterlizenzierung gewähren, wird deutlich, dass diese Lizenzen ein System der Direktlizenzierung vorsehen.[820] Andere Open Source Lizenzen, wie etwa Ziffer 2 a) der Eclipse Public License,[821] sehen grundsätzlich eine Direktlizenzierung vor *(„each Contributor hereby grants Recipient ... ")*, gestatten aber auch Unterlizenzierungen. Wie im Folgenden zu zeigen sein wird, ist aber auch bei einer Unterlizenzierung keine Einbeziehung schon beim Erwerbsvorgang selbst erforderlich.

II. Vertragsabschluss mit den Urhebern

176   Eine wesentliche Besonderheit von Open Source Lizenzen besteht darin, dass sie nicht nur ergänzende Vertragsbedingungen enthalten, sondern als Formularverträge auch die vollständigen Hauptleistungspflichten. Die Lizenzbedingungen bezwecken also nicht, die Rechtsposition des Verwenders der Lizenzbedingungen zu verbessern, sondern die Einräumung von zusätzlichen Rechten – wenn auch, wie bei den Copyleft-Lizenzen, zum Teil mit korrespondierenden Pflichten – zu ermöglichen.

Es liegt daher nahe, in dem Text der jeweiligen Open Source Lizenz ein entsprechendes Angebot zum Abschluss des Lizenzvertrages mit den Lizenzgebern zu sehen. Gerade deswegen ist es für das Funktionieren des Modells Freier Software elementar, dass beim Vertrieb der Software der Lizenztext beigefügt wird.[822] Ansonsten erhält der Erwerber kein Lizenzangebot und ist nicht in der Lage, in den Genuss von Entwicklungs- und Vertriebsrechten zu kommen. Dem Erwerber der Software steht es damit unabhängig von AGB-rechtlichen Einbeziehungsproblemen frei, ob er das Lizenzvertragsangebot annehmen möchte oder

---

[819] Ebenso Ziffer 10 Abs. 1 GPL-3.0: *„Each time you convey a covered work, the recipient automatically receives a license from the original licensors, to run, modify and propagate that work, subject to this License."* Die Unterlizenzierung wird in Ziffer 2 Abs. 3 GPL-3.0 ausdrücklich ausgeschlossen.

[820] Unerheblich ist in diesem Zusammenhang, dass die Regelungen in Ziffer 6 GPL-2.0 und Ziffer 10 LGPL-2.1 nicht Vertragsbestandteil werden, da diese Bestimmungen eben nicht in den Vertrag mit dem Distributor einbezogen wurden. Entscheidend ist, dass dem Distributor die Erlaubnis zur Unterlizenzierung fehlt und sich schon daraus das Modell der Direktlizenzierung ergibt.

[821] Ausführlich zur EPL oben Rn. 73 ff.

[822] Nahezu alle Open Source Lizenzen sehen die Verpflichtung vor, bei der Weitergabe den Lizenztext mitzuliefern.

nicht. Eben dieses Verständnis bringt Ziffer 5 GPL-2.0 deutlich zum Ausdruck: *„You are not required to accept this License, since you have not signed it. However, nothing else grants you permission to modify or distribute the Program or its derivative works. These actions are prohibited by law if you do not accept this License."*[823]

Die Annahme des Lizenzangebotes erklärt der Erwerber konkludent, **177** indem er die Software verändert oder eine sonstige Nutzungshandlung vornimmt, für die er eine über § 69d UrhG hinausgehende Befugnis benötigt. Auf den Zugang der Annahmeerklärung wird von den Lizenzgebern gem. § 151 S. 1 BGB verzichtet.[824] Insofern ähnelt der Vertragsschluss einem Automatenvertrag, bei dem ebenfalls ein Angebot an jedermann erfolgt und der Interessent durch eine konkludente Handlung das Angebot annehmen kann, ohne dem Vertragspartner überhaupt bekannt zu sein.[825] Diese Form des Vertragsabschlusses wird auch von Ziffer 5 GPL-2.0 vorausgesetzt: *„Therefore, by modifying or distributing the Program (or any work based on the Program), you indicate your acceptance of this License to do so, and all its terms and conditions for copying, distributing or modifying the Program or works based on it."*[826] Der Erwerber hat also die freie Wahl, ob er keinen Lizenzvertrag abschließt und die Software dann lediglich im Rahmen des § 69d UrhG benutzen darf, oder ob er weitergehende Nutzungsrechte erwerben möchte und dafür die Open Source Lizenz akzeptiert. Legt man diese Betrachtung zugrunde, finden sich zudem überzeugendere Lösungen für die AGB-rechtlichen Fragestellungen.[827]

Mit dem Abschluss einer Open Source Lizenz kommt regelmäßig eine **178** Vielzahl von Verträgen zustande. Denn wenn an der Programmentwicklung mehrere Personen mitgewirkt haben, insbesondere bei einer Reihe von aufeinanderfolgenden Bearbeitungen,[828] muss der Lizenznehmer nach dem Modell der Direktlizenzierung mit sämtlichen Rechtsinhabern Lizenzverträge abschließen.

---

[823] Ebenso Ziffer 9 GPL-3.0. Kritisch zu dieser Auslegung *Marly*, Rn. 974, der aber auch auf § 69d UrhG abstellt und damit zu den gleichen Ergebnissen gelangt.

[824] So bereits *Metzger/Jaeger*, GRUR Int. 1999, 839, 843; *Völzmann-Stickelbrock*, Auswirkungen des Widerrufs einer GNU-Lizenz auf Dritte, S. 47, 60 und *Schulz*, S. 164 f.; in diesem Sinne auch *Spindler/Wiebe*, CR 2003, 873 f., zweifelnd hingegen *Spindler-Spindler*, S. 63 ff.; wie hier LG Frankfurt a. M., CR 2006, 729, 731.

[825] Vgl. *MüKo-Busche*, § 145, Rn. 12.

[826] Die Bedenken von *Omsels*, FS Hertin, S. 152; *Spindler/Wiebe*, CR 2003, 873, 874, und *Schiffner*, S. 185, wonach in Ziffer 5 GPL-2.0 eine unzulässige Fiktionsklausel zu sehen sei, da vor der Einbeziehung der Lizenz als AGB auch nicht der Abschluss durch AGB erfolgen könne, greifen nicht durch: Für den Vertragsschluss bedarf es der Ziffer 5 GPL-2.0 überhaupt nicht. Nach dem oben Ausgeführten kommt ihm insoweit nur deklaratorische Bedeutung zu, so wohl auch *Hoeren*, FS Kollhosser, S. 229, 233.

[827] Dazu ausführlich unten Rn. 179 ff.

[828] Dazu ausführlich oben Rn. 146.

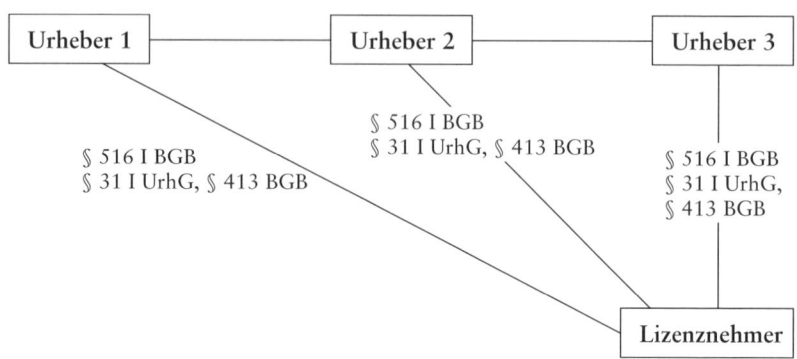

Die Unterscheidung der Vertragsverhältnisse des Erwerbers bzw. Lizenznehmers im Verhältnis zu dem Distributor auf der einen Seite und den Rechteinhabern an der Software auf der anderen Seite ist für das Verständnis zahlreicher Fragen relevant, die im Weiteren dargestellt werden, insbesondere für den Umfang von Haftung und Gewährleistung.[829]

178a Noch wenig betrachtet ist die Frage, ob und in welchem Umfang Open Source Lizenzen beendet werden können. Aus einem Rechtewegfall nach Ziffer 4 GPL-2.0 bzw. Ziffer 8 GPL-3.0 folgt noch keine Beendigung des gesamten Lizenzvertrages.[830] Da es sich bei Lizenzverträgen um Dauerschuldverhältnisse handelt, ist § 314 Abs. 2 BGB grundsätzlich anwendbar. Auch wenn der Lizenznehmer grundsätzlich eine Open Source Lizenz auch nach einem Rechtsverlust erneut abschließen kann, ist es vorstellbar, dass der Lizenzgeber bei wiederholten und hartnäckigen Lizenzverletzungen ausdrücklich erklärt, einen Lizenzvertragsabschluss dauerhaft zu verweigern. Eine solche Vorstellung liegt wohl Ziffer 8 GPL-3.0 zugrunde und dürfte auch bei allen Non-Copyleft-Lizenzen möglich sein.[831] Bei Copyleft-Lizenzen könnte der Ausschluss einer Person von einem – erneuten – Lizenzvertragsangebot aber eine Verletzung der Pflichten gegenüber anderen Rechteinhabern sein, wenn der Lizenzgeber seine Rechte nur aus einer Bearbeitung herleitet. Ziffer 2 b) GPL-2.0 verlangt z. B. ausdrücklich, dass jedem Dritten Nutzungsrechte angeboten werden müssen *(„to be licensed as a whole at no charge to all third parties under the terms of this License")*.

---

[829] S. u. Rn. 201 ff. Diese Differenzierung fehlt bei *Hoeren,* FS Kollhosser, S. 229, 240, der deshalb davon ausgeht, dass ein einzelner Anspruchsgegner für die Durchsetzung von Haftungs- und Gewährleistungsansprüchen nicht zur Verfügung steht. Diese Situation ist beim Vertrieb durch Distributoren jedoch nicht gegeben.

[830] Ausführlich *Völzmann-Stickelbrock,* Auswirkungen des Widerrufs einer GNU-Lizenz auf Dritte, S. 47, 66 f.; *Meyer,* CR 2011, 560, 565.

[831] Wohl enger *Völzmann-Stickelbrock,* Auswirkungen des Widerrufs einer GNU-Lizenz auf Dritte, S. 47, 68.

Theoretisch denkbar ist auch eine Kündigung des Lizenzvertrags durch den Lizenzgeber gem. § 314 Abs. 1 BGB. Bei der Frage, ob dem Lizenzgeber unter Abwägung der beiderseitigen Interessen die Fortsetzung des Vertrags nicht mehr zugemutet werden kann, wird man einerseits zu beachten haben, dass die typischen Open Source Lizenzen keine Möglichkeit einer ordentlichen Kündigung vorsehen, die Vorstellung eines ewig bindenden Vertrags ohne die Chance einer Beendigung aber nur schwer mit dem Grundgedanken der Privatautonomie zu vereinbaren ist.[832] Andererseits muss berücksichtigt werden, dass die typischen Situationen einer Vertragskündigung gem. § 314 Abs. 1 BGB eine Pflichtverletzung der anderen Seite voraussetzen.[833] Eine Kündigung ohne eine solche Pflichtverletzung muss deswegen an besonders strenge Voraussetzungen geknüpft werden. Selbst wenn man aber ein Kündigungsrecht gem. § 314 Abs. 1 BGB bejahen würde, bleibt das praktische Problem, dass es sich bei der Kündigung um eine empfangsbedürftige Willenserklärung handelt.[834] In Anbetracht des für Open Source Software typischen dezentralen Vertriebsmodells dürfte es dem Rechtsinhaber kaum jemals gelingen, tatsächlich alle, ihm oftmals gar nicht bekannten Lizenznehmer zu erreichen.

B. AGB-Recht

Nach allgemeiner Auffassung sind Open Source Lizenzen als Allgemeine Geschäftsbedingungen anzusehen.[835] Vor dem Hintergrund der strengen Regelungen der §§ 305 ff. BGB stellen sich eine Reihe rechtlicher Fragen, die von der wirksamen Einbeziehung der AGB bis zur Wirksamkeit einzelner Klauseln reichen.   **179**

I. Einbeziehung von Lizenzbedingungen

Wie bereits oben dargelegt wurde,[836] ist zwischen dem Softwareüberlassungsvertrag mit dem Distributor und dem Lizenzvertrag mit den Rechtsinhabern zu unterscheiden. Im Regelfall wird eine Open Source   **180**

---

[832] Siehe die Rspr. zur Sittenwidrigkeit von überlangen Bierlieferungsverträgen bspw. BGH NJW 1985, 2693, 2695 sowie *MüKo-Armbrüster,* § 138, Rn. 75.

[833] Siehe die Übersicht bei *Bamberger/Roth-Lorenz,* § 314, Rn. 8.

[834] *Bamberger/Roth-Lorenz,* § 314, Rn. 20

[835] Ausdrücklich zur GPL-2.0 LG München I, MMR 2004, 693 – *Welte./.Sitecom;* LG Frankfurt a. M., CR 2006, 729, 731 und in der Literatur *Deike,* CR 2003, 9, 13; *Koch,* CR 2000, 333, 339; *Koglin,* Opensourcerecht, S. 161; *Marly,* Rn. 962; *Metzger/Jaeger,* GRUR Int. 1999, 839, 846; *Omsels,* FS Hertin, S. 147; *Plaß,* GRUR 2002, 670, 678; *Schiffner,* S. 174 ff.; *Schulz,* S. 197; *Spindler-Spindler,* S. 58.

[836] S. o. Rn. 172.

Lizenz nicht in den Softwareüberlassungsvertrag einbezogen und für den Veräußerer der Software besteht auch nicht die Pflicht, dem Erwerber die Lizenzbedingungen „aufzuerlegen".[837] Im Einzelfall, etwa beim Download der Software von der Website der Rechtsinhaber, kann es bei entsprechender Gestaltung des Downloads zu einer wirksamen Einbeziehung schon bei der Softwareüberlassung kommen.[838] Auch kann sich eine wirksame Einbeziehung im Einzelfall gem. § 305 Abs. 3 BGB aus einer vorherigen Abrede im Sinne einer Rahmenvereinbarung ergeben. Dies dürfte etwa innerhalb von kleineren Entwicklergemeinschaften der Fall sein, da deren Mitgliedern bekannt ist, dass alle Entwicklungsbeiträge bei dem Upload auf die Entwicklerplattform einer Open Source Lizenz unterstellt werden sollen. Letztlich bedeutet es aber keinen relevanten Unterschied, ob die Open Source Lizenz schon beim Erwerb abgeschlossen wird oder erst später, wenn über den bloßen Programmablauf hinausgehende Nutzungen vorgenommen werden.[839] Denn die Haftungs- und Gewährleistungsregelungen sind nach deutschem Recht ohnehin unwirksam[840] und für die bloße Benutzung im Rahmen des § 69d UrhG bedarf es keiner lizenzrechtlichen Gestattung. Die Open Source Lizenzen knüpfen für gewöhnlich auch keine Pflichten an die bloße Benutzung der Software.

181   In der Literatur wurde bisweilen angezweifelt, dass ein wirksamer Vertragsabschluss unter Einbeziehung von Open Source Lizenzen möglich ist, da es wegen der regelmäßig englischen Lizenztexte an der Möglichkeit einer zumutbaren Kenntnisnahme fehle.[841] Dies gelte insbesondere bei Verträgen mit Verbrauchern. Auch bei der Beurteilung der Sprachenfrage wird der Blick auf die wesentlichen rechtlichen Aspekte verstellt, wenn auf die Einbeziehung der Lizenzbedingungen in den Softwareüberlassungsvertrag abgestellt wird.[842] Denn der Softwareüberlassungsvertrag wird in Deutschland im Allgemeinen in deutscher Sprache abgeschlossen, so dass in der Tat fraglich wäre, ob englischsprachige Lizenzbedingungen zu diesem Zeitpunkt wirksam einbezogen werden

---

[837] S. o. Fn. 476, 478; a. A. *Sticklbrock*, ZGS 2003, 368, 370, und *Witzel* ITRB 2003, 175, 177, die den Distributor als Verwender der AGB ansehen. Dabei wird übersehen, dass auch in dem Fall, dass der Distributor nicht als Verwender der AGB angesehen wird, dennoch ein Vertragsverhältnis mit dem Erwerber der Software zustande kommt, das aber unabhängig von den Open Source Lizenzen besteht.

[838] Vgl. dazu *Bettinger/Leistner-Bettinger*, S. 660 ff. m. w. N.

[839] S. o. Rn. 177.

[840] S. u. Rn. 220 f.

[841] So etwa *Omsels*, FS Hertin, S. 149; *Plaß*, GRUR 2002, 670, 678; *Spindler-Spindler*, S. 67 f.; a. A. *Marly*, Rn. 962, 1978ff.; *Schiffner*, S. 185 f.; *Sester*, CR 2000, 797, 804; mit ausführlicher Begründung, *Schulz*, S. 200 ff.

[842] So insb. *Spindler-Spindler*, S. 67 f., dessen Folgerungen auf der Prämisse beruhen, dass der Veräußerer durch die GPL-2.0 verpflichtet werde, die Lizenzbedingungen in den Vertrag mit dem Erwerber einzubeziehen. Dazu oben Rn. 174 f.

könnten.[843] Geht man jedoch richtig davon aus, dass die Open Source
Lizenz unabhängig von dem Softwareüberlassungsvertrag mit den Rechteinhabern abgeschlossen wird,[844] ergeben sich keine besonderen Einbe-
ziehungsprobleme durch die Sprachenfrage. Denn im AGB-Recht ist
allgemein anerkannt, dass dann, wenn sich die Vertragsparteien einer
ausländischen Verhandlungssprache bedienen, auch AGB in dieser Verhandlungssprache wirksam einbezogen werden können.[845] Da das Ver-
tragsangebot der Rechteinhaber in dem Open Source Lizenztext verkörpert ist, muss von dem Englischen als Verhandlungssprache ausgegangen werden. Dadurch wird dem potenziellen Lizenznehmer kein
Nachteil aufgezwungen: Sofern er den Lizenztext versteht, kann er die
Lizenz abschließen, ist aber nicht dazu verpflichtet.[846] Hier zeigt sich der
besondere Charakter von Open Source Lizenzen, die eben nicht dazu
dienen, die gesetzlichen Rechte des Erwerbers zu beschränken, sondern
weitergehende Befugnisse anbieten.

Wenn der Nutzer aber diese weitergehenden Befugnisse in Anspruch **182**
nehmen will, muss er sich auf die Open Source Lizenz einlassen. Ansonsten darf er zwar die Software bestimmungsgemäß im Sinne des
§ 69d UrhG benutzen,[847] aber nicht die darüber hinausgehenden Nutzungsrechte in Anspruch nehmen. Vor diesem Hintergrund würde es ein
venire contra factum proprium darstellen, sich einerseits auf die durch
die Open Source Lizenz gewährten Rechte zu berufen, andererseits aber
die Kenntnisnahme für unzumutbar zu erklären und die Lizenzpflichten
für nicht verbindlich zu betrachten.[848] Daher ist bei demjenigen, der
Freie Software verändert, verbreitet oder vervielfältigt, zu vermuten,
dass er von der Lizenz Kenntnis nehmen konnte und sich auf die Verhandlungssprache Englisch eingelassen hat.[849] Beruft sich der Nutzer
hingegen darauf, die Lizenz nicht verstanden zu haben, dann ist davon
auszugehen, dass kein wirksamer Vertragsschluss vorliegt und auch
keine Nutzungsrechte erworben werden konnten.

---

[843] Bei den kurzen und einfach verständlichen Non-Copyleft-Lizenzen mag man
dies einfacher annehmen als bei umfangreichen Lizenztexten wie die MPL oder GPL.
Hier wird zum Teil eine zumutbare Kenntnisnahme damit begründet, dass das Englische im Computer- und Internetumfeld anerkannte Vertragssprache sei, *Schiffner*,
S. 185 f.; *Sester*, CR 2000, 797, 804, dagegen *Schulz*, S. 201.

[844] S. o. Rn. 172 ff.

[845] BGH, NJW 1983, 1489; *Marly*, Rn. 1990f.

[846] S. o. Rn. 176 und letztlich auch *Schulz*, S. 207 f.

[847] S. o. Rn. 124 f., 174.

[848] In diese Sinne auch LG Frankfurt a. M., CR 2006, 729, 732.

[849] So i. E. auch *Schulz*, S. 203 ff.; *Gerlach*, CR 2006, 649, 653.

II. Auslegung von Open Source Lizenzen

183 Um die einzelnen Klauseln der gängigen Open Source Lizenzen einer AGB-rechtlichen Überprüfung unterziehen zu können, ist es bedeutsam, sich zuvor über Art und Weise der Auslegung der Lizenzklauseln klar zu sein. Ganz allgemein gelten bei der Auslegung von AGB-Klauseln Besonderheiten gegenüber den allgemeinen Regeln der §§ 133, 157 BGB. Im Grundsatz sind AGB-Klauseln objektiv auszulegen, d. h. „nach objektiven Maßstäben, losgelöst von der zufälligen Gestaltung des Einzelfalls und den individuellen Vorstellungen der Vertragsparteien, unter Beachtung ihres wirtschaftlichen Zwecks und der gewählten Ausdrucksweise".[850] Dabei können die Besonderheiten und der Verständnishorizont der angesprochenen Branche berücksichtigt werden,[851] was gerade bei Klauseln mit technischem Bezug von Relevanz ist.[852] Die objektive Auslegung von AGB wirft bei Open Source Lizenzen die Frage auf, ob bei der Auslegung auch Stellungnahmen der *„License Stewards"*, also den hinter einer Lizenz stehenden Organisation, zu beachten sind. In der Praxis werden vielfach die FAQs der FSF zur Auslegung der GPL[853] oder die FAQs der Eclipse Foundation zur Auslegung der EPL[854] zitiert. Entsprechenden Stellungnahmen kommt jedenfalls dann Gewicht bei der Auslegung zu, wenn sie ein Branchenverständnis widerspiegeln. Handelt es sich dagegen nur um die persönliche Auffassung der Autoren der FAQs, so können sie bei der Auslegung vernachlässigt werden. Besonderheiten bei der Auslegung von Open Source Lizenzen ergeben sich wegen der Verwendung von Fachausdrücken des US-amerikanischen Rechts, etwa wenn der Begriff *„distribute"* verwendet wird. Hier ist die im internationalen Privatrecht anerkannte „Zweistufentheorie" zu beachten: Auch wenn auf einen Vertrag und die Auslegung des Vertrags deutsches Recht Anwendung findet, so kann bei der Verwendung von Begriffen aus einer anderen Rechtsordnung dennoch das Begriffsverständnis dieser Rechtsordnung berücksichtigt werden.[855]

Weiterhin gilt im AGB-Recht die Unklarheitenregel des § 305c Abs. 2 BGB, wonach Auslegungszweifel zu Lasten des Verwenders der AGB gehen. Bei der Anwendung der Unklarheitenregel ist zunächst von der kundenfeindlichsten Auslegung auszugehen und – wenn diese Auslegung nicht zu einer Unwirksamkeit der Klausel nach den §§ 307–309 BGB

---

[850] BGH, NJW 1956, 1915.

[851] Vgl. BGH, NJW 1960, 1661, für die Maschinenbau-Branche.

[852] Dies gilt etwa für die Definition des *„complete corresponding source code"* in Ziffer 3 GPL-2.0.

[853] Siehe http://www.gnu.org/licenses/gpl-faq.html; s.a. oben Rn. 46.

[854] Siehe https://eclipse.org/legal/legalfaq.php; s.a. oben Rn. 78.

[855] S. o. Rn. 29 und unten Rn. 366 m. w. N.

führt – dann die kundenfreundlichste Auslegung vorzunehmen.[856] Das OLG Köln hat unter Anwendung dieser Grundsätze eine enge Auslegung des Begriffs „*non-commercial*" in Creative Commons Lizenzen angenommen und die Verwendung eines Werks durch das Deutschlandradio als erfasst angesehen.[857] Die Unklarheitenregel sagt jedoch grundsätzlich nichts über die Wirksamkeit oder Unwirksamkeit von Klauseln aus.[858] Die unten beschriebene Erschöpfungsproblematik zeigt, dass der Sinn der Unklarheitenregel, eine kundenfreundliche Auslegung zu sichern, in sein Gegenteil verkehrt wird, wenn allzu leicht die Unwirksamkeit der Klausel bejaht wird. Bei der Anwendung der Unklarheitenregel ist zudem sorgfältig zu prüfen, ob der Lizenzgeber im Einzelfall tatsächlich als „Verwender" von AGB zu behandeln ist. Wenn der Lizenzgeber seine Bestandteile einer umfangreichen Open Source Software nach den Bestimmungen einer bestimmten Lizenz verbreitet, weil er hierzu wegen einer Copyleft-Klausel verpflichtet ist, so handelt es sich jedenfalls nicht um eine typische AGB-Situation, bei der die eine Vertragspartei die Bestimmungen diktiert und die andere Vertragspartei diese hinnimmt. Die Frage ist bisher, soweit ersichtlich, nicht gerichtlich entschieden.

Schließlich ist bei der Auslegung von Klauseln zur Einräumung von Nutzungsrechten die Zweckübertragungsregel des § 31 Abs. 5 UrhG zu beachten. Dieser Auslegungsgrundsatz wird herkömmlicherweise so verstanden, dass der Urheber im Zweifel nur die Nutzungsrechte einräumt, die für das Erreichen des Vertragszwecks unerlässlich sind (Übertragungszweckgedanke), und beruht auf dem das gesamte Urheberrecht beherrschenden Leitgedanken einer möglichst weitgehenden Beteiligung des Urhebers an der wirtschaftlichen Verwertung seines Werkes (Beteiligungsgrundsatz).[859] Er dient dabei dem Schutz des Urhebers als der regelmäßig schwächeren Vertragspartei. Vor diesem Hintergrund kann bei der Auslegung von Rechteklauseln in Open Source Lizenzen nicht ohne Weiteres davon ausgegangen werden, dass der Urheber nur ein Minimum an Nutzungsrechten einräumen möchte und aufgrund einer schwächeren Position eines besonderen Schutzes bedarf.[860] Die gesetzli-

---

[856] Früher wurde diese Auslegungsmethode nur im Verbandsprozess vorgenommen, in jüngerer Zeit eine Anwendung auch im Individualprozess befürwortet, vgl. *Ulmer/Brandner/Hensen-Ulmer/Schäfer,* § 305c, Rn. 5; *MüKo-Basedow,* § 305c, Rn. 35; BGH, NJW 1992, 1097, 1099 – *Unwirksame Tilgungsverrechnungsklausel.*

[857] OLG Köln, NJW 2015, 789; zur Auslegung der Voinstanz vgl. LG Köln, MMR 2014, 478 m. Anm. *Jaeger/Mantz.*

[858] *MüKo-Basedow,* § 305c, Rn. 33.

[859] BGH, GRUR 2015, 264 – *Hi Hotel II* m. w. N.

[860] So auch OLG Köln, NJW 2015, 789 zu Creative Commons Lizenzen: „*Ferner ist zu berücksichtigen, dass der Grundgedanke des § 31 Abs. 5 UrhG, die Rechte tendenziell beim Urheber zu belassen, um diesem eine angemessene Beteiligung an der wirtschaftlichen Verwertung seines Werkes zu sichern (BGH, GRUR 2012, 1031,*

chen Sonderregelungen für freie Lizenzen in den §§ 31a Abs. 1 S. 2, 32 Abs. 3 S. 3, 32a Abs. 3 S. 3, 32c Abs. 3 S. 2 UrhG zeigen, dass freie Lizenzmodelle auf Gegenseitigkeit basieren und der Urheber daher nicht die strukturell schwächere Partei ist. Mehr noch als für Creative Commons-Lizenzen, bei denen sich der Urheber zum Teil bewusst Rechte vorbehalten kann,[861] gilt dies für Open Source Lizenzen, die grundsätzlich auf eine möglichst weitgehende Einräumung von urheberrechtlichen Nutzungsrechten zielen.

III. Inhaltskontrolle der Copyleft-Klausel

184 Die meisten Klauseln in den Open Source Lizenzen geben wenig Anlass für eine Inhaltskontrolle nach AGB-Recht und sind problemlos wirksam. Unzulässig sind hingegen die Haftungs- und Gewährleistungsregelungen der meisten freien Lizenzen, die in anderem Zusammenhang näher untersucht werden.[862] Bedenken wurden zudem im Zusammenhang mit der Copyleft-Klausel geäußert.[863] Daher soll hier stellvertretend die Copyleft-Klausel der GPL-2.0 einer Inhaltskontrolle unterzogen werden und zwar im Hinblick auf zwei Aspekte: Verstößt die Regelung zu den Voraussetzungen des Copyleft gegen das Transparenzgebot oder ist die Klausel wegen Verstoßes gegen den Erschöpfungsgrundsatz unwirksam?[864]

1. Verletzung des Erschöpfungsgrundsatzes?

185 Die GPL enthält wie die meisten Copyleft-Lizenzen keine Regelung über die Erschöpfung des Verbreitungsrechts an Werkstücken, die lizenzkonform in Verkehr gebracht wurden.[865] *Plaß* hat daraus den Schluss gezogen, dass die entsprechenden Open Source Lizenzen im Wege der kundenfeindlichsten Auslegung dahingehend interpretiert werden müssen, dass die Verwender der Lizenzen *jeden* Vertriebsvorgang erfassen wollen, also auch solche Werkstücke, die der Lizenznehmer bereits lizenz-

---

Tz. 17 – Honorarbedingungen freie Journalisten; Senat, NJOZ 2008, 174, 178 – Videozweitverwertung), im Bereich der Open Content-Lizenzen, die im Gegenteil tendenziell eine möglichst weitgehende Verbreitung des Werks erlauben sollen, nicht uneingeschränkt Anwendung finden kann."

[861] Dies wird als „*Some rights reserved*" bezeichnet und kann das Bearbeitungsrecht („ND") und die kommerzielle Nutzbarkeit („NC") betreffen.

[862] S. u. Rn. 220 f., 224.

[863] *Spindler-Spindler,* S. 90 f., 99.

[864] Zur AGB-rechtlichen Unbedenklichkeit der auflösend bedingt eingeräumten Nutzungsrechte gem. Ziffer 4 GPL-2.0 vgl. LG Frankfurt a. M., CR 2006, 729, 732; skeptisch insoweit *Wandtke/Bullinger-Grützmacher,* § 69c, Rn. 78. Grundsätzlich zur Frage der AGB-rechtlichen Überprüfbarkeit von Klauseln über Nutzungsrechte vgl. LG Bochum, ZUM-RD 2012, 217-224 und OLG Hamburg, GRUR-RR 2011, 293.

[865] Anders etwa Ziffer 5 Abs. 2 Nr. 4 d-fsl.

konform in Verkehr gebracht hat.[866] Dadurch werde der Erwerber unangemessen benachteiligt, weil er sich trotz erfolgter Erschöpfung des
Verbreitungsrechts an die Lizenzpflichten halten müsse und die
Werkstücke nicht unbeschränkt weiterveräußern könne.[867] Die Klausel
sei daher unwirksam.

Diese Einschätzung dürfte aus mehreren Gesichtspunkten abzulehnen   186
sein. Zunächst ist eine Anwendung der „kundenfeindlichsten" Auslegung bei Klauseln wenig sinnvoll, die den Gegenstand des Vertrages
beschreiben. Weiterhin ist hier die „kundenfeindlichste" Auslegung
deswegen nicht anwendbar, da sie den Lizenznehmer letztlich nicht
besser, sondern schlechter stellt. Denn die Unwirksamkeit der Copyleft-
Klausel würde nicht dazu führen, dass die Lizenz im Übrigen wirksam
bleibt, sondern gem. § 306 Abs. 3 BGB die Gesamtnichtigkeit der Open
Source Lizenz wegen unzumutbarer Härte für die Rechtsinhaber zur
Folge haben.[868] Die Lizenzgeber haben sich in der Regel bewusst gegen
eine Non-Copyleft-Lizenz entschieden und die von ihnen entwickelten
Bestandteile nur deswegen freigegeben, weil alle Lizenznehmer ihre
Weiterentwicklungen ebenfalls wieder unter dieser Lizenz frei zugänglich machen müssen. Der Copyleft-Effekt ist für die kooperative Werkerstellung von zentraler Bedeutung. Es ist deshalb davon auszugehen,
dass die Rechteinhaber ihre Entwicklungen nicht unter einer Open
Source Lizenz anbieten würden, wenn ihnen bewusst wäre, dass die
Copyleft-Klausel unwirksam ist.[869] Wenn aber die Open Source Lizenz
insgesamt unwirksam wäre, würde der vermeintliche Lizenznehmer
schlechter gestellt, weil er dann überhaupt keine Nutzungsrechte erwür-
be. Eine kundenfeindlichste Auslegung ist hier daher abzulehnen, da sie
letztlich ihr Ziel, nämlich die kundenfreundlichste Auslegung, nicht
erreicht.

Damit ist der Weg für die ohnehin näherliegende „kundenfreund-   187
liche" Auslegung eröffnet, nach welcher die Open Source Lizenzen im
Falle der Erschöpfung des Verbreitungsrechts an einzelnen Werkstücken
keine Pflichten vorsehen, das zwingende Gesetzesrecht des § 69c Nr. 3
UrhG mithin vorrangig vor den Pflichten der Lizenz ist. Ein solches
Verständnis steht auch dem Zweck der Copyleft-Klauseln nicht entge-

---

[866] *Plaß*, GRUR 2002, 670, 679 f., mit Hinweis auf OLG Nürnberg, NJW 1989,
2634; dagegen i. E. *Spindler-Spindler*, S. 99 f.; *Spindler/Wiebe*, CR 2003, 873, 879.

[867] Zur Erschöpfungsproblematik näher oben Rn. 131 ff.

[868] Offen gelassen bei *Hoeren/Spittka*, MMR 2009, 583, 589.

[869] Nach BGH, NJW-RR 2002, 1136, ist in diesen Fällen das Vertragsgleichgewicht
so grundlegend gestört, dass Gesamtnichtigkeit anzunehmen ist. Anders ist dies bei
der Unwirksamkeit der Haftungs- und Gewährleistungsklauseln zu beurteilen, weil
hier die Anwendung des entsprechenden Gesetzesrechts nicht zu einer wesentlichen
Schlechterstellung der Lizenzgeber führt, a. A. und ohne Berücksichtigung von § 306
Abs. 1 BGB *Hoeren*, FS Kollhosser, S. 229, 239.

gen, wenn man in ihnen richtigerweise keine „Beschränkung des Verbreitungsrechts auf eine unentgeltliche Weiterverbreitung" sieht.[870] Berücksichtigt man weiterhin den Umstand, dass Open Source Lizenzen regelmäßig nicht in die Softwareüberlassungsverträge einbezogen werden, ergibt sich eine relativ unproblematische Konstellation: Der Lizenznehmer, der die Werkstücke zuerst herstellt und in Verkehr bringt, ist mangels Erschöpfung darauf angewiesen, die Copyleft-Klausel einzuhalten und die Lizenzpflichten zu erfüllen, insbesondere den Lizenztext beizufügen und seine Weiterentwicklungen unter der Open Source Lizenz anzubieten. Der Erwerber muss die Lizenz nicht abschließen,[871] die Lizenzpflichten greifen dann ohnehin nicht ein. Das erworbene Werkstück kann wegen der nunmehr eingetretenen Erschöpfung ohne Beachtung der Open Source Lizenz weiterverbreitet werden.[872]

2. Verstoß gegen das Transparenzgebot?

188 Gem. § 307 Abs. 1 S. 2 BGB ist von der Unwirksamkeit einer Klausel auszugehen, wenn das Transparenzgebot verletzt ist, wenn also der Kunde dadurch unangemessen benachteiligt wird, dass ihm nicht hinreichend deutlich erkennbar gemacht wurde, welche nachteiligen Auswirkungen die entsprechende Klausel hat.[873]

Die Reichweite der Copyleft-Klausel der GPL-2.0 und GPL-3.0, insbesondere die Auslegung dessen, was als *„derivative work"* anzusehen ist, erzeugt eine Reihe von Abgrenzungsproblemen.[874] Verschiedentlich wurde hieraus der Schluss gezogen, die Copyleft-Klausel verstoße gegen das Transparenzgebot, da der Kunde seine Rechte nur bedingt erkennen könne.[875] Hierzu ist generell festzuhalten, dass die GPL-3.0, wie alle anderen Open Source Lizenzen auch, im Regelfall nicht im Verhältnis zu Verbrauchern Verwendung findet, sondern zwischen Unternehmen. Des Weiteren ist zu berücksichtigen, dass Open Source Lizenzen Formularverträge sind, die – anders als die meisten AGB – eben nicht nur Standardklauseln enthalten, die bei unangemessener Benachteiligung des Vertragspartners durch die entsprechenden gesetzlichen Vorschriften ersetzt werden können, sondern auch die Hauptleistungspflichten re-

---

[870] So aber *Spindler-Spindler*, S. 92.

[871] Dazu näher oben Rn. 176.

[872] Die praktische Relevanz dieser Konstellation dürfte gering sein, s. o. Rn. 132; wie hier *Schulz*, S. 144 ff.

[873] Vgl. *MüKo-Wurmnest*, § 307, Rn. 56, zum Verhältnis des Transparenzgebotes zur Angemessenheitskontrolle.

[874] Ausführlich oben Rn. 47 ff.

[875] *Spindler-Spindler*, S. 120; ebenso *Determann*, GRUR Int. 2006, 645, 652, und *Funk/Zeifang*, CR 2007, 617, 619, wobei letztere wohl unrichtig davon ausgehen, dass die Copyleft-Klausel zu einer automatischen Lizenzierung abgeleiteter Werke führt, ohne dass der Rechteinhaber darüber eine aktive Entscheidung fällt. Hier wird das Schlagwort „viraler Effekt" zu wörtlich genommen, s. o. Rn. 5.

geln, die der AGB-Kontrolle gem. § 307 Abs. 3 BGB grundsätzlich nicht zugänglich sind.[876] Allerdings ist eine Überprüfung anhand des Transparenzgebotes gem. § 307 Abs. 3 S. 2 BGB auch bei Leistungsbeschreibungen möglich, so dass Klauseln unwirksam sind, die den Vertragspartner unangemessen benachteiligen. Aus der Erkenntnis, dass eine Klausel eine schwierige Abgrenzungsproblematik enthält, folgt aber noch nicht ohne Weiteres eine „unangemessene Benachteiligung" des Lizenznehmers. Zweck des Transparenzgebotes ist es, wie oben erwähnt, dass der Verwender der AGB Benachteiligungen des Kunden verständlich macht, *soweit* dies nach den Umständen gefordert werden kann und möglich ist.[877] Bei der Vielzahl von technischen Möglichkeiten, Softwarebestandteile zu kombinieren, ist nicht anzunehmen, dass eine einfache und leicht verständliche Abgrenzungsregelung formuliert werden kann. Es kann von den Urhebern auch nicht verlangt werden, dass sie sich mit einer inhaltlich anderen Ausgestaltung zufrieden geben, etwa einem beschränkten Copyleft. Die Klauseln erfordern vom Lizenznehmer ein gewisses Maß an Einarbeitung, um die getroffenen Regelungen vollständig zu verstehen. Dies unterscheidet die Lizenzen aber nicht von proprietären Software-Lizenzverträgen für den Unternehmensbereich oder von anderen Verträgen des Wirtschaftslebens mit erhöhter Komplexität, etwa im Bank- und Finanzbereich, im Versicherungsgewerbe oder im Energiesektor. Der bei der Copyleft-Klausel der GPL anfallende Auslegungsaufwand ist daher hinzunehmen und verstößt nicht gegen das Transparenzgebot, zumal die gesetzliche Regelung dessen, was im Softwareurheberrecht als Bearbeitung anzusehen ist, nicht weniger unklar ist.[878] Schließlich ist zu berücksichtigen, dass die Unwirksamkeit der Copyleft-Klausel – wie oben bereits dargelegt – zur Gesamtnichtigkeit der Open Source Lizenz führen und den Lizenznehmer damit erst recht benachteiligen würde. Auch ist zu beachten, dass der Lizenzgeber die AGB vielfach nicht freiwillig stellt, sondern seinerseits als Lizenznehmer wegen der Copyleft-Klauseln zur Verwendung ebendieser Lizenzbedingungen verpflichtet ist.

---

[876] *Palandt-Grüneberg,* § 307, Rn. 41 ff.; BGH, NJW 1988, 1726, 1728 – *Herstellergarantie.*
[877] BGH, NJW 1998, 3114, 3116; BGH, NJW 2000, 651, 652.
[878] Vgl. *Jaeger,* Kommerzielle Applikationen für Open Source Software, S. 61, 70 ff.

IV. Klauseln zu neuen Lizenzversionen

1. Beispiele für entsprechende Klauseln

189 Interessante und bislang nur wenig beleuchtete Fragen ergeben sich im Hinblick auf die AGB-rechtliche Zulässigkeit der für Open Source Lizenzen typischen Klauseln zu neuen Lizenzversionen.[879] Ziffer 9 GPL-2.0 ist hier der Prototyp. Die FSF behält sich nach dieser Klausel das Recht vor, von Zeit zu Zeit neue Versionen der Lizenz zu veröffentlichen, die in ihrem Geist jedoch der alten Lizenz entsprechen sollen *(„similar in spirit to the present version")*. Ist in dem Programm keine bestimmte Lizenzversion angegeben, so steht es dem Nutzer frei, sich eine der Lizenzversionen herauszusuchen. Darf das Programm unter einer bestimmten und jeder späteren Version *(„and ‚any later version'")* genutzt werden, so hat der Nutzer ein eingeschränktes Wahlrecht zwischen der gegenwärtigen und allen künftigen Versionen. Von erheblicher praktischer Bedeutung ist die Konstellation, in der der Programmierer die Nutzung nach nur einer bestimmten Lizenzversion gestattet. Dies ist der Fall für erhebliche Teile des Linux-Kernels, insbesondere für die von *Linus Torvalds* geschriebenen Programmbestandteile.[880] Da die GPL-2.0 die Beschränkung auf eine bestimmte Lizenzversion nicht vorsieht, könnte man hierin streng genommen eine – nach dem Vorspann der Lizenz an sich nicht gestattete[881] – veränderte Nutzung des Lizenztextes sehen. Faktisch duldet die Free Software Foundation diese Praxis allerdings schon seit vielen Jahren.[882]

Ziffer 10 der Mozilla Public License (MPL) 2.0 sieht ein Recht für die Mozilla Foundation vor, neue Lizenzversionen zu erstellen. Eine Entsprechung der Lizenzen jedenfalls in den grundlegenden Prinzipien ist in der Klausel nicht vorgesehen. Nach der Konzeption MPL ist jedes Programm grundsätzlich einer bestimmten Lizenzversion zu unterstellen.[883] Wird eine neue Lizenzversion veröffentlicht, so kann der Nutzer die neuen Lizenzbestimmungen oder diejenige ältere Lizenzversion zugrun-

---

[879] Vgl. insbesondere *ifrOSS-Kreutzer*, Ziffer 9, Rn. 1 ff.; *Funk/Zeifang*, CR 2007, 617, 618, und *Koglin*, CR 2008, 137 ff.; *Koglin*, S. 217 ff.

[880] Siehe hierzu die Äußerungen *Torvalds* in der Diskussion über die Verwendung der GPL-3.0 für den Kernel unter http://lkml.org/lkml/2006/1/ 25/273 und zu einem möglichen Dual Licensing, http://thread.gmane.org/gmane.linux.kernel/ 540989/focus=541076, sowie eine Abstimmung der wesentlichen Kernentwickler, die eine überwiegende Ablehnung ergab, http://lkml.indiana.edu/hypermail/linux/ kernel/0609.2/1882.html.

[881] Am Anfang der Lizenz heißt es: *„Everyone is permitted to copy and distribute verbatim copies of this license document, but changing it is not allowed."*

[882] Hierauf verweist zu Recht *ifrOSS-Kreutzer*, Ziffer 9, Rn. 19.

[883] Siehe Ziffer 1.4 und den am Ende der Lizenz abgedruckten Lizenzhinweis („EXHIBIT A").

de legen, die in dem Programm vermerkt ist.[884] Von besonderem Interesse ist auch die Bestimmung der Deutschen Freien Software Lizenz (d-fsl) zu neuen Lizenzversionen.[885]

2. Zulässigkeit der Klauseln

Im Hinblick auf die AGB-Vorschriften der §§ 305 ff. BGB sind mehrere **190** Konstellationen zu unterscheiden.

Sind der Lizenzgeber und die Institution, der das Recht zur Änderung der Lizenz vorbehalten ist, identisch, so handelt es sich um einen Änderungsvorbehalt zugunsten des Verwenders, der am Maßstab des § 308 Nr. 4 BGB zu beurteilen ist. Im Rahmen der Zumutbarkeitsprüfung[886] des § 308 Nr. 4 BGB sollte dem Umstand entscheidende Bedeutung beigemessen werden, dass sowohl Ziffer 9 GPL-2.0 als auch Ziffer 10.2 MPL-2.0 dem Lizenznehmer ein Wahlrecht einräumen, das Programm nach der neuen oder der (bzw. den) älteren Lizenzversion(en) zu nutzen. Die Klauseln sind deswegen in dieser Hinsicht als unbedenklich einzustufen.[887] Die strengere Klausel der d-fsl fällt schon gar nicht in den Anwendungsbereich des § 308 Nr. 4 BGB, weil die Lizenz die Erstellung neuer Lizenzversionen einem Lizenzrat überträgt; es fehlt also an der Einseitigkeit des Änderungsvorbehalts zugunsten des Verwenders.

Liegt die „Lizenzhoheit" bei einer dritten Person, so handelt es sich um eine Leistungsbestimmung durch Dritte gem. § 317 BGB, deren Zulässigkeit am Maßstab des § 307 BGB zu beurteilen ist.[888] Nach der Rechtsprechung des BGH ist für die Zulässigkeit entsprechender Klauseln die Bestimmung eines neutralen Dritten gefordert; dieser darf in keinem Nähe- oder Abhängigkeitsverhältnis zum Verwender stehen.[889] Auch darf die Klausel nicht den Eindruck erwecken, die gerichtliche Überprüfung gem. § 319 BGB sei ausgeschlossen.[890] Ziffer 9 Abs. 2 der d-fsl reflektiert diese gesetzliche Vorgaben durch die Einsetzung eines (neutralen)[891] Lizenzrates und dem ausdrücklichen Vorbehalt der gesetzlichen Rechtsbehelfe.

---

[884] So ausdrücklich Ziffer 10.2.
[885] Ziffer 9 Abs. 2. Siehe hierzu auch Rn. 385.
[886] Siehe hierzu nur *MüKo-Wurmnest*, § 308 Nr. 4, Rn. 7 ff.
[887] Darin liegt auch der Unterschied zu der Konstellation, der Entscheidung BGH, GRUR Int. 2009, 616 – *Klingeltöne für Mobiltelefone*. Wie hier auch *ifrOSS-Kreutzer*, Ziffer 9, Rn. 23; *Funk/Zeifang*, CR 2007, 617 f.; *Koglin*, CR 2008, 137, 142, geht davon aus, dass es sich schon um keinen Anwendungsfall des § 308 Nr. 4 BGB handelt.
[888] Siehe hierzu nur *Staudinger-Rieble*, § 317, Rn. 72 ff. Gegen eine Anwendbarkeit des § 317 BGB *Koglin*, Opensourcerecht, S. 222, später offengelassen bzw. für die GPL-3.0 angenommen *Koglin*, CR 2008, 137, 142.
[889] BGHZ 81, 229, 236.
[890] BGHZ 101, 307, 319.
[891] Siehe den Hinweis unter http://www.dipp.nrw.de/d-fsl/lizenzrat/.

Die besondere Schwierigkeit bei der Bewertung entsprechender Klauseln in Open Source Lizenzen besteht darin, dass die zur Einsetzung neuer Versionen Ermächtigten mitunter Lizenzgeber und damit Verwender der Lizenzklauseln, mitunter aber auch Dritte sind. Im Einzelfall kann diese „Doppelrolle" sogar im Rahmen der Lizenzierung eines einheitlichen Programmpakets gegeben sein, wenn die Institution an Teilen des Pakets selbst die Rechte hält, im Hinblick auf andere Teile aber lediglich die Lizenz zur Verfügung stellt. So ist beispielsweise die *Free Software Foundation* Inhaberin der ausschließlichen Rechte an nicht unerheblichen Teilen von GNU/Linux, zugleich fungiert sie aber für die sonstigen Bestandteile des Programms als „Dritte", da sie insoweit nicht die Rechte innehat und damit auch nicht Vertragspartei des Lizenzvertrags zwischen dem Rechtsinhaber und dem Lizenznehmer wird. Für die *Mozilla Foundation* ergibt sich das gleiche Problem. In Anbetracht des Wahlrechts des Nutzers dürfte selbst in dieser Konstellation § 308 Nr. 4 BGB letztlich unproblematisch sein. Aber auch im Hinblick auf die Lizenzverträge, an denen die genannten Institutionen nicht beteiligt sind, ergibt sich letztlich nichts Anderes. Die Lizenznehmer sind geschützt durch die in den Lizenzen gewährten Wahlrechte. Die Lizenzgeber, als *Verwender* der Lizenzklauseln, können sich ohnehin nicht auf den Schutz des § 307 BGB berufen, da die AGB-Vorschriften nur den Vertragspartner des Verwenders von AGB schützen.[892]

C. Gesellschaftsrecht

191 Freie Software wird nicht immer, aber doch sehr häufig in kooperativen Entwicklungsmodellen erstellt. Dies gilt insbesondere für Projekte, die Copyleft-Lizenzen verwenden und damit auf die Beteiligung einer Vielzahl von Programmierern abzielen. Damit liegt es nahe, die gesellschaftsrechtlichen Aspekte von Open Source Projekten einer näheren Untersuchung zu unterziehen.[893]

I. Kooperationsmodelle in der Praxis

192 Bei der Entwicklung Freier Software können mannigfaltige Formen der Zusammenarbeit der Programmierer beobachtet werden. Die im Folgenden beschriebenen Typen dürften in der Praxis am verbreitetsten

---

[892] Eine andere Frage ist es, ob sich die neue Lizenzversion im Rahmen der vertraglich eingeräumten Änderungsermächtigung hält. Bejahend für die GPL-3.0 *Jaeger/Metzger*, GRUR 2008, 130, 137.
[893] Zu den kollisionsrechtlichen Fragen s. u. Rn. 368 f.

sein, allerdings existieren auch zahlreiche Zwischenmodelle und Sonder-
formen.

1. Entwicklungsherrschaft von Unternehmen

Mit zunehmender wirtschaftlicher Bedeutung von Freier Software sind 193
auch Unternehmen stärker in die Softwareentwicklung involviert. Dies
gilt insbesondere für die Fälle, in denen Unternehmen eigene Programme
unter eine Open Source Lizenz stellen, um damit neue Märkte zu er-
schließen. Ein klassisches Beispiel ist die Entwicklung des Office-Pakets
OpenOffice durch Sun Microsystems und später nach der Übernahme
von Sun durch Oracle. Hier wurden wesentliche Teile der Entwicklung
weiterhin durch Sun bzw. Oracle vorgenommen. Programmierer, die
sich an der Entwicklung beteiligen wollten, mussten ihre Nutzungsrechte umfassend übertragen, wenn die Beiträge in den „offiziellen" Ent-
wicklungszweig übernommen werden sollten.[894] Die Nutzungsrechte
blieben somit in einer Hand. Daneben existierte auch ein selbstverwalte-
ter „Community-Bereich", der aber nicht über die Rechte verfügen
konnte.[895] Nachdem sich im Jahr 2010 zahlreiche Entwickler von dem
offiziellen OpenOffice-Projekt verabschiedet und den „Fork" LibreOffice gegründet haben, übertrug Oracle seine Rechte an die Apache Software Foundation, die das Projekt nun als Apache OpenOffice weiter-
führt.[896]

2. Organisatorisch verdichtete Entwicklungsprojekte

Einige große Open Source Projekte haben sich organisatorisch verdich- 194
tet und Vereine oder Stiftungen gegründet. Bekannte Beispiele sind die
Apache Software Foundation und die *Eclipse Foundation* sowie der
K Desktop Environment e. V.[897] Die *Apache Software Foundation* be-
schreibt sich selbst als *„Meritocracy"*, d. h. der Einfluss innerhalb des
Projektes ist abhängig von den für das Projekt erbrachten Leistungen.[898]
Apache wird von mehr als 800 Softwareentwicklern unterstützt. Die
Apache Software Foundation lässt sich, insoweit einem Unternehmens-
projekt vergleichbar, gesondert Rechte einräumen, allerdings sind dies
keine ausschließlichen Nutzungsrechte.[899]

---

[894] Vgl. das Copyright Assignment, http://www.openoffice.org/licenses/sca.pdf, das
nach wie vor eine *joint ownership* von Sun Microsystems vorsieht.
[895] http://www.openoffice.org/dev_docs/guidelines.html.
[896] Siehe http://www.openoffice.org.
[897] http://www.apache.org; http://www.eclipse.org; http://ev.kde.org.
[898] Dazu Erläuterungen unter http://www.apache.org/foundation/how-it-works.
html#meritocracy.
[899] Vgl. das Individual Contributor License Agreement V 2.0 (CLA), http://www.
apache.org/licenses/icla.txt.

3. Einzelprojekte

195 Eine große Zahl von Open Source Projekten auf den wichtigen Entwicklerplattformen GitHub, Sourceforge und Savannah[900] werden von einzelnen Programmierern betreut. Sie tragen die Hauptlast der Programmierung und werden von Interessenten gelegentlich unterstützt, etwa durch Patches und Fehlerbehebungen (Bugfixes).

4. Klassische Community-Projekte

196 Weite Verbreitung haben auch Projekte mittlerer Größe, die von einem Kernteam („Core Team") geleitet und organisiert werden, zu denen aber auch zahlreiche weitere Entwickler Beiträge leisten.[901] Während das Kernteam die Webssite des Projekts betreut und die Entscheidungen über die Aufnahme von Verbesserungen in die Projektversion der Software fällt, liefern die externen Entwickler nur Vorschläge für Codeänderungen oder -erweiterungen, ohne jedoch Einfluss auf die Aufnahme des Codes zu haben.

II. Gesellschaftsrechtliche Beurteilung von Entwicklungsprojekten

197 Die Vielfalt der Kooperationsmodelle in der Praxis zeigt deutlich, dass eine gesellschaftsrechtliche Beurteilung *nicht* von der verwendeten Open Source Lizenz abhängen kann,[902] sondern von der im Einzelfall zu beantwortenden Frage, ob sich die Beteiligten zu einem gemeinsamen Zweck verbunden haben. Auch bei Copyleft-Lizenzen können sich ganz unterschiedliche schuldrechtliche Konstellationen ergeben, die der Lizenzierung zugrunde liegen. Im Regelfall ist die Nutzungsrechtseinräumung dadurch gekennzeichnet, dass Lizenzgeber und Lizenznehmer keine gemeinsamen Zwecke verfolgen. Dies gilt in besonderem Maße für Non-Copyleft-Lizenzen, bei denen der Lizenznehmer nicht zur Freigabe von eigenen Beiträgen verpflichtet ist. Aber auch bei Copyleft-Lizenzen führt die bloße Verpflichtung zur Freigabe von Bearbeitungen im Falle des Vertriebs nicht ohne Weiteres zur Verfolgung gemeinsamer Interessen, zumal die Erstellung von Fortentwicklungen nicht verpflichtend ist.[903]

198 Open Source Projekte können vielmehr nur dann als Gesellschaften eingeordnet werden, wenn die neben den Lizenzen bestehenden, zusätzlichen Vereinbarungen eine solche Qualifizierung rechtfertigen. Fehlt es jedoch an entsprechenden Anhaltspunkten, so verbietet sich ein Rück-

---

[900] S. o. Rn. 172.

[901] Vgl. etwa http://www.oscommerce.com/about/team; http://www.netfilter.org/about.html#coreteam; http://sourceforge.net/projects/jedit.

[902] Zu pauschal *Sester*, CR 2000, 797, 801.

[903] S. o. Rn. 25 ff.

griff auf gesellschaftsrechtliche Vorschriften. Dies bedeutet, dass Open Source Lizenzverträge nicht *per se* zu einer Gesellschaft bürgerlichen Rechts führen, aber innerhalb einer solchen abgeschlossen werden können.[904] So erfüllen Kernteams in klassischen Community-Projekten häufig die Voraussetzungen für eine GbR, was aber nicht heißt, dass damit jede Lizenzierung der im Rahmen des Projektes entwickelten Software zu einer gesellschaftsrechtlichen Bindung führt. Wer nur die Software von der Projekt-Website herunterlädt und weiterverbreitet, wird durch den Abschluss der verwendeten Lizenz noch nicht Teil einer Gesellschaft. Dagegen kann die Erbringung von Entwicklungsbeiträgen von Kernteam-Mitgliedern im Rahmen der gesellschaftsrechtlichen Pflichten erfolgen und dabei derselben Open Source Lizenz unterliegen, die bei der Lizenzierung an Dritte keine geseilschaftsrechtliche Bedeutung hat.

Bei Anwendung deutschen Gesellschaftsrechts[905] sind die Anforderungen für eine BGB-Gesellschaft nach § 705 BGB relativ gering. Ohne formalen Akt der Registrierung – oder nur einen schriftlichen Vertrag – reicht es aus, dass die Parteien durch Rechtsgeschäft wechselseitige Leistungspflichten zur Förderung eines gemeinsamen Zwecks begründen.[906] Bei klassischen Community-Projekten liegt der gemeinsam verfolgte Zweck in der Entwicklung einer Software mit der jeweils angestrebten Funktionalität. Einer gemeinsamen Organisation mit Gesellschaftsvermögen oder Organen bedarf es nicht.[907] Wesentlich ist aber die Förderungs*pflicht*. Diese ergibt sich nicht schon aus der verwendeten Open Source Lizenz, da es dem Lizenznehmer freigestellt ist, ob er Entwicklungsbeiträge erbringen möchte oder nicht. Wenn sich aber Programmierer zur gemeinsamen Entwicklung verbunden haben, was oftmals durch die gemeinsame Erstellung und den Betrieb einer Internet-Entwicklungsplattform dokumentiert wird, gehen die Mitglieder regelmäßig auch von verbindlichen Beiträgen der Einzelnen aus. Hier kommen insbesondere Dienstleistungen gem. § 706 Abs. 3 BGB in Betracht, etwa organisatorische Tätigkeiten zur Geschäftsführung.[908] Dazu können die Pflege von Versionskontrollsystemen, die Auswahl und Bewertung von Entwicklungsbeiträgen Dritter und auch eigene Entwicklungsbeiträge gehören. Gerade bei der freien Verwertung von Programmen, die nach einem gemeinsamen Konzept entwickelt werden, kommt auch eine Miturhebergesellschaft in Betracht.[909]

199

---

[904] Vgl. dazu eingehend *Meyer*, S. 59 ff.; *Schulz*, S. 257 ff., und auch *Spindler*, S. 159 f.

[905] Dazu ausführlich unten Rn. 368 ff.

[906] *MüKo-Ulmer/Schäfer*, § 705, Rn. 17 ff., 128 ff.

[907] *MüKo-Ulmer/Schäfer*, § 705, Rn. 152.

[908] Vgl. *MüKo-Ulmer/Schäfer*, § 706, Rn. 14; § 709, Rn. 12.

[909] *Schricker/Loewenheim-Loewenheim*, § 8, Rn. 12; *MüKo-Ulmer/Schäfer*, Vor § 705, Rn. 128 f.

Es ist also eine Frage des Einzelfalls, ob und in welcher Form sich die Strukturen eines Entwicklungsprojektes zu einer Gesellschaft oder einer anderen juristischen Person verfestigt haben. Hier bietet die Praxis die gesamte Bandbreite möglicher Organisationsformen.

III. Bedeutung von gesellschaftsrechtlichen Strukturen

200   Im Rahmen dieser Darstellung können die sich aus der Bildung von Gesellschaften ergebenden Rechtsfolgen nicht annähernd vollständig beschrieben werden. Wegen der praktischen Bedeutung sind aber einige Anmerkungen zur Haftung von Open Source Projekten angebracht, die die Form einer GbR haben. Dies gilt insbesondere für die Außengesellschaft, die als rechts- und parteifähige Personenvereinung über Organe am Rechtsverkehr teilnimmt. Dafür genügt es, dass eine gemeinsame Website betrieben wird und die Gesellschafter dort mit einer gemeinsamen Identität (z. B. *XY Projekt*) auftreten.[910] Oftmals agiert ein *Maintainer* oder *Project Leader* als Einzelgeschäftsführer, zum Teil erfolgt dies auch gemeinschaftlich entsprechend dem Grundmodell des § 709 BGB.

Mit der Anerkennung der Rechtsfähigkeit der Außengesellschaft[911] ergibt sich die akzessorische persönliche Haftung der Gesellschafter für alle Gesellschaftsverbindlichkeiten aus § 128 HGB analog.[912] Davon wird nach der Rechtsprechung des BGH auch die deliktische Haftung der Gesellschaft umfasst.[913] Dem Haftungsmaßstab der Gesellschaft gegenüber Dritten kommt damit eine elementare Bedeutung zu.[914] Allerdings sollte auch die grundsätzliche Einordnung von Open Source Lizenzen in das Schenkungsrecht nicht zur völligen Sorglosigkeit von Entwicklungsprojekten in Form einer GbR führen: Bei sämtlichen Verletzungen von Immaterialgüterrechten können die Rechtsinhaber Unterlassungsansprüche geltend machen. Daneben bestehen für etwaige Abmahnkosten dann verschuldensunabhängige Ansprüche aus Geschäftsführung ohne Auftrag.[915]

---

[910] Vgl. *MüKo-Ulmer/Schäfer*, § 705, Rn. 253 f., 279.
[911] BGH, NJW 2001, 1056 – *ARGE Weißes Ross;* BGH, NJW 2002, 1207.
[912] Vgl. *MüKo-Ulmer*, § 714, Rn. 37 f.
[913] BGH, NJW 2003, 1445.
[914] Ausführlich unten Rn. 201 ff.
[915] Vgl. nur BGH, GRUR 1980, 1074 – *Aufwendungsersatz*.

D. Vertragstypen, Gewährleistung und Haftung

Open Source Lizenzen enthalten, so wie alle anderen Verträge im Be-   **201**
reich des Urheberrechts, nicht nur Regelungen zu den eingeräumten
Nutzungsrechten, sondern auch zu anderen, das schuldrechtliche Vertragsverhältnis zwischen Lizenzgeber und Lizenznehmer betreffende
Fragen. Selbst wenn man das klassische deutsche Verständnis vom Ur-
heberrechtsvertrag in Zweifel zieht und – ähnlich dem US-amerikanischen Urheberrecht – eine einseitige, „reine" Nutzungsrechtseinräumung grundsätzlich für zulässig hielte, so erschiene es im Hinblick auf
die eingehenden schuldrechtlichen Regelungen in Open Source Lizenzen
zu Haftung und Gewährleistung, zur Vertragsbeendigung usw. als ge-
künstelt, den Abschluss eines Vertrages zwischen Lizenzgeber und Lizenznehmer bei Open Source Lizenzen zu verneinen.[916] Im Folgenden
wird deswegen davon ausgegangen, dass es insoweit nicht nur zu einer
abstrakten Nutzungsrechtseinräumung, sondern auch zum Abschluss
eines kausalen Vertrages kommt. Im Hinblick auf diesen Vertrag stellt
sich die Frage nach dem Vertragstyp. Auf dieser Grundlage können die
vertragsrechtlichen Fragen, insbesondere Gewährleistung und vertragliche Haftung, beurteilt werden.

Die Grundlagen der Vertragsverhältnisse wurden bereits beleuchtet,
ebenso die Frage der wirksamen Einbeziehung von Open Source Lizenzen als allgemeine Geschäftsbedingungen.[917] Im Folgenden sollen aus der
Vielfalt der denkbaren Möglichkeiten einige typische Vertragskonstellationen herausgegriffen werden, um den jeweiligen Vertragstyp sowie die
Gewährleistungs- und Haftungsregeln zu erläutern. Die außervertragliche Haftung wird jeweils mitbehandelt.

I. Vertragskonstellation 1: Unentgeltlicher Download von Freier Software direkt vom Rechtsinhaber

Die scheinbar einfachste Variante ist der unentgeltliche Download eines   **202**
Open Source Programms unmittelbar von der Website des Programmierers oder des Unternehmens, das den oder die Programmierer ange-

---

[916] So aber *Heussen*, MMR 2004, 445, 447 ff. *Wandtke/Bullinger-Grützmacher*,
§ 69c, Rn. 75, geht von einem Gefälligkeitsverhältnis aus, da es – auch mit Blick auf
die Haftung – lebensfremd anzunehmen sei, dass der Lizenznehmer mit einer Vielzahl
oft unbekannter Lizenzgeber oder umgekehrt der Lizenzgeber mit einer unbekannten
Vielzahl von Lizenznehmern einen Vertrag schließen wolle. So könne auch das Problem des fehlenden Sukzessionsschutzes gelöst werden. Dieser bedenkenswerte Ansatz
ist jedoch abzulehnen, da er sich nicht überzeugend in die Rechtsgeschäftslehre des
deutschen Zivilrechts einfügt.
[917] Vgl. oben Rn. 171 ff.

stellt hat. Zugrunde gelegt wird dabei der Fall, dass die Software vollständig selbst erstellt wurde, also kein fremdes Programm fortentwickelt wurde. Die Konstellation ist deswegen so wichtig, weil sie auch den Austausch innerhalb der Open Source „Community" umfasst.

1. Vertragstyp

a) Vertragsgegenstand

203 Um den schuldrechtlichen Vertragstyp bestimmen zu können, muss zunächst geklärt werden, welche besonderen Merkmale die Vereinbarung hat, insbesondere was der Vertragsgegenstand ist. Beim Download von Freier Software stehen zwei Vermögenswerte im Vordergrund.

Zum einen wird die Software selbst erworben. Diese wird zwar nicht auf einem Datenträger übertragen, sondern lediglich im Wege eines Datenflusses von Bits und Bytes von einem Server auf einen Datenträger des Anwenders übermittelt, aber stellt dennoch einen Vermögenswert dar. Dies gilt zunächst einmal unabhängig davon, ob man Software Sacheigenschaft im Sinne des § 90 BGB zuschreibt oder nicht.[918] Denn das vom Anwender erworbene Programm hat unabhängig von seiner rechtlichen Einordnung als Sache, Recht oder aliud einen Verkehrswert und kann damit Vertragsgegenstand sein.[919] Mit dem Erwerb einer rechtmäßig in Verkehr gebrachten Programmkopie erwirbt der Anwender zugleich die gesetzlichen Mindestrechte zur bestimmungsgemäßen Benutzung des Programms gem. §§ 69d, 69e UrhG.[920]

204 Zum anderen werden durch die Open Source Lizenzen einfache Nutzungsrechte an jedermann gewährt.[921] Die Nutzungsrechte stellen ebenfalls einen Vermögenswert dar, den der Anwender vom Anbieter bei dem Erwerb eines freien Programms mittels Download erwerben kann. Die Einräumung der Nutzungsrechte kann zeitlich dem Softwareerwerb nachfolgen, wenn der Anwender das Programm zunächst nur bestimmungsgemäß benutzt, bevor er zu einem späteren Zeitpunkt die Rechte aus der Lizenz in Anspruch nimmt und damit konkludent sein Einverständnis erklärt. Softwareerwerb und Rechtseinräumung können aber auch zeitgleich vonstatten gehen, insbesondere wenn der Rechtsinhaber bereits für den Download der Software die Annahme der Open Source Lizenz fordert. Die gängigen Freien Software-Lizenzen verbieten es dem Rechtsinhaber nicht, den Vertragsabschluss bereits zum Zeitpunkt des Softwareerwerbs zu verlangen.[922] Im Folgenden wird zunächst vom

---

[918] Zu dieser Frage sogleich unten Rn. 206.
[919] Zustimmend *Hoeren*, FS Kollhosser, S. 233.
[920] S. o. Rn. 123 ff.
[921] S. o. Rn. 126.
[922] Dies gilt auch für die GPL-2.0, wenngleich die Bestimmungen der Lizenz, insbesondere Ziffer 0 Abs. 2 und Ziffer 5, eher auf den nachträglichen Erwerb zugeschnit-

Normalfall des nachträglichen Erwerbs der Nutzungsrechte ausgegangen.

b) Überlassung der Software als Schenkung

Im Hinblick auf die kostenlose Überlassung der Software als solcher **205** wird im Schrifttum überwiegend von der direkten oder zumindest analogen Anwendbarkeit des Schenkungsrechts ausgegangen.[923] Eine Schenkung setzt voraus, dass der Schenker durch eine Zuwendung den Beschenkten aus seinem Vermögen bereichert. Untersucht man die einzelnen Tatbestandsmerkmale genauer, zeigt sich in der Tat, dass die Voraussetzungen für eine Schenkung gegeben sind.

aa) Zuwendung

Eine Zuwendung liegt vor, wenn ein Vermögensbestandteil hingegeben **206** wird, insbesondere bei der Übertragung von Sachen oder Rechten. Die Sacheigenschaft von Software im Sinne des § 90 BGB ist seit langem umstritten und dabei insbesondere die Frage der Körperlichkeit. An dieser Stelle braucht dieser Streit nicht im Detail nachgezeichnet zu werden.[924] Hier sollen die folgenden Überlegungen genügen: Software unterscheidet sich von anderen beweglichen Sachen dadurch, dass sie verlustfrei kopiert werden kann, dass also eine Übertragung stattfinden kann, ohne dass eine klassische Übergabe im Sinne des § 929 S. 1 BGB erfolgt, bei der der Übergebende seinen Sachbesitz aufgeben muss. Dennoch wendet der BGH zu Recht die Vorschriften über die Sachübergabe zumindest analog an, da sowohl beim „Überspielen" eines Programms als auch bei der Übergabe eines auf einem Datenträger gespeicherten Programms der wirtschaftliche Endzweck in der „Nutzbarmachung der Software für den Erwerber durch Einspeicherung auf der Festplatte" des Computers erreicht wird und die unterschiedlichen technischen Übertragungsmöglichkeiten keine abweichende rechtliche Bewertung rechtfertigen.[925] Standardsoftware auf einem Datenträger wird vom BGH in ständiger Rechtsprechung als bewegliche Sache angesehen.[926] Wenn Software schon wie eine Sache übertragen werden kann, so kann sie erst

---

ten sind. Verlangt der Rechtsinhaber bereits zum Zeitpunkt des Downloads der Software die Annahme der Lizenz vom Anwender, so sind die genannten Bestimmungen gegenstandslos.

[923] So schon *Metzger/Jaeger*, GRUR Int. 1999, 839, 847; ebenso *Deike*, CR 2003, 9, 14 f.; *Schäfer*, S. 55 f.; *Schiffner*, S. 225 ff.; *Schulz*, S. 235 ff.; *Spindler-Spindler*, S. 152 ff.; a. A. *Hoeren*, FS Kollhosser, S. 229 ff.; *Koch*, CR 2000, 333, 335; *Sester*, CR 2000, 797, 799 f.; *Teupen*, S. 236 ff.

[924] Eine ausführliche Darlegung des Streitstandes findet sich bei *Marly*, Rn. 696 ff., 715 ff.

[925] Vgl. BGH, NJW 1990, 320, 321, zur Anwendung der Vorschriften über den Sachkauf bei der Übermittlung von Software auf eine Festplatte, und BGH, NJW 2007, 2394 f. bei der Nutzung im Rahmen eines ASP-Vertrages.

[926] BGH, NJW 1993, 2436, 2437 m. w. N.

recht Gegenstand einer Zuwendung nach § 516 BGB sein. Eine Zuwendung im Sinne des Schenkungsrechts kann bei der kostenlosen Überlassung von Freier Software also bejaht werden.[927]

bb) Entreicherung

207 Umstritten ist im Schrifttum insbesondere die Frage, ob die kostenlose Überlassung von Freier Software zu einer Entreicherung des Rechtsinhabers führt. Ein Teil des Schrifttums lehnt dies ab.[928]

In Rechtsprechung und Lehre ist seit langem anerkannt, dass eine Zuwendung nur dann vorliegt, wenn sie mit einer entsprechenden Entreicherung des Schenkers einhergeht.[929] Dies wird damit begründet, dass der Schenker etwas „aus seinem Vermögen" hergeben müsse, eine nur vorübergehende Gebrauchsüberlassung reiche nicht aus.[930]

Stellt man die besondere Eigenschaft von Open Source Software in den Vordergrund, verlustfrei in beliebiger Zahl durch jedermann vervielfältigt werden zu dürfen, so könnte man daran zweifeln, ob derjenige, der ein entsprechendes Programm zum Download anbietet, tatsächlich einen Vermögensverlust erleidet.[931]

Überzeugender erscheint es indessen, auf eine wirtschaftliche Betrachtungsweise abzustellen. Wie bei einem Kauf kann es keinen Unterschied machen, ob die Software auf einem Datenträger, z. B. einer Diskette, übergeben wird oder ob dies per Download geschieht. Denn das wirtschaftlich relevante Vermögensgut ist die Software, nicht der Datenträger, auf dem sie fixiert ist. Schließlich ist die Besonderheit von Software zu berücksichtigen, nämlich die Möglichkeit verlustfreier Vervielfältigung. Anders als bei anderen Waren bedeutet der Erwerb des einen nicht notwendig den Verlust des anderen. Es ist aber nicht ersichtlich, warum diese Besonderheit eine Schenkung vertragstypologisch unmöglich machen sollte. Entscheidend ist, dass eine unentgeltliche Übertragung von Software keine „vorübergehende Gebrauchsüberlassung" darstellt und damit auch keine Fallkonstellation, die mittels des Tatbestandsmerkmals „Entreicherung des Schenkers" von Gebrauchsüberlassungsverträgen abgegrenzt werden muss.[932] Daher sind die Schenkungsvorschriften zumindest entsprechend anwendbar.

---

[927] Im Ergebnis ebenso *Schiffner*, S. 228; *Schulz*, S. 238 ff.; insoweit auch zustimmend *Hoeren*, FS Kollhosser, S. 229, 235.
[928] Dagegen insbesondere *Hoeren*, FS Kollhosser, S. 229, 235 f.; *Sester*, CR 2000, 797, 799 f.
[929] *Palandt-Weidenkaff*, § 516, Rn. 5; *MüKo-J. Koch*, § 516, Rn. 6.
[930] Vgl. BGH, NJW 1982, 820.
[931] So *Hoeren*, FS Kollhosser, S. 229, 235; *Sester*, CR 2000, 797, 799 f.
[932] Wie hier *Deike*, CR 2003, 9, 15; ähnlich *Schulz*, S. 238 ff.; *Spindler-Spindler*, S. 155.

cc) Bereicherung

Der Anwender muss bereichert sein. Das ist im Hinblick auf die Soft-   208
ware zweifellos der Fall.[933]

dd) Unentgeltlichkeit

Schließlich muss die Zuwendung unentgeltlich sein. Dies ist der Fall,   209
wenn die Zuwendung mit keiner Gegenleistung verbunden ist.[934] Die
Unentgeltlichkeit ist unproblematisch zu bejahen, wenn lediglich die
Software kostenlos überlassen wird, ohne dass es zugleich zum Abschluss einer Open Source Lizenz und den damit einhergehenden Verpflichtungen kommt.

Als Zwischenergebnis kann damit festgehalten werden, dass beim
Download von Freier Software zwischen Programmierer bzw. Softwarefirma und Erwerber schuldrechtlich eine Handschenkung gem. § 516
Abs. 1 BGB hinsichtlich der Software (ohne über § 69d UrhG hinausgehende Nutzungsrechte) vorliegt.

c) Einräumung der Nutzungsrechte als Lizenzvertrag mit schenkungs-rechtlichen Elementen

Für die schuldrechtliche Einordnung der Rechtseinräumung entsprechend   210
den Bedingungen von Open Source Lizenzen werden unterschiedliche
Modelle diskutiert. Teilweise wird auch im Hinblick auf die Rechtseinräumung die Anwendung des Schenkungsrechts empfohlen.[935] Andere
wollen die schuldrechtlichen Beziehungen zwischen Rechtsinhabern und
Lizenznehmern nach den Vorschriften über die Gesellschaft bürgerlichen
Rechts behandeln.[936] Vorgeschlagen wird zudem die Anwendung der leih-
bzw. pachtvertragsrechtlichen Vorschriften.[937] Zum Teil wird auch von
einem atypischen (Lizenz)vertrag sui generis ausgegangen.[938] Im Folgenden soll gezeigt werden, dass die Anwendung der schenkungsrechtlichen
Vorschriften als interessengerechte Lösung den Vorzug verdient (aa–ee).
Dies bedeutet freilich nicht, dass es sich bei dem der Nutzungsrechtseinräumung zugrunde liegenden Vertrag um eine gewöhnliche Handschenkung im Sinne des § 516 BGB handelt. Vielmehr handelt es sich um einen

---

[933] Zweifelnd jedoch *Teupen*, S. 237 f., da er die Nutzung an Bedingungen gebunden sei und die Bereicherung des Erwerbers nicht Ziel, sondern nur Mittel zum
Zweck sei. Dies ändert jedoch nichts daran, dass der Erwerber dauerhaft einen Vermögenswert erlangt.

[934] Vgl. *MüKo-J. Koch*, § 516, Rn. 24.

[935] So bereits *Metzger/Jaeger*, GRUR Int. 1999, 839, 847; ähnlich *Deike*, CR 2003,
9, 14 f.; *Spindler-Spindler*, S. 152 ff.

[936] *Sester*, CR 2000, 797, 801 f.; ablehnend *Hoeren*, FS Kollhosser, S. 229, 234.

[937] *Schulz*, S. 276 ff.

[938] So *Schiffner*, S. 231; ähnlich *Koch*, CR 2000, 333, 335; *Koglin*, S. 62; *Weber*,
FS Honsell, S. 58 f.; für einen atypischen „Open Source Vertrag" *Teupen*, S. 241 ff.

Lizenzvertrag, auf den die schenkungsrechtlichen Vorschriften entsprechend anzuwenden sind (ff).

aa) Austauschvertrag oder Gesellschaft bürgerlichen Rechts?

211 Die Anwendung des Schenkungsrechts wäre abzulehnen, wenn die Einräumung von Nutzungsrechten nach den Bestimmungen einer Open Source Lizenz nicht primär als Transfer von Vermögensgegenständen, sondern als Leistung zwischen mehreren Gesellschaftern einer GbR einzuordnen wäre. Wie oben ausgeführt, mag dies zwar im Einzelfall zutreffen, das Lizenzmodell lässt sich aber keineswegs auf diese Konstellation reduzieren.[939]

Im Folgenden sollen die gesetzlichen Voraussetzungen eines Schenkungsvertrags geprüft werden.

bb) Zuwendung

212 Eine Zuwendung gem. § 516 BGB setzt die – endgültige – Hingabe eines Vermögensgegenstands voraus.[940] Dass es sich bei einem urheberrechtlichen Nutzungsrecht an einer Software – trotz der beim Urheber verbleibenden Verbotsrechte[941] – um einen möglichen Gegenstand einer Zuwendung im Sinne des § 516 BGB handeln kann, wird, soweit ersichtlich, von niemandem in Zweifel gezogen.[942] Die Einordnung einer Open Source Lizenzierung als „Zuwendung" wäre nur abzulehnen, wenn die eingeräumten Rechte nicht dauerhaft beim Lizenznehmer verbleiben würden, sondern es sich um eine bloß zeitweilige Einräumung handelte. Dann kämen die Vorschriften über die Leihe oder – sofern man die Unentgeltlichkeit ablehnt – Miete und Pacht in Betracht. Für eine bloß zeitweilige Überlassung scheinen auf den ersten Blick die für Open Source Lizenzen typischen Rückfallklauseln wie Ziffer 4 GPL-2.0 zu sprechen, welche für den Fall der Verletzung der Verpflichtungen durch den Lizenznehmer den automatischen Rückfall der Rechte an den Lizenzgeber vorsehen. Allerdings trügt dieser erste Eindruck. Der Lizenzgeber wünscht bei Open Source Lizenzen die endgültige Überlassung der Nutzungsrechte, auch wenn diese an Bedingungen geknüpft ist. Anders als bei der Leihe oder Miete stellt die „Rückgabe" der Nutzungsrechte nicht die Regel, sondern die Ausnahme dar.[943] Die Praxis der Lizenzausübung bei Freier Software zeigt, dass entsprechende Fälle, in denen die Lizenzgeber im Nachhinein den Rückfall der Rechte geltend machen, verhältnismäßig selten sind. In der Regel verbleiben die

---

[939] S. o. Rn. 191 ff., ebenso *Teupen*, S. 226 ff.

[940] *Palandt-Weidenkaff*, § 516, Rn. 5.

[941] Genannt seien hier beispielsweise die §§ 12 ff. sowie die §§ 31 Abs. 4, 34, 35, 41 UrhG.

[942] Vgl. nur *Hoeren*, FS Kollhosser, S. 229, 234.

[943] So auch *Schneider*, Rn. J.24.

Nutzungsrechte – wie durch die Lizenzen intendiert – dauerhaft beim Lizenznehmer.

cc) Entreicherung

Die Einräumung der Nutzungsrechte nach den Bestimmungen einer **213** Open Source Lizenz führt zu einer Entreicherung des Lizenzgebers.[944] Indem der Lizenzgeber sein Werk unter eine Open Source Lizenz stellt, verliert er dauerhaft einen urheberrechtlichen Vermögensbestandteil. Es würde die Grundidee des Urheberrechts auf den Kopf stellen, wenn man dem Nutzungsrecht einen wirtschaftlichen Wert absprechen würde, denn die Gewährung von Verbotsrechten soll den Urheber doch gerade in die Lage versetzen, die Gestattung der Nutzung von einem Entgelt abhängig zu machen. Verzichtet er auf diese Möglichkeit, indem er das Verbotsrecht unentgeltlich aufgibt, so entsagt er nicht nur einem möglichen Verdienst,[945] vielmehr gibt er unmittelbar eine geldwerte Rechtsposition auf. Dies zeigt sich nicht zuletzt daran, dass eine Lizenzierung nach den Bestimmungen einer Open Source Lizenz dazu führt, dass jede später erfolgende Einräumung von ausschließlichen Nutzungsrechten gem. § 33 UrhG mit dem einfachen Nutzungsrecht an jedermann „belastet" ist.[946] Die Lizenzierung nach den Bestimmungen einer Open Source Lizenz führt also zum Verlust eines Teils des Verbotsrechts und damit zu einer Entreicherung.

dd) Bereicherung

Dass der Lizenznehmer durch die gewährten Nutzungsrechte bereichert **214** wird, ist – soweit ersichtlich – unumstritten.

ee) Unentgeltlichkeit

Kontrovers diskutiert wird dagegen die Frage, ob die Rechtseinräumung **215** bei Open Source Lizenzen unentgeltlich ist oder ob die Zuwendung mit einer Gegenleistung verbunden ist. Dieses Problem stellt sich nur bei

---

[944] Wie hier *Spindler-Spindler*, S. 155; *Schäfer*, S. 62. Einige Autoren verneinen eine Entreicherung des Lizenzgebers bei der Lizenzierung einer Software nach einer Open Source Lizenz, vgl. *Hoeren*, FS Kollhosser, S. 229, 236, der den Vertrieb durch einen Distributor, der selbst keine Rechte an der Sofware innehat und dementsprechend auch keine Nutzungsrechte einräumen kann, mit der Nutzungsrechtseinräumung durch den Rechtsinhaber zu verwechseln scheint; *Sester*, CR 2000, 797, 800, verkennt, dass der Rechtsinhaber bei der Einräumung einfacher Nutzungsrechte stets selbst die Befugnis zur Nutzung des Schutzrechts behält. Fehl geht auch seine Annahme der „wirtschaftlichen Unmöglichkeit" eines Verdienstes; die Praxis des Dual Licensing zeigt, dass entgeltliche Rechtseinräumungen wirtschaftlich möglich und sinnvoll sind (vgl. Rn. 114 ff.). Auch der Hinweis auf die „rechtliche Unmöglichkeit" eines Verdienstes vermag nicht zu überzeugen, da für die Überlassung der Software als solcher bei Freier Software immer ein Entgelt verlangt werden kann.
[945] So aber *Hoeren*, FS Kollhosser, S. 229, 236; *Sester*, CR 2000, 797, 800.
[946] Darin liegt auch der Unterschied zum bloßen Gebrauch des Vermögenswertes, wie ihn *Teupen*, S. 237 f. annimmt; zustimmend insoweit auch *Koglin*, S. 40 f.

Copyleft-Lizenzen, bei denen der Erwerber der Software bei der Weitergabe seine eigenen Modifikationen ebenfalls wieder freigeben, also unter die jeweilige Open Source Lizenz stellen muss.[947] Einige Autoren möchten hierin eine Gegenleistung sehen. Die Folge wäre, dass die Einordnung als Schenkungsvertrag an der fehlenden Unentgeltlichkeit scheitern würde.[948] Hierzu ist zunächst festzustellen, dass mit dem bloßen Erwerb der Nutzungsrechte noch keine Pflichten des Erwerbers verbunden sind – aus dem Vertragsschluss allein ergeben sich keine Ansprüche des Anbieters.[949] Allerdings kann es auch genügen, dass sich die Gegenleistungspflicht aus einer konditionalen oder kausalen Verknüpfung ergibt, dass also die Zuwendung unter der Bedingung versprochen wird, dass der Erwerber seinerseits etwas leistet oder dies jedenfalls zur Geschäftsgrundlage gemacht wird.[950] Wie bereits dargelegt wurde, enthalten Copyleft-Lizenzen Bedingungen, die der Nutzer erfüllen muss, da er ansonsten seine urheberrechtlichen Befugnisse aus den Lizenzen verliert. Betrachtet man diese Bedingungen allerdings aus dem Blickwinkel der „Unentgeltlichkeit", zeigt sich, dass sie keine konditionale Verknüpfung im Sinne einer Gegenleistungspflicht darstellen. Denn die Bedingungen haben keinen finalen Charakter im Sinne einer Wirksamkeitsbedingung,[951] d. h. die Lizenzgeber geben Software nicht frei, *um* Fortentwicklungen zurück zu erhalten, vielmehr sollen die freigegebenen Programme gegen eine spätere Überführung in proprietäre Produkte „geimpft" werden.[952] Es ist deswegen unzutreffend, die Leistungen des Lizenzgebers als in einem synallagmatischen Verhältnis zur Freigabeverpflichtung des Lizenznehmers stehend zu beschreiben oder eine „Gegenleistung" anzunehmen.[953] Dem Nutzer wird keine Verpflichtung auferlegt, die eine den Erwerb ausgleichende Gegenleistung darstellen soll.[954] Selbst wenn die Einräumung der Nutzungsrechte dazu erfolgt, um wie bei einer Zweckschenkung weitere Leistungen zu initiieren, etwa die Bearbeitung durch den Lizenznehmer, lässt dies die Unentgeltlichkeit nicht entfallen.[955] Die

---

[947] Diese Differenzierung nehmen auch *Schiffner*, S. 232 ff., und *Schulz*, S. 255 ff., vor. *Hoeren*, FS Kollhosser, S. 229, 237, *Teupen*, S. 238 f., und *Sester*, CR 2000, 797, 800, behandeln dagegen in unzutreffender Weise alle Open Source Lizenzen ausnahmslos als Copyleft-Lizenzen.

[948] Vgl. *Hoeren*, FS Kollhosser, S. 229, 237; *Schiffner*, S. 233; *Schulz*, S. 255 ff.; *Sester*, CR 2000, 797, 800; *Teupen*, S. 238 f. Wie hier bereits *Metzger/Jaeger*, GRUR Int. 1999, 839, 847; ähnlich *Spindler-Spindler*, S. 156 ff.; *Schäfer*, S. 60 f.; *Sujecki*, JurPC Web-Dok. 145/2005, Abs. 7.

[949] Dies berücksichtigt *Hoeren*, FS Kollhosser, S. 229, 237, nicht.

[950] Vgl. *Palandt-Weidenkaff*, § 516, Rn. 8; *MüKo-J. Koch*, § 516, Rn. 27 f.

[951] Dazu näher *MüKo-J. Koch*, § 516, Rn. 27.

[952] Vgl. hierzu etwa http://www.gnu.org/copyleft/copyleft.html.

[953] So aber *Hoeren*, FS Kollhosser, S. 229, 237; *Schulz*, S. 255 f.

[954] Zu diesem Aspekt *Soergel-Mühl/Teichmann*, § 516, Rn. 11.

[955] Zur Zweckschenkung vgl. *MüKo-J. Koch*, § 516, Rn. 29.

Verpflichtungen aus Open Source Lizenzen beschränken vielmehr nur den eigentlichen Gegenstand der Schenkung.[956] So kann jedermann ein freies Programm von einem anderen Nutzer kopieren und benutzen, ohne eine einzige Leistungspflicht zu erfüllen. Auch Veränderungen für den eigenen Gebrauch sind mit keinerlei Pflichten oder Rechtsverlusten verbunden. Erst wenn weitergehende Rechte aus der Lizenz ausgeübt werden – etwa Veränderungen weiterverbreitet werden –, ergeben sich aus den Bedingungen Begrenzungen dieser Rechte, die aber nicht über das hinausgehen, was der Nutzer überhaupt erst durch die Einräumung der Nutzungsrechte erwirbt oder was den Umgang mit ihnen näher ausgestaltet. Daher kann man von „nachhängenden" Verpflichtungen sprechen, die dem Charakter der Unentgeltlichkeit nicht entgegenstehen.[957]

Die nachhängenden Verpflichtungen, die in Form einer Bedingung an **216** die Einräumung der Nutzungsrechte geknüpft sind, stellen auch keine „Schenkung unter Auflage" dar.[958] Die Besonderheit einer Schenkung unter Auflage besteht darin, dass der Schenker gem. § 527 Abs. 1 BGB einen Anspruch gegen den Beschenkten auf Erfüllung der Auflage hat. Dies rechtfertigt das Erfordernis der notariellen Form gem. § 518 BGB. Diese Situation ist bei „Copyleft"-Lizenzen aber gerade nicht gegeben.[959] Die Lizenzgeber haben keinen schuldrechtlichen Anspruch auf Erfüllung der Verpflichtungen aus der Lizenz. Ziffer 4 der GPL-2.0 zeigt dies eindeutig: Wer die Verpflichtungen nicht erfüllt, verliert lediglich die durch die Lizenz eingeräumten Nutzungsrechte, es kann aber nicht die Erfüllung der Bedingungen aus der Lizenz – z. B. die Freigabe des Quellcodes – erzwungen werden.[960]

Noch klarer ist die Situation bei Non-Copyleft-Lizenzen wie den BSD-Lizenzen. Hier steht es dem Lizenznehmer frei, ob er die Software unter der ursprünglichen Lizenz weiterverbreitet oder unter eine eigene, sogar „proprietäre" Lizenz stellt. Die Unentgeltlichkeit ist im Ergebnis also sowohl bei Copyleft-Lizenzen als auch bei sonstigen Open Source Lizenzen zu bejahen.

---

[956] Dies entspricht insoweit einer „inhaltlichen Beschränkung" i. S. d. § 32 UrhG. Dort kann das beschränkte Recht zweifellos verschenkt werden.

[957] So bereits *Metzger/Jaeger*, GRUR Int. 1999, 839, 847; a. A. *Sester*, CR 2000, 797, 800, dagegen überzeugend *Koglin*, S. 45 ff., der die Unentgeltlichkeit der Zuwendung damit begründet, dass mangels (subjektiv) finaler Bindung keine konditionale oder kausale Verknüpfung bestehe, die die Untentgeltlichkeit entfallen lasse.

[958] Diese Konstruktion unterstellt *Sester*, CR 2000, 797, 800, unrichtig unseren Ausführungen in *Metzger/Jaeger*, GRUR Int. 1999, 839, 847.

[959] Wie hier *Spindler-Spindler*, S. 158 f.; *Schäfer*, S. 63.

[960] Vgl. Ziffer 4 GPL-2.0, oben Rn. 152 ff.

ff) Lizenzvertrag mit schenkungsrechtlichen Elementen

217 Auch wenn die tatbestandlichen Voraussetzungen erfüllt sind, bedeutet dies nicht, dass eine Nutzungsrechtseinräumung nach den Bedingungen einer Open Source Lizenz vollständig mit dem Vertragstyp der Handschenkung übereinstimmt. In der Literatur wird zurecht darauf hingewiesen, dass es sich bei Open Source Lizenzen in erster Linie um Lizenzverträge handelt, auf die – mangels genau zugeschnittener gesetzlicher Vorschriften im UrhG oder an anderer Stelle – die Vorschriften der BGB-Vertragstypen nur entsprechend angewendet werden können.[961] Es versteht sich in der Tat von selbst, dass die GPL oder die BSD-Lizenzen eine Reihe von Besonderheiten gegenüber einer normalen Handschenkung aufweisen.[962] Der Vertragstyp ist dementsprechend genauer als Lizenzvertrag mit schenkungsrechtlichen Elementen zu bezeichnen.[963] Im Ergebnis bedeutet dies, dass die wenigen gesetzlichen Vorschriften des Urhebervertragsrechts durch Heranziehung schenkungsrechtlicher sowie sonstiger Vorschriften des allgemeinen Schuldrechts ergänzt werden müssen. Besonderheiten des Lizenzvertrags sind dabei zu berücksichtigen. So erscheint es etwa als zutreffend, Open Source Lizenzen als Dauerschuldverhältnisse zu behandeln.[964] Die Pflichten des Lizenznehmers bei der Wahrnehmung der Rechte aus der Lizenz sorgen für eine zeitlich über die einmalige Rechtseinräumung hinausgehende Bindung der Parteien. Der in manchen Lizenzen vorgesehene automatische Rückfall der Rechte im Fall der Lizenzverletzung durch den Lizenznehmer, etwa Ziffer 4 GPL-2.0, verstärkt diese dauerhafte Bindung, die der Schenkung auch nicht wesensfremd ist.[965] Hinzu kommen die fortbestehenden Verbotsrechte des Urhebers, etwa aus § 14 UrhG, sowie die besonderen urheberrechtlichen Rückrufsrechte der §§ 41, 42 UrhG.[966] Im Hinblick auf diese dauerhafte Bindung der Parteien erscheint es deswegen als gerechtfertigt, von einem Dauerschuldverhältnis auszugehen. Eine Folge hiervon ist, dass auch dem Lizenzgeber das Kündigungsrecht aus wichtigem Grund gem. § 314 BGB

---

[961] Insoweit überzeugend *Schulz*, S. 272 ff.

[962] Krit. für den Fall, dass keine unmittelbare Erfüllung erfolgt, wenn der Lizenzgeber mangels Rechtsinhaberschaft den Vertrag überhaupt nicht erfüllen kann *Koglin*, S. 52 ff.

[963] Diese Qualifizierung lehnt sich an die Einordnung herkömmlicher Softwareüberlassungsverträge durch den BGH an, welcher auf entgeltliche Lizenzverträge die kaufrechtlichen Vorschriften über die Haftung und Gewährleistung anwendet, vgl. BGHZ 102, 135.

[964] Im Anschluss an *Schulz*, S. 271, der freilich hieraus den unzutreffenden Schluss zieht, es komme nur die Anwendung der Vorschriften über die Leihe bzw. Miete und Pacht in Betracht (S. 276 f.).

[965] So können Rückforderungsansprüche wegen Bedürftigkeit nach §§ 528, 529 BGB bis zu zehn Jahre nach der Schenkung bestehen.

[966] Dazu oben Rn. 130.

zuzugestehen ist.[967] Von den schenkungsrechtlichen Vorschriften sind insbesondere die Regeln zur Haftung und Gewährleistung heranzuziehen. Hierauf wird sogleich im Einzelnen einzugehen sein.

2. Vertragsverhältnisse

Betrachtet man die vertragliche Situation zwischen dem Anbieter der Software und dem Nutzer hinsichtlich der schuldrechtlichen und dinglichen Beziehungen, so ergibt sich folgendes Bild: **218**

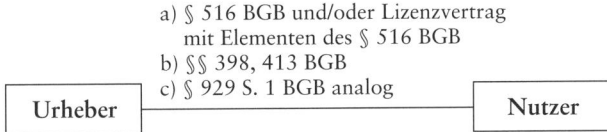

a) § 516 BGB und/oder Lizenzvertrag
mit Elementen des § 516 BGB
b) §§ 398, 413 BGB
c) § 929 S. 1 BGB analog

Urheber   Nutzer

Schuldrechtlich liegen eine Handschenkung der Software und ein Lizenzvertrag mit schenkungsrechtlichen Elementen im Hinblick auf die Nutzungsrechte vor. Während die Software gem. § 929 S. 1 BGB (analog) übertragen wird,[968] werden die Nutzungsrechte gem. §§ 398 S. 1, 413 BGB abgetreten.

Im Normalfall dürfte der Erwerber zunächst die Software als solche geschenkt bekommen, bevor er dann zu einem späteren Zeitpunkt die Nutzungsrechte nach den Vorschriften der jeweils maßgeblichen Open Source Lizenz erwirbt. In diesem Fall liegen zwei getrennte Verträge vor, einerseits der Softwareerwerb, andererseits der Lizenzvertrag.[969] Die auf den Erwerb der Software gerichteten Klauseln in den Open Source Lizenzen, insbesondere zur Gewährleistung, laufen in dieser Konstellation ins Leere, da die Nutzungsrechtseinräumung getrennt vom Softwareerwerb erfolgt, d.h. die Gewährleistungsklauseln können auf den Softwareerwerb nicht angewendet werden, da sie nicht Bestandteil dieses Vertrags sind.

Werden dagegen Nutzungsrechte bereits zum Zeitpunkt der Softwareüberlassung eingeräumt, insbesondere weil bereits beim Erwerb der Software das Einverständnis mit den Lizenzbedingungen erklärt wird, so handelt es sich um einen einheitlichen Vertrag zwischen dem Erwerber und dem Distributor/Lizenzgeber. Der Vertrag ist in diesem Fall insgesamt als Lizenzvertrag mit schenkungsrechtlichen Elementen einzuordnen, weil die Rechtseinräumung die dominante Leistung ist, welche den Charakter des Vertrags insgesamt prägt. Die auf den Softwareerwerb bezogenen Klauseln in den Lizenzbedingungen, insbesondere zur Gewährleistung, erlangen dann Bedeutung.

---

[967] *Schulz*, S. 275; s. o. Rn. 178a.
[968] Vgl. zu dem Problem der „Übergabe" *Marly*, Rn. 727 ff.
[969] S. o. Rn. 172 ff.

3. Gewährleistung und Haftung

a) Gewährleistung

219 Alle gängigen Open Source Lizenzen enthalten einen vollständigen Gewährleistungsausschluss.[970] Grundsätzlich sind die gesetzlichen Gewährleistungsvorschriften bis auf Arglist vertraglich abdingbar (vgl. §§ 444,
639 BGB). Dies gilt allerdings dann nicht, wenn die entsprechende
Klausel eine Allgemeine Geschäftsbedingung (AGB) im Sinne des § 305
Abs. 1 BGB darstellt. Wie oben bereits dargelegt, sind Open Source
Lizenzen vollständig als AGB ausgestaltet.[971] Der Gewährleistungsausschluss, wie er sich in den meisten Open Source Lizenzen findet, entspricht den US-amerikanischen Vertragsgepflogenheiten, verstößt in
Deutschland aber gegen die AGB-Vorschriften.[972]

aa) Verstoß gegen die AGB-Vorschriften

220 Ein vollständiger Gewährleistungsausschluss, wie er sich in Ziffer 11
GPL-2.0 findet, verstößt gegen das absolute Klauselverbot des § 309
Nr. 8 b) aa) BGB, wonach die Gewährleistungsansprüche gegen den
Verwender nicht insgesamt oder bezüglich einzelner Teile ausgeschlossen werden dürfen. Das Klauselverbot des § 309 Nr. 8 b) aa) BGB ist
auch auf Softwareüberlassungsverträge anwendbar, da unter das Tatbestandsmerkmal „Lieferungen neu hergestellter Sachen" auch die Lieferung von Standardsoftware fällt.[973] Selbst wenn man dies nur für solche
Software annehmen wollte, die auf einem Datenträger vertrieben wird,
oder die Software nicht mehr „neu" ist, würde man für Programme, die
bloß aus dem Internet heruntergeladen werden, zu dem entsprechenden
Ergebnis gelangen. Denn in dem vollständigen Ausschluss jeglicher Gewährleistung liegt zumindest ein Verstoß gegen § 307 Abs. 2 Nr. 1
BGB.[974]

221 Der Gewährleistungsausschluss kann auch nicht durch die Verwendung
einer salvatorischen Klausel („soweit gesetzlich zulässig") gerettet werden,

---

[970] Vgl. Ziffer 11 GPL-2.0, Ziffer 7 MPL, Ziffer 15 LGPL-2.1.
[971] S. o. Rn. 179 ff.
[972] Ebenso *Deike*, CR 2003, 9, 14; *Omsels*, FS Hertin, S. 150; *Schiffner*, S. 241 ff.;
Schulz, S. 281 f. (Fn. 1088); *Spindler-Spindler*, S. 165 ff.; *Stickelbrock*, ZGS 2003,
368, 371.
[973] Der Sachbegriff in § 309 Nr. 8 b) aa) BGB umfasst nicht nur körperliche Gegenstände, sondern soll sich – weiter als in § 90 BGB – auf alle Vermögensgegenstände beziehen, auf die die kaufrechtlichen Gewährleistungsvorschriften anwendbar sind,
vgl. *Ulmer/Brandner/Hensen-Christensen*, § 309 Nr. 8, Rn. 21; *MüKo-Wurmnest*,
§ 309 Nr. 8, Rn. 13. A. A. *Marly*, Rn. 990 und *Teupen*, S. 250, die § 309 Nr. 8 b)
aa) BGB nur im Kauf- und Werkvertragsrecht für anwendbar halten, aber über § 307
BGB bzw. § 309 Nr. 7 b) BGB zum gleichen Ergebnis gelangen.
[974] Vgl. *Wolf/Lindacher/Pfeiffer-Dammann*, § 309 Nr. 8 b) aa), Rn. 71, 74 zur ergänzenden Anwendbarkeit des § 307 Abs. 1 und 2 BGB.

wie sie sich in Ziffer 11 GPL-2.0 findet. Denn dem Vertragspartner des
Verwenders der AGB ist dann keine zumutbare Kenntnisnahme des konkreten Umfangs des Gewährleistungsausschlusses möglich, so dass die
Klausel wegen § 305 Abs. 2 Nr. 2 BGB gar nicht erst wirksam in den
Vertrag mit einbezogen wird.[975] Nach anderer Auffassung handele es sich
in Ziffer 11 GPL-2.0 nicht um eine salvatorische Klausel im herkömmlichen Sinn, sondern um einen im internationalen Geschäftsverkehr zulässigen Verweis auf das jeweilige nationale Recht.[976] Allerdings bedarf es auch
bei der Verwendung von AGB im internationalen Rechtsverkehr der
Möglichkeit, sich über den Inhalt zumutbar zu informieren.[977] Das ist bei
einem bloßen Verweis auf das nationale Recht nicht der Fall, insbesondere wenn die anwendbaren Regelungen umstritten sind.[978]

bb) Rechtsfolge des unwirksamen Gewährleistungsausschlusses

Da der vertraglich vorgesehene Gewährleistungsausschluss wegen Versto-   **222**
ßes gegen § 309 Nr. 8 b) aa) BGB unwirksam und eine geltungserhaltende
Reduktion nach § 306 Abs. 2 BGB nicht zulässig ist,[979] richtet sich die
Gewährleistung für Freie Software nach den gesetzlichen Vorschriften. Wie
bereits dargelegt wurde, handelt es sich nach der hier vertretenen Auffassung schuldrechtlich bei einer kostenlosen Überlassung von Freier Software um eine Schenkung gem. § 516 BGB, so dass die schenkungsrechtlichen Gewährleistungsregeln der §§ 523, 524 BGB anwendbar sind.[980]

Dabei ist die Gewährleistung für die Software selbst von der Gewährleistung für die Nutzungsrechte zu unterscheiden: Für die Software richtet
sich die Haftung grundsätzlich nach § 524 Abs. 1 BGB. Wegen der Unei-
gennützigkeit des Schenkers sieht das Gesetz keine Gewährleistung im
eigentlichen Sinne, sondern nur einen Schadensersatzanspruch für den Fall
vor, dass Sachmängel arglistig verschwiegen werden. Das betrifft insbesondere die ordnungsgemäße Funktionsfähigkeit des Programms. Der
Programmierer muss daher auf ihm bekannte „Bugs" hinweisen.

Allerdings stellt sich hier die Frage, ob die Haftungsprivilegierung des
§ 524 BGB für alle sich aus einem Sachmangel ergebenden Schäden gilt
oder nur für unmittelbare Mangelschäden. Für Mangelfolgeschäden ist
dies umstritten. Der BGH wendet § 524 BGB auf alle *„Schäden, die*

---

[975] *Omsels,* FS Hertin, S. 150; *Marly,* Rn. 992 vgl. auch *Ulmer/Brandner/Hensen-
H. Schmidt,* § 306, Rn. 39 ff.
[976] *Sester,* CR 2000, 797, 805; *Koch,* CR 2000, 333, 340.
[977] Vgl. im Verhältnis zwischen Unternehmern *Wolf/Lindacher/Pfeiffer-Pfeiffer,*
§ 305, Rn. 131 m. w. N.
[978] Ebenso *Deike,* CR 2003, 9, 14; *Spindler-Spindler,* S. 167 f.
[979] Dazu näher *Fikentscher,* SchuldR, Rn. 144; *Wolf/Lindacher/Pfeiffer-Lindacher,*
§ 306, Rn. 40 ff., aber mit Ausnahme bei objektiv ungewisser Rechtslage; anders
MüKo-Basedow, § 306, Rn. 12 ff.
[980] Ebenso *Spindler-Spindler,* S. 162 ff.; *Marly,* Rn. 991; *Koglin,* S. 176 ff. für
Rechtsmängel; a. A. *Schulz,* S. 276 ff., für Copyleft-Lizenzen.

dem Beschenkten aus einem Fehler der verschenkten Sache entstehen," an[981] und kann so verstanden werden, als sei die Haftung des Schenkers damit auch bei Mangelfolgeschäden auf Arglist beschränkt.[982] Allerdings findet sich in der Leitentscheidung aus dem Jahr 1984 keine nähere Begründung für dieses Ergebnis.

In der Literatur werden zur Frage des Haftungsmaßstabes bei Mangelfolgeschäden unterschiedliche Auffassungen vertreten. Zum Teil wird der Auffassung des BGH gefolgt und auf § 524 BGB abgestellt.[983] Andere gehen davon aus, dass das allgemeine Leistungsstörungsrecht zur Anwendung kommt. Dabei möchten einige Autoren auf den Sorgfaltsmaßstab des § 276 BGB abstellen[984] – d. h. volle Haftung für Vorsatz und jede Form der Fahrlässigkeit – während andere Autoren sich am Maßstab des § 521 BGB orientieren,[985] – d. h. Haftung für Vorsatz und *grobe* Fahrlässigkeit.

Auch wenn man argumentieren kann, dass die Sonderregelungen der §§ 523, 524 BGB abschließenden Charakter haben und daher das allgemeine Leistungsstörungsrecht für Mangelfolgeschäden gerade keine Anwendung finden soll, sprechen die besseren Gründe jedoch für die Anwendung des allgemeinen Leistungsstörungsrechts und dabei des Haftungsmaßstabes des § 521 BGB. Berücksichtigt man den Umstand, dass die §§ 523, 524 BGB den Schutz des Äquivalenzinteresses betreffen, § 521 BGB jedoch den Schutz des Integritätsinteresses für Schäden, die auf den Schenkungsgegenstand selbst zurückzuführen sind,[986] dann führt die Anwendung des § 521 BGB zu einem kohärenten Ergebnis. Dies würde auch der ganz überwiegend vertretenen Rechtslage beim ebenfalls unentgeltlichen Leihvertrag entsprechen. Die gleich lautende Vorschrift des § 600 BGB gilt nach ganz h. M. nicht für den Ersatz von Mangelfolgeschäden.[987]

223   Hinsichtlich der Nutzungsrechte richtet sich die Haftung nach § 523 Abs. 1 BGB.[988] Danach muss jeder Schadensersatz leisten, der wider

---

[981] BGH, NJW 1985, 794.
[982] So versteht etwa *MüKo-J. Koch*, § 521, Rn. 7, die Entscheidung des BGH.
[983] *Palandt-Weidenkaff*, § 524, Rn 6; *Erman-Herrmann*, § 524, Rn. 2.
[984] *Stoll*, JZ 1985, 384, 385; *Grundmann*, AcP 198 (1998), 457, 471, noch zur Rechtslage vor der Schuldrechtsreform. Da Mangelfolgeschäden stets im Zusammenhang mit der geschenkten Software stehen, würde die gesetzliche Wertung der §§ 521 und 523, 524 BGB unterlaufen, wenn man den Haftungsmaßstab des § 276 BGB anwenden würde. Auf das Kriterium des „Zusammenhangs mit dem Vertragsgegenstand" stellt auch der BGH ab, vgl. BGH, NJW 1985, 794.
[985] *MüKo-J. Koch*, § 521, Rn. 7; *Soergel/Mühl-Teichmann*, vor § 521, Rn. 1; *Staudinger/Wimmer-Leonhardt*, § 524, Rn. 6.
[986] So ausdrücklich BGH, NJW 1985, 794.
[987] *MüKo-Häublein*, § 600 Rn. 3, § 599, Rn. 5; *Palandt-Weidenkaff*, § 600, Rn. 4.
[988] Zur Frage, ob auch eine Gewährleistung für die Beschaffenheit im reinen Lizenzvertrag geschuldet ist, vgl. *Schulz*, S. 284 ff. und – ablehnend – *Koglin*, S. 177 ff.

besseres Wissen Code als Open Source Software verbreitet, obwohl er von den entgegenstehenden Urheberrechten Dritter weiß. Es genügen auch falsche Angaben „ins Blaue hinein", wenn der Schenker mit der Möglichkeit rechnet, dass seine Angaben unrichtig sind.[989]

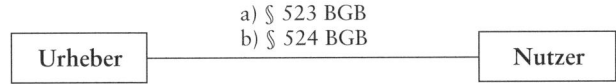

a) § 523 BGB
b) § 524 BGB

Urheber ──────────────────── **Nutzer**

Zusammenfassend kann festgehalten werden: Obwohl die Gewährleistungsausschlüsse in den Open Source Lizenzen wegen Verstoßes gegen die AGB-Vorschriften unwirksam sind, besteht auch nach dem anwendbaren Schenkungsrecht nur eine sehr geringfügige Gewährleistungspflicht. Diese Minimalgewährleistung, die als Schadensersatzanspruch geltend gemacht werden muss, kann auch durch Individualverträge, für die das AGB-Recht nicht gilt, wegen der Grenze des § 276 Abs. 3 BGB[990] nicht weitergehend ausgeschlossen werden.

b) Haftung

Bei der Haftung ist zwischen der vertraglichen Haftung, der Haftung   223a
nach dem Produkthaftungsgesetz und der allgemein-deliktsrechtlichen Produkthaftung sowie der sonstigen allgemeinen Haftung zu unterscheiden.

aa) Vertragliche Haftung

Bei der vertraglichen Haftung ist grundsätzlich eine vertragliche Be-   224
schränkung möglich. Entsprechend der Rechtslage beim Gewährleistungsausschluss ist aber auch der Haftungsausschluss in den Open Source Lizenzen[991] wegen Verstoßes gegen die AGB-Vorschriften des BGB unwirksam.[992] Der Verstoß gegen ein Klauselverbot ergibt sich im Verbraucherverkehr aus § 309 Nr. 7 BGB und im Unternehmensverkehr aus § 307 Abs. 2 Nr. 1 BGB, da ein Haftungsausschluss für Schäden aus vorsätzlichen und grob fahrlässigen Vertragsverletzungen unzulässig ist. Unerheblich für die Anwendbarkeit des § 309 Nr. 7 BGB ist es, ob die betreffenden vertraglichen Leistungen unentgeltlich erbracht werden.[993]

---

[989] *Palandt-Weidenkaff*, § 523, Rn. 2 m. w. N.
[990] „Die Haftung wegen Vorsatzes kann dem Schuldner nicht im Voraus erlassen werden."
[991] Vgl. etwa Ziffer 12 GPL-2.0.
[992] So bereits *Metzger/Jaeger*, GRUR Int. 1999, 839, 846 f.; ebenso *Deike*, CR 2003, 9, 14; *Koglin*, S. 174; *Marly*, Rn. 991; *Omsels*, FS Hertin, S. 151; *Schiffner*, S. 242; *Schulz*, S. 281 f. (Fn. 1088); *Spindler-Spindler*, S. 170 f.; a. A. *Koch*, CR 2000, 333, 340.
[993] *Palandt-Grüneberg*, § 309, Rn. 40 („Verträge jeder Art").

225   Demnach ist für den Haftungsumfang wie bei der Gewährleistung auf die gesetzlichen Regeln des Schenkungsrechts abzustellen. Die Haftung ist gem. § 521 BGB auf Vorsatz und grobe Fahrlässigkeit beschränkt. Dies entspricht ohnehin der Mindesthaftung, die durch AGB nicht weiter beschränkt werden kann.

Eine Haftungsbeschränkung auf Vorsatz, die nach § 276 Abs. 3 BGB die Haftungsuntergrenze bildet, kann wegen § 309 Nr. 7 BGB nur mittels einer Individualabrede erfolgen und spielt beim Download von Standardsoftware keine Rolle, da eine Vielzahl von Individualvereinbarungen praktisch nicht möglich ist.

Damit stellt sich die Haftungssituation wie folgt dar: Wer Freie Software zum Download anbietet, haftet bei Schäden des Nutzers für Vorsatz und grobe Fahrlässigkeit nach §§ 280, 521 BGB. Eine weitergehende Haftung kann sich aus den Vorschriften des ProdHaftG ergeben, wenn die Software im Rahmen der beruflichen Tätigkeit oder für einen Vertrieb mit wirtschaftlichem Zweck hergestellt oder vertrieben wurde.

bb) Haftung bei Verletzung von Produktbeobachtungspflichten

(1) Bestehen von Produktbeobachtungspflichten

225a   Eine Pflicht zur Produktbeobachtung nach Überlassung der Software dürfte sich sowohl aufgrund nachwirkender Treuepflichten aus dem Schenkungsvertrag (§ 280 Abs. 1 BGB) als auch aus dem Deliktsrecht (§ 823 Abs. 1 BGB) ergeben.[994] Dies gilt insbesondere bei technischen Produkten, deren Einsatz sicherheitsrelevant ist. Zwischen den beiden Rechtsgrundlagen besteht hinsichtlich des Umfangs der Pflichten kein Unterschied.

Im Regelfall werden Produktbeobachtungspflichten bei entgeltlichen Verträgen wie dem Kaufvertrag diskutiert. Jedoch ist nicht ersichtlich, warum bei einer Schenkung nachvertragliche Treuepflichten ausgeschlossen sein sollten, da hier das Integritätsinteresse des Vertragspartners ähnlich betroffen sein kann wie bei entgeltlichen Verträgen. Als Regulativ kann auch hier wieder nur der für Schadensersatzansprüche gemilderte Haftungsmaßstab des § 521 BGB dienen.

(2) Inhalt von Produktbeobachtungspflichten und Haftungsmaßstab

225b   Die vertragliche und deliktische Produktbeobachtungspflicht besteht aus einer Beobachtungspflicht als solcher und einer Reaktionspflicht. Der genaue Umfang der jeweiligen Pflicht bestimmt sich nach den Umständen des Einzelfalls, insofern lässt die Rechtsprechung keinen einheitlichen Maßstab erkennen. Bei einem unentgeltlichen Downloadangebot dürfte eine schuldhafte Verletzung von Produktbeobachtungspflichten

---

[994] Vgl. dazu allgemein *MüKo-Ernst*, § 280 Rn. 113. Daneben kann sich eine Pflicht zur Produktbeobachtung nach str. Auffassung aus dem ProdHaftG ergeben.

nur im Ausnahmefall vorliegen, etwa wenn dem Anbieter ein besonderes Schädigungsrisiko bekannt ist oder aufgrund entsprechender Diskussion auf den einschlägigen Mailinglisten zu der betroffenen Software hätte bekannt sein müssen und er dennoch nicht auf seiner Downloadseite auf dieses Risiko hinweist.

cc) Haftung nach dem Produkthaftungsgesetz

Die Produkthaftung nach dem ProdHaftG ist eine außervertragliche **226** Haftung, die den privaten Verbraucher bei Personen- und Sachschäden schützen soll, die dieser durch ein fehlerhaftes Produkt erleidet. Eine entsprechende Haftung kann sich auch beim Vertrieb von Software ergeben. Die verschuldensunabhängige Haftung soll dem Geschädigten die oftmals schwierige Beweisführung ersparen, dem Hersteller das Verschulden nachzuweisen.

Der sachliche Anwendungsbereich des ProdHaftG ist nur eröffnet, **227** wenn durch den Fehler eines „Produktes" ein Schaden entstanden ist. Nach § 2 ProdHaftG sind bewegliche Sachen und Elektrizität „Produkte" im Sinne des Gesetzes. Somit stellt sich auch an dieser Stelle die Frage, ob Software eine bewegliche Sache ist. Rechtsprechung existiert zu diesem Problem bislang nicht, aber man kann mit der herrschenden Meinung im Schrifttum zu Recht davon ausgehen, dass Computerprogramme unter den Produktbegriff des ProdHaftG fallen.[995] Dafür sprechen nicht nur die Argumente, die zu einer Einordnung von Software als bewegliche Sache im Sinne des § 90 BGB führen, sondern auch der Umstand, dass der Produktbegriff offensichtlich weiter gefasst sein soll als der Sachbegriff des § 90 BGB. Dies zeigt der ausdrückliche Hinweis auf „Elektrizität", die eindeutig nicht unter § 90 BGB fällt. Dann fallen Computerprogramme, die sich hinsichtlich des Gesetzeszwecks nicht von anderen beweglichen Sachen unterscheiden, erst recht unter den Produktbegriff, so dass das ProdHaftG unmittelbar oder zumindest entsprechend anwendbar ist.[996]

Die Haftung nach dem ProdHaftG ist gem. § 1 Abs. 2 Nr. 3 Prod- **228** HaftG ausgeschlossen, wenn der Hersteller das Produkt weder für den Kauf oder eine andere Form des Vertriebs mit wirtschaftlichem Zweck hergestellt hat, noch im Rahmen seiner beruflichen Tätigkeit hergestellt oder vertrieben hat. Die beiden Elemente müssen für einen Ausschluss

---

[995] *Marly*, Rn. 1862 ff. m. w. N.; *Taeger*, S. 311.
[996] *Foerste/Westphalen-Westphalen*, § 47, Rn. 40 ff., befürwortet entsprechend der Lage bei der Elektrizität die Subsumtion von Software unter den Produktbegriff, wenn sie online übertragen wird. Gegen diese Auslegung spricht, als *argumentum e contrario*, auch nicht der Umstand, dass Software, anders als die Elektrizität, nicht ausdrücklich in § 2 ProdHaftG aufgeführt wird. Denn im Gegensatz zu Computerprogrammen ist bei Elektrizität anerkannt, dass sie nicht unter den Sachbegriff des § 90 BGB fällt.

kumulativ vorliegen. Beim Angebot zum kostenlosen Download liegt im Regelfall kein Vertrieb „mit wirtschaftlichem Zweck" vor. Dies dürfte auch dann nicht der Fall sein, wenn der Hersteller später kostenpflichtigen Support für seine Software anbietet. Denn dann liegt nicht schon *bei* der Herstellung ein wirtschaftlicher Zweck vor, wie dies das ProdHaftG fordert.[997] Verfolgt der Hersteller aber sonstige kommerzielle Interessen, die durch das Angebot der Freien Software gefördert werden sollen, liegt ein wirtschaftlicher Zweck vor.

229   In den meisten Fällen des Angebots von Freier Software zum Download dürfte daher entscheidend sein, ob der Programmierer die Software „im Rahmen seiner beruflichen Tätigkeit" hergestellt oder vertrieben hat. Wenn der Programmautor die Software in seiner Freizeit herstellt und auf einer eigenen Website anbietet, ist ein Ausschluss der Produkthaftung nach § 1 Abs. 2 Nr. 3 ProdHaftG problemlos gegeben. Wie ist aber die Lage in dem praktisch relevanten Fall, in dem der Programmierer als freier Mitarbeiter für eine Softwarefirma arbeitet und an seinem Arbeitsplatz sowohl für seine Softwarefirma Freie Software herstellt als auch für andere Open Source Projekte?

Es liegt jedenfalls noch keine Herstellung „im Rahmen der beruflichen Tätigkeit" vor, wenn die Herstellung bloß aufgrund beruflicher Qualifikationen erfolgt.[998] Es muss zumindest ein enger inhaltlicher Zusammenhang mit der beruflichen Tätigkeit vorliegen. Dafür genügt das formale Element der Programmierung am Arbeitsplatz nicht. Denn der Ort der Programmierung kann nicht ausschlaggebend dafür sein, ob er im Rahmen der beruflichen Tätigkeit erfolgt, obwohl darin ein Indiz dafür zu sehen ist.[999] Berücksichtigt man den Zweck des Tatbestandsmerkmals, wonach auch für solche Produkte eine Garantiehaftung bestehen soll, die aus der „Profiherstellung" in den Verkehr gebracht werden, dann ist darauf abzustellen, ob die Software nach den Gesamtumständen als Produkt eines Hobbyprogrammierers oder eines Berufsprogrammierers anzusehen ist. Dabei können folgende Kriterien eine Rolle spielen: Wird die Software als Nebenprodukt der beruflichen Programmierung hergestellt oder allein im Rahmen eines privat geförderten freien Projektes; tritt der Programmautor als Privatperson nach außen auf oder im Zusammenhang mit seiner beruflichen Stellung, etwa dadurch, dass die Software auf der Website seines Arbeit-

---

[997] Nach *MüKo-Wagner*, § 1 ProdHaftG, Rn. 41, muss die Kommerzialisierungsabsicht bereits im Zeitpunkt der Herstellung vorliegen. Anders dürfte die Lage sein, wenn die Software von vornherein zu dem Zweck angeboten wird, mit Support Einnahmen zu erzielen, vgl. zur „mittelbaren Gewinnerzielung" *MüKo-Wagner*, § 1 ProdHaftG, Rn. 39.

[998] *Taschner/Frietsch*, § 1, Rn. 80.

[999] *Taschner/Frietsch*, § 1, Rn. 80.

gebers abrufbar ist oder auf der eigenen Website, die zur beruflichen Präsentation dient?

Liegen die Voraussetzungen für die Anwendbarkeit des ProdHaftG 230 vor, haftet der Hersteller für Fehler im Sinne des § 3 ProdHaftG, also für Software, die nicht die Sicherheit bietet, die berechtigterweise erwartet werden kann. Die Software muss für den bestimmungsgemäßen Gebrauch einsetzbar sein.[1000] Ausgeschlossen sind nach § 1 Abs. 2 Nr. 4 ProdHaftG aber solche Fehler, die nach dem Stand der Technik im Zeitpunkt des Inverkehrbringens nicht erkannt werden konnten.

Der Hersteller der Software haftet allerdings nur für Personenschäden und solche Sachschäden, die an einer anderen Sache als dem fehlerhaften Produkt eintreten. Dies wäre der Fall, wenn der Computer des Nutzers beschädigt wird oder die Software für den Einsatz in einem Krankenhaus gedacht ist und ein Patient wegen einer Fehlfunktion der Software einen körperlichen Schaden erleidet. Es wird aber nicht für Schäden an der Software selbst gehaftet sowie für Vermögensschäden wie etwa einen Verdienstausfall.

Die Produkthaftung kann gem. § 14 ProdHaftG vertraglich nicht ausgeschlossen oder beschränkt werden, so dass ein Haftungsausschluss in einer Open Source Lizenz niemals die Produkthaftung ausschließen kann. Gehaftet wird bis zu einem Betrag von 85 Mio. EUR (§ 10 ProdHaftG).[1001]

dd) Allgemein-deliktsrechtliche Produkthaftung

Schließlich ist die allgemein-deliktsrechtliche Produkthaftung gem. 231 §§ 823 ff. BGB zu beachten, die von ihren Voraussetzungen und Rechtsfolgen teils weiter, teils enger als die spezialgesetzliche Haftung nach dem ProdHaftG ist und neben dieser Anwendung findet. Grundsätzlich kommt eine deliktische Produkthaftung auch bei fehlerhafter Software in Betracht; die sprachliche Verfestigung als deliktische „Produkthaftung" bedeutet nicht, dass der einengende Produktbegriff des ProdhaftG ohne Weiteres anzuwenden wäre. Vielmehr ist der sachliche Anwendungsbereich der deliktischen Produkthaftung weiter und umfasst auch Dienstleistungen und Ähnliches.[1002]

Der persönliche Anwendungsbereich der deliktischen Haftung reicht 232 ebenfalls weiter. Von besonderer Bedeutung ist hierbei, dass sich auch gewerbliche Nutzer von Software auf den Schutz der §§ 823 ff. BGB berufen können. Was die Person des Ersatzpflichtigen betrifft, so wurde die anfängliche Beschränkung der deliktischen Haftung auf die indus-

---

[1000] Vgl. BGHZ 51, 91.
[1001] Der Geschädigte hat Schäden bis zu einer Höhe von 500 EUR selbst zu tragen, § 11 ProdHaftG.
[1002] *MüKo-Wagner*, § 823, Rn. 624.

trielle Massenproduktion[1003] bald fallen gelassen; heute steht außer Zweifel, dass auch Klein- und „Einmannunternehmen" haften.[1004] Die Ersatzpflicht trifft in erster Linie den Hersteller des Programms. Wer ein nicht selbst erstelltes Programm als fremdes Programm vertreibt, d. h. ohne den Anschein zu erwecken, selbst Hersteller zu sein, haftet im Grundsatz nicht, es sei denn, der Fehler des Programms lässt sich ohne Weiteres erkennen.[1005] Weitergehende Untersuchungspflichten bestehen nicht, soweit nicht aus besonderen Gründen Anlass zu einer näheren Kontrolle besteht.

Es fehlt – soweit ersichtlich – an Entscheidungen, die eine nicht-berufliche bzw. nicht-gewerbliche Verbreitung von Produkten von der deliktischen Haftung ausnehmen. Selbst wenn man für rein privat agierende Entwickler von Open Source Software, die diese unentgeltlich überlassen, im Rahmen der deliktischen Produkthaftung ein Haftungsrisiko annehmen möchte, ergibt sich eine Korrektur des auf den ersten Blick erhöhten Risikos auf der Ebene des Sorgfaltsmaßstabs.

233   Die deliktische Produkthaftung ist verschuldensabhängig, d. h. der Hersteller muss sich sorgfaltspflichtwidrig verhalten haben, damit es zu einer Haftung kommt. Nach ständiger Rechtsprechung ist die schenkungsrechtliche Haftungsprivilegierung des § 521 BGB jedoch auch bei konkurrierenden Deliktsrechtsansprüchen anzuwenden,[1006] d. h. eine Haftung bei der unentgeltlichen Überlassung von Open Source Software kommt nur bei Vorsatz oder grober Fahrlässigkeit des Anbieters in Betracht.[1007]

Schließlich setzt eine Haftung gem. § 823 Abs. 1 BGB voraus, dass ein absolutes Recht im Sinne der genannten Rechtsgüter verletzt worden ist. In Betracht kommen hier vor allem Personen- und Eigentumsschäden, wobei nur Sachschäden an anderen Sachen als dem fehlerhaften Programm zu ersetzen sind, etwa an der Hardware, an anderer Software oder an Datenbeständen.[1008] Ersatzansprüche wegen einer Störung der Geschäftstätigkeit durch fehlerhafte Software unter dem Gesichtspunkt des Eingriffs in den eingerichteten und ausgeübten Gewerbebetrieb dürften in aller Regel an der Betriebsbezogenheit des Eingriffs scheitern.[1009]

[1003] So noch BGHZ 51, 91, 107.
[1004] Siehe BGHZ 116, 104, 113 f. sowie *MüKo-Wagner*, § 823, Rn. 623 m. w. N.
[1005] Vgl. *Palandt-Sprau*, § 823, Rn. 181; *MüKo-Wagner*, § 823, Rn. 633 jeweils m. w. N. Für eine weitergehende Haftung von Distributoren offenbar *Spindler-Spindler*, S. 191.
[1006] BGHZ 93, 23, 29.
[1007] Dies übersieht *Spindler-Spindler*, S. 192 ff.
[1008] Vgl. insoweit auch *Spindler-Spindler*, S. 188 f., mit weiterführenden Hinweisen zu den Fällen des sog. weiterfressenden Schadens.
[1009] Siehe nur *Spindler-Spindler*, S. 188, und allgemein *MüKo-Wagner*, § 823, Rn. 257 ff.

Liegen die Voraussetzungen der deliktischen Produkthaftung vor, so tritt diese für den hier untersuchten Fall der Identität von Hersteller und Anbieter in Anspruchskonkurrenz zu etwaigen vertraglichen Haftungsansprüchen.

Zusammenfassend ergibt sich für die Haftung das folgende Bild:

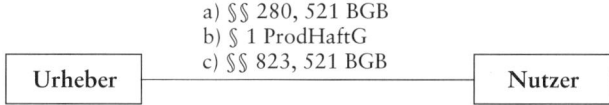

ee) Sonstige allgemeine Haftung

Unberührt von dem Umfang der vertraglichen Haftung ist selbstver-   233a
ständlich die allgemeine Haftung wegen der Verletzung von Rechten Dritter. Dies betrifft insbesondere das Verhältnis zu Patent- und Urheberrechtsinhabern, deren Rechte durch das Downloadangebot verletzt werden. Anders als gegenüber den Lizenznehmern wird hier nach den allgemeinen Regeln für Vorsatz und Fahrlässigkeit gehaftet. Ein Beispiel dafür bietet die Entscheidung des LG Hamburg in der Sache *JDownloader2*.[1010] Hier wurde der Anbieter eines Open Source Tools wegen der Umgehung technischer Schutzmaßnahmen in Anspruch genommen, weil er sich diese Software „zu Eigen" gemacht hatte. Eine Berufung auf die Haftungsprivilegierungen des TMG sei daher nicht möglich.

II. Vertragskonstellation 2: Erwerb der Software auf einem Datenträger direkt vom Urheber

Umfangreiche Software wird oftmals auf Datenträgern, insbesondere   234
auf CD-ROM und DVD vertrieben. Dies geschieht bei Freier Software sowohl unentgeltlich als auch gegen Bezahlung. So ist es nach Ziffer 1 Abs. 2 GPL-2.0 ausdrücklich erlaubt, für die „physikalische Handlung, eine Kopie zu übertragen" oder eine über die Ziffern 11 und 12 GPL-2.0 hinausgehende Garantie eine Gebühr zu verlangen. Der folgende Abschnitt bezieht sich auf den Fall, dass der Datenträger unmittelbar vom Urheber oder Rechtsinhaber erworben wird.

1. Vertragstyp

a) Nachträglicher Erwerb der Nutzungsrechte

Für die Bestimmung des Vertragstyps ist wiederum zwischen den ver-   235
schiedenen Vertragsgegenständen zu unterscheiden.

[1010] LG Hamburg, CR 2014, 130; *Koch*, jurisPR-ITR 18/2014 Anm. 3.

Liegt der Normalfall eines nachträglichen Erwerbs der Nutzungsrechte vor, d. h. erwirbt der Abnehmer zunächst die Software als solche und zu einem späteren Zeitpunkt die Nutzungsrechte entsprechend der jeweiligen Open Source Lizenz, so werden im Ergebnis zwei Verträge geschlossen.[1011]

Hinsichtlich der auf dem Datenträger verkörperten Software wirkt es sich aus, ob ein Entgelt verlangt wird oder nicht. Wird eine CD-ROM verschenkt, entspricht die rechtliche Bewertung der Vertragskonstellation 1, die Regeln des Schenkungsrechts sind demzufolge anwendbar. Eine andere Situation besteht aber, wenn der Erwerber der Software einen Geldbetrag an den Anbieter zahlt. Dann ist keine unentgeltliche Zuwendung im Sinne des § 516 BGB gegeben, so dass von einem einfachen Kaufvertrag gem. § 433 BGB auszugehen ist. Hinsichtlich des Datenträgers bestehen insoweit keine Bedenken.

236   Wird aber auch die auf dem Datenträger verkörperte Software verkauft oder liegt insoweit ein gemischter Vertrag mit schenkungsrechtlichen Elementen vor? Die Unterscheidung zwischen dem Datenträger und der auf ihm verkörperten Software ist deswegen berechtigt, da beide Vermögensbestandteile getrennte Wege gehen und auch unterschiedliche Mängel aufweisen können. So kann der Datenträger einen materiellen Fehler haben, während die Software einen Bug oder Virus enthält. Für die Bestimmung des Vertragstyps ist aber nicht nur die Unterscheidung der Vertragsgegenstände relevant. Für die Frage, ob ein einheitlicher Kaufvertrag hinsichtlich der Sachgesamtheit von Software und Datenträger vorliegt oder zwei rechtlich selbstständige Verträge, kommt es entscheidend auf die Verkehrsanschauung des betroffenen Verkehrskreises an.[1012] Wer sich für einen bestimmten Preis eine CD-ROM mit einem Computerprogramm zusenden lässt, geht normalerweise von einem einheitlichen Vertrag aus – er kauft „die Software". Der Vertrag über den Erwerb der Software auf einem Datenträger ist im Regelfall deshalb als einheitlicher Kaufvertrag anzusehen.[1013]

237   Eine andere vertragstypologische Einordnung ergibt sich allenfalls dann, wenn sich die Vertragsparteien schon bei Vertragsschluss darüber einig sind, dass das Entgelt allein für den Datenträger oder sonstige Leistungen verlangt wird. In diesem Fall ist dem Erwerber bewusst, dass er das Entgelt ausschließlich für den Datenträger oder die sonstigen Leistungen bezahlt, und es liegt ein gemischter Vertrag mit kaufrechtli-

---

[1011] S. o. Rn. 172 ff.
[1012] So BGH, NJW 1988, 406, 409.
[1013] I.E. ebenso *Omsels*, FS Hertin, S. 151, Fn. 24; *Schäfer*, S. 49, sowie *Stickelbrock*, ZGS 2003, 368, 371 f., die uns zu Unrecht eine gegenteilige Auffassung unterstellt.

chen und schenkungsrechtlichen Bestandteilen vor.[1014] Dies dürfte insbesondere im Anwendungsbereich der Ziffer 3 b) GPL-2.0 der Fall sein, wonach der Lizenznehmer für die Lieferung des Source Codes ein Entgelt verlangen darf, das aber die Kosten für die Erstellung des Datenträgers nicht übersteigen darf.

Die Nutzungsrechte werden dagegen typischerweise nicht schon mit **238** der Übergabe des Datenträgers oder dem Abschluss des Kaufvertrags erworben, sondern erst dann, wenn die durch die Lizenz erlaubten Nutzungen wahrgenommen werden. So erwirbt der Käufer einer CD-ROM mit Open Source Software noch nicht die Freiheitsrechte, die die GPL gewährt, da die zur Benutzung erforderlichen Befugnisse schon gesetzlich durch § 69d UrhG gewährt werden, so dass bei der bloßen Verwendung der Software noch keine Lizenzierung erfolgt.[1015] Hinsichtlich des Erwerbs der Nutzungsrechte ist deswegen entsprechend der Situation beim Download von einem Lizenzvertrag mit schenkungsrechtlichen Elementen auszugehen. Insoweit ergibt sich keine andere rechtliche Bewertung daraus, dass die entsprechende Software auf einem Datenträger verkörpert ist oder über das Internet zum Download angeboten wird. Dem Lizenzgeber ist es nicht gestattet, eine Lizenzgebühr zu verlangen,[1016] so dass im Regelfall die für die Anwendbarkeit der Schenkungsregeln erforderliche Unentgeltlichkeit vorliegt. Etwas anderes dürfte hier nur in solchen Fallgestaltungen anzunehmen sein, in denen bereits beim Kauf der Software ausdrücklich mit der Möglichkeit des Erwerbs zusätzlicher Nutzungsrechte geworben wird, und sich die Gesamtheit von Software und Rechten aus der Sicht des Erwerbers als einheitlicher Vertragsgegenstand darstellt, für den insgesamt der Kaufpreis entrichtet wird.[1017] Die Bezeichnung „Linux" im Produktnamen reicht für eine entsprechende Verkehrserwartung wohl noch nicht aus.

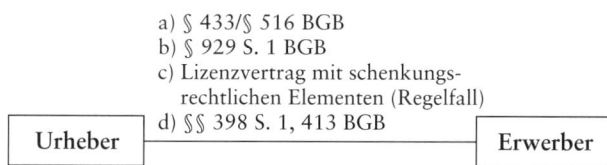

a) § 433/§ 516 BGB
b) § 929 S. 1 BGB
c) Lizenzvertrag mit schenkungs-
    rechtlichen Elementen (Regelfall)
d) §§ 398 S. 1, 413 BGB

Urheber ———————————— Erwerber

[1014] Hierbei handelt es sich entgegen *Stickelbrock*, ZGS 2003, 368, 371 f., nicht um eine gemischte Schenkung, da die Vermögensgegenstände Datenträger und Software real teilbar sind, vgl. hierzu *MüKo-J. Koch*, § 516, Rn. 34. Vielmehr dürften die Grundsätze zur Behandlung von Typenkombinationsverträgen Anwendung finden, vgl. unten Rn. 240.
[1015] S. o. Rn. 174.
[1016] S. o. Rn. 39 f.
[1017] Weitergehend für die Anwendung des Kaufrechts *Spindler-Spindler*, S. 173 ff.

Es zeigt sich also, dass der Vertrag zwischen Anbieter und Nutzer hinsichtlich des Datenträgers und der Software zunächst als Kauf- oder Schenkungsvertrag gem. § 433 bzw. § 516 BGB abgeschlossen wird. Nachträglich kann dann ein Lizenzvertrag mit schenkungsrechtlichen Elementen bezüglich der Nutzungsrechte hinzukommen.[1018]

b) Zeitgleicher Erwerb von Software und Nutzungsrechten

239   Liegt der weniger typische Fall des zeitgleichen Erwerbs der Software und der Nutzungsrechte vor, was eher bei Individualverträgen der Fall sein mag, so bereitet die vertragstypologische Einordnung Schwierigkeiten. Zwar erscheinen auch hier die beiden Vertragsgegenstände Software und Nutzungsrechte als trennbar. Dies bedeutet jedoch nicht, dass die Parteien auch zwei unabhängige Verträge abschließen wollen. Im Gegenteil: Aus der Sicht des Erwerbers wird sich in dieser Konstellation der Erwerb der Software und der Erwerb der Nutzungsrechte als *ein* Vertrag darstellen. Für eine Behandlung als einheitlicher Vertrag spricht auch, dass alle Open Source Lizenzen Bestimmungen enthalten, die sich offensichtlich auf den Erwerb der Software als solcher beziehen; angesprochen sind hier die Haftungs- und Gewährleistungsausschlüsse. Beim gleichzeitigen Erwerb von Software und Nutzungsrechten wird also nur ein Vertrag abgeschlossen.

240   Wird die Software gegen Entgelt überlassen, so ist aufgrund der deutlich trennbaren Vertragsgegenstände von einem Typenkombinationsvertrag auszugehen.[1019] Der Verkäufer/Lizenzgeber schuldet die kaufweise Überlassung der Software und die Einräumung der Nutzungsrechte durch einen Lizenzvertrag mit schenkungsrechtlichen Elementen. Die Behandlung von Typenkombinationsverträgen ist umstritten.[1020] Es darf jedoch heute als herrschende Meinung betrachtet werden, dass für die einzelnen Leistungen in erster Linie die jeweils passenden gesetzlichen Vorschriften anzuwenden sind. Führt dies nicht zu einer angemessenen Lösung, etwa weil die Vorschriften der beiden Vertragstypen kollidieren, so ist das Recht des Vertragstyps anzuwenden, welches für die Leistung gilt, die den Schwerpunkt des Vertrags bildet.[1021] Im Ergebnis ergibt sich typischerweise das folgende Bild: Für die Leistungsstörungen ist getrennt das jeweils passende Vertragsrecht maßgeblich; dies gilt für Nacherfüllungs-, Minderungs- und Schadensersatzansprüche. Gleiches

---

[1018] Zustimmend *Schäfer*, S. 63.
[1019] Vgl. hierzu *Larenz/Canaris*, Schuldrecht BT, Bd. II, Hb. 2, S. 46 ff.; *Palandt-Grüneberg*, vor § 311, Rn. 21.
[1020] Vgl. nur *Palandt-Grüneberg*, vor § 311, Rn. 16 ff. m. w. N.; *MüKo-Emmerich*, § 311, Rn. 28 ff.
[1021] Insoweit einheitlich *Palandt-Grüneberg*, vor § 311, Rn. 16 ff. m. w. N.; *MüKo-Emmerich*, § 311, Rn. 29.

sollte für die Haftung für die jeweiligen Vertragsgegenstände gelten.[1022] Wegen der Einheitlichkeit des Vertrags ist die Beendigung des Vertrags nach den Vorschriften der dominierenden Vertragsleistung zu behandeln.[1023] Hier sollte das für den Erwerber günstigere Kaufrecht für alle Leistungen des Verkäufers/Lizenzgebers gelten.[1024]

Verschenkt dagegen der Lizenzgeber die Software, so handelt es sich **241** insgesamt um einen Lizenzvertrag mit schenkungsrechtlichen Elementen. Da in diesem Fall nach der hier vertretenen Ansicht auf beide Vertragsgegenstände im Hinblick auf die Haftung und Gewährleistung Schenkungsrecht Anwendung findet, erübrigt sich eine Kombination unterschiedlicher Vertragstypen.

Zusammenfassend ergibt sich für den typischen Fall das folgende Bild:

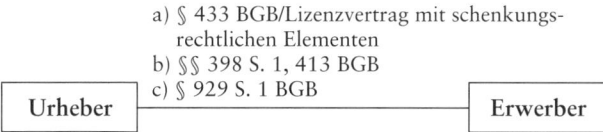

a) § 433 BGB/Lizenzvertrag mit schenkungsrechtlichen Elementen
b) §§ 398 S. 1, 413 BGB
c) § 929 S. 1 BGB

Urheber   Erwerber

2. Gewährleistung und Haftung

a) Gewährleistung

aa) Unwirksamkeit des Gewährleistungsausschlusses

Der Gewährleistungsausschluss in den Open Source Lizenzen ist bei **242** dieser Vertragskonstellation ebenso unwirksam wie bei der Vertragskonstellation 1; insoweit kann in Bezug auf die Vereinbarkeit mit den AGB-Vorschriften auf die dort gemachten Ausführungen verwiesen werden. Allerdings bestehen Unterschiede bei den Rechtsfolgen. Da der Erwerb des Datenträgers und – je nach Vertragsumständen – auch der Software dem Kaufrecht unterliegen, sind die Gewährleistungsvorschriften der §§ 434 ff. BGB anzuwenden. Anders als beim Schenkungsrecht, bei dem die Unwirksamkeit der vertraglichen Gewährleistungsbestimmungen nicht wesentlich ins Gewicht fällt, wirkt sich hier der Verstoß gegen die AGB-Vorschriften deutlich aus, insbesondere deswegen, weil die Klausel insgesamt unwirksam ist. Da die AGB-Vorschriften keine geltungserhaltende Reduktion zulassen, sind gem. § 306 Abs. 2 BGB die gesetzlichen Vorschriften anwendbar, sofern der Verkäufer nicht außerhalb der Open Source Lizenz weitere Gewährleistungsregelungen verwendet.

[1022] A. A. *Spindler-Spindler*, S. 175.
[1023] Vgl. *MüKo-Emmerich*, § 311, Rn. 30.
[1024] Ähnlich im Ergebnis *Spindler-Spindler*, S. 174, der vor allem für die Vertragsbeendigung eine einheitliche Behandlung anmahnt.

bb) Nachträglicher Erwerb der Nutzungsrechte

243   Zunächst soll der Normalfall des nachträglichen Erwerbs der Nutzungsrechte untersucht werden. Ist auf den Erwerb der Software als solcher
Schenkungsrecht anwendbar, so finden die zu Vertragskonstellation 1
entwickelten Grundsätze entsprechende Anwendung.

Ist dagegen Kaufvertragsrecht anwendbar, so kann der Erwerber bei
schadhaften Datenträgern gegenüber dem Anbieter gem. § 437 Nr. 1, 2
BGB Nacherfüllung, Rücktritt oder Minderung geltend machen, unabhängig von der Frage, ob diesen ein Verschulden dafür trifft.

244   Ist auf die Software selbst das Kaufrecht anzuwenden, so hat der Anbieter im Grundsatz für Softwaremängel[1025] genauso wie ein Hersteller
„proprietärer" Software einzustehen.[1026] Freilich stellt sich in diesem Zusammenhang die Frage, wann von einem Sachmangel bei Open Source
Software auszugehen ist. Wenn die Software nicht lauffähig ist, etwa
wenn sie nicht gebootet werden kann, so dürfte es bereits an der nach
§ 434 Abs. 1 S. 2 BGB geforderten Eignung für die nach dem Vertrag
vorausgesetzte Verwendung fehlen, so dass ein Sachmangel zu bejahen
ist. Gleiches gilt, wenn die für den Erwerber erkennbar maßgeblichen
Kernfunktionen des Programms nicht ordnungsgemäß benutzt werden
können. Oftmals wird jedoch der Sachverhalt nicht derart eindeutig
sein, dass die Eignung für die vertraglich vorausgesetzte Eignung völlig
zu verneinen wäre. In diesen Fällen ist gem. § 434 Abs. 1 S. 2 Nr. 2 BGB
auf die „übliche" Beschaffenheit abzustellen. Was von einem Programm
üblicherweise erwartet werden kann, muss unter anderem mit Blick auf
den Kaufpreis bestimmt werden. Freie Software kostet oftmals einen
Bruchteil dessen, was für die proprietären Konkurrenzprodukte zu bezahlen ist. Dementsprechend sollte für die Bestimmung der Standards
für die „übliche" Beschaffenheit nicht auf Standards proprietärer Programme abgestellt werden, sofern nicht eine entsprechende Bewerbung
erfolgt ist.

245   Im Hinblick auf die Gewährleistung des (vermeintlichen) Lizenzgebers für Rechtsmängel sind zwei Arten von Rechtsmängeln zu unterscheiden. Zum einen kann es dazu kommen, dass der Erwerber das
Programm wegen entgegenstehender Rechte Dritter nicht einmal ablaufen lassen darf: Wenn die Software ohne Zustimmung des tatsächlichen
Rechtsinhabers in Verkehr gebracht worden ist, erhält der Erwerber

---

[1025] Die Fehlertypen können hier nicht im Einzelnen dargestellt werden. Insofern
wird auf die allgemeine Literatur zum Softwarerecht verwiesen, vgl. nur *Marly*,
Rn. 1434 ff.

[1026] Die Unvermeidbarkeit von Softwarefehlern schützt den Anbieter nicht. Wie bei
allen anderen Waren haftet der Verkäufer für die Mängelfreiheit der Sache, vgl. BGH,
NJW 1988, 406, 408. Durch das Gesetz zur Modernisierung des Schuldrechts wurde
die Gewährleistung für Bagatellmängel verschärft, die gem. § 323 Abs. 4 BGB nur
noch beim Rücktritt, nicht aber bei der Minderung unbeachtlich sind.

nicht die Mindestrechte der §§ 69d, 69e UrhG und darf das Programm dementsprechend auch nicht benutzen.[1027] Hat der Erwerber für den Erhalt des Programms ein Entgelt gezahlt, so haftet der vermeintliche Rechtsinhaber nach den Bestimmungen des Kaufrechts, denn der Kaufpreis wird mit der berechtigten Erwartung bezahlt, ein lauffähiges Programm zu erhalten.[1028]

Zum anderen können Rechtsmängel in Bezug auf die weitergehenden Nutzungsrechte gegeben sein; hier findet bei einem nachträglichen Erwerb der Nutzungsrechte Kaufrecht nur unter der Voraussetzung Anwendung, dass der Lizenzgeber bereits beim Erwerb der Software damit geworben hat, dass die Möglichkeit eines Erwerbs zusätzlicher Rechte besteht. In diesem Fall erwartet der Käufer, dass er die Software wie eine Open Source Software nutzen kann. Fehlt es später an den entsprechenden Möglichkeiten, so ist die Software mangelhaft.[1029] Liegt dagegen keine entsprechende Erwartung des Käufers vor und will er das Programm zunächst nur bestimmungsgemäß benutzen, so bleibt es bei der Maßgeblichkeit des Schenkungsrechts.

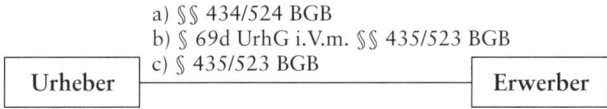

a) §§ 434/524 BGB
b) § 69d UrhG i.V.m. §§ 435/523 BGB
c) § 435/523 BGB

Urheber — Erwerber

cc) Zeitgleicher Erwerb von Software und Nutzungsrechten

Werden die Nutzungsrechte bereits zum Zeitpunkt der Überlassung der **246** Software eingeräumt, so finden grundsätzlich dieselben Grundsätze Anwendung wie beim nachträglichen Erwerb der Nutzungsrechte, d. h. der Softwareerwerb ist nach Kauf- oder Schenkungsrecht zu behandeln, je nachdem, ob ein Entgelt gezahlt wurde oder nicht; der Erwerb der Nutzungsrechte richtet sich dagegen nach den Rechtsregeln für Lizenzverträge mit schenkungsrechtlichen Elementen.

Im Hinblick auf die Besonderheiten des Typenkombinationsvertrags ergeben sich jedoch Abweichungen bei der Vertragsbeendigung. Hier sollte das für den Erwerber günstigere Kaufrecht auf alle Vertragsleistungen Anwendung finden. Hieraus ergibt sich ein zusätzliches Rücktrittsrecht des Erwerbers für den Fall, dass die Nutzungsrechte „mangelhaft" sind: Kauft der Erwerber ein freies Programm und stehen der Wahrnehmung der Rechte aus der Open Source Lizenz Rechte Dritter entgegen, so ist er nicht auf § 523 BGB zurückgeworfen; vielmehr kann

---

[1027] Vgl. oben Rn. 124 f.
[1028] Ebenso *Spindler-Spindler*, S. 174.
[1029] So zutreffend *Spindler-Spindler*, S. 172 ff.

er vom Vertrag insgesamt gem. §§ 440, 323 BGB zurücktreten, d. h. ein Verschulden des Verkäufers/Lizenzgebers ist nicht erforderlich.

b) Haftung

aa) Vertragliche Haftung

247 Die vertragliche Haftung richtet sich nach den gesetzlichen Haftungsregeln, da der vollständige Haftungsausschluss in den Open Source Lizenzen gegen § 309 Nr. 7 BGB verstößt.[1030]

Nach den Neuerungen des Gesetzes zur Reform des Schuldrechts haftet der Verkäufer gem. § 280 BGB für jegliche Pflichtverletzungen, die schuldhaft begangen werden. Unabhängig von der Abgrenzung „Mangelschäden – Mangelfolgeschäden" haftet der Verkäufer für einfache Fahrlässigkeit. Das mag der Fall sein, wenn ein Virus dazu führt, dass die EDV-Anlage eines Unternehmens für einen längeren Zeitraum ausfällt und dadurch Produktionsausfälle entstehen. Wurde die Software dagegen verschenkt, so finden die zu Vertragskonstellation 1 dargestellten Grundsätze Anwendung. Nach der hier vertretenen Auffassung sollte es im Hinblick auf die eingeräumten Nutzungsrechte in der Regel beim milderen Maßstab des § 521 BGB bleiben.

bb) Haftung bei Verletzung von Produktbeobachtungspflichten

247a Eine Pflicht zur Produktbeobachtung nach Überlassung gem. § 280 Abs. 1 BGB und § 823 Abs. 1 BGB besteht bei entgeltlich vertriebener Open Source Software ebenso wie bei herkömmlich lizenzierter Software.[1031]

Die Produktbeobachtungspflicht besteht aus einer Beobachtungspflicht als solcher (Informationspflicht) und einer Reaktionspflicht (Umstellung der Produktion, Warnung der Abnehmer, Rückrufpflicht), wobei sich der Umfang der jeweiligen Pflicht nach den Umständen des Einzelfalls bestimmt. Grundsätzlich ist jedoch eine Software nach Inverkehrbringen vom Hersteller auf noch unbekannt gebliebene schädliche Eigenschaften und sonstige eine Gefahrenlage schaffende Verwendungsformen zu beobachten.[1032]

Hinsichtlich der Beobachtungspflicht ist zwischen einer aktiven und einer passiven Pflicht zu unterscheiden. Aufgrund seiner passiven Produktbeobachtungspflicht ist der Hersteller verpflichtet, Beschwerden entgegenzunehmen, sie zu sammeln und auszuwerten. Die aktive Produktbeobachtungspflicht betrifft die aktive Generierung von Informationen, insbesondere durch Sammlung von Daten und Erfahrungen mit

---

[1030] S. o. Rn. 224.
[1031] S. o. Rn. 225a f. allgemein zur Herleitung von Produktbeobachtungspflichten und deren Inhalt bei einer Schenkung.
[1032] *Palandt-Sprau*, § 823, Rn. 175.

Konkurrenzprodukten im In- und Ausland, sofern verfügbar, und durch Auswertung der wissenschaftlich-technischen Fachliteratur.[1033]
Bei der Bestimmung des konkreten Umfangs der Pflichten – d. h. dem Sorgfaltsmaßstab – sind der Umfang des drohenden Schadens und der Grad der Gefahr einerseits und die Möglichkeit und die wirtschaftliche Zumutbarkeit von Beobachtungsmaßnahmen andererseits zu berücksichtigen.[1034] Insbesondere in den Fällen, in denen von dem Produkt schwerwiegende Gefahren für Personen- oder Sachgüter ausgehen können, ist von einer umfangreichen nachträglichen Beobachtungspflicht auszugehen. Allerdings sind auch der Preis der Software und die damit verbundene Erwartungshaltung des Vertragspartners relevant, wobei ein Basisniveau stets einzuhalten ist.[1035]
Die berechtigte Erwartungshaltung der Nutzer des Programms wird neben dem Preis durch Werbeaussagen und sonstige Äußerungen des Herstellers und des Distributors sowie die Sicherheitsrelevanz mitbestimmt. Auch wenn allgemeine Aussagen zum Umfang der Pflichten in Anbetracht der Vielzahl denkbarer Konstellationen kaum möglich sind, können doch folgende Grundregeln festgehalten werden: Wer eine Software als Open Source Software freigibt und weiterhin an der Fortentwicklung beteiligt oder in dem relevanten Markt tätig ist, wird vielfach dazu verpflichtet sein, sich darum zu kümmern, wenn Sicherheitsmängel bekannt oder offenbar werden. Aktive Beobachtungspflichten sind vor allem bei Produkten mit großem Schädigungspotential anzunehmen.
Von der Beobachtungspflicht sind die Reaktionspflichten zu unter- **247b** scheiden. Diese umfassen die Pflicht zur Produktionsumstellung, die Warnpflicht und die Rückrufpflicht. Auch deren Umfang hängt vom konkreten Einzelfall ab und ist abstrakt nicht bestimmbar. In der höchstrichterlichen Rechtsprechung finden sich bislang keine Angaben zum konkreten Umfang von Reaktionspflichten. In den meisten Entscheidungen wird lediglich festgestellt, dass eine ausgebliebene Reaktion hätte erfolgen müssen.[1036] Auf welche Art und Weise beispielsweise eine Warnung konkret erfolgen soll, wird nicht näher ausgeführt. Es werden lediglich Anhaltspunkte geliefert. So heißt es in der Entscheidung „Apfelschorf": *„Inhalt und Umfang einer Warnung und deren Zeitpunkt werden wesentlich durch das jeweils gefährdete Rechtsgut bestimmt und sind vor allem von der Größe der Gefahr abhängig".*[1037]

[1033] Zu den Informationspflichten grundlegend BGH, NJW 1981, 1606, 1607 f. – *Benomyl*.
[1034] *MüKo-Wagner*, § 823, Rn. 671 ff.; vgl. BGH, NJW 1990, 906 – *Pferdeboxen*.
[1035] Vgl. *MüKo-Wagner*, § 823, Rn. 649.
[1036] Vgl. BGH, NJW 1981, 1603 – *Apfelschorf*; BGH, NJW 1981, 1606 – *Benomyl*.
[1037] BGH, NJW 1981, 1603 – *Apfelschorf*.

Zutreffenderweise wird vertreten, dass mit der Produktbeobachtungspflicht eine Pflicht zur Organisation eines *Reklamationsmanagements* einhergeht, d. h. einer wirksamen Möglichkeit, Reaktionspflichten wahrzunehmen.[1038] Diese werden wiederum inhaltlich mit dem drohenden Schaden einerseits und der Möglichkeit und Zumutbarkeit der Maßnahmen andererseits korrelieren, wobei man wohl im Regelfall davon ausgehen muss, dass bei einem unentgeltlichen Angebot kein eigenes Reklamationsmanagement verlangt werden kann.

Bei der entgeltlichen Bereitstellung einer Open Source Software könnte ein hinreichendes Reklamationsmanagement darin bestehen, dass eine Online-Kontaktadresse für Sicherheitshinweise angegeben sowie die Möglichkeit geschaffen wird, dass sich Lizenznehmer in einer Kontaktliste eintragen können, über die bei Bekanntwerden von sicherheitsrelevanten Mängeln Informationen versendet werden können.

Eine Fehlerbehebung durch den Hersteller wird man dagegen im Regelfall nicht verlangen können. Es wird dann am Lizenznehmer liegen, etwaige Sicherheitsmängel der überlassenen Software zu beheben und entsprechend ausgelieferte Produkte, die die Software beinhalten, zurückzurufen. Andererseits wird der Hersteller, der aktiv die Weiterentwicklung betreibt, bestehende Bugfixes nicht zurückhalten dürfen.

247c   Vom Bestehen einer Produktbeobachtungspflicht ist der Haftungsmaßstab zu unterscheiden. Sowohl die deliktische als auch die vertragliche Haftung setzen ein Verschulden voraus, so dass auch insoweit wieder zwischen Kauf und Schenkung zu unterscheiden ist. Nach der Rechtsprechung des BGH findet bei einer Schenkung der Haftungsmaßstab des § 521 BGB auch auf die Ansprüche des Beschenkten aus unerlaubter Handlung und wegen der Verletzung vertraglicher Schutzpflichten Anwendung, sofern der Schaden mit dem Schenkungsgegenstand in Zusammenhang steht.[1039] Dies bedeutet, dass nicht jede Verletzung der oben genannten Beobachtungs- und Reaktionspflichten zu einer Haftung führt, sondern nur besonders schwerwiegende Pflichtverletzungen. Erst wenn einfachste, naheliegende Überlegungen nicht angestellt werden und das nicht beachtet wird, was im gegebenen Fall jedermann einleuchten muss, ist eine Haftung aufgrund grober Fahrlässigkeit zu bejahen.[1040] Bei einem Verkauf der Software besteht hingegen keine Haftungsprivilegierung. Besteht im Einzelfall ein im Vergleich zu proprietären Konkurrenzprodukten deutlich geringerer Preis, dürfte sich dies

---

[1038] *Hauschka/Klindt*, NJW 2007, 2726 mit Hinweis auf die Norm ISO 10002 „Qualitätsmanagement – Kundenzufriedenheit – Leitfaden zur Behandlung von Reklamationen in Organisationen".
[1039] BGH, NJW 1985, 794.
[1040] BGHZ 10, 16; BGH, NJW 1992, 3236.

nur auf den Umfang der Produktbeobachtungspflichten auswirken, bei dem die wirtschaftliche Zumutbarkeit berücksichtigt werden kann.[1041]

cc) Außervertragliche Haftung und sonstige allgemeine Haftung

Bei der außervertraglichen Haftung ergibt sich das folgende Bild: Wenn **248** Software verkauft wird, ist stets das ProdHaftG anwendbar, der Haftungsausschluss des § 1 Abs. 2 Nr. 3 ProdHaftG greift dann nicht ein. Im Rahmen der deliktischen Produkthaftung für Fehler der Software kommt in diesem Fall die Haftungsprivilegierung des § 521 BGB nicht zur Anwendung. Wird die Software hingegen verschenkt, finden die für Vertragskonstellation 1 entwickelten Regeln Anwendung. Die sonstige allgemeine Haftung gegenüber Dritten, z. B. Patentinhabern, richtet sich nach den allgemeinen Regelungen.

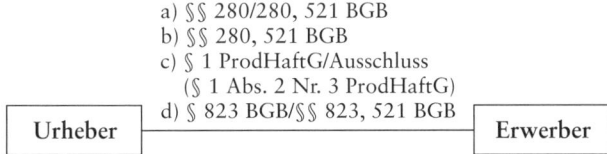

a) §§ 280/280, 521 BGB
b) §§ 280, 521 BGB
c) § 1 ProdHaftG/Ausschluss
   (§ 1 Abs. 2 Nr. 3 ProdHaftG)
d) § 823 BGB/§§ 823, 521 BGB

Urheber ———————————— Erwerber

Im Ergebnis ergibt sich die folgende Rechtslage: Der Urheber haftet aus § 280 BGB und nach den Vorschriften des ProdHaftG und der deliktischen Produkthaftung, wenn er den Datenträger mit der Software verkauft hat. Im Hinblick auf die Nutzungsrechte findet in der Regel § 521 BGB Anwendung. Wenn der Datenträger verschenkt wurde, entspricht die Haftung derjenigen bei Vertragskonstellation 1.

III. Vertragskonstellation 3: Download der Software vom Server eines Dritten

Freie Software wird nicht nur von den Programmierern selbst oder den sie **249** anstellenden Firmen vertrieben, sondern in weitem Umfang auch von Dritten. Ein typisches Beispiel sind Distributoren, bei denen der eigentliche Geschäftszweck darin besteht, Freie Software zu sammeln, aufzubereiten und zusammen mit einem Handbuch und Support an die Endnutzer zu veräußern.[1042] Dies geschieht im Regelfall dadurch, dass die Software auf einem Datenträger in einem Gesamtpaket mit dem Handbuch oder dem Support verkauft wird. Daneben wird die Open Source Software in der Regel auch auf dem eigenen Server kostenlos zum Download angeboten.[1043] In beiden Fällen entsteht ein vertragliches Dreipersonenverhältnis

---

[1041] *MüKo-Wagner*, § 823, Rn. 671 ff.; vgl. BGH, NJW 1990, 906 – *Pferdeboxen*.
[1042] Vgl. hierzu oben Rn. 19.
[1043] Z. B. bei Red Hat, http://www.redhat.de/download/.

zwischen Urheber, veräußerndem Dritten und erwerbendem Endnutzer oder Zwischenhändler.[1044] Im Folgenden sollen zunächst die Fragen des kostenlosen Downloads vom Server eines Dritten, insbesondere eines Distributors beleuchtet werden, bevor dann die Fragen im Hinblick auf den Erwerb der Software auf einem Datenträger untersucht werden (IV).

1. Die Vertragsverhältnisse

a) Urheber – Dritter

250 Insgesamt sind drei Vertragsverhältnisse zu unterscheiden, die im Folgenden näher bestimmt werden sollen.

Das Vertragsverhältnis zwischen dem Urheber und dem Dritten, der die Software auf seiner Website zum Download anbietet, entspricht der Vertragskonstellation 1. Schuldrechtlich liegt im Regelfall ein Lizenzvertrag mit schenkungsrechtlichen Elementen bezüglich der Nutzungsrechte und der Software selbst vor. Der Dritte benötigt das Recht der öffentlichen Zugänglichmachung, um die Software über das Internet an Nutzer weitergeben zu können.[1045] Auf der dinglichen Ebene werden die Nutzungsrechte gem. §§ 398 S. 1, 413 BGB übertragen, die Software gem. § 929 S. 1 BGB (analog).[1046]

b) Dritter – Nutzer

251 Gegenstand des Vertragsverhältnisses zwischen dem Dritten und dem Nutzer ist allein die Software. Schuldrechtlich liegt wiederum eine Schenkung vor, sachenrechtlich eine Übereignung gem. § 929 S. 1 BGB (analog). Nutzungsrechte werden von dem Dritten in der Regel nicht eingeräumt, von dem Fall abgesehen, dass in einem Softwarepaket auch eigene, urheberrechtlich schutzfähige Bestandteile des Dritten enthalten sind, für die er dann insoweit Nutzungsrechte überträgt. Ansonsten erwirbt der Nutzer die Nutzungsrechte unmittelbar vom Urheber.[1047]

Im Übrigen benötigt der Nutzer aber – wie bereits an anderer Stelle ausgeführt[1048] – keine Einräumung von Nutzungsrechten, da er die für die Benutzung erforderlichen Befugnisse unmittelbar durch § 69d UrhG erwirbt.

c) Urheber – Nutzer

252 Möchte der Nutzer nun seinerseits das Programm verändern oder weiterverbreiten, so kann er die dazu erforderlichen, über den Rahmen des § 69d UrhG hinausgehenden Nutzungsrechte unmittelbar vom Urheber

---

[1044] Ebenso *Spindler-Spindler*, S. 172.

[1045] S. o. Rn. 29 zu der Frage, ob durch die GPL-2.0 die entsprechenden urheberrechtlichen Befugnisse eingeräumt werden.

[1046] Zur Einordnung von Software als Sache i. S. d. § 90 BGB s. o. Rn. 206.

[1047] S. o. Rn. 250.

[1048] S. o. Rn. 123 ff.

bzw. Inhaber der ausschließlichen Nutzungsrechte erwerben. Dem liegt wiederum schuldrechtlich ein Lizenzvertrag mit schenkungsrechtlichen Elementen zugrunde.

Damit lassen sich die Vertragsbeziehungen wie folgt darstellen: Der Urheber schenkt dem Dritten sowohl die Software als auch die erforderlichen Nutzungsrechte, die er entsprechend der Vertragskonstellation 1 überträgt. Dem Nutzer schenkt er nur die Nutzungsrechte, da dieser die Software vom Dritten unmittelbar erhält.

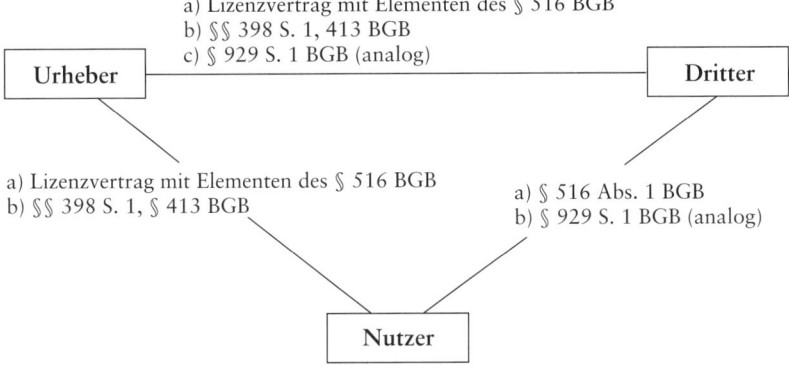

a) Lizenzvertrag mit Elementen des § 516 BGB
b) §§ 398 S. 1, 413 BGB
c) § 929 S. 1 BGB (analog)

Urheber

Dritter

a) Lizenzvertrag mit Elementen des § 516 BGB
b) §§ 398 S. 1, § 413 BGB

a) § 516 Abs. 1 BGB
b) § 929 S. 1 BGB (analog)

Nutzer

2. Gewährleistung und Haftung

a) Gewährleistung

Das Dreipersonenverhältnis ist auch für Haftung und Gewährleistung **253** relevant. Für jeden der einzelnen Vertragsgegenstände ist gesondert das Haftungsverhältnis zu prüfen.

Wie schon bei den Vertragskonstellationen 1 und 2 ist der vertragliche Gewährleistungsausschluss wegen Verstoßes gegen das AGB-Gesetz unwirksam, stattdessen sind die entsprechenden vertraglichen Regelungen anzuwenden.

Der Gewährleistungsmaßstab des Urhebers gegenüber dem Dritten ergibt sich für die Nutzungsrechte aus § 523 Abs. 1 BGB und für die Software aus § 524 Abs. 1 BGB bzw. § 521 BGB für Mangelfolgeschäden. Der Dritte haftet gegenüber dem Nutzer aus denselben Vorschriften. Allerdings ist die Rechtsmängelgewährleistung des Dritten gegenüber dem Nutzer auf solche Rechtsmängel beschränkt, die sich auf die urheberrechtlichen Befugnisse zur bloßen Benutzung der Software auswirken. Das betrifft die Befugnisse des § 69d UrhG. Denn wenn der Dritte die Software überhaupt nicht weiterverbreiten darf, dann ist dem Nutzer auch deren Benutzung verboten, da er dann kein „zur Verwendung des Programms Berechtigter" im Sinne des § 69d

Abs. 1 UrhG ist.[1049] Einen gutgläubigen Erwerb kennt das Urheberrechtsgesetz nicht.[1050]

Für sonstige Rechtsmängel, insbesondere die Möglichkeit, die Freiheitsrechte, die die GPL oder eine sonstige Lizenz gewährt, wahrnehmen zu können, haftet der Urheber nach § 523 Abs. 1 BGB, da der Nutzer diese Rechte auch unmittelbar von ihm erwirbt. Besteht ein solcher Rechtsmangel, etwa weil das Programm in Wirklichkeit von einem Anderen stammt und vom tatsächlichen Autor unter eine Lizenz gestellt wurde, die nur die Benutzung erlaubt, aber keine Weiterverbreitung von Veränderungen, kann neben den Gewährleistungsanspruch gegen den angeblichen Programmautor auch ein Anspruch gegen den Dritten treten, wenn dieser von dem Rechtsmangel wusste und ihn dennoch – arglistig – verschwiegen hat. Dies ist aber nur dann der Fall, wenn der Dritte darauf hingewiesen hat, dass die angebotenen Programme angeblich Freie Software oder Open Source Software seien. Angeblicher Urheber und Dritter haften dem Nutzer gegenüber dann als Gesamtschuldner gem. § 421 BGB.

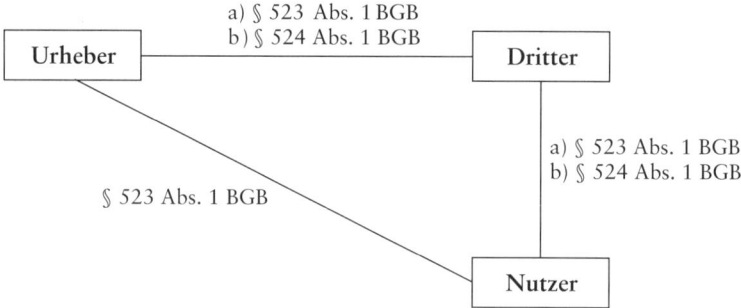

b) Haftung

254 Eine Haftung nach dem ProdHaftG kann nicht nur den Programmierer einer Software betreffen, sondern auch den sog. „Quasi-Hersteller" im Sinne des § 4 Abs. 1 S. 2 ProdHaftG, der sich durch das Anbringen seines Namens oder seiner Marke als Hersteller ausgibt. Auch wenn man davon ausgeht, dass nach außen nicht der Eindruck erweckt wird, dass der Dritte selbst der Hersteller der Freien Software ist, so genügt es doch, dass er als „Importeur" der Software im Sinne des § 4 Abs. 2 ProdHaftG anzusehen ist, wenn der Großteil der Software aus einem Staat außerhalb des Europäischen Wirtschaftsraums (EWR) stammt.

[1049] Vgl. zur Rechtsmängelhaftung bei mangelnder Berechtigung zur Veräußerung *Marly*, Rn. 1363 f.

[1050] Vgl. zu dem Sonderfall, in dem sich die mangelnde Berechtigung des Dritten aus einem Verstoß gegen die GPL ergibt, unten Vertragskonstellation 6, Rn. 272.

Damit soll der Verbraucher davor geschützt werden, außerhalb des EWR Prozesse gegen die dort ansässigen Hersteller führen zu müssen. Da hier der Fall des Downloads vom Server eines kommerziellen Distributors beispielhaft untersucht wird, scheidet ein Ausschluss der Haftung nach dem ProdHaftG gem. § 1 Abs. 2 Nr. 3 ProdHaftG aus.

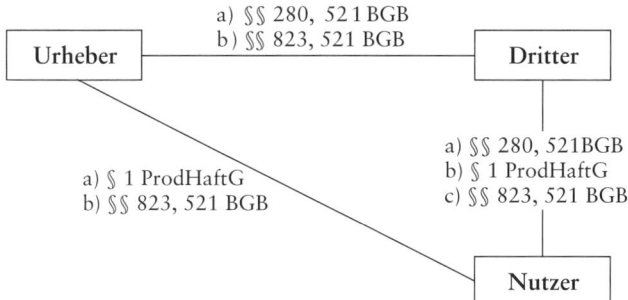

Für die Haftung ergibt sich zusammenfassend also das folgende Bild: Im Dreiecksverhältnis haftet der Urheber gegenüber dem Dritten für Vorsatz und grobe Fahrlässigkeit gem. §§ 280, 521 BGB aus Vertrag und aus deliktischer Produkthaftung, nicht aber nach dem ProdHaftG, da der Dritte die Software nicht für einen privaten Gebrauch einsetzt. Gegenüber dem Nutzer haftet er allenfalls aus Delikt und nach dem Produkthaftungsgesetz, da der Nutzer die Software nicht vom Urheber, sondern vom Dritten erhält.

Der Dritte haftet gegenüber dem privaten Nutzer ebenfalls für Vorsatz und grobe Fahrlässigkeit (§§ 280, 521 BGB) aus Vertrag und Delikt sowie nach dem ProdHaftG.

IV. Vertragskonstellation 4: Entgeltlicher Erwerb der Software auf einem Datenträger von einem Distributor

Im Unterschied zur Vertragskonstellation 3 wird die Software in dieser 255
Fallgruppe von einem Dritten auf einem Datenträger gegen Entgelt vertrieben. Dies ist die Regel bei der Veräußerung von GNU/Linux-Distributionen, bei denen der Erwerber neben den Datenträgern mit der Software ein Handbuch und zeitlich begrenzten Support erhält.

1. Die Vertragsverhältnisse

Für die urheberrechtlichen Nutzungsrechtseinräumungen ergeben sich 256
keine Unterschiede zu der Vertragskonstellation 3, das Gleiche gilt für die schuldrechtlichen Vertragsverhältnisse zwischen Urheber und Distributor sowie Urheber und Endkunden. Allein in dem Verhältnis zwischen dem Distributor und seinem Kunden ergeben sich Besonderheiten. Be-

trachtet man ein gängiges Distributionspaket, so unterscheidet sich dieses äußerlich nur geringfügig von herkömmlicher „proprietärer" Software. Es werden die enthaltenen Programme aufgeführt und auf den Support hingewiesen. Der Endkunde erwirbt das Paket für einen einheitlichen Preis unmittelbar beim Distributor oder über einen Vertriebspartner.

Schuldrechtlich liegt zwischen Distributor und Kunden ein gemischter Vertrag vor. Der Vertrag weist zum einen Elemente des Dienstvertrags gem. § 611 BGB oder – bei Erfolgsbezogenheit – des Werkvertrages gem. § 631 BGB im Hinblick auf den Support auf,[1051] zum anderen Elemente des Kaufvertrags gem. § 433 BGB im Hinblick auf das Handbuch und die Datenträger mit der Software. Entscheidend für die Bewertung des Vertragstyps ist es, wie die Erklärungen der Parteien ihrem objektiven Erklärungsgehalt nach zu verstehen sind. Distributionen werden als einheitliches Paket erworben, also CD-ROMs oder DVDs zusammen mit dem Handbuch. Dabei wird nicht nach den Bestandteilen differenziert, insbesondere nicht bei den auf den Datenträgern enthaltenen Computerprogrammen, die zum Teil aus Freier Software, zum Teil aus „proprietärer" Software bestehen können.[1052] Daher ist – entsprechend dem äußeren Eindruck, den der Erwerber hat[1053] – einheitlich von einem Kaufvertrag gem. § 433 BGB als Vertragstyp auszugehen.[1054] Denn der Käufer erwartet von seiner Distribution wie bei jedem herkömmlichen Programm eine funktionsfähige Software für sein Geld.

Auch wenn den Käufern bewusst ist, dass Freie Software grundsätzlich nur lizenzgebührenfrei vertrieben werden darf, ändert dies nichts an einer einheitlichen Bewertung als Kaufvertrag und der Anwendung des Kaufrechts. Denn der Endnutzer darf für einen Kaufpreis, der deutlich über die bloßen Herstellungskosten für die Datenträger hinausgeht, erwarten, dass der Distributor die Programme sorgfältig ausgesucht und überprüft hat. Eine Schenkung gem. § 516 BGB kommt daher nicht in Betracht.[1055]

[1051] Dazu ausführlich *Marly*, Rn. 1063 f. m. w. N.

[1052] So fügen einige Distributoren dem Softwarepaket eigene Programme bei, die unter einer eigenen, „proprietären" Lizenz stehen.

[1053] S. o. Rn. 236.

[1054] Ebenso *Marly*, Rn. 959.

[1055] Ebenso *Schiffner*, S. 243 ff.; *Spindler-Spindler*, S. 173; *Stickelbrock*, ZGS 2003, 369, 371, welche uns zu Unrecht eine andere Position unterstellt.

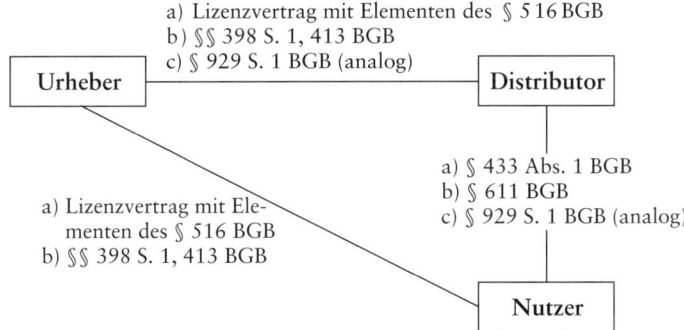

Demnach ergeben sich folgende Vertragsbeziehungen: Der Distributor verkauft dem Nutzer die Software samt Handbuch und übereignet ihm diese gem. § 929 S. 1 BGB. Daneben wird über den Support ein Dienstvertrag abgeschlossen. Die Vertragsverhältnisse zwischen Urheber und Distributor bzw. Nutzer entsprechen der Vertragskonstellation 3.

2. Gewährleistung und Haftung

a) Gewährleistung

Die Kaufverträge zwischen den Distributoren und den Endkunden ent-   257
halten in der Regel keine wirksamen Gewährleistungs- oder Haftungsausschlüsse.[1056] Die – ohnehin unwirksamen – Regelungen in den Open
Source Lizenzen werden gar nicht erst in den Kaufvertrag mit dem
Distributor oder dessen Vertriebspartner einbezogen, da der Endkunde
bei Vertragsschluss von dem Inhalt der Lizenzen keine zumutbare
Kenntnis nehmen konnte, wie dies nach § 305 Abs. 2 BGB erforderlich
ist.[1057] Die Versuche der großen Distributoren, einen zusätzlichen Gewährleistungsausschluss zu vereinbaren, scheitern zumeist ebenfalls,
insbesondere weil der Gewährleistungsausschluss oftmals in der Verpa-
ckung versteckt ist und zudem gegen § 309 BGB verstößt.

Distributoren müssen nach dem Kaufgewährleistungsrecht gem.   258
§§ 434 ff. BGB für fehlerfreie Programme einstehen. Denkbar ist es
allenfalls, die Anforderungen an die „übliche Beschaffenheit" gem.
§ 434 Abs. 1 S. 1 Nr. 2 BGB etwas niedriger als bei proprietärer Software anzusetzen, da der Preis oftmals erheblich geringer sein wird.[1058]
Eine Einstandspflicht besteht auch im Hinblick auf Rechtsmängel gem.
§§ 453 Abs. 1, 435 BGB, also die Freiheit der Software von Rechten
Dritter, sowohl hinsichtlich der Befugnis, die Software überhaupt berechtigt benutzen zu dürfen als auch im Hinblick auf den Charakter als

---

[1056] So auch *Sester*, CR 2000, 797, 805.
[1057] Ausführlich dazu oben Rn. 174.
[1058] S. o. Rn. 244.

Freie Software. Letzteres gilt nur, wenn der Distributor damit wirbt, dass die als Freie Software gekennzeichneten Programme verändert, vervielfältigt und verbreitet werden dürfen. In diesem Fall muss er auch für entsprechende Rechtsmängel einstehen, selbst wenn er die urheberrechtlichen Nutzungsrechte nicht selbst einräumt, sondern nur das Angebot der Programmautoren auf Abschluss einer Open Source Lizenz weitergibt.[1059]

Die volle Gewährleistung lässt sich auch nur schwerlich beschränken. Bei sog. „Shrink-wrap"- oder Schutzhüllenverträgen kann der Käufer zwar bei Vertragsschluss auf die AGB hingewiesen werden, aber die GPL oder eine andere Lizenz, in der sich Gewährleistungsausschlüsse befinden, wird jedenfalls dann nicht Teil des Vertrages, wenn sie nicht auch vor Ort einsehbar ist. Selbst für die Fälle des „Registrierkartensystems", bei dem der Anwender durch die Rücksendung einer Registrierkarte bzw. die Online-Registrierung einen neuen Vertrag mit dem Distributor schließt, besteht bei einem ausdrücklichen Hinweis auf die Open Source Lizenz kein Gewährleistungsausschluss.

Aber auch wenn man davon ausginge, dass die Open Source Lizenz einbezogen wird, wären Ziffer 11 GPL-2.0 und entsprechende Klauseln in anderen Open Source Lizenzen wegen Verstoßes gegen das absolute Klauselverbot des § 309 Nr. 8 b) aa) BGB unwirksam. Da zudem gem. § 306 Abs. 2 BGB geltungserhaltende Reduktionen nicht möglich sind und Ziffer 11 GPL-2.0 damit insgesamt unwirksam ist, richtet sich die Gewährleistung auch dann nach den gesetzlichen Vorschriften der §§ 434 ff. BGB im Kaufrecht. Danach kann der Käufer Nacherfüllung verlangen (§ 439 BGB) oder vom Vertrag zurücktreten bzw. den Kaufpreis mindern, sofern eine Nachfristsetzung erfolglos war (§§ 437 Nr. 2, 440, 441, 323 BGB), wenn die Software unter Mängeln leidet (z.B. Funktionsmängel, Viren, Trap-Doors, unzureichende Dokumentation, geringe Rechengeschwindigkeit etc.).

Bei einem Rechtsmangel, der unter den genannten Voraussetzungen auch dann vorliegen kann, wenn ein Programm der Distribution nicht von dem Programmautor unter eine Open Source Lizenz gestellt wurde, bestehen die gleichen Gewährleistungsrechte wie bei einem Sachmangel (§§ 433 Abs. 1 S. 2, 435 BGB). Unter den Voraussetzungen der §§ 440, 281 BGB kann der Käufer bei Verschulden des Verkäufers auch Schadensersatz „statt der Leistung" verlangen.

Für mangelhaften Support haftet der Distributor bei Dienstverträgen aus den §§ 280 ff. BGB auf Schadensersatz oder bei Werkverträgen gem. §§ 634 ff. BGB.[1060]

[1059] Ähnlich im Ergebnis *Spindler-Spindler*, S. 172 ff.
[1060] Vgl. BGH, MMR 2010, 398, 399 – *Rechtsnatur eines Internet-System-Vertrages*.

Der Programmautor haftet für Rechtsmängel wiederum nur aus **259**
§ 523 Abs. 1 BGB, so dass der Endkunde sich im Zweifel an den Distributor halten wird, dem damit das höhere Risiko zukommt, der dafür
aber auch ein Entgelt erhält.

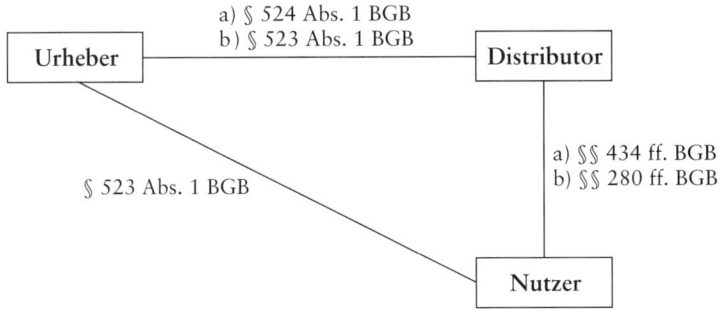

b) Haftung

Die Rechtslage hinsichtlich der Haftung des Distributors entspricht der **260**
Vertragskonstellation 2 für Kaufverträge. Auch bei Schäden, die durch
Fehler beim Support eintreten, besteht eine Haftung aus den §§ 280
Abs. 1, 282 BGB bzw. §§ 634 Nr. 4, 636, 280, 281, 283 BGB. Er wird
zudem oft als Quasi-Hersteller anzusehen sein, so dass auch die An-
wendbarkeit des ProdHaftG eröffnet ist.[1061] Bei der klassischen Distribu-
tion und ähnlichen Vertragsgestaltungen haftet der Distributor seinem
Kunden gegenüber also wie jeder Anbieter „proprietärer" Software. Die
Haftung des Urhebers unterscheidet sich wiederum nicht von Vertragskonstellation 1.

V. Vertragskonstellation 5: Individuelle Herstellung von Open Source Software

Freie Software wird nicht nur in der „Basar-Methode" entwickelt,[1062] **261**
sondern ist längst aus dem Bereich der Hobbyprogrammierer herausge-
treten. Zahlreiche Firmen bieten herkömmliche Softwareentwicklung
an, mit der Besonderheit, dass das dabei hergestellte Programm nach
vorheriger Vereinbarung der Vertragsparteien unter eine Open Source
Lizenz gestellt wird oder in ihre Entwicklung fertige Open Source Bestandteile mit einbezogen werden. Dieses Entwicklungsmodell kann
insbesondere deshalb vorteilhaft sein, weil Elemente der speziell entwickelten Software auch anderweitig verwendbar sind und damit ein geringerer Herstellungspreis angeboten werden kann. Hier soll der Fall

---

[1061] S. o. Rn. 254.
[1062] S. o. Rn. 143.

untersucht werden, in dem der Softwarehersteller das Programm zunächst unter eine Open Source Lizenz stellt, um danach dem Besteller die entsprechend belasteten ausschließlichen Nutzungsrechte zu übertragen.[1063]

1. Die Vertragsverhältnisse

262   Auch wenn zunächst nur ein Zweipersonenverhältnis vorliegt, nämlich zwischen dem Softwarehersteller und seinem Kunden, dem Besteller, bietet sich darüber hinaus die Betrachtung der Vertragsverhältnisse zu Dritten an, die die individuell hergestellten Programme weiternutzen.

a) Softwarehersteller – Besteller

263   Zwischen dem Softwarehersteller und seinem Kunden wird ein Werkvertrag gem. § 631 Abs. 1 S. 1 BGB über die Entwicklung eines bestimmten Computerprogramms geschlossen.[1064] Denn der Hersteller schuldet seinem Kunden den Herstellungserfolg, die funktionsfähige, auf seine besonderen Bedürfnisse angepasste Software. Er hat ihm zudem die zur Benutzung der Software erforderlichen Befugnisse des § 69d UrhG zu verschaffen sowie die weitergehenden ausschließlichen Nutzungsrechte, wie sie nach dem Werkvertrag geschuldet sind.

b) Softwarehersteller – Dritte

264   Der Softwarehersteller tritt nur über die Open Source Lizenz mit Dritten (Endkunden) in eine Vertragsbeziehung ein. Dabei liegt der bereits bei anderen Vertragskonstellationen beschriebene Fall eines Lizenzvertrags mit schenkungsrechtlichen Elementen vor.[1065]

c) Besteller – Dritter

265   Die Vertragskonstellationen zwischen dem Besteller der Individualsoftware und dem Dritten können vielfältig sein und werden hier nur kursorisch beschrieben. Benutzt der Besteller die Software nur intern, besteht kein entsprechendes Vertragsverhältnis zu Dritten. Anders ist die Situation, wenn der Besteller das Programm zusammen mit eigener Software weitervertreibt. Dann ist danach zu unterscheiden, ob dies unentgeltlich

---

[1063] Denkbar ist auch die Fallgestaltung, in der der Besteller nur einfache Nutzungsrechte nach den Bestimmungen der benutzten Open Source Lizenz erhält. Schließlich kann auch der Besteller das Programm nach den Bestimmungen einer freien Lizenz verbreiten, vgl. zu entsprechenden Konstellationen im Einzelnen *ifrOSS-Metzger*, Ziffer 11/12, Rn. 29 ff.

[1064] Vgl. BGH, NJW 1990, 3008, BGH, MMR 2010, 398, 399 – *Rechtsnatur eines Internet-System-Vertrages*, weitere Nachweise bei *Marly*, Rn. 679 ff. Mit der Reform des Schuldrechts gewinnt die Frage Bedeutung, ob ein Werkvertrag oder ein Vertrag gem. § 651 vorliegt, vgl. *Metzger*, AcP 204 (2004), 231 ff., und zum Streitstand *Marly*, Rn. 680 ff.

[1065] S. o. Rn. 210 ff.

geschieht oder gegen eine Vergütung. Im ersteren Fall liegt eine Handschenkung vor, bei der zweiten Fallgruppe ein Kaufvertrag.

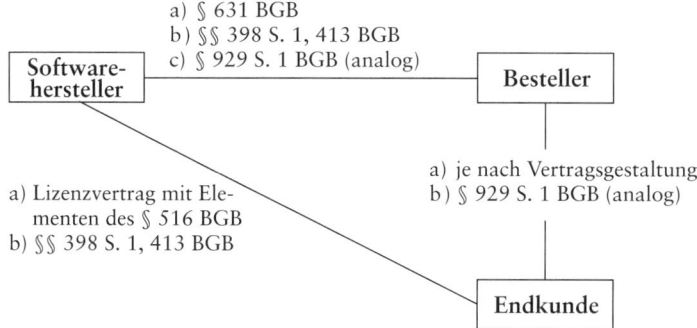

2. Gewährleistung und Haftung

a) Gewährleistung

Bei Individualvereinbarungen, und hierum wird es sich im Verhältnis   **266**
Softwarehersteller – Besteller in der Regel handeln, kann die Gewährleistung in einem wesentlich weiteren Umfang ausgeschlossen werden
als dies bei vorformulierten Vertragsbedingungen der Fall ist, die den
AGB-Vorschriften unterliegen. So ist gem. § 639 BGB ein Gewährleistungsausschluss bis zur Grenze der Arglist zulässig. Eine entsprechende
Vertragsvereinbarung wird erst relevant, wenn die Software gem. § 640
BGB als vertragsgemäß abgenommen wurde. Bis zu diesem Zeitpunkt
hat der Kunde einen Erfüllungsanspruch nach § 631 Abs. 1 BGB.

Allerdings wird der Softwarehersteller bei einer individuell ausgehan-
delten Vereinbarung in der Regel eine weitergehende Gewährleistung
anbieten müssen. Dementsprechend richtet sich die Gewährleistung
nach den vertraglichen Regelungen. Wenn der Softwarehersteller aber
lediglich eine Open Source Lizenz beifügt und keine Individualvereinbarung mit dem Kunden trifft, sind die AGB-Vorschriften anwendbar.
Dies gilt gem. § 310 Abs. 1 BGB auch für Verträge zwischen Unternehmern, allerdings mit den dort aufgeführten Einschränkungen.[1066] So sind
insbesondere die Klauselverbote der §§ 308, 309 BGB nicht unmittelbar
anwendbar. Nach § 310 S. 2 BGB ist jedoch eine Inhaltskontrolle nach
§ 307 BGB auch im tatbestandlichen Bereich der §§ 308, 309 BGB
vorzunehmen.[1067] Nach Ansicht des BGH ist eine tatbestandliche Entsprechung einer Klausel mit einem der Verbote der §§ 308, 309 BGB ein
Indiz dafür, dass die Klausel auch bei AGB gegenüber Unternehmern

---

[1066] Missverständlich *Koch,* CR 2000, 333, 339.
[1067] Vgl. dazu *Wolf/ Lindacher/Pfeiffer-Wolf,* § 310, Rn. 21 ff.

unwirksam sein kann.[1068] Wird die Gewährleistung vollständig ausgeschlossen, wie dies bei den Open Source Lizenzen der Fall ist, so stellt dies einen Verstoß gegen § 307 Abs. 2 Nr. 1 BGB dar.[1069] Die Folge ist, dass die gesetzlichen Regelungen anzuwenden sind. Demnach würde sich die Gewährleistung nach den §§ 633 ff. BGB richten. Bei einer Nicht- oder Schlechterfüllung kann der Besteller zahlreiche Gewährleistungsansprüche geltend machen. Gem. § 635 BGB kann der Softwarehersteller „nacherfüllen", also nach seiner Wahl den Mangel beseitigen oder neu herstellen. Nach erfolglosem Ablauf einer zur Nacherfüllung gesetzten Frist kann der Besteller gem. § 637 BGB den Mangel selbst beseitigen und Aufwendungsersatz verlangen. Statt dessen kann der Besteller auch gem. § 638 BGB mindern, also die Vergütung herabsetzen oder gem. §§ 636, 323, 326 Abs. 1 S. 3 BGB vom Vertrag zurücktreten. Bei Verschulden kann zusätzlich noch gem. §§ 636, 280 BGB Schadensersatz verlangt werden.

Wenn die Vertragsparteien eine Beschränkung der Gewährleistung möchten, müssen sie dies wie bei jedem anderen Vertrag über Individualsoftware gesondert vereinbaren.

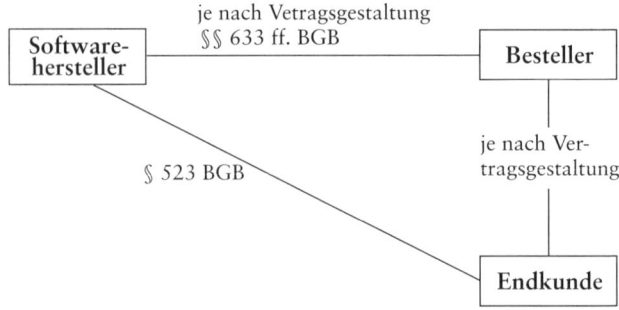

b) Haftung

267 Auch für die Haftung bestehen bei einer Individualvereinbarung zwischen Softwarehersteller und Besteller wesentlich weitergehende Möglichkeiten für eine Haftungsbeschränkung als im Anwendungsbereich der AGB-Vorschriften.

Die vertragliche Haftung aus § 280 BGB betrifft Pflichtverletzungen außerhalb der mangelfreien Leistung. Der Softwarehersteller haftet für Vorsatz und Fahrlässigkeit, wenn er keine vertragliche Individualvereinbarung getroffen hat und der Haftungsausschluss aus den Open Source

---

[1068] BGH, NJW 1984, 1750 f., wonach das Indiz nur für den Fall widerlegt werden kann, dass die Klausel wegen der Besonderheiten des kaufmännischen Verkehrs ausnahmsweise als angemessen angesehen werden kann. Eine solche Situation liegt hier nicht vor.
[1069] Vgl. *Wolf/Lindacher/Pfeiffer-Dammann*, § 309 Nr. 9 b) aa), Rn. 74.

Lizenzen wegen Verstoßes gegen die AGB-Vorschriften unwirksam ist. Durch eine individuelle Vertragsklausel ist aber eine Haftungsbeschränkung gem. § 276 Abs. 3 BGB bis auf Vorsatz möglich. Nicht abdingbar ist gem. § 14 ProdHaftG die Haftungspflicht des Herstellers nach dem ProdHaftG. Allerdings ist diese Haftung nur dann relevant, wenn die zu entwickelnde Software für den privaten Gebrauch bestimmt ist, was bei Individualentwicklungen eher untypisch sein dürfte. Nach § 1 Abs. 1 ProdHaftG wird nur der private Verbraucher vor Sachschäden geschützt, nicht aber der Geschäftsverkehr. Daher ist das ProdHaftG für solche Schäden nicht anwendbar, die bei Unternehmen auftreten, die die Software verwenden. Dies gilt im Rahmen der deliktischen Produkthaftung nicht.

Gibt der Besteller die Software an eigene Kunden weiter, so richtet sich die Haftung nach dem entsprechenden Vertragsrecht, was in aller Regel auch auf § 280 oder eine individualvertraglich vereinbarte, mildere Haftung hinauslaufen wird, sowie nach der deliktischen Produkthaftung. Eine Haftung nach dem Produkthaftungsgesetz setzt abermals voraus, dass der Endkunde Verbraucher ist und dass der Besteller ihm gegenüber als Quasi-Hersteller auftritt.

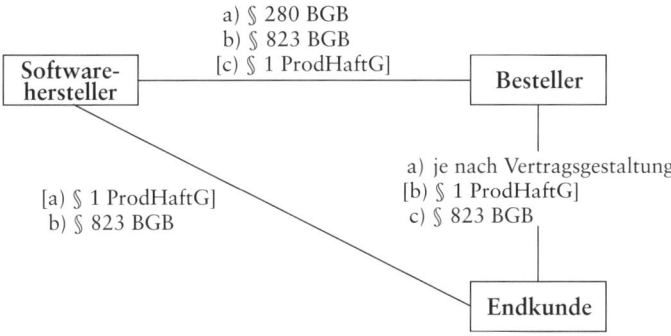

VI. Vertragskonstellation 6: Koppelung von Open Source Software mit Hardware, insbesondere „Embedded-Systeme"

Eine weitere, wirtschaftlich bedeutsame Vertragskonstellation betrifft den Vertrieb von Freier Software zusammen mit Hardware. Diese Fallgruppe umfasst mit GNU/Linux vorkonfigurierte Personal Computer, wie dies von IBM, Hewlett Packard und anderen angeboten wird, vor allem aber auch sog. Embedded-Systeme.[1070] Es werden so unterschiedliche Produkte wie Haushaltsgeräte, Set-Top-Boxen oder Mobiltelefone mit einem Open Source Betriebssystem ausgestattet, wobei es sich häu-   **268**

[1070] S. o. Rn. 20.

fig um abgespeckte GNU/Linux-Versionen oder Android handelt. Im „Internet der Dinge" wird diese Tendenz vermutlich noch zunehmen.

1. Der Vertragstyp

269   In der Regel wird die Hardware zusammen mit der Software zu einem einheitlichen Preis verkauft. Dann liegt auch ein einheitlicher Kaufvertrag hinsichtlich der Hard- und der Software vor.[1071] Ein gemischter Vertrag mit den Elementen Kauf (bzgl. der Hardware) und Schenkung (bzgl. der Software) kann nur dann vorliegen, wenn sich dies aus dem Parteiwillen ergibt. Eine solche Situation ist denkbar, wenn der Veräußerer der Hardware die Freie Software ausdrücklich als kostenlose Zugabe kenntlich macht.[1072]

Im Normalfall, bei dem das Produkt als einheitliche Ware verkauft wird, liegt nur ein Kaufvertrag hinsichtlich des gesamten Vertragsgegenstandes vor. Bezüglich der Nutzungsrechte kann auf die Ausführungen zu Vertragskonstellation 1 verwiesen werden. Für den Erwerber spielen die durch die Open Source Software gewährten Nutzungsrechte in aller Regel keine Rolle – er benötigt nur ein funktionierendes Produkt. Zusätzliche Nutzungsrechte werden ihm erst nachträglich geschenkt, wenn er sich auf die beigefügte Open Source Lizenz beruft. Anders ist die Lage aber dann, wenn der Veräußerer mit den besonderen Möglichkeiten Freier Software wirbt. Dann muss der Verkäufer auch für die Möglichkeit des Erwerbs von Nutzungsrechten nach Kaufrecht einstehen. Die Vertragsverhältnisse zwischen dem Urheber und dem Verkäufer bzw. dem Urheber und dem Käufer entsprechenden Vertragskonstellation 3 und 4, insoweit kann hier auf die oben gemachten Ausführungen verwiesen werden.

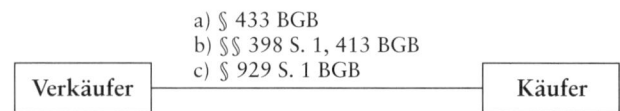

2. Gewährleistung und Haftung

a) Gewährleistung

270   Die Gewährleistungspflichten entsprechen denjenigen eines Distributors bei Vertragskonstellation 4. Die Mängelgewährleistungsansprüche können dabei für die Gesamtheit aus Hard- und Software geltend gemacht werden, auch wenn nur die Hardware oder nur die Software fehlerhaft

---

[1071] Vgl. BGH, NJW 1990, 3011, 3012; ebenso *Spindler-Spindler*, S. 182 f.

[1072] In diesem Fall dürfte es sich um einen Typenkombinationsvertrag handeln, auf den eine Kombination aus Kauf- und Schenkungsrecht anzuwenden ist, vgl. hierzu oben Rn. 240.

ist. Insbesondere ist in beiden Fällen der Rücktritt vom Gesamtvertrag gestattet. Wird das Embedded-System an einen Unternehmer verkauft, sind ebenfalls die allgemeinen Gewährleistungsansprüche des Kaufrechts anwendbar, da der vollständige Gewährleistungsausschluss dann wegen Verstoßes gegen § 307 Abs. 2 Nr. 1 BGB unwirksam ist.

Ein häufig auftretender Problemfall besteht darin, dass der Anbieter der Hardware die Verwendung von Freier Software nicht kenntlich macht und weder den Quelltext oder ein Angebot dazu mitliefert noch die auf die Hardware angepassten Programme wieder unter die entsprechende „Copyleft"-Lizenz stellt.[1073] Dann fragt sich, welche Gewährleistungsansprüche der Käufer gegen den Anbieter eines GPL-widrig veräußerten Embedded-Produkts hat. Zunächst sind Ansprüche der Käufer auf die Herausgabe des Quelltextes bzw. die Einräumung von Nutzungsrechten denkbar. Der Käufer hat aber weder einen Erfüllungsanspruch aus § 433 Abs. 1 BGB noch Herausgabeansprüche aus der Rechtsmängelgewährleistung, wenn er die Hardware als einheitliches Produkt erworben hat, ohne dass darauf hingewiesen wurde, dass sie Freie Software enthält.[1074]

Weiterhin fragt sich, ob der Käufer das Embedded-Produkt nutzen **271** darf, oder ob sich aus einer mangelnden Nutzungsberechtigung eine Rechtsmängelgewährleistung ergibt. Sofern unter der GPL lizenzierte Software enthalten ist, verliert der Verkäufer selbst die Befugnis zur Verbreitung der Software aufgrund Ziffer 4 GPL-2.0, der Käufer ist dann auf den ersten Blick nicht mehr „Berechtigter" im Sinne von § 69d Abs. 1 UrhG. Allerdings zeigen die Regelungen der GPL deutlich, dass Dritte von dem Rechtewegfall nicht betroffen sein sollen, wenn sie sich selbst an die Lizenzpflichten halten (Ziffer 4 S. 3 GPL-2.0). Für die bloße Benutzung der Software sieht die GPL jedoch überhaupt keine Pflichten vor, so dass davon auszugehen ist, dass der Käufer auch bei einem lizenzwidrigen Erwerb als „Berechtigter" im Sinne von § 69d Abs. 1 UrhG anzusehen ist, so dass insoweit eine Rechtsmängelhaftung ausscheidet.[1075]

Dies gilt allerdings nicht für weitergehende Handlungen, insbesondere **272** nicht für die Weiterverbreitung. Möchte der Käufer etwa sein gebrauchtes Gerät mit der Freien Software an einen Dritten weiterverkaufen, so ist ihm dies nur gestattet, wenn eine Erschöpfungswirkung gem. § 69c Nr. 3 S. 2 UrhG eingetreten ist oder die Weitergabe GPL-konform erfolgt, was bei einem mangelnden Hinweis durch den Verkäufer in der

---

[1073] Ein solcher Fall lag der Entscheidung des LG München I, MMR 2004, 693 – *Welte./.Sitecom* zu Grunde, ausführlich dazu oben Rn. 151.
[1074] Im Ergebnis ebenso *Koch*, CR 2000, 333, 335, der aber nur einen Vertrag zugunsten Dritter prüft.
[1075] Anders noch die 1. Aufl., S. 174, und *Spindler/Wiebe*, CR 2003, 873, 878.

Regel nicht der Fall sein wird.[1076] Für die Erschöpfung des Verbreitungsrechtes fehlt es allerdings an einem Inverkehrbringen des Embedded-Systems „mit Zustimmung des Rechtsinhabers". Das Produkt wurde gerade lizenzwidrig und damit *gegen* den Willen der Programmautoren in Verkehr gebracht. Damit ist dem Käufer die Weiterveräußerung des Embedded-Produktes urheberrechtlich nicht gestattet.[1077] Dieser Rechtsmangel führt zu Gewährleistungsansprüchen gegen den Verkäufer, da der Käufer regelmäßig erwartet, eine gekaufte Ware auch weiterveräußern zu können. Folglich greift die Rechtsmängelhaftung gem. §§ 435, 437 BGB gegen den Verkäufer ein.[1078]

Der Verkäufer riskiert damit, dass sämtliche Kaufverträge, die er über seine Embedded-Systeme abgeschlossen hat, rückabgewickelt werden müssen, oder dass er gegenüber allen Vertragspartnern schadensersatzpflichtig wird.

b) Haftung

273 Der Verkäufer des Embedded-Systems haftet vertraglich nach § 280 BGB entsprechend der Vertragskonstellation für Kaufverträge. Wegen der einheitlichen Betrachtung macht es dabei keinen Unterschied, ob der Schaden auf einem Hardware- oder Softwarefehler beruht.

Das Produkthaftungsgesetz ist in der vorliegenden Konstellation regelmäßig anwendbar, wenn Verbraucher Embedded-Systeme erwerben. Die Frage, ob Software unter den Produktbegriff des § 2 ProdHaftG fällt, spielt dann keine Rolle, da das Embedded-System ein einheitliches Produkt darstellt. Zudem ist die Ausnahmeregelung des § 1 Abs. 2 Nr. 3 ProdHaftG für nicht-kommerzielle Teilprodukte zumeist nicht einschlägig, wenn insgesamt ein einheitlicher Kaufvertrag vorliegt. Im Hinblick auf die deliktische Produkthaftung gilt das bei Vertragskonstellation 2 zur entgeltlichen Überlassung Ausgeführte entsprechend.

[1076] Dazu näher oben Rn. 131 ff.
[1077] Vgl. LG Frankfurt a. M., CR 2006, 729, 732.
[1078] Hier hilft auch nicht Ziffer 4 S. 3 GPL-2.0, wonach die Lizenzen Dritter, die Kopien oder Rechte von demjenigen erworben haben, der gegen die Bedingungen der GPL verstoßen hat, unberührt bleiben. Denn der Käufer der Hardware kann mangels beigefügter Open Source Lizenz überhaupt keinen Lizenzvertrag abschließen und damit die für einen lizenzkonformen Vertrieb erforderlichen Pflichten zur Kenntnis nehmen.

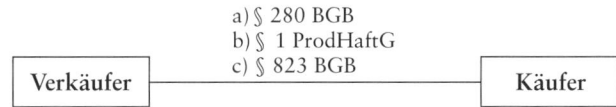

VII. Vertragskonstellation 7: Nutzung von Open Source Software im Wege des ASP und SaaS

Bedingt durch verbesserte Netzwerktechnik und größere Bandbreiten 273a
nimmt die Nutzung von Software im Wege des Application Service
Providings (ASP) bzw. SaaS („Software as a Service") zu. Hierbei erwirbt der Kunde keine Programmkopie, sondern nutzt die Software des
Anbieters, die auf einem fremden Server abläuft und dem Kunden in der
Regel nur noch die Ergebnisse des Datenverarbeitungsvorgangs übermittelt. Der BGH ordnet diese Verträge als Mietverträge ein,[1079] so dass die
mietvertraglichen Gewährleistungsregelungen der §§ 536 ff. BGB anwendbar sind. Ob der Anbieter dabei proprietäre oder Freie Software
einsetzt, spielt insoweit keine Rolle. Dies ist allenfalls für die Frage relevant, ob der Kunde Zugriff auf den Source Code hat und Copyleft-
Klauseln einschlägig sind.[1080]
    Der Anbieter ist gem. § 535 Abs. 1 BGB verpflichtet, dem Mieter die
Mietsache zum vertragsgemäßen Gebrauch zu überlassen und in diesem
Zustand zu erhalten. Dies kann auch dadurch erfolgen, dass eine Software ohne Besitzverschaffung zur Nutzung zur Verfügung gestellt
wird.[1081] Ist die Software mangelhaft oder kann der Anbieter nicht sicherstellen, dass der Nutzer auch den erforderlichen Zugriff auf die
Software hat, kann der Mieter die Beseitigung des Mangels gem. § 535
Abs. 1 S. 2 BGB verlangen und die Vergütung gem. § 536 BGB angemessen mindern. Daneben besteht bei Verschulden gem. § 536a BGB
ein Schadensersatzanspruch, der bei einem Verzug der Mangelbeseiti-
gung ebenfalls besteht und neben dem Minderwert der Gebrauchsmög-
lichkeit auch Mangelfolgeschäden umfasst.[1082] Praktisch bedeutsam ist
auch der Anspruch auf Ersatz der Kosten für die erforderlichen Auf-
wendungen gem. § 536a Abs. 2 BGB, wenn der Anbieter mit der Män-
gelbeseitigung im Verzug ist.

[1079] BGH, MMR 2007, 243; BGH, MMR 2010, 398, 399 – *Rechtsnatur eines Internet-System-Vertrages.*
[1080] S. o. Rn. 72.
[1081] Vgl. OLG Brandenburg, CR 2008, 763, 766.
[1082] *Palandt-Weidenkaff,* § 536a, Rn. 14.

VIII. Vertragskonstellation 8: Beiträge zu Open Source Projekten

273b Die Codebeiträge, die Entwickler oder Unternehmen bei einem Open Source Projekt zur Behebung von Programmfehlern oder Weiterentwicklung einreichen, werden als „*Contributions*" bezeichnet. Im Regelfall werden *Contributions* unentgeltlich und lediglich unter der entsprechenden Open Source Lizenz an das Open Source Projekt überlassen. Damit stellt sich die Frage, ob die Haftungs- und Gewährleistungsausschlüsse auch in dieser Konstellation AGB-widrig sind oder wirksamer Vertragsbestandteil werden.

Gem. § 307 Abs. 1 S. 1 BGB unterliegen aber nur solche Klauseln der Inhaltskontrolle des AGB-Rechts, die den „*Vertragspartner des Verwenders*" unangemessen benachteiligen.[1083] Verwender der Open Source Lizenzen ist aber regelmäßig das Open Source Projekt, das eine Lizenz aussucht und als Grundlage für die Lizenzierung von *Contributions* vorgibt, nicht aber der Contributor selbst. Daher kann sich der Contributor auch auf den Haftungs- und Gewährleistungsausschluss der jeweiligen Lizenz berufen, soweit nicht die Grenze des § 276 Abs. 3 BGB überschritten wird. Aber auch vollständige Haftungsausschlüsse dürften gem. § 139 BGB nicht dazu führen, dass der Lizenzvertrag oder dessen Haftungsbeschränkung insgesamt unwirksam ist, sondern – anders als im AGB-Recht – einer geltungserhaltenden Reduktion unterliegen.[1084]

So bestünde nur eine Haftung für vorsätzliche Pflichtverletzungen, etwa bei Kenntnis von Sicherheitsmängeln, auf die nicht hingewiesen wird. Anders wäre die Rechtslage, wenn der Contributor selbst eine Lizenz aussucht, die nicht vom Projekt vorgegeben ist. Hier dürften die Lizenzbedingungen einschließlich der Haftungs- und Gewährleistungsausschlüsse als vom Contributor gestellte AGB anzusehen und damit wegen Verstoßes gegen §§ 309 Nr. 7, 307 Abs. 2 Nr. 1 BGB unwirksam sein. Es ist dann das Schenkungsrecht mit dem in Vertragskonstellation 1 beschriebenen Haftungsmaßstab anwendbar. Der Unterschied wirkt sich vor allem bei Mangelfolgeschäden aus, wenn man der hier vertretenen Auffassung folgt, dass dort der Maßstab des § 521 BGB Anwendung findet.

[1083] Vgl. *MüKo-Wurmnest*, § 307, Rn. 19, 25.
[1084] Dazu allg. *Palandt-Ellenberger*, § 139, Rn. 11.

Zum Teil werden auch besondere Verträge (z. B. „*Contributor Agreement*") verwendet, die spezielle Haftungs- und Gewährleistungsregelungen enthalten oder zusätzliche Pflichten.[1085] Dieser Fall bleibt hier außer Betracht; es ist in jedem Einzelfall zu prüfen, welches nationale Recht anwendbar ist und wie die Haftung für die Beteiligten geregelt ist.

[1085] Vgl. das Contributor License Agreement der Eclipse Foundation, http://www. eclipse.org/legal/CLA.php, und das Individual Contributor License Agreement der Apache Software Foundation, https://www.apache.org/licenses/icla.txt sowie oben Rn. 150.

5. Kapitel. Gewerbliche Schutzrechte

Freie Software-Lizenzen basieren auf dem Urheberrecht. Sie werfen **274** deswegen in erster Linie urheberrechtliche Fragen auf. Daneben ergeben sich aber auch spezifische Fragen aus dem gewerblichen Rechtsschutz. Diese betreffen zum einen den Bereich der Softwarepatente. Zum anderen sind einzelne Aspekte des Markenrechts anzusprechen.[1086]

A. Patentrecht

„Schließlich und endlich ist jedes freie Programm permanent durch Softwarepatente bedroht."
(Präambel der GNU GPL, Version 2)

Die Präambel der GPL-2.0 hatte bereits im Juni 1991 der kritischen **275** Haltung der Free Software Foundation gegenüber Softwarepatenten Ausdruck verliehen. Eine breitere Öffentlichkeit erreichte die ablehnende Haltung der Open Source Entwickler in der Diskussion um den Vorschlag der Europäischen Kommission für eine „Richtlinie über die Patentierbarkeit computerimplementierter Erfindungen" aus dem Jahr 2002.[1087] Die Richtlinie wurde im Juli 2005 vom Europäischen Parlament endgültig abgelehnt. Vorangegangen war eine bislang beispiellose Sensibilisierung der europäischen Öffentlichkeit für die besonderen Belange von Open Source Entwicklern und kleinen und mittelständischen IT-Unternehmen.

Im Mittelpunkt der Diskussion um die Sinnhaftigkeit von Softwarepatenten im Allgemeinen stehen rechtspolitische Fragestellungen: Welche Rolle soll das Patentrecht für Computerhardware und -software einnehmen? Wirken sich Softwarepatente innovationsfördernd oder -hemmend aus? Sind durch die Erteilungspraxis der europäischen Patentämter Benachteiligungen der kleinen und mittelständischen Softwareunternehmen und freier Programmierer zu befürchten? Die rechtspolitische Diskussion soll hier nur in der Einführung gestreift werden, um einen Überblick über die besondere Situation der Open Source Software im Patentrecht zu gewinnen. Im Mittelpunkt des Kapitels wer-

---

[1086] Zum Wettbewerbsrecht s. u. Rn. 329 ff.
[1087] Vgl. zu den Entwürfen aus Kommission, Rat und Parlament im Einzelnen *Metzger*, CR 2003, 313 und 871.

den die patentrechtlichen Fragestellungen der Entwicklung und Verbreitung Freier Software *de lege lata* stehen.[1088]

I. Einführung

1. Entwicklung

276 Der Streit um die Sinnhaftigkeit von Softwarepatenten wird seit Beginn der industriellen Produktion von Computern geführt.[1089] Die Patentämter in Deutschland, Europa und den USA hatten zunächst gezögert, Patente auf sog. softwarebezogene Erfindungen zu vergeben. Deutlicher Ausdruck dieser skeptischen Haltung sind Art. 52 Abs. 2, 3 EPÜ und § 1 Abs. 3, 4 PatG, nach denen Patente auf „Programme für Datenverarbeitungsanlagen als solche" ausgeschlossen sind. Zu ersten gerichtlichen Bestätigungen von Patentanmeldungen aus dem Bereich Datenverarbeitung kam es in den frühen 1980er Jahren, insbesondere in den USA ist die Tendenz seitdem stetig steigend.[1090] Die Schwelle von 100.000 Softwarepatenten wurde dort mittlerweile überschritten. Vor diesem Hintergrund mehrten sich auch in Europa in den 1990er und frühen 2000er Jahren die Stimmen, die eine großzügigere Vergabe von Softwarepatenten befürworten, um im Wettbewerb der Standorte bestehen zu können.[1091] Das Europäische Patentamt hat mittlerweile ebenfalls zehntausende Patente für programmbezogene Erfindungen erteilt. Unternehmen mit starken IT-Geschäftsfeldern, insbesondere in den Bereichen Mobilfunktechnologie, stehen in den Jahresberichten weit oben auf der Liste der Unternehmen, mit meisten Anmeldungen.[1092] Vorläufige Höhepunkte der rechtspolitischen Diskussion über Ausweitung oder Eingrenzung von Softwarepatenten waren die Konferenz zur Revision des Europäischen Patentübereinkommens im November 2000 in München sowie die Ablehnung der „Richtlinie über die Patentierbarkeit computerimplementierter Erfindungen" durch das Europäische Parlament im Juli 2005. Der Verwaltungsrat des Europäischen Patentamts hatte sich für eine Streichung der Ausschlussbestimmung des Art. 52 Abs. 3 EPÜ im Hinblick auf Softwarepatente ausgesprochen, die EPO-

---

[1088] Siehe hierzu auch *Wiebe*, CR 2004, 881 ff.

[1089] Zur älteren Diskussion siehe *Kolle*, GRUR 1977, 58, und *ders.*, GRUR 1974, 7.

[1090] Aus der Sicht des deutschen Patentrechts können die Entscheidungen BGH, GRUR 1978, 102 – *Prüfverfahren* und insbesondere GRUR 1980, 849 – *Antiblockiersystem* als Wendepunkt bezeichnet werden, für die USA die Entscheidung *Diamond vs. Diehr*, GRUR Int. 1981, 646. Zur aktuellen Entwicklung in den USA siehe *Schauwecker*, GRUR Int. 2010, 1 ff. und 115 ff.

[1091] So etwa *Esslinger/Betten*, CR 2000, 18, 22.

[1092] Im Jahr 2014: 1. Samsung, 2. Philips, 3. Siemens, 4. LG, 5. Huawei, 7. Qualcomm, 9. Ericsson, 10. Intel, siehe den Jahresbericht des EPA für das Jahr 2014.

Konferenz war diesem Vorschlag jedoch nicht gefolgt.[1093] Offenbar wollte man seitens der EPO der Initiative der Europäischen Kommission nicht vorgreifen, welche eine Harmonisierung der nationalen Patentgesetze in dieser Frage angekündigt hatte.

Der von der Europäische Kommission Anfang 2002 vorgelegte Entwurf für eine „Richtlinie über die Patentierbarkeit computerimplementierter Erfindungen" sollte seiner Begründung nach nicht mehr als eine Festschreibung der gegenwärtigen Entscheidungspraxis des Europäischen Patentamts bringen;[1094] der Entwurfstext brachte diesen restriktiven Ansatz aber nur unvollkommen zum Ausdruck[1095] und löste eine regelrechte Protestwelle der Open Source Community aus, die sich in zahlreichen Eingaben sowie Demonstrationen vor den europäischen Institutionen in Brüssel und Straßburg niederschlug.[1096] Das Europäische Parlament lehnte die Richtlinie schließlich im Juli 2005 in zweiter Lesung mit 648 von 680 abgegebenen Stimmen ab[1097] und beendete damit das legislative Verfahren nach Art. 251 EG-Vertrag a. F. (nunmehr Art. 294 AEUV). Diese breite Koalition der Ablehnung setzte sich aus den Kritikern einer zu weitgehenden Patentierung von Software und denjenigen zusammen, denen der Gemeinsame Standpunkt des Rates[1098] als zu restriktiv erschien. Die Ablehnung durch das Parlament ist deshalb nur bedingt als Votum gegen eine Ausweitung der Erteilungspraxis der Patentämter zu bewerten.

Bis auf weiteres bleibt es damit dem Europäischen Patentamt und den nationalen Patentämtern und Gerichten, insbesondere dem Deutschen Patent- und Markenamt und dem BGH, überlassen zu entscheiden, ob der zunehmend patentfreundliche Kurs der letzten Jahre fortgesetzt oder ob auf eine restriktivere Linie eingeschwenkt werden soll. Eine legislative Klärung der zahlreichen offenen Fragen erscheint nach dem Scheitern der Richtlinie auf europäischer Ebene zum gegenwärtigen Zeitpunkt als ausgesprochen unwahrscheinlich.

2. Patentfähigkeit und Schutzumfang computerimplementierter Erfindungen de lege lata

Für die folgende Darstellung ist es unverzichtbar, sich einen kursori- **277** schen Überblick über die aktuelle deutsche und europäische Patentpra-

[1093] Siehe *Metzger*, CR 2001, 64; *Nack/Phélip*, GRUR Int. 2001, 322.
[1094] Der Entwurf (KOM [2002] 92 endg.) ist unter http://eur-lex.europa.eu/ LexUriServ/LexUriServ.do?uri=COM:2002:0092:FIN:DE:PDF abrufbar.
[1095] Vgl. *Metzger*, CR 2003, 313, 314 ff.
[1096] Vgl. auch die Eingabe des ifrOSS *(Jaeger/Metzger)* vom 27.3.2003, abrufbar unter http://www.ifross.de/ifross_html/art27.pdf.
[1097] Vgl. http://www.heise.de/newsticker/meldung/61446.
[1098] Abrufbar unter http://register.consilium.eu.int/pdf/de/04/st09/st09713.de04. pdf.

xis zu verschaffen, denn nur vor diesem Hintergrund lassen sich die besonderen Rechtsfragen der Open Source Software verständlich machen.

Sowohl § 1 Abs. 3, 4 PatG als auch Art. 52 Abs. 2 c), 3 EPÜ schließen Programme für Datenverarbeitungsanlagen „als solche" explizit vom Patentschutz aus. Problematisch ist, dass Gesetz und Übereinkommen an keiner Stelle verraten, was unter „Programmen als solchen" zu verstehen ist. Der Begriff eines Programms „als solches" ist deshalb besonders schwer zu fassen, da weder der Rechner noch das Programm alleine funktionsfähig sind. Die Software läuft naturgemäß auf einer Hardware, die Abgrenzung anhand des „als solches"-Kriteriums ist deshalb kaum möglich. Der Schwerpunkt der Bemühungen des BGH und des Europäischen Patentamts bei der Abgrenzung von schutzfähigen und nicht schutzfähigen Computerprogrammen liegt denn auch auf der Frage der Technizität eines Programms bzw. der Prüfung der erfinderischen Tätigkeit.[1099] Das Technizitätserfordernis wird als entscheidend für die Abgrenzung von patentfähigen und solchen Programmen angesehen, die gem. § 1 Abs. 3, 4 PatG „Programme als solche" darstellen.[1100] Gefordert ist nach der klassischen Technikdefinition des BGH, dass die Erfindung die Naturkräfte oder Naturstoffe zur Problemlösung ausnutzt, denn „Technik ist Naturbeherrschung".[1101] Eine bloße Idee als solche ist hingegen nicht schutzfähig, der Erfinder muss vielmehr zeigen, wie genau seine Erfindung funktionieren soll, denn darin liegt erst die Anwendung der technischen Idee. „Technizität" bedeutet also auch, dass eine bloße Verstandestätigkeit des Menschen für die Erteilung eines Patents nicht ausreicht.[1102]

Im Wesentlichen konnten nach der bisherigen Entscheidungspraxis des EPA und des BGH für den Patentschutz von Computerprogrammen drei Fallgruppen unterschieden werden.[1103] Die Rechtsprechung des

---

[1099] Vgl. hierzu die Richtlinien für die Prüfung im Europäischen Patentamt in der Fassung November 2015, Abschnitt G II 3.6 (http://www.epo.org/law-practice/legal-texts/html/guidelines/d/g_ii_3_6.htm). Zur Entwicklung der EPA-Prüfungspraxis vgl. *Laub*, GRUR Int. 2006, 629, 631 ff. S. a. die Stellungnahme der Großen Beschwerdekammer des EPA v. 12.05.2010, G0003/08, in welcher die detaillierten Vorlagefragen der Präsidentin gem. Art. 112 I lit. b) EPÜ mangels abweichender Entscheidungen der Beschwerdekammern für unzulässig erklärt wurden (http://archive.epo.org/epo/pubs/oj011/01_11/01_0101.pdf). Die Stellungnahme bietet gleichwohl eine Zusammenfassung der einschlägigen Entscheidungen des EPA.

[1100] Vgl. BGH, GRUR 2002, 323 – *Suche fehlerhafter Zeichenketten*.

[1101] So plakativ *Götting*, S. 126; vgl. auch *Benkard-Bacher*, § 1, Rn. 47 ff.; *Schulte*, § 1, Rn. 33 ff. jeweils m. w. N.; grundlegend BGH, GRUR 1969, 672 – *Rote Taube*.

[1102] *Benkard-Bacher*, § 1, Rn. 46 ff.

[1103] Dieser Einteilung folgt im Wesentlichen *Tauchert*, GRUR 1997, 149, 150 f.; s. a. *Nack*, GRUR 2000, 853, 855; ähnlich BGH, GRUR 2002, 323, 325 – *Suche fehlerhafter Zeichenketten* (bei III.1.b.bb.).

BGH hat in den letzten Jahren jedoch zu einer Erweiterung der Schutzfähigkeit von Software geführt, deren genaue Grenzen zum gegenwärtigen Zeitpunkt im Fluss sind.[1104]

Solche softwarebezogenen Erfindungen, bei denen Software klassisch-   278
technische, mechanische Einheiten steuert, wurden bereits nach bishe-
riger Rechtslage als eindeutig vom Patentschutz umfasst angesehen.
Softwarebezogene Erfindungen in diesem Sinne sind insbesondere programmgesteuerte Geräte und programmgesteuerte Herstellungs- sowie
Steuerungsverfahren. Ein anschauliches Beispiel aus der Rechtsprechung
des BGH bietet die Entscheidung „*Tauchcomputer*":[1105] Im hier zu beur-
teilenden Patentanspruch erfasst ein Tauchcomputer mittels Sensoren
Messwerte und bereitet diese mit Hilfe eines Computerprogramms so
auf, dass sie anwendergerecht angezeigt werden können oder unmittelbar zur Ansteuerung eines Stellglieds herangezogen werden. Die Programme sind also in einen technischen Gesamtablauf eingebettet. Gerade diese Verknüpfung mit klassisch-mechanisch empfundenen Einheiten
wird in aller Regel zur Bejahung der Technizität führen.[1106] Ähnlich hat
der BGH auch die Programmsteuerung eines ABS-Bremssystems beurteilt:[1107] Messsignal und Beeinflussung des Bremsverhaltens sind direkt
gekoppelt. Oft wird in diesem Bereich allerdings die Formulierungs-
kunst des Patentanwalts für den Erfolg einer Patentanmeldung entscheidend sein. Ein Beispiel bietet die *VICOM*-Entscheidung des EPA:[1108]
„Ein Verfahren zur digitalen Filterung von Daten" als solches ist demnach nicht patentfähig, während ein Verfahren „zur digitalen Verarbeitung von Bildern" als technisches Verfahren angesehen wird. Der technische Beitrag, der über den Bereich des Programms als solches
hinausgeht, liegt nach Ansicht des EPA also in der Verbesserung oder
Wiederherstellung der Qualität des Bildes.[1109]

Als schwieriger gestaltete sich nach der bisherigen Spruchpraxis die   279
Abgrenzung bei Programmen, bei denen keine Einbettung in einen klas-
sisch-mechanischen Prozess vorliegt. Auch in diesem Bereich wurden in
der Vergangenheit Softwarepatente erteilt, trotz § 1 Abs. 3, 4 PatG bzw.
Art. 52 Abs. 2, 3 EPÜ. Dies galt bislang allerdings unter der Vorausset-

---

[1104] Vgl. BGH, GRUR 2000, 498, 500 – *Logikverifikation* und GRUR 2000,
1007 – *Sprachanalyseeinrichtung* jeweils mit Anm. *Betten*; BGH, GRUR 2011, 610 –
Webseitenanzeige.
[1105] BGH, GRUR 1992, 430 – *Tauchcomputer*; vgl. hierzu auch *Kindermann*, CR
1992, 577, 580.
[1106] Siehe hierzu aus der jüngeren Rspr. BGH, GRUR 2009, 479 – *Steuerungseinrichtung für Untersuchungsmodalitäten*.
[1107] BGH, GRUR 1980, 949 – *ABS*.
[1108] EPA IIC 1987, 101 – *VICOM*; vgl. hierzu auch *Kindermann*, CR 1992, 577,
585.
[1109] Vgl. *Betten*, GRUR 1995, 775, 781.

zung, dass das Programm einen neuen, erfinderischen Aufbau einer Datenverarbeitungsanlage lehrt oder dem Programm eine Anweisung zu entnehmen ist, die Anlage auf eine neue, bislang nicht übliche und auch nicht naheliegende Weise zu benutzen (sog. neue, erfinderische Betriebsweise).[1110] Als Beispiel aus der bisherigen BGH-Rechtsprechung bietet sich die Entscheidung „Seitenpuffer" an:[1111] Die in dieser Entscheidung zu beurteilende Erfindung betrifft ein Verfahren zum Betreiben eines Arbeitsspeichersystems einer EDV-Anlage, die mehrere Prozesse simultan bearbeitet. Das Arbeitsspeichersystem besteht aus einem Hauptspeicher und einem Seitenpuffer. Auf den Seitenpuffer kann schnell zugegriffen werden, er hat allerdings nur eine geringe Kapazität, der Hauptspeicher ist im Zugriff langsamer, weist dafür aber größere Kapazitäten auf. Optimal wäre es also, den Seitenpuffer mit den Seiten zu belegen, die für den momentan bearbeitenden Prozess benötigt werden. Der Patentanspruch sieht als Lösung vor, beim Reaktivieren eines bereits früher bearbeiteten Prozesses, die benötigten Speicherseiten, die sich nicht mehr im Seitenpuffer befinden, nicht einzeln aus dem Hauptspeicher abzurufen, was mit Wartezeiten verbunden wäre, sondern sie bereits bei der ersten Anforderung zu registrieren und die registrierten Speicherseiten bei der erneuten Aktivierung des Prozesses insgesamt in den Seitenpuffer zu übertragen. Der BGH bejahte die Patentfähigkeit dieses Verfahrens. Wenn die Mehrheit der von einem Prozessor benötigten Seiten in einem sog. Seitenpuffer verwaltet wird mit der Folge, dass weniger Zugriffe auf den langsamer arbeitenden Hauptspeicher nötig sind, so ist nach Ansicht des BGH die Datenverarbeitungsanlage in ihrer Funktionsfähigkeit als solche betroffen, Patentschutz ist dann möglich. Diese zweite Gruppe patentfähiger Erfindungen umfasst damit all diejenigen Programme, die auf die Steuereinheit eines Computers einwirken, insbesondere die Komponenten von Betriebssystemen.[1112] Allerdings sind auch hier die Grenzen fließend, wie die Entscheidung des BGH im Fall „Dynamische Dokumentengenerierung" aus dem Jahr 2010 belegt.[1113] In der zugrunde liegenden Erfindung ging es um das unmittelbare Zusammenwirken eines in seiner Leistungsfähigkeit beschränkten Servers mit einem Client, der Anforderungen an den Server sendet und vom Server anforderungsgemäß dynamisch generierte strukturierte Dokumente empfängt. Der BGH sah hierin insgesamt eine komplexe Datenverarbeitungsanlage. Ein technisches Mittel zur Lösung eines techni-

---

[1110] Vgl. *Tauchert*, GRUR 1997, 149, 151.

[1111] BGH, GRUR 1992, 33 – *Seitenpuffer*; vgl. hierzu auch *Kindermann*, CR 1992, 577, 578.

[1112] *Tauchert*, GRUR 1997, 149, 151; *Nack*, GRUR 2000, 853, 855; *Kindermann*, CR 1992, 577, 578.

[1113] BGH, GRUR 2010, 613 – *Dynamische Dokumentengenerierung*.

schen Problems liege nicht nur dann vor, wenn Gerätekomponenten modifiziert werden. Es reiche vielmehr aus, „*wenn der Ablauf eines Datenverarbeitungsprogramms, das zur Lösung des Problems eingesetzt wird, durch technische Gegebenheiten außerhalb der Datenverarbeitungsanlage bestimmt wird oder wenn die Lösung gerade darin besteht, ein Datenverarbeitungsprogramm so auszugestalten, dass es auf die technischen Gegebenheiten der Datenverarbeitungsanlage Rücksicht nimmt.*"[1114] Selbst wenn man dem Gericht im Ergebnis darin folgen mag, dass die neue erfinderische Betriebsweise auch eine Hardwarekombination verschiedener Geräte betreffen kann, so erscheint die gewählte Formulierung doch als zu weitgehend, da kaum eine Software denkbar ist, die nicht auf die Gegebenheiten der Hardware Rücksicht nimmt.[1115]

Kein Patentschutz wurde dagegen bislang für reine Anwendungsprogramme gewährt, also etwa Textverarbeitung, Tabellenkalkulation, Steuerberechnung etc.[1116] Diese greifen nicht in die Steuerung der Datenverarbeitungsanlage ein, Patentanträge wurden deshalb in aller Regel durch die nationalen Patentämter und Gerichte, aber auch durch das EPA zurückgewiesen. Die Hardwareelemente werden hier weder in ihrem Aufbau noch in ihrer Betriebsweise in neuer, erfinderischer Weise verwandt. Sie werden vielmehr bestimmungsgemäß genutzt. Als Beispiel aus der EPA-Entscheidungspraxis sei die Entscheidung *Siemens/Schriftzeichenform* genannt:[1117] In dieser Entscheidung wurde vom EPA die Anmeldung für ein Verfahren zurückgewiesen, welches arabische Schriftzeichen auf einem Datensichtgerät je nach ihrer Position in einem Wort oder in isolierter Form verändert dargestellt hat. Erfindungen, die Daten in dem Sinne verarbeiten, dass sich die Daten hernach lediglich durch ihren Informationsgehalt unterscheiden, nicht jedoch in technischer Hinsicht, wurden bisher als nicht patentfähig angesehen. In der Terminologie des EPA fehlt ihnen der „weitere technische Effekt".[1118]

Im Hinblick auf diese dritte Gruppe von Programmen haben sich in der Rechtsprechung des BGH in den letzten Jahren erhebliche Erweiterungen des Patentschutzes für Software ergeben, deren genaue Grenzen zum gegenwärtigen Zeitpunkt noch nicht abschließend beurteilt werden können. Nach der Urteilsbegründung der Entscheidung „*Logikverifi-*

280

281

[1114] BGH, GRUR 2010, 613, 616 – *Dynamische Dokumentengenerierung*.
[1115] Vgl. die Urteilsanmerkung von *Sonntag*, GRUR-Prax 2010, 246.
[1116] *Tauchert*, GRUR 1997, 149, 151.
[1117] EPA, CR 1991, 21 – *Siemens/Schriftzeichenform*.
[1118] „*Ein allein beanspruchtes Computerprogramm ist nicht von der Patentierung ausgeschlossen, wenn das auf einem Computer laufende oder in einen Computer geladene Programm einen technischen Effekt bewirkt oder bewirken kann, der über die ,normale' physikalische Wechselwirkung zwischen dem Programm (Software) und dem Computer (Hardware), auf dem es läuft, hinausgeht (T 1173/97 und G 3/08).*", vgl. http://www.epo.org/law-practice/legal-texts/html/guidelines/d/g_ii_3_6.htm.

kation" genügt zur Bejahung der Technizität eines Computerprogramms bereits, wenn die Lehre für ein Datenverarbeitungsprogramm
„durch eine Erkenntnis geprägt ist, die auf technischen Überlegungen
beruht".[1119] Das Gericht hat also das bisherige Kriterium aufgegeben,
nach dem das Programm in eine unmittelbare Kausalitätskette be-
herrschbarer Naturkräfte eingebunden sein musste,[1120] um technisch zu
sein. Dadurch ist die Patentierbarkeit von Algorithmen, die einer Software zugrunde liegen, jedenfalls für die Fälle möglich, in denen der
Algorithmus auf technischen Überlegungen beruht, auch wenn die konkrete Umsetzung im Programm nicht eine Beeinflussung von Naturkräf-
ten bewirkt. Ausgeschlossen sind dadurch nach wie vor solche Programme, bei denen sich der erfinderische Gedanke nicht aus
naturwissenschaftlichem Vorwissen speist, sondern auf anderen Kennt-
nissen beruht, seien sie wirtschaftswissenschaftlicher, geisteswissen-
schaftlicher oder sonstiger Natur.[1121] Die unbegrenzte Patentierbarkeit
computerimplementierter Geschäftsmethoden hat also auch die Entscheidung „*Logikverifikation*" nicht gebracht. Ob und wenn ja unter
welchen Voraussetzungen auch jenseits dieses Bereichs Anwendungsprogramme patentfähig sein können, ist dagegen weiterhin unklar –
trotz einschlägiger Judikatur des BGH. Nach einer Formulierung des
BGH in der Entscheidung „*Suche fehlerhafter Zeichenketten*" kommt
Patentschutz in Frage, wenn die beanspruchte Lehre die Lösung eines
Problems vorschlägt, „*das auf den herkömmlichen Gebieten der Technik, also der Ingenieurwissenschaften, der Physik, der Chemie oder der
Biologie besteht*" oder welche sich „*durch eine Eigenheit auszeichnet,
die unter Berücksichtigung der Zielsetzung des patentrechtlichen Schut-
zes eine Patentierbarkeit rechtfertigt.*"[1122] Die zentrale Frage, worin diese
Eigenheit bestehen soll, wenn nicht in der Technizität von Problem und
Mittel, hat das Gericht bislang offen gelassen.[1123]

282   Dass die Konzeption noch nicht ausgereift ist, zeigt sich besonders bei
den Unsicherheiten im Umgang mit Patentansprüchen, die sich auf in
Hardware eingebundene Software beziehen, bei denen also ein Patent
für die gesamte Vorrichtung beansprucht wird. Der BGH hat in der
Entscheidung „*Sprachanalyseeinrichtung*"[1124] die Patentfähigkeit einer

---

[1119] BGH, GRUR 2000, 498, 500 – *Logikverifikation* mit Anm. *Betten.*
[1120] Vgl. *Horns,* GRUR 2001, 1, 10; *Stjerna,* Mitt. 2005, 49, 51.
[1121] Vgl. BGH, GRUR 2002, 323, 325 – *Suche fehlerhafter Zeichenketten* (Textver-
arbeitungssystem); BGH, GRUR 2004, 667 – *Elektronischer Zahlungsverkehr*; BGH,
GRUR 2005, 143 – *Rentabilitätsermittlung* (Betriebswirtschaftssoftware); siehe hierzu auch *Stjerna,* Mitt. 2005, 49 ff., und *Reichl,* Mitt. 2006, 6, 9.
[1122] Vgl. BGH, GRUR 2002, 323, 325 – *Suche fehlerhafter Zeichenketten.*
[1123] *Betten,* IIC 2002, 760, 761, fordert für die Annahme einer solchen Eigenheit
zumindest „*a relation to technology*".
[1124] BGH, GRUR 2000, 1007 – *Sprachanalyseeinrichtung* mit Anm. *Betten.*

Vorrichtung bejaht, die mittels eines Programms den Sinngehalt von per Tastatur eingegebenen Sätzen erfassen konnte und sich dazu sprachwissenschaftlicher Kenntnisse bediente. Das Programm benötigte hierfür keine besondere Hardware, diese wurde bestimmungsgemäß benutzt. Dies würde im Ergebnis bedeuten, dass Verfahrens- und Vorrichtungspatente unterschiedlich zu behandeln sind; bei entsprechender Anspruchsformulierung bestünden keine substantiellen Schranken mehr für die Patentfähigkeit von Softwareerfindungen, die nicht die Lösung eines technischen Problems lehren.[1125] Freilich bedeutet die Bejahung der Technizität entsprechend eingerichteter Hardware auch nach Auffassung des BGH nicht, dass es sich ohne Weiteres um eine patentfähige Erfindung handelt. Vielmehr darf ein Patent nur erteilt werden, wenn die Lehre auf einer erfinderischen Tätigkeit beruht, d. h., sich für den Fachmann nicht in naheliegender Weise aus dem Stand der Technik ergibt. Das EPA hat die deutsche Rechtsprechungsentwicklung in der Entscheidung „Steuerung eines Pensionssystems" unmittelbar aufgegriffen, jedoch stärker als der BGH das Erfordernis der erfinderischen Tätigkeit betont und hierbei (insoweit gegen den BGH) festgestellt, dass nur die technischen Merkmale etwas zur erfinderischen Tätigkeit beitragen können.[1126]

Die nachfolgende Rechtsprechung hat diesen sehr weitgehenden Ansatz wieder einzuschränken versucht.[1127] Auch hat der BGH in der Entscheidung „Suche fehlerhafter Zeichenketten" festgestellt, dass die Kombination eines nicht-technischen Computerprogramms mit einem handelsüblichen Datenträger nicht als patentfähige Vorrichtung bewertet werden kann.[1128]

In den Bereich der Anwendungsprogramme gehören die meisten Webapplikationen. Die Grenzen der Patentfähigkeit entsprechender Programme scheinen hier ebenfalls noch im Fluss. Der BGH hat in der Entscheidung „Elektronischer Zahlungsverkehr" eine eher restriktive Position eingenommen.[1129] Dies gilt umso mehr für das EPA, welches – wie oben ausgeführt – bei der erfinderischen Tätigkeit nur die technischen Merkmale berücksichtigt. Ein Beispiel aus dem Bereich Web-

[1125] So Kraßer, S. 164; Nack, GRUR 2000, 853, 858; vgl. auch Betten, GRUR 2000, 1009, 1010, der eine entsprechende Ausweitung auf Verfahrenspatente fordert.
[1126] EPA, GRUR Int. 2002, 87 – Steuerung eines Pensionssystems; siehe auch EPA, GRUR Int. 2003, 852 – Zwei Kennungen/Comvik. Diese engere Sichtweise klingt auch in BGH, GRUR 2009, 479 – Steuerungseinrichtung für Untersuchungsmodalitäten (Rn. 13) an; kritisch hierzu Klaiber, GRUR 2010, 561, 566 m. w. N.
[1127] BGH, GRUR 2004, 667 – Elektronischer Zahlungsverkehr; BGH, GRUR 2005, 141 – Anbieten interaktiver Hilfe; BGH, GRUR 2005, 143 – Rentabilitätsvermutung; vgl. hierzu Stjerna, Mitt. 2005, 49, 50 f.; Sedlmaier/Gigerich, JurPC Web-Dok. 10/2005, Abs. 48 ff.; Reichl, Mitt. 2006, 6, 8.
[1128] BGH, GRUR 2002, 323, 325 – Suche fehlerhafter Zeichenketten.
[1129] BGH, GRUR 2004, 667 – Elektronischer Zahlungsverkehr.

applikationen bietet hier die Entscheidung „*Auktionsverfahren/
HITACHI*".[1130] Allerdings sind auch auf europäischer Ebene die Grenzen nach wie vor unklar. Auch die Stellungnahme der Großen Beschwerdekammer aus dem Jahr 2010 zur Rechtsprechung der Beschwerdekammern im Bereich der Computerprogramme hat keine
Klarheit gebracht.[1131] Besondere Aufmerksamkeit hat die Erteilung eines
Patents an Amazon für die sog. „One-Click-Technologie" durch das
EPA auf sich gezogen.[1132] Bei diesem Internet-Shopping-Programm werden zunächst die Daten des Kunden gespeichert; dieser braucht für die
einzelnen Kaufvorgänge dann nur noch einmal „klicken", ohne jeweils
seine Daten neu eingeben zu müssen. Das Patent war Gegenstand mehrerer Einspruchsverfahren und ist mittlerweile vom EPA widerrufen
worden.

Der BGH hatte sich in jüngerer Zeit mehrfach mit Erfindungen auf
Navigationssysteme zu befassen und legte hierbei jeweils einen strengen
Maßstab an: In der Entscheidung „*Wiedergabe topografischer Informationen*"[1133] war das Gericht zwar bereit, ein Verfahren zum visuellen
Darstellen eines Teils einer topografischen Karte als nicht vom Aus-
schlusstatbestand nach Art. 52 Abs. 2 lit. c) oder d) erfasst anzusehen,
verneinte aber die erfinderische Tätigkeit, weil insoweit nur die Anwei-
sungen zu berücksichtigen seien, die technische Mittel zu Problemlösung
lehren. Dieser restriktive Kurs wurde in der Entscheidung „*Routenplanung*"[1134] im Hinblick auf ein Verfahren zur Auswahl aus verschiedenen
vorberechneten Routen in einem Navigationssystem fortgesetzt. Von
besonderem Interesse ist die jüngste Entscheidung „*Fahrzeugnavigationssystem*".[1135] Das Gericht verneinte hier die Patentfähigkeit eines
Verfahrens und einer Vorrichtung zur Routenführung in einem Navigationssystem, bei welchem die Sprachausgabe auch die Straßennamen
berücksichtigte, als bloße „Wiedergabe von Informationen" im Sinne
von Art. 52 Abs. 2 lit. d) EPÜ, einer Vorschrift, die bislang eher von
untergeordneter Bedeutung im Kontext der BGH-Rechtsprechung gewesen ist. Insgesamt scheint sich damit der restriktive Kurs bei Anwendungsprogrammen zu verfestigen, wenngleich die Begründungen nach
wie vor schwanken und nur schwer zu systematisieren sind.

[1130] EPA, GRUR Int. 2005, 332 – *Auktionsverfahren/HITACHI*; siehe hierzu auch
Wiebe/Heidinger, GRUR 2006, 177.
[1131] Stellungnahme der Großen Beschwerdekammer, 12.5.2010, G3/08, ABl. EPA
2011, 10.
[1132] Siehe EP 0927945, abrufbar unter http://l2.espacenet.com/espacenet/viewer?
PN=EP0927945&CY=ep&LG=en&DB=EPD.
[1133] BGH, GRUR 2011, 125 – *Wiedergabe topografischer Informationen*.
[1134] BGH, GRUR 2013, 275 – *Routenplanung*.
[1135] BGH, GRUR 2013, 909 – *Fahrzeugnavigationssystem*.

3. Bedenken von Open Source Entwicklern gegen Softwarepatente

Welche Argumente werden seitens der Open Source Entwickler gegen **283** eine Ausweitung der Softwarepatentierung vorgebracht? Diese Frage ist deshalb von Interesse, weil sie den Blick auf die besondere Problemstellung der Open Source Software im Patentrecht ermöglicht. Wenn man die Eingaben an die Europäischen Institutionen oder die Äußerungen der Free Software Foundation zu Softwarepatenten liest und den einzelnen Open Source Programmierer befragt, so lassen sich die Befürchtungen der freien Softwareszene gegenüber Softwarepatenten wie folgt zusammenfassen:

Ein erster Einwand der Open Source Szene betrifft die Neuentwicklungen aus den eigenen Reihen, für die wegen der grundsätzlich ablehnenden Haltung gegenüber dem Patentwesen, aber auch mangels finanzieller Möglichkeiten keine Patente angemeldet werden.[1136] Wie sollen sich freie Programmierer gegen die Anmeldung von Patenten auf ihre Entwicklungen durch nicht berechtigte, „proprietär" arbeitende Softwareunternehmen mit professionellen Patentabteilungen wehren?

Ein zweiter wichtiger Einwand der freien Softwareszene betrifft die **284** Zunahme von allgemein formulierten „proprietären" Softwarepatenten und insbesondere die Patentierung von abstrakt formulierten Algorithmen mit entsprechend weitem Anwendungsbereich. Man befürchtet, in der Freiheit eingeschränkt zu werden, neue Programme schreiben zu können.[1137] Den freien Programmierern schwebt ein Horrorszenario eines dichten Gestrüpps von patentierten Algorithmen vor, welches die Nutzung von Programmfunktionen auch in der Form eines neu geschriebenen Quellcodes verbietet. Die Gefahr, unwissentlich ein Patent zu verletzen, abgemahnt zu werden und wieder von vorne beginnen zu müssen, droht insbesondere kleinen Softwarefirmen oder freien Programmierern, da ihnen in der Regel nicht die Möglichkeit offen stehen wird, von einem Patentanwalt im Vorfeld einer „Neuentwicklung" entsprechende Patentrecherchen anstellen zu lassen.[1138] Natürlich fürchtet man auch Schadensersatzansprüche der Patentinhaber.[1139] Patentfreundliche Stimmen vertrauen dagegen auf die künftige Verbesserung von Recherchedatenbanken[1140] oder schlagen die Schaffung einer Stiftung vor, welche für kleine und mittelständische Unternehmen, Freiberufler und die Open Source Community zentral die Patenterteilungspra-

---

[1136] *Lutterbeck/Gehring/Horns*, Kurzgutachten, S. 10 f.
[1137] Vgl. *Böcker*, S. 321 ff.; *Hilty/Geiger*, IIC 2005, 615, 633, 634.
[1138] Auf das Problem der im Softwarebereich schwierigen Recherche nach dem Stand der Technik verweist *Horns*, GRUR 2001, 1, 12.
[1139] Siehe nur *Stallman*, Saving Europe from Software Patents, http://www.gnu.org/philosophy/savingeurope.html.
[1140] So wohl *Esslinger/Betten*, CR 2000, 18, 21.

xis beobachten und frühzeitig Einsprüche einlegen soll.[1141] Ein vom
Bundeswirtschaftsministerium in Auftrag gegebenes Gutachten schlägt
als Problemlösung die Einführung von gesetzlichen Lizenzen nach dem
Vorbild des Urheberrechts vor.[1142] Auch wird der Aufbau von Patentpools durch die Open Source Community, insbesondere die Unternehmen, die freie Programme nutzen und verbreiten, vorgeschlagen, um für
den Fall der Verletzung proprietärer Patente durch Open Source Software eine breite Basis für Kreuzlizenzen zu schaffen.[1143] Das *Open Invention Network (OIN)* hat diese Idee für Linux umgesetzt und sowohl
eigene Patente erworben als auch ein Lizenzmodell für Kreuzlizenzen
etabliert.[1144] Die Reichweite dieses defensiven Patentschutzsystems ist
beeindruckend: Es wurden mehr als 90 Mio. US-Dollar für den Erwerb
von mehr als 1000 Patenten und Patentanmeldungen investiert und
1750 Lizenznehmer können von den einschlägigen Patentportfolien von
Unternehmen wie IBM, Google, Cisco, Fujitsu, LG, Red Hat und NEC
sowie der anderen Lizenznehmer profitieren, ohne dafür ein Entgelt
zahlen zu müssen.[1145] Zudem werden defensive Veröffentlichungen auf
Linux Defenders vorgenommen, um Patentierungen auf Erfindungen zu
vermeiden, denen die Neuheit fehlt.[1146] Verwiesen wird schließlich auch
auf die freiwilligen Verpflichtungen von IT-Unternehmen, zumindest
Teile ihrer gewaltigen Patentportfolios nicht gegen Open Source Entwickler und Nutzer durchsetzen zu wollen.[1147] Entsprechende *„Patent
Pledges"* haben mittlerweile Schule gemacht und finden sich in unterschiedlichen Formen und Gestaltungen,[1148] zum Teil als individuell von
einzelnen Unternehmen formulierte und verwendete Erklärung, so etwa
das *„Google Open Patent Non-Assertion Pledge"*, das mittlerweile für
246 Patente anwendbar erklärt worden ist,[1149] zum Teil als standardisierte
Erklärung, die von verschiedenen Unternehmen genutzt wird, so etwa die

---

[1141] Vgl. das Positionspapier der Gesellschaft für Informatik e. V. v. 4.7.2005,
http://www.gi-ev.de/fileadmin/redaktion/Patente/patentierung2005.pdf.
[1142] *Lutterbeck/Gehring/Horns* weisen zu Recht auf die hohen Folgekosten der Pa-
tentpflege hin, vgl. Kurzgutachten, S. 7.
[1143] Vgl. hierzu *Spindler-Wiebe*, S. 263 f.
[1144] Vgl. http://www.openinventionnetwork.com.
[1145] http://www.openinventionnetwork.com/community-of-licensees/.
[1146] http://www.linuxdefenders.org/ und http://www.defensivepublications.org/. Die
Patentprüfer des EPA und USPTO nutzen die dort bereitgestellten Ressourcen für ihre
Prüfungen.
[1147] Siehe die Sammlungen entsprechender Erklärungen unter http://www.patent
commons.org und http://www.pijip.org/non-sdo-patent-commitments; vgl. zu diesem
Ansatz auch *Basinski* u. a., GRUR Int. 2007, 44, 50; *Teufel*, Mitt. 2007, 341, 348.
[1148] Siehe die Übersicht bei http://www.pijip.org/non-sdo-patent-commitments.
[1149] Siehe http://www.google.com/patents/opnpledge; siehe auch das *„Patent Pledge"* von IBM aus dem Jahr 2005, http://www.ibm.com/ibm/licensing/patents/pledged
patents.pdf.

Erklärung der „*Eco Patent Commons*".[1150] In diesem Zusammenhang ist auch das *Microsoft Community Promise* aus dem Jahr 2007 zu sehen, welches die Nichtdurchsetzung einiger für die Nutzung der Programmiersprache C# und der Entwicklungsumgebung Mono notwendigen Patente verspricht.[1151] In der Reaktion der Free Software Foundation werden allerdings Zweifel am Umfang der Freistellung geäußert.[1152]

Als ein dritter Gefahrenherd wird schließlich die Möglichkeit der Patentanmeldung aus der Open Source Szene selbst angesehen: Lässt sich die Verpflichtung aus der GPL oder anderen „Copyleft"-Lizenzen, Weiterentwicklungen von Freier Software wiederum freizugeben, auch dann durchsetzen, wenn der Entwickler für seine „Erfindung" ein Patent angemeldet hat? Dieser dritte Punkt ist in der bisherigen Diskussion um die Gefahren für Open Source Software durch Softwarepatente wenig diskutiert. Für Aufsehen hat allerdings die Anmeldung des US-Patents 5,995,745 auf „RTLinux", einer echtzeitfähigen Version des GNU/Linux-Betriebssystems, gesorgt.[1153]

Wie stichhaltig sind diese Sorgen der freien Softwareszene im Hinblick auf Softwarepatente?

II. Schutz Freier Software gegen nichtberechtigte Anmeldung und widerrechtliche Entnahme

1. Vorbeugender Schutz: Vorveröffentlichung

Eine Befürchtung der Open Source Szene gegenüber Softwarepatenten 285 betrifft die Frage, wie man sich gegen nichtberechtigte Patentanmeldungen „proprietär" agierender Dritter schützen und zur Wehr setzen kann.

In erster Linie ist hier an vorbeugenden Schutz zu denken. Die Anmeldung eines Patents ist nur auf „neue" Erfindungen möglich. Neu ist eine Erfindung gem. § 3 PatG, Art. 54 EPÜ dann, wenn sie zum Zeitpunkt ihrer Anmeldung nicht zum „Stand der Technik" gehört. Entscheidend für einen effektiven Schutz von Freier Software gegen unberechtigte Patentanmeldungen ist also eine Veröffentlichung der Erfindung, um das Programm als Stand der Technik zu etablieren. Dabei stellt sich in erster Linie die Frage nach den Anforderungen, die eine solche Veröffentlichung erfüllen muss, um als Stand der Technik anerkannt zu werden.

Die materiell-rechtlichen Anforderungen an eine Vorveröffentlichung 286 sind sehr niedrig angesetzt. Im Grundsatz gilt der sog. absolut formelle Neuheitsbegriff, d. h. der Stand der Technik umfasst „*alle technische*

[1150] Siehe https://ecopatentcommons.org.
[1151] Siehe https://msdn.microsoft.com/de-de/openspecifications/dn865017.
[1152] Siehe http://www.fsf.org/news/2009-07-mscp-mono.
[1153] Vgl. *Metzger*, http://www.ifross.de/ifross_html/art16.html.

Lehren, die irgendwann vor dem für den Zeitrang der Patentanmeldung maßgeblichen Zeitrang irgendwo auf der Welt auf irgendeine Art und Weise der Öffentlichkeit zugänglich gemacht worden sind."[1154] Dies bedeutet zum einen, dass alle Arten von Verlautbarungen als neuheitsschädlich in Betracht kommen, also schriftliche, mündliche oder sonstige Beschreibungen in Büchern, Fachzeitschriften, Prospekten, Ton- und Bildaufnahmen, gespeicherte Informationen, Vorträge, Funksendungen, Gespräche, Zurschaustellungen etc.[1155] Entscheidend ist dabei stets, dass die technische Lehre – mit welchem Kundgebungsmittel auch immer – der Öffentlichkeit zugänglich gemacht worden ist, mit anderen Worten für einen unbestimmten, wegen seiner Größe oder Beliebigkeit seiner Zusammensetzung nicht mehr kontrollierbaren Personenkreis die Möglichkeit der Kenntnisnahme bestanden hat.[1156] Bei der Frage des Offenbarungsgehalts einer Veröffentlichung ist auf den Kenntnisstand eines Fachmanns abzustellen.[1157] Für die in einem Programm verkörperte technische Lehre reicht deswegen auch die Vorveröffentlichung des Quellcodes mit einzelnen Erläuterungen.[1158] Es ist nicht erforderlich, dass eine andere Person tatsächlich Kenntnis von der Erfindung erlangt hat, vielmehr genügt für die Zugehörigkeit zum Stand der Technik die abstrakte Möglichkeit der Kenntnisnahme.[1159] So würde etwa auch die Niederlegung und Registrierung eines Exemplars einer Diplomarbeit in einer einzigen öffentlichen Hochschulbibliothek genügen, um darin enthaltene technische Lehren zum Stand der Technik zu machen. Grundsätzlich zu berücksichtigen ist auch die Beschreibung im Internet oder in einer E-Mail, die an eine öffentlich zugängliche Mailingliste abgeschickt worden ist.[1160] Entsprechende Quellen können im Prüfungsverfahren jedoch dann nicht berücksichtigt werden, wenn unklar ist, ab welchem Zeitpunkt die Information für die Öffentlichkeit verfügbar war. Das Bundespatentgericht hält den Verweis auf Archivseiten im Internet hierbei für nicht hinreichend.[1161] Programmpakete aus gängigen Linux-Distributionen wurden dagegen als Druckschriften in Beschwerdeverfahren herangezogen.[1162]

287   Eine Verlautbarung mit lediglich theoretischer Öffentlichkeitswirkung birgt grundsätzliche Nachteile in sich. Zum einen sind die Beweisanforderungen an den Nachweis einer Veröffentlichung streng: Die neuheits-

---

[1154] *Benkard-Melullis*, § 3, Rn. 55.
[1155] *Busse-Keukenschrijver*, § 3, Rn. 30 ff.
[1156] *Busse-Keukenschrijver*, § 3, Rn. 43 ff.
[1157] *Busse-Keukenschrijver*, § 3, Rn. 62 ff.; *Benkard-Melullis*, § 3, Rn. 144.
[1158] EPA – T 164/92 ABl. EPA 1995, 305 – *Elektronische Rechenbausteine*; *Benkard-Melullis*, § 3, Rn. 148.
[1159] Vgl. *Kraßer*, S. 273.
[1160] Ebenso *Busse-Keukenschrijver*, § 3, Rn. 30 m. w. N.
[1161] BPatG, GRUR 2003, 323 – *Computernetzwerk-Information*.
[1162] BPatG, BeckRS 2012, 124.

schädlichen Tatsachen müssen im Einzelnen schlüssig durch konkrete Angaben belegt werden, insbesondere für mündliche Verlautbarungen wird die Vorlage von substantiiertem Tatsachenmaterial verlangt, also etwa Aufzeichnungen, Vortragsmanuskripte, Schaubilder oder Ähnliches.[1163] Zum anderen gilt es aber auch zu bedenken, dass es für Entwickler von Freier Software am vorteilhaftesten ist, wenn das Patentamt selbst im Rahmen seiner Prüfung eines Patentanspruchs gem. §§ 43, 44 PatG bzw. Art. 94 EPÜ zum Ergebnis kommt, dass für die beanspruchte technische Lehre bereits eine Vorveröffentlichung besteht. Hierzu ist es aber erforderlich, dass im Rahmen der Recherche des Patentamts nach dem Stand der Technik auch eine realistische Chance besteht, auf die ältere, in einem freien Programm implementierte Erfindung zu stoßen. Unauffällige Veröffentlichungen in Publikationen mit geringen Auflagen oder Mailinglisten mit geringen Teilnehmerzahlen helfen lediglich bei nachträglichem Schutz gegen nichtberechtigte Patentanmeldungen.

Die Einrichtung eines entsprechend publikumswirksamen Veröffentlichungsorgans für aktuelle Neuentwicklungen im Bereich Open Source Software erscheint vor diesem Hintergrund als sinnvoller Vorschlag, um den Schutz gegen nichtberechtigte Patentanmeldungen möglichst effektiv zu gestalten.[1164] Die ersten Ansätze einer entsprechenden Selbstorganisation sind erkennbar.[1165] Optimal wäre eine Dokumentationsstelle, die eine zeitnähere Veröffentlichung von Neuerungen in einfach recherchierbarer und gut zugänglicher Form erlaubt. Hierbei sollten die Patentämter von Anfang an mit einbezogen werden, um sicherzustellen, dass die Dokumentation in einer Art und Weise vorgenommen wird, die für eine Berücksichtigung in der täglichen Prüfungspraxis der Patentämter geeignet ist.[1166]

288

2. Nachträglicher Schutz

Zum gegenwärtigen Zeitpunkt ist eine vollständige und gut durchsuchbare Datenbank zum Stand der Technik bei computerimplementierten Erfindungen reines Wunschdenken. Aus diesem Grund wird es den Patentämtern in der Regel schwer fallen, bei der Prüfung einer Patentanmeldung wirklich den gesamten Stand der Technik erfassen zu können. Der Schutz freier Programme gegen irrtümlich erteilte Anmeldungen ist deswegen in erster Linie ein nachträglicher Schutz.

Wenn eine Freie Software vorveröffentlicht und also Stand der Technik war, so kommt insbesondere ein Einspruch gegen das Patent gem.

289

[1163] So *Benkard-Mellulis*, § 3, Rn. 281 ff.
[1164] Ebenso *Lutterbeck/Gehring/Horns*, Kurzgutachten, S. 12 f.
[1165] Siehe insb. die Initiative „*Linux Defenders*", http://linuxdefenders.org/.
[1166] Das US PTO versucht, mit der Open Source-Community zu kooperieren, siehe http://www.uspto.gov/web/patents/opensource02162006.htm.

§ 59 PatG bzw. Art. 99 EPÜ in Betracht, der zu einem Widerruf gem. § 21 Abs. 1 Nr. 1 PatG bzw. Art. 102 EPÜ führen kann. Der Einspruch ist nach deutschem und nach europäischem Patentrecht innerhalb von neun Monaten nach Veröffentlichung des Patents möglich. Einspruchsberechtigt ist grundsätzlich jedermann.[1167] Dies ist gerade für den Bereich der Freien Software von eminenter Bedeutung, da die Frage nach dem Erfinder eines Programms oftmals nicht ganz einfach zu beantworten sein wird.

Als weiterer Rechtsbehelf kommt bei vorveröffentlichten Erfindungen die Nichtigkeitsklage gem. §§ 81, 22, 21 Abs. 1 Nr. 1 PatG in Betracht, für die keine besonderen Fristen bestehen und die ebenfalls von jedermann erhoben werden kann.[1168] In der EPÜ existiert kein entsprechendes Verfahren, das mit Wirkung für die Bundesrepublik Deutschland erteilte europäische Patent kann aber nach den Vorschriften des PatG mit Wirkung für Deutschland für nichtig erklärt werden (vgl. Art. 138 EPÜ). Gem. Art. 32 Abs. 1 lit. d), Abs. 4, Art. 65 des Übereinkommens über ein Einheitliches Patentgericht ist für Nichtigkeitsklagen gegen ein Unionspatent künftig die Zentralkammer zuständig. Auf diese Weise kann ein Patent nach Ablauf der Einspruchsfrist für alle teilnehmenden EU-Mitgliedstaaten (voraussichtlich 26 Staaten) in einem einheitlichen Verfahren aufgehoben werden.[1169] Neben Einspruch und Nichtigkeitsklage kommt schließlich auch eine Klage auf Übertragung des Anspruchs auf Erteilung des Patents oder des bereits erteilten Patents gegen den Nichtberechtigten gem. § 8 PatG bzw. Art. 61 EPÜ in Betracht. Als Berechtigte kommen hier allerdings nur der Erfinder oder sein Rechtsnachfolger in Frage.

290   Für den Fall, dass ein freies Programm noch nicht veröffentlicht war, bevor es zur Patentanmeldung durch einen Nichtberechtigten gekommen ist, verbleibt als Rechtsschutzmöglichkeit nur der Einspruch gegen das Patent wegen widerrechtlicher Entnahme gem. § 21 Abs. 1 Nr. 3 PatG. Eine widerrechtliche Entnahme kann jedoch nur vom Verletzten selbst geltend gemacht werden (vgl. § 59 Abs. 1 S. 1 PatG). Dritten hilft bei einem nicht vorveröffentlichten freien Programm lediglich das Vorbenutzungsrecht des § 12 PatG, wenn sie die Erfindung bereits vor der Patentanmeldung genutzt oder entsprechende Vorkehrungen getroffen haben.[1170]

[1167] *Busse-Schwendy/Keukenschrijver*, § 59, Rn. 36 ff.
[1168] *Benkard-Hall/Notte*, § 81, Rn. 3.
[1169] ABl. 2013 C 175, 1.
[1170] Auf diese Möglichkeit weisen *Esslinger/Betten* für den Bereich der Open Source Software hin, vgl. CR 2000, 18, 21. Instruktiv zu den Grenzen des Vorbenutzungsrechts bei der Nutzung von Open Source Software *Wiebe*, CR 2004, 881, 886.

III. Nutzung patentierter „proprietärer" Software durch Open Source Entwickler

Welche Gefahren drohen Open Source Projekte und Entwicklern durch **291** das zunehmen Patentdickicht in der Informationstechnologie?[1171] Insoweit ist zunächst festzuhalten, dass trotz der vielen tausend wirksam erteilten deutschen und europäischen Softwarepatente bislang nur wenige praktische Fälle bekannt geworden sind, in denen diese gegen Open Source Entwicklungen eingesetzt wurden.[1172] Auch die großen, internationalen Patentauseinandersetzungen im Bereich der Smartphones und Tablets betreffen das GNU/Linux-basierte Betriebssystem Android nur am Rand, zudem richteten sich die verschiedenen Klagen von *Microsoft, Apple* und *Oracle* nur gegen andere Großnternehmen, die Android einsetzen, insbesondere *Samsung, HTC* und *Motorola*, was nicht dem klassischen Schreckensszenario der Klage des „großen" Patentinhabers gegen das „kleine" Open Source Projekt entspricht.[1173] Gleichwohl gilt es zu fragen, welche rechtlichen Risiken Open Source Entwickler treffen können, die beim Schreiben einer „neuen" Software ein patentrechtlich geschütztes Verfahren benutzen oder dieses unter einer freien Lizenz verbreiten.

Soweit die Nutzung des Programms eine Handlung „im privaten Be- **292** reich zu nichtgewerblichen Zwecken" oder eine Handlung „zu Versuchszwecken" darstellt, bestehen aufgrund der Schrankenvorschriften des § 11 Nr. 1 und 2 PatG keine Unterlassungs- oder Schadensersatzansprüche des Patentinhabers. Die patentrechtliche Regelung ist hier weitaus liberaler als das parallel zu beachtende Urheberrechtsregime.

Nach § 11 Nr. 2 PatG dürfte wohl auch das Reverse Engineering von Programmen zu Versuchszwecken zulässig sein, wobei im Einzelnen umstritten ist, welche Zwecksetzungen mit Versuchshandlungen im Sinne der Vorschrift verfolgt werden dürfen.[1174] Die Beschränkungen des Patentrechts aus § 11 Nr. 2 PatG sind für den Bereich der Software jedoch von eingeschränkter praktischer Bedeutung, da das parallel zu

---

[1171] Vgl. hierzu auch *Wiebe*, CR 2004, 881, 884.

[1172] Ein Beispiel bietet die von *Microsoft* gegen *TomTom* beim US-Bundesgericht in Seattle am 25.2.2009 eingereichte Klage, welche mehrere in *TomToms* Autonavigationsgeräten implementierte Linux-Module betraf. Der Streit wurde wenig später durch Vergleich beigelegt, siehe http://www.ifross.org, Nachrichten der Woche v. 2.3.2009, 24.3.2010 und 4.5.2010.

[1173] Vgl. die Übersicht unter http://www.pcmag.com/article2/0,2817,2399098,00. asp sowie *Price Waterhouse Coopers*, Patent Litigation Study, 2013, siehe: http://www.pwc.com/en_us/us/forensic-services/publications/assets/2013-patent-litigation-study.pdf.

[1174] *Busse-Keukenschrijver*, § 11, Rn. 17 m. w. N.; *Böcker*, S. 321.

beachtende urheberrechtliche Verbotsrecht[1175] der §§ 69c, 69e UrhG eine Dekompilierung nur in engen Grenzen gestattet. Auch wenn das Patentrecht also entsprechende Handlungen zulässt, so bleibt es dennoch bei den zusätzlich relevanten urheberrechtlichen Verbotsrechten. Bedeutsamer ist dagegen die Beschränkung des § 11 Nr. 1 PatG. Soweit die im Patentanspruch beschriebene Erfindung mittels eines Programms ausgeführt wird, welches einen anderen Quelltext als das der Erfindung zugrundeliegende Programm aufweist, ist eine lizenzgebührenfreie Benutzung der Software im Rahmen der Voraussetzungen des § 11 Nr. 1 PatG möglich. Bei einer solchen Benutzung der technischen Lehre stehen dem Patentinhaber keine Verbotsrechte aus dem Urheberrecht zu, da sich der Urheberrechtsschutz stets auf den konkret ausformulierten Quelltext bezieht. Hier können die Beschränkungen des Patentrechts aus § 11 Nr. 1 PatG also auch im Softwarebereich von Relevanz sein. Wird eine Erfindung für den persönlichen oder häuslichen Bedarf oder zu privaten Studienzwecken in der privaten Sphäre benutzt,[1176] so bestehen keine Verbotsrechte des Patentinhabers. Für die gewerbliche Nutzung, aber auch für die Nutzung durch öffentliche Institutionen greift § 11 Nr. 1 PatG dagegen grundsätzlich nicht.[1177] Schon der Vertrieb von Freier Software über das Internet liegt außerhalb des privaten Bereichs.[1178] Deshalb liefern Distributoren patentrechtlich geschützte MP3-Encoder nicht mit ihren Programmpaketen aus. Die Privatnutzer müssen die entsprechenden Bibliotheken, wie z. B. „LAME", nachinstallieren. Fraglich ist allerdings, ob diese Vertriebstechnik mit Ziffer 11 LGPL-2.1 vereinbar ist.

293   Sind die Ausnahmesätze des § 11 PatG nicht anwendbar, so ergeben sich Verbotsrechte des Patentinhabers, wenn Dritte die Erfindung herstellen, anbieten oder in Verkehr bringen. Zur genaueren inhaltlichen Eingrenzung des Ausschließlichkeitsrechts gilt es, gem. § 9 PatG zwischen Erzeugnis- und Verfahrenspatenten zu unterscheiden.

Als Erzeugnisse im Sinne des § 9 Nr. 1 PatG werden neben chemischen Stoffen und fertigen Produkten insbesondere auch Maschinen, Geräte und Vorrichtungen angesehen.[1179] Ein Erzeugnisschutz für Software kommt also insbesondere dann in Betracht, wenn der Patentanspruch eine Verbindung von Hard- und Software als Einheit vorsieht.[1180]

[1175] *Lehmann-Kraßer*, S. 277.
[1176] *Benkard-Scharen*, § 11, Rn. 3.
[1177] *Benkard-Scharen*, § 11, Rn. 3.
[1178] *Spindler-Wiebe*, S. 251; *Esslinger/Betten*, CR 2000, 18, 21; *Böcker*, S. 321.
[1179] *Benkard-Bacher*, § 1, Rn. 23.
[1180] Vgl. *Esslinger/Betten*, CR 2000, 18, 20. Aus der Rechtsprechung zur Patentierbarkeit von Datenverarbeitungsanlagen als „Vorrichtungen" vgl. BGH, GRUR 2000, 1007 – *Sprachanalyseeinrichtung* und BGH, GRUR 2002, 323, 325 – *Suche fehlerhafter Zeichenketten*.

Dies wird gerade im Bereich der Embedded-Nutzung von Software oft der Fall sein. Ist der Patentanspruch als Vorrichtungsanspruch formuliert, so verbietet § 9 Nr. 1 PatG, den Gegenstand des Patents herzustellen, anzubieten, in Verkehr zu bringen oder zu gebrauchen. Unter den Begriff des Herstellens ist dabei auch die Verwendung der gleichen Software auf einer anderen, äquivalenten Hardware zu fassen.[1181] „Gebrauchen" im Sinne der Vorschrift umfasst auch die schlichte Benutzung einer Vorrichtung. Zu beachten ist jedoch, dass bei einer isolierten Herstellung und Verbreitung der Software lediglich eine mittelbare Patentverletzung im Sinne des § 10 PatG gegeben sein wird.[1182] Diese ist wegen der subjektiven Tatbestandsmerkmale, wonach der Verletzer wissen muss, dass die Software dazu geeignet oder bestimmt ist, für die Benutzung der geschützten Erfindung verwendet zu werden, oder wenn dies aufgrund der Umstände offensichtlich ist, in der Regel schwerer zu verfolgen.[1183]

Ist der Patentanspruch als Verfahrensanspruch gestaltet,[1184] so greift **294** der andersartige Schutz des § 9 Nr. 2 PatG ein. Da das Verfahrenspatent nicht eine erfindungsgemäß gestaltete Einrichtung, sondern die Lehre zum technischen Handeln als solche unter Schutz stellt, bezieht sich auch das Verbotsrecht nicht auf die Herstellung eines Erzeugnisses, sondern auf die „Anwendung" des Patents und auf das „Anbieten" zur Anwendung. Hierbei gilt es zwar zu berücksichtigen, dass ein Anbieten des Verfahrens dann nicht vom Verbotsrecht des § 9 Nr. 2 PatG umfasst ist, wenn das Verfahren zu einer freien Benutzung durch Dritte gem. § 11 Nr. 1 und 2 PatG angeboten wird, also insbesondere in den Fällen, in denen das Patent einem Endverbraucher zur Nutzung im privaten Bereich zu nichtgewerblichen Zwecken angeboten wird.[1185] Diese Einschränkung dürfte für den Bereich der Open Source Software aber ohne Bedeutung sein, da es zu den Charakteristika freier Lizenzen gehört, dem Nutzer gerade keine Beschränkungen bei der Nutzung der Programme aufzuerlegen. Wenn es dem Empfänger eines Angebots im Sinne des § 9 Nr. 2 PatG freisteht, die Erfindung auch über den privaten Bereich hinaus und zu gewerblichen Zwecken zu benutzen, dann greift das Verbotsrecht des Patentinhabers durch.

[1181] Hierbei handelt es sich um eine dem Patentinhaber vorbehaltene Neuherstellung der Erfindung in äquivalenter Form, vgl. BGH, GRUR 1973, 518, 520 – *Spielautomat II*.

[1182] *Lehmann-Kraßer*, S. 276.

[1183] Vgl. *Benkard-Scharen*, § 10, Rn. 18; *Esslinger/Betten*, CR 2000, 18, 20; dazu auch OLG Düsseldorf, Mitt. 2015, 392 – *Digitaler TV-Satellitenempfänger*.

[1184] Dies ist der Regelfall bei softwarebezogenen Erfindungen, vgl. *Lehmann-Kraßer*, S. 276. Vgl. zu Vorrichtungspatenten auch *Böcker*, S. 241 f.

[1185] So zu Recht *Esslinger/Betten*, CR 2000, 18, 20; vgl. auch *Busse-Keukenschrijver*, § 9, Rn. 92; *Benkard-Scharen*, § 9, Rn. 51.

295   Ist eine Patentverletzung festgestellt, weil eine Benutzung der patentierten Erfindung entgegen den §§ 9 bis 13 PatG vorliegt, so kann der
Patentrechtsinhaber diese unberechtigte Nutzung der Software gem.
§ 139 Abs. 1 PatG untersagen. Auch wenn manches Horrorszenario die
Gefahren überzeichnet, welche der „Programmierfreiheit" durch eine
Zunahme entsprechend allgemein formulierter Softwarepatente drohen,
besteht durchaus die ernstzunehmende Gefahr, durch den Unterlassungsanspruch eines Patentinhabers in der Programmierarbeit weit zurückgeworfen zu werden. Andererseits gilt es zu bedenken, dass es für
die Lösung eines Problems stets unterschiedliche Wege gibt, und nur
wenn der gleiche Erfolg durch übereinstimmende oder inhaltsgleiche
technische Mittel erreicht wird, ist der Schutzbereich des Patents tangiert.[1186] Dabei ist auf die Gemeinsamkeiten der im Patentanspruch beschriebenen Erfindung und der angegriffenen Lehre abzustellen. Ist nur
ein Lösungsmerkmal der patentierten Erfindung nicht auch in der anderen Lehre verwirklicht, sei es in identischer oder in äquivalenter Form,
so scheidet eine Verletzung aus.[1187]

296   Für den Fall der Patentverletzung durch Freie Software sehen Ziffer 7
S. 1 GPL-2.0 und Ziffer 12 S. 1 GPL-3.0 vertragliche Verbotsvor-
schriften vor: „*If, as a consequence of a court judgment or allegation of
patent infringement or for any other reason (not limited to patent issues), conditions are imposed on you (whether by court order, agreement or otherwise) that contradict the conditions of this License, they
do not excuse you from the conditions of this License.*" Dies ist wohl
dahingehend auszulegen, dass eine Nutzung des Programms nur dann
ausgeschlossen ist, wenn der Lizenznehmer durch Dritte wegen Patentverletzung auf Unterlassung in Anspruch genommen wird und eine
diesbezügliche Gerichtsentscheidung ergeht oder ein Vergleich geschlossen wird. Die bloße Behauptung einer Patentverletzung dürfte dagegen
ebenso wenig ausreichen wie eine Abmahnung oder sonstige einseitige
Aufforderung. Die Klausel greift insbesondere dann nicht ein, wenn der
Patentinhaber die Schutzrechtsverletzung (nicht einmal) außergerichtlich
geltend gemacht hat und der GPL-Lizenznehmer lediglich selbst annimmt, ein Patent zu verletzen. Es soll vermieden werden, dass sich der
Lizenznehmer durch Hinweis auf die Rechte Dritter seinen Verpflichtungen aus der GPL entzieht. Deshalb besteht kein Anlass, die weitere
Nutzung des Programms zu verbieten, solange die Rechte Dritter nicht
geltend gemacht worden sind.[1188]

[1186] *Benkard-Scharen*, § 14, Rn. 93.
[1187] Vgl. *Busse-Keukenschrijver*, § 14, Rn. 82.
[1188] Vgl. zu sonstigen, außergerichtlichen Vereinbarungen *ifrOSS-Kreutzer*, Ziffer 7,
Rn. 4.

Neben dem Anspruch auf Unterlassung droht bei einer Patentverlet- **297**
zung die Schadensersatzverpflichtung des § 139 Abs. 2 PatG. Diese setzt
Vorsatz oder Fahrlässigkeit des Verletzers bezüglich des Bestehens eines
solchen Patents voraus. Für den „einfachen" Open Source Programmierer
ist die Gefahr, sich schadensersatzpflichtig zu machen, allerdings über-
schaubar. Ihm wird kaum eine Sorgfaltspflichtwidrigkeit vorzuwerfen
sein, wenn er darauf verzichtet, breit angelegte Patentrecherchen anzustel-
len.[1189] Anders kann die Lage bei größeren Distributoren und
Dienstleistern aussehen. Hier ist ein Fahrlässigkeitsvorwurf durchaus
denkbar. Die Kenntnis der für das jeweilige Fachgebiet einschlägigen
Patente und Patentanmeldungen wird zumindest von einem größeren
Unternehmen erwartet.[1190] Firmen, die ihr Geld mit der Entwicklung und
Verbreitung von Freier Software verdienen, sind deswegen angehalten, die
Patentanmeldungen auf ihrem Gebiet zu verfolgen und nach entgegenstehenden Rechten zu forschen.[1191] Der Schadensersatzanspruch umfasst
auch entgangenen Gewinn (§ 252 BGB).[1192] Zur Schadensberechnung sind
in der Regel gem. § 139 Abs. 2 PatG die Grundsätze der sog. Lizenzanalogie heranzuziehen. Der Verletzer wird so behandelt, als hätte er angemessene Lizenzgebühren zahlen müssen. Dies ist dann die Höhe des Schadens.[1193]

Freien Entwicklungsprojekten und Unternehmen, die Freie Sofware
einsetzen, drohen durch die stete Zunahme von Patenten in den verschiedenen Bereichen der Informationstechnologie also durchaus ernstzunehmende Gefahren. Diese sind umso bedrohlicher, als sich Entwicklungsprojekte und kleine und mittelständische Unternehmen
typischerweise nicht ihrerseits auf Patentportfolios stützen können,
welche im Verteidigungsfall für die Formulierung von Gegenansprüchen
benutzt werden können. Insoweit könnte der Aufbau von gemeinsamen
Patentportfolios der Open Source Community helfen. Die wichtigste
Initiative stellt in diesem Bereich das „*Open Invention Network*" dar,
das eine beachtliche Zahl von Patenten erworben hat und zudem auf
einem Modell von Kreuzlizenzen basiert.[1194] Weniger einschneidend für

---

[1189] Etwas anderes gilt allerdings dann, wenn er eine entsprechende Verwarnung
seitens des Patentinhabers erhalten hat. In diesem Fall ist der Verletzer zu sorgfältiger
Prüfung angehalten. Unter Umständen wird dann auch die Einholung sachkundigen
Rats durch einen Patentanwalt erforderlich sein, vgl. *Benkard-Grabinski/Zülch*,
§ 139, Rn. 52. Anlass zur weiteren Recherche kann auch dann bestehen, wenn der
Programmierer aus anderer Quelle vom Bestehen des fraglichen Patents erfährt, vgl.
Wiebe, CR 2004, 881, 884. Der Nachweis der Kenntnis dürfte dem Patentinhaber in
diesem Fall aber nur selten gelingen.
[1190] *Benkard-Grabinski/Zülch*, § 139, Rn. 46 ff.
[1191] *Benkard-Grabinski/Zülch*, § 139, Rn. 4 ff.
[1192] *Busse-Keukenschrijver*, § 139, Rn. 137.
[1193] *Benkard-Grabinski/Zülch*, § 139, Rn. 63a ff.
[1194] S. o. Rn. 284.

Patentinhaber, jedoch auch weniger rechtssicher für die Begünstigten, sind Verpflichtungserklärungen gegenüber einzelnen Projekten oder einem weiteren Kreis von Begünstigten, im „Verteidigungsfall" durch entsprechende Patentlizenzierung einzugreifen[1195] oder Patentansprüche gegenüber Open Source Projekten nicht durchzusetzen.[1196] Bei Anwendung deutschen Rechts können solche *„Patent Pledges"*, je nach Gestaltung im Einzelfall, entweder als Angebot an jedermann auf Abschluss eines Lizenzvertrags oder als (schlichte) Einwilligung in die Nutzung der patentierten Erfindung ausgelegt werden. Jedenfalls sollte Patentinhabern, die öffentlich erklären, ein Patent unter bestimmten Voraussetzungen nicht durchzusetzen, gem. § 242 BGB eine spätere Geltendmachung von Ansprüchen verwehrt werden *(venire contra factum proprium)*.[1197]

IV. Auswirkungen der Anmeldung von Patenten auf Fortentwicklungen Freier Software

1. Grundlagen: Vorgaben aus Patentrecht und freien Lizenzen

298   Befürchtungen freier Entwicklergruppen bestehen auch im Hinblick auf Patentanmeldungen durch Unternehmen, die Open Source Software fortentwickeln und für die dabei gemachten Erfindungen Schutzrechte anmelden. Dadurch droht eine Aushöhlung der Copyleft-Klauseln. Die Open Source „Community" setzt sich heute zu erheblichen Teilen aus Entwicklern zusammen, die bei IT- und sonstigen Technologieunternehmen angestellt sind. Diese besitzen umfangreiche Patentportfolios und sind es gewohnt, ihre Investitionen durch Patente zu schützen. Dies hat die Gefahr der Anmeldung von Patenten auf Erfindungen, die im Rahmen von freien Entwicklungsprojekten gemacht werden, deutlich gesteigert. Die neueren Open Source Lizenzen, insbesondere die MPL Version 2, GPL Version 3 sowie die Apache License Version 2.0 enthalten dementsprechend ausdrückliche Klauseln zu der Frage, ob Lizenznehmer unter Berufung auf entsprechende Patente die Nutzung des lizenzierten Programms durch Dritte verbieten bzw. gegen Gebühren gestatten können. Für die älteren Lizenzen stellt sich die Frage, ob die „Copyleft"-Klauseln so ausgelegt werden können, dass auch Patente

---

[1195] Siehe bereits oben Rn. 284 zum IBM *„Patent Pledge"* und zum *„Microsoft Community Promise"*.

[1196] S. hierzu bereits oben Rn. 284.

[1197] S. hierzu eingehend *Maracke/Metzger*, Playing Nice With Patents: Do Voluntary Non Aggression Pledges Provide A Sound Basis For Innovation?, erscheint 2016 in North Carolina Journal of Law & Technology.

erfasst werden. Die Klauseln werden im Zusammenhang der jeweiligen Lizenz im 2. Kapitel dieses Buches ausführlich behandelt.[1198] Ein erster Beispielsfall sorgte bereits in den 1990er Jahren für erhebliche Aufregung. Im Februar 1999 wurde bekannt, dass der Entwickler *Victor Yodaiken* für ein Echtzeit-Betriebssystem das US-Patent 5,995,745 angemeldet hat.[1199] Die in der Patentanmeldung vom 10.11. 1997 beschriebene Anwendung der Erfindung basiert auf GNU/Linux („RTLinux"). „RTLinux" ist echtzeitfähig, das bedeutet, dass das System auf Ereignisse innerhalb einer festen Zeit reagieren kann.[1200] Ein normales GNU/Linux-Betriebssystem konnte zum Zeitpunkt der Erfindung keine feste Antwortzeit garantieren. Gerade im industriellen Bereich ist die Echtzeitfähigkeit eines Betriebssystems von großer Bedeutung: Kontrollinstrumente, Roboter, Maschinen etc. sind auf garantierte Antwortzeiten angewiesen. Bei entsprechender Formulierung des Patentanspruchs erschiene ein vergleichbares Patent auch nach deutschem bzw. europäischem Patentrecht denkbar, vorausgesetzt, die Erfindung wäre nach dem Stand der Technik neu und nicht naheliegend (sog. neue, erfinderische Betriebsweise).[1201]

Auch ein Erfinder, der seine Innovation aus einer Fortentwicklung **299** von Freier Software schöpft, erwirbt grundsätzlich ein „Recht auf das Patent" aus § 6 PatG, Art. 60 EPÜ. Für den Erwerb dieses Rechts ist keine Anmeldung oder Ähnliches erforderlich, das Recht auf das Patent entsteht vielmehr durch den Realakt der Erfindung.[1202] Zum Erwerb des Rechts auf das Patent bedarf es keiner Zustimmung desjenigen, dessen Erzeugnisse oder Verfahren als Grundlage der eigenen neuen Entwicklung genutzt werden, dies ergibt sich aus der Versuchsfreiheit des § 11 Abs. 2 PatG. Einem Erfinder kann die Weiterentwicklung Freier Software und der damit automatisch einhergehende Erwerb des Rechts auf ein Patent deshalb grundsätzlich auch nicht verboten werden. Die üblichen Open Source Lizenzen enthalten dementsprechend keine Vorschriften, welche den Erwerb des Rechts auf das Patent betreffen.

[1198] S. o. Rn. 71, 83.
[1199] Der Patentanspruch im Wortlaut mit Beschreibung des technischen Hintergrunds findet sich unter http://www.uspto.gov/patft/index.html bei Eingabe der Patentnummer 5,995,745.
[1200] http://www.freepatentsonline.com/5995745.pdf.
[1201] Dies ergibt sich bei Zugrundelegung der Maßstäbe der Entscheidung BGH, GRUR 1992, 33 – *Seitenpuffer*: Das von *Yodaiken* angemeldete US-Patent 5,995,745 lehrt die Benutzung eines normalen Betriebssystems durch ein Echtzeitbetriebssystem, dadurch sind die Vorteile des normalen und des Echtzeitsystems kombiniert. Die „Neuheit" der Erfindung wird in Fachkreisen allerdings angezweifelt, vgl. *Epplin*, http://www.linuxdevices.com/articles/AT2094189920.html.
[1202] *Benkard-Melullis*, § 6, Rn. 7. Auch in den USA gilt das Erfinderprinzip, vgl. 35 U.S.C. §§ 101, 102 g und *Pietzke*, S. 7.

300   Auch im Hinblick auf die Anmeldung eines Patents durch den Erfinder findet sich wenig in Open Source Lizenzen. Die meisten Lizenzen
enthalten gar keine Bestimmung für diese Fragen.[1203] Die GPL-3.0 erwähnt die Anmeldung von Softwarepatenten in der Präambel: *„Finally,
every program is threatened constantly by software patents. States
should not allow patents to restrict development and use of software on
general-purpose computers, but in those that do, we wish to avoid the
special danger that patents applied to a free program could make it
effectively proprietary. To prevent this, the GPL assures that patents
cannot be used to render the program non-free.“*[1204] Die GPL zielt also
darauf ab, die „proprietäre" Nutzung von Softwarepatenten im Hinblick auf freie Programme zu verhindern. Wer durch die Weiterentwicklung von GPL-Code eine patentfähige Erfindung schafft, ist deshalb
nicht gehindert, sich diese Erfindung auch patentieren zu lassen.

Die weitaus kritischere Frage betrifft die Durchschlagskraft von Copyleft-Klauseln für den Fall der Patentanmeldung durch Lizenznehmer.
Dass diese Frage nicht nur theoretischer Natur ist, zeigt die Diskussion
um RTLinux. Die Anmeldung dieses Patents hat nicht nur deswegen für
Proteste im Lager der freien Entwickler gesorgt, weil die grundsätzliche
Haltung gegenüber Softwarepatenten hier mehrheitlich ablehnend ist. Es
wurden vielmehr auch Befürchtungen geäußert, *Yodaiken* versuche
mittels seines RTLinux-Patents über den Umweg des Patentrechts GPL-
Software „proprietär" zu nutzen, d. h. (Patent-)Lizenzgebühren von den
Nutzern des patentierten Verfahrens zu verlangen.[1205]

301   Die Frage nach der rechtlichen Bindungswirkung von „Copyleft"-
Klauseln gegenüber Patenten betrifft den schwierigen Bereich der Ko-
existenz von Urheber- und Patentrecht im Bereich von Software, denn
sind Computerprogramme durch Patente geschützt, so müssen Urheber-
und Patentrecht nebeneinander angewandt werden.[1206] Zu ihrer Beantwortung ist es unabdingbar, sich nochmals kurz die urheberrechtliche
Bindung vor Augen zu führen, welche durch Copyleft-Klauseln wie etwa
Ziffer 2 b) und 4 GPL-2.0 dem Nutzer der Software auferlegt werden:[1207] Erwirbt ein Programmierer durch eine Veränderung von GPL-
Software ein Urheberrecht an einer durch seine Veränderung entstehenden Bearbeitung des Programms, so ist er in rechtlich bindender Weise

---

[1203] Nur die im Folgenden untersuchten Lizenzen enthalten überhaupt Regelungen
zu dieser Frage. Zur Apache License s. o. Rn. 106.
[1204] Bereits die GPL-2.0 enthielt eine ähnliche Formulierung.
[1205] *Epplin*, http://www.linuxdevices.com/articles/AT2094189920.html.
[1206] *Lehmann-Kraßer*, S. 277. Dies ergibt sich aus dem im gesamten Bereich des
gewerblichen Rechtsschutzes anwendbaren „Kumulationsprinzip": Bestehen für ein
Schutzgut konkurrierende Schutzsysteme, so sind diese parallel anzuwenden, vgl.
Lehmann, GRUR 1995, 250.
[1207] S. o. Rn. 152 ff.

dazu verpflichtet, die Bearbeitung bei einer Veröffentlichung wiederum unter die GPL zu stellen, seine erworbenen Urheberrechte also freizugeben. Diese Verpflichtung kann dem Nutzer auferlegt werden, weil im Source Code des „Derivats" Code des ursprünglichen Programms enthalten ist. Nur deswegen stehen dem Urheber der ursprünglichen Software gegenüber dem Bearbeiter Verbotsrechte zur Seite, die es ihm gestatten, die Freigabe des „Derivats" durchzusetzen. Diese Verpflichtung gilt jedoch nicht ohne Weiteres auch für Patente, die auf diese Software angemeldet sind, denn im Patentrecht werden Programme nicht als „linguistisches Konstrukt",[1208] sondern als Verfahren oder Einrichtung zur Problemlösung geschützt. Das Patentrecht schützt das Programm nicht in der Form eines konkret ausgearbeiteten Quelltextes, sondern als technische Lehre zur Problemlösung.[1209] Ein Softwarepatent kann auch dann benutzt werden, wenn die hierbei verwandte Software keinen Code des Programms enthält, welches der Erfinder benutzt hat. Steht dem Urheber des ursprünglichen Programms aber kein Verbotsrecht gegenüber dem Patentinhaber zu, so kann er ihm gegenüber auch keine „Copyleft"-Klausel durchsetzen.

Vor diesem Hintergrund wird deutlich, dass sich Verbotsrechte gegenüber dem Inhaber der Patentrechte an der Fortentwicklung und also auch die Durchsetzung einer „Copyleft"-Klausel nur in zwei Konstellationen ergeben können. Zum einen in den Fällen, in denen der Urheber des ursprünglichen Programms auf ein darin implementiertes Verfahren ein Patent angemeldet hat und die Fortentwicklung ein sog. abhängiges Patent darstellt.[1210] Dann kommen patentrechtliche Verbotsrechte in Betracht. Zum anderen in den Fällen, in denen das im Patentanspruch der Fortentwicklung beschriebene Verfahren unter Rückgriff auf das ursprüngliche Programm benutzt wird, wenn also auf den Code des ursprünglichen Programms zurückgegriffen wird. In dieser Konstellation kommen urheberrechtliche Verbotsrechte in Frage. **302**

Die erstgenannte Möglichkeit des Rückgriffs auf patentrechtliche Verbotsrechte („abhängiges Patent") ist für den Bereich der Freien Software bislang eher von theoretischer Natur. Verbotsrechte des Inhabers eines älteren Patents ergeben sich gegenüber dem Inhaber eines jüngeren Patents dann, wenn das jüngere Patent wesentliche Erfindungsmerkmale des älteren Patents benutzt und ohne diese Benutzung nicht ausgeführt werden kann.[1211] Voraussetzung für das Vorliegen entsprechender Verbotsrechte aus dem Gesichtspunkt der Abhängigkeit wäre für den hier interessierenden Bereich also, dass die Entwickler **303**

[1208] So treffend *Horns*, GRUR Int. 2001, 1, 2.
[1209] Vgl. *Horns*, GRUR Int. 2001, 1, 2.
[1210] Zum Begriff des abhängigen Patents vgl. *Benkard-Scharen*, § 9, Rn. 75.
[1211] *Benkard-Scharen*, § 9, Rn. 79 f.

Freier Software selbst dazu übergehen, Patente auf programmbezogene Erfindungen anzumelden, denn nur dort, wo ein älteres Patent angemeldet ist, können sich Verbotsrechte gegenüber dem Inhaber eines abhängigen Patents ergeben. Eine analoge Anwendung der Grundsätze über abhängige Patente auf die Konstellation, in der ein Patent nicht ohne Rückgriff auf eine ältere Erfindung genutzt werden kann, für die kein Patent angemeldet worden ist, ist in der patentrechtlichen Rechtsprechung und Literatur nicht anerkannt. Wo entsprechende Patente angemeldet sind, erscheint es denkbar, „Copyleft"-Klauseln auch auf Patente anzuwenden.[1212] So beschränkt beispielsweise der Wortlaut von Ziffer 2 b) GPL-2.0 den Anwendungsbereich nicht auf urheberrechtliche Befugnisse; in der Zusammenschau mit der Präambel der GPL-2.0 könnte man auch Patente unter die Vorschrift subsumieren. Im Ergebnis würde dies bedeuten, dass jeder, der bei der Weiterentwicklung Freier Software Patente erwirbt, diese Patente wiederum der GPL unterstellen muss. Andernfalls ist ihm durch Ziffer 4 GPL-2.0 die weitere Nutzung des älteren Patents verboten. Voraussetzung hierfür ist aber, dass das jüngere Patent „abhängig" ist, d. h., wesentliche Erfindungsmerkmale des älteren Patents benutzt und ohne diese Benutzung gar nicht ausgeführt werden kann.[1213]

304   Verbotsrechte, und damit auch die Möglichkeit „Copyleft"-Klauseln durchzusetzen, können sich für die Inhaber der urheberrechtlichen Befugnisse an einem freien Programm gegenüber dem Inhaber eines Patents an einer Fortentwicklung ergeben. Wenn und *soweit* das im Patentanspruch beschriebene Verfahren durch Software ausgeführt wird, an der „freie" Entwickler das Urheberrecht innehaben, ist die Nutzung des Verfahrens von der Zustimmung dieser Urheber abhängig. Das patentrechtlich geschützte Verfahren muss sich hierfür allerdings als Fortentwicklung des freien Programms darstellen. In diesem Fall können die Inhaber der Urheberrechte an dem freien Programm auch gegenüber einem Patentinhaber die Einhaltung von „Copyleft"-Klauseln verlangen, d. h., der Erfinder muss sowohl die Urheberrechte an der Software als auch das Patent nach den Bestimmungen der maßgeblichen „Copyleft"-Lizenz freigeben, soweit dies für die Nutzung des fortentwickelten Programms erforderlich ist. Hierfür müssen allerdings zwei Voraussetzungen erfüllt sein: Zum einen muss die „Copyleft"-Klausel so formuliert sein, dass sie auch Patente umfasst. Zum anderen müssen die Voraussetzungen der „Copyleft"-Klausel erfüllt sein, insbesondere muss der Patentinhaber das fortentwickelte Programm selbst verbreitet oder öffentlich zugänglich gemacht haben. Beide Voraussetzungen können

---

[1212] So wohl auch *Wiebe*, CR 2004, 881, 887.
[1213] Zur Abhängigkeit eines Patents vgl. auch *Krieger*, GRUR Int. 1989, 216, und *Pietzker*, GRUR 1993, 272 ff.

abschließend nur für die jeweilige Open Source Lizenz beurteilt werden. Die Auslegung der „Copyleft"-Klauseln erfolgt im Rahmen der Behandlung der jeweiligen Lizenz im 2. Kapitel dieses Buchs. Im Folgenden geht es dementsprechend um einen Überblick zu den Kernfragen des Zusammenspiels von Copyleft-Klauseln und Patentanmeldungen.[1214]

Zunächst muss die jeweilige „Copyleft"-Klausel auch Patente umfassen. So erscheint beispielsweise die Formulierung von Ziffer 2 b) GPL-2.0 als offen genug, um alle bei der Bearbeitung von GPL-Code entstehenden geistigen Eigentumsrechte den Verpflichtungen der Lizenz zu unterwerfen. Ziffer 11 Abs. 3 der GPL-3.0 sieht eine ausdrückliche Erstreckung der Copyleft-Klausel auf Patente vor.[1215] Gleiches gilt für Ziffer 2.2 MPL Version 1.1.[1216] Des Weiteren muss der Patentinhaber das Programm verbreitet oder öffentlich zugänglich gemacht haben. Solange das Programm nicht veröffentlicht ist, greifen die „Copyleft"-Klauseln nicht ein, d. h., der Patentinhaber muss weder den Source Code veröffentlichen noch die Urheber- und Patentrechte an dem Programm der Lizenz unterstellen. Sobald der Rechtsinhaber das Programm jedoch verbreitet oder öffentlich zugänglich macht, ist er nicht nur verpflichtet, die entsprechenden Urheberrechte freizugeben, sondern auch die bestehenden Patente. **305**

Allerdings muss der Patentinhaber das Patent nicht vollständig freigeben. Da das Patentrecht nicht den Code als solchen, sondern das im Patentanspruch beschriebene Verfahren unter Schutz stellt, besteht auch die Möglichkeit, das Verfahren anzuwenden, ohne dass hierfür auf die „Copyleft" Software zurückgegriffen wird. In dieser Konstellation bestehen keine urheberrechtlichen Verbotsrechte gegenüber einer Benutzung des Verfahrens. Das auf eine Fortentwicklung angemeldete Patent muss also nur insoweit freigegeben werden, wie das Verfahren mit dem „Copyleft"-Code ausgeführt wird. Dies bedeutet auch, dass Patentansprüche, die durch die Fortentwicklung nicht implementiert werden, auch nicht mitlizenziert sind.[1217] Wird das Verfahren mit anderer Software ausgeführt, so ist auch eine „proprietäre" Lizenzierung des Patents möglich. **306**

Unterlässt der Patentinhaber eine Verbreitung oder öffentliche Zugänglichmachung des fortentwickelten Programms, so ist er weder zur Lizenzierung der Urheber- noch der Patentrechte verpflichtet. Dies ist für die urheberrechtlichen Verbotsrechte weniger problematisch, da es

---

[1214] Zu den einzelnen Lizenzklauseln s. o. 2. Kapitel.

[1215] S. o. Rn. 71.

[1216] Ziffern 2, 3 und 5 Apache License, Version 2.0, sehen die parallele Vergabe von Patent- und Urheberrechtslizenzen an „*Contributions*" vor, dies allerdings ohne eine Pflicht zur Freigabe von Fortentwicklungen.

[1217] Dies betrifft den Fall, dass in einer Patentschrift mehrere selbstständige Patentansprüche enthalten sind, vgl. § 34 Abs. 3 Nr. 3 PatG.

jedem Dritten frei steht, ein Programm mit den gleichen Funktionalitäten und sogar – jedenfalls theoretisch – demselben Source Code zu
schreiben.[1218] Es kann zwar mühselig sein, eine entsprechende Software
zu entwickeln. Dies ist aus urheberrechtlicher Sicht jedenfalls nicht verboten. Bestehen dagegen entsprechende Patentrechte, so kann die Entwicklung entsprechender Programme durch Dritte untersagt werden.
Diese Gefahr besteht nicht nur für Sperrpatente, die überhaupt nicht
verwertet werden, sondern auch für lediglich intern genutzte Programm-
me. Man stelle sich etwa vor, ein Unternehmen A setzt für die Steuerung
der Produktion sehr erfolgreich eine Fortentwicklung eines freien Programms ein, verbreitet dieses aber nicht an Dritte.[1219] Ist die fortentwickelte Software lediglich urheberrechtlich geschützt, so steht es dem
Konkurrenten B frei, selbst eine entsprechende Fortentwicklung zu
erstellen. Das Unternehmen A kann dies nicht verbieten. Ist das Programm dagegen durch ein Patent geschützt, so kann der Einsatz eines
entsprechenden Verfahrens vom Unternehmen A verboten werden.

2. Die Open RTLinux Patent License

307–309   Die anhaltende Diskussion um das bereits erwähnte US-Patent
5,995,745[1220] hat dazu geführt, dass seitens der Anbieter von RTLinux im
Januar 2001 die „Open RTLinux Patent License Version 1" veröffentlicht
wurde.[1221] Diese erste Version der Lizenz hatte in einigen Bestimmungen
in eklatanter Weise gegen die Vorgaben aus der GPL-2.0 verstoßen.[1222]
Der Streit um die Vereinbarkeit der Open RTLinux Patent License Version 1 mit den Bestimmungen der GPL konnte wenige Monate später durch
eine außergerichtliche Einigung gelöst werden, die zu einer „bereinigten"
Version 2 der Lizenz führte.[1223] Interessant ist, dass die Free Software
Foundation wenige Tage vor der Veröffentlichung der erzielten Einigung
eine Pressemitteilung über den GPL-Verstoß veröffentlicht hatte.[1224] Dies

---

[1218] Zur Zulässigkeit der Doppelschöpfung im Urheberrecht vgl. nur *Dreier/Schul-
ze-Schulze*, § 2, Rn. 17 m. w. N.
[1219] Nach der hier vertretenen Auffassung würde es sich bei der unternehmensinter-
nen Nutzung nicht um eine *„distribution"* i. S. v. Ziffer 2 b) GPL-2.0 handeln.
[1220] S. o. Rn. 298.
[1221] Die Open RTLinux Patent License Version 1 findet sich unter http://web.
archive.org/web/20010821220004/rtlinux.com/PATENT_LICENSE.
[1222] Siehe hierzu im einzelnen *Metzger*, http://www.ifross.de/ifross_html/art16.html
sowie die 3. Aufl., Rn. 307–309.
[1223] Die Open RTLinux Patent License Version 2 findet sich unter https://web.
archive.org/web/20051218022011/http://rtportal.upv.es/comparative/licenses/openpa
tentlicense.html. Seit 2007 ist die vom aktuellen Patentinhaber *Wind River Systems,
Inc.* überarbeitete Lizenzversion einschlägig, vgl. https://web.archive.org/web/2007
1026133304/http://www.rtlinuxfree.com/openpatentlicense.html.
[1224] Diese erste Stellungnahme der Free Software Foundation in Sachen Open
RTLinux Patent License vom 14.9.2001 ist mittlerweile nicht mehr abrufbar, die

zeigt deutlich, dass sich der Patentinhaber erst unter dem Druck der Öffentlichkeit zu einer Änderung der Lizenz bereit gefunden hat. RTLinux wurde durch zunächst *FSMLabs* weiterentwickelt, bevor das Projekt von einem anderen Unternehmen übernommen und mittlerweile eingestellt wurde.[1225] Soweit ersichtlich, spielt RTLinux heute in der Praxis keine Rolle mehr.

V. Zusammenfassung

Die rechtspolitische Frage nach dem richtigen Zuschnitt des Patentschutzes im Bereich der Informationstechnologie ist auch nach der Ablehnung der EG-Richtlinie über die Patentierbarkeit computerimplementierter Erfindungen durch das Europäische Parlament offen und kontrovers. Die Diskussion hat sich erwartungsgemäß seit 2005 wieder auf die Europäische Patentorganisation und die Erteilungspraxis des EPA und der nationalen Patentämter konzentriert. Eine wirkliche Klärung der Grenzen der Patentierbarkeit von Erfindungen mit Softwarebezug durch das EPA und die nationalen Gerichte steht jedoch bis heute aus. **310**

Was die Situation *de lege lata* betrifft, so sind gewisse Risiken für Entwickler Freier Software durch Softwarepatente festzustellen. Man sollte die Gefahren aber auch nicht überzeichnen.

Patentanmeldungen „proprietär" agierender Dritter auf freie Programme können durch öffentlichkeitswirksame Registrierungs- und Dokumentationsstellen verhindert werden. Erste Ansätze zum Aufbau einer solchen Infrastruktur existieren bereits, sie bedürfen aber des konsequenten Ausbaus. Ist Freie Software der Öffentlichkeit zugänglich gemacht worden, so gehört sie zum Stand der Technik. Beim Aufbau entsprechender Recherchemöglichkeiten sollten die Patentämter miteinbezogen werden. Nur wenn im Vorfeld sichergestellt ist, dass entsprechende Register in der täglichen Prüfungspraxis der Patentämter genutzt werden können, führt eine Dokumentation von Erfindungen auch zur Abweisung der Anmeldungen nichtberechtigter Dritter.

Was die Gefahr durch bereits existierende, „proprietär" genutzte Softwarepatente betrifft, so sind Patentverletzungen durch Freie Software denkbar. Schadensersatzansprüche drohen aber in der Regel nur Unternehmen, die Freie Software herstellen und verbreiten. Diese Unternehmen haben bei der Rücksicht auf bestehende Patente Sorgfaltspflichten zu erfüllen. Daneben bestehen Unterlassungsansprüche, die sowohl Unternehmen als auch einzelne Entwickler treffen können.

Mitteilung vom 18.9.2001 bezüglich der erzielten Einigung findet sich unter www.fsf.org/philosophy/rtlinux-patent.html.
[1225] Siehe https://en.wikipedia.org/wiki/RTLinux.

Patentanmeldungen auf Fortentwicklungen von „Copyleft" Software führen nicht dazu, dass die Fortentwicklung nicht mehr frei genutzt werden kann, sofern die patentierte Software verbreitet oder öffentlich zugänglich gemacht worden ist. „Copyleft"-Klauseln setzen sich allerdings nur insoweit durch, als das im Patentanspruch beschriebene Verfahren mittels der ursprünglichen Software benutzt wird. Wird das Verfahren mit anderer Software ausgeführt, so bestehen auch keine Verpflichtungen des Patentinhabers gegenüber den Programmierern der ursprünglichen Software.

B. Markenrecht

„The GNU Project has no objection to the basic idea of trademarks."
(Aus den GNU Coding standards)

311 Wer sich als Dienstleistungsunternehmen oder Distributor im Markt der Open Source Software etablieren will, wird Werbeinvestitionen tätigen müssen, um bei potentiellen Kunden wahrgenommen zu werden. Der Markt für Freie Software unterscheidet sich hier im Grundsatz nicht von anderen Märkten. Die Anmeldung einer Marke ist dabei eines der klassischen rechtlichen Instrumente, um die getätigten Investitionen zu schützen. Dies gilt auch für Anbieter von Open Source Software, denn der Schutz eines am Markt eingeführten Zeichens mit den Mitteln des Markenrechts steht an sich noch nicht im Widerspruch zu den Grundsätzen der Freien Software, zumal die kommerzielle Nutzung durch das Open Source Modell nicht ausgeschlossen wird. Gerade zur Abgrenzung von oftmals ähnlichen Produkten besteht beim Vertrieb von Freier Software ein erhebliches Bedürfnis nach markenrechtlichem Schutz.

Markenrechtliche Fragen treten dabei hauptsächlich in zwei Konstellationen auf: Kann die freie Nutzung von Open Source Software dadurch behindert werden, dass der Rechtsinhaber die Benutzung der Marke oder des Werktitels verbieten kann (dazu I.), und wie können freie Projekte einen unbedenklichen Werktitel für ihre Software wählen (dazu II.)? Weiterhin wird die Lizenzierungspraxis bei „Linux", der wichtigsten Marke im Open Source Umfeld, beschrieben (unten III.).

I. Zulässige Nutzung von Kennzeichen an Freier Software

312 Marken dienen zur Unterscheidung von Waren oder Dienstleistungen eines Unternehmens. Die wesentliche Funktion besteht nach der Rechtsprechung des EuGH darin, *„dem Verbraucher oder Endabnehmer die Ursprungsidentität der durch die Marke gekennzeichneten Ware oder Dienstleistung zu garantieren, indem sie ihm ermöglicht, diese Ware*

oder Dienstleistung ohne Verwechslungsgefahr von Waren oder Dienst-
leistungen anderer Herkunft zu unterscheiden" (sog. „Herkunftsfunktion").[1226] Dementsprechend ist Markenschutz nur für unterscheidungs-
kräftige[1227] oder im Verkehr durchgesetzte Kennzeichen möglich und
erstreckt sich nur auf die markenmäßige Benutzung[1228] von identischen
oder verwechslungsfähigen Bezeichnungen und nur auf identische oder
ähnliche Waren oder Dienstleistungen, für die die Marke angemeldet
wurde. Für Waren und Dienstleistungen, die denen der geschützten
Marke nicht ähnlich sind, kann grundsätzlich dieselbe Bezeichnung von
Dritten verwendet werden. Eine Ausnahme besteht insoweit bei bekannten Marken, deren Schutz weiter reichen kann.[1229] So ist in der Bezeichnung „Linux" wohl eine bekannte Marke zu sehen.[1230]

Markenschutz wird regelmäßig durch die Registrierung eines Kennzeichens erlangt,[1231] z. B. eines Begriffs oder eines Logos. Auch im Markenrecht gilt das Territorialitätsprinzip,[1232] der Markenschutz erstreckt
sich räumlich auf das Gebiet des Anmeldestaates, bei Gemeinschaftsmarken auf das Gebiet der Europäischen Gemeinschaft.[1233]

Neben dem Schutz für registrierte Marken besteht ein besonderer **313**
Schutz für Werktitel.[1234] Werktitel sind Bezeichnungen für geistige Produkte wie Bücher und Filme. Schutzfunktion ist hier – und damit abweichend von der Funktion bei Marken – die Individualisierung von Werken zu deren Unterscheidbarkeit (Namensfunktion).[1235]

Der Name eines Computerprogramms genießt regelmäßig Schutz als
Werktitel gem. § 5 Abs. 3 MarkenG.[1236] Bei einer entsprechenden Markenanmeldung kann zusätzlich noch Markenschutz bestehen, wobei

---

[1226] EuGH, 12.11.2002, Rs. C-206/01 – *Arsenal/Reed*. Zu den weiteren Funktionen
siehe EuGH, 18.6.2009, Rs. C-487/07 – *L'Oréal/Bellure* (Rn. 58: Kommunikations-,
Investitions- und Werbefunktion).

[1227] § 8 Abs. 2 MarkenG; Art. 7 Abs. 1 GMVO; Art. 3 Abs. 1 MarkenRL.

[1228] Durch die Benutzung muss die Herkunftsfunktion beeinträchtigt werden, vgl.
EuGH, 23.2.1999, Rs. C-63/97 – *BMW/Deenik*.

[1229] § 14 Abs. 2 Nr. 3 MarkenG; Art. 9 Abs. 1 (c) GMVO; Art. 5 Abs. 2 MarkenRL.

[1230] Zu den Anforderungen an die Bekanntheit allgemein vgl. *Fezer*, § 14,
Rn. 756 ff.

[1231] Zur nicht eingetragenen Marke siehe § 4 Nr. 2 MarkenG.

[1232] S. u. Rn. 356.

[1233] Bei internationalen Marken können in einem einheitlichen Verfahren vor der
WIPO mehrere nationale Marken angemeldet werden, vgl. Madrider Markenab-
kommen über die internationale Registrierung von Marken, BGBl. 1970 II S. 418,
und das Protokoll zum Madrider Abkommen über die internationale Registrierung
von Marken, BGBl. 1995 II S. 1016.

[1234] § 5 Abs. 3 MarkenG.

[1235] Vgl. *Fezer*, § 15, Rn. 238; *Ströbele/Hacker-Hacker*, § 5, Rn. 82.

[1236] Vgl. BGH, GRUR 1998, 155, 156 – *Powerpoint* mit Anm. *Betten*; BGH,
GRUR 1997, 902 – *FTOS*; *Lehmann*, GRUR 1995, 250.

dann Markenschutz und Werktitelschutz nebeneinander stehen.[1237] Der Werktitelschutz entsteht durch die Ingebrauchnahme des Titels für eine Software, d. h. durch die Aufnahme der Benutzung im geschäftlichen Verkehr.[1238] Dies dürfte bei Open Source Software etwa der Fall sein, wenn sie in einem öffentlich zugänglichen Softwarerepository zugänglich gemacht wird.[1239] Allerdings hat der BGH in der Entscheidung *FTOS* verlangt, dass der Vertrieb eines „fertigen Produktes" aufgenommen sein muss.[1240] Dies ist bei einer Open Source Software, die auf ständige Weiterentwicklung ausgerichtet, ein schwer zu bestimmender Zeitpunkt. Es ist aber zu berücksichtigen, dass das Kriterium des „fertigen Produkts" der Abgrenzung von internen Vorbereitungs- und Herstellungsmaßnahmen dient. Der interne Bereich wird bei einem öffentlichen Repository jedoch unabhängig vom Entwicklungsstand verlassen, so dass das Kriterium des „fertigen Produkts" insoweit keine Anwendung finden sollte und ein hinreichend konkretisiertes Werkobjekt ausreichen dürfte.[1241]

Fraglich ist, wer Inhaber des Rechts an einem Werktitel ist. Hier ist umstritten, ob auf den Hersteller des Werks und damit Urheber abzustellen ist oder auf denjenigen, der den Titel rechtmäßig der Öffentlichkeit gegenüber erstmals in Benutzung nimmt.[1242] Regelmäßig werden beide Auffassungen zu ähnlichen Ergebnissen kommen, d. h. der Entwickler, der die Software erstmals unter einem Namen veröffentlicht, ist auch als Werktitelinhaber anzusehen. Wird ein Programm jedoch im Rahmen eines organisatorisch verdichteten Entwicklungsprojektes erstellt oder weiterentwickelt, fragt sich, ob auch die entsprechenden Werktitelrechte übergehen. Die damit verbundenen Rechtsfragen sind noch ungeklärt.[1243]

Bei der Beurteilung der praktischen Frage, wie weit die Befugnisse der Lizenznehmer von Open Source Lizenzen zur Verwendung eines Programmnamens reichen, ist die Differenzierung zwischen dem Werktitelschutz und dem Markenschutz von erheblicher Bedeutung. Die Benut-

---

[1237] Zum Verhältnis von Werktitelschutz und Markenschutz vgl. BGH, GRUR 1998, 155, 156 – *Powerpoint*.
[1238] *Ströbele/Hacker-Hacker*, § 5, Rn. 100.
[1239] Der Begriff des geschäftlichen Verkehrs wird weit verstanden. Die Förderung fremder Geschäftsinteressen reicht dabei aus, vgl. *Ströbele/Hacker-Hacker*, § 14, Rn. 46.
[1240] BGH, GRUR 1997, 902 – *FTOS*.
[1241] Vgl. zu diesem Kriterium *Görden*, Vorgezogener Werktitelschutz, S. 178.
[1242] Vgl. *Ströbele/Hacker-Hacker*, § 5, Rn. 125 f.
[1243] Der BGH stellt in der Entscheidung BGH, GRUR 2003, 440, 441 – *Winnetous Rückkehr* auf eine „rechtmäßige Benutzung" ab. Unklar bleibt, ob Titelschutzrechte damit von mehreren Inhabern geltend gemacht werden können und wann eine Übertragung erfolgt.

zung von geschützten Marken und Werktiteln Freier Software kann in den folgenden Konstellationen zulässig sein.

1. Markennennung

Unproblematisch möglich ist die bloße Nennung eines Werktitels oder 314 einer Marke außerhalb des markenmäßigen Gebrauchs. Dies ist dann der Fall, wenn die Benutzung des Kennzeichens nicht im geschäftlichen Verkehr erfolgt oder die Herkunftsfunktion der Marke nicht betroffen ist. So ist ein Sachhinweis, etwa in einem beschreibenden Artikel auf einer Webseite oder in einer Fachzeitschrift, keine markenmäßige Benutzung und demnach stets zulässig.

2. Benutzung als Beschaffenheitsangabe

Selbst wenn die Benutzung markenmäßig erfolgt, kann der Inhaber einer 315 Marke Dritten gem. § 23 Nr. 2 und 3 MarkenG bzw. Art. 12 b) und c) GMVO nicht verbieten, ein mit dem geschützten Werktitel oder der Marke identisches oder ähnliches Zeichen als Angabe über Merkmale oder Eigenschaften von Waren oder Dienstleistungen zu benutzen, sofern die Benutzung nicht gegen die guten Sitten verstößt. Damit ist jede Benutzung einer Marke zulässig, bei der die Verwendung der Bezeichnung beschreibend erfolgt, selbst wenn dies eine markenmäßige Benutzung ist.[1244] Dabei darf nicht der Eindruck erweckt werden, es bestünde eine Handelsbeziehung zwischen dem Markeninhaber und dem die Marke benutzenden Dienstleister.[1245] Es ist also im Einzelfall zu prüfen, ob ein Herkunftshinweis oder eine beschreibende Benutzung im Sinne einer Beschaffenheitsangabe erfolgt.

Eine Beschaffenheitsangabe wird beim Vertrieb von Freier Software jedenfalls dann anzunehmen sein, wenn der Name der Software in einer Form verwendet wird, die vom Verkehr nicht als Herkunftshinweis aufgefasst wird. Ein Beispiel dafür bietet die Beschaffenheitsangabe „based on (Programmname)", die vom Verkehr regelmäßig dahingehend verstanden wird, dass eine weiterentwickelte Version eines Open Source Programms angeboten wird, nicht aber als Herkunftshinweis des Anbieters der Ursprungssoftware. Dies ist z. B. bei Kompatibilitätshinweisen der Fall.[1246] Da sämtliche Open Source Lizenzen die Bearbeitung der Software und den Vertrieb bearbeiteter Versionen gestatten, ist es allgemein üblich, dass verschiedene Programmversionen von unter-

---

[1244] EuGH, 7.1.2004, Rs. C 100/02 – *Gerri/Kerry Spring;* zur Abgrenzung von § 23 Nr. 2 und Nr. 3 MarkenG siehe *Ströbele/Hacker-Hacker,* § 23, Rn. 52, 54, 82.
[1245] So auch das OLG Düsseldorf, MMR 2011, 51 – *xt:Commerce,* bei der Markennutzung für Software-Support und Ergänzungsprodukte für ein Open Source Shopsystem.
[1246] *Marly,* GRUR-RR 2010, 457, 458.

schiedlichen Anbietern auf den Markt kommen. Der Verkehr ist daher gewohnt, hier entsprechend zu differenzieren. Durch einen entsprechenden und üblichen Zusatz wie „*based on*" oder „*powered by*" wird hinreichend deutlich, dass die Marke oder Werktitel nur beschreibend benutzt wird.

Das OLG Düsseldorf hat in der Sache *Enigma* entschieden, dass Wettbewerber eine markenrechtliche geschützte Bezeichnung gem. Art. 9 Abs. 1 lit. b GMV verwenden dürfen, wenn diese als Werktitel zur Bezeichnung der in einem Produkt verwendeten Open Source Software erfolgen und den angesprochenen Verkehrskreisen als Software unterschiedlicher betrieblicher Herkunft begegnen.[1247] Darüber hinaus hat das OLG Düsseldorf bei freien Lizenzen eine Analogie zu der Situation bei gemeinfreien Werken gezogen und sich dabei auf die Rechtsprechung des BGH in der Entscheidung *Bücher für eine bessere Welt* bezogen, in der ein berechtigtes Interesse an der Verwendung eines Werktitels anerkannt wird.[1248] Solange die Bezeichnung nur werktitelmäßig verwendet würde, verstoße sie nicht gegen die anständigen Gepflogenheiten in Handel und Gewerbe. Dies gelte bei bearbeiteten Programmen jedenfalls solange, wie wesentlichen Funktionen identisch sind und von Drittanbitern angebotene Plugins Verwendung finden können. Zudem müssten die Lizenzbedingungen der Open Source Lizenz eingehalten werden.

Praktisch ebenfalls relevant ist auch die Verwendung von Marken und Werktiteln durch Dienstleister im Open Source Umfeld. Auch hier dürfen fremde Marken und Werktitel benutzt werden, soweit damit eigene Dienstleistungen beschrieben werden und nicht der Eindruck vermittelt wird, dass diese Dienstleistung auch vom Markeninhaber stammt.[1249]

3. Erschöpfung von Kennzeichenrechten

316 Für den Vertrieb in Deutschland regelt § 24 MarkenG die Erschöpfung von Markenrechten und Werktiteln.[1250] Danach darf die Marke ohne Erlaubnis des Markeninhabers für Waren benutzt werden, die mit dessen Zustimmung in der EU oder anderen EWR-Ländern in Verkehr gebracht wurden. Auf den ersten Blick scheint § 24 MarkenG beim Vertrieb von Freier Software einschlägig, da jedermann das entsprechende Programm vervielfältigen und verbreiten darf, also mit Zustimmung des Markeninhabers die Werkstücke in Verkehr bringt.

Bei näherer Betrachtung zeigen sich jedoch die Unterschiede zu dem Fall, der § 24 MarkenG zugrunde liegt und bei dem der Inhaber einer

---

[1247] OLG Düsseldorf, MMR 2012, 750 – *Enigma*.
[1248] BGH, GRUR 2000, 882 – *Bücher für eine bessere Welt*.
[1249] Vgl. BGH, GRUR 2003, 436, 439 – *Feldenkrais*.
[1250] Für Gemeinschaftsmarken gilt entsprechend Art. 13 GMVO.

Herstellungs- oder Vertriebslizenz die Marke des Lizenzgebers für die unter der Lizenz hergestellten Produkte benutzen darf.[1251] Diese klassische Konstellation, in der die Lizenzierung eine Zustimmung des Markeninhabers zum Inverkehrbringen der Waren *unter dieser Marke* beinhaltet, liegt bei der Open Source Lizenzierung nämlich nicht ohne Weiteres vor. Denn die Open Source Lizenzen bezwecken nicht Herstellung und Vertrieb von Software unter einer bestimmten Bezeichnung, sondern sind nur als umfassende urheberrechtliche Rechtseinräumung zu verstehen, die zunächst einmal markenneutral ist. Daher ist § 24 MarkenG nur einschlägig, wenn die mit Zustimmung des Markeninhabers in Verkehr gebrachten Vervielfältigungsstücke weiterverbreitet werden.[1252] Das OLG Düsseldorf hat dementsprechend einem Anbieter verboten, die Marke *xt:Commerce* zu verwenden, um selbst erstellte Kopien der gleichnamigen Software zu vertreiben, die unter der GPL-2.0 lizenziert ist.[1253] Der Lizenznehmer, der ein urheberrechtliches Nutzungsrecht erworben hat, muss daher auf eine andere Bezeichnung der Software ausweichen.

4. Vertragliche Regelungen in Open Source Lizenzen

Damit kommt der Frage besonderes Interesse zu, ob die Lizenznehmer **317** einer Open Source Lizenz Werktitel oder Markennamen in einem über den § 23 MarkenG hinausgehenden Umfang benutzen dürfen. Dafür kommt es entscheidend darauf an, ob und in welchem Umfang sich eine Gestattung zur Markenbenutzung aus den Lizenzbedingungen ergibt. Einige Lizenzen enthalten eine explizite Regelung zu dieser Frage.[1254] So verbietet die Apache License, Version 2.0, in ihrer Ziffer 6 die Verwendung von Marken, es sei denn *„for reasonable and customary use in describing the origin of the Work and reproducing the content of the NOTICE file".*[1255] Damit wird zumindest für veränderte Softwarefassungen der Vertrieb unter der Marke *„Apache"* ausgeschlossen, während Hinweise auf die Herkunft wie *„based on Apache technology"* zulässig sein sollen.[1256] Insoweit geht die vertragliche Regelung noch nicht über die Schranke des § 23 Nr. 2 und Nr. 3 MarkenG hinaus.

[1251] Vgl. *Ekey/Bender/Fuchs-Wissemann-Ekey*, § 24, Rn. 26; *Fezer*, § 24, Rn. 11.

[1252] Zur begleitenden Erschöpfung des Werberechts vgl. EuGH, 4.11.1997, Rs. C-337/95 – *Dior/Evora*.

[1253] OLG Düsseldorf, MMR 2011, 51 – *xt:Commerce*.

[1254] Vgl. Ziffer 10 Apple Public Source License (APSL) und Ziffer 3 Jabber Open Source License.

[1255] Ziffer 6: *„Trademarks. This License does not grant permission to use the trade names, trademarks, service marks, or product names of the Licensor, except as required for reasonable and customary use in describing the origin of the Work and reproducing the content of the NOTICE file."*

[1256] So die FAQ der Apache Software Foundation, http://www.apache.org/ foundation/licence-FAQ.html#Name-changes.

Schwierig zu beurteilen ist aber die Frage, in welcher Form die Marke „Apache" bei der Verbreitung von *un*veränderten Programmkopien benutzt werden darf. Letztlich wird es auch hier darauf ankommen, dass die Bezeichnung „Apache" beschreibend *(„describing the origin of the Work")* verwendet wird und nicht der Eindruck entsteht, dass die selbst erstellte Programmkopie von der Apache Software Foundation stammt. Letztlich geht hier Ziffer 6 der Apache License nicht über die Gestattungen des § 23 MarkenG hinaus.

318   Während einige Lizenzen explizit die Verwendung der entsprechenden Marken zu Werbezwecken untersagen, enthalten die meisten freien Lizenzen überhaupt keine Regelung zu dem Umfang der Nutzungsbefugnis des Werktitels oder betroffener Marken. Damit stellt sich die Frage, ob in diesen Fällen eine konkludente Lizenzierung von Werktiteln oder Marken erfolgt oder nur der Ursprungsautor bzw. das ein Programm zuerst als Freie Software anbietende Unternehmen den Programmnamen umfassend verwenden darf. Der Umstand, dass Open Source Lizenzen zumeist markenneutral sind und die urheberrechtliche Zustimmung zum Vertrieb der Software keine Zustimmung im Sinne des § 24 MarkenG darstellt, bedeutet allerdings nicht, dass deswegen nur der ursprüngliche Markeninhaber oder Werktitelinhaber befugt sein soll, den Namen der Software werktitelmäßig bzw. markenmäßig zu benutzen. Zu berücksichtigen ist, dass zumindest bei Copyleft-Lizenzen regelmäßig eine kooperative Werkerstellung beabsichtigt ist und nicht nur der Vertrieb einer identischen Software gestattet wird. Unter Berücksichtigung der verkehrsüblichen Gepflogenheiten im Open Source Umfeld wird man im Hinblick auf die unterschiedlichen Funktionen zwischen der Benutzung von Werktiteln und Marken unterscheiden müssen. Während Marken eine Herkunfts- und Qualitätsfunktion zukommt, hat der Werktitel eine Namensfunktion und dient der Unterscheidung von anderen Werken.[1257]

319   Bei der Lizenzierung Freier Software mit einer Copyleft-Klausel gestattet der Rechtsinhaber anders als bei herkömmlichen Werken die umfassende Weiterentwicklung und den Vertrieb seines Programms, wobei er von den Weiterentwicklungen Dritter ebenso profitiert wie umgekehrt. Die gemeinsame Arbeit an *einem* Programm wird im Regelfall dazu führen, dass auch jedem Lizenznehmer die werktitelmäßige Verwendung des Programmnamens gestattet wird. Ansonsten müsste jeder Lizenznehmer eine eigene Programmbezeichnung benutzen. Gerade dies wird aber von den angesprochenen Verkehrskreisen nicht erwartet. Denn wenn schon zahlreiche veränderte Versionen von jedermann angeboten werden dürfen, ist es von Interesse, dass jedenfalls die unver-

---

[1257] S. o. Rn. 313.

änderten Versionen einheitlich benannt sind und nicht noch Unklarheit darüber besteht, ob es sich um ein abgeleitetes Werk oder eine unveränderte Programmkopie handelt. Daher wird man beim Vertrieb unveränderter Programmversionen davon ausgehen müssen, dass im Zweifel der werktitelmäßige Gebrauch des Programmnamens konkludent mitgestattet wird.[1258]

Andererseits würde die Unterscheidungsfunktion des Werktitels auf- **320** gehoben, wenn jede abweichende Programmversion denselben Namen tragen könnte. Vor diesem Hintergrund liegt es nahe, dass beim Vertrieb veränderter Programmversionen der Werktitel der Ursprungsversion werktitelmäßig nur dann benutzt werden darf, wenn hinreichende Unterscheidbarkeit gewährleistet wird, etwa durch einen unterscheidungskräftigen Namenszusatz (z.B. *„Ubuntu Linux"*) oder entsprechenden Hinweis *(„based on (Werktitel des Programms)")*. Im Einzelfall mag sogar eine entsprechende Versionsnummer genügen. Etwas anderes gilt nur für den Fall, dass die Open Source Lizenz grundsätzlich die Erwähnung des Werktitels bei veränderten Programmversionen ausschließt.[1259]

Anders ist die Situation, wenn auf den Namen eines Open Source **321** Programms eine Marke angemeldet und benutzt wurde.[1260] Hier dient der Programmname nicht nur der Unterscheidung, sondern auch als Herkunftsnachweis. Dies dürfte insbesondere der Fall bei Unternehmenssoftware wie *„MySQL"* und *„Netscape Communicator"* sein, die nicht von Anfang an einer Open Source Lizenz unterstellt wurde. Der Markeninhaber zeigt regelmäßig schon durch die Anmeldung und entsprechende Benutzung der Marke, dass der Programmname auch als Herkunftsbezeichnung dienen soll. Dies spielt für den Verkehr insbesondere auch deswegen eine Rolle, weil von dem anbietenden Unternehmen eine entsprechende Qualitätsgarantie erwartet wird. Der als Marke geschützte Programmname darf von den Lizenznehmern daher außerhalb der §§ 23, 24 MarkenG nur mit ausdrücklicher Genehmigung des Markeninhabers benutzt werden, auch wenn unveränderte Kopien der Software hergestellt und vertrieben werden. Urheberrechtliche und markenrechtliche Befugnisse sind hier zu differenzieren und

---

[1258] In diesem Sinne auch *Marly,* GRUR-RR 2010, 457, 459, der die Zulässigkeit zur Verbreitung unveränderter Kopien offenbar auch bei einer Markennutzung annimmt.

[1259] So etwa Ziffer 5 der Apache Software License, Version 1.0: *„Products derived from this software may not be called „Apache" nor may „Apache" appear in their names without prior written permission of the Apache Group."*

[1260] Vgl. OLG Düsseldorf, MMR 2011, 51 – *xt:Commerce* und *Marly,* GRUR-RR 2010, 457, 459.

können dazu führen, dass zulässig erstellte Kopien einer Freien Software unter einem anderen Namen vertrieben werden müssen.[1261]

Markenrechte können auch dazu eingesetzt werden, um bestimmte Nutzungen zu unterbinden, die zwar unter der Open Source Lizenz urheberrechtlich gestattet sind, aber nicht mit der Marke in Verbindung gebracht werden sollen. So hat die Mozilla Foundation eine *Mozilla Trademark Policy*,[1262] die die Verwendung der Marken wie *Thunderbird*, *Firefox* oder *Mozilla* untersagt, wenn der Vertrieb der Software gegen Entgelt erfolgt, die Software verändert wurde oder in anderweitiger Form unerwünscht ist. Damit konnten gerichtlich unseriöse „Abo-Fallen" unterbunden werden, die dem Endnutzer Unentgeltlichkeit vortäuschen, aber letztlich eine Bezahlung fordern.[1263]

322   In diesem Zusammenhang ist zu beachten, dass ein beliebiger Dritter oder auch beteiligter Entwickler nicht ohne Weiteres eine Marke auf einen schon in Gebrauch befindlichen Programmnamen anmelden kann. Nach § 12 MarkenG kann eine eingetragene Marke gelöscht werden, wenn aufgrund eines zuvor erworbenen Werktitelschutzes die Benutzung der eingetragenen Marke untersagt werden kann.[1264] Daher besteht für bereits eingeführte Werktitel von freien Programmen Schutz vor markenrechtlicher „Okkupation".

5. Marken zur Kennzeichnung von besonderen Programmversionen

323   Eine Sondersituation besteht beim Vertrieb von Linux durch Distributoren. Wegen der Vielzahl der Distributoren und Linux-Versionen besteht ein großes Interesse an der Abgrenzung gegenüber anderen Marktteilnehmern. Daher werden die Programmkopien in der Praxis nicht alleine unter der Marke „*Linux*" vertrieben,[1265] sondern unter Zusatzbezeichnungen wie „*Red Hat Linux*" oder „*Mandriva Linux*", deren ergänzende Bestandteile ebenfalls als Marken geschützt sind. Diese Distributionen enthalten in der Regel spezielle Änderungen durch den jeweiligen Distributor, so dass sich das Problem stellt, inwieweit auch solche Zusatzmarken wie „*Red Hat*" und „*Mandriva*" benutzt werden dürfen. Diese Frage wird noch durch den Umstand verschärft, dass etwa *Red Hat* seine Marken auch an verschiedenen Stellen der Bildschirmoberfläche während des Betriebes der Software anzeigt. Hier besteht die Gefahr, dass durch markenrechtliche Verbotsrechte die urheberrechtlichen

---

[1261] So auch das OLG Düsseldorf, MMR 2011, 51 – *xt:Commerce*, http://www.ifross.de/Fremdartikel/OLGDuesseldorfxtcommerce.pdf.
[1262] http://www.mozilla.org/foundation/trademarks/policy.html.
[1263] LG Hamburg, MMR 2011, 349 – *Abo-Falle*, http://openjur.de/u/69386.html.
[1264] Unabhängig davon kann sich die Möglichkeit zur Löschung auch aus § 8 Abs. 2 Nr. 10 MarkenG wegen Bösgläubigkeit bei der Anmeldung ergeben, insbesondere bei der Absicht zur unlauteren Behinderung anderer Mitentwickler.
[1265] Dazu näher unten Rn. 327.

Nutzungsbefugnisse eingeschränkt werden, da der Vertrieb von schlichten Programmkopien nicht mehr möglich ist.[1266]

Grundsätzlich bestehen Markenrecht und Urheberrecht nebeneinander. Sofern die Nennung von Marken oder die Einbeziehung von Dateien mit Logos innerhalb eines Programms erfolgt, ist davon auszugehen, dass diese regelmäßig nicht Bestandteil des Programms werden, sondern davon zu trennende Informationen darstellen. Damit dürften die entsprechenden Marken auch nicht unter einschlägige Copyleft-Klauseln fallen.[1267] Der Lizenznehmer, der die Software vervielfältigen und vertreiben möchte, hat dann die Markenbestandteile ebenso zu entfernen wie dies entsprechend der Fall ist für etwaige selbstständige Softwaremodule, die nicht dem Copyleft unterliegen.

Anders ist die Situation, wenn die Markenbestandteile so mit dem Code verwoben sind, dass eine einfache Entfernung nicht möglich ist, insbesondere dann, wenn der Markenschutz zur Aushebelung der urheberrechtlichen Freiheiten eingesetzt werden soll.[1268] Hier kann ein Verstoß gegen die Open Source Lizenz vorliegen, wenn der Markeninhaber seine Markenrechte dazu nutzt, die freie Nutzung von abgeleiteten Werken zu verhindern. Die sich daraus ergebende Lizenzverletzung führt jedoch nicht dazu, dass deswegen die Marke benutzt werden darf, wenn dem der erklärte Wille des Markeninhabers entgegensteht. Es verbleibt nur die Möglichkeit, dass die Inhaber der Urheberrechte gegen den Markeninhaber die Einhaltung der Open Source Lizenz durchsetzen.

Eine typische Problemlage besteht weiterhin in dem Umstand, dass einige Linux-Distributoren auch beim Vertrieb neu erstellter, aber urheberrechtlich unveränderter Programmkopien den Hinweis auf ihre Distribution untersagen möchten.[1269] Für ein entsprechendes Verbot werden die markenrechtlichen Befugnisse der Markeninhaber regelmäßig ausreichen. Allerdings ist die Markennennung dann zulässig, wenn der Vertrieb so gestaltet ist, dass der Verkehr nicht über den Hersteller der konkreten Kopie im Unklaren ist, sondern bloß über die Herkunft der Softwareversion informiert wird (etwa durch den Hinweis *„enthält XY Linux"*). In diesem Zusammenhang ist es von Bedeutung, dass der Hersteller der

324

[1266] So heißt es in den „Red Hat's Trademark Guidelines", www.redhat.com/f/pdf/corp/trademark1.pdf: *„You must modify the files identified as REDHAT-LOGOS and ANACONDA-IMAGES so as to remove all use of images containing the „Red Hat" trademark or Red Hat's Shadow Man logo. Note that mere deletion of these files may corrupt the software."*

[1267] S. o. Rn. 47, 78, 89, 94.

[1268] Insofern bedenklich ist der Hinweis von *Red Hat*, dass durch die Löschung solcher Dateien, die die Marke enthalten, die Software unbrauchbar werden kann, s. o. Fn. 1266.

[1269] Vgl. „Red Hat's Trademark Guidelines", www.redhat.com/f/pdf/corp/trademark1.pdf, S. 4: *„You may not state that your product contains Red Hat Linux X.X."*

konkreten Programmkopie regelmäßig für den gewährten Support oder
die Produkthaftung eine relevante Rolle spielt, und der Distributor daher
keine herkunftsverwirrende Benutzung dulden muss. Dem bloßen Hinweis auf die Herkunft der Softwareversion wird der Verkehr hingegen
wegen der technischen Unterschiede der einzelnen Linux-Distributoren
regelmäßig nur einen informatorischen Charakter zumessen.

II. Auswahl von Werktiteln

325 Da Freie Software oftmals ihren Ursprung in kleinen, nicht-kommerziellen Projekten hat, wird bei der Namensgebung in der Regel keine
markenrechtliche Überprüfung vorgenommen. Zum Teil lehnen sich die
Programmnamen sogar an bekannte Software mit ähnlichen Funktionen
an. Dies hat schon mehrfach dazu geführt, dass Projektmitglieder wegen
angeblicher Markenverletzungen abgemahnt wurden.

Ein typischer Fall betrifft die Graphiksoftware „kIllustrator" deren
Name sich an das bekannte Programm „Adobe Illustrator" anlehnt.[1270]
Der Initiator von kIllustrator, *Kai-Uwe Sattler*, wurde von *Adobe* wegen
einer angeblichen Verletzung der Marke „Adobe Illustrator"[1271] abgemahnt und sah sich zunächst gezwungen, das Programm von seiner
Website zu nehmen.[1272] Das Programm wurde danach in *Kontour* und
später in *Karbon14* umbenannt.[1273] Hier macht sich die organisatorische
Schwäche kleiner Open Source Projekte bemerkbar, die sich oft nur
unzureichend gegen die juristischen Angriffe großer Unternehmen wehren können. Denn gerade im Fall „kIllustrator" ist eine Markenverlet-
zung sehr fraglich. Für eine Verletzung dieser Marke ist es gem. § 14
Abs. 2 Nr. 2 MarkenG erforderlich, dass „kIllustrator" wegen seiner
Ähnlichkeit mit „Adobe Illustrator" durch den Verkehr verwechselt
werden kann. Dafür ist auf den Gesamteindruck der zusammengesetzten
Zeichen abzustellen.[1274] Bei „Adobe Illustrator" ist der Bestandteil „Il-
lustrator" für ein Zeichenprogramm jedoch rein beschreibend. Bei einer
Kombinationsmarke kann jedoch einem Bestandteil nicht ein solcher
Einfluss zukommen, dass eine Übereinstimmung lediglich in den schutz-
unfähigen Bestandteilen eine Verwechslungsgefahr begründen kann.[1275]
Daher dürfte die Verwendung des Begriffs „kIllustrator" die Marke von
„Adobe Illustrator" nicht verletzen. Das Markenrecht diente hier wohl

---

[1270] Ähnliche Namensanspielungen gibt es bei „kOffice" oder „magic point".
[1271] Unter der Registernummer 1129916 beim DPMA als Wortmarke eingetragen.
[1272] Vgl. http://www.heise.de/newsticker/data/odi-03.07.01-000/.
[1273] Vgl. http://tuxdeluxe.org/node/107.
[1274] Vgl. BGH, GRUR 1996, 777, 778 – JOY.
[1275] BGH, GRUR 2004, 775, 776 – Euro 2000 m.w.N., in Frage gestellt durch
BGH, GRUR 2008, 505 – TUC-Salzcracker.

lediglich als Mittel, um Konkurrenz aus dem Open Source Bereich zu
bekämpfen.

In anderen Fällen verletzten Namen von freien Programmen in der
Tat die Markenrechte Dritter. So wurden Anbieter der Open Source
Software „Samba" abgemahnt, da bereits eine Bank diesen Begriff als
Marke für Software eingetragen hatte. Der Konflikt wurde nach erheb-
lichem Protest aus der Open Source Gemeinde gelöst, indem ein Unter-
nehmen, das die Freie Software „Samba" kommerziell vertreibt, die
Markenrechte erwarb und dann Unterlizenzen an jedermann einräumte.

Letztlich werden nur vorherige Markenrecherchen oder die Verwendung generischer Begriffe vor ungewollten Markenverletzungen schützen können.

III. Bekannte Marken im Open Source Umfeld

Mit dem steigenden Erfolg von Freier Software wurde auch versucht,   **326**
die verwendeten Namen bei den Markenämtern schützen zu lassen.
Zum Teil geschah dies durch Unterstützer aus der Open Source Gemeinde, die einem Missbrauch vorbeugen wollten, zum Teil fand ein
sog. „Markengrabbing" statt.[1276]

1. Linux

Linux ist eine geschützte Marke von *Linus Torvalds*[1277] und aus dessen   **327**
Vornamen abgeleitet.[1278] Die Marke wird durch das *Linux Mark Institute (LMI)* verwaltet, einer Non-profit-Organisation mit Sitz in Oregon/
USA,[1279] die von *Jon „Maddog" Hall* geleitet wird und eine entsprechende Lizenz von *Linus Torvalds* erworben hat. Das LMI gewährt in
Zusammenarbeit mit der *Linux Foundation* weltweit Marken(unter)
lizenzen[1280] und nahm hierfür ursprünglich Lizenzgebühren zwischen
200–5.000 US-Dollar im Jahr, gestaffelt nach dem Umsatz durch die
Markenbenutzung. Mittlerweile wird die Nutzung der Marke lizenzgebührenfrei gestattet.

Nachdem „Linux" zunächst nicht als Marke geschützt worden war,
meldete *William Della Croce* 1995 eine Marke in den USA auf den
Begriff „Linux" an und verlangte daraufhin von Zeitschriften und Fir-

---

[1276] Zu dem Markenstreit wegen der Anmeldung der Marke iNUX und zur Inhaberschaft an der Marke „UNIX" vgl. *Gray v. Novell, Inc.*, 2011 WL 69373 (11th
Cir. Jan. 7, 2011).

[1277] U.S. Reg No: 1916230; IR-Marke Nr. 646180A; GM Nr. 000851246; DE-
Marke Nr. 2088936.

[1278] Vgl. zur Namensgebung *Torvalds*, S. 97.

[1279] http://www.linuxfoundation.org/programs/legal/trademark.

[1280] Siehe   http://www.linuxfoundation.org/programs/legal/trademark/sublicense-
agreement; dazu ausführlich *Erenli*, S. 261 ff.

men, die „Linux" in ihren Produktnamen führten, 5 % der Einkünfte.[1281] Die Entrüstung bei vielen Linux-Entwicklern und -nutzern führte zu einer Sammlung der erforderlichen finanziellen Mittel, um eine rechtliche Auseinandersetzung führen zu können.[1282] Im Rahmen einer außergerichtlichen Einigung wurde die Marke an *Linus Torvalds* übertragen. In Deutschland ließ ebenfalls zunächst ein unbeteiligter Dritter die Marke „Linux" eintragen, inzwischen ist aber auch hier *Linus Torvalds* der Markeninhaber.[1283]

2. Tux

328 Ein guter Teil des Merchandising im Open Source Bereich hängt mit dem Linux-Maskottchen „Tux" zusammen. „Tux" ist der Name für einen Pinguin, der 1996 von dem Graphiker *Larry Ewing* auf Wunsch von *Linus Torvalds* gezeichnet wurde.[1284] Bislang wurde keine Bildmarke eingetragen, die Tux als Bildzeichen verwendet. Die Urheberrechte werden von *Larry Ewing* frei lizenziert.[1285]

Daher fragt sich, ob der Tux von Dritten als Bildmarke angemeldet werden kann.[1286] Von der Eintragung als Marke sind solche Zeichen ausgeschlossen, die gem. § 8 Abs. 2 Nr. 3 MarkenG im allgemeinen Sprachgebrauch oder in den Verkehrsgepflogenheiten zur Bezeichnung der Waren üblich geworden sind. Der Tux „als solcher", also ohne weitere Zusätze, kann deshalb wohl nicht mehr als Marke für Computerprogramme angemeldet werden, denn seine Verwendung als Bezeichnung für GNU/Linux und für Dienstleistungen rund um GNU/Linux ist üblich. Eine andere Frage ist es, ob man eine Abwandlung des Tux als Marke anmelden kann. Denn § 8 Abs. 2 Nr. 3 MarkenG nimmt nur solche Zeichen vom Markenschutz aus, die sich ausschließlich aus Zeichen zusammensetzen, die zur Warenbezeichnung üblich geworden sind.[1287] Daher sind Marken eintragungsfähig, die der Gattungsbezeich-

---

[1281] *Torvalds*, S. 97. Laut Aufhebungsantrag wurden sogar 10 % verlangt, http:// lwn. net/Articles/147941/.

[1282] Vgl. den Antrag auf Löschung, http://lwn.net/Articles/147941.

[1283] http://www.fitug.de/debate/9709/msg00019.html.

[1284] Vgl. http://archive.wired.com/culture/lifestyle/news/2001/03/42209; zum Versuch der Anmeldung einer Wortmarke für die Bezeichnung „Tux" vgl. *Erenli*, S. 254 f.

[1285] *„Permission to use and/or modify this image is granted provided you acknowledge me lewing@isc.tamu.edu and The GIMP if someone asks.",* vgl. http://www.isc. tamu.edu/~lewing/linux/.

[1286] Die Eintragung eines urheberrechtlich geschützten Werkes setzt zudem die Zustimmung des Urhebers voraus, vgl. *Wandtke/Bullinger*, GRUR 1997, 573, 579. Ob die freie Lizenzierung des Tux die Anmeldung als Marke gestattet, ist zumindest fraglich, da Zweck der Lizenzierung die freie Benutzbarkeit ist, die durch eine Markenanmeldung eingeschränkt würde.

[1287] Vgl. allgemein *Fezer*, § 8, Rn. 492 ff.

nung „Tux" nur ähnlich sehen, die aber die für jede Marke erforderliche Unterscheidungskraft besitzen. Daraus folgt zunächst, dass andere Darstellungen eines Pinguins als Marke für Softwareprodukte eingetragen werden können. Diese müssen sich jedoch so von dem Original-„Tux" von *Larry Ewing* unterscheiden, dass der Verkehr die Marke aufgrund ihrer Abwandlung als ein produktidentifizierendes Unterscheidungszeichen auffasst.

3. Open Source

Die Begriffe „Open Source" und „Open Source Software" sind als Gattungsbegriffe markenrechtlich nicht schutzfähig.[1288] Mit Einführung der Bezeichnung Open Source Software im Jahr 1998 wurde von *Bruce Perens* versucht, eine Marke anzumelden.[1289] Die Markenanmeldung wurde jedoch nach internen Streitigkeiten nicht weiterverfolgt, so dass derzeit nur das Logo der Open Source Initiative markenrechtlich geschützt ist.[1290] Damit kann jedermann Software kennzeichnen, die unter einer von der Open Source Initiative anerkannten Lizenz genutzt werden darf.[1291]

328a

[1288] Vgl. z. B. die Ablehnung der Eintragung der Marke „Open Source Berater" http://register.dpma.de/DPMAregister/marke/register/305553682/DE und die Entscheidung „*Open Source Broker*", BPatG, Beschl. v. 30.9.2008 – 33 W (pat) 1/07.

[1289] http://www.oreilly.com/openbook/opensources/book/perens.html.

[1290] USPTO Nr. 75439502, http://tsdr.uspto.gov/#caseNumber=75439502, vgl. auch http://www.spi-inc.org/corporate/resolutions/1998/1998-12-01.iwj.1/.

[1291] Die *Guidelines* für die Nutzung des Logos sind abrufbar unter http://opensource.org/logo-usage-guidelines.

6. Kapitel. Wettbewerbsrecht

„Open Source ermöglicht es, Wettbewerb und Kommunikationsfähigkeit unterschiedlicher Software-Lösungen sicherzustellen (...). Der Deutsche Bundestag begrüßt die Förderung von Open-Source-Produkten und fordert die Einführung von unter Open-Source-Lizenzen stehenden Produkten in der Bundesverwaltung.“
(Aus einem Antrag der Fraktionen SPD und Bündnis 90/Die Grünen, BT-Drs.14/5246)

Freie Software hat für eine Belebung des Wettbewerbs auf Märkten **329** gesorgt, auf denen lange Zeit nur die Produkte eines oder weniger Unternehmen erhältlich waren. Es ist wettbewerbspolitisch natürlich wünschenswert, dass nach Jahren der Monokultur heute in manchem Marktsegment durch GNU/Linux und andere Open Source Programme wieder etwas mehr Konkurrenz herrscht; dies bedeutet aber nicht, dass Open Source Anbieter und Nutzer Freier Software von den Vorgaben des Wettbewerbsrechts befreit wären. Die Entwicklung und Verbreitung Freier Software wirft einen recht heterogenen Katalog an wettbewerbsrechtlichen Fragen auf, welche hier zu untersuchen sind.

A. Kartellrecht

Kartellrechtliche Fragen sind in den letzten Jahren bei der rechtlichen **330** Beurteilung von Open Source Lizenzmodellen zunehmend in den Blickpunkt gelangt.[1292] Seit Art. 1 Abs. 1 lit. b, c) der Gruppenfreistellungsverordnung für Technologietransfervereinbarungen (TT-GVO)[1293] explizit auch „Technologietransfer-Vereinbarungen“ über „Software-Urheberrechte“ einbezieht, liegt es nahe, Open Source Lizenzen an diesem Maßstab zu überprüfen. Kartellrechtliche Fragen ergeben sich aber nicht nur im Verhältnis von Lizenzgeber und Lizenznehmer, sondern auch aus

---

[1292] Siehe insb. *Nordmeyer*, 1 JIPITEC 19 ff. (2010); *Fromm/Nordemann-Czychowski*, Nach § 69c, Rn. 59 ff.; *Välimäki*, ECLR 2006, 130 ff.; vgl. auch die älteren Stellungnahmen von *Koch*, CR 2000, 333, 341 ff. und *Spindler-Heath*, S. 267 ff.; zum schweizerischen Recht vgl. die Darstellung von *Schindler Bühler*, S. 55 ff.
[1293] VO 772/2004/EG, ABl. Nr. L 123 v. 27.4.2004, S. 11 ff., nunmehr VO 316/2014/EU, ABl. Nr. L 93 v. 28.3.2014, S. 17 ff.

dem Vertrieb von Freier Software, also hinsichtlich des Verhaltens der Distributoren.[1294]

I. Anwendbare Regelungen

331 Kartellrechtliche Vorgaben folgen aus dem nationalen Recht, d. h. dem Gesetz gegen Wettbewerbsbeschränkungen (GWB), das durch die 7. GWB-Novelle umfassend geändert und an das EG-Kartellrecht angepasst wurde.[1295]

Sofern Verhaltensweisen geeignet sind, den zwischenstaatlichen Handel spürbar zu beeinträchtigen, fallen sie in den Anwendungsbereich des Art. 101 AEUV; das europäische Kartellrecht ist dann gem. § 22 GWB neben dem deutschen Kartellrecht anwendbar.[1296] Entsprechendes gilt gem. § 22 Abs. 3 GWB für den Missbrauch einer marktbeherrschenden Stellung und Art. 102 AEUV.[1297]

332 Besonderes Augenmerk verdient in diesem Zusammenhang die TT-GVO, die als Regelung gem. Art. 101 Abs. 3 AEUV die Freistellung von Lizenzregelungen vom Kartellverbot des Art. 101 Abs. 1 AEUV regelt und gem. § 2 Abs. 2 GWB für rein innerstaatliche Sachverhalte entsprechend anwendbar ist. Demnach kommt der TT-GVO bei der Bewertung von Open Source Lizenzen sowohl im nationalen Recht als auch im Gemeinschaftsrecht Bedeutung zu. Die TT-GVO ist auf Open Source Lizenzen anwendbar, sofern ein echter Technologietransfer erfolgt. Nach Art. 1 Abs. 1 lit. c) TT-GVO fällt eine Software-Lizenzvertrag dann unter den Begriff der Technologietransfer-Vereinbarung, wenn dem Lizenznehmer die Herstellung von „Vertragsprodukten", d. h. Produkten mit der lizenzierten Technologie, ermöglicht wird.[1298] Bei Open Source Lizenzen wird stets der Source Code zugänglich gemacht und die Weiterentwicklung des Ursprungsprogramms, der „Technologie", gestattet, so dass gute Argumente für die Annahme eines Technologietrans-

---

[1294] Zur Trennung der entsprechenden Vertragsverhältnisse s. o. Rn. 172 ff.

[1295] Dazu näher *Immenga/Mestmäcker*, Einleitung, Rn. 3 ff.

[1296] Entsprechend Art. 3 Abs. 1 S. 1 VO 1/2003 v. 16.12.2002, ABl. Nr. L 1 v. 4.1.2003, S. 1 ff.

[1297] Der Unterschied in dem Verhältnis zu Art. 101 AEUV und Art. 102 AEUV besteht darin, dass sich im Anwendungsbereich des Art. 101 AEUV das europäische Kartellrecht gegen das strengere und mildere deutsche Kartellrecht durchsetzt, vgl. Art. 3 Abs. 1 S. 2 VO 1/2003, während im Anwendungsbereich des Art. 102 AEUV das deutsche Kartellrecht strengere Vorschriften vorsehen kann, vgl. § 22 Abs. 3 S. 3 GWB und Art. 3 Abs. 2 S. 2 VO 1/2003.

[1298] S. hierzu auch die Leitlinien der Kommission zur Anwendung von Artikel 101 AEUV auf Technologietransfer-Vereinbarungen (TT-Leitlinien), ABl. Nr. C 89 v. 28.3.2014, S. 3 ff., Rn. 58 ff.

fers sprechen und insoweit auch die TT-GVO anwendbar ist.[1299] Im Hinblick auf die übrigen Anwendungsvoraussetzungen ergeben sich keine für Open Source Software spezifischen Fragen, so dass insoweit auf das kartellrechtliche Schrifttum verwiesen werden kann.[1300] Neben der TT-GVO können auch andere Gruppenfreistellungsverordnungen anwendbar sein.[1301]

II. Kartellrechtlich relevante Konstellationen

Während das Fusionskontrollrecht[1302] und das Missbrauchsverbot[1303] bislang keine speziellen Fragen bei dem Angebot und der Nutzung von Freier Software aufwerfen,[1304] könnten sich aus den Open Source Lizenzen wettbewerbsbeschränkende Abreden ergeben, die dem Kartellverbot des § 1 GWB bzw. Art. 101 Abs. 1 AEUV unterfallen. Allerdings ist bei dieser Prüfung zu berücksichtigen, dass Open Source Lizenzen nicht *per se* zu einem Kartellrechtsverstoß führen können, sondern nur in konkreten Einzelfällen, also innerhalb eines bestimmten Lizenzvertrages.[1305] So können nur Vereinbarungen von Unternehmen kartellrechtlich verboten sein, nicht aber Lizenzierungen im Privatbereich.[1306] In solchen Konstellationen können Open Source Lizenzen ohnehin keine Wettbewerbsbeschränkung enthalten.

333

[1299] Für die Anwendbarkeit der TT-GVO *Fromm/Nordemann-Czychowski,* Nach § 69c, Rn. 25 und insb. bei Embedded-Produkten und Entwicklungswerkzeugen *Välimäki,* ECLR 2006, 130, 132. Enger *Nordmeyer,* 1 JIPITEC 19, 22 (2010), der im Ergebnis jedoch für eine Freistellung gem. Art. 101 Abs. 3 AEUV plädiert. Allgemein zu der Frage, welche Arten von Software-Verträgen unter die TT-GVO fallen, vgl. *Klawitter,* Rn. 50 ff.; *Schumacher/Schmid,* GRUR 2006, 1, 4 f.; zu bloßen Vertriebslizenzen *Lejeune,* CR 2004, 467.

[1300] *Schultze/Pautke/Wagener,* S. 26 ff., 105 ff.; *Schumacher/Schmid,* GRUR 2006, 1 ff.; *Lejeune,* CR 2004, 467 ff.

[1301] Siehe hierzu im Einzelnen *Nordmeyer,* 1 JIPITEC 19, 23 (2010).

[1302] §§ 35–43 GWB und die Fusionskontrollverordnung 139/2004/EG v. 20.1. 2004, ABl. Nr. L 24 v. 29.1.2004, S. 1 ff.

[1303] §§ 19–21 GWB und Art. 102 AEUV; siehe hierzu nur *Välimäki,* ECLR 2006, 130, 133.

[1304] Zu den derzeit fehlenden Hinweisen auf einen Missbrauch von marktbeherrschenden Stellungen im Open Source Bereich vgl. *Schindler Bühler,* S. 60 ff.; *Spindler-Heath,* S. 275.

[1305] Insofern zu weit *Fromm/Nordemann-Czychowski,* Nach § 69c, Rn. 24.

[1306] Allerdings fällt jedwede Teilnahme am Wirtschaftsverkehr unter den sog. „funktionalen Unternehmensbegriff", auf eine Gewinnerzielungsabsicht kommt es dabei nicht an, *Mestmäcker/Schweitzer,* § 9 Rn. 1 ff. Nur private Handlungen, die keine nachhaltige Teilnahme auf dem Markt beinhalten, fallen nicht unter den Unternehmensbegriff. Dies dürfte für ein privat entwickeltes und im Internet unter einer Open Source Lizenz freigegebenes Programm gelten, wenn dabei nicht eine nachhaltige Betreuung eines Projekts o. ä. erfolgt.

Analysiert man die Lizenzklauseln in den einschlägigen Open Source Lizenzen, so lässt sich feststellen, dass die liberaleren Non-Copyleft-Lizenzen[1307] kartellrechtlich keine Probleme aufwerfen, da sie keine relevanten Beschränkungen für die weitere Nutzbarkeit der Software enthalten. Dagegen fragt sich bei Copyleft-Lizenzen, ob diese unzulässige Preisbindungs- und Rücklizenzierungsklauseln enthalten.

1. Lizenzgebührenfreiheit als unzulässige Preisbindung?

334 Verschiedentlich wurde darauf hingewiesen, dass Copyleft-Lizenzen eine Preisbindung vorsehen, wenn sie den Weitervertrieb bzw. den Vertrieb von Weiterentwicklungen davon abhängig machen, dass dieser lizenzgebührenfrei erfolgt.[1308] Preisbindungen gehören zu den typischen Wettbewerbsbehinderungen gem. Art. 101 Abs. 1 lit. a) AEUV. Liegt also eine – möglicherweise unzulässige – Preisbindung auf „Null" vor?

Ganz wesentlich ist es bei dieser Beurteilung, zwischen „lizenzgebührenfrei" und „kostenlos" zu unterscheiden:[1309] Die Pflicht zum lizenzgebührenfreien Vertrieb impliziert gerade keine Unentgeltlichkeit der angebotenen Waren und Dienstleistungen. Daher wäre es grundlegend verkehrt, wenn man aus dem Lizenzgebührenverbot eine Preisbindung ableiten würde. Open Source Lizenzen gestatten grundsätzlich den Vertrieb der Software zu einem beliebigen Preis,[1310] es ist lediglich die Möglichkeit ausgeschlossen, dem Nächsten in der Vertriebskette Lizenzzahlungen aufzuerlegen. Dies wird im Dreipersonenverhältnis deutlich: Der Lizenzgeber kann vom Lizenznehmer einen Preis beliebiger Höhe verlangen, nicht aber erzwingen, dass der Lizenznehmer an den Lizenzgeber für den Weitervertrieb neu erstellter Kopien an Dritte eine Gebühr bezahlt. Denn das Lizenzgebührenverbot verbietet ein Entgelt für die Einräumung von Nutzungsrechten, nicht aber für das Angebot von Dienstleistungen und Waren, insbesondere Softwarekopien. Damit bewirken Copyleft-Klauseln sogar das Gegenteil von kartellrechtswidrigen Preisbindungsklauseln: Die freie Preisgestaltung beim Weitervertrieb der Software wird gesichert, eine erhebliche Preisderegulierung ist die Folge.[1311] Man wird daher mit Fug und Recht sagen können, dass Copyleft-

[1307] S. o. Rn. 61.
[1308] So insb. *Koch*, CR 2000, 333, 343 f.; *Schindler Bühler*, S. 65 ff.; *Fromm/Nordemann-Czychowski*, Nach § 69c, Rn. 25; vgl. aber auch *Spindler-Heath*, S. 267, die letztlich – wenn auch mit abweichenden Begründungen – kein wettbewerbswidriges Handeln annehmen.
[1309] S. o. Rn. 3, 39 f.
[1310] So auch ausdrücklich die FSF, http://www.gnu.org/philosophy/selling.en.html.
[1311] So auch eingehend *Nordmeyer*, 1 JIPITEC 19, 24 (2010); vgl. auch *Välimäki*, ECLR 2006, 130, 132. Dagegen *Fromm/Nordemann-Czychowski*, Nach § 69c,

Klauseln kartellrechtswidriges Verhalten der Marktteilnehmer bei der Preisgestaltung verhindern. Daher ist es auch nicht verwunderlich, dass die US-Kartellbehörde und das Bundeskanzleramt die CPTN-Verträge von einer GPL-Lizenzierung abhängig gemacht haben.[1312]

2. Pflicht zur Freigabe von abgeleiteten Werken als unzulässige Rücklizenzierung?

Nach Art. 5 TT-GVO sind gewisse Formen der Rücklizenzierung von **335** der Freistellung ausgenommen. Mit Rücklizenzierung ist die Verpflichtung des Lizenznehmers gemeint, dem Lizenzgeber an eigenen Verbesserungen der lizenzierten Technologie Rechte einzuräumen. Copyleft-Lizenzen enthalten in der Tat eine Rücklizenzierungsklausel, die verpflichtend vorsieht, dass von dem Ursprungswerk abgeleitete Programme unter den Bedingungen der Ursprungslizenz an jedermann lizenziert werden müssen, also auch an den ursprünglichen Lizenzgeber.[1313] Art. 5 Abs. 1 lit. a) TT-GVO nimmt allerdings nur solche Rücklizenzierungen von der Freistellung aus, die verlangen, dass der Lizenznehmer dem Lizenzgeber eine exklusive Rücklizenz an eigenen abtrennbaren Verbesserungen oder eigenen neuen Anwendungen einräumt oder solche Verbesserungen oder Anwendungen rücküberträgt.[1314] Mit dieser Regelung sollen Innovationsanreize für den Lizenznehmer bewahrt werden, die verloren gehen könnten, wenn dieser die Eigenentwicklungen selbst nicht mehr verwerten kann, weil er die entsprechenden Rechte an den Lizenzgeber zurücklizenzieren muss.[1315]

Eben diese Konstellation liegt bei Open Source Lizenzen nicht vor. Da nur ein einfaches Nutzungsrecht an den Lizenzgeber bzw. Dritte rücklizenziert werden muss, kann der Lizenznehmer seine Weiterentwicklungen sehr wohl selbst verwerten.[1316] Einfache Rücklizenzen fallen dementsprechend auch ausdrücklich unter die Gruppenfreistellung der TT-GVO.[1317] Zudem handelt es sich nur dann um eine nicht freigestellte Be-

---

Rn. 25, der übersieht, dass sich das Preisbindungsverbot der TT-GVO auf die „Produkte" bezieht.

[1312] Siehe *ifrOSS*, Nachricht der Woche vom 3.5.2011, http://www.ifross.org/artikel/cptn-gpl-lizenzierung-voraussetzung-fuer-kartellrechtliche-freigabe.

[1313] S. o. Rn. 45 ff.

[1314] Mit der „Rückübertragung" ist eine Vollrechtsübertragung gemeint, die im Urheberrecht gem. § 29 UrhG ohnehin nicht möglich ist.

[1315] TT-Leitlinien, Rn. 131.

[1316] So auch *Determann*, GRUR Int. 2006, 645, 651.

[1317] So die TT-Leitlinien, Rn. 131; siehe auch *Välimäki*, ECLR 2006, 130, 133; anders offenbar *Fromm/Nordemann-Czychowski*, Nach § 69c, Rn. 24, mit Hinweis auf den Erschöpfungsgrundsatz; diese Argumentation ist kaum nachzuvollziehen, weil sich der Erschöpfungsgrundsatz nur auf den Vertrieb von bereits in den Verkehr

schränkung im Sinne von Art. 5 Abs. 1 lit. a) TT-GVO, wenn die Rücklizenzierung „eigene abtrennbare Verbesserungen der lizenzierten Technologie" betrifft, welche typischerweise von Copyleft-Klauseln gerade
nicht umfasst sind.[1318] Jenseits des Anwendungsbereichs der TT-GVO
kommt eine Freistellung gem. Art. 101 Abs. 2 AEUV in Betracht.[1319] Wie
die Entwicklung von Programmen wie dem Linux-Kernel augenschein-
lich machen, schaffen Copyleft-Lizenzen durch das Modell der kooperativen Werkentwicklung besondere Innovationsanreize und unterstützen
durch die Förderung des Technologietransfers den Leistungswettbewerb.

B. Lauterkeitsrecht I: Konkurrentenklagen wegen Lizenzverletzungen

336   Es ist bekannt, dass Lizenzverletzungen grundsätzlich nur das Verhältnis
von Lizenzgeber und Lizenznehmer betreffen und auch nur in diesem
Verhältnis schuldrechtliche oder immaterialgüterrechtliche Ansprüche
geltend gemacht werden können.[1320] Dennoch drängt sich die Frage auf,
ob Konkurrenten eines Mitbewerbers, der Freie Software lizenzwidrig
vertreibt, gegen diesen Mitbewerber wettbewerbsrechtlich vorgehen
können.[1321] Dies gilt insbesondere für den praktisch relevanten Fall von
Verstößen gegen Copyleft-Lizenzen,[1322] wenn unter der GPL lizenzierte
Programme vertrieben werden, ohne dass dies kenntlich gemacht und
der Lizenztext oder der Source Code angeboten wird. Die nachfolgende
Darstellung bezieht sich allein auf diese Form von Lizenzverletzungen.

I. Geschäftliche Handlung

337   Die lizenzwidrige Nutzung von Copyleft-Programmen stellt eine geschäftliche Handlung im Sinne des § 2 Abs. 1 Nr. 1 UWG dar. Der
Lizenzverletzer fördert den Absatz seiner Waren oder Dienstleistungen

---

gelangter Programmkopien bezieht, nicht aber auf vom Lizenznehmer modifizierte
Programmversionen.
[1318] *Nordmeyer*, 1 JIPITEC 19, 26 (2010); *Välimäki*, ECLR 2006, 130, 133.
[1319] Hierzu *Nordmeyer*, 1 JIPITEC 19, 26 f. (2010).
[1320] Vgl. zum Vorrang des Sonderrechtsschutzes BGH, GRUR 1992, 697, 699 –
ALF und BGH, GRUR 1999, 325, 326 – *Elektronische Pressearchive* m.w.N.; Vertragsverletzungen werden im Regelfall nicht als Wettbewerbshandlung angesehen,
BGH, GRUR 2002, 1093, 1094 – *Kontostandsauskunft*.
[1321] So auch *Spindler-Spindler*, S. 128 ff., der diese Frage letztlich offen lässt; deutlicher für wettbewerbsrechtliche Ansprüche *Spindler* in: *Büllesbach/Dreier*, S. 115,
128 ff.
[1322] S. o. Rn. 152 ff.

dadurch, dass er sich einen Vorteil vor seinen Konkurrenten verschafft, die ebenfalls Copyleft-Software einsetzen, dabei aber die Lizenzbedingungen erfüllen, insbesondere den Source Code der Software zugänglich machen und die Nutzung von Weiterentwicklungen ermöglichen. Der Nutzer kann auf diese Weise Neuerungen und Verbesserungen aller anderen beitragenden Entwickler und Unternehmen lizenzgebührenfrei nutzen, ohne diesen oder Dritten selbst eigene Änderungen zur Verfügung zu stellen. Dadurch wird bei den Mitbewerbern ein höherer Entwicklungsaufwand erforderlich als bei einer GPL-konformen Nutzung, um die gleiche Qualität anbieten zu können, da ihnen die Verwendung der Beiträge des Lizenzverletzers verwehrt wird. Dies gilt entsprechend auch im Verhältnis zu den Wettbewerbern, die proprietäre Software verwenden und dafür Lizenzgebühren zahlen, um eben Weiterentwicklungen nicht öffentlich zugänglich machen zu müssen.[1323]

Dem steht auch nicht entgegen, dass im Verhältnis zu den Lizenzgebern **338** der Open Source Software zugleich eine Vertrags- sowie eine Urheberrechtsverletzung begangen werden. Denn auch eine Vertragsverletzung kann zugleich eine geschäftliche Handlung sein, wenn sich dabei unmittelbare Auswirkungen auf den Wettbewerb ergeben.[1324] Eine solche Situation ist gegeben, wenn die Vertragsverletzung zugleich einen Bezug auf die Mitbewerber hat, weil sie diese in einem entsprechenden vertragswidrigen Verhalten bestärken kann oder diese veranlasst, ebenso zu verfahren. Wer Open Source Software vertreibt und dabei lizenzwidrig den entsprechenden Source Code zurückhält und Weiterentwicklungen nicht freigibt, beeinträchtigt das Gesamtsystem „Open Source Software", das unter der Geltung von Copyleft-Lizenzen darauf beruht, dass jedermann in den Genuss kommt, weiterentwickelte GPL-Programme einzusetzen und auf diesen Weiterentwicklungen aufzubauen. Denn dann ist es Wettbewerbern, die ebenfalls Freie Software verwenden – etwa das Betriebssystem GNU/Linux – verwehrt, zu untersuchen, mit welchen Änderungen diese Programme verwendet werden. Dies führt zu der naheliegenden Gefahr, dass Konkurrenten ebenfalls versuchen werden, die Art der Verwendung von GPL-Programmen geheim zu halten, um nicht im Wettbewerb zurückzufallen.

II. Unlauterkeit

Im Regelfall obliegt es alleine dem Rechtsinhaber, Verletzungen von Ur- **339** heberrechten geltend zu machen. Wettbewerbsrechtliche Ansprüche

---

[1323] Ebenso *Spindler* in: *Büllesbach/Dreier,* S. 115, 128 f.
[1324] Vgl. BGH, GRUR 2002, 1093 f. – *Kontostandsauskunft* und *Köhler/Bornkamm-Köhler,* § 4, Rn. 10.36 f. und § 2, Rn. 72 m. w. N.

bestehen nicht schon dann, wenn die Verletzung geeignet ist, den Wettbewerb zu beeinflussen.[1325] Etwas Anderes gilt nur für den Fall, dass *„besondere, außerhalb der Sonderschutztatbestände des Urheberrechtsgesetzes liegende Umstände hinzutreten, welche die beanstandete Handlung als unlauter erscheinen lassen".*[1326]

Solche besonderen Unlauterkeitsumstände könnten sich zunächst daraus ergeben, dass Mitbewerber gem. § 4 Nr. 4 UWG gezielt behindert werden. Eine solche Behinderung kann darin liegen, dass den Mitbewerbern Weiterentwicklungen einer Freien Software vorenthalten werden. Da die Behinderung im Anwendungsbereich des § 4 Nr. 4 UWG primär auf die Störung der fremden wettbewerblichen Entfaltung gerichtet sein muss und nicht in erster Linie der eigenen wettbewerblichen Entfaltung dienen darf,[1327] wird es jedoch oftmals an einem zielgerichteten Vorgehen mangeln oder ein solches nicht nachweisbar sein.

340   Allerdings liegt bei der Verletzung einer Copyleft-Lizenz regelmäßig eine allgemeine Marktstörung gem. § 3 Abs. 1 UWG vor. Diese Fallgruppe ist weiterhin neben der gezielten Behinderung nach § 4 Nr. 4 UWG anwendbar.[1328] Das besondere Unlauterkeitselement liegt hier darin begründet, dass durch das Handeln des Verletzers die Softwareentwicklung innerhalb des durch die Open Source Lizenz implementierten Systems grundsätzlich in Frage gestellt wird.[1329] Denn ohne den Hinweis auf die Lizenzierung unter der Copyleft-Lizenz und ohne die Beifügung des Lizenztextes können potenzielle Interessenten, insbesondere auch Wettbewerber, keine Kenntnis von der Nutzung der Software erhalten und auch nicht einen entsprechenden Lizenzvertrag abschließen. Gerade das Element der kooperativen Werkerstellung ist zwingend darauf angewiesen, dass die Nutzer der Software selbst die Lizenzbedingungen einhalten und die Verwendung von Weiterentwicklungen ermöglichen. Somit erlangen die Verletzer gegenüber den Konkurrenten, die die Lizenzbedingungen der Open Source Lizenz einhalten und ihre Weiterentwicklungen jedermann zugänglich machen, einen Wettbewerbsvorsprung. Gerade die Nutzung von Copyleft-Software erfolgt im Rahmen eines geschlossenen Entwicklungssystems, weil Weiterentwicklungen nur unter der Ursprungslizenz vertrieben werden dürfen, und ist somit einem Vertriebsbindungssystem vergleichbar.[1330] Innerhalb dieses Systems sind Konkurrenten auch wettbewerbsrechtlich vor Lizenzverletzungen geschützt.

[1325] BGH, GRUR 1999, 325, 326 – *Elektronische Pressearchive*.
[1326] BGH, GRUR 1999, 325, 326 – *Elektronische Pressearchive*.
[1327] *Köhler/Bornkamm-Köhler*, § 4, Rn. 10.7 f.
[1328] *Köhler/Bornkamm-Köhler*, § 4, Rn. 12.1.
[1329] *Spindler-Spindler*, S. 133.
[1330] Nach der Rspr. des BGH liegt ein wettbewerbswidriges Handeln vor, wenn sich ein vertragsgebundener Händler in einem Vertriebssystem nicht an seine Vertrags-

Aber auch im Verhältnis zu den Wettbewerbern, die ihre Software proprietär entwickeln oder einkaufen müssen, verschafft sich der Verletzer durch die lizenzwidrige Nutzung einen unlauteren Vorteil, indem er sich an freiem Code „bedient", ohne die entsprechenden Verpflichtungen einzuhalten.

Die für einen Verstoß gegen § 3 Abs. 2 UWG erforderliche Spürbar-   **341** keit ergibt sich bei der Verletzung von Copyleft-Lizenzen schon aus der erhöhten Gefahr von Nachahmungen und der Beeinträchtigung des gesamten Entwicklungssystems, das darauf beruht, dass Weiterentwicklungen wiederum jedermann lizenzgebührenfrei zur Verfügung gestellt werden.[1331]

Neben dem Verstoß gegen § 3 UWG liegt – insbesondere beim GPL-   **342** widrigen Vertrieb von Embedded-Systemen, die Linux in ihrer Firmware enthalten – ein Wettbewerbsverstoß gem. § 5a UWG vor und zwar in der Form des Verschweigens einer nachteiligen Eigenschaft. Eine Pflicht zum Hinweis auf nachteilige Eigenschaften besteht, sofern sie nicht schon aus Gesetz, Vertrag oder vorangegangenem Tun begründet ist, im Wettbewerb nicht schlechthin.[1332] Den Werbenden trifft jedoch dann eine Aufklärungspflicht, wenn die angesprochenen Verkehrskreise bei einem Unterbleiben eines Hinweises in einem wesentlichen Punkt getäuscht werden, der den Kaufentschluss beeinflussen kann.[1333] Dieser wesentliche Punkt liegt beim lizenzwidrigen Vertrieb darin begründet, dass die Abnehmer die entsprechenden Geräte nicht weiterveräußern dürfen und ohne entsprechenden Hinweis von dem GPL-Verletzer über den Umfang ihrer Nutzungsbefugnis getäuscht werden. Denn der GPL-widrige Vertrieb der Geräte mit der Software erfolgt nicht mit Zustimmung der Rechtsinhaber, so dass urheberrechtlich auch keine Erschöpfung des Verbreitungsrechts gem. § 69c Nr. 3 S. 2 UrhG eintritt.[1334] Damit ist es den Abnehmern zwar gestattet, die Geräte mit der Software zu benutzen – nach Ziffer 0 GPL-2.0 bestehen keine Lizenzpflichten für das bloße Ablaufenlassen der Software –,[1335] aber ein Weiterverkauf oder sonstige Weiterverbreitung ist

---

pflichten hält und sich damit gegenüber den vertragstreuen Konkurrenten einen Wettbewerbsvorsprung verschafft, BGH, GRUR 1976, 427 – *Einfirmenvertreter;* dazu auch *Spindler* in: *Büllesbach/Dreier,* S. 115, 131.

[1331] Zur Nachahmungsgefahr und dem Aspekt der Zahl der Betroffenen vgl. die Begr. RegE, BT-Drs. 15/1487, S. 17.

[1332] BGH, GRUR 2000, 76, 77 – *Shareware-Version.*

[1333] BGH, GRUR 1999, 757, 758 – *Auslaufmodelle I;* BGH, GRUR 2000, 76, 77 – *Shareware-Version.* Seit der UWG-Novelle 2008 ist diese Fallgruppe in § 5a UWG ausdrücklich geregelt. Im Anwendungsbereich des § 5a Abs. 1 UWG kann weiterhin auf die Grundsätze der vorbestehenden Rechtsprechung zurückgegriffen werden, vgl. *Köhler/Bornkamm-Bornkamm,* § 5a, Rn. 8.

[1334] Dazu ausführlich oben Rn. 272.

[1335] S. o. Rn. 27.

nicht gestattet und würde eine Urheberrechtsverletzung darstellen. Eine Befugnis zur Weiterveräußerung kann sich auch nicht aus der GPL oder einer entsprechenden Copyleft-Lizenz ergeben, da der Abnehmer mangels Weitergabe des Lizenztextes und Hinweises auf die GPL nicht Lizenznehmer der GPL werden kann. Die freie Weiterveräußerbarkeit von Waren ist stets von erheblicher Bedeutung für den Vertragsschluss, so dass der fehlende Hinweis in der Werbung für die Geräte als irreführend und damit wettbewerbswidrig anzusehen ist.

Der lizenzwidrige Vertrieb führt also nicht nur zu Ansprüchen der Urheber und anderer Rechtsinhaber,[1336] sondern auch zu wettbewerbsrechtlichen Abwehransprüchen der Konkurrenten gem. § 8 UWG.

C. Lauterkeitsrecht II: Verbreitung Freier Software durch Behörden

343 Besonderheiten ergeben sich, wenn Behörden Freie Software öffentlich verbreiten oder zugänglich machen. Die Verbreitung Freier Software durch die öffentliche Hand kann gegen §§ 3 ff. UWG verstoßen. Dem liegt folgendes Prinzip zugrunde: Wenn sich die öffentliche Hand wirtschaftlich wie ein Privater betätigt, so darf sie sich nicht derjenigen Machtmittel bedienen, die sich aus ihrer öffentlich-rechtlichen Sonderstellung ergeben. Die Kapitalkraft der öffentlichen Hand sowie ihre Vertrauensstellung legen der Verwaltung besondere Verhaltenspflichten im Wettbewerb auf.

Voraussetzung für einen Verstoß gegen die Vorschriften des UWG ist allerdings zunächst, dass entsprechende Handlungen von Behörden als „geschäftliche Handlungen" im Sinne von § 2 Abs. 1 Nr. 1 UWG eingeordnet werden können. Entscheidend hierfür ist, ob die Behörde das Ziel verfolgt, in den Wettbewerb einzugreifen.[1337] Für die Bejahung einer entsprechenden Wettbewerbsabsicht genügt es, wenn die Verwaltungsstelle unter Hinweis auf die besonderen Qualitäten eines Programms eine besonders weite Verbreitung intendiert; Gewinnerzielungsabsicht ist dagegen nicht erforderlich.[1338] Bei Zugrundelegung dieses Maßstabs wird die Beteiligung der öffentlichen Hand an der Verbreitung Freier Software oftmals unter den Begriff der „geschäftlichen Handlung" fallen.

Zu unterscheiden sind drei besonders relevante Fallgruppen von Wettbewerbsverstößen, bei denen insbesondere konkurrierende Soft-

---

[1336] S. o. Rn. 155 ff.
[1337] *Köhler/Bornkamm-Köhler*, § 4, Rn. 13.17 ff.
[1338] BGH, GRUR 1982, 425, 430 – *Brillen-Selbstabgabestelle*.

wareunternehmen auf Unterlassung gem. § 8 UWG und Schadensersatz gem. § 9 UWG klagen können.

I. Fallgruppe 1: Autoritäts- und Vertrauensmissbrauch

Wenn die öffentliche Hand ihre Autorität und das ihr entgegengebrachte   **344** besondere Vertrauen der Bürger dazu nutzt, von ihr angebotene Waren oder Dienstleistungen im Markt zu platzieren, so kann hierin ein Verstoß gegen § 4a UWG liegen.[1339] Man stelle sich beispielhaft die folgende Konstellation vor: Eine vom Bundesdatenschutzbeauftragten in Auftrag gegebene Fortentwicklung einer freien Verschlüsselungssoftware für E-Mails wird auf seiner Website als besonders sicher und vom Bundesdatenschutzbeauftragten zertifiziert zum Download angeboten. In Fallgestaltungen dieser Art wird seitens der Behörden darauf zu achten sein, dass ein Angebot zum Download entsprechend zurückhaltend formuliert ist, um Wettbewerbsverstöße zu vermeiden. Beschreibungen der angebotenen Programme müssen neutral und objektiv sein und sich auf sachliche Informationen beschränken. Beispielhaft sei das *„Open Source Observatory"* (OSOR) der Europäischen Kommission genannt. Die Präsentation der Projekte erfolgt hier so zurückhaltend, dass ein Wettbewerbsverstoß aus dem Gesichtspunkt des Autoritäts- und Vertrauensmissbrauchs verneint werden kann.[1340]

II. Fallgruppe 2: Wettbewerbsgefährdung

Ein Verstoß gegen § 3 Abs. 1 UWG kann sich dann ergeben, wenn zu   **345** befürchten ist, dass sich die Angebote der öffentlichen Hand zu einer ernstlichen Gefahr für den Bestand des Wettbewerbs auswachsen.[1341] Einen solchen „unlauteren Verdrängungswettbewerb" hat der BGH in der Entscheidung *„Abrechnungssoftware für Zahnärzte"* untersagt.[1342] In dem der Entscheidung zugrunde liegenden Sachverhalt hatte eine kassenärztliche Vereinigung ihren Mitgliedern Abrechnungssoftware eines bestimmten Herstellers kostenlos zur Verfügung gestellt.

Ähnliche Konstellationen sind auch für die Entwicklung und Verbreitung von Freier Software durch die öffentliche Hand denkbar. Würden etwa die Steuerbehörden ein Open Source Anwendungsprogramm, welches die Abgabe der Einkommensteuererklärung erleichtert, von hauseigenen oder externen Informatikern für den flächendeckenden Einsatz

---

[1339] Vgl. *Köhler/Bornkamm-Köhler*, § 4, Rn. 13.49 ff. und 13.57 m. w. N.
[1340] Vgl. http://www.osor.eu.
[1341] Vgl. *Köhler/Bornkamm-Köhler*, § 4, Rn. 13.46.
[1342] BGH, GRUR 1993, 917 – *Abrechnungssoftware für Zahnärzte*.

„fit machen" lassen und würde das Projekt so erfolgreich laufen, dass die bisherigen Anbieter entsprechender proprietärer Programme ihre Marktanteile einbüßen, so wäre man im Bereich einer unlauteren Marktverdrängung. Das Wettbewerbsrecht ist wohlgemerkt erst dann tangiert, wenn eine ernstliche Gefahr für den Bestand des Wettbewerbs auf einem spezifischen Markt besteht. Solange das Angebot der öffentlichen Hand mit marktstarken Konkurrenzprodukten im Wettbewerb steht, besteht diese Gefahr nicht und ergeben sich keine besonderen Pflichten für Behörden. Nur wenn eine Gefährdung des Wettbewerbs zu befürchten ist, müssen Behörden darauf achten, dass nicht durch den intensiven Einsatz öffentlicher Mittel weniger finanzstarke Mitbewerber aus dem Markt gedrängt werden. Dies dürfte allerdings nur in Ausnahmekonstellationen der Fall sein.

Eine weitere problematische Konstellation entsteht, wenn die öffentliche Hand den Bürgern im Rahmen von E-Government-Angeboten Software kostenlos zur Verfügung stellt und diese nur für ein Betriebssystem funktionsfähig ist. Dies gilt insbesondere dann, wenn Bürger oder Unternehmen zwingend auf das E-Government-Angebot angewiesen sind.[1343] Denn Anwendungen, die nur für ein Betriebssystem – sei es die Freie Software GNU/Linux oder eines der proprietären Programme Windows oder Mac OS X – ablauffähig sind, können so die Attraktivität dieses Betriebssystems erhöhen, dass eine wettbewerbswidrige Marktstörung entsteht.[1344] Die öffentliche Hand wird daher verstärkt darauf zu achten haben, dass E-Government-Angebote über beliebige Webbrowser oder plattformunabhängige Anwendungsprogramme genutzt werden können.

III. Fallgruppe 3: Gesetzesverletzung

346 Eine dritte Fallgruppe schließlich betrifft Gesetzesverletzungen durch Behörden bei der Verbreitung Freier Software. Verletzt die Behörde bei der Verbreitung von Freier Software Vorschriften des Verwaltungsrechts, so kommen privatrechtliche Unterlassungsansprüche der betroffenen Wettbewerber aus §§ 8, 3, 3a UWG in Betracht, sofern die in Frage stehende Norm jedenfalls auch dazu bestimmt ist, im Interesse der Marktteilnehmer das Marktverfahren zu regeln. Dagegen führt die Verletzung bloßer Marktzutrittsregeln, welche der öffentlichen Hand den Marktzutritt untersagen oder eine entsprechende Betätigung von Bedin-

---

[1343] So z. B. bei der Verpflichtung zur elektronischen Umsatzsteuervoranmeldung gem. § 18 Abs. 1 S. 1 UStG.
[1344] Auch hier wird eine Gefährdung des Wettbewerbsbestandes erforderlich sein; zu den Voraussetzungen vgl. *Köhler/Bornkamm-Köhler*, § 4, Rn. 13.35.

gungen abhängig machen, um die Privatwirtschaft von einem übermäßigen Wettbewerb durch die öffentliche Hand zu schützen (vgl. Art. 87 BayGO, § 102 BWGO, § 107 NRWGO, § 71 ThürGO, Art. 85 RhPfGO), nicht zu Ansprüchen aus dem Gesichtspunkt des unlauteren Wettbewerbs.[1345] Gleiches gilt für Verstöße gegen das Haushaltsrecht oder Zuständigkeitsvorschriften.[1346] Insoweit bleibt es bei den verwaltungsgerichtlichen Rechtschutzmöglichkeiten.[1347]

D. Vergaberecht

Die Beschaffung von Open Source Software und begleitender Dienstleistungen durch die öffentliche Hand hat unter Beachtung der Prinzipien des Vergaberechts zu erfolgen.[1348] Die Beschaffung muss nach Maßgabe des Wettbewerbsprinzips erfolgen, vgl. § 97 Abs. 1 GWB. Hierbei sind alle Bewerber gleich zu behandeln („Gleichbehandlungsgrundsatz", vgl. § 97 Abs. 2 GWB). Vergabefremde Kriterien, die nicht an die Wirtschaftlichkeit des Angebots oder die Fachkunde, Leistungsfähigkeit und Zuverlässigkeit des Bewerbers anknüpfen, dürfen nicht berücksichtigt werden (vgl. § 97 Abs. 4 GWB). Überschreitet der Beschaffungsauftrag die Schwellenwerte der Vergabeverordnung,[1349] so besteht für die übergangenen Bieter die Möglichkeit, eine Nachprüfung der Vergabe durch die Vergabekammern gem. §§ 102 ff. GWB zu beantragen.[1350] Dies kann

347

[1345] Siehe hierzu *Fezer-Götting*, § 4-11, Rn. 67; vgl. aus der Zeit vor der UWG-Reform bereits in diesem Sinne und in Abkehr von der alten Rspr. BGH, GRUR 2002, 825 – *Elektroarbeiten*.

[1346] *Köhler/Bornkamm-Köhler*, § 4, Rn. 13.71 ff.

[1347] Die Zulässigkeit verwaltungsgerichtlichen Rechtsschutzes bei Verletzung kommunalrechtlicher Betätigungsverbote gehört zu den umstrittensten Fragen des Kommunalrechts und kann nicht einheitlich für alle Länder zu beantworten, sondern hängt von der Ausgestaltung der jeweils geltenden Vorschriften ab. Problematisch ist insbesondere die Klagebefugnis gem. § 42 Abs. 2 VwGO und hier die Frage, ob die Normen des kommunalen Wirtschaftsrechts drittschützenden Charakter haben. In der Tendenz wird der Drittschutz von immer mehr Verwaltungsgerichten bejaht, siehe bspw. VerfGH RH.-Pf., DVBl. 2000, 992 ff., 995; OVG NW, DVBl. 2004, 133 ff.

[1348] Vgl. zum Folgenden *Demmel/Herten-Koch*, NZBau 2004, 187; *Spindler-Heckmann*, S. 281 ff.; *ders.*, CR 2004, 401; *N. Müller/Gerlach*, CR 2005, 87; siehe auch den Beitrag von *Martens*, KommJur 2007, 94 ff., in dem u. a. die Ergebnisse einer Befragung von Behörden zum Einsatz von Open Source Software präsentiert werden.

[1349] Der Schwellenwert beträgt gem. § 2 Vergabeverordnung und der Verordnung 1336/2013/EU der Kommission, ABl. L 335 v. 14.12.2013, S. 17 für IT-Aufträge der obersten und oberen Bundesbehörden und vergleichbarer Bundeseinrichtungen seit dem 1.1.2014: 134.000 EUR, für alle anderen IT-Aufträge: 207.000 EUR.

[1350] Unterhalb der Schwellenwerte des GWB sind bisher praktisch zumeist nur Schadensersatzansprüche gegen die Vergabestelle denkbar, welche aber im Hinblick auf die Bezifferung des konkreten Schadens problematisch sind, vgl. nur *Drügemöller*,

zu einer Verzögerung der Beschaffung führen und birgt das Risiko zusätzlicher Kosten für das Verfahren vor der Vergabekammer und die ggf. erforderliche erneute Ausschreibung, falls die Behörde die Vergaberechtsprinzipien missachtet hat.

I. Neutrale Ausschreibung

348 Aus dem Wettbewerbsprinzip und dem Gleichbehandlungsgrundsatz ergibt sich als erste Anforderung an eine vergaberechtskonforme Beschaffung, dass in der Ausschreibung die geforderten Leistungen neutral beschrieben werden müssen. Die Anforderungen an eine neutrale Leistungsbeschreibung sind in § 7 VOL/A[1351] näher bestimmt. Gem. § 7 Nr. 3 Abs. 3 VOL/A ist es nur gestattet, bestimmte Erzeugnisse oder Verfahren vorzuschreiben, wenn *„dies durch die Art der zu vergebenden Leistung gerechtfertigt ist"* und außerdem der Hinweis *„oder gleichwertiger Art"* aufgenommen wird. Abs. 4 präzisiert, dass konkrete Produkte auch ohne den Hinweis „oder gleichwertiger Art" benannt werden dürfen, *„wenn die Auftraggeber Erzeugnisse oder Verfahren mit unterschiedlichen Merkmalen zu bereits bei ihnen vorhandenen Erzeugnissen oder Verfahren beschaffen müssten und dies mit unverhältnismäßig hohem finanziellen Aufwand oder unverhältnismäßigen Schwierigkeiten bei Integration, Gebrauch, Betrieb oder Wartung verbunden wäre."* Die Ausnahmeregel ist aber eng auszulegen[1352] und darf nicht in dem Sinne verstanden werden, dass die unzureichende Verwendung offener Standards bzw. die fehlende Kompatibilität der vorhandenen IT-Infrastruktur den anderen Angeboten zum Nachteil gereicht.

In der Literatur wird hieraus zum Teil gefolgert, dass eine Ausschreibung für IT-Aufträge nicht von vornherein auf Open Source Software bzw. „quelloffene Software" oder bestimmte Lizenzmodelle beschränkt erfolgen darf.[1353] Ein solcher Ansatz erscheint jedoch als zu wenig differenziert.

S. 284 ff. Nach der jüngsten Rspr. des BVerwG besteht insoweit kein verwaltungsgerichtlicher Rechtsschutz, BVerwG, NZBau 2007, 389 ff. – *Straßenbeleuchtung.* Die grundsätzlich eröffnete Möglichkeit, vor den ordentlichen Gerichten einstweiligen Rechtsschutz zu erlangen, dürfte vielfach an den Anforderungen an die Darlegung und den Nachweis der Tatbestandsvoraussetzungen der in Betracht kommenden Anspruchsgrundlagen im Rahmen der Begründetheit scheitern, siehe hierzu *Loewenheim/Meessen/Riesenkampff-Heuvels*, § 102 GWB, Rn. 22–28 m. w. N.

[1351] Vergabe- und Vertragsordnung für Leistungen v. 20.11.2009, Teil A, Bundesanzeiger v. 29.12.2009, Nr. 196a.

[1352] *Kulartz/Marx/Portz/Prieß-Prieß*, Kommentar zur VOL/A, § 7, Rn. 108.

[1353] So insb. *Heckmann*, CR 2004, 401, 404 ff.; *N. Müller/Gerlach*, CR 2005, 87, 90 f.; anders *Demmel/Herten-Koch*, NZBau 2004, 187, 188.

Natürlich gibt es Fälle, in denen keine sachlichen Gründe für die Forderung nach einer Offenlegung des Quelltexts oder bestimmten Lizenzbedingungen gegeben sind. Sofern auch proprietäre Produkte funktional
den Bedarf decken können, ist eine Ausschreibung so zu gestalten, dass
sowohl Open Source Programme als auch herkömmlich lizenzierte Angebote möglich sind. Die Entscheidung für die Beschaffung von Open
Source Software darf dann nicht bereits vor der Ausschreibung gefallen
sein. Wird hier gleichwohl „Open Source Software" oder Ähnliches
gefordert, so verhindert dies einen fairen Wettbewerb, weil die proprietären Produkte von vorneherein ausgeschlossen werden.

Eine entsprechende Funktionsäquivalenz kann aber nicht als Regelfall **349**
unterstellt werden.[1354] Sofern eine Behörde sachlich begründen kann,
warum die anzuschaffende Software einzelne oder alle Merkmale von
Open Source Software aufweisen soll, erscheint eine entsprechende Leistungsbeschreibung als vergaberechtskonform. Freilich sollte auch in
diesem Fall darauf geachtet werden, dass die Anforderungen entsprechend abstrakt formuliert werden, um auch proprietären Anbietern
jedenfalls soweit wie möglich die Teilnahme an der Ausschreibung zu
ermöglichen. So kann sich beispielsweise das Erfordernis offener Quellcodes als zulässig erweisen, wenn aus der Sicht der Behörde ein erhöhtes
Maß an Sicherheit gegen „backdoors", Virenattacken und Ähnliches für
die Erfüllung der öffentlichen Aufgabe erforderlich ist; eine entsprechende Anforderung schließt proprietär agierende Bieter nicht von
vornherein aus, sofern diese im Einzelfall bereit sind, Einblick in die
Quelltexte zu gewähren.[1355] Auch können Leistungsbeschreibungen,
welche die typischen Merkmale von Open Source Lizenzen als Leis-
tungsanforderungen beinhalten, mit dem Vergaberecht vereinbar sein,
wenn diese neutral den Umfang der gewünschten Nutzungsrechte beschreiben und erkennen lassen, wofür die Behörde diese Rechte einsetzen möchte. Es kann sachlich gerechtfertigt sein, wenn eine Behörde die
entsprechenden Nutzungsrechte erwerben möchte, um ein Programm
von den eigenen Mitarbeitern oder von Dritter Seite weiter entwickeln
oder anpassen zu lassen. Als ebenso legitim kann sich die Anforderung
darstellen, ein Programm bei Bedarf zu möglichst kostengünstigen Kon-
ditionen an weiteren Arbeitsplätzen oder in anderen Behörden einsetzen
zu können. Es liegt auf der Hand, dass für die Zulässigkeit entsprechen-

---

[1354] So aber *Heckmann*, CR 2004, 401, 407 *(„widerspricht im Regelfall dem Gebot
einer neutralen Leistungsbeschreibung")*.
[1355] Dass dies proprietären Anbietern eine realistische Chance eröffnet, zeigt das
„Shared Source"-Programm von Microsoft, welches bestimmten Lizenznehmern
Einblick in die Quelltexte der Microsoft-Programme gewährt. Siehe hierzu oben
Rn. 11.

der Anforderungen ein tatsächliches, konkretes Bedürfnis der Behörde erforderlich ist. Es ist also keineswegs so, dass die Vorzüge der Open Source Lizenzen bei der Leistungsbeschreibung stets außer Betracht zu bleiben haben, weil andernfalls ein fairer Wettbewerb zwischen den beiden Vertriebsmodellen ausgeschlossen wäre.

350   Weitere Fragen betreffen den Zuschnitt der Ausschreibung und insbesondere die Frage, ob Softwareüberlassung und Support stets gemeinsam auszuschreiben sind oder auch getrennt beschafft werden können. Zum Teil wird in der Aufspaltung der beiden Leistungen ein Verstoß gegen das Gebot der neutralen Ausschreibung gesehen, weil die Vergabestelle durch die Aufspaltung der einzelnen Bestandteile die eigentliche Wirtschaftlichkeitsentscheidung umgehe.[1356] Dies sei insbesondere dann der Fall, wenn die Lieferung von Open Source als kostenlos eingeordnet wird, was unter Umständen sogar zur Folge hätte, dass die Leistung überhaupt nicht ausgeschrieben werden müsste,[1357] während der kostenpflichtige Support ausgeschrieben wird. Ein vollständiges Bild könne nur gewonnen werden, wenn jeweils Software und Support gemeinsam als einheitliches Erfüllungsgeschäft verglichen werden. Die Ausschreibung müsse den Vergleich der jeweiligen Gesamtwirtschaftlichkeit gestatten, um nicht von vornherein die proprietären Anbieter zu benachteiligen.[1358] Hiergegen wird allerdings zu Recht eingewandt, dass das einheitliche Angebot von Software und Support durch einen Anbieter nicht der branchenüblichen Praxis entspricht.[1359] Im Übrigen ist darauf zu verweisen, dass das Vergaberecht – wie das Wettbewerbsrecht insgesamt – der Kopplung von Leistungen eher kritisch gegenübersteht. Dementsprechend schreibt § 97 Abs. 3 GWB ausdrücklich vor, dass Ausschreibungen grundsätzlich in Teillosen erfolgen sollen, um auf diese Weise kleinen und mittelständischen Unternehmen die Beteiligung an entsprechenden Ausschreibungen zu ermöglichen.[1360]

II. Transparente Ausschreibung

351   Um einen echten Wettbewerb zwischen den Angeboten zu erreichen, sind in der Ausschreibung alle die Entscheidung beeinflussenden Umstände aufzunehmen (vgl. § 97 Abs. 1 GWB). Behörden, die die Beschaffung von Open Source Software in Betracht ziehen, müssen deswegen bereits in der Ausschreibung auf die Eigenschaften hinweisen, die für

---

[1356] So insbesondere *Heckmann*, CR 2004, 401, 402.
[1357] Vgl. § 99 GWB: „Öffentliche Aufträge sind entgeltliche Verträge [...].“
[1358] *Heckmann*, CR 2004, 401, 402.
[1359] *N. Müller/Gerlach*, CR 2005, 87, 89.
[1360] Vgl. hierzu *Immenga/Mestmäcker-Dreher*, GWB, § 97, Rn. 96 ff.

eine solche Entscheidung sprechen können. Auch insofern gilt, dass die entsprechenden Hinweise auf einer Abstraktionsebene gehalten sein müssen, die es Anbietern proprietärer Produkte ermöglicht, sich ebenfalls an der Ausschreibung zu beteiligen.[1361] So erscheint es als vergaberechtlich unbedenklich, wenn auf die besondere Bedeutung der Kompatibilität der Programme und der mit diesen Programmen erzeugten Dateien mit anderen Programmen und deren erzeugten Dateien hingewiesen wird. Auch sollte auf die Bedeutung der Verwendung von Standardschnittstellen verwiesen werden. Es kann auch angeführt werden, dass eine größtmögliche Unabhängigkeit von einzelnen Anbietern im Hinblick auf andere Informationstechnologien, aber auch im Hinblick auf Supportdienstleistungen gewünscht wird. Auch sollte bereits in der Ausschreibung klargestellt werden, dass Leistungen gefordert sind, die eine nachhaltige Entwicklung der Behördensoftware versprechen. Werden diese besonderen Stärken von Open Source Programmen nicht bereits in der Ausschreibung erwähnt, so ist ihre Berücksichtigung in der Vergabeentscheidung unzulässig.[1362]

III. Vergabeentscheidung

Die Stärken von Open Source Software kommen vor allem bei der Bewertung der Angebote in der Vergabeentscheidung zum Tragen. Der Zuschlag ist gem. § 97 Abs. 5 GWB auf das wirtschaftlichste Angebot zu erteilen. § 18 Abs. 1 VOL/A bestimmt näher, dass hierfür nicht allein der niedrigste Angebotspreis entscheidend ist. Es ist deswegen vergaberechtlich nicht zu beanstanden, wenn sich Behörden entgegen kurzfristiger monetärer Anreize für ein höherwertiges Angebot entscheiden. Entscheidend für die Wirtschaftlichkeit eines Angebots ist das günstigste Verhältnis zwischen der gewünschten Leistung und dem angebotenen Preis.[1363] Vergabefremde Kriterien sind dagegen auszuscheiden, es sei denn, sie sind ausdrücklich durch Bundes- oder Landesgesetz vorgesehen (vgl. § 97 Abs. 4 GWB). Entsprechende Gesetze, welche eine bevorzugte Beschaffung von Open Source Software vorschreiben, sind bislang nicht erlassen worden, und zwar weder auf Bundes- noch auf Landesebene.[1364] „Grundsatzbeschlüsse", wie etwa der des Deutschen Bundestags vom

352

[1361] Siehe hierzu die Formulierungsvorschläge bei *Ghosh u. a.*, S. 51 ff.

[1362] Vgl. BGH, WuW/Verg 150 (1998) – *Klärwerkerweiterung*; BGH, WuW/Verg 215 (1999) – *Krankenhauswäsche*.

[1363] *Immenga/Mestmäcker-Dreher*, GWB, § 97, Rn. 214.

[1364] Die italienische Corte costituzionale hat kürzlich die Rechtmäßigkeit von gesetzlichen Bestimmungen der Region Piemont bestätigt, welche die bevorzugte Anschaffung von Open Source Software vorschreiben, siehe Entscheidung v. 22.3.2010, Sentenza 122/2010, abrufbar unter http://www.cortecostituzionale.it/.

9.11.2003, in welchem der Bundestag „die Einführung von unter Open-Source-Lizenzen erstellten Produkten in der Bundesverwaltung" gefordert hat,[1365] können weder als Ersatz für ein Gesetz im Sinne von § 97 Abs. 4 GWB bewertet werden, noch entbinden sie Behörden von den Vorgaben des Vergaberechts. Die Vergabeentscheidung ist also auch bei Vorliegen entsprechender Empfehlungen am Wirtschaftlichkeitsprinzip auszurichten.

353   Bei Anlegung dieser Grundsätze ergibt sich das folgende Bild: Pauschale Hinweise auf die Förderung von Open Source oder des Wettbewerbs auf den IT-Märkten sind als vergabefremde Kriterien unzulässig. Die Beschaffung durch Behörden ist nicht der richtige Platz, um Wettbewerbspolitik zu betreiben. Das Gleiche gilt für sozialpolitische oder sonstige allgemeine Erwägungen. Behörden dürfen entsprechende Argumente bei der Begründung einer Vergabeentscheidung nicht zugrunde legen. Gleichwohl müssen sich Behörden nicht mit einem einfachen Preisvergleich der Gesamtangebote begnügen. Die Erfahrung zeigt, dass kurzfristige monetäre Vorteile oftmals später teuer bezahlt werden müssen. Dies kann insbesondere dann der Fall sein, wenn Behörden Produkte beschaffen, die nur mit Produkten desselben Anbieters kombiniert werden können oder für die ausschließlich dieser Anbieter Supportleistungen anbietet. Kurzfristige Preisnachteile können oft mittelfristig durch die Unabhängigkeit von einzelnen Anbietern auf den Folgemärkten ausgeglichen werden. Freie Software bietet hier einen strategischen Vorteil. Offene Quelltexte und die Freiheit, Änderungen an diesen vorzunehmen, sorgen dafür, dass wichtige Folgemärkte für eine Mehrzahl von Anbietern offenstehen. Dies sorgt für Wettbewerb und Kostenvorteile. Eine entsprechende Einbeziehung konkret absehbarer Begleit- und Folgekosten ist im Sinne einer nachhaltigen Verwendung öffentlicher Mittel wünschenswert.[1366] Es sollte hierbei aber nicht unmittelbar auf die zu erwartenden mittel- und langfristigen Kosten verwiesen werden, denn die Vergabekriterien müssen stets auf die ausgeschriebene Leistung bezogen sein.[1367] Vielmehr sind die genannten Eigenschaften von Open Source Software als Vorteil im Rahmen des Preis-Leistungs-Vergleichs zu berücksichtigen. Umgekehrt sollten Kosten, die durch die Migration von proprietären auf Open Source Produkte entstehen, nicht pauschal als wirtschaftlicher Nachteil des Open Source Produkts einbezogen werden. Die Kosten des Ausstiegs aus einem nicht oder nur unzureichend auf offenen Standards basierenden IT-Lösung, ist ein wirtschaftli-

---

[1365] Vgl. den zugrunde liegenden Antrag der Regierungsfraktionen, BT-Drs. 14/5246, S. 4 ff.

[1366] Hierzu auch instruktiv *Ghosh u. a.*, S. 28 ff.

[1367] *Immenga/Mestmäcker-Dreher*, GWB, § 97, Rn. 224.

cher Nachteil dieser geschlossenen Lösung und kann nicht dem konkurrierenden Open Source Angebot zum Nachteil gereichen.[1368]
Vergaberechtlich zulässig sind auch alle sonstigen Kriterien, denen
Aussagekraft für die Leistungsfähigkeit der einzelnen Angebote zukommt. Hier können unter anderem einbezogen werden: die technische
Sicherheit der Programme, die Kompatibilität mit anderen Programmen,
die Kompatibilität der mit dem Programm erzeugten Dokumente, die
technischen und rechtlichen Nutzungsmöglichkeiten sowie Fragen der
Haftung und Gewährleistung.

IV. Ergänzende Vertragsbedingungen für die Beschaffung von Informationstechnik (EVB-IT)

Bei der Beschaffung von Software und IT-Produkten sowie bei Dienst-   353a
leistungen dafür hat die öffentliche Hand gem. § 55 BHO und Ziffer 3.1.1 der dazu ergangenen Verwaltungsvorschriften im Regelfall die
„Ergänzenden Vertragsbedingungen für die Beschaffung von Informationstechnik (EVB-IT)" zu verwenden.[1369] Die EVB-IT sind ergänzende
Vertragsbedingungen im Sinne des § 9 Abs. 1 S. 2 und des § 11 EG
Abs. 1 S. 2 der VOL/A. EVB-IT existieren für eine Vielzahl von Vertragstypen und wurden überwiegend zwischen der Softwareindustrie
(BITKOM) und der öffentlichen Hand (BMI) ausgehandelt und dann
vom IT-Planungsrat beschlossen.[1370] Die Haushaltsordnungen der Länder enthalten wortgleiche Regelungen.
    Die EVB-IT sind auf proprietäre Software ausgerichtet und enthalten
bislang keine auf Open Source Software abgestimmten Regelungen,
obwohl die öffentliche Hand die Verwendung von Open Source Software verstärken möchte.[1371] Die mangelnde Berücksichtigung von Open
Source Software ist deswegen problematisch, weil die beschaffenden
Stellen das Diskriminierungsverbot des § 97 Abs. 2 GWB beachten müssen und daher eine Verwendung von Open Source Software nicht durch
unvereinbare Vertragsbedingungen ausschließen dürfen. Gleichzeitig

---

[1368] Siehe *Ghosh u. a.*, S. 28.
[1369] Abschnitt 40 VV-BHO : „*Bei der Vergabe von öffentlichen Aufträgen nach Nr. 1 und 2 sind ergänzend insbesondere die folgenden Regelungen anzuwenden: 3.1.1 die Ergänzenden Vertragsbedingungen für die Beschaffung von IT-Leistungen (EVB-IT) bzw. die Besonderen Vertragsbedingungen für die Beschaffung und den Betrieb von DV-Anlagen und -Geräten sowie von DV-Programmen; die Hinweise zu den EVB-IT sind zu berücksichtigen*", vgl. http://www.cio.bund.de/Web/DE/IT-Beschaffung/EVB-IT-und-BVB/evb-it_bvb_node.html.
[1370] https://www.bitkom.org/Themen/Recht/Oeffentliche-Auftraege/Buehne/.
[1371] So der Koalitionsvertrag von 2013, http://www.welt.de/politik/article1223 06476/Das-ist-der-Koalitionsvertrag-im-Wortlaut.html.

darf der Bieter gem. § 16 Abs. 2 lit. d) VOL/A in seinem Angebot nicht von den EVB-IT abweichen.

Unvereinbarkeiten ergeben sich aus einer Reihe von Vertragsklauseln, die sich in den EVB-IT finden.[1372] So wird für die Einbeziehung von Lizenzbedingungen für Standardsoftware auf eine Nutzungsrechtsmatrix verwiesen, die auf proprietäre Lizenzbedingungen abgestimmt ist, aber keine freien Lizenzen berücksichtigt.[1373] Auch Unterlizenzierungsbefugnisse und Kündigungsrechte können mit verschiedenen Open Source Lizenzen kollidieren. Ziffer 2 GPL-3.0 schließt eine Unterlizenzierung beispielsweise explizit aus.

Daher sollten die Vergabestellen möglichst schon bei der Ausschreibung solche Abweichungen von den EVB-IT zulassen, die die Verwendung von Freier Software ermöglichen.[1374] Ansonsten bleibt nur Bieterfragen gem. § 12 (8) EG VOL/A, um die Zulässigkeit der Verwendung von Freier Software im Rahmen der Leistungserfüllung konkret abzufragen. Entsprechende Änderungen der Ausschreibungsbedingungen sind den Bewerbern vor Ablauf der Angebotsfrist mitzuteilen.[1375]

[1372] Eine ausführliche Analyse für alle relevanten EVB-IT enthält *Jaeger*, Handreichungen EVB-IT; dazu auch *Prell*, Linux-Magazin 07/2014.

[1373] Vgl. Nr. 1.3.1 und Nr. 4.1.1 EVB-IT Erstellungsvertrag.

[1374] Formulierungshilfen finden sich bei *Jaeger*, Handreichungen EVB-IT.

[1375] Vgl. BKartA v. 27.3.2007 – VK 2 – 18/07.

7. Kapitel. Internationales Privatrecht und Rechtsvergleichung

Die Verbreitung Freier Software macht vor Staatsgrenzen nicht Halt. **354** Ein wesentlicher Grund für die dynamische Entwicklung vieler Open Source Programme beruht auf dem Austausch über internationale Datennetze, insbesondere dem Internet. Damit stellen sich zahlreiche Fragen des internationalen Rechts. Im Folgenden wird zunächst untersucht, welches Recht im Hinblick auf die wesentlichen Rechtsfragen anzuwenden ist, die sich bei der Entwicklung und Verbreitung von Freier Software stellen (A.). Im Anschluss sollen einige rechtsvergleichende Hinweise zum Diskussionsstand in anderen Rechtsordnungen gegeben werden (B.). Schließlich werden die verschiedenen lizenzrechtlichen Modelle vorgestellt, um mit den internationalen Aspekten umzugehen (C.). Fragen der internationalen Zuständigkeit und der Anerkennung ausländischer Entscheidungen sollen dagegen nicht weiter vertieft werden, da sich insoweit keine Besonderheiten im Hinblick auf Open Source Software ergeben.[1376] Die deutsche Gerichtsbarkeit und damit auch die Maßgeblichkeit des deutschen Internationalen Privatrechts werden unterstellt.

A. Internationales Privatrecht

Bei der Frage nach dem anwendbaren Recht gilt es zu differenzieren. **355** Aus der Sicht des internationalen Urheberrechts ist zu fragen, welche Rechtsordnung für die Urheberschaft und die aus dem Urheberrecht erwachsenden Rechte maßgeblich ist (I.). Im Hinblick auf Lizenzverträge im Allgemeinen und Open Source Lizenzen im Besonderen ist zu fragen, welche Aspekte dem Urheberrechtsstatut zugehören und welche Aspekte nach den Regeln des internationalen Vertragsrechts zu beurteilen sind (II.). Hiervon zu trennen sind die sonstigen Verträge rund um Open Source Software, deren Inhalt nicht eine Open Source Lizenz ist, etwa der Verkauf von GNU/Linux-Programmpaketen im Einzelhandel oder Serviceverträge (III.). Schließlich ist das internationale Gesellschaftsrecht

---

[1376] Vgl. insoweit die 1. Aufl., S. 87 ff., und das einschlägige Schrifttum zum internationalen Verfahrensrecht.

von Interesse für die Beurteilung gesellschaftsrechtlicher Fragen, die sich im Hinblick auf Entwicklergemeinschaften ergeben (IV.).

I. Internationales Urheberrecht

356 In Deutschland ist das IPR in den Art. 3 ff. EGBGB geregelt, wobei das nationale Recht zunehmend durch europäische Verordnungen überlagert wird, welche insbesondere das internationale Vertragsrecht (Rom I)[1377] sowie das auf außervertragliche Schuldverhältnisse (Rom II)[1378] anwendbare Recht betreffen. Eine umfassende Regelung des internationalen Urheberrechts findet sich bislang weder im deutschen noch im europäischen Recht. Art. 8 Abs. 1 Rom II-VO bestimmt aber seit 2007 europaweit einheitlich das auf Verletzungen geistiger Eigentumsrechte und die hieraus resultierenden Rechtsfolgen anwendbare Recht: *„Auf außervertragliche Schuldverhältnisse aus einer Verletzung von Rechten des geistigen Eigentums ist das Recht des Staates anzuwenden, für den der Schutz beansprucht wird."*
Die Regelung kodifiziert damit für den Bereich der außervertraglichen Schuldverhältnisse das bereits zuvor von der in Deutschland herrschenden Meinung zugrundegelegte Schutzlandprinzip, welches seinerseits von der Territorialität geistiger Eigentumsrechte abgeleitet wird.[1379] Nach dem Territorialitätsprinzip gilt, dass Immaterialgüterrechte, zu denen auch das Urheberrecht gehört, in Wirkung und Geltung auf das Gebiet des Staates begrenzt sind, der sie individuell verleiht oder unter bestimmten Bedingungen generell anerkennt.[1380] Daher hat der Urheber kein international einheitliches Urheberrecht, sondern ein „Bündel" nationaler Urheberrechte, die sich je nach Staatsgebiet unterscheiden.[1381] Aus der territorial begrenzten Wirkung des Urheberrechts folgt für das IPR, dass auch stets das Recht des Landes anwendbar ist, *für* dessen Gebiet Schutz begehrt wird.[1382] Aus dem materiellen Territorialitätsprinzip wird also das kollisionsrechtliche Schutzlandprinzip *(lex loci protectionis)* gefolgert.

[1377] Verordnung (EG) Nr. 593/2008 des Europäischen Parlaments und des Rates v. 17.6.2008 über das auf vertragliche Schuldverhältnisse anzuwendende Recht („Rom I"), ABl. Nr. L 177, 4.7.2008, S. 6.
[1378] Verordnung Nr. 864/2007 des Europäischen Parlaments und des Rates v. 11.7.2007 über das auf außervertragliche Schuldverhältnisse anzuwendende Recht („Rom II"), ABl. Nr. L 199, 31.7.2007, S. 40.
[1379] BGHZ 155, 257, 261 – *Sendeformat*; BGHZ 118, 394, 397 – *ALF*; s. a. *Schricker/Loewenheim-Katzenberger,* Vor §§ 120 ff., Rn. 129 m. w. N.; a. A. *Schack,* Rn. 1011 ff.
[1380] BGH, GRUR Int. 1998, 427, 429 – *Spielbankaffaire.*
[1381] Vgl. *Schricker/Loewenheim-Katzenberger,* Vor §§ 120 ff., Rn. 121.
[1382] *Schricker/Loewenheim-Katzenberger,* Vor §§ 120 ff., Rn. 124.

Historisch ist das Territorialitätsprinzip aus dem ehemaligen Charak- 357
ter der Immaterialgüterrechte als staatliche Privilegien zu erklären.[1383]
Diese konnten von den Landesherren nur für das eigene Gebiet verliehen
werden. Dies gilt im Prinzip auch weiterhin noch für Rechte, die auf
einem staatlichen Verleihungsakt beruhen, etwa das Patentrecht oder
das Markenrecht. Für das heute mit der Schöpfung des Werkes entste-
hende Urheberrecht erklärt sich die Geltung des Territorialitätsprinzips
daraus, dass die Verleihung geistiger Eigentumsrechte auch ohne Regis-
trierungsakt Teil der staatlichen Wirtschafts- und Kulturpolitik ist; dementsprechend ist die Wirkung auf das jeweilige Territorium zu begrenzen.[1384]

Folgende Fragen richten sich nach dem Recht des Staates, für dessen
Gebiet um Schutz nachgesucht wird: Entstehung des Urheberrechts,
erste Inhaberschaft, Inhalt und Umfang der daraus folgenden Befugnisse, die Schutzdauer des Urheberrechts sowie die Rechtsfolgen bei Verletzungen.[1385] Dies führt dazu, dass etwa dann, wenn ein angestellter Programmierer vor einem deutschen Gericht um Schutz gegen
Urheberrechtsverletzungen in Deutschland und den USA nachsucht, er
für die Verletzung in Deutschland als Urheber angesehen wird, während
für die Verletzung in den USA sein Arbeitgeber als Copyright-Inhaber
gilt.

Grundsätzlich ist bei Urheberrechtsverletzungen das deutsche Recht 358
nur anwendbar, wenn auch die Verletzungshandlung in Deutschland
stattgefunden hat.[1386] Besondere Fragen stellen sich aber bei grenz-
überschreitenden Handlungen, bei denen der Tatbestand einer urheberrechtlichen Schutznorm nur zu einem Teil im Schutzland erfüllt ist.[1387]
Berücksichtigt man die urheberrechtliche Ausnahme, dass wegen des
Territorialitätsprinzips nicht zwischen Handlungs- und Erfolgsort unterschieden wird,[1388] so ist anhand einer wertenden Betrachtung zu prüfen,
wo die urheberrechtlich relevante Handlung stattgefunden hat. Wer von
Deutschland aus Software, die sich auf einem Datenträger befindet, per
Post in das Ausland versendet, hat die Vervielfältigungshandlung im
Inland vorgenommen – so dass nach dem deutschen Urheberrechtsgesetz
zu prüfen ist, ob dies zulässig ist – die Verbreitungshandlung aber unter

---

[1383] Siehe aus dem älteren Schrifttum bspw. *Kohler*, Urheberrecht an Schriftwerken
und Verlagsrecht, 1907, S. 213 ff.
[1384] Vgl. *Basedow/Metzger*, FS Boguslavskij, S. 153, 155 m. w. N.; *MüKo-Drexl*,
IntImmGR, Rn. 19.
[1385] Hier ist im Einzelnen manches umstritten, insb. hinsichtlich der Anknüpfung
der ersten Inhaberschaft; vgl. zum Ganzen *Metzger*, JZ 2010, 929 ff. m. w. N.
[1386] Vgl. *Schricker/Loewenheim-Katzenberger*, Vor §§ 120 ff., Rn. 130.
[1387] *Möhring/Nicolini-Lauber-Rönsberg*, KollisionsR, Rn. 7.
[1388] *Schack*, Rn. 1051.

Umständen im In- und Ausland. § 17 Abs. 1 UrhG stellt nämlich darauf ab, dass ein Werk „in der Öffentlichkeit angeboten" oder „in Verkehr gebracht" wird. Mit dem Absenden im Inland wird die Software auch im Inland in Verkehr gebracht.[1389] In dem Angebot einer Software im Ausland, etwa in einer Fachzeitschrift, kann schon eine Verbreitungshandlung liegen, dies richtet sich dann aber nach dem entsprechenden ausländischen Urheberrecht. Wird das Programm dagegen im Inland angeboten, die Veräußerung findet aber im Ausland statt, so gilt deutsches Urheberrecht jedenfalls im Hinblick auf das Angebot.[1390] Dies gilt auch dann, wenn sich das Angebot gezielt an eine Öffentlichkeit im Ausland richtet.[1391]

359   Bei dem Vertrieb von Software über das Internet ergeben sich zusätzliche Probleme, die nur zum Teil befriedigend durch Rechtsprechung und Lehre geklärt sind. So fragt sich insbesondere, wo der Ort einer Verletzungshandlung anzusiedeln ist. Hier werden im Wesentlichen die folgenden Ansätze diskutiert:[1392] Teilweise wird vorgeschlagen – ähnlich der Anknüpfung an das Sendeland – alleine auf das Recht des Ortes abzustellen, in dem der Server der verletzenden Veröffentlichung[1393] oder der Betreiber des Webangebots ihren Sitz haben.[1394] Andere schlagen vor, auf das Recht des bestimmungsgemäßen Abrufgebiets abzustellen.[1395] Wieder andere wollen auf das Recht des Staates abstellen, in dem der Rechtsinhaber seinen Sitz hat.[1396] Nach einem weiteren Ansatz soll der Rechtsinhaber die Wahl haben, entweder anhand der Rechte der unterschiedlichen Erfolgsorte den jeweiligen Schaden einzuklagen oder aber am Handlungsort nach dem dortigen Recht den gesamten Schaden geltend zu machen.[1397] Schließlich wird auch vorgeschlagen, im Zweifel eher auf das Recht am gewöhnlichen Aufenthalt des (vermeintlichen)

[1389] *MüKo-Drexl*, IntImmGR, Rn. 260 ff.

[1390] BGH, GRUR 2007, 871 – *Wagenfeld-Leuchte*.

[1391] S. hierzu EuGH, Urt. v. 21.6.2012 – C-5/11 – *Donner*, EuzW 2012, 663 m. Anm. *Sobotta*; s. a. EuGH, Urt. v. 13.5.2015 – C-516/13 – *Dimensione Direct Sales*, MMR 2015, 604.

[1392] Vgl. zur internationalen Diskussion auch *Geller*, GRUR Int. 2000, 659; zur deutschen Diskussion vgl. *Spindler*, IPrax 2003, 412 ff.

[1393] Vgl. etwa *Dieselhorst*, ZUM 1998, 293, 299; *Koch*, CR 1999, 121, 123.

[1394] So *Ginsburg*, Private International Law Aspects of the Protection of Works and objects of Related Rights Transmitted through Digital Networks, WIPO-Dokument PIL/01/2, abrufbar unter http://www.wipo.org/pil-forum/en; vgl. auch *Spindler*, IPrax 2003, 412, 421.

[1395] Vgl. *Dreier/Schulze-Dreier*, Vor §§ 120 ff., Rn. 42; *Junker*, S. 350 ff.

[1396] So im Ergebnis *American Law Institute*, Intellectual Property: Principles Governing Jurisdiction, Choice of Law, and Judgments in Transnational Disputes, 2007, § 321; s. a. die Erläuterungen zu § 321 auf S. 246.

[1397] Vgl. etwa *Mankowski*, RabelsZ 63 (1999), 203, 275.

Verletzers abzustellen.[1398] Die Thematik ist komplex und kann in diesem Rahmen nicht abschließend behandelt werden. Einstweilen ist davon auszugehen, dass jedenfalls potenziell das Recht sämtlicher Staaten anwendbar sein kann. Daraus folgt im Umkehrschluss, dass derjenige, der Freie Software über das Internet anbietet, sämtliche Urheberrechtsordnungen beachten muss. Es ist nicht zu übersehen, dass das Kollisionsrecht erhebliche Risiken birgt, die nur durch internationale Abkommen oder regionale Rechtsvereinheitlichung gemildert werden können.

Die bestehenden internationalen Verträge zum Urheberrecht versuchen, die aus den Unterschieden der nationalen Urheberrechtsordnungen resultierenden Probleme abzumildern. So gewährleisten Mindestrechte, dass Rechte der Urheber nicht in sog. Urheberrechtsoasen verstärkt verletzt werden. Der Inländergrundsatz sorgt dafür, dass die Vertragsstaaten ausländischen Urhebern die gleichen Rechte gewähren müssen wie eigenen Urhebern, wenn das Werk aus einem anderen Vertragsstaat stammt. Allerdings entfalten Mindestrechte und der Inländergrundsatz nur in den Vertragsstaaten dieser internationalen Übereinkommen Wirkung. Sowohl das TRIPS-Übereinkommen[1399] als auch der WIPO Copyright Treaty (WCT)[1400] berücksichtigen Software und stellen den Schutz durch die RBÜ für alle Vertragsstaaten dieser Abkommen sicher.[1401] Gleichwohl bestehen nach wie vor erhebliche Unterschiede zwischen den einzelnen Rechtsordnungen. Eine stärkere Einheitlichkeit findet sich lediglich innerhalb der Europäischen Union;[1402] dies gilt insbesondere für das Softwareurheberrecht, welches durch die Computerprogramm-Richtlinie aus dem Jahr 1991 (kodifiziert 2009) weitgehend harmonisiert wurde.[1403]

360

II. Open Source Lizenzen im Internationalen Privatrecht

Die spezifischen Rechtsfragen der Freien Software sind zu einem guten Teil lizenzvertragsrechtlicher Natur. Nach welchem Recht sind diese zu

361

[1398] Siehe *European Max Planck Group on Conflict of Laws in Intellectual Property (CLIP)*, Principles for Conflict of Laws in Intellectual Property, Art. 3:603, abrufbar unter http://www.cl-ip.eu; in deutscher Übersetzung abgedruckt in GRUR Int. 2012, 899.
[1399] „Trade-Related Aspects of Intellectual Property Rights", BGBl. 1994 II S. 1438.
[1400] „WIPO Copyright Treaty", BGBl. 2003 II S. 754.
[1401] Vgl. Art. 10 Abs. 1 TRIPS, Art. 4 WCT.
[1402] Zum gegenwärtigen Stand des europäischen Urheberrechts vgl. *Leistner*, Konsolidierung und Entwicklungsperspektive, passim; *Metzger/Wurmnest*, ZUM 2003, 922 ff.; *Reinbothe*, FS Schricker zum 70. Geburtstag, S. 483 ff.
[1403] RL 2009/24/EG v. 23.4.2009 (kodifizierte Fassung, vormals Richtlinie 91/250/EWG), ABl. Nr. L 116, S. 16.

beurteilen? In Betracht kommen hier sowohl das Urheberrechtsstatut als auch das Vertragsstatut.

Einige der zentralen Fragen des Lizenzvertragsrechts unterfallen dem Urheberrechtsstatut. Hierzu gehört vor allem die Übertragbarkeit des Urheberrechts oder von Teilen des Urheberrechts bzw. der Umfang der zulässigen Rechtseinräumung, etwa im Hinblick auf einzelne Nutzungsarten (z. B. § 31 Abs. 4 UrhG a. F.).[1404] Urheberrechtlich zu qualifizieren ist auch die Frage, inwieweit Vereinbarungen im Bereich des Urheberpersönlichkeitsrechts zulässig sind, insbesondere, ob der Urheber seinen Lizenznehmern nicht näher bestimmte Veränderungen des Werks in rechtlich bindender Weise gestatten kann. Hier ist auf das Recht des jeweiligen Schutzlandes abzustellen.[1405] Eine abweichende Rechtswahl ist nicht möglich. Umstritten ist, ob hinsichtlich der Verfügungen zwingend stets auf das Recht des jeweiligen Schutzlandes abzustellen ist[1406] oder ob Verpflichtungs- und Verfügungsgeschäft einheitlich nach dem Vertragsstatut zu beurteilen sind.[1407] Die Anhänger beider Auffassungen sind sich jedoch darüber einig, dass bei den Fragen, die die Voraussetzungen der Einräumung von Rechten und den Inhalt des eingeräumten Rechts betreffen, das Recht des Schutzlandes anzuwenden ist. Vom Urheberrechtsstatut umfasst ist also auch die Frage, welche Rechte der Inhaber einfacher Nutzungsrechte[1408] – etwa der Lizenznehmer einer Open Source Lizenz – geltend machen kann. Für eine Reihe von bedeutsamen Fragen ist selbst bei einem ausländischen Vertragsstatut somit das deutsche Urheberrecht anwendbar, wenn um Schutz für das Gebiet der Bundesrepublik nachgesucht wird.

362   Für die vertragsrechtlichen Fragen gilt dagegen das auf Verträge anzuwendende Recht, das Vertragsstatut. Dies bedeutet insbesondere, dass die Vertragsparteien gem. Art. 3 Rom I-VO frei sind zu wählen, welchem nationalen Recht sie ihr Vertragsverhältnis unterstellen wollen.[1409] Beispielsweise sieht die Mozilla Public License, Version 1.1, in Ziffer 11 eine Rechtswahl zugunsten des Rechts von Kalifornien vor. Die meisten Open Source Lizenzen und auch die GPL Version 2 und 3 enthalten

---

[1404] *Basedow/Drexl/Kur/Metzger-Metzger*, S. 61, 67 ff.

[1405] BGH, GRUR Int. 1998, 427, 429 – *Spielbankaffaire; Schricker/Loewenheim-Katzenberger*, Vor §§ 120 ff., Rn. 150.

[1406] So die „Spaltungstheorie", vgl. *Soergel-Kegel*, Anh Art. 12, Rn. 33; *MüKo-Martiny*, Art. 4 Rom I-VO, Rn. 246.

[1407] So die „Einheitstheorie", vgl. *Ulmer*, Rn. 42 ff.; *Schricker/Loewenheim-Katzenberger*, Vor §§ 120 ff., Rn. 149.

[1408] Mit der h. M. ist davon auszugehen, dass auch einfache Nutzungsrechte quasidinglichen Charakter haben, vgl. *Schricker/Loewenheim-Katzenberger*, Vor §§ 120 ff., Rn. 150.

[1409] Vgl. *Schricker/Loewenheim-Katzenberger*, Vor §§ 120 ff., Rn. 153; *Schack*, Rn. 1285.

allerdings keine entsprechende Rechtswahlklausel. Die bloße Verwendung der englischen Sprache und die an einigen Stellen spürbare Bezugnahme auf das US-amerikanische Recht reichen nicht aus, um von einer stillschweigenden Wahl eines US-amerikanischen Rechts auszugehen.[1410]

Einschränkungen der Rechtswahlfreiheit ergeben sich zugunsten von **363** Verbrauchern aus Art. 6 Rom I-VO. Bei Verträgen über die Lieferung beweglicher Sachen oder über Dienstleistungen zu privaten Zwecken darf eine Rechtswahl nicht dazu führen, dass dem Verbraucher der Schutz durch zwingende Bestimmungen der Verbraucherschutzregelungen entzogen wird, die in dem Staat gelten, in dem er seinen gewöhnlichen Aufenthaltsort hat. Zu diesen Verbraucherschutzvorschriften zählen auch die AGB-Vorschriften, vgl. § 310 Abs. 3 BGB. Demnach sind die deutschen AGB-Vorschriften anwendbar, wenn sich ein Nutzer Freie Software aus dem Internet herunterlädt und der dabei geschlossene Vertrag unter Art. 6 Rom I-VO fällt. Dies setzt voraus, dass der Unternehmer seine Tätigkeit im Aufenthaltsstaat des Verbrauchers ausübt oder auf diesen ausrichtet. Hierfür reicht die schlichte Zugänglichkeit einer Webseite nicht aus. Auch eine Sprachversion in der Sprache des Verbrauchers führt nicht automatisch zur Anwendung von Art. 6 Rom I-VO.[1411]

Mangels Rechtswahl ist gem. Art. 4 Abs. 2 Rom I-VO das Recht des **364** Staates anzuwenden, in dem die Partei, welche die für den Vertrag charakteristische Leistung zu erbringen hat, ihren gewöhnlichen Aufenthalt hat.[1412] Da es sich bei Open Source Lizenzen in erster Linie um die kostenlose Einräumung von Nutzungsrechten handelt, wird man für die vertragsrechtlichen Aspekte auf das Recht des Lizenzgebers abstellen müssen.[1413] Sitzen die Lizenzgeber in unterschiedlichen Staaten, so ist für die Lizenzierung der einzelnen Bestandteile des Programms jeweils eine ande-

---

[1410] Allgemeine Ansicht, vgl. *Deike*, CR 2003, 9, 11; *Schiffner*, S. 109; *Sester*, CR 2000, 797, 802; *Spindler-Spindler*, S. 141; insoweit missverständlich formuliert *Metzger/Jaeger*, GRUR Int. 1999, 839, 842, Fn. 49.

[1411] Die Entwicklung ist hier noch sehr im Fluss, vgl. *MüKo-Martiny*, Art. 6 Rom I-VO, Rn. 33. Zur parallelen Frage der Ausrichtung in Art. 15 EuGVVO (jetzt Art. 17 „Brüssel Ia"-Verordnung) siehe EuGH, Urt. v. 7.12.2010 – C-585/08 und C-144/09 – *Pammer*, MMR 2011, 132.

[1412] Die speziellen Anknüpfungsregeln in Art. 4 Abs. 1 Rom I-VO sind auf Lizenzverträge nicht anwendbar, siehe *MüKo-Martiny*, Art. 4 Rom I-VO, Rn. 246.

[1413] So auch *Deike*, CR 2003, 9, 12; *Dreier*, FS Schricker zum 70. Geburtstag, S. 283, 288, Fn. 22; *Rosenkranz*, S. 201 f. und 212 ff.; *Schiffner*, S. 109 f.; *Spindler-Spindler*, S. 142. A. A. im Hinblick auf Art. 4 EVÜ *Caron, D.* 2003, 1556, 1557; *Schäfer*, S. 92, die auf das Recht des Lizenznehmers abstellen wollen; für diese Lösung spricht nur auf den ersten Blick das Argument der Praktikabilität, denn sie führt aus der Sicht des Lizenzgebers zu einer unüberschaubaren Zersplitterung der Rechtslage. Differenzierend *Rojinsky/Grynbaum*, Propriétés Intellectuelles, Juillet 2002 N° 4, 28, 31.

re Rechtsordnung maßgeblich. Das macht die rechtlichen Verhältnisse sehr kompliziert.[1414] Einen Ausweg könnte hier die Anwendung der Grundsätze der „*lex mercatoria*" bieten, wonach auch die (konkludente) Rechtswahl international akzeptierter allgemeiner Rechtsgrundsätze – im konkreten Fall der in der FOSS-Community anerkannten Grundsätze – zulässig sein könnte; die Anwendung der „*lex mercatoria*" wird in Deutschland bislang aber nur von privaten Schiedsgerichten akzeptiert.[1415]

365   Der Umfang des Vertragsstatuts ist näher in Art. 12 Rom I-VO definiert. Ihm unterfallen insbesondere das Zustandekommen und die Wirksamkeit des Vertragsschlusses, aber auch die Haftung und Gewährleistung.[1416] Findet demnach ausländisches Recht Anwendung, so sind die weitgehenden Ausschlussklauseln in den Open Source Lizenzen nach dem entsprechend bestimmten Vertragsstatut zu beurteilen und können sich – gerade im Unternehmensverkehr – gegebenenfalls auch als wirksam im Verhältnis zu den Lizenzgebern in den entsprechenden Staaten erweisen. Man wird hier nicht ohne Weiteres davon ausgehen können, dass ein entsprechendes Ergebnis gegen den *ordre public* verstößt[1417] bzw. dass die deutschen Vorstellungen von der Unzulässigkeit entsprechender Haftungsausschlussklauseln international zwingend gem. Art. 9 Rom I-VO sind.[1418] Dies gilt insbesondere dann, wenn das berufene ausländische Recht zwar von der Wirksamkeit der Klauseln ausgeht, diese aber einschränkend auslegt oder auf andere Weise in ihrer Wirkung begrenzt.

366   Umfasst vom Vertragsstatut ist grundsätzlich auch die Auslegung des Vertrags, vgl. Art. 12 Abs. 1 lit. a) Rom I-VO. Sofern hier deutsches Recht zur Anwendung kommt, ist allerdings zu berücksichtigen, dass die meisten Open Source Lizenzen – einschließlich der GPL – unter Verwendung der US-amerikanischen Terminologie verfasst worden sind.[1419] Für die Auslegung einzelner Begriffe sollte deswegen, unter Rückgriff auf die im internationalen Privatrecht verbreitete „Zweistufentheorie", die US-Terminologie auch bei Auslegung nach deutschem Recht mitbe-

---

[1414] Die GPL-2.0 gestattet in Ziffer 1 Abs. 2 abweichende Garantieregelungen, so dass der Lizenzgeber jedenfalls für die von ihm angebotenen Lizenzverträge auch auf sein Heimatrecht zugeschnittene Sonderregelungen im Hinblick auf die Gewährleistung vorsehen kann. Dies wäre bei der Anwendbarkeit des Rechts des Staates, in dem der Lizenznehmer seinen Sitz hat, praktisch nicht möglich, da der Lizenzgeber die möglichen verschiedenen Rechtsordnungen nicht absehen könnte.

[1415] Siehe hierzu eingehend *Metzger*, 3 JIPITEC 361 (2012) m. w. N.

[1416] Vgl. nur *MüKo-Spellenberg*, Art. 12 Rom I-VO, Rn. 3.

[1417] So aber *Spindler-Spindler*, S. 185. Es besteht, soweit ersichtlich, keinerlei Rechtsprechung, die eine solche Einordnung stützen würde. Vgl. zu den bisher anerkannten Fallgruppen im Vermögensrecht *von Bar/Mankowski*, S. 725 ff.

[1418] So ist wohl *Sester*, CR 2000, 797, 804, zu verstehen.

[1419] So auch *Hoeren*, CR 2004, 776, 777; *Determann*, GRUR Int. 2006, 645, 649.

rücksichtigt werden. Nach der „Zweistufentheorie" sind internationale
Bezüge des Sachverhalts sowohl auf der Ebene des IPR als auch auf der
Ebene des Sachrechts einzubeziehen.[1420] Anders ergeben die im Vertrag
verwendeten Begriffe oftmals gar keinen Sinn. Dies darf natürlich nicht
so verstanden werden, dass durch die Hintertür der Auslegung doch
wieder US-amerikanisches Recht zur Anwendung kommt. Bedeutung
erlangt dieser Ansatz beispielsweise bei der Auslegung des Begriffs
„distribute" in Ziffer 1 GPL-2.0.[1421]

III. Sonstige Verträge im Zusammenhang mit dem Vertrieb von Open Source Software

Beim Vertrieb von Open Source Software werden in der Regel Verträge   **367**
abgeschlossen, die nicht Open Source Lizenzen zum Inhalt haben. Dies
betrifft vor allem Verträge über den Erwerb der Software bei einem
Zwischenhändler, Supportverträge etc. Wenn beispielsweise ein Käufer
bei einem Einzelhändler eine Programmkopie von GNU/Linux erwirbt,
um diese zu Hause auf seinem Computer bestimmungsgemäß zu benutzen, dann wird die GPL-2.0 nicht Vertragsinhalt. Es handelt sich vielmehr um einen einfachen Kaufvertrag.[1422] Die besonderen Probleme des
internationalen Urheberrechts stellen sich in diesem Fall nicht, das anwendbare Recht ist allein nach den Art. 3 ff. Rom I-VO zu beurteilen.[1423]
Haben beide Parteien ihren Sitz in Deutschland, so richten sich alle
vertragsrechtlichen Fragen, insbesondere die der Haftung und Gewährleistung, ausschließlich nach deutschem Recht, sofern nichts anderes
vereinbart ist. Gleiches gilt für einen Vertrag zwischen einem
Dienstleister und einem Unternehmen über die Erstellung besonderer
Anwendungen für ein Open Source Programm und die Erbringung von
Supportleistungen, wenn der Dienstleister seinen Sitz in Deutschland
hat. Hat der Verkäufer oder Dienstleister dagegen seinen Sitz im Ausland, so kommt in der Regel gem. Art. 4 Abs. 1 lit. a) oder b) Rom I-VO
das Recht am gewöhnlichen Aufenthalt des Verkäufers oder
Dienstleisters zur Anwendung. Freilich gelten auch hier die oben ge-
nannten Besonderheiten bei Verträgen mit Verbrauchern gem. Art. 6
Rom I-VO.

[1420] Speziell für die Vertragsauslegung *MüKo-Spellenberg*, Art. 12 Rom I-VO,
Rn. 25 und 28; *Triebel/Balthasar*, NJW 2004, 2189; grundlegend zur Zweistufentheorie *Jayme*, FS Müller-Freienfels, S. 341, 369 f.; vgl. auch *Siehr*, S. 360 f.; dagegen
Kegel/Schurig, S. 58.
[1421] Vgl. im Einzelnen oben Rn. 29.
[1422] S. o. Rn. 256.
[1423] Ebenso *Deike*, CR 2003, 9, 12.

IV. Entwicklergemeinschaften im internationalen Gesellschaftsrecht

368 Das internationale Gesellschaftsrecht und insbesondere die Frage nach dem auf Entwicklergemeinschaften anwendbaren Recht ist komplex. Dies zeigt sich bereits bei der Bestimmung der Kollisionsnorm.[1424] Das deutsche internationale Gesellschaftsrecht ist traditionell von der sog. Sitztheorie ausgegangen, nach der für die Behandlung von Gesellschaften das Recht am Ort des effektiven Verwaltungssitzes maßgeblich ist.[1425] Der EuGH hat jedoch in den letzten Jahren in einer Reihe von Entscheidungen für den Bereich der Niederlassungsfreiheit der Art. 49, 54 AEUV die sog. Gründungstheorie angewandt, nach der das Recht am Ort der Gründung der Gesellschaft maßgeblich ist, auch wenn die Gesellschaft ihren eigentlichen Sitz in einem anderen Mitgliedstaat hat.[1426] Die Gründungstheorie ist nach dem deutsch-amerikanischen Freundschaftsvertrag aus dem Jahr 1954 auch im Verhältnis zu den USA maßgeblich.[1427] In der Zusammenschau ergibt sich daraus folgende „gespaltene" Anknüpfung: Im Europäischen Wirtschaftsraum sowie im Verhältnis zu den USA ist die Gründungstheorie anzuwenden, im Verhältnis zu Drittstaaten dagegen die Sitztheorie.[1428]

369   Die Anwendung dieser Grundsätze auf Open Source Entwicklungsgemeinschaften wirft naturgemäß Probleme auf. Natürlich ist es für einzelne Entwicklergemeinschaften möglich, den Ort der Gründung oder den Sitz zu lokalisieren. Dies gilt insbesondere für die wenigen, organisatorisch verfestigten Projekte oder Projektverbünde wie etwa die Apache Software Foundation oder die Mozilla Foundation, die nach dem Recht von Delaware bzw. Kalifornien errichtet sind.[1429] Für die Projekte

---

[1424] Zum Folgenden *Palandt-Thorn*, Anh. zu Art. 12 EGBGB, Rn. 1 ff. m. w. N.

[1425] Vgl. BGHZ 53, 181, 183; BGH, NJW 2002, 3539, 3540.

[1426] Insbesondere EuGH, 9.3.1999, Rs. C-212/97 – *Centros*; EuGH, 5.11.2002, Rs. C-208/00 – *Überseering*; EuGH, 30.9.2003, Rs. C-167/01 – *Inspire Art*.

[1427] Art. XXV Abs. 5 des Freundschafts-, Handels- und Schifffahrtsvertrags zwischen der Bundesrepublik Deutschland und den Vereinigten Staaten von Amerika vom 29.10.1954, BGBl. 1956 II S. 488.

[1428] So die h. M., zuletzt ausdrücklich BGH, NJW 2009, 289 – *Trabrennbahn*. Siehe auch *Palandt-Thorn*, Anh. zu Art. 12 EGBGB, Rn. 10. Da es sich bei Entwicklungsgemeinschaften regelmäßig weder um reine Innengesellschaften noch um Gelegenheitsgesellschaften handeln dürfte, ist die mitunter für diese Fälle angenommene Anwendbarkeit des internationalen Vertragsrechts hier nicht weiter zu vertiefen. BGB-Gesellschaften sind, jenseits der genannten Sonderfälle, internationalprivatrechtlich wie juristische Personen zu behandeln. Das Gleiche gilt für Vereine; siehe hierzu *MüKo-Kindler*, IntGesR, Rn. 287 und 315 m. w. N.

[1429] Die Apache Software Foundation ist nach dem Recht von Delaware errichtet, http://www.apache.org/foundation/records/certificate.html, die Mozilla Foundation nach dem Recht von Kalifornien, vgl. http://www.mozilla.org/foundation/.

mit geringerem Organisationsgrad sind die oben genannten Ansätze dagegen unbefriedigend.[1430] So ist bereits zweifelhaft, ob die Gründungs- oder die Sitztheorie anwendbar ist, wenn Teile der Gemeinschaft in den USA und im EWR angesiedelt sind, während andere Programmierer in Indien und Japan arbeiten. Und: Wo liegt der effektive Verwaltungssitz, wo der Ort der Gründung bei einer weltweit verstreuten Community? *Spindler* möchte insoweit auf den Aufenthaltsort desjenigen Gesellschaf- ters abstellen, der den Server kontrolliert, über den die Entwicklungs- gemeinschaft ihre Beiträge austauscht. Dieser Einsatz erscheint jedoch als wenig befriedigend, weil Open Source Projekte oftmals auf den Ser- vern Dritter gehostet werden.[1431] Im Ergebnis wird man bei den nicht organisatorisch verfestigten Entwicklergemeinschaften für die Bestim- mung des Sitzes bzw. des Ortes der Gründung auf den Aufenthaltsort der maßgeblichen Projektmitglieder, insbesondere den oder die „main- tainer" bzw. „project leader(s)" und die Hauptentwickler abstellen müssen. Die Anwendung des deutschen GbR-Rechts dürfte bei einem solchen Ansatz nur in Betracht kommen, wenn alle maßgeblichen Per- sonen – oder zumindest ein erheblicher Teil – ihren gewöhnlichen Auf- enthalt in Deutschland haben.

Schwierige Qualifikationsfragen können sich im Grenzbereich zwi- 370 schen Urheber- und Gesellschaftsrecht ergeben, wenn mehrere Personen als Miturheber an der Schöpfung eines Werkes beteiligt sind. Fragen der Rechtsinhaberschaft und des Inhalts des Urheberrechts, insbesondere der veränderten Geltung der urheberrechtlichen Verbotsrechte gegen- über den anderen Miturhebern, sind urheberrechtlich zu qualifizieren und unterfallen dem Schutzlandprinzip. Alle weiteren Fragen des Innen- und Außenverhältnisses, beispielsweise die Aufteilung der Erträge, Treupflichten oder Wahrnehmungsbefugnisse gegenüber Dritten, sind dagegen gesellschaftsrechtlicher Natur. Man darf sich nicht von dem Umstand in die Irre führen lassen, dass eine Reihe von Urheberrechtsge- setzen – einschließlich des deutschen – für den Fall der Miturheberschaft einen Minimalbestand an gesetzlichen Rechten und Pflichten im Ver- hältnis der Urheber untereinander und gegenüber Dritten vorsehen.[1432] Es handelt sich hierbei um Fragen der körperschaftlichen Verfassung der

---

[1430] In vielen Fällen besitzt ein Open Source Projekt kein eigenes Büro oder sonstige Betriebsmittel. Die Zusammenarbeit erfolgt zumeist rein virtuell über das Internet.
[1431] S. o. Rn. 172.
[1432] Vgl. etwa Art. L. 113-3 des französischen Code de la Propriété Intellectuelle oder Art. 7 des Schweizerischen Urheberrechtsgesetzes. Keine entsprechenden Rege- lungen enthält § 201(c) des US Copyright Act.

Gemeinschaft, nicht aber um solche der Rechtsinhaberschaft oder des Inhalts der Verbotsrechte.[1433]

B. Rechtsvergleichung

371 Wegen der Internationalität der Open Source Community muss sich der deutsche Rechtsanwender darauf einstellen, dass häufig nicht deutsches, sondern ein ausländisches Recht anzuwenden ist. Informationen über die Beurteilung der hier untersuchten Rechtsfragen in anderen Rechtsordnungen sind deswegen von erheblichem praktischen Interesse. Natürlich kann es nicht das Ziel dieses Abschnitts sein, alle Rechtsfragen, die sich bei der Entwicklung und beim Vertrieb Freier Software stellen, nunmehr auch vertieft für andere Rechtsordnungen zu analysieren. Gleichwohl sollen einige Hinweise zu ausgewählten Rechtsordnungen, insbesondere zu ergangenen Gerichtsentscheidungen, zum aktuellen Forschungsstand und zu den in den betreffenden Rechtsordnungen besonders diskutierten Fragestellungen gegeben werden.[1434]

I. USA

372 Open Source Lizenzen werfen im US-amerikanischen Recht weniger Probleme auf als in den kontinentaleuropäischen Rechtsordnungen.[1435] Dementsprechend ging der United States Court of Appeals for the Federal Circuit im Jahr 2008 in *Jacobsen v. Katzer*, der ersten Entscheidung

---

[1433] Zum Teil abweichend *Spindler*, FS Schricker zum 70. Geburtstag, S. 539 ff. (unter H III.).

[1434] Vgl. neben den unten genannten Quellen auch *Barta/Markiewicz*, passim, für das polnische Recht; *Bertani*, passim, und *Ziccardi*, S. 201 ff., für das italienische Recht; *Cepl*, passim, für das tschechische Recht; *Widmer*, passim, für das schweizerische Recht sowie die Länderberichte unter *Van den Brande/Coughlan/Jaeger*, http://ifosslawbook.org/index (17 Rechtsordnungen) sowie bei *Metzger*, Free and Open Source Software (FOSS) and other Alternative License Models (2016, 24 Rechtsordnungen). Siehe auch die auf http://www.ifross.org/ifross_html./links.html gesammelten juristischen Artikel. Zum belgischen Recht siehe *Cool*, Revue du droit des technologies de l'information 2005, N° 21, S. 25; *Van den Brande/Coughlan/Jaeger-Van den Brande* sowie die verschiedenen Beiträge in: *Cool u. a.*, Les logiciels libres face au droit (2005).

[1435] Viele Veröffentlichungen in US law journals behandeln denn auch eher die Sinnhaftigkeit der einzelnen Lizenzmodelle, als konkrete Rechtsfragen zu analysieren, siehe etwa *Rehm*, 10 Wake Forest Intell. Prop. L.J. 289 (2010); *Vetter*, 77 Fordham L. Rev. 2087 ff. (2009); rechtsvergleichend *Meyer*, S. 137 ff. Eine Rechtsprechungsübersicht findet sich bei *Meeker*, 4 Hastings Sci. & Tech. L.J. 267 (2012).

zur Wirksamkeit von Open Source Lizenzen in den USA,[1436] ohne Weiteres von der Wirksamkeit der Artistic License, Version 1, und der Bindung der Lizenznehmer an die Pflichten aus.[1437] Im Mittelpunkt der Entscheidung stand die Rechtsfolge bei Verstößen gegen die Lizenzbestimmungen und die Frage, ob es sich bei den Bestimmungen der Artistic License um bloß vertragsrechtliche „*covenants*" handelt, mit der Folge, dass ein Verstoß als bloße Vertragsverletzung einzuordnen ist, oder ob es sich um Bedingungen (*„conditions"*) der Lizenzerteilung selbst handelt, so dass ein Verstoß zu einer Urheberrechtsverletzung führt. Das Gericht schloss sich hier der Auffassung der Kläger an und nahm eine Urheberrechtsverletzung an. Der Lizenztext lasse klar erkennen, dass die Lizenz insoweit bedingt erteilt worden sei. Verstöße gegen solche Lizenzbestimmungen verletzten zugleich das Urheberrecht des Lizenzgebers. Anders als im Schrifttum zum Teil angenommen,[1438] kann der Entscheidung nicht entnommen werden, dass das Gericht eine Einordnung von Open Source Lizenzen als Vertrag ablehnt und der Annahme einer bloß einseitig erteilten Lizenzerteilung zuneigt.[1439] Die Frage war bereits vor *Jacobsen v. Katzer* in den USA umstritten und dürfte dies auch weiter bleiben.[1440] Umstritten bleiben dürfte auch die Frage, ob jede Verletzung von Lizenzbestimmungen zugleich eine Urheberrechtsverletzung darstellt oder ob allein vertragsrechtliche Rechtsfolgen ausgelöst werden.[1441] Die Entscheidung ist auch von Interesse, weil sich die Richter in der Urteilsbegründung erstaunlich aufgeschlossen für das Lizenzmodell Open Source insgesamt zeigten: „*Open source licensing has become a widely used method of creative collaboration that serves to advance the arts and sciences in a manner and at a pace that few could have imagined just a few decades ago.*" Dementsprechend dürfte es für künftige Fälle unwahrscheinlich sein, dass Gerichte den Lizenzen eine rechtliche

---

[1436] *Majerus*, passim, und *Wacha*, 21 Santa Clara Computer & High Tech L.J. 451, 469 ff. (2005), berichten von älteren Fällen, in denen die Gerichte inzident von der Wirksamkeit der GPL ausgegangen sind. Zu aktuellen Fällen, die außergerichtlich beigelegt wurden siehe *Walsh/Tibbets*, 22 Intell. Prop. & Tech. L.J. 9 (2010).

[1437] 535 F.3d 1373 (Fed. Cir. 2008) IIC 2009, 345 mit Anm. *Jaeger/Gebert*.

[1438] So etwa *Lejeune*, CRi 2009, 15, 19.

[1439] Wie hier *Earl*, 77 U. Cin. L. Rev. 1605, 1613 (2009); *Gomulkiewicz*, 17 Tex. Intell. Prop. L.J. 335, 343 (2009).

[1440] Für die Einordnung als Vertrag *Gomulkiewicz*, 36 Houston L. Rev. 179, 189 ff. (1990); *Lee*, S. 70 ff.; *McGowan*, 2001 U. Ill. L. Rev, 241, 289 ff.; *Wacha*, 21 Santa Clara Computer & High Tech L.J. 451, 456 und 473 ff. (2005), sowie aus dem jüngeren Schrifttum *Azzi*, 2010 U. Ill. L. Rev. 1271, 1283 ff. jeweils m. w. N. zu den Einzelfragen der Rechtsgeschäftslehre; für die einseitige Lizenz *Moglen*, Enforcing the GPL I, Abs. 4; *Kumar*, 2006 U. Ill. J.L. Tech. & Pol'y 1.

[1441] *Metzger-Maggs*, S. 479, 482 f. unter Verweis auf MDY Industries v. Blizzard Entertainment, 629 F. 3d 928 (9th Cir. 2010). Siehe hierzu auch *Gomulkiewicz*, 14 Yale J. L. & Tech. 106 (2011).

Bindungswirkung absprechen.[1442] In *Busybox v. Westinghouse* folgte 2010 die erste gerichtliche Durchsetzung der GPL-2.0 durch den United States District Court for the Southern District of New York.[1443] Auch wenn es sich um ein Versäumnisurteil handelt, ist die Entscheidung doch aussagekräftig, weil das Gericht die Beklagte wegen der Nichteinhaltung der Lizenzbestimmungen zu Schadensersatz nach dem US Copyright Act verurteilte. Weitere Verfahren, die Verletzungen der GPL-2.0 zum Gegenstand hatten, wurden durch Vergleich beendet.[1444]

Die zwischenzeitlich erfolgte gerichtliche Anerkennung des Lizenzmodells ist wenig überraschend, weil auch im Schrifttum bereits zuvor von der rechtlichen Tragfähigkeit des Lizenzmodells ausgegangen wurde.[1445] Die in den kontinentaleuropäischen Rechtsordnungen diskutierten besonderen Probleme des Urheberrechts und insbesondere des Urhebervertragsrechts scheinen sich nach dem US Coypright Act von 1976 nicht zu stellen.[1446] Geht man jedoch mit einem Teil der US-amerikanischen Literatur davon aus, dass es sich bei Open Source Lizenzen um Lizenzverträge und nicht um eine bloß einseitig erteilte urheberrechtliche Verfügungen handelt,[1447] so müssen die für die Wirksamkeit eines Vertrags üblichen Voraussetzungen von *offer, acceptance* und *consideration* erfüllt sein. Umstritten ist dabei das Merkmal der *consideration*, wonach ein Vertrag nur beim Vorliegen einer (typischerweise geldwerten) Gegenleistung wirksam ist. Allerdings sind die Anforderungen hier gering.[1448] Zudem bietet die Argumentation des Gerichts in *Jacobsen v. Katzer* entscheidende Anhaltspunkte, worin bei Open Source Lizenzen

---

[1442] So auch *Arne*, 996 PLI/Pat 19, 25 f.; *Earl*, 77 U. Cin. L. Rev. 1605, 1625 (2009); *Rehm*, 10 Wake Forest Intell. Prop. L.J. 289, 311 (2010).

[1443] http://sfconservancy.org/docs/2010-07-27_dj-opinion.pdf.

[1444] Siehe insbesondere die verschiedenen Verfahren in Sachen *Ximpleware v. Versata* und *Versata v. Ameriprise*; hierzu *Haapanen*, IFOSSLR 7 (1), 2015, 19; *Jakob*, Versata saga settled with prejudice, http://www.ifross.org/artikel/versata-saga-settled-prejudice-1, m. w. N.

[1445] Vgl. *Lee*, S. 70 ff., insb. S. 93 f.; *McGowan*, 2001 U. Ill. L. Rev, 241, 289 ff.; *Moglen*, Enforcing the GPL II, passim; *Wacha*, 21 Santa Clara Computer & High Tech L.J. 451 (2005); *Rosen*, passim. Für eine bloß nicht-rechtliche Bindung der „community" plädiert *Merges*, 12 Berkeley Tech. L.J. 115, 129 (1997); kritisch insbesondere im Hinblick auf Copyleft-Klauseln *Nadan*, 10 Tex. Intell Prop. L.J. 349, 369 (2002), und *Vetter,* 36 Rutgers Law Journal 53 (2004); vgl. auch die eher rechtspolitisch orientierten Beiträge von *Hill*, 1999 Utah L. Rev. 797; *Zittrain*, 71 U. Chi. L. Rev 265 (2005).

[1446] *Wacha*, 21 Santa Clara Computer & High Tech L.J. 451, 462 ff. (2005), und *Lee*, S. 57 ff. diskutieren eingehend, ob die GPL bzw. Open Source Lizenzen mit den Vorschriften des US-Copyright Act vereinbar sind und bejahen dies.

[1447] Siehe die Nachweise oben Fn. 1219.

[1448] Dies räumt auch *Azzi*, 2010 U. Ill. L. Rev. 1271, 1285, ein; s. a. *Metzger-Maggs*, S. 479, 484 f.

die *consideration* bestehen kann, nämlich in der Verpflichtung des Lizenznehmers, die Bestimmungen der Lizenz einzuhalten.[1449]

Anders als im deutschen Recht werden die Haftungs- und Gewährleistungsausschlüsse unter Hinweis auf die liberalen Vorschriften des *Uniform Commercial Code (UCC)* als grundsätzlich wirksam bewertet.[1450] Dass der UCC entsprechende Ausschlussklauseln anerkennt, bedeutet freilich nicht, dass sich nicht aus dem allgemeinen Privatrecht und den Verbraucherschutzvorschriften einzelner Bundesstaaten im Einzelfall etwas anderes ergeben kann.[1451]

Starken Widerhall hat im jüngeren US-Schrifttum die GPL-3.0 gefunden. Besonderes Interesse gilt dabei den Patentbestimmungen in Ziffer 11 GPL-3.0[1452] sowie der Copyleft-Klausel in Ziffer 5 c) GPL-3.0.[1453]

II. Vereinigtes Königreich

Im Hinblick auf das Urheberrecht und das allgemeine Vertragsrecht gehen 373 die wenigen Stellungnahmen zum britischen Recht von der grundsätzlichen Wirksamkeit von Open Source Lizenzen aus.[1454] In Zweifel gezogen wird lediglich die Wirksamkeit der Gewährleistungs- und Haftungsausschlüsse im Hinblick auf die *„Unfair Terms in Consumer Contracts Regulations"* aus dem Jahr 1999, welche die EG-Klauselrichtlinie[1455] aus dem

---

[1449] Dort heißt es: *„The lack of money changing hands in open source licensing should not be presumed to mean that there is no economic consideration, however. There are substantial benefits, including economic benefits, to the creation and distribution of copyrighted works under public licenses that range far beyond traditional license royalties. (...) The choice to exact consideration in the form of compliance with the open source requirements of disclosure and explanation of changes, rather than as a dollar-denominated fee, is entitled to no less legal recognition."* Ähnlich auch *Earl*, 77 U. Cin. L. Rev. 1605, 1619 (2009); anders aber *Kumar*, 2006 U. Ill. J.L. Tech. & Pol'y 1, 19 ff.

[1450] So ausdrücklich *Wacha*, 21 Santa Clara Computer & High Tech L.J. 451, 472 f. (2005) unter Hinweis auf § 2-316 Abs. 2 Uniform Commercial Code (UCC); vgl. § 2-312 Abs. 2 UCC, zum Ausschluss der Rechtsmängelgewährleistung; siehe auch die Grenzen der Zulässigkeit entsprechender *„disclaimer"*, die *Maher*, 10 Fordham Intell. Prop. Media & Ent. L. J. 619, 691 ff. (2000) herausarbeitet.

[1451] Vgl. *D.M. Kennedy*, 20 St. Louis U. Pub. L. Rev. 345, 374 f. (2009); s. a. *Metzger-Maggs*, S. 479, 488.

[1452] Siehe etwa *Vetter*, 77 Fordham L. Rev. 2087, 2100 ff. (2009), der noch weiter reichende Pflichten von Patentinhabern diskutiert.

[1453] Siehe *Morgan*, 27 J. Marshall J. Computer & Info. L. 349, 391 ff. (2010).

[1454] Vgl. *Guadamuz González*, 2004 EIPR, 331 ff.; *O'Sullivan*, 2004, EIPR, 340 ff.; *Van den Brande/Coughlan/Jaeger-Katz/Mitchell*, International FOSS Law Book, Chapter 16.

[1455] EG-Richtlinie über missbräuchliche Klauseln in Verbraucherverträgen v. 5.4. 1993, ABl. Nr. L 95 v. 21.4.1993, S. 29.

Jahr 1993 umgesetzt haben.[1456] Ähnlich der Diskussion in den USA wird auch im Vereinigten Königreich die Charakterisierung von Open Source Lizenzen als Verträge in Frage gestellt.[1457] Insbesondere erscheint als zweifelhaft, ob englische Gerichte das Erfordernis der *consideration* bejahen würden.[1458] Probleme hinsichtlich einer Verletzung von *moral rights* werden verneint.[1459] Gerichtsentscheidungen sind bislang nicht bekannt geworden.[1460]

III. Frankreich

374   Im französischen Recht ergeben sich einige zusätzliche Probleme im Vergleich zum deutschen Recht, und zwar einerseits aufgrund der französischen Sprachpolitik, andererseits aufgrund des stark ausgeprägten Urheberschutzes nach dem Code de la Propriété Intellectuelle (CPI).[1461] So wird vertreten, dass die Abfassung der meisten Open Source Lizenzen in englischer Sprache gegen die *„Loi Toubon"* und die dort vorgesehenen Verpflichtungen im Hinblick auf die Verwendung der französischen Sprache in Vertragsangeboten verstoße.[1462] Aus urheberrechtlicher Sicht wird eingewandt, dass die Lizenzen die von Art. L. 131-3 CPI[1463] gefor-

---

[1456] Vgl. *Guadamuz González,* 2004 EIPR, 331, 335.

[1457] Siehe K*atz,* bei Fn. 37

[1458] *Metzger-McDonagh,* S. 463, 468 f.

[1459] Siehe K*atz,* bei Fn. 40.

[1460] Siehe *Metzger-McDonagh,* S. 463, 464.

[1461] Vgl. *Azzaria,* Les Cahiers de Propriété Intellectuelle 2004, 405; *Caron, D.* 2003, 1556; *Clément-Fontaine,* 1 ff.; *Rénard,* Petites Affiches 2000, N° 205, 17 ff.; *Rojinsky/Grynbaum,* Propriétés Intellectuelles, Juillet 2002 N° 4, 28; *Sédallian,* S. 1 ff. ; *Van den Brande/Coughlan/Jaeger-Perbost/Walter,* International FOSS Law Book, Chapter 4.

[1462] Vgl. *Caron, D.* 2003, 1556, 1557; *Rojinsky/Grynbaum,* Propriétés Intellectuelles, Juillet 2002 N° 4, 28, 30. Art. 24 der Loi n° 94–665 du 4 août 1994 und der weiterhin gültige Art. 2 der Loi n° 75–1349 du 31 décembre 1975 schreiben die Verwendung der französischen Sprache in Vertragsangeboten als zwingend vor. Die Unwirksamkeit von Verträgen, die hiergegen verstoßen, dürfte sich aus Art. 20 der Loi du 4 août 1994 i. V. m. Art. 1133 Code civil ergeben. In einem Circulaire du 19 mars 1996 des Premierministers finden sich allerdings Einschränkungen für den Unternehmensverkehr. *Clément-Fontaine,* S. 24, plädiert für eine Ausnahme für internationale Verträge und Open Source Lizenzen. Siehe auch *Metzger-Binctin,* S. 185, 193, der die Verwendung der englischen Sprache zumindest im Unternehmensverkehr zulassen möchte.

[1463] *„La transmission des droits de l'auteur est subordonnée à la condition que chacun des droits cédés fasse l'objet d'une mention distincte dans l'acte de cession et que le domaine d'exploitation des droits cédés soit délimité quant à son étendue et à sa destination, quant au lieu et quant à la durée."* (Die Übertragung von Rechten des Urhebers setzt als Bedingung voraus, dass jedes der übertragenen Rechte im Einzelnen in der Übertragungsvereinbarung genannt wird und dass der Bereich der Verwertung der übertragenen Rechte begrenzt ist nach Umfang und Bestimmung, sowie räumlich

derten Einschränkungen der Nutzungsrechtseinräumung in sachlicher, räumlicher und zeitlicher Hinsicht vermissen lassen und dementsprechend vom Lizenzgeber einseitig für unwirksam erklärt werden können.[1464] Dem wird allerdings mit Blick auf die Rechtsprechung der Cour de Cassation entgegengehalten, dass die Vorschrift auf Software-Lizenzverträge keine Anwendung finde.[1465] Bemängelt wird zudem, dass sich der Lizenznehmer bei Copyleft-Lizenzen zur Lizenzierung etwaiger Bearbeitungen verpflichte, was zwangsläufig eine Verfügung über künftige Rechte mit sich bringe. Entsprechende Klauseln seien nach französischem Urheberrecht (Art. L. 131-1 CPI[1466]) unwirksam.[1467] Auch wird auf den Konflikt zwischen dem „Droit moral" des Programmierers (Art. L. 121-7 CPI) und der Veränderungsfreiheit der Nutzer hingewiesen.[1468] Besonderes Augenmerk verdient schließlich die 2006 in das Gesetz aufgenommene ausdrückliche Anerkennung der Freiheit des Urhebers, sein Werk der Allgemeinheit kostenlos zur Verfügung zu stellen (Art. 122-7-1 CPI),[1469] was als ausdrückliche Anerkennung des Open Source Lizenzmodells verstanden wird.[1470]

Haftungs- und Gewährleistungsausschlüsse erweisen sich im französischen Recht, jedenfalls in Teilbereichen, offenbar als weniger problematisch als bei Anwendung des deutschen Vertragsrechts. Zwar wird der Ausschluss der allgemeinen Vertragshaftung, wie beispielsweise in Ziffer 12 GPL-2.0, im Verhältnis Unternehmer – Verbraucher gem.   375

---

und zeitlich.) Die französische Rechtslehre wendet diese Vorschrift auch auf nicht-exklusive Lizenzen an, vgl. *Lucas/Lucas*, Rn. 492, Fn. 97; *Gautier*, Rn. 261.

[1464] Vgl. *Azzaria*, Les Cahiers de Propriété Intellectuelle 2004, 405, 423; *Caron*, D. 2003, 1556, 1558; *Rojinsky/Grynbaum*, Propriétés Intellectuelles, Juillet 2002 N° 4, 28, 32 ff.

[1465] So ausdrücklich *Debiès*, 2 unter Berufung auf Cass., 21 nov 2006, no 05-19.294, Juris-Data no 2006-036062 – *Emmanuel Chaussade/Sté EOS SA;* dagegen *Van den Brande/Coughlan/Jaeger-Perbost/Walter*, International FOSS Law Book, Chapter 4, die allerdings von einem pragmatischen Umgang der Gerichte mit der Vorschrift berichten.

[1466] *„La cession globale des œuvres futures est nulle."*

[1467] Vgl. *Caron*, D. 2003, 1556, 1558.

[1468] Ausführlich *Caron*, D. 2003, 1556, 1559, und *Rojinsky/Grynbaum*, Propriétés Intellectuelles, Juillet 2002 N° 4, 28, 36 f.; s. a. *Van den Brande/Coughlan/Jaeger-Perbost/Walter*, International FOSS Law Book, Chapter 4.

[1469] *„L'auteur est libre de mettre ses œuvres gratuitement à la disposition du public, sous réserve des droits des éventuels coauteurs et de ceux des tiers ainsi que dans le respect des conventions qu'il a conclues."* (Der Urheber kann seine Werke unentgeltlich der Allgemeinheit zur Verfügung stellen, sofern die Rechte von Miturhebern und von Dritten gewahrt und die vom Urheber geschlossenen Verträge beachtet werden.)

[1470] So *Van den Brande/Coughlan/Jaeger-Perbost/Walter*, International FOSS Law Book, Chapter 4; s. a. *Huet*, S. 239 ff.

Art. 132-1 Code de la Consommation als unwirksam eingestuft.[1471] Bei Verträgen zwischen Unternehmen und bei Verträgen zwischen Privatpersonen werden entsprechende Klauseln zum Teil aber für möglich gehalten.[1472] Auch wird vertreten, dass die gesetzliche Sachmängelgewährleistung *(„vice caché")* auf die kostenlose Überlassung von Software keine Anwendung findet, so dass in diesem Fall entsprechende Ausschlussklauseln in den Lizenzen als wirksam behandelt werden können.[1473] Zum Teil wird dies lediglich für den Rechtsverkehr zwischen Unternehmen der „gleichen Spezialisierung" bejaht.[1474] Im Bereich der Rechtsmängelhaftung sind dagegen keine vertraglichen Abweichungen vom allgemeinen Rechtsgrundsatz der Garantiehaftung (vgl. Art. L. 132-8 CPI, Art. 1626 Code Civil) möglich, so dass auch bei einer unentgeltlichen Rechtseinräumung von einer entsprechend weitgehenden Haftung des Lizenzgebers auszugehen ist.[1475]

Die geäußerten Zweifel an der Wirksamkeit einzelner Bestimmungen bzw. ganzer Lizenzverträge haben die französischen Gerichte bislang nicht daran gehindert, Open Source Lizenzen als wirksam zu behandeln. Bisher sind zwei Entscheidungen französischer Gerichte bekannt geworden. In der Entscheidung *Educaffix/CNRS*[1476] des TGI Paris aus dem Jahr 2007 stand die Wirksamkeit der GPL-2.0 nur inzident in Frage. Im zugrunde liegenden Fall hatte CNRS an Educaffix ein Programm lizenziert, in dem sich Code-Bestandteile eines Programms fanden, an denen die Standford University die Urheberrechte hielt und die auf Grundlage der GPL-2.0 lizenziert waren. Educaffix konnte deswegen erfolgreich vom Lizenzvertrag zurücktreten. Auch wenn die Wirksamkeit der GPL-2.0 damit nicht Gegenstand des Verfahrens war, ist doch beachtlich, dass das Gericht die GPL-2.0 wie einen wirksamen Lizenzvertrag beschreibt.[1477]

Größeres Gewicht kommt der Entscheidung der Cour d'Appel de Paris aus dem Jahr 2009 in Sachen *AFPA/Edu4* zu.[1478] Die Entscheidung ist von hervorgehobener Bedeutung, weil das Berufungsgericht die Wirk-

---

[1471] *Rojinsky/Grynbaum*, Propriétés Intellectuelles, Juillet 2002 N° 4, 28, 35; *Van den Brande/Coughlan/Jaeger-Perbost/Walter*, International FOSS Law Book, Chapter 4.

[1472] Vgl. *Sédallian*, S. 10 ; zurückhaltend *Metzger-Binctin*, S. 185, 195.

[1473] *Huet*, S. 239, 250 ff.; *Sédallian*, S. 12; *Clément-Fontaine*, S. 34.

[1474] So *Rojinsky/Grynbaum*, Propriétés Intellectuelles, Juillet 2002 N° 4, 28, 35.

[1475] *Sédallian*, S. 14; *Clément-Fontaine*, S. 33.

[1476] TGI Paris, 28.3.2007, Gaz. Pal., n° 22, 22.1.2008, p. 35 – *Educaffix/ CNRS*.

[1477] Siehe hierzu auch *Ker*, passim sowie *Van den Brande/Coughlan/Jaeger-Perbost/Walter*, International FOSS Law Book, Chapter 4.

[1478] CA Paris, 16.9.2009, RG n° 04/24298 – *AFPA/Edu 4* (https://www.neufbox4. org/wiki/index.php?title=Arr%C3%AAt_du_16_septembre_2009_-_Cour_d%27Appel_de_Paris_-_P%C3%B4le_5_Chambre_10_-_RG_n%C2%B004/24298).

samkeit der GPL-2.0 im Verhältnis zwischen Unternehmen bestätigte. Die Entscheidung ist zudem von Interesse, weil das Gericht dem Erwerber eines unter der GPL lizenzierter Software einen direkten Anspruch auf Herausgabe des Quellcodes und weiterer Informationen gegen den Distributor des Programms zusprach. Ein solcher direkter Anspruch eines nicht an dem Vertrag zwischen Lizenzgeber und Lizenznehmer beteiligten Dritten ist, soweit ersichtlich, bislang nur in Frankreich gerichtlich anerkannt.[1479]

IV. Österreich

Grundsätzlich ist von einer Vereinbarkeit der Open Source Lizenzen mit dem österreichischen Recht auszugehen, wobei zahlreiche Parallelen zum deutschen Recht bestehen. In Österreich[1480] stellt sich allerdings das Problem der Rechtseinräumung im Hinblick auf unbekannte Nutzungsarten nicht in gleicher Weise wie in Deutschland.[1481] Das österreichische Urheberrecht kennt keine dem deutschen § 31 Abs. 4 UrhG a. F. vergleichbare gesetzliche Regelung, zudem hat der OGH entschieden, dass die Zweckübertragungslehre in Österreich keine Geltung beanspruchen kann.[1482] Die Frage, ob eine Einräumung von Rechten an noch nicht bekannten Nutzungsarten zulässig ist, hat die Rechtsprechung bislang ausdrücklich offengelassen.[1483] Im Schrifttum ist die Frage umstritten, so dass jedenfalls nach einem Teil des Schrifttums entsprechende Rechtseinräumungen zulässig sind.[1484] Dagegen ergeben sich durch die Veränderungsfreiheit der Lizenznehmer nach den Open Source Lizenzen auch im österreichischen Urheberrecht Konflikte mit dem Urheberpersönlichkeitsrecht (vgl. § 21 Abs. 3 öUrhG).[1485] **376**

In vertragsrechtlicher Hinsicht ist von besonderem Interesse, dass die Haftungs- und Gewährleistungsausschlüsse in Open Source Lizenzen, insbesondere in Ziffer 11 und 12 GPL-2.0, bei der kostenlosen Überlassung der Software weniger problematisch zu sein scheinen als im deutschen Recht. Da eine Sachmängelgewährleistung nur bei der entgeltlichen Überlassung geschuldet ist (vgl. §§ 922 und 938 ABGB), gibt **377**

[1479] Vgl. die Debatte in Deutschland über die Einordnung der GPL-2.0 als Vertrag zugunsten Dritter gem. § 328 BGB, s. o. Rn. 36.

[1480] Vgl. *Schweighofer/Menzel/Kreuzbauer-Jakob*, S. 69 ff.; *Küng*, MR 2004, 21 ff.; *Wiebe/Prändl*, ÖJZ 2004, 628 ff.; *Andréewitch*, MR 2005, 36 ff.

[1481] Vgl. hierzu eingehend *Küng*, MR 2004, 21, 27 f.

[1482] OGH, MR 1993, 187.

[1483] OGH, MR 1998, 287.

[1484] So etwa *Dittrich*, ecolex 2002, 892.

[1485] Vgl. *Küng*, MR 2004, 21, 17.

Ziffer 11 insoweit lediglich die gesetzliche Lage wieder.[1486] Dies gilt auch, wenn der Erwerber Verbraucher ist, da der Verbraucherschutz lediglich an die – bei der Schenkung ja gerade inexistente – gesetzliche Sachmängelgewährleistung anknüpft.[1487] Der Haftungsausschluss in Ziffer 12 ist gem. § 915 ABGB, erster Satzteil, dahingehend auszulegen, dass die Haftung bei unentgeltlicher Weitergabe auf Vorsatz und grobe Fahrlässigkeit beschränkt ist.[1488]

V. Niederlande

378   In den Niederlanden[1489] unterliegt die Einräumung von Nutzungsrechten keinen Einschränkungen oder Formerfordernissen, allerdings werden Lizenzverträge im Zweifel zugunsten des Urhebers restriktiv ausgelegt. Dies könnte im Konfliktfall zu einer engen Auslegung der Rechtseinräumung in Open Source Lizenzen führen, sofern die umfassten Nutzungsrechte nicht im Einzelnen bezeichnet wurden.[1490] Für die schlichte Benutzung des Programms ist kein Lizenzvertrag erforderlich.[1491] Es wird des Weiteren darauf hingewiesen, dass Programmänderungen durch die Lizenznehmer zu einer Verletzung des Urheberpersönlichkeitsrechts (Art. 25 Auteurswet) führen können.[1492]

379   In vertragsrechtlicher Hinsicht ist von Interesse, dass die Verwendung englischsprachiger allgemeiner Geschäftsbedingungen weniger Probleme bereitet als nach deutschem Recht.[1493] Möglich ist auch die stillschweigende Annahme eines Lizenzvertrags durch Vornahme von Benutzungshandlungen.[1494] Der Ausschluss der Gewährleistung in Open Source Lizenzen wird als wirksam erachtet, da die gesetzlichen Gewährleistungsansprüche nur auf entgeltliche Softwareüberlassungsverträge anzuwenden sind, während die Lizenzierung von Open Source grundsätzlich unentgeltlich er-

---

[1486] Eingehend *Wiebe/Prändl*, ÖJZ 2004, 628, 635 f.

[1487] *Wiebe/Prändl*, ÖJZ 2004, 628, 636.

[1488] *Wiebe/Prändl*, ÖJZ 2004, 628, 636.

[1489] Vgl. *Guibault/van Daalen*, passim; *Koelman*, Informatierecht 2000, 149; *ders.*, Computerrecht 2004, 230; *Thole/Seinen*, Computerrecht 2004, 221; *Visser*, JAVI oktober 2004, n° 5, 186; *dies.*, Computerrecht 2004, 226, sowie *Van den Brande/Coughlan/Jaeger-Dammers/van Kerkvoorden*, International FOSS Law Book, Chapter 9.

[1490] *Guibault/van Daalen*, S. 84 f.; siehe jetzt auch *Metzger-Guibault/Salamanca*, S. 311, 321.

[1491] Siehe *Engelfriet*, Computerrecht 2007, 229, 231 f.

[1492] *Guibault/van Daalen*, S. 88 ff.; *Dammers/van Kerkvoorden*, Abschnitt „Moral rights"; für einen konkludenten Verzicht *Koelman*, Computerrecht 2004, 230, 232.

[1493] *Guibault/van Daalen*, S. 46; vgl. aber auch *Visser*, JAVI oktober 2004, n° 5, 186, 187; zum Vertragsschluss vgl. auch *Koelman*, Informatierecht 2000, 149, 152.

[1494] *Dammers/Weij*, S. 162; *Engelfriet*, Computerrecht 2007, 229, 232.

folgt.[1495] Als problematisch erweisen sich dagegen allgemeine Haftungsausschlussklauseln wie in Ziffer 12 GPL-2.0. Jedenfalls für Vorsatz und
grobe Fahrlässigkeit kann auch im niederländischen Recht die Haftung
nicht ausgeschlossen werden, so dass zumindest der letzte Halbsatz der
Klausel *("even if such holder or other party has been advised of the possi-
bility of such damages")* als unwirksam beurteilt wird.[1496] Im Einzelfall,
insbesondere wenn die Software nicht unentgeltlich überlassen wird, kann
sich auch die gesamte Haftungsausschlussklausel nach den Vorschriften
über allgemeine Geschäftsbedingungen im *Burgerlijk Wetboek* als unwirksam erweisen; dies gilt auch im Unternehmensverkehr.[1497]

Gerichtsentscheidungen, die Open Source Lizenzen zum Gegenstand
hatten, sind in den Niederlanden bislang nicht bekannt geworden. Allerdings liegt eine Entscheidung der Rechtbank Amsterdam vor, in welcher
eine Creative Commons Lizenz als wirksamer Lizenzvertrag eingestuft
wurde.[1498] Dies lässt entsprechendes für Open Source Lizenzen erwarten.

C. Universelle, länderspezifische und europäische Lizenzen

I. Universelle Lizenzen

Freie Software wird heute weltweit entwickelt und vertrieben. Gerade   380
bei großen Projekten können die Entwickler und die Nutzer über die
ganze Welt verstreut sein, was schwierige Probleme bei der Bestimmung
des anwendbaren Rechts und bei der Auslegung der Lizenzen mit sich
bringt.[1499] Die frühen Lizenzen, etwa die GPL-2.0 oder die BSD-Lizenz,
sind über diese Probleme schweigend hinweggegangen, haben Rechts-
wahlklauseln vermieden und sich einer generischen, allgemeinen Sprache
bedient, die allerdings den US-amerikanischen Hintergrund immer wieder durchscheinen lässt. Geht man von den hergebrachten Prinzipien des
internationalen Privatrechts aus und beurteilt die einzelnen Klauseln
anhand einer oder mehrerer staatlicher Rechtsordnungen, etwa dem

---

[1495] *Guibault/van Daalen*, S. 57; *Lagemaat/de Vilder*, 133 ff.; auch *Thole/Seinen*,
Computerrecht 2004, 221, 225, schlagen für die kostenlose Überlassung einen groß-
zügigeren Maßstab vor; im Ergebnis ebenso für den Unternehmensverkehr *Dam-
mers/Weij*, S. 163.

[1496] *Guibault/van Daalen*, S. 58; *Dammers/van Kerkvoorden*, Abschnitt „Waiver
and liability"; *Thole/Seinen*, Computerrecht 2004, 221, 224; *Visser*, Computerrecht
2004, 226, 228.

[1497] *Guibault/van Daalen*, S. 60.

[1498] Siehe Rechtbank Amsterdam, 9.3.2006, 334492/KG 06-176 SR – *Curry/Audax*
(http://www.rechtspraak.nl).

[1499] Siehe hierzu oben Rn. 364.

deutschen Recht, so führt dies zu den in diesem Buch ausführlich be-
handelten Schwierigkeiten. Dieser Befund sollte aber nicht darüber hin-
wegtäuschen, dass dieser frühe Ansatz zugleich die Vorstellung universell einheitlicher Vertragsregelungen in sich trägt, wie sie auch im
internationalen Handelsrecht unter der Bezeichnung „lex mercatoria"
für die internationalen Usancen und Standardverträge der Händler diskutiert wird.[1500] Man würde den Autoren der älteren Open Source Lizenzen deswegen sicher Unrecht tun, wenn man diese als alleine auf das
US-amerikanische Recht ausgerichtet bezeichnen würde. In jüngerer Zeit
hat man die Bemühungen um die Verwendung einer neutralen, auf keine
spezische Rechtsordnung bezogenen Lizenzgestaltung verstärkt. So hat
sich die FSF explizit darum bemüht, bei der Entwicklung der GPL-3.0
die internationalen Aspekte und die Auswirkungen in anderen Staaten
zu berücksichtigen, um den Bestand der Lizenz auch in anderen Rechtsordnungen zu sichern. Gleichwohl ist vielen Lizenzen der US-amerikanische Hintergrund noch heute deutlich anzumerken. Vor diesem
Hintergrund ist in den letzten Jahren verstärkt an alternativen Strategien
für den Umgang mit der länderübegreifenden Entwicklung und Nutzung
von Freier Software gearbeitet worden.[1501]

II. International Commons

381   Im Hinblick auf die Internationalisierung von Lizenzen lohnt sich der
Blick auf das benachbarte Creative Commons Projekt. Creative Commons
hat schon recht früh eine entsprechende Initiative gestartet, International
Commons oder CC Affiliate Network.[1502] Die Creative Commons Lizenzen waren zunächst, insofern den Open Source Lizenzen vergleichbar, nur
in englischer Sprache verfügbar.[1503] Der US-amerikanische Hintergrund
der Originallizenzen ist kaum zu leugnen. Erst im Nachhinein entschloss
man sich, weitere, auf die jeweiligen Eigenheiten der nationalen Rechtsordnungen zugeschnittene Landeslizenzen zu erstellen. Zwischenzeitlich
lagen für ca. 70 Rechtsordnungen angepasste Lizenzversionen 3.0 der
Creative Commons Lizenzen vor.[1504] Seit der Lizenzversion 4.0 hat man
das Modell der Landeslizenzen aber wieder aufgegeben und ist zum ursprünglichen Ansatz universell einheitlicher Lizenzen – diese heißen bei
Creative Commons „Unported" und „International" – zurückgekehrt.

[1500] Siehe hierzu *Metzger*, 3 JIPITEC 361 (2012) m. w. N.
[1501] Vgl. etwa *Metzger*, Freie Software, Open Content, S. 253, 264; *Guibault/van Daalen*, S. 117 f.
[1502] Siehe http://creativesommons.org/affiliates; vgl. hierzu eingehend *Dreier*, FS Schricker zum 70. Geburtstag, S. 283, 288 ff.
[1503] Ausführlich dazu *Maracke*, 1 JIPITEC 4 (2010).
[1504] Stand: 28.1.2011.

Die Initiative und die Schwierigkeiten einer Verwendung nationaler Lizenzversionen sollen hier dennoch kurz vorgestellt werden, weil sie als ein denkbares Modell für die Internationalisierung von Open Source Lizenzen herangezogen werden könnte.

Rechtsinhaber, die eine Creative Commons Lizenz 3.0 für die Lizenzierung eines Werkes nutzen möchten, werden am Anfang des Lizenzierungsprozesses nach der gewünschten Jurisdiktion gefragt und dann automatisch auf die jeweilige Lizenzversion weitergeleitet.[1505] Die einzelnen Lizenzversionen unterscheiden sich nicht nur in sprachlicher Hinsicht, sondern auch in rechtlichen Einzelfragen. Die deutschen Creative Commons Lizenzen 3.0 folgen inhaltlich dennoch weitestgehend dem englischsprachigen Original, modifizieren die Lizenzen aber im Hinblick auf die Anforderungen des deutschen Urheber- und Vertragsrechts. So ist insbesondere ein ausdrücklicher Vorbehalt des Droit moral vorgesehen, trotz der gleichwohl gewährten Veränderungsfreiheit der Nutzer bei den meisten Lizenztypen. Die eingeräumten Nutzungsrechte werden ausdrücklich und im Einzelnen genannt. Der Haftungs- und Gewährleistungsausschluss ist an die Vorgaben des deutschen Rechts angepasst. Die Lizenz sieht die Wahl deutschen Rechts vor.

Die erreichten Anpassungen erhöhen die Rechtssicherheit bei Anwendung des deutschen Rechts erheblich. Ist dagegen ein anderes Urheber- und Vertragsrecht maßgeblich, etwa bei der Nutzung eines entsprechend lizenzierten Werkes durch einen Verbraucher in einem anderen EU-Mitgliedstaat, so bleibt es insoweit bei den oben genannten Rechtsproblemen. Die vertragsrechtlichen Fragen können sich wegen der Verwendung der deutschen Sprache sogar noch verschärfen, da deutschsprachige allgemeine Geschäftsbedingungen im Ausland noch problematischer sein dürften als englischsprachige. Das International Commons-Projekt hat dieses Problem bis zuletzt nicht gelöst.[1506]

Wer trotz des zwischenzeitlichen Strategiewechsels des Creative **382** Commons Projekts weiterhin die „portierten" Landeslizenzen in der Version 3.0 verwenden möchte, obwohl auch eine internationale Verbreitung des Werkes zu erwarten ist, sollte die Lizenzierung für jede Jurisdiktion alleine nach der jeweiligen Landeslizenz vorzunehmen. Der Lizenzgeber sollte also das ganze Bündel unterschiedlicher Lizenzversionen gleichzeitig verwenden. Dabei sollte die „Unported-Version" als Basislizenz für die Jurisdiktionen anwendbar sein, für die keine eigenen Lizenzversionen vorliegen. Die anderen Lizenzen sollten in ihren räumlichen Anwendungsbereich auf das jeweilige Territorium beschränkt werden, um Friktionen zwischen den verschiedenen Lizenzversionen zu

---

[1505] Siehe die Startseite http://creativecommons.org.
[1506] So auch *Maracke*, 1 JIPITEC 4, para. 33–38 (2010).

vermeiden. Dies würde aufgrund des urheberrechtlichen Territorialitäts-prinzips zu einem Gleichklang von anwendbarer Landeslizenz und an-wendbarem Urheberrecht führen.[1507] Creative Commons schreckt aber offenbar selbst vor der Komplexität eines solchen Modells zurück und hat die Entwicklung von Landeslizenzen aufgegeben.

III. Europäische Lizenzen

383 Für Neuentwicklungen, die als Freie Software zur Verfügung gestellt werden sollen, sind die Rechtsinhaber nicht darauf angewiesen, auf eine Fortentwicklung der bestehenden Lizenzen zu warten. Vielmehr steht es jedermann grundsätzlich frei, eine eigene, auf seine besonderen Bedürf-nisse zugeschnittene Lizenz zu entwickeln. Es ist deswegen nicht überra-schend, dass europäische Institutionen zum Teil dazu übergegangen sind, eigene Lizenzen zu entwickeln, die den Anforderungen der jeweili-gen nationalen Rechtsordnung entsprechen und die ihnen die Möglich-keit geben, eigenständig über die künftige Lizenzpolitik, insbesondere neue Versionen der Lizenz, zu entscheiden.[1508] Bisher hat keine der euro-päischen Lizenzen die Bedeutung der US-amerikanischen Lizenzen er-langt.

1. CeCILL

384 Vor dem Hintergrund der Besonderheiten des französischen Rechts haben die französischen Großforschungseinrichtungen CNRS[1509], CEA[1510] und INRIA[1511] eine gemeinsame Open Source Lizenz veröffent-licht („CeCILL"),[1512] die für sich in Anspruch nimmt, den Anforderun-gen des französischen Rechts zu genügen.[1513] Die Lizenz ist in französi-scher und englischer Sprache abgefasst, wobei beide Sprachfassungen gem. Ziffer 11.5 gleich verbindlich sind. In Ziffer 13 findet sich eine Rechtswahlklausel zugunsten des französischen Rechts. Version 2 wurde im Jahr 2006 veröffentlicht, Version 2.1. im Jahr 2013.

Die Lizenz weist im Vergleich zu den eher am US-amerikanischen Recht orientierten Lizenzen einige Besonderheiten auf, die jedoch nur teilweise

---

[1507] Grundsätzlich zustimmend *Dreier*, FS Schricker zum 70. Geburtstag, S. 283, 289, der allerdings die Komplexität eines solchen Lizenzbündels skeptisch beurteilt.

[1508] Zur wachsenden Zahl von Open Source Lizenzen und den sich hieraus ergeben-den Problemen s. o. Rn. 69.

[1509] *Centre National de la Recherche Scientifique.*

[1510] *Commissariat à l'Energie Atomique.*

[1511] *Institut National de Recherche en Informatique et en Automatique.*

[1512] http://www.cecill.info.

[1513] Vgl. hierzu auch den Beitrag des Leiters der Rechtsabteilung des CNRS *Dalmas*, IPR-Helpdesk Bulletin N° 22, Juli/August 2005, S. 2.

vor dem Hintergrund des französischen Rechts verständlich werden. So erscheint es als einleuchtend, dass in Ziffer 5 die eingeräumten Rechte ausführlich und nach den einzelnen Nutzungsformen getrennt beschrieben werden. Diese Vorschrift zielt offensichtlich auf die Vorgaben von Art. L. 131-3 CPI ab. Als wenig glücklich erscheint es jedoch, wenn in Ziffer 5.2 Abs. 2 das Recht zur Bearbeitung der Software daran gekoppelt wird, dass der Bearbeiter eine Urheberbenennung anbringt; die Klausel steht in Konflikt mit der negativen Freiheit des Urhebers, sein Werk auch ohne Autorennennung anonym veröffentlichen zu können.[1514] Auch fehlt es an dem vom Schrifttum geforderten Vorbehalt für das *„droit au respect de l'œvre"* (Entstellungsschutz) aus Art. L. 121-1 CPI.[1515] Von Interesse ist die mit *„compatibilité avec d'autres licenses"* überschriebene Ziffer 5.3.4. Danach darf der Lizenznehmer GPL-, AGPL- oder EUPL-Code in ein CeCILL-Programm einfügen mit der Folge, dass das gesamte Programm der GPL, AGPL oder EUPL unterstellt werden soll. Eine entsprechende Klausel erscheint vernünftig, da auf diese Weise das Zusammenwirken mit wichtigen unter der GPL, AGPL oder EUPL lizenzierten Programmen gesichert wird.[1516] Einen neuen Ansatz für die Definition des Copylefts verfolgt die Lizenz in Ziffer 5.3.2 und 1. Sog. *„Internal Modules"*, die wieder unter die CeCILL lizenziert werden müssen, werden über den technischen Aspekt des gemeinsamen Ablaufens in einem Adressraum definiert. Dieses Kriterium wird auch für die GPL diskutiert.[1517] Ziffer 8 und 9 sehen schließlich umfassende Ausschlussklauseln zur Haftung und Gewährleistung vor. Man darf zweifeln, ob diese den Vorgaben des französischen Rechts völlig entsprechen; dies gilt insbesondere für den Verkehr zwischen Unternehmen und Verbrauchern.[1518]

2. Deutsche Freie Software Lizenz

Für Deutschland ist auf die „Deutsche Freie Software Lizenz" (d-fsl)   385 hinzuweisen, welche die Autoren im Auftrag des Wissenschaftsministeriums Nordrhein-Westfalen erstellt haben.[1519] Die Lizenz ist in deutscher und englischer Sprache verfasst. Ziffer 10 sieht eine Rechtswahlklausel zugunsten des deutschen Rechts vor.

Die Lizenz möchte zum einen die rechtlichen Probleme vermeiden, die sich bei der Nutzung der an das US-Recht angelehnten Lizenzen ergeben. So ist etwa in Ziffer 1 Abs. 1 das Recht des öffentlichen Zugänglichma-

---

[1514] Vgl. nur *Lucas/Lucas*, Rn. 405 f.
[1515] S. o. Rn. 374.
[1516] Allgemein zur Lizenzkompatibilität s. o. Rn. 118a ff.
[1517] Vgl. etwa https://lwn.net/Articles/13398/.
[1518] Zum französischen Recht s. o. Rn. 375.
[1519] Vgl. http://www.d-fsl.de.

chens ausdrücklich erwähnt. An das europäische Recht angepasst ist auch der Umfang der „nicht zustimmungsbedürftigen Handlungen", für die es nicht des Abschlusses eines Lizenzvertrags bedarf, vgl. Ziffer 5 Abs. 2. In Ziffer 7 Abs. 1 findet sich eine am deutschen Schenkungsrecht orientierte Regelung zur Rechtsmängelgewährleistung. Für die Sachmängelgewährleistung wird in Abs. 2 in erster Linie auf die vertraglichen Vereinbarungen, hilfsweise auf die gesetzlichen Regelungen verwiesen.

Zum anderen sieht die Lizenz einige neuartige Elemente vor. So versucht sich die Copyleft-Klausel in Ziffer 3 Abs. 2 an einer Kombination aus formalen und materiellen Kriterien für die Abgrenzung der (freizugebenden) „veränderten Version des Programms" von der bloßen Kombination eigenständiger Programme. Die Klausel beschreitet damit einen Mittelweg zwischen den Copyleft-Klausel der Mozilla Public License und der GPL-2.0. Von Interesse ist zudem die Klausel zum Verhältnis der beiden Sprachversionen in Ziffer 9 Abs. 1. Beide Versionen sind gleich verbindlich; ergeben sich Unterschiede bei der Auslegung, so ist *die Bedeutung maßgeblich, welche die Fassungen unter Berücksichtigung des Ziels und Zwecks der Lizenz am besten miteinander in Einklang bringt.*" Modell für diese Klausel stand Art. 33 der Wiener Vertragsrechtskonvention.[1520] Besondere Beachtung verdient schließlich die Regelung zum Inkrafttreten neuer Lizenzversionen in Ziffer 9 Abs. 2. Die Erstellung neuer Lizenzversionen ist einem Lizenzrat anvertraut, in dem die maßgeblichen Nutzer der Lizenzen ein Stimmrecht erhalten sollen.[1521] Soweit ersichtlich, handelt es sich hierbei um den ersten Versuch, die Befugnis zur Einsetzung neuer Lizenzen einem Gremium von Rechtsinhabern und Nutzern zu übertragen. Ist eine neue Lizenzversion fertig gestellt, so tritt diese gegenüber jedem Lizenznehmer in Kraft, der von ihr Kenntnis erlangt. Unberührt bleiben die gesetzlichen Rechtsbehelfe, insbesondere gem. § 319 BGB. Durch die relativ strikte Regelung zum Inkrafttreten neuer Lizenzfassungen soll die gleichzeitige Maßgeblichkeit mehrerer Versionen vermieden werden, die nach Ziffer 9 Abs. 2 GPL-2.0 möglich ist.[1522]

3. EUPL

386   Die „European Union Public License" (EUPL) wurde 2007 von der Europäischen Kommission veröffentlicht.[1523] Sie liegt mittlerweile in Version

---

[1520] Wiener Übereinkommen über das Recht der Verträge vom 23.5.1969, BGBl. 1985 II S. 927.

[1521] http://www.dipp.nrw.de/d-fsl/lizenzrat/; die Satzung liegt bislang nicht vor.

[1522] Vgl. hierzu ifrOSS-*Kreutzer*, Ziffer 9, Rn. 5.

[1523] Abrufbar unter http://www.osor.eu/eupl; juristische Analysen dazu von *Bravo, Software* „Open Source" e Pubblica Amministrazi; *Wiebe/Heidinger*, http://www. osor.eu/eupl/EUPL-V11Broschuere-20090423WEB.pdf, sowie die unter http://ec.

1.1. vor, eine Version 1.2 ist in Diskussion.[1524] Entwickelt wurde der Entwurf von IDABC („*Interoperable Delivery of European eGovernment Services to public Administrations, Business and Citizens*"), einem Programm der Europäischen Gemeinschaft, das der Generaldirektion Unternehmen und Industrie untersteht. Den Anlass für eine eigene Lizenz gab das Bedürfnis, die eigene Groupwarelösung „CIRCA" als Freie Software zu lizenzieren, um damit auch den Verwaltungen außerhalb der EU selbst weitergehende Möglichkeiten zu verschaffen, etwa die Anpassung auf andere Sprachen.

Die bekannten Open Source Lizenzen wurden von IDABC als unzureichend verworfen, weil keine offiziellen Sprachfassungen existieren und die Ausrichtung auf das US-Recht als unpassend empfunden wurde bzw. als rechtlich problematisch, was etwa die Klauseln für den Haftungsausschluss betrifft. Weiterhin wird der Copyleft-Effekt der GPL als zu weitgehend angesehen, wobei allerdings offenbar von der Prämisse ausgegangen wird, dass jede dynamische Verlinkung zu einem „*derivative work*" führt.[1525] Entscheidender Aspekt dürfte aber das Bedürfnis sein, die Kontrolle der Europäischen Kommission über die Lizenz zu sichern, d. h. Anpassungen der Lizenz selbst vornehmen zu können.

Die EUPL ist als strenge Copyleft-Lizenz konzipiert, die durch eine Öffnungsklausel in Ziffer 5 und einen entsprechenden Anhang kompatibel zur GPL-2.0 und anderen Open Source Lizenzen ist.[1526] Es ist die Anwendbarkeit belgischen Rechts vorgesehen, sofern der Lizenzgeber aus der EU stammt, jedoch das Recht seines Wohnsitzes. Gerichtsstand ist der EuGH für Verfahren, die die Europäische Kommission betreffen, ansonsten die Gerichte des Sitzstaates des Lizenzgebers oder, wenn dieser seinen Sitz außerhalb der EU hat und der Lizenznehmer innerhalb der EU, die Gerichte des Sitzstaates des Lizenznehmers. Die Lizenz liegt mittlerweile in 22 Sprachfassungen vor.

---

europa.eu/idabc/en/document/7672.html abrufbaren Beiträge von *Stagkos, Koïkas* und *Markellou.*

[1524] https://joinup.ec.europa.eu/community/eupl/topic/public-consultation-draft-eu pl-v12. Version 1.1 ist abrufbar unter http://ec.europa.eu/idabc/en/document/ 7774.html; vgl. zu der Lizenz *Wiebe/Heidinger*, MR 2006, 261 ff.

[1525] Vgl. den „Report on Open Source Licensing of software developed by The European Commission", http://europa.int/idabc/servlets/Doc?id=21197, S. 20 f.; anders die Auslegung bei ifrOSS-*Jaeger*, Ziffer 2, Rn. 10 ff., und oben Rn. 57 ff.

[1526] *Schmitz*, The EUPL interoperability – Which FOSS components in EUPL solutions?, http://www.osor.eu/legal-questions-1/EUPL%20Interoperability.pdf; *Bastin/ Laurent*, Report on Study of the Compatibility Mechanism of the EUPL v. 1.0, http://ec.europa.eu/idabc/servlets/Doc3ef5.pdf?id=27472.

Anhang: Rechtsprechungsübersicht

Land	Gericht	Datum	Aktenzeichen	Bezeichnung	Fundstelle Zeitschriften	Fundstelle Randnummer
Deutschland						
	BPatG	30.9.2008	33 W (pat) 1/07	Open Source Broker		328a
	OLG Düsseldorf	28.9.2010	I-20 U 41/09	xt: Commerce	MMR 2011, 51	316, 321
	OLG Düsseldorf	24.4.2012	I-20 U 176/11	Enigma	MMR 2012, 760	315
	OLG Düsseldorf	19.2.2015	I-15 U 39/14	digitaler TV-Satellitenempfänger	Mitt. 2015, 392	293
	LG München I	19.5.2004	21 O 6123/04	Welte ./. Sitecom	MMR 2004, 693	126, 151, 154, 179
	LG Berlin	21.2.2006	16 O 134/06	WLAN-Router	CR 2006, 735	151
	LG München I	12.7.2007	7 O 5245/07	Skype	CR 2008, 57	35, 66
	LG Hamburg	10.12.2010	406 O 50/10	Abofalle	CR 2011, 197	157, 321
	LG Bochum	20.1.2011	1-8 O 293/09	WISO Mein Büro	MMR 2011, 474	160
	LG Berlin	8.11.2011	16 O 255/10	Surfsitter	GRUR-RR 2012, 107	45, 62a
	LG Hamburg	14.6.2013	308 O 10/13	FANTEC	CR 2013, 498	36, 157
	LG Hamburg	29.11.2013	310 O 144/13	JDownloader2	GRUR-RR 2014, 241	233a
	LG Köln	17.7.2014	14 O 463/13	AG	CR 2014, 704	118a, 160
	LG Halle	27.7.2015	4 O 133/15	SecureW2	CR 2016, 27	71a, 158

Land	Gericht	Datum	Aktenzeichen	Bezeichnung	Fundstelle Zeitschriften	Fundstelle Randnummer
USA						
	US Court of Appeals for the Eleventh Circuit	16.8.2001	Case No. 00-10872	Planetary Motion, Inc. ./. Techplosion, Inc.		
	US Court of Appeals for the Seventh Circuit,	9.11.2006	Case No. 06-2454	Wallace ./. IBM		
	US Court of Appeals for the Federal Circuit	13.8.2008	Case No. 2008-1001	Jacobsen v. Katzer		372
	US Court of Appeals for the Eleventh Circuit	7.1.2011	Case No. 09-11374	Gray ./. Novell		326
	US District Court for the District of Massachusetts	28.2.2002	Case No. Civ.A. 01-11031-PBS	Progress ./. MySQL		
	US District Court Southern District of Indiana	28.11.2005	Case No. 05-618	Wallace ./. FSF		
	US District Court for the Southern District of New York	27.7.2010	Case No. 09-Civ-10155-SAS	Software Freedom Conservancy ./. Best Buy et al.		
	US District Court for the Southern District of New York	8.8.2011	Case No. 09-Civ-10155-SAS	Software Freedom Conservancy ./. Westinghouse		372
	US District Court Western District of Texas	11.3.2014	Case No. A-14-CA-12-SS	Versata Software, Inc. et al v. Ameriprise Financial, Inc. et al		372
	US District Court N.D. of California	16.5.2014	Case No. 5:13-cv-05161-PSG	XimpleWare ./. Versata et al		372
Frankreich						
	Cour d'Appel de Paris	16.9.2009	04/24298	AFPA v. EDU 4		375
	TGI Paris	28.3.2007		Educaffix ./. CNRS	Gaz. Pal. No22, 22.1.2008, p. 35	375

Stichwortverzeichnis

(Die Zahlen beziehen sich auf die jeweiligen Randnummern.)

Ablaufenlassen der Software 34 siehe auch *Programm*
Abmahnung **159**, 296
Abrechnungssoftware für Zahnärzte-Entscheidung 345
ABS-Bremssystem 278
Abtretung der Urheberbefugnisse 147, 150
Abwendungsbefugnis
– gegen Beseitigungs- und Vernichtungsanspruch 157
Adobe Illustrator 325
Advertising-Klausel 101
Affero General Public License 72
AFPA/Edu4-Entscheidung 375
AGB siehe *Allgemeine Geschäftsbedingungen*
Aktivlegitimation siehe *Urheberrecht*
Aladdin Free Public License 117
Algorithmus 281, 284
Allgemeine Geschäftsbedingungen (AGB) 174, **179 ff.** siehe auch *Internationales Privatrecht; Vertrag*
– Anwendbarkeit 174
– Auslegung der Klauseln 183
– Copyleft-Klausel, Inhaltskontrolle 184 ff.
– Einbeziehung 180 ff.
– englische Lizenztexte, wirksame Einbeziehung **181**
– geltungserhaltende Reduktion, Verbot 242, 258
– Gewährleistung, gesetzliche 201, 219 ff., 241
– Gewährleistung, Anwendung von Schenkungsrecht 217, 222 f., 241
– Gewährleistung, abweichende von Ziffer 11 und 12 GPL 41
– Gewährleistung, strengere bei internationaler Lizenz 71
– Gewährleistungsausschluss 77, 180, 184, **219 ff.**, 239, 242, 253, 257 ff., 266, 270
– Gewährleistungsausschluss im Verhältnis Distributor – Endkunde 257 ff.

– Gewährleistungsausschluss im Verhältnis Softwarehersteller – Besteller 266
– Gewährleistungsausschluss bei „Embedded-Systemen" 270
– Gewährleistungsausschluss, Rechtsfolgen des unwirksamen 222 f.
– Gewährleistungsausschluss und internationales Recht 365
– Gewährleistungsausschluss, Zulässigkeit nach UCC 372
– Gewährleistungsausschluss siehe auch *Allgemeine Geschäftsbedingungen, Haftungsausschluss*
– Haftungsausschluss 38, 224 f., 240, 247 f., 267, 365
– Haftungsausschluss und Regeln des Schenkungsrechts 225
– Haftungsausschluss und Produkthaftungsgesetz 240
– Haftungsausschluss im Verhältnis Softwarehersteller – Besteller 267
– Haftungsausschluss und internationales Recht 365
– Internationales Privatrecht 361 ff.
– Kenntnis 174, **181 f.**, 221, 257
– Klauseln zu neuen Lizenzversionen 189 f.
– Klauselverbote **220**, 224, 258, 266
– kundenfeindlichste Auslegung 183
– kundenfreundliche Auslegung 183
– Lizenz als AGB 174
– Möglichkeit der Kenntnisnahme 181
– Reduktion, geltungserhaltende 222, 242, 258
– salvatorische Klausel 221
– Schutzhüllenvertrag 258
– Shrink-wrap-license 258
– Standardsoftware als Lieferung neu hergestellter Sachen 220
– Sprache **181 f.**, 362, 374, 381 f.
– Transparenzgebot 183 f., 188
– Verstoß 188, **220 ff.**, 242, 253, 258, 266, 270
– Vertragsschluss siehe *Vertrag*
– Vorformuliertheit 46, 174, 266

– zumutbare Kenntnis von der Lizenz-
vereinbarung 181, 257
Amazon 282
Änderungsvermerk 43 siehe auch *Ver-
merke*
Anerkennung ausländischer Entschei-
dungen 354
angemessene Vergütung, Anspruch
135 ff. siehe *Vergütung*
– Bestseller-Paragraph 136, 138
– Linux-Klausel 135, 137
Annahmeerklärung siehe *Vertrag*
Ansprüche, bei Lizenzverletzung
155 ff.
Apache 17, 102 ff., 150, 317
– Untersagung der Namensbenutzung
bei veränderten Versionen 104 f.
Apache Software License 102 ff.
– Kompatibilität mit der GPL 106
– Version 1.0 104
– Version 1.1 105
– Version 2.0 106
Apache Software Foundation 150, 194,
369
– Corporate Contributor License
Agreement 150
– Individual Contributor License
Agreement 150, 194
Apple Public Source License (APSL)
113, 169
Application Service Providing (ASP) 31,
65, 140
– Affero General Public License 72
– unter GPL 31, 65
– Haftung und Gewährleistung 273a
Approved Use 308
Arbeitgeber, Verwendung von Open
Source Software und Zustimmung
des Arbeitnehmers 138 f.
Arbeitnehmerlohn als Lizenzgebühr 148
Arbeitnehmerüberlassung 126i
Arbeits- und Dienstverhältnisse 147 ff.
siehe *Urheberrecht*
Arglist 219, 222, 253, 266
ARPANET 14 f.
Artifex License 117
Artistic-Lizenzen 107 ff.
– Artistic License 2.0 112a
– Clarified Artistic License 112
– Artistic License 108 ff.
– Veränderung des Gesamtpakets 111
– Verbreitung veränderter Verisonen
110
– Vertrieb als larger work 109

– Vermerke 110
AT&T 14
Auftrag 22, 149
Auftragswerk 149
Auktionsverfahren/HITACHI-Entschei-
dung 282
Ausland siehe *Internationales Privat-
recht*
Auslandsbezug 169
Auslegung 46 siehe *Allgemeine Ge-
schäftsbedingungen*
– von Open Source Lizenzen
Autoritätsmissbrauch siehe *Wettbe-
werbsrecht*

Backdoors 349
Basar-Methode **16 f.**, 143 ff., 261
Bearbeitung 5, 24 f., 33, 43, 146, 166 f.,
178, 301, 304, 374, 384
– Abgrenzung zur Zusammenstellung
von Programmen 47 ff.
– Freigabe als unzulässige Rücklizenzie-
rung 335 ff.
– Freigabe von Bearbeitungen 46 ff.,
88 f., 101, 156, 309
– Freigabe von Bearbeitungen nach
Rechtsverletzung 156, 216
– Verbreitung von Bearbeitungen 46,
309
– Verbreitung von Bearbeitungen durch
Behörden siehe *Verbreitung*
Bedingung 2, 212, 215 f.
– aufschiebende, bei Rechteeinräumung
152, 154 f.
Behörde siehe *Wettbewerbsrecht*
Behördeninterner Gebrauch siehe
Verbreitung
Bell Laboratories 14
Benutzung siehe *Software*
Bereicherung 163, 208, 214
Berkeley Software Distribution (BSD)
siehe *BSD, Software, Unix*
BerliOS 17
Beschaffenheit, übliche siehe *Software,
Mangel*
Beschränkungen, inhaltliche der Rech-
teeinräumung 153 f.
Beschränkungen, Verbot der zusätzli-
chen 41
Beseitigungsanspruch siehe *Verletzung*
Besichtigungsanspruch 164
BGB-Gesellschaft 199 f.
Bibliotheken **57 ff.**, 90
– dynamisches Verlinken 59

– gemeinsame Verbreitung 58
– GNU C-Library 90
– kombinierte 57
– Qt-Toolkit 113
– „shared library" 57, 97
– statisches Verlinken 57, 59, 97
– unter der GPL-2.0 57 ff.
– unter der LGPL 90 ff.
– Veränderung 91, 93 f.
Binärcode 15, 84 ff. siehe auch *Software*
Bison 61
Blackduck 22a
Browser 4
– Firefox 17, 82
– Internet Explorer 9
– Netscape 17, 82
Browser-Krieg 9
Brüsseler EWG-Übereinkommen siehe *EuGVÜ*
BSD siehe *Unix*
BSD Copyright-Lizenz 99 ff.
BSD-artige Lizenzen 6, 82, 116
– und Dual Licensing 116
Bug 222, 236
Bugfixes 195
Bundesministerium für Wirtschaft und Technologie (BMWi) 17, 284
Bundespatentgericht 286
Bündeltheorie 356
Bundling 13
Busybox v. Westinghouse-Entscheidung 372

CD-ROM 30, 234 ff., 255
CeCILL 384
CIRCA, Groupwarelösung 386
Clarified Artistic License 107, 112
Code Civil 375
Common Public License 73
Compiler 15, 60 f.
– siehe auch *GNU C Compiler*
– Compiler-Compiler 46
– GCC-Compiler 16
complete corresponding source code 36
Compliance 22a
Computerrichtlinie der Europäischen Gemeinschaft 120, 125, 360
Computer Software Rental Amendments Act of 1990 8
Consulting 21
Contribution Agreement 150
Contributor 74, 88

Contributor License Agreement, Apache 102
„COPYING"-Datei 35
Copyleft 5, 11, 24 ff., 45 ff., 81 ff.
– AGB-Recht 188
– Anspruch auf Quellcode 54
– beschränktes 5, 81 ff.
– Copyleft-Effekt 25, 79, 153, 186, 386
– Definition 5
– Durchsetzung bei patentgeschützter Software 300 ff.
– Lizenzen 25 ff.
– Pflichten 24, 45 ff.
– Schadensersatzanspruch 160
– strenges 5, 25 ff.
– und Apple Public Source License 113
– und BSD-artige Lizenzen 98 ff.
– und Dual Licensing 115 ff.
– und Erschöpfungsgrundsatz 131 ff.
– und Inhaltskontrolle 184 ff.
– und Kartellrecht 335 ff.
– und „Linux-Klausel" 128
– und Markenrechte 317 ff.
– und Mozilla-artige Lizenzen 113
– und OpenRTLinux Patent License 308 ff.
– und Patentrecht 68, 284, 300 ff.
– und Softwaretools 60
– und Urheberrechtstheorie 127 ff.
– und Urheberpersönlichkeitsrecht 129 f.
– und Urheberrechtsreform 135 ff.
– und Wettbewerbsrecht 336 ff.
Copyright 8, 15, 30, 46, 357 siehe auch *BSD Copyright, Urheberrecht*
– Vermerk 37, 44
Copyright-Assignment 150 siehe auch *Joint Copyright Assignment*
Corel 4
Core Team 196
Corporate Contributor License Agreement 150 *siehe Apache Software Foundation*
CPTN-Verträge 334
CPU-Klauseln 125
Creative Commons Lizenz 381 f. siehe auch *International Commons*
Credit-List 161

Datenbanksysteme
– MySQL 17, 117, 321
– PostgreSQL 17

Debian 2
Debian Free Software Guidelines
  (DFSG) 2
Debugging siehe Bug, Dekompilierung
Defensive Patent License 284
Dekompilierung **123**, 292
Derivat 16, 301
– und Patentrecht 301
derivative work siehe *Werk, abgeleitetes*
Deutsche Freie Software Lizenz (d-fsl)
  80, 385
Deutscher Bundestag 17, 329, 352
Dezentralisierung 13
Diamond v. Diehr, Entscheidung des
  Supreme Court 15
Dienstvertrag 256 ff.
Digital Rights Management (DRM)
  70 f. siehe *GPL, Version 3*
Direktlizenzierung 175, 178
Disclaimer 38 siehe *Haftungsausschluss*
Distribution 19, **29 f.**, 40 siehe *Verbreitung, Urheberrecht*
– Preis, Lizenzgebührenverbot 40
– und GPL 3 66
– und Markenrechte 323 ff.
– und Recht der öffentlichen Zugänglichmachung 29
– und Vermietrecht 30
– und Vertragsverhältnisse 256 ff.
– Verbot unter GPL-3.0 mit DRM-
  Systemen 65
Distributor 19, 40, 84, 135
– und Absicherung gegen Patentstrei-
  tigkeiten 68
– und Auskunftsansprüche 162
– und Freistellungspflicht 78
– und Herausgabe des Source Codes
  36
– und Haftungsausschluss 38
– und Vertragskonstellationen 173 ff.,
  249 ff., 255 ff.
DLL siehe *Dynamic Linking Library*
Dokumentationsstelle siehe *Patentrecht*
Download siehe Software, Download
Droit moral 129, 374, 381
Droit d'Auteur-Tradition 150
Dual Licensing 114 ff.
– Begriff 114
– Beispiele 117
– Kompatibilität 114
– Rechtsfolgen 116
– unter GPL 3, 69
– unter MPL 84
– Zulässigkeit 115

Durchsetzung, von Open Source Lizen-
  zen 151 ff.
Dynamic Linking Library (DLL) 43 ff.
Dynamische Dokumentengenerierung-
  Entscheidung 279

echter Vertrag zugunsten Dritter siehe
  Vertrag
Echtzeit-Betriebssystem 298 siehe auch
  RTLinux
Eclipse Foundation 73, 194
Eclipse Public License (EPL) 73, 79
– Copyleft 78
– Eclipse-Plugins 79
Editor 60, 62
Educaffix/CNRS-Entscheidung 375
Einbeziehung von Allgemeinen Ge-
  schäftsbedingungen siehe *Allgemeine
  Geschäftsbedingungen*
Elektronischer Zahlungsverkehr-Ent-
  scheidung 282
Embedded-Systeme 20, 32, 35, 120,
  268 ff.
– Auskunftsanspruch 162
– Embeddix 20
– Gewährleistung 270 ff.
– Haftung 273
– Rückabwicklung 272
– Unterlassung des Vertriebs 158
– Vernichtung von Vervielfältigungs-
  stücken 156
– Verpflichtungen 269 ff.
– Vertragstyp 269
Enforcement siehe auch *Durchsetzung*
Entgelt siehe auch *Lizenzgebühr*
– bei Kaufvertrag siehe *Kaufvertrag*
– bei Mietvertrag 30
Entwicklerplattformen 195
Erfindung siehe *Patentrecht*
Erfolgsort bei Verletzungen 358 f.
Erschöpfungsgrundsatz siehe *Urheber-
  recht*
– und Inhaltskontrolle der Copyleft-
  Klauseln 185 ff.
– und Open Source Vertrieb 131 ff.
– und Embedded-Systeme 272
Erwerb, nachträglicher von Nutzungs-
  rechten 235 ff.
EuGVVO 169
EUPL (European Union Public License)
  386
Europäische Kommission 276, 386
Europäische Lizenzen 383 ff. siehe auch
  Internationalisierung der Lizenzen

- CeCILL 384
- Deutsche Freie Software Lizenz 80, 385
- EUPL (European Union Public License) 386
Europäischer Wirtschaftsraum (EWR) 254, 368
Europäisches Patentamt 276, 282, 310
Europäisches Patentübereinkommen (EPÜ) 276, 289
EU-Richtlinie siehe Urheberrechtsrichtlinie
EG-Verordnung siehe *EuGVVO*
Executable 29, 36
- und „derivative work" 53
- und Software-Bibliotheken 57 f.
- und Mozilla Public License 86, 89
- und LGPL 95, 97

Fahrlässigkeit 163, 225, 233, 247, 254, 267, 297, 377, 379
- siehe auch *Verschulden*
FANTEC-Entscheidung 36, 157
Firmen- und behördeninterner Gebrauch siehe *Verbreitung*
Förderverein für eine Freie Informationelle Infrastruktur 288 siehe *Patentrecht*
Fossology 22a
Frameworks, dynamisches Verlinken 59 siehe auch *derived work*
Frankreich 374
Free Software Definition 2
Free Software Foundation (FSF) 2, 4, **15** siehe auch *Treuhand, Rechtswahrnehmung*
FreeBSD siehe *Unix*
Freeware siehe *Software, Freeware*
Freie Software
- Begriff 2 ff.
- Rechte und Pflichten 5 f., 25 ff., 81 ff.
FSF siehe Free Software Foundation
Ftp-Server 172

Garantiehaftung siehe *Haftung*
GCC-Compiler siehe *Compiler*
gemeinfreies Werk 8
General Public License (GPL) siehe *GPL*
Gerichtsbarkeit, deutsche 354 siehe *Internationales Privatrecht*
Gerichtsentscheidungen, ausländische 354
Gerichtsstand 169, 386
Gesamthand 145

Gesamtschuldner 253
Geschäftsführung ohne Auftrag 200
Gesellschaftsrecht 191 ff. siehe auch *Haftung*
- Außengesellschaft 200
- Förderungspflicht 199
- Kernteams in Community-Projekten als GbR 198
- Miturhebergesellschaft 199
Gesetzesverletzung siehe *Wettbewerbsrecht*
Gewährleistung siehe auch *Allgemeine Geschäftsbedingungen, Haftung*
- Angaben „ins Blaue hinein" 223
- bei Embedded-Systemen 270 ff.
- bei Kaufvertrag **242 ff.**, 257 f.
- bei Schenkung **219 ff.**, 233, 253 f.
- bei Werkvertrag 266
- Distributor 257 f.
- gesetzliche 219, 222 f., 225, 242, 253, 258, 266
- Maintainer/Project Leader als Geschäftsführer 200
- Mangelfolgeschäden 222
- Nacherfüllung 240, 243, 258, 266
- Rechtsmangel 253, 258 f., 271 f.
- Sachmangel 244 f.
- Vertragsverletzung, positive 225, 247, 254, 258, 267 f., 273
gewerbliche Schutzrechte 274 ff. siehe auch *Markenrecht, Patentrecht*
Ghostscript 117
GNOME (GNUs Network Object Model Environment) 17
GNU 15 f.
GNU C Compiler 60
- siehe auch *Compiler*
GNU General Public License (GPL) siehe *GPL*
GNU/Linux 15 f.
- siehe auch *Distribution*
- Begriff 16
- Vorinstallation 20
GPL 5, 15 f., **26 ff.**
- aktuelle Version 26
- Bibliotheken 57
- Bibliotheken siehe auch *Bibliotheken; LGPL*
- Copyleft 45, 68
- Mitlieferung 35
- Neulizenzierung unter GPL 3 63
- neue Lizenzversionen, Klauselkontrolle siehe *Allgemeine Geschäftsbedingungen*

– und LGPL 58 ff.
– Version 3 **63 ff.**
– Version 3, **304**, 380
– Version 3, „additional terms" 69
– Version 3, Copyleft 68
– Version 3, discussion committees 63
– Version 3, DRM70
– Version 3, Einbeziehung der bloßen Programmbenutzung 67
– Version 3, Einsatz von GPL-Software zum DRM 66
– Version 3, Lizenzkompatibilität 69
– Version 3, Möglichkeit strengerer Haftung und Gewährleistung 71
– Version 3, Patentklausel 70
Gruppenfreistellungsverordnung für Technologietransfervereinbarungen (TT-GVO) siehe *Kartellrecht*
guter Glaube, an die rechtmäßige Nutzung 159

Hacker 13, 14, 15
Haftung 201 ff. siehe auch *Allgemeine Geschäftsbedingungen, Gewährleistung*
– allgemein-deliktsrechtliche 231 ff.
– bei ASP 273a
– bei Embedded-Systemen 273
– bei Gesellschaftsvertrag 200
– bei Kaufvertrag **247 f.**, 260
– bei Schenkung 224 ff., 254
– bei Werkvertrag 267
– berufliche Tätigkeit 225, **228 f.**
– Distributor 260
– Fahrlässigkeit 163, 225, 233, 247, 254, 267
– Garantiehaftung 229, 375
– Haftungsbeschränkung 225, 267
– Haftungsbeschränkung siehe auch *Allgemeine Geschäftsbedingungen, Haftungsausschluss*
– Hersteller 226, 232, 244, 261 ff., 324, 345
– Produkt 227
– Produkthaftung **226 ff.**
– Quasi-Hersteller 254, 260, 267
– Stand der Technik 230
– Support 258
– Umfang der Produkthaftung 230
– Umfang der Schenkerhaftung 224 f., 253
– verschuldensunabhängige 226, 233, 243, 246
– vertragliche 224, 233, 247, 267, 273
– Vorsatz 225, 233, 254, 267, 377 f.

– Zweck, wirtschaftlicher 228
Haftungsausschluss siehe *Allgemeine Geschäftsbedingungen*
Handlungsort bei Rechtsverletzungen 359
Handschenkung siehe *Schenkung*
Harmony 150
– Harmony Agreements 150
Hauptleistungspflichten siehe *Vertrag*
Hersteller siehe *Haftung*
Hinweispflicht, auf Rechte Dritter 89, 106
History 161
Hooks, Einbindung von Kernelmodulen 56
HURD 15

IBM 4, 13, 17, 20, 73, 79, 268
Icommons siehe International Commons
IDABC („Interoperable Delivery of European eGovernment Services to public Administrations, Business and Citizens") 17, 386
ifrOSS 385
immaterielle Schäden siehe *Schaden*
Inländergrundsatz 360
Insolvenzrecht 170a ff.
– Auswirkung der Insolvenz des Lizenzgebers 170c ff.
– Rechtseinräumung vor Insolvenzeröffnung 170c
– Rechtseinräumung nach Insolvenzeröffnung 170g
Integritätsschutz 122
interaktive Kommandos, Anzeige von Vermerken 44
Internationales Privatrecht (IPR) 354 ff.
– Allgemeine Geschäftsbedingungen 219, 363
– Ausland 367
– Bündeltheorie 356
– engste Verbindungen 364
– Inland 358, 363
– Internationales Urheberrecht 356 ff.
– Ordre public 365
– Schutzlandprinzip 356
– sonstige Verträge 367
– Sprache 362, 374
– Territorialitätsprinzip 356 ff.
– und Open Source Lizenzen 361 ff.
– und Verbraucher 363
– Unternehmen 363, 365, 367, 375
– Urheberrechtsstatut 355, 361

- Verbindung, engste 364
- Vertragsstatut 362 ff. siehe *Vertragsstatut*
- Vertrieb von Software über das Internet 359
- Wohnsitz 363
Internationales Gesellschaftsrecht 368 ff.
- Entwicklergemeinschaften 368 ff.
- gespaltene Anknüpfung 368
- Gründungstheorie 368 f.
- Miturheber 370
- Schutzlandprinzip 370
- Sitztheorie 368 f.
Internationalisierung der Lizenzen 380 ff. siehe auch *Europäische Lizenzen*
- Creative Commons Lizenzen 381
- Europäische Lizenzen 383 ff.
- International Commons 381 f.
- CeCILL-Lizenz 384
- Deutsche Freie Software Lizenz 80, 385
- EUPL 386
- Lizenzierung nach jeweiliger Landeslizenz 382
- und GPL 3 70, 380
International Commons 381 f.
Interoperabilität 110
- und zustimmungsfreie Handlung 123
Interpreter „Ghostscript" 117
IPR siehe Internationales Privatrecht

Jacobsen v. Katzer 372
Jedermann-Lizenz 8, 15, 33, 100, 126, 135 ff., 177, 204, 207, 213, 215, 300, 305, 316, 319, 335
Joint Copyright Assignment 113

Kartellrecht 330 ff.
- anwendbare Regelungen 331 ff.
- Copyleft-Lizenzen, kartellrechtliche Relevanz 334 ff.
- Gruppenfreistellungsverordnung für Technologietransfervereinbarungen (TT-GVO) 330, **332 ff.**
- Lizenzgebührenfreiheit als unzulässige Preisbindung 334
- Pflicht zur Freigabe als unzulässige Rücklizenzierung 335
- Preisbindung durch Lizenzgebührenverbot 334
- Rücklizenzierungsklauseln 335
- „schwarze Klauseln" 334

- Software-Lizenzvereinbarungen als Anwendungsfall der TT-GVO 330, 332
Kaufvertrag **235 ff.**, 256 ff., 268 ff.
- bei Embedded-Systemen 268 ff.
- Entgelt 235 ff., 240, 246, 255 f., 259
- Gewährleistung 242 ff., 257 f., 270 ff.
- Haftung 247 f., 260, 273
KDE (K Desktop Environment) 17 siehe auch *Kooperationsmodelle*
Kernel 15
Kernelmodul, als derivative work 55 f.
- Definition 55
- „Binary-only"-Treiber als Kernelmodul 55
kIllustrator 325
Klagebefugnis 150, 165 ff. siehe auch *Urheberrecht, Aktivlegitimation*
Klausel, salvatorische 221
Klausel, „schwarze" 334
Kollisionsrecht siehe *Internationales Privatrecht*
Kommandozeile 44
Kommandozeilenargumente 53
Kompatibilitätsklausel 41, 69
- und GPL-3.0 69
- und EUPL 386
Kompiler-Kompiler siehe *Parser*
Kompilierung 57 siehe auch *Compiler, Dekompilierung*
Konzerngesellschaften 126 f.
Kooperationsmodelle siehe *Gesellschaftsrecht*
- organisch verdichtete Entwicklungsprojekte 194
- Einzelprojekte 195
- klassische Community-Projekte 196
Kündigungsrecht
- außerordentliches des Lizenzgebers 178a, 217
- und GPL 372

Larger Work
- bei der Mozilla Public License 84
- bei der Artistic License 109
Lauterkeitsrecht siehe *Wettbewerbsrecht*
Lesser General Public License siehe *LGPL*
lex loci protectionis 356
LGPL 90 ff.
- gemeinsame Verbreitung 93 ff.

- Kompatibilität mit der GPL 91
- Rechte und Pflichten der Nutzer 91 ff.
- Shared-Library-Mechanismus 97
- Sonderregelung für derivative works 96
- Unterschied zur GPL 95 ff.
- Verbreitung und Veränderung 93 ff.
- Verpflichtungen bei kombinierten Bibliotheken 94
- Work based on the Library 94
- Work that uses the Library 95
- Version 3 97a
Library General Public License siehe auch *LGPL*
LibreOffice 17
LiMux-Projekt 17
Linux-Klausel 128, 135, 137, 139
Linux Marke 311 f., 323 ff., **327** siehe *Markenrecht*
Linux Mark Institute (LMI) 327
Linux Tux siehe *Tux*
Lizenz siehe *Urheberrecht*
Lizenzanalogie 160, 297
Lizenzbestimmungen, Erhalt einer Kopie 35 siehe auch *Mitlieferung des Lizenztextes*
Lizenzgebühr 10, 30, 114, 127 f., 157, 238, 300, 308 f., 327
- Analogie 160, 297
- angemessene 128, 136 ff., 160, 297
- Open Core 22
- und Value-added Produkte 22
- Verbot 2 f., 18, **39** f., 93, 148, 334
- Verbot und Unterschied zum erlaubten Kaufpreis 40
- Verzicht 213
Lizenzgebührenfreiheit, als unzulässige Preisbindung 334
Lizenzierung unbekannter Nutzungsarten, Schriftform 142 siehe *Nutzungsart, neue*
Lizenzkompatibilität, **118a ff.** siehe auch *Kompatibilitätsklausel, dual licensing*
- Copyleft 118a
- GPL in verschiedenen Versionen 118c
- Lizenzen ohne Copyleft-Klauseln 118a
Lizenzverletzung, Ansprüche 155 ff.
Lizenzverstoß siehe *Verletzung*
Lizenzvertrag siehe *Vertrag*
Lizenz, europäische siehe *Internationalisierung der Lizenzen*
Lizenz, gesetzliche 147

Lizenz an jedermann, siehe *Jedermann-Lizenz*
Lizenzen mit beschränkter Copyleft-Klausel 81 ff. siehe auch *Copyleft*
Lizenzen mit Sonderrechten 24, **113**
Lizenzen mit strenger Copyleft-Klausel 25 ff. siehe auch *Copyleft*
Lizenz mit Wahlmöglichkeit 24, **107 ff.**
Lobbyarbeit 121
Logiciel libre 3
Logikverifikation-Entscheidung 281
Loi Toubon 374

Mach 15
Mangelhaftigkeit siehe *Gewährleistung*
Markengrabbing 326
Markenrecht 311 ff.
- Apache 105, 317
- bekannte Marken im Open Source Bereich 312, **326 ff.**
- Benutzung als Beschaffenheitsangabe 315
- beschreibende Verwendung 317
- Bildmarke (Tux) 328
- Einbeziehung von Marken innerhalb des Programms 323
- Erschöpfung 316
- Gesamteindruck, Verwechslungsgefahr 325
- Herkunftsfunktion 312, 321
- konkludente Lizenzierung von Marken oder Werktiteln 318 ff.
- Linux 311 f., 323 ff., 327
- Marken zur Kennzeichnung besonderer Programmversionen 323 f.
- Markengrabbing 326
- Markenrecherche 325
- Nennung, bloße 313
- Okkupation, markenrechtliche 322
- Rechtsverletzungen 325
- Red Hat Linux 323
- Territorialitätsprinzip 312
- Unterscheidungsfunktion 320 f.
- vertragliche Regelungen in Open Source Lizenzen 317 ff.
- Werktitelschutz 313
- zulässige Nutzung von Marken an Freier Software 312 ff.
- Zusatz „based on", „powered by" 315, 317, 320
Meritocracy 194
Messe 126j
Microsoft 9, 11, 13, 17, 21, 82
Microsoft Community License 11

Microsoft Community Promise 284
Microsoft Permissive License 11
Microsoft Public License 11
Microsoft Reciprocal License 11
Migration 17, 21
Migrationsleitfaden 17
Minix 16
Mitlieferung des Lizenztextes 35, 92,
  132
Miturheber 146, 166
– Abgrenzung zur Bearbeitung 146
Mozilla Firefox End-User Software
  License Agreement 86
Mozilla Public License (MPL) 67 f.,
  82 ff., 130, 169, 362
– Ähnlichkeiten mit der Artistic License
  109
– Copyleft-Ähnlichkeit 5
– Dual Licensing 84
– Gerichtsstandsvereinbarung 169
– Larger Works 84
– Modifications 89
– neue Lizenzversionen, Klauselkon-
  trolle siehe Allgemeine Geschäftsbe-
  dingungen
– Original Code 83
– Patentrechte 83, 88, 300
– Pflichten der Nutzer 85 ff.
– Rechte der Nutzer 83 f.
– Recht zur Erstellung neuer Versionen
  189
– third party modifications 88
– Version 2 89a
– Vertrieb in Binärform, abweichende
  Bestimmungen 86
Mozilla-Projekt 17, 69
Mozilla Thunderbird 82
Mozilla Trademark Policy 321
MPL siehe Mozilla Public License
MPL/LGPL/GPL tri-license 113 f.
München, Migration auf das Betriebs-
  system GNU/Linux 17
MySQL 17, 117, 321

Nacherfüllung siehe Gewährleistung
Namensnennung siehe Urheberpersön-
  lichkeitsrecht
NetBSD siehe Unix
Netfilter/iptables 151
Netscape 4, 9, 17, 82, 189, 321
Netscape Public License (NPL) 82,
  113
Nichtigkeitsklage gegen Erfindung 289
Niederlande 378 f.

Nutzungsarten, neue 140 ff.
– Änderungen der Lizenzierung durch
  „2. Korb" der Urheberrechtsreform
  142

Objectcode 29, 32, 34, 60 f., 77 f., 97,
  101, 109, 111, 120, 128, 172
OEM-Klauseln 125
öffentliche Zugänglichmachung, Recht
  der 29, 36, 74, 109, 121, 250
– und zuständiges Gericht 169
Österreich 376 f.
One-Click-Technologie 282
Open BSD siehe Unix
Open Content 381
Open Core 22
Open Invention Network 297
OpenOffice 17, 113, 193
Open RTLinux Patent License 307 ff.
  siehe RTLinux
Open Source, Marke 328a
Open Source Compliance 22a
Open Source Initiative 4, 108, 113
Open Source Modell 11, 12 f., 132, 134,
  311
– siehe auch Basar-Methode
OpenSSL 17
OSOR 344
Outsourcing 126h

Palamida 22a
Parser 61
Patch 2, 195
Patentrecht 68, 275 ff.
– abhängiges Patent 303
– Algorithmen 281, 284
– Bedenken gegen Softwarepatente
  283 f.
– Copyleft-Klausel, Bindungswirkung
  und Durchsetzung bei patentge-
  schützter Software 300 ff.
– Dekompilierung von patentierter
  Software 292
– Derivat 301
– Dokumentationsstelle 288
– Einbeziehung in GPL 3 68 siehe GPL,
  Version 3
– Einspruch gegen das Patent 289 f.
– Erfindung 277 ff.
– Erzeugnisse, Definition 293
– Erzeugnis- und Verfahrenspatente
  293 f.
– Förderverein für eine Freie Informati-
  onelle Infrastruktur 288

– Freigabeverpflichtung nach MPL 88
– Kreuzlizenzen 284
– Lizenzierung 71, 103, 300 ff.
– neue, erfinderische Betriebsweise 279
– Neuheit der Erfindung 286
– Nichtigkeitsklage 289
– Nutzung patentierter Software 284, 291 ff.
– Nutzung, lizenzgebührenfreie 284
– Nutzung, private 292
– Nutzung, proprietäre 283 f., 291 f.
– Patent, abhängiges 302 f.
– Patentanmeldung und Fortentwicklung Freier Software 298 ff.
– Patentfähigkeit 277, 279, 282
– Patentklagen und GPL 3 67
– Patentlizenz 76, 106
– Patent Pledge 297
– Patentpool 284
– patentrechtlich geschütztes Verfahren als Fortentwicklung des freien Programms 304
– Patentverletzung durch Freie Software 296
– Patentverletzung durch third party modifications, MPL 88
– Pflicht zur Recherche 297
– Recht auf das Patent 299
– Reverse Engineering bei patentierter Software 292
– RTLinux 284, **298 ff.**, 307 ff.
– Schadensersatzanspruch 284, 292, 297, 310
– Schutzumfang 277 ff.
– Schutz, nachträglicher 289 f.
– Schutz, vorbeugender 285 ff.
– Stand der Technik 285 ff., 289
– Technizität 277, 281
– und Apple Public Source License 113, 169
– und Copyleft 284, 300 ff.
– und GPL 71, 275, 284, 296, 300 ff.
– und Mozilla Public License 300
– Unterlassungsanspruch 295
– Verfahrensanspruch 294
– Versuchsfreiheit 299
– Verlautbarung 287
– Verletzung siehe *Verletzung*
– Vorbenutzungsrecht 290
– Vorveröffentlichung 285 ff.
– weiterer technischer Effekt 280
– Widerruf 289
Personenschaden 226, 230, 233

Persönlichkeitsrechtsverletzung, schwerwiegende 161
Pinguin siehe *Tux*
Pipes 53
POSIX-Standard 16
Priorität siehe *Patentrecht, Priorität*
Privatsphäre und GPL 3 64
Produkt, einheitliches bei Embedded-Systemen 269 ff.
Produkthaftung siehe *Haftung, Produkthaftung*
– allgemein-deliktsrechtliche 231 ff.
– Haftungsumfang 230
– Herstellung im Rahmen der beruflichen Tätigkeit 229
– Produktbeobachtungspflichten 225a, 247a ff.
– Quasi-Hersteller 254, 260
– Software als Produkt 227
– Vertrieb mit wirtschaftlichem Zweck 228
Produktionssteuerungen 20
Programm siehe auch *Software, Werk*
– abgeleitetes / einheitliches 50, 78 f.
– „als solches" siehe *Patentrecht*
– Benutzung, als solche 34
Programmiersprache 62
– „C" 14
– „Perl" 17, 108
– „Python" 17
Projekte siehe *Kooperationsmodelle, Gesellschaftsrecht*
Propagate 70
Proprietäre Software siehe *Software*
Public Domain Software siehe *Software*

Q Public License (QPL) 113
Qt-Toolkit 113
Quasi-Hersteller siehe *Haftung, Produkthaftung*
Quellcode 2, 4, 9, 11, 15, 21, 82, 120, 122, 216, 284, 286, 349 siehe auch *Software, Source Code*
– Lieferung 36, 133, 237
– Offenlegung bei der Mozilla Public License (MPL) 86, 89
– Offenlegung bei Urheberrechtsverletzung 156, 164 siehe auch *Besichtigungsanspruch*
Queues 53

Raubkopie 121
RBÜ siehe *Revidierte Berner Übereinkunft*

Reaktionsmanagement 247b
Rechteinhaber 27, 63, 75, 100, 121,
    126, 160, 181, 186
Rechteeinräumung siehe *Bedingung,
    aufschiebende*
– aufschiebend bedingte 152, 154
– Ex-nunc-Wirkung des Wegfalls 154
– inhaltliche Beschränkung 153
– quasi-dingliche Wirkung der Lizenz-
    pflichten 154
Rechteketten 75, 154
Rechtsfolgen, Lizenzverletzung
    152 ff.
Rechtsinhaberschaft **143 ff.**, 126a ff.
    siehe auch *Urheberrecht*
– Änderung der Inhaberschaft 126a ff.
– Sukzessionsschutz 126d.
Rechtsirrtum 159
Rechtsmangel siehe *Gewährleistung*
Rechtsvergleichung 371 ff.
– Frankreich 374
– Niederlande 378 f.
– Österreich 376 f.
– USA 372
– Vereinigtes Königreich 373
Rechtsverletzung siehe *Verletzung*
Rechtswahl 361 ff.
– siehe auch *Internationales Privatrecht*
Rechtswahlklausel 308, 362, 381, 384 f.
Rechtswahrnehmung, treuhänderische
    150
Red Hat, Distributor 19
Redistribute, Begriff 100
Referentenentwurf „2. Korb" 136,
    142
Registrierkartensystem 258
Reinstatement 71a
Retaliation Clause 79a, 106a
Reverse Engineering 96, 292
Revidierte Berner Übereinkunft (RBÜ)
    380
Richtlinie 29, 120 f., 124 f., 275 ff.,
    310, 360, 373, 386 siehe auch *Com-
    puterrichtlinie*
– E-Commerce-Richtlinie 386
– Klauselrichtlinie 373
– über die Patentierbarkeit computer-
    implementierter Erfindungen 275 ff.,
    310
– zum Urheberrecht in der Informati-
    onsgesellschaft 29, 121, 124
Rom I-Verordnung 356, 362 ff.
RTLinux 284, 298, 300, **307 ff.**
Rückruf 217

Sachschaden 226, 230, 233, 267
Samba 325
Sammelwerk 62a
SAS Institute-Entscheidung 120
Savannah 195
Schaden, immaterieller 161
Schaden, konkreter 160
Schadensersatzanspruch siehe auch
    Verletzung
– bei Softwaremangel 222 f., 258
Schadensschätzung 160
Schenkung 71, 200, **205 ff.**, 250 ff.,
    256, 264 f., 269, 385
– Angebot 228
– Bereicherung 205 ff., 208, 214
– BSD-artige Lizenzen 216
– Entreicherung 207, 213
– Gegenleistung 209, 215
– Gewährleistung 218, **219 ff.**, 253
– Haftung **224 ff.**, 254
– Handschenkung 209 f., 217 f.,
    265
– nachhängende Verpflichtungen
    215 f.
– Unentgeltlichkeit 209, 215
– unter Auflage 216
– Verknüpfung der Leistungen 215
– Vertragsgegenstand 203 f.
– Zuwendung 206, 212
Schriftzeichen-Entscheidung 280
Schulung 21
Schutz gegen Patentanmeldungen siehe
    Patentrecht
Schutzhüllenvertrag 258
Schutzlandprinzip 46, 78, 356, 370
Schutzmaßnahmen, technische siehe
    technische Schutzmaßnahmen
Seitenpuffer-Entscheidung 279
shared libraries siehe *Bibliotheken*
Shared Source Software 11
Shareware siehe *Software*
Shrink-wrap-license 258
Sicherungskopie 123
Sitecom 151
Sockets 53
Software
– als Produkt 227, 231
– als Sache 203, **206**, 227
– Änderungsvermerk 43
– Benutzung 27, 34, 67, 100, 121,
    173 f., 180, 203, 238, 251 f., 263,
    271
– Benutzung und Patentrecht 292
– BSD als proprietäre Software 6, 14

- Copyleft Software 25 ff.
- Download 36, 40, 48, 51, 82 ff., 89, 135 f., **137 ff.**, 156, 160 f., 172, 180, 202 ff., 209, 225, 228 f., 238, 249 ff., 344 f.
- Einsatz von Copyleft Software als Wettbewerbsverstoß 337 ff.
- Free Software siehe *Software, Freie Software* 2 ff., 23
- Freeware 9
- Freie Software: Begriff 2 ff., 23
- Förderung von Freier Software als vergabefremdes Kriterium 353
- Gewährleistung 171 ff., 219 ff., 242 ff., 253, 257 f., 266, 270 ff.
- Haftung 224 ff., 247 f., 254, 259, 267, 273
- Individualsoftware 22, **261 ff.**
- Kauf siehe *Kaufvertrag*
- Lieferung neu hergestellter Sachen, AGB 220 siehe *Allgemeine Geschäftsbedingungen*
- Lizenz siehe *Urheberrecht*
- Mangel 244 f. siehe auch *Gewährleistung*
- Miete siehe *Application Service Providing*
- Modulare Softwareentwicklung 21a
- Open Source Software siehe *Software, Freie Software*
- Open Source Software: Entstehung 12 ff.
- Patente siehe *Patentrecht*
- proprietäre **3**, 6
- proprietäre, Verlinkung mit Freier Software 47 ff., 57 ff., 386
- proprietäre, Vertrieb mit Freier Software 22 siehe auch *Value-added-Produkte*
- Public Domain Software 8, 110 f.
- Sacheigenschaft 203, **206**, 227
- Schenkung siehe *Schenkung*
- Shared Source Software 11
- Shareware 10
- Standardsoftware 10, 206, 220, 225
- Übergabe 206, 238
- Urheberpersönlichkeitsrecht 8, 33, 78, **129 f.**, 147, 161, 361, 376, 378

Software-as-a-Service 142a ff., 273a
Softwarepatente siehe *Patentrecht*
Sourceforge 195
Sprachanalyse-Entscheidung 282

Sprache siehe *Internationales Privatrecht* und *Allgemeine Geschäftsbedingungen*
Stand der Technik 140, 230, **285 ff.**
Standardsoftware siehe *Software*
Steuerung eines Pensionssystems-Entscheidung 282
Suche fehlerhafter Zeichenketten-Entscheidung 281 f.
Support 13 f., 19, 21, 84, 228, 249, 255 f., 258 f., 324, 350

Tauchcomputer-Entscheidung 278
Technologie-Transfer-Verordnung (TT-GVO) siehe *Kartellrecht*
technische Schutzmaßnahmen 64 ff.
- Definition 66
Technizität siehe *Patentrecht*
Tenor, Unterlassungsantrag 170 siehe *Verletzung*
Territorialitätsprinzip 312, 356 ff., 382
Timesharing-Systeme 13 f.
Tivoization 36a, 70
Torvalds, Linus 16, 55, 327
Transparenzgebot siehe *Allgemeine Geschäftsbedingungen*
Trap-Door 258
Treuhand, Rechtswahrnehmung 150
TRIPS 360
Trolltech siehe *Qt-Toolkit*
Tux 328

Umgehung technischer Schutzmaßnahmen 64 ff.
Unbekannte Nutzungsarten 140 ff.
Unbundling siehe *Bundling*
Unfair Terms in Consumer Contracts Regulations 373
Unix 14 ff., 99 ff.
- AT&T Unix 14
- Berkeley Software Distribution (BSD) 14, 99 ff.
- FreeBSD 14
- NetBSD 14
- Open BSD 14
- Unix-to-Unix Copy Protocol (UUCP) 14
Unterlassungsantrag siehe *Verletzung*
Unterlassungsanspruch siehe *Verletzung*
Unterlassungserklärung 158
Unterlassungsklage 166
Unterlizenzierung siehe *Urheberrecht*
Urheber als BGB-Gesellschaft 191 ff.
- Miturheber 145, 193 ff., 199, 370

– Urheberschaft **143 ff.**, 165 f.
– Vermerk 37, 78, 85, 92 f., 96, 101, 104 ff., 110 siehe auch *Copyright, Urheberpersönlichkeitsrecht*
Urhebernennung siehe *Urheberpersönlichkeitsrecht*
Urheberpersönlichkeitsrecht 8, 33, 78, **129 f.**, 147, 161, 361, 376, 378
– Namensnennung 122, 130, 161, 386
Urheberrecht siehe auch *Bearbeitung, Lizenzgebühr, Verletzung*
– Aktivlegitimation 165 ff.
– Application Service Providing siehe *Application Service Providing*
– Arbeits- und Dienstverhältnisse 147 ff.
– Auftragswerk 149
– ausländisches 370 ff. siehe auch *Internationales Privatrecht*
– Bearbeiterurheberrecht 31, 46, 54, 88, 121, 167
– Bearbeitung siehe *Bearbeitung*
– Benutzung des Werks 121, 123 ff.
– Copyright siehe *Copyright*
– Dinglichkeit der Nutzungsrechteeinräumung 126
– Direktlizenzierung 75, 100, 175, 178
– Entstellung der Software 122
– Erschöpfungsgrundsatz 121, **131 ff.**, **185 ff.**
– Handlung, zustimmungsfreie **123 ff.**, 127
– internationales 356 ff. siehe auch *Internationales Privatrecht*
– Kernbereich der Mindestbefugnisse 125
– Kündigungsrecht des Urhebers 72, 217
– Leistungsklage 166
– Lizenzierung und Vertragsverhältnisse 172 ff.
– Lizenzierung siehe *Dual Licensing*
– Mindestrechte, gesetzliche 125, 203, 245, 360
– Miturheber 145, 166
– Namensnennung siehe *Urheberpersönlichkeitsrecht*
– Nutzungsart, neue 140 ff.
– Nutzungsart, unbekannte 142, 376
– Nutzungsrecht an jedermann siehe *Jedermann-Lizenz*
– Nutzungsrecht, ausschließliches 115, 137, 139, 147, 150, 153, 165, 194, 213, 252, 261, 263

– Nutzungsrecht, einfaches 8, **27 ff.**, 74, 83, 100, 115, 126, 136, 150, 156, 204, 213, 335, 361
– Nutzungsrecht, erneuter Erwerb durch Verletzer 156
– Nutzungsrecht, Erwerb 67, 126, 133, 154, 176 f., 204, 238, 243 ff.
– Nutzungsrecht, Erwerb durch Behörde 349
– Nutzungsrecht, unentgeltliches einfaches 215, 238
– Nutzungsrechte, (quasi-) dingliche Natur 154
– Nutzungsrechte, Aufspaltung 153
– Nutzungsrechte, Bedingbarkeit 154 f.
– Nutzungsrechte, dingliche Beschränkbarkeit 154
– Nutzungsrechte, Inanspruchnahme als konkludentes Einverständnis 204
– Online-Verbreitung 121
– Raubkopie 121
– Rechteeinräumung, siehe *Rechteeinräumung*
– Recht der öffentlichen Zugänglichmachung siehe *öffentliche Zugänglichmachung*
– Recht zur öffentlichen Vorführung (publicly display/perform) 74, 103
– Schutz der „kleinen Münze" 120
– Schutz konkreter Ausdrucksformen eines Programms 120
– Sukzessionsschutz 126d
– Übersetzung 121
– Übertragbarkeit 361
– Umarbeitung zur Fehlerbeseitigung 110, 123
– Umarbeitungsrecht 121, 123
– Unterlassungsanspruch 158, 166, 170
– Unterlizenzierung 75, 103, 175
– Urheberpersönlichkeitsrecht siehe *Urheberpersönlichkeitsrecht*
– Urheberrechtstheorie 128
– USA (Copyright) siehe *Copyright*
– Veränderungsrecht 150
– Verbreitung 28 ff., **46**, 50, 74, 121
– Verbreitung, unlautere durch Behörden 343 ff.
– Verbreitungsrecht 29, 121
– Verbreitungsrecht und Erschöpfungsgrundsatz 131 f., 134, 185 ff.
– Verletzung siehe *Verletzung*
– Vermerk 37, 101, 104, 110 siehe *Vermerke*
– Vermietrecht 30 f.

– Vervielfältigungsrecht 28, 121, 123, 125, 150
Urheberrechtsstatut 354, 361
Urheberrechtsverletzung siehe *Verletzung*
Urhebervertragsrecht siehe auch *Allgemeine Geschäftsbedingungen*
– internationales 362ff.
– Reform 135 ff., 142
USA 372
– Copyright siehe *Copyright*
– Copyrightinhaber, Unterschied zum deutschen Recht 357
– deutsch-amerikanischer Freundschaftsvertrag und Gründungstheorie 368 f.
– Gewährleistungsausschluss 219, 372
– Jacobsen v. Katzer 372
– Patente siehe *Patentrecht*
– Uniform Commercial Code (UCC) 372
– US-Copyright Act 8, 30, 46, 70, 74, 78, 372
UsedSoft-Entscheidung 121, 131 f.

Value-added-Produkte 22
Verbraucherschutz siehe *Allgemeine Geschäftsbedingungen*
Verbreitung 2, 28 ff., **46**, 50, 74, 121 siehe auch *Urheberrecht*
– firmen- und behördeninterner Gebrauch 46
– innerhalb eines Konzerns 46
– ohne Urhebernennung 161, 384, 386
– unter Dual Licensing 114 ff.
– von PCs 13
Verbreitungshandlung bei Rechtsverletzungen 121, 156
Vereinigtes Königreich 373
Vergaberecht 347 ff.
– Ausschreibung in Teillosen 350
– Beschaffung von Open Source Software durch die öffentliche Hand 347
– Einbeziehung konkret absehbarer Begleit- und Folgekosten 353
– Entscheidung für die Beschaffung von Open Source Software 348, 351
– getrennte Beschaffung von Softwareüberlassung und Support 350
– Gleichbehandlungsgrundsatz 347
– Grundsatzbeschluss des deutschen Bundestags 352
– höherwertiges Angebot 352

– Kompatibilität, besondere Bedeutung 351
– nachhaltige Entwicklung der Behördensoftware 351
– Nachprüfung durch die Vergabekammern 347
– neutrale Ausschreibung 348 ff.
– Preis-Leistungs-Vergleich 353
– sachliche Begründung der Beschaffung 348 f.
– Schwellenwerte 347
– strategische Vorteile Freier Software 353
– transparente Ausschreibung 351
– Vergabeentscheidung 352 f.
– vergabefremde Kriterien 347, 353
– Verstoß gegen das Gebot der neutralen Ausschreibung 350
– Verwendung von Standardschnittstellen 351
– Wettbewerbsprinzip 348
– Wirtschaftlichkeitsprinzip 352
– Zuschnitt der Ausschreibung 350
Vergütung 68, 132, 142, 156, 265 f.
– angemessene 128, **135 ff.**, 157
Verkehrswert 163, 204, 213
Verletzergewinn 160
Verletzung
– Ansprüche 155 ff., 297
– Bearbeitung, Aktivlegitimation 167
– Berechnung des Schadensersatzes 160
– Beseitigungsanspruch 156 f.
– des Patentrechts 293 ff.
– des Urheberrechts 159 ff.
– Entschädigung in Geld 157
– Miturheber, Aktivlegitimation 166
– prozessuale Durchsetzung der Ansprüche 165 ff.
– Schadensersatzanspruch 157, **159 ff.**, 297
– sonstige Ansprüche 163
– Werkverbindung, Aktivlegitimation 167
– Unterlassungsanspruch 151, 158, 166 f., 170, 200, 310, 346
– Unterlassungsantrag 170
– Zuständigkeit, internationale 169, 354 ff.
– Zuständigkeit, örtliche 169
Verlinkung
– dynamische 57, 59, 386
– statische 57 f.
– unter der LGPL 58 f.

Vermerke 37 f., 77 f., 85, 93, 101, 106, 110
Vermietrecht 30 f.
Vernichtung 156 f. siehe auch *Abwendungsbefugnis*
Verpflichtungsgeschäft 361
Verschulden 121, 156 ff., 159, 200, 226, 233, 243, 246, 258, 266 siehe auch *Haftung*
Verschweigen, arglistiges 222, 253
Versionskontrollsystem, Änderungsvermerk 43
Vertrag 115, 126, 134, **171 ff.** siehe auch *Allgemeine Geschäftsbedingungen, Dienstvertrag, Kaufvertrag, Schenkung, Werkvertrag*
– Änderung, angemessene Vergütung 135 ff. siehe auch *angemessene Vergütung*
– Angebot 126, 176
– Annahmeerklärung 177
– Anpassungsansprüche 139 siehe auch *angemessene Vergütung*
– Auslegung 183
– einheitlicher bei zeitgleichem Erwerb von Software und Nutzungsrechten 239 ff.
– ergänzende Vertragsauslegung 36a
– gemischter 236 ff., 256, 269
– Hauptleistungspflichten 176, 188
– nachhängende Verpflichtungen 215 f.
– Schenkungsvertrag siehe *Schenkung*
– sui generis 210
– Vertragsgegenstand 203 f., 238
– Vertragsschluss 177, 182, 215, 237, 257 f.
– Vertragsschluss und neue Nutzungsarten 140 f.
– Vertragsschluss und Vertragsstatut 365
– Vertragsverletzung, positive siehe *Gewährleistung*
– Willenserklärung 176 f., 363
– Zeitpunkt 67, 140, 204
– zugunsten Dritter 36
– Zustandekommen 172 ff., 176 f., 365
Vertragsänderung siehe *Allgemeine Geschäftsbedingungen*
Vertragsstatut 362 ff.
Vertragstyp 203 ff.
Vertrauensmissbrauch siehe *Wettbewerbsrecht*
Vertrieb siehe *Verbreitung*

Vervielfältigung 28 siehe auch *Urheberrecht, Verletzung*
Vervielfältigungshandlung bei Verletzungen 121
Verwendung der Open Source Software durch Arbeitgeber 138 f.
Verzicht auf Verwertungserlöse 213
Verzicht auf Urheberrechte 115
VICOM-Entscheidung 278
Virenattacken 349
Virus als Mangel 236, 247
Vorsatz siehe *Haftung*
Vorveröffentlichung 285 ff.

WCT 360 siehe auch *WIPO*
Web Application Server 31, 65, 140
Webserver Software 98, 102
Web-Suite „Netscape Communicator" 82
Weiterentwicklung von Software 2, 5, 13, 16, 23, 33, 74, 82, 89, 106, 116, 121, 127, 129, 140, 148, 153, 175, 186 f., 284, 299 f., 303, 319, 332, 334 f., 337 ff.
Wegfall der Rechte, automatischer 153 f. siehe auch *Bedingung, aufschiebende, Rechteeinräumung*
Welte, Harald 78, 151
Werbematerialien 101, 104 f.
Werk, abgeleitetes 22, 36, **47 ff.**, 69, 78 f., 105, 309, 319
– Auftragswerk 22
– Bearbeiterurheberrecht 121, 146
– Beseitigungsanspruch 156
– Bibliotheken 57 ff.
– Codeänderungen und -ergänzungen 54
– Entstellung 122, 129
– Freigabepflicht als unzulässige Rücklizenzierung 335
– Kernmodule als derivative work 55 f.
– selbständiges 49, 167
– verbundenes 27, 29
– Verhinderung der Nutzung durch Markenrechte 323
Werklieferungsvertrag siehe *Werkvertrag*
Werktitelschutz 313
Werkvertrag 261 ff.
– Besteller 262
– Gewährleistung 266
– Haftung 267
– Individualvereinbarung 261, 266
– Inhalt 263

Wert, wirtschaftlicher siehe *Verkehrs-wert*
Wettbewerbsgefährdung siehe *Wettbe-werbsrecht*
Wettbewerbsrecht 329 ff. siehe auch *Kartellrecht*
– Abwehranspruch 342
– allgemeine Marktstörung 340
– Ansprüche des Konkurrenten wegen Lizenzverletzungen 152, **336 ff.**
– Autoritäts- und Vertrauensmiss-brauch 344
– Beeinträchtigung des Entwicklungs-systems 341
– geschäftliche Handlung 337 f., 343
– Gesetzesverletzung durch Behörden 346
– gezielte Behinderung 339 f.
– GPL-widriger Vertrieb von Embed-ded-Systemen 342
– Konkurrentenklagen 336 ff.
– öffentliche Hand 343
– Spürbarkeit 341
– Unlauterkeit 339 ff.
– Verbreitung von Freier Software durch Behörden 343 ff.
– Verschweigen einer nachteiligen Eigenschaft 342
– Verletzung von Marktzutrittsregelun-gen 346
– Vertrauensmissbrauch 344
– Verwaltungsrechtsweg 346
– Wettbewerbsabsicht 343
– Wettbewerbshandlung 337 f., 343
– Wettbewerbsgefährdung 345

Wetterführungspläne II-Entscheidung 138
Wiederholungsgefahr 158
Wiener Vertragsrechtskonvention 385
WIPO Copyright Treaty (WCT) 360
work made for hire 15

xt:Commerce-Entscheidung 316, 321

Zeitstempel 288
Zweckübertragungslehre 147, 376
Zweistufentheorie 46, 366 siehe auch *Internationales Privatrecht*
Zugang zu Freier Software 3, 11, 15 f., 30, 86
Zugang zum Source Code 36, 86 siehe auch *complete corresponding source code*
Zugänglichmachung 89, 92, 109 siehe auch *Zugang zur Freier Software, Zugang zum Source Code*
Zusammenstellung zweier Programme 95
Zusammenstellung von Programmen
– bei der Artistic License 108, 111
– Vertrieb auf einem Datenträger 172
Zuständigkeit bei Delikten 169
– Gerichtsstandsvereinbarung 169
– internationale 169, 354 siehe auch *Internationales Privatrecht*
– potenzielle Zuständigkeit aller Staa-ten bei Vertrieb über das Internet 169
– örtliche 169